U0659832

国际职业教育科学研究手册

GUOJI ZHIYE JIAOYU KEXUE YANJIU SHOUCE

（下 册）

主编：[德] 菲利克斯·劳耐尔 Felix Rauner
[澳] 鲁珀特·麦克林 Rupert Maclean
翻译：赵志群 等

北京师范大学出版集团
BEIJING NORMAL UNIVERSITY PUBLISHING GROUP
北京师范大学出版社

图书在版编目(CIP)数据

国际职业教育科学研究手册(下册)／(德)菲利克斯·劳耐尔,(澳)鲁珀特·麦克林主编;赵志群等译. —北京:北京师范大学出版社,2017.6(2021.10 重印)

ISBN 978-7-303-22286-5

Ⅰ.①国…　Ⅱ.①菲…②鲁…③赵…　Ⅲ.①职业教育-文集　Ⅳ.①G71-53①

中国版本图书馆 CIP 数据核字(2017)第 080915 号

营销中心电话	010-58802181　58805532
北师大出版社职业教育分社网	http://zjfs.bnup.com
电子信箱	zhijiao@bnupg.com

出版发行:北京师范大学出版社　www.bnupg.com
　　　　　北京市西城区新街口外大街 12-3 号
　　　　　邮政编码:100088

印　　刷:北京虎彩文化传播有限公司
经　　销:全国新华书店
开　　本:787 mm×1092 mm　1/16
印　　张:35.5
字　　数:600 千字
版　　次:2017 年 6 月第 1 版
印　　次:2021 年 10 月第 2 次印刷
定　　价:68.00 元

策划编辑:庞海龙　王　婉	责任编辑:庞海龙
美术编辑:高　霞	装帧设计:高　霞
责任校对:陈　民	责任印制:陈　涛

《国际职业教育科学研究手册》学术指导委员会

（以姓氏拼音为序）

主　任：

石伟平　中国职业技术教育学会学术委员会主任，华东师范大学教授，博士

石中英　北京师范大学教育学部部长，教授，博士

委　员：

吉　利　北京教育科学研究院职业教育与成人教育研究所研究员，博士

姜大源　教育部职业技术教育中心研究所研究员

刘宝存　北京师范大学国际与比较教育研究院教授，博士

陆素菊　华东师范大学职业与成人教育研究所副教授，博士

马成荣　江苏省教育科学研究院职业教育与终身教育研究所研究员

马庆发　华东师范大学职业与成人教育研究所教授，博士

吴雪萍　浙江大学教育学院教授，博士

徐国庆　华东师范大学职业与成人教育研究所教授，博士

徐　涵　沈阳师范大学教育科学学院教授，博士

徐　朔　同济大学职业教育学院教授，博士

俞启定　北京师范大学职业与成人教育研究所教授，博士

翻　译：

赵志群　徐国庆　庄榕霞　白滨　吕维菊　王弋　巩婕
刘琪　刘莹　张志新　陈俊兰　周瑛仪　姜文明　鄢彩铃　何兴国
李士伟　林来寿　易著良　王培　金晓芸　等

作者简介

Achtenhagen, Frank, Dr. Dr. h. c. mult., 德国哥廷根大学商业和人力资源教育研究中心，教授。主要研究领域：教学设计与经验性评估，教与学的循环模式，形成性和终结性评价方法，职业能力测评。

Barabasch, Antje, Ph. D., Dipl. -Geogr., Dipl. -Erzw., 德国马格德堡大学职业教育学院职业与商业教育研究所。主要研究领域：学校到工作的过渡，风险，比较教育，生涯教育，可持续发展。

Becker, Matthias, Dr. phil., 德国弗伦斯堡大学职业教育、工作与技术研究所研究所（biat），教授。主要研究领域：职业教育的资格研究，面向工作过程的学习，金属加工职业诊断，技术工作与职业教育的关系，学习方法与媒体开发。

Benner, Patricia, R. N., Ph. D., FAAN, 美国加州大学旧金山分校护理学院社会与行为研究所，所长，教授。主要研究领域：护理与社会学博士项目，临床护理实践。

Bergmann, Jörg R., Dr., 德国比勒费尔德大学社会学系，教授。主要研究领域：社会实证研究，定性研究方法，人类学研究，谈话分析，新媒体，生活与复杂工作中的交流。

Bojanowski, Arnulf, Dr., 德国汉诺威大学职业教育与成人教育学院，社会工作与职业教育教授。主要研究领域：弱势群体的职业教育，职业教育的区域发展；弱势群体的组织发展。

Boreham, Nicholas, 英国斯特林大学教育学院，教育与就业教育研究教授。主要研究领域：工作性质的变化及其对与工作知识和基于工作的学习的影响，在技术和组织发展中的工作过程知识研究。

Bremer, Rainer, Dr. phil., 德国不来梅大学技术与教育研究所（ITB），职业科学与职业教育学高级研究员。主要研究领域：教育理论，发展理论，教育于职业教育实证研究方法，批判性理论和政治经济。

Buchmann Ulrike, Dr. phil. habil., 德国锡根大学教育与心理学院，职业教育学教授。主要研究领域：教育结构研究，资格研究，课程研究。

Buer, Jürgen van, Dr. Dr. h. c., 德国柏林洪堡大学艺术与人文教育学院，商业与经济教育学教授。主要研究领域：处于不利社会地位的年轻人的学习，学校发展，质量管理与控制，国际职业教育。

Clases, Christoph, Dr., Dipl. -Psych.，瑞士西北应用科学大学应用心理学学院协同过程研究与开发研究所(IFK)，教授。

Clematide, Bruno, lic. phil.，丹麦哥本哈根 kubix 咨询公司总监。主要研究领域：工作与学习新发展的研究与咨询。

Darmann-Finck, Ingrid, Dr. phil.，德国不来梅大学公共卫生与护理学院，教育与课程研究所，教授。

Dehnbostel, Peter, Dr.，德国汉堡大学国防军大学职业教育、继续教育与信息技术学院(ibwt)，职业与工作研究教授。主要研究领域：能力理论、企业内培训，工作相关学习概念和形式，学习场所和网络学习，教育的定性研究。

Deitmer, Ludger, Dr. phil., Dipl. -Ing. (FH)，德国不来梅大学技术与教育研究所(ITB)高级研究员。主要研究领域：创新过程与职业教育，职业教育专业与项目评估，职业教育项目设计的行动研究。

Dick, Michael, Dr. rer. pol.，德国马格德堡大学教育学院(IEW)，成人教育与组织发展研究教授。主要研究领域：组织发展，知识管理，继续教育和职业，流动性研究，定性研究方法。

Dostal, Werner, Dr. phil., Dipl. -Ing.，德国工作与职业研究所(IAB)，原科研主任。主要研究领域：职业研究，资格研究，劳工市场研究。

Eckardt, Peter, Dr. phil.，德国汉诺威大学职业教育与成人教育学院。主要研究领域：弱势群体的职业教育；弱势群体的教学。

Erpenbeck, John, Dr. rer. nat. et phil. sc.，德国柏林史太白大学迁移研究院(STI)，教授。主要研究领域：工商管理与国际创业，能力测量，能力发展与能力管理。

Fegebank, Barbara, Dr. agr., Dr. oec. troph. habil.，德国德累斯顿工业大学职业教育学院，食品科学与家政/职业教学论教授。主要研究领域：家政和营养教学论，家政学理论，环境教育。

Fischer, Martin, Dr. phil.，德国卡尔斯鲁厄理工大学职业教育学院，职业教育学教授。主要研究领域：工作能力发展，职业教学论，组织学习，职业教育与培训的创新。

Gerds, Peter, Dr.，德国不来梅大学技术与教育研究所(ITB)，教授。主要研究领域：工业与贸易教学论，发展中国家的职业教育，教师教育。

Gonon, Philipp, Dr. phil.，瑞士苏黎世大学职业教育学教授。主要研究领域：职业教育理论与历史，比较职业教育，质量与评价。

Grollmann, Philipp, Dr. phil.，德国联邦职业教育和培训研究所(BIBB)"国际监测和标杆/欧洲职业教育政策"研究室副主任。主要研究领域：职业教育的比较研究，职业教育国际标杆，职业教育教师专业化。

Haasler, Bernd, Dr. phil.，德国温加滕教育大学通用技术与职业教育学教授。主要研究领域：职业教育与培训研究，职业能力发展，资格研究，技术工作领域的专场研究。

Hacker, Winfried, Dr. rer. nat. habil, Dr. phil. h. c., Dipl. Psych.，德国德累斯顿工业大学心理学院教授，知识—思维—行动研究室主任。主要研究领域：认知心理学与职业心理学，尤其是问题解决设计、知识管理与成人学习。

Hayward, Geoff, Dr.，英国牛津大学技能、知识和组织绩效（SKOPE）研究中心 ESRC 副主任。主要研究领域：职业教育政策，有效的职业教育教学环境设计，从职业教育向高等教育的过渡，工作场所。

Heidegger, Gerald, Dr.，德国弗伦斯堡大学职业教育、工作与技术研究所（biat），教授。主要研究方向：国际职业教育研究，非正式和正式的职业学习，对弱势学习者的支持，职业教育规划，设计导向的职业教育，工作传记。

Heinemann, Lars, Dr. phil.，德国不来梅大学技术和教育研究所（ITB）。主要研究领域：评价，知识建构与信息技术，集体认同，从学校到工作的过渡。

Heinz, Walter R.，Dr. phil.，德国不来梅大学国际社会科学研究院（BIG-SSS），社会学与社会心理学教授。主要研究领域：教育，工作，以及比较视野中的生命历程。

Howe, Falk, Dr. phil.，德国不来梅大学技术与教育研究所（ITB），教授。主要研究领域：远程学习，职业教育教学论，电子工程和信息通信技术的职业学研究，职业教育合作，职业教育史研究。

Huisinga, Richard, Dr. phil. habil.，德国锡根大学教育与心理学学院，职业教育学教授。研究领域：教育结构研究，资格研究，课程研究，与工作有关的教育和教学研究。

James, Susan, Dr. Phil，英国牛津大学 SKOPE 研究官员。研究领域：情境学习，技能发展。

Jenewein, Klaus, Dr. paed.，德国马哥德堡大学职业教育与人力资源开发研究所，技术教学论教授。主要研究领域：电气电子工程和信息与通信技术领域的职业教育和培训，职业教育教师培养，职业教育研究。

Karsten, Maria-Eleonora, Dr. phil.，德国吕纳堡大学教育学院，社会管理学教授。主要研究领域：社会工作和教育领域的职业教育于培训，社会教育学，社会中的性别与可持续发展，质量管理。

Keep, Ewart, Ph. D., Professor，英国加迪夫大学 SKOPE 副主任，教授。主要研究领域：国际教育和培训政策分析，初始职业教育和培训，员工技能与生产力的关系，投资管理技能，技能测量。

Keuchel, Regina, Dr. phil., 德国不来梅大学和汉堡大学兼职讲师, 医疗保健职业教育和继续教育教师。

Kruse, Wilfried, Dr. phil., 德国多特蒙德州社会学研究所, 西班牙巴塞罗那CIREM 基金会研究员。主要研究领域: 欧洲的职业教育与培训, 欧洲工作的社会文化模式, 工作导向的区域研究。

Kurz, Sabine, Dipl. -Päd., 德国不来梅州教育与科学部官员, 科研项目顾问。主要研究领域: 学校发展, 质量管理, 评价研究, 职业教育改革。

Lang, Martin, Dr. phil., 德国多特蒙德大学职业教育学院。主要研究领域: 职业教育教学论, 远程学习, 自主学习, 评价, 教师培训。

Laur-Ernst, Ute, Dr. phil., Dipl. -Psych., 德国联邦职业教育研究所(BIBB)原室主任。主要研究领域: 国际职业教育系统和结构, 职业教育教和学的过程研究, 能力发展, 研究管理。

Lempert, Wolfgang, Dr. phil., 马克斯—普朗克人类发展与教育研究所, 柏林自由大学, 教授。主要研究领域: 职业的社会化, 学徒制和实习, 教师道德发展与全纳教育, 职业教育教师的专业化。

Lewis, Morgan V., Ph. D. 主要研究领域: 职业教育和培训的课程和评价研究, 成人惩教机构、日间护理中心公共福利机构的课程学习。

Maag Merki, Katharina, Dr. phil., 德国弗莱堡教育大学教育学教授。主要研究领域: 学校绩效, 跨学科的能力, 自主学习, 学校发展, 教育治理。

Maclean, Rupert, Ph. D., M. Ed., 原联合国教科文组织职业教育中心(UNESCO-UNEVOC)主任, 香港教育大学教授。主要研究领域: 技术和职业教育与培训的全纳教育, 可持续发展的教育(ESD), 跨文化职业教育, 职业教育体系内部和外部绩效的提高。

Manske, Fred (deceased), Dr. rer. pol., 德国不来梅大学技术与教育研究所(ITB), 创新与技术的社会学研究教授。主要研究领域: 创新和技术发展的国际比较研究, 管理和组织研究, 人力资源管理, 企业社会责任。

Mayhew, Ken, M. A., 英国牛津大学 SKOPE 总监。主要研究领域: 劳动经济学, 人力资源管理, 教育与培训经济学。

Meyer-Siever, Katja, Dipl. -Psych., 德国不来梅大学技术与教育研究所(ITB)。主要研究领域: 经验学习, 自主性学习, 知识管理, 能力发展。

Meyser, Johannes, Dr. phil., 德国柏林工业大学职业教育学院, 建筑技术教学论教授。主要研究领域: 职业学校教育与企业培养的教育学和教学论研究, 技能习得中的正式与非正式学习过程。

Mickler, Otfried, Dr. disc. pol., 汉诺威大学社会学与社会心理学研究所, 工业社会学教授。主要研究领域: 高素质要求服务领域的组织与工作, 知识经济中的团队工作和知识管理，现场管理现代化及其影响，未来企业的参与。

Mieg, Harald A., Dr. phil, Dipl. -Psych., 德国柏林洪堡大学，都市与创新研究教授。研究领域：情境中的专长。

Mulder, Martin, Dr., 荷兰瓦赫宁根大学教育与能力研究所，教育与能力研究教授。主要研究领域：组织的能力发展，以能力为基础的职业教育与培训，职业轮廓研究，企业家学习，行业教育与培训政策。

Myrick, Florence, Ph. D., RN, 加拿大阿尔伯塔大学教授。

Neuweg, Georg Hans, Mag. Dr. rer. soc. oec., 奥地利林茨大学教育与心理学系，职业教育学教授。主要研究领域：技术和职业教育与培训，隐性知识，教师教育。

Niethammer, Manuela, Dr. phil. habil., 德国德累斯顿工业大学职业教育学院。主要研究领域：化工与环境工程的教学论，工作或工作过程的分析方法，化学教学论。

O'Connor, Len, Dr. 爱尔兰科克理工学院学徒教育战略顾问，全国学徒制咨询委员会成员，技术学徒研究院委员会成员。主要研究领域：作为学习范式的学徒制，特别是在建筑领域，欧盟和爱尔兰的学徒制比较。

Pabst, Antje, Dipl. -Päd., 德国国防军大学职业教育负责人。主要研究领域：工作文化与岗位设计，职业教育于培训发展，职业与工业学习文化。

Pahl, Jörg-Peter, Dr. phil., Dipl. -Ing., 德国德累斯顿工业大学教育学院，教授。主要研究领域：职业研究与职业教学论，机械制造技术领域的教学论，职业教育的学校发展，工作与技术的职业学习。

Pätzold, Günter, Dr., 德国多特蒙德大学教育与社会学学院，职业教育学教授。主要研究领域：职业教育与培训研究，职业教育教学论，职业教育教学方法，职业教育的合作，双元制职业教育中的信息化合作，职业教育史。

Putz, Peter, Ph. D., 美国宇航局现代计算机技术研究所（RIACS）。主要研究领域：社会性学习理论，评价方法，管理科学。

Raeder, Sabine, Dr. rer. pol., 挪威奥斯陆大学心理学系副教授。主要研究领域：职业认同感，心理契约，工作灵活性与组织变革，人力资源开发，组织文化，后现代主义哲学，定性方法。

Ratschinski, Günter, PhD, Dipl. -Psych., 德国汉诺威大学职业教育与成人教育研究所。研究领域：弱势群体的职业教育，职业抱负，青年心理学。

Rauner, Felix, Dr. paed., Dr. hr., 德国不来梅大学技术与教育研究所（ITB）创始所长，教授。研究领域：资格研究，课程研究，工作与技术研究，教与学的研究，职业教育与培训的比较研究。

Röben, Peter, Dr. rer. nat. et. phil. habil. Dipl. -Phys., 德国海德堡师范大

学自然与社会科学三系，技术教学论教授。研究领域：工作导向的学习，组织学习，电气与信息工程的教学论。

Rosendahl, Johannes, Dipl. -Psych., 德国不来梅大学技术与教育研究所。研究领域：教育学诊断，能力发展。

Samier, Eugenie A., Ph. D., 加拿大西蒙菲莎大学教育学院教授。研究领域：管理与领导哲学，国际比较教育研究，韦伯研究，组织文化与美学，行政伦理。

Seeber, Susan, Dr., 德国柏林国际教育研究所(DIPF)。主要研究领域：职业教育的控制与质量管理；学校绩效研究；职业教育的教育测量。

Shilela, Alison, 英国安格利亚鲁斯金大学教育系副主任，主要研究领域：课程建设，教师教育与教学研究。

Sloane, Peter F. E., Dr., Dipl. -Hdl., 德国帕德博恩大学工商管理学院商业教育研究所，经济与人力资源教育教授。主要研究领域：职业教育教学论，自我调节学习，教师的专业发展，职业教育与培训体系发展。

Smith, Andrew, PhD, 澳大利亚查尔斯特大学人力资源管理教授。研究领域：员工培训，人力资源管理，高性能工作系统，技能发展政策。

Sonntag, Karlheinz, Dr., 德国海德堡大学工业与组织心理学教授。主要研究领域：工作领域设计，培训与人力资源管理，转变管理和健康管理。

Spöttl, Georg, Dr. phil., Dipl. -Ing., M. A., 德国不来梅大学技术与教育研究所(ITB)原所长，职业学研究教授。主要研究领域：机械技术领域的教学论，国际职业教育，职业教育，课程开发，教与学的过程。

Stegmaier, Ralf, Dr. phil., 德国海德堡大学工业与组织心理学助理教授。主要研究领域：工作领域设计，培训与人力资源管理，转变管理和健康管理。

Straka, Gerald A., Dr. phil., Dipl. -Hdl., 德国不来梅大学技术与教育研究所(ITB)教授。主要研究领域：经验性学习，教学研究，评价研究。

Stuber, Franz, Dr. phil. habil., 德国明斯特应用科学大学职业教育教师研究所(IBL)教授。主要研究领域：职业教育，工作与技术发展。

Uhe, Ernst, Dr. phil., 德国柏林工业大学职业教育学院，建筑技术教学论教授。主要研究领域：职业教育学，职业教育政策，与主体相关的施工与设计技术教学，普通教育与职业教育的关系，校本或企业职业教育与培训。

Unwin, Lorna, Ph. D, MPhil, BA, PGCE, 英国伦敦大学教育学院教授。研究领域：不断变化的经济中的职业教育；学徒制作为学习模型；工作在人的生活中的位置。

Weber, Susanne, Dr. rer. pol., 德国慕尼黑大学工商管理学院，经济教育学教授。主要研究领域：评价与测量，专业化学习，复杂教学安排，原有经验的作用，个体和合作学习过程中的互动。

Wehner，Theo，Dr. phil.，Dipl. -Psych.，瑞士苏黎世联邦理工学院管理与经济系，工作与组织心理学教授。主要研究领域：心理学视角的组织发展，创新的心理学研究，学习与知识迁移，现代工作导向的社会中的志愿工作。

Witzel，Andreas，Dr. phil.，Dipl. -Psych.，德国不来梅大学国际社会科学院（BIGSSS）档案馆长。主要研究领域：职业社会化，传记和生命历程研究，解释社会学研究。

徐涵，Dr. phil.，沈阳师范大学教育学院职业教育学教授。主要研究领域：职业教育基本理论，职业教育政策，职业教育与社会发展。

赵志群，Dr. phil.，北京师范大学职业与成人教育研究所所长，职业教育学教授。主要研究领域：职业教育课程开发，职业教学论，资格研究与能力测评，国际职业教育。

Zimmer，Gerhard，Dr. phil. habil.，Dipl. -Psych.，Ing.（grad.），德国汉堡国防军大学，职业与工业教育学教授。主要研究领域：远程教育的教学与评价，基础和高级训练改革，任务引领教学法，自动化与能力发展，工业领域的工作发展与学习文化。

序

　　展现在我们面前的是德国不来梅大学技术与教育研究所(ITB)创始所长菲利克斯·劳耐尔(Felix Rauner)教授、联合国教科文组织职业教育中心(UNESCO-UNEVOC)原主任鲁珀特·麦克林(Rupert Mclean)教授合作主编的 *Handbook of Technical and Vocational Education and Training Research* 的中文版(以下简称《手册》)。《手册》由德国等欧洲主要国家以及美、澳、日、中等重要国家的知名学者撰写专题或国别研究案例，其英文版由国际著名学术出版社施普林格出版社出版。

　　《手册》是一部为职业教育研究者和高校师生提供的全面反映当代职业教育研究任务、问题、方法和进展的工具书，内容囊括了多个相关学科的理论、思想和方法，涵盖职业教育研究史、职业教育研究与政策的关系、职业教育体系、职业教育规划与发展、职业教育经费与投入、职业研究、职业工作与能力发展、职业教育教与学的设计、职业教育研究的典型案例、职业教育研究方法论和职业教育的研究方法等内容。

　　《手册》的英文版促进了国际职业教育研究的发展，得到了国际学术界的广泛认可。联合国教科文组织职业教育中心已在此基础上策划出版了《技术与职业教育与培训国际文库》(International Library of Technical and Vocational Education and Training)高水平学术系列丛书，以推动全球职业教育科学研究的发展。

　　进一步讲，《手册》的意义远远超出了一般性的学术典籍。《手册》内容很多出自国际职业教育研究开宗立派的重量级人物之手，其质量和成色是可以信赖和有保证的，正如赵志群教授在"译者说明"中所讲的："本书无论是作者的国际性之强、资历之深，还是书中内容涉猎范围之广、探讨的理论之深，均为当代职业教育研究著作所罕见。"劳耐尔教授在《手册》英文版序言中也写道：这是一本"全面呈现国际职业教育研究传统、问题方法和成果的"集大成之作，它描绘了当代国际职教研究的较为完整的谱系。

　　《手册》是国际化跨学科研究共同体协同完成的创新成果。它再现了上世纪后期以来以劳耐尔为代表的德国职教改革派学者以及与之有紧密科研合作关系的多国研究者，秉承"设计导向"职业教育指导思想，在职教基本理论、体系建设、课程和教学设计、教师培养以及职教研究方法论方面进行的涉及面极为广泛的理论探索和改革实践,将为我国职业教育改革与研究提供国际经验和理论参照。

《手册》之于职教研究的意义还在于,它提供的不仅是高水平的文献综述,而且还是一种研究取向或方法论的示范。职业教育跨学科组织形式以及"领域特殊性"方法论特点,决定了它是一种跨学科的整合研究;相应地,在研究方法上也应"吸纳和采用不同学科的研究方法论和具体研究方法"。在这方面,如本书引言所言,"《手册》对职业教育研究方法论进行了系统化的梳理……提供了日臻成熟的适切的观点。"这样的方法昭示和学术示范,对我国的职业教育研究具有启迪意义和指引效用。

在职业教育学术研究日益国际化的背景下,"职业教育正在成为国际质量竞争、创新和确保国家繁荣的决定性因素"(英文版序言),职业教育研究也成为国际教育研究的一个焦点。我们应当清醒地看到,我国职业教育研究还是一个相对薄弱的领域,职业教育改革发展迫切需要理论支撑。在这样的背景下,由赵志群教授领衔凝聚一批职教专家历时数年,把《手册》编译成中文,引进优质的国际学术研究资源,这本身就是一件值得称道的事。它可以帮助我们打开视野、启迪思想、借鉴方法、超越创新,助力我国职业教育研究突破瓶颈、再上台阶,引领我国职业教育的实践,并帮助提高我国学者在世界职业教育研究中取得更多的话语权和影响力。

国家督学

教育部职业技术教育中心研究所所长、研究员

杨　进

2016 年 12 月 30 日

译者说明

随着我国职业教育事业的发展壮大，职业教育的科学研究不断深入，研究领域也逐渐扩大，并取得了很多有价值的科研成果。然而从总体上说，我国职业教育研究的水平仍然不高，影响力也非常有限，如目前研究型大学普遍看重的主要科学文献索引（如 CSSCI 等）中甚至没有一本职业教育期刊，各种高水平研究机构也普遍缺乏对职业教育的关注。

为了走出这一困局，职业教育科研人员正在通过各种方式探索提高研究水平的途径。例如，有学者建议，应建立具有统一研究范式和方法论的"职业教育学科"，即所谓的"职业教育一级学科"，理由是职业教育已经发展成为综合性的研究领域，其研究对象、方法和成果涉及和渗透到教育学、经济学、社会学、心理学甚至自然科学和工程科学等多个现有一级学科领域。且不说将这一建议付诸实践的可能性有多大，事实上，在日趋复杂的现代社会中，任何一个学科都很难回答和解决一个复杂社会和技术领域的全部问题。职业教育研究要想提高质量并在学术界争得一席之地，首先要开展高水平的多学科和跨学科研究，重视方法论的建立和研究方法的发展。职业教育研究发展的机遇在于，将随机和分散在多个研究领域的研究进行有效整合，并像其他"成熟学科"那样，尽早开展有关研究方法和方法论的研究（即元研究）。

2005 年，当我刚刚拿到德国不来梅大学劳耐尔（Felix Rauner）教授赠送的德文版《职业教育科学研究手册》时，便意识到该书有可能为职业教育研究开辟一个崭新的天地。这一由德国当代有重要影响力的学者合著的力作，不断在短时间内再版，也开创了德国职业教育权威典籍编辑出版的先河。由于其巨大的学术影响和对职业教育科研的里程碑意义，联合国教科文组织职业教育中心（UNESCO-UNEVOC）决定编辑出版其英文版，并以此为基础与著名的学术出版社施普林格（Springer）合作出版《技术与职业教育与培训国际文库》系列丛书（International Library of Technical and Vocational Education and Training）。

英文版《国际职业教育科学研究手册》增加了英、澳、美、日和中国等国重要作者的文章。早在 2007 年英文版编辑工作结束时，我们便着手进行中文版的翻译。本书的翻译出版工作比预想的要困难，原因是：专业英语或德语译者由于不了解职业教育，其译文尽管忠实原文，但是读者却很难理解；由于语言水平和中国传统学科设置所限,职教研究者往往也无法完全理解其内涵并进行准确翻译。目前呈现在大家面前的这本著作与德文版和英文版在结构上有所不同,主要是分成了上、下两册:上册为职业教育的宏观问题研究,下册讨论职业教育的中、微观和方法论问题,以满足不同读者的差别化要求。

关于翻译工作中的其他一些具体事项简单说明如下。

(1)译名。书中每篇文章的作者名均采用原名,以方便读者查找作者的相关文献。为了方便查找书后的参考文献,文中引用的外国人名一般都不翻译,只有极少数特别著名人物的名字会直接译成中文,如马克思、杜威等。日本作者译名均已核实了真人姓名。

(2)地名。外国地名根据中国地名委员会审定的《世界地名录》统一;该书未收录的和非英语国家的生僻地名根据通用译法译出,或者保留了原文。

(3)为了节省篇幅,在正文中,一般的机构团体和杂志名称只标明缩写,感兴趣者可以很容易地通过互联网搜索引擎或相关网站找到其全称,但重要的职业教育专业机构的原文全称以脚注方式标注。根据读者要求,在正文中只出现学术著作和重要报告的中文译名,原文以脚注的方式呈现。

(4)书中所引用的参考文献以附录形式出现于书的最后,并以原书格式排版,相应正文中以圆括号简单标注作者、年份及页码,或只标注年份或页码,如(Lempert 2002,72)和(Wahler 1997)等。为了节省篇幅,对多次出现或者不是直接引用的文献,中文译文删去了页码。当参考文献作者为三人以上时,仅标明第一作者名字,其他用"等"表示,如(Gutschmidt 等 1974)。

翻译的最高境界是做到"信、达、雅",由于本书极强的专业性,这一理想化的目标可能还很难完全实现。考虑到读者的实际情况,我们对一些原文中需要较强"背景知识"才能理解的概念和事件做了简化处理。例如,联合国教科文组织对职业教育的标准概念是"技术与职业教育与培训"(Technical and Vocational Education and Training, TVET),在多数情况下我们都简化翻译成了"职业教育";英语中的 vocational training 一词在很多语境中也超出了汉语"职业培训"的含义,而包含大量"教育"的成分,为了保证一本书中概念的一致性,有时我们将其翻译成"职业教育",等等。另外,对于原文英文和德文版有细微差别的文章,我们采用了比较容易理解的译法;对于时效性过强的某些内容,我们略做了删节。我们建议,对于需要、也有基础深入了解文中精确含义的读者,可对照英文或德文版阅读。

最后需要说明的是,作为职业教育研究的经典工具书,本书无论是作者的国际性之强、资历之深,还是书中内容涉猎范围之广、探讨的理论之深,均为当代职业教育研究著作所罕见。为了保证译文质量,我们邀请我国职业教育研究界的重要学者组成了学术指导委员会,他们在长达五年的翻译、审定和编校工作中提供了很多帮助,在此谨表示诚挚的谢意。尽管我们付出了巨大的努力,但是由于能力所限,书中一定还存在很多不足甚至错误之处,恳请广大读者提出宝贵意见。

赵志群

2013 年 1 月 于北京师范大学

致中国读者——中文版序言

Felix Rauner

大约在 10 年前，我开始在德国组织有影响的职业教育学者共同编写一部有关职业教育科学研究的手册，以期为职业教育研究者和高校师生提供一本全面反映当代职业教育研究的任务、问题、方法和最新进展的典籍性工具书。2005 年，德语版《职业教育科学研究手册》(Handbuch Berufsbildungsforschung) 出版并得到了国际学术界的认可。不久，受联合国教科文组织职业教育中心 (UNESCO-UNE-VOC) 的委托，我与 Rupert Maclean 教授合作，在此基础上共同编辑英文版的《国际职业教育科学研究手册》。

根据我个人的了解，近年来中国职业教育取得了很大的发展，职业教育研究也取得了进步。我预计中国职业教育科研人员会对参与这项工作抱有兴趣，于是与赵志群教授共同邀请中国重要学者如石伟平教授、姜大源研究员等一起参与英文版《国际职业教育科学研究手册》的编写工作。从这种意义上讲，本书本身就是一个中国和国际职业教育科研合作的结晶。

本书中文版翻译工作从 2008 年就开始了，当时在华东师范大学召开了规模较大的第一次工作会议。我高兴地看到很多中国有影响的职业教育学者对此项工作给予了很大支持。我预计本书的翻译工作可能会遇到两方面的困难，第一是内容方面的困难，书中内容大大超越了当前中国职业教育研究的涉猎范围；第二是研究传统方面的困难，西方职业教育研究学术传统和研究方法论，与中国目前的职业教育研究也有很大差别。

目前呈现在大家面前的《国际职业教育科学研究手册》(中文版)与德文版和英文版在结构上有少许不同。按照中国同事的建议，《国际职业教育科学研究手册》中文版分上、下两册分别出版：上册为职业教育的宏观问题研究，下册讨论职业教育的中、微观和方法论问题，以满足不同读者的差别化要求。当然，本书依然保持了原书的基本内容和结构特点。

我相信您将会发现，这本《国际职业教育科学研究手册》(中文版)结构严谨、信息丰富、内容有趣，书中全面总结了国际职业教育研究的最新主题和研究成果,是一本具有很高学术价值和国际意义的职业教育研究工具书。书中内容涉及欧洲、亚洲、北美洲和澳洲等对职业教育发展具有重要参考意义的地区,您将由此了解不同国家在职业教育研究中遇到的问题和解决方案,当然也包括至今尚未解决的问题,了解不同文化背景的人对职业教育规律的认识和理解。

在当前的全球化时代,中国经济是否能够保持长期和稳定的发展,在很大程度上取决于经济结构调整和产业升级是否成功,职业教育在此扮演着重要的角色。希望本书的出版能对中国未来的前途有所帮助。

最后,我要衷心感谢中文版的译校者和北京师范大学出版社的编辑,以及为本书出版付出辛勤劳动的人们,相信他们的工作会被广大读者所肯定。

感谢北京师范大学赵志群教授对本书出版所付出的努力。

Prof. Dr. Dr. h. c. Felix Rauner

德国不来梅大学

2012 年 12 月

英文版序言

当前，职业教育研究已经成为国际教育研究的一个焦点。国际化的职业教育研究既体现在欧洲研究网络（VETNET）年度会议上，也表现在欧洲一体化进程中实施的各种职业教育研究和发展项目，以及世界银行、世界经合组织、国际劳工组织和联合国教科文组织等开展的旨在促进各国（特别是发展中国家）职业教育体系发展的国际项目中。职业教育对全球经济发展至关重要，它为就业体系培养了大量中间层次的技术工人，但是职业教育研究在很大程度上仍然受到各国职业教育传统的影响。

国际技术和经济的发展变化影响着职业教育，国际化劳动市场的建立依赖雇员的跨国流动，这使人们对职业教育研究的兴趣变得越来越大。希望《国际职业教育科学研究手册》（以下简称《手册》）的出版，能为支持这一发展进程和在国际学术界展开高质量的职业教育研究做出自己的贡献。《手册》的德文版早在2005年就已经出版。为了使《手册》更加满足国际化的要求，我们对很多文章进行了修改和完善，同时还增加了一些文章。对职业教育研究是否可以成为教育研究中一个独立而高水平的研究领域问题，本书作者以令人信服的方式给出了肯定的回答。《手册》还有一章专门深入探讨研究方法问题。

职业教育研究建立在不同学术传统和学科基础上，从工业社会学的资格研究到各个职业学科的教学论研究，职业教育研究的核心内容已经发展成为专门而独立的领域，它与其他任何研究范式都有一定区别。职业教育研究与教育学、劳动科学、社会学、经济学和工程学在研究问题、研究方法和研究成果上有很多共同之处，但是对职业教育体系、职业和职业领域发展以及职业教育过程设计和评估等问题进行的基础性研究，只属于职业教育研究的范畴。

技术和经济的高速发展，以及雇员资格的国际化和本地化双向发展趋势，对职业教育研究提出了巨大的挑战。职业教育正在成为国际质量竞争、创新和确保国家繁荣的决定性因素。职业教育研究涉及职业教育的基本反思、典型试验发展和国际合作质量监控等多方面的内容，本《手册》不仅为职业教育研究提供了知识和指导，而且可以帮助职业教育研究在质量上与其他学科研究展开竞争。

本《手册》是联合国教科文组织职业教育中心（UNESCO-UNEVOC）组织编写

的职业教育文库的一本,目的是帮助各国职业教育研究工作者以更加专业化的方式组织和开展研究工作。职业教育研究可以在职业教育实践、职业教育政策和教育研究之间架设起一座沟通的桥梁,这也意味着,为职业教育改革创新提供更好的资源。

本《手册》收录的 142 篇文章是 128 位重要学者的共同心血。作为主编,我们在此向他们表示衷心的感谢。在这一年半的合作中,作者们做出了巨大的贡献,不仅是因为他们的论文,也因为他们提供的有价值的建议和严格遵守时间。特别感谢各章的主编,他们提供了很多方案性建议,对各章内容的审定以及提高整书的质量做出了巨大的贡献。没有他们的努力,世界第一本全面呈现国际职业教育研究的传统、问题、方法和成果的《手册》是不可能顺利出版的。

本书的出版是职业教育研究迈向国际化之路的一大步。尽管如此,职业教育研究仍然需要更为系统和深入的国际合作。特别感谢德国不来梅大学技术与教育研究所(ITB)和联合国教科文组织职业教育中心(UNESCO-UNEVOC)。对本《手册》存在的不足和疏漏之处,敬请读者提出批评指正,以便再版时进行改进。

Felix Rauner,时任不来梅大学技术与教育研究所(ITB)所长
Rupert Maclean,时任联合国教科文组织职业教育中心(UNESCO-UNEVOC)主任
2008 年 10 月

目　录

6 职业与职业学研究

6.1 职业开发研究

6.1.0 职业的发展

Georg Spöttl   Morgan Lewis

6.1.0.1 引言

职业是如何发展确定的(参见 6.1.1)？这是一个基础性的研究问题。因为"职业"这一社会现象和获得相关资格，并不是技术工人完成工作任务的唯一方式(Dostal 2005)。一般而言，职业资格的获取有多种方式，通常是在工作实践中实现的。Dostal 作为职业研究领域的重量级人物，曾对"职业"这个简单概念的复杂性和模糊性进行了深入的研究(Dostal 2005，105)。路德(Luther，1483—1546)的工作则使"职业"和对这一概念的传统理解成为了专门研究议题，并引发了多种观点。其杰出贡献在于：用"职业"指代各种世俗工作、办公场所、社会地位甚至世界上的所有活动(Wolf 1969)，从而打破了职业与教士之间的那种单一联系，即职业不再只是宗教中的"天职"。

纵观社会近期发展，人们可以清楚地看到，职业工作正朝着"专业化"(professionalisation)的方向发展，并不仅仅是像美国社会学家描述的那样，是为了巩固高级别的岗位，特别是学术性工作的地位。相反，强调对"实践性工作"的"专业化"改造，正成为当前社会所特有的一种工作方向。从这一点来看，国际上有

1

关"职业"的研究还很不充分。在很多研究中，职业问题往往被简化为一种生产性的岗位工作问题，或者是就业能力问题，而没有深入到其他相关的社会本质问题，而这恰恰对职业教育至关重要（参见6.1.2）。也就是说，为了确保教育能够实现其"共同设计社会发展"的目标，必须使学习者真正融入社会结构中，并逐步提高其能力。

如果没有相应的（职业）资格研究，开展职业教育工作简直无法想象。而资格研究的内容不但包含对工作、行业和技能的分析、课程开发，还必须考虑学习过程的设计问题。对此，必须避免各种一元决定论的思维方式，无论其性质如何。我们之所以特别强调这一点，是因为职业教育发展到今天，正不可避免地走向工作导向（Georg 1996a；Fischer 2003a）——确定"职业轮廓"（即职业描述）与课程开发之间联系的重要性得到了业内充分认可。但是资格研究的焦点不能只集中在工作要求这一根"支柱"上，因为还有许多变量对确定职业轮廓具有重要的影响，如社会对教育的要求等。要想厘清职业教育的设计基础，必须对工作世界的种种挑战进行分析。以此为基础，才能明晰教育体系、就业体系及其"外部"因素之间的关系。而要形成社会认可的职业轮廓，一个重要前提就是协调教育取向与"现实社会"取向之间的关系。实际情况也与上述论点完全吻合，即有关职业轮廓设计的旧有逻辑已不再适用，必须对专业构造进行重新的设计（参见6.1.3）。

完成职业性的工作任务并取得一定绩效，这种能力的培养是职业和职业教育的第二个主要"支柱"。任何一个职业都是由多方面因素共同决定的，不能将其简单视为实施某项具体工作或获得一些特定的技能。这种简化会将职业认识局限在很窄的领域内，从而阻碍职业教育的健康发展。从这个意义上来讲，职业研究不是单一学科的问题，而是需要通过跨学科的研究方式进行，否则研究进展缓慢就不足为奇了。虽然职业研究也会用一些通用的社会科学和职业科学研究方法，但事实上这些方法的适用范围相当有限（Dostal 2005）。迄今为止，无论是大学中进行的职业教育学研究还是其他科学研究，都未能将职业研究提高到一个较高的水平。新兴的职业学研究是否能够成功地实现这一目标，目前也不能肯定。当前职业研究讨论的主要问题是：

> ➢ 对职业性的工作任务、工作过程及相应工作方法进行分析和系统化处理；
> ➢ 职业及职业领域的设计；
> ➢ 工作、学习以及二者关系的设计；
> ➢ 职业的变化、布局以及分类；
> ➢ 资格与能力；
> ➢ 从普通教育到职业教育培训的过渡，以及从教育到就业的过渡；
> ➢ 全球化引发的工作和职业的变化；

➢ 对资格和职业预测需求的早期识别。

以上职业学的研究领域并没有涵盖所有职业科学的研究课题，如身份定位以及从社会学、哲学和文化特征方面对职业的思考等。职业科学研究主要采用实证研究方法。这一点，本章所有内容都予以了证实。总而言之，职业教育相关学科对职业进行的研究，可以理解为一种对工作世界的实证研究，主要通过质性研究方法对行业和技术工作进行分析。从研究中获得的成果可以为职业教育的政策制定提供依据和建议，从而为职业能力开发工作的职业轮廓设计、课程开发和教学过程设计等提供支持（Becker/Spöttl 2006）。

Howe（2005）通过深入研究职业领域的发展历史，重点强调了职业结构和职业轮廓的重要性。在以往职业教育研究中，即时性研究占据着主导地位，而职业领域和具体职业的发展历史的研究一直不被重视。假设职业结构在德语国家中仍将具有重要意义（这一点目前尚无法预测），那么对职业领域发展历史的研究应当继续下去。否则，如果仅仅采用模块化培训或"欧洲资格框架"（European Qualification Framework）等职前培训或继续教育模式，那么就要重新澄清一些基本问题如职业领域的重要性、群集式方法或行业要求等。Howe 进行的职业教育史研究，深入探讨了双元制职业教育、工业学徒培训、手工业学徒培训和其他职业教育体系的发展，并厘清了它们之间的联系，取得了丰硕的研究成果。如果德语国家的职业结构模式能够持续发展，职业领域的研究就不会停滞。而按照盎格鲁—撒克逊文化的职业结构模式发展，则会使研究重点转向"对变化过程的讨论"和"对变化前后差异的描述"上，即着力探讨职业教育与培训在全球化背景下产生的新变化。在第一种情况下，因研究对象的核心是（职业）工作世界和工作者个体，故职业科学和教育科学的研究仍会占据主导地位（Becker/Spöttl 2006；Buchmann/Huisinga 2006）。

6.1.0.2　职业教育科学研究

在职业教育科学研究领域，职业发展研究内容主要包括工作、工作过程、工作变化及其相关启示。通过研究这些内容，可以得出有关资格需求、资格与职业轮廓、课程设计和学习效果评价等方面的某些结论。

针对资格问题进行的（职业）教育科学研究基于以下基本认识，即对课程研究、课程开发和课程设计的深入认识，必须有助于该职业的发展和进步。然而，没有翔实的有关工作能力需求的实证依据，就不可能实现上述目标，其研究成果也不可能得到社会的肯定。社会所需要的工作能力是技术、经济、法律和科学综合发展的结果（参见6.1.1）。

未来对资格需求的"早期识别"研究将会发挥重要作用，这至少包括两种类型的研究：

（1）预测性和展望性的职业教育研究（Grollmann 2005a；Schmidt/Steeger

2004；Schmidt S. L. 2003）。

（2）以职业教育科学为重点的研究（如 Windelband/Spöttl 2003a/2003b；Spöttl/Windelband 2006；Höpfner 等 2007 年的研究）。

预测性和展望性的职业教育研究始于 20 世纪 60 年代，是针对职业教育未来发展进行的研究，致力于为职业教育规划和课程开发提供可靠的实证依据。长期以来，人们一直怀疑：既然未来肯定是开放和不可知的，那么这类研究是否能得出科学的研究成果？支撑预测性研究的因素包括：传统教育规划和教育经济研究；技术发展后果评估分析；经济、社会科学预测研究；产业社会学研究以及无数由上述研究衍生出的其他研究。逐渐地，人们开始从多个方面对这种研究方法进行批判和反思，并最终将它定位成开放性的、设计工作和技术发展的"预期拐点"，因此预测性研究是一种"相对性"研究（Martin/Rauner 1988）。

预测性研究和展望性研究相混合的研究形式，在 21 世纪初欧洲 FREQENZ 研究项目中被普遍采用，其依据是对资格需求的早期识别以及对新就业领域的界定。这些研究成果集中在对未来发展趋势的预测方面，同时还总结出了对资格需求早期识别的职业教育科学研究方法。这些研究的目的是对劳动市场的变化做出定性评估，而不是对其长期发展趋势进行判断。预测性和展望性研究指出并全面分析了资格需求内容的各种中期变化，其目的不仅仅是考证确实存在的资格需求，而且还要弄清与这些资格需求相对应的职业轮廓设计方面的变化。显然，这些研究比 FREQENZ 的研究更加深入，因为它提出了特定领域中的资格内容方面的问题。

与 FREQENZ 研究和一般的社会学资格研究相比，职业教育科学的早期识别研究对资格问题进行了更加深入的探讨，并明确了未来的相关研究领域，因此具有特别重要的意义。职业教育科学与社会学的资格研究的区别，主要表现在两类研究对"资格"这一概念的不同认识上（Mickler 2005）。社会学的资格研究不关心具体工作任务中的工作内容和质量，其研究重点是企业社会技术系统内部的工作技术和组织条件（参见 6.1.5）。对于资格需求分析，工业社会学研究一直倾向采用 Hacker（1973）的观点，并在此基础上发展出了四种工作能力需求，即感觉运动性行为、感知性经验行为、诊断和计划性行为以及工作动机（Mickler 2005）。该研究认为，对工作中面临的基础性挑战都可以用上述工具进行描述，然而却没有说明如何去设计某个职业的职业轮廓和确定该职业的基本内容。因此，确定职业和职业轮廓开发的问题，只能通过不同研究领域的职业发展研究成果进行综合、深入的探讨才能解决。

6.1.1 职业研究

Werner Dostal

6.1.1.1 职业研究的起源

千百年来，人们通过艺术、文学和科学证书方式对职业和职业活动进行描述和评价。在历史文献记载中，尽管与职业有关的内容经常被忽视，但人们还是可以从一些特殊的历史事件中找到蛛丝马迹。从传统职业研究的描述性结果可以发现，对职业现象的描述需要一个专门框架，从而为职业研究提供一个科学的基础（Molle 1968）。只有达到这个水平，有关职业现象和职业分类问题的研究才可能名正言顺地进入公认的科学殿堂。

德国早期分散在各个学科领域的职业研究，只是围绕职业的边缘性问题开展一些粗浅的研究，其结果并不令人满意。20 世纪 60 年代，随着德国劳动市场与职业研究所（IAB）的成立，职业研究实现了"机构化和制度化"。与此同时，职业教育研究也随着德国联邦职业教育研究所（BIBB）的建立有了一席之地。

最初，职业研究并没有稳固的认知基础。Fenger 认为："迄今为止，还没有发展起来系统完善的研究方法，对复杂的'职业'现象和各个具体职业进行研究。……职业研究还只是一个笼统概念，用来表示所有与广义的职业或具体职业有一定联系的、针对任何问题、任何形式的研究活动（1968，328）。"

我们开展正式的职业研究活动已经 30 多年了，期间产生了很多理论、研究方法和成果（重要成果参见 Mertens 1988；Kleinhenz 2002）。本文仅简单介绍与就业和劳动市场有关的研究方案和成果，并说明职业研究与职业教育研究之间的关系。

6.1.1.2 "职业"的定义和界定

首先，有必要对"职业"这个概念进行解释。职业是一个产生于日常生活，并在科学研究中经常使用的专有名词，有着多方面的含义。德语"职业"（beruf）的含义比英语丰富，包含了英语词汇 profession、trade、job、career 和 vocation 等词的全部或部分含义，因此很难将德语"beruf"准确翻译成英语。事实上英语"职业"（occupation）一词在日常用语、技术和科学等领域也有不同的用法。文献分析表明，对"职业"的定义、描述和解释多种多样（Dostal 等 1988，422）。"属于一个职业"，并不局限于就业和职业教育领域，它还反映了一种复杂的社会结构，并在很大程度上决定着个体在社会中的定位。此外，职业还意味着人的基本要求和权利。以下是对职业重要特征的认识。

➤ 自主择业是个人自由发展的基础（《基本法》第 2、12 条）；
➤ 职业是个人生涯规划的中心（Crusius/Wilke 1979）；

➤ 职业是社会分工的手段(Beck/Brater/Daheim 1980);

➤ 职业使社会角色稳固并得以延续(Hesse 1972);

➤ 职业是社会分配的基础(Crusius/Wilke 1979);

➤ 职业是工作地位的保证(《劳动促进法案》(AFG),《社会法典》(SGB));

➤ 职业整合了就业社会的价值(Beck 1996);

➤ 职业活动利用了特有的技能资源(Maier 1996)。

职业的多维度性决定了人们无法对职业做出一个简单而又明确的定义。如果只是把职业简单归结为人们所从事的职业活动或特定的职业资格,那么职业的概念是不完整的。除了将组成职业的各种要素进行罗列外,这些要素之间的综合作用和相互协调也构成了职业的另外一个特点,这个特点造成个人和社会对不同职业的不同认识。职业不是一些相互孤立的要素的简单组合,而是其一个多样化的有机"集合体",且具有坚实的职业认同。职业的定义包含以下维度:

➤ 工作任务与岗位活动;

➤ 所要求的资格、经验和能力;

➤ 使用的工作方法和技术;

➤ 相关的工作手段;

➤ 影响职业活动的原料、材料和产品;

➤ 企业应用场所;

➤ 工作地点和工作环境;

➤ 经济部门与行业;

➤ 企业岗位的上下级关系;

➤ 职业的地位;

➤ 入职与离职的灵活性。

在德国劳动市场与职业研究所(IAB)开展的职业研究中,通过以下特征对职业进行定义(Henniges 等1976; Hofbauer/Stooss 1977; Stooss/Troll 1988)。

➤ 按照一定的典型特征、知识和社会能力组成的、相互协调的多项资格的组合;

➤ 由工作材料、工作对象和工作环境组合确定的、从属于一定资格组合的任务领域;

➤ 由(工作人员方面的)资格和(工作岗位方面的)工作任务所确定的、与职务高低有关的"自由行动空间",它取决于地位(个人在企业中的地位)、所在单位(部门)和特定的工作环境;

➤ 社会分配和评价的结构性特征。

职业的多维度性、它的历史意义以及它始终要适应社会发展和生产劳动需要的特征,使研究者很早就意识到:在对职业进行分类的过程中,"完成岗位任

务……是职业的一个重要维度"（Henniges 等 1976，6）。由于通过观察法对现代
职业活动进行区分的困难越来越大，岗位观察在职业分析中已经逐渐被边缘化，
人们开始关注另外一些因素，如：

> 职业的社会平等功能；
> 通过职业建立社会和个人的认同感；
> 职业保护作为社会稳定的因素；
> 职业活动中的道德因素。

可以看出，广义的职业除了对就业体系中的任务和工作活动进行描述和组织
并确保社会正常运行外，职业还承载着其他社会分工和职责分配的任务。尽管这
些任务是历史发展形成的（Hesse 1972），但随着时代发展，它们也在不断获得新
的内涵和地位（Dostal 等 1998）。

工作世界和社会领域的各个参与者如雇主、行会、政治性机构、劳动局以及
教育机构等，都需要对职业做出定义并用简单模式加以概括。只有简单而明确的
定义，才能适应就业和培训工作的定向、实施和评价。迄今为止，对职业的定义
的确也具备了这些功能，特别是它以一种可以理解的方式，向外界解释着工作世
界的复杂性。特别是在选择接受职业教育时，"职业"可以帮助人们对今后可能
从事的工作的教育和管理情况做出预测。在此，对职业的划分和定义越清晰，就
越有可能做出正确的职业选择，从而决定接受什么样的职业教育。这就是所谓从
职业教育到职业实践的"第二道门槛"，它为未来的职业生活和社会定向奠定了
基础。

职业是个体在工作世界和整个社会中进行定位的基础。不同职业有不同的社
会形象和地位，它们对人的收入水平、价值观以及在职业工作内外的设计机会和
活动能力给出了一种信号。

6.1.1.3　职业研究的跨学科性

由于职业内涵非常复杂，人们很难从一个学科领域对其做出全面解释。虽然
大家习惯上将职业作为一种社会科学的参数，但它与其他学科仍然有着千丝万缕
的联系（Kurtz 2001）。总体上说，职业研究主要在两大领域进行，一是职业教育
研究，二是就业与劳动市场研究。由于每个研究领域都有自己的研究传统，因此
作为跨学科的领域，职业研究经常会受到传统研究的挤压，并经常处于被其他研
究领域吞并的险境。

这里的原因是，传统的职业教育研究对职业的关注主要集中在职业能力方
面。对职业研究是否重视，取决于从事职业研究的科研人员的学术地位，包括研
究人员的数量、研究方法和理论发展。在大学的研究也是如此。事实上，不论在
职业教育学还是在劳动科学领域，职业研究的地位都不太高。因此职业研究更适
合作为独立的研究领域，在专门的机构中进行，如 IAB、BIBB 或其他的教育、

劳动和创新研究机构。

6.1.1.4 职业研究的重点

职业研究的重点议题目前有以下几个方面。

1. 对任务、岗位活动及工作手段进行分析和系统化处理

即按照对职业分析的一般认识,对任务、岗位活动以及工作手段进行分析、结构划分和评价。各种现有职业划分文献均可以为进一步的职业分析提供帮助。按照经验,一般利用观察和询问法进行职业分析,如询问在职人员的工作活动等;也可通过第三方人员,如上级、同事或客户等了解职业情况。询问结果通常是一个专题报告,以多种形式阐述职业的各个方面。采用视听手段的现代多媒体技术可以使这种描述更加清晰形象。

职业分析的最新成果可以在联邦劳动署网站 BerufeNET(www. arbeitsagentur. de)和相关出版物上找到。它提供了经过系统化处理的、经过浓缩、评估和归类的职业信息。

此类职业研究的目的是厘清各种职业的特点和结构。职业研究的受益者一般是需要选择和确定职业的人以及他们的指导者(如老师和职业咨询师等),还有职业协会、职位招聘中介机构、社会伙伴及政府机构等。相关信息可以对职业教育体系的建立和发展提供支持。

多种多样的职业一方面是历史发展的产物;另一方面也随着工作专门化程度的提高和劳动分工发展而变得更加复杂。为了提高工作世界的透明度并更容易地理解这些发展,人们把具有共同特征的职业归纳成一个职业领域。不论是在职业指导还是在职业教育中,职业领域的划分都有非常重要的价值。职业研究的结果表明,职业领域的稳定性是相对的。当今社会,由于不断产生新的需求,职业也在不断发生变化,一些职业常被另一些职业取代,职业领域处于一个不断调整和改变的过程中,特别是那些由操作性较强的职业组成的职业领域。但是,职业领域间的界限对职业教育的影响一般是稳定的。

职业研究分为两个层面:

➤ 按照统一模式,对具体的职业进行进一步的系统化和结构化处理(Parmentier 等 1994)。

➤ 把单个职业聚集成职业领域或"职业群"(Hartz 等 2002)。

在实践中,这种系统化处理方式特别适合那些出于社会公众利益要求而需要进行特别保护的职业(如医疗卫生和技术监督方面的职业)、需要确定专业人员薪酬级别的职业群以及需要进行国际比较的职业。在企业人力资源规划和开发领域,经常使用与职业活动相关的职业分类方式。

2. 通过职业研究进行定位

职业的一个重要维度是职业的社会地位。每个职业在社会价值体系中都有一

定的地位。职业研究的内容包括调查各个职业受到尊重的程度、收入级别及其社会地位。

3. 资格和能力

一个职业可以通过对其所需要的资格和能力进行描述和评价的方式来确定。与职业教育研究类似但不完全相同：职业研究的任务是对职业所需要的能力进行归类，并确定相应的资格需求(Dostal 2003)；而职业教育研究的任务是促进个体职业能力的发展、开发课程以及发展教学方式方法。职业研究关注的是能力在职业活动中的作用及其对职业分类的影响。

职业研究揭示了就业体系中比较敏感的创新和变革特征。一般情况下，新的发展要求首先体现在一些具体工作岗位上，然后才能变得普适化，并最终被融入职业教育改革发展项目中。根据职业研究的结果，人们能够勾勒出一个职业的整体面貌，在此基础上就可以按照行业企业的愿望和要求进行职业划分，并同时对职业的重要性进行评价。

4. 以相关决策和门槛过渡为导向的职业研究

前文已经提到，职业研究可以为职业过渡的第一道和第二道门槛提供决策依据(Mertens/Parmentier 1998)，在这些门槛上具有个体和群体特征的行为方式，对职业研究也十分重要。人们在从普通教育学校进入到职业教育的择业和职业过渡(第一道门槛)中，必须对所选职业有一定了解，这样才能做出理智的选择；从职业教育进入就业体系(第二道门槛)时，针对现实就业市场的职业观更为重要。职业研究伴随着以上过程，并对顺利完成这一过程提供相应的支持。

5. 职业活力：职业变迁与职业更换

随着时间的推移，职业在不断发生变迁。所谓职业变迁；一方面指职业内涵随着新要求和新的外部条件发生变化；另一方面指新职业的产生和某些职业的消失。在此，职业研究的任务是：洞察和分析这些变化，研究旧职业消失的原因，并对职业变迁结果进行评价(Dostal 2002；Wingens/Sackmann 2002)。

与此相关的还有职业的专门化研究。职业的专门化研究的内容是，如何将过去不通过职业形式完成的任务和工作活动，放置到一个职业化的范畴中，即产生一种作为谋生手段的新职业。近年来特别是在服务领域，经常会产生出一些新的工作活动，这些活动过去并不是按照职业的形式进行的。

目前也存在着一种相反的发展趋势，即所谓的"去专门化"趋势，就是把过去在职业范围内完成的任务和岗位活动分散到职业以外的范围，这也意味着工作手段、技能资格和社会外部条件的变化。最近，还出现了一种"再专门化"的现象，即重新确定已经消失了的职业。

只有运用专门的职业研究工具，才可能解释和评价一个个体的职业变换行为。为此，职业研究提供了专门的标准和相关量表，用来定义一个职业的框架。

职业更换，意味着从一个职业框架到另外一个职业框架。虽然可以调查职业更换的主观原因，但是要想找到职业更换的客观原因却非常困难，因为这需要对那些主观原因进行系统的比较和客观的分析。

6.1.1.5 量化的职业研究

迄今为止我们讨论的研究基本上都是质性研究。事实上，对职业研究的量化研究的需求也正在不断增加。

开展职业研究的量化研究，必须引进准确的、严谨的职业分类，从而保证通过质的观察和询问得到的结果能够形成量化结果(Frieling 1980)。针对这种职业分类的特别要求，根据稳定的职业群可以将一些类似的案例整合成一个职业类别，不同类型的职业可以归入不同类别，以此将不同职业贴上了不同的标签。

当然，不同的划分标准会导致不同的职业分类，造成一些类别比较细，另一些则比较粗。通常职业分类有不同的级别，如大类、小类等。在一个分类系统使用不同的集合度。

正如职业本身一样，进行量化的职业研究的分类也是多维度的。现有职业分类主要按照职业名称划分类别结构，这些名称同时隐含着相关的工作任务和职业活动。但是大部分的职业分类还考虑职业地位和职业能力层面的问题，这在ISCO(《国际标准职业分类》)上表现得尤为明显，这使本来已经比较清晰的职业活动结构变得云山雾罩(参见 ILO 1990)。这种把不同维度的内容与职业等级划分进行混合的做法存在着很大问题，已经很不合时宜。然而由于目前有关劳动人口职业状况的数据库(如人口普查、就业统计和劳动市场统计等)都是根据这种分类方法组织建构的，因此就产生了巨大的信息损失。

原则上说，每一种有关职业的量化信息都应当有自己特定的类别特征。由于职业的发展非常灵活，按照这种类别特征的归类方式必须是开放性的，以便于修改和完善。职业研究结果发现，最好的方法是：首先按照年代发展顺序，将实证数据按照一定的特征(如职业名称)进行收录，随后再按照研究目标进行分类。这样一方面保留了原始数据的信息(如职业名称)；另一方面也可以把现有数据按照不断更新的分类方式进行重新处理，这样就避免了由于不恰当的或过时的分类方法造成的信息损失。

此外还建议，每一个与职业分类相关的维度都使用各自的分类方法，如工作任务、岗位活动、工作手段和资格等，正如人口普查按照文化水平、专业、地位和职位等分类的做法(www. destatis. de)。这种多维度分类方式过去无法用人工操作实现，现在可以很方便地通过计算机实现。

6.1.1.6 去职业化

工作世界的柔性化发展引发了很多关于资格的讨论，存在于职业岗位功能之外的"功能外的能力"成为讨论的核心，人们对传统的职业概念提出了批评，认为职业已经失去了原有的重要意义：如由于过于僵化，职业不能适应社会的快速发展和变化；由于过于狭窄，职业不适合当前对工作任务和岗位活动的综合性和全面性要求；由于依赖性过强，也不适合开放的劳动市场结构要求。劳动组织正在从岗位导向和职业导向，向过程导向转变，这无疑对"职业"提出了一道难题（Baethge/Baethge-Kinsky 1998）。有人甚至认为，职业最多也只是人们在职业教育领域人为地保留下来的一个概念。

事实上，在职业教育和职业教育研究中，也应当将职业现象作为一个重要的研究对象。在新的社会结构中，应当对历史上逐渐形成的职业特征进行重新定义。如今，人们已经不可能像过去那样，通过对相关技能的描述和归类来描述一个职业了。

过去人们通过职业的"一级因素"，如任务、岗位和工作手段对职业进行分类和描述，现在却按照职业的"二级因素"对职业进行分类，如社会地位、工作环境和自主权等。这样，对职业的理解就从核心因素转向了边缘因素。按照工作活动的表述方式，显著降低了职业的复杂性和综合性要求，对职业的描述也就从职业层面转向了岗位活动层面。在德国联邦劳工署的数据库中，通过现代信息技术建立了一个"虚拟劳动市场"提供职业介绍服务，它将传统的按照职业进行归类的模式，变成了按照能力轮廓（profile）进行归类的模式。

在全球化的背景下，在国际人力资源开发领域人们也进行了大量的任务分析和岗位活动分析。这些分析在没有进行完整的职业分析的情况下，似乎也能发挥不错的作用。

这一切均催生了"去职业化"的现象。如果能证明去职业化现象是合理的，那么对职业研究的发展是非常不利的。然而，在目前对职业的概念性认识尚无法取得一致意见的情况下，得出这一结论尚为时过早，而且明显漏洞百出。可以肯定的是，一个职业承载的内涵越丰富、越全面，这个职业就会越稳定；反之，如果一个职业只有很少几个维度或较少的内容，就会很容易消亡或被忽视（Klinkhammer 1999）。

如今劳资关系变得越来越灵活，这减弱了人们对稳定的雇用关系的认同，也在很大程度上影响到了离职率（Voss 1998）。而传统社会的认同感（如家庭、居住地和宗教归属）的削弱，使得一些传统的归属感有可能转移到职业上来。因此，职业研究还肩负着另一项任务：将职业作为一种认同因素，帮助人们在时代巨变中找到一种核心的认同感，甚至价值观。

6.1.1.7　全球化下的职业

在国际上，人们一向认为职业是一种典型的德国现象，因此德国有必要在全球化的过程中对职业进行重新评价和结构调整。在这种背景下，甚至对"职业"这一理念的本身也要研究。目前很多国家是通过行业特征对劳动市场进行测量和描述，而不是通过职业分类方式进行的。

深入研究分析很快发现，很多人认为无法对职业进行统一分类的原因，并不是因为职业本身，而是因为各国职业教育体制之间的巨大差异，特别是德国在数量上占绝对优势的双元制职业教育的特殊性(Tessaring 1999)。人们无法建立对职业的统一认识的原因，是把职业模型简单地理解成了德国双元制职业教育体制中的"培训(教育)职业"。事实上，如果从历史形成的多种要素特征考虑，其他各国也存在着类似的职业结构。一般而言，企业管理运行独立性比较强的国家，与企业和职业联系不紧密的国家相比，职业的重要性要高得多。

《国际标准职业分类》(ISCO)在全世界得到广泛推广的事实，说明了各国宏观经济界对职业研究还是有很大的兴趣，特别是对量化研究。这同时也表明，至今为止还没有实证数据，帮助人们把岗位活动按照有效的职业分类方式进行系统化说明。如果职业研究能够建立起一种可比的结构，就能对各国的发展进行更好的归类和比较，并随着时间的推移不断对这些发展进行科学的评估。

6.1.1.8 职业预测

为了实现长期稳定的就业，择业者一般希望能对未来40～50年的职业生涯发展状况有一个高质量的预测，对此，职业研究目前尚无法完全满足要求，即便是将来也是如此。作为一种替代，职业和资格研究开发了一种所谓的"精确信息方案"(Chaberny/Schober 1988)，提供了一个通过各种相关数据组成的决策框架，从而至少能够对择业提供部分支持。这个方案考虑了灵活性和替代性(Kaiser 1988)要求，它们与劳动市场中产生和发展起来的谈判模式，共同影响着个人的职业决定。由于劳动市场的供给与需求双方无法实现完全一致，因此无论是求职者还是雇主，双方都应做好让步的准备，这一点至关重要。

职业研究的一项任务是：全面考虑职业的每一个组成因素，对灵活性和替代性潜力进行深入调查，并确定哪些因素能够保持长期稳定，哪些会持续发生变化。这有可能帮助人们获得对职业的一种较为客观的反映。

6.1.1.9 总结

职业研究不能忽视职业的多维度性。高质量职业研究的基础是对职业的合理定义，它一方面可以使个人能够借此(或者更容易地)确定自己的职业角色；另一方面也能明确反映社会就业体系的结构。作为职业的一个重要维度，在职业教育中获得的能力无疑是非常重要的，但不能排斥其他职业维度的重要性。

择业在职业教育开始之前就开始了，并由此确立了一种职业性特征，但这一点不能影响或者干扰在职业认同感建立过程中的其他多个维度。对就业体系中所要求的"王牌能力"，如人们经常谈及的关键能力(Mertens 1974；Bunk 等1991)，或者另一些相互矛盾的因素组合，有可能阻碍人的职业认同感的建立，至少在职业定向的早期阶段应尽量避免这些。

职业研究的任务是分析和设计职业结构，在这个过程中认识和明确职业内部各种因素之间的关系，并促进这些因素之间的协调。这样，职业就显示出了其作为个人认同感的载体以及对工作岗位进行规划和管理的功能。

6.1.2 行业分析

Georg Spöttl

6.1.2.1 结构化的需要

在人类文明史上，工作岗位结构和职业轮廓从未发生过类似今天这种带有浓厚后现代色彩的迅速而彻底的变革（Dauenhauer 1998）。除了辅助存储外，计算机控制了所有办公技术和通信技术。不仅如此，职业和技术的重组同样具有重要的意义（Spöttl 等 2003）。

研究表明，技术和工艺的变化，以及由此引发的结构性变化都会对工作岗位产生深远影响，并会导致职业资格特征以及相关职业描述发生显著改变。由此，行业分析开始引发人们的关注。然而，因为行业间的"界限"变得日趋模糊（如"是商业、职业、产业、行业还是技术的界限"这个问题还有待澄清），行业分析既无法描绘清楚资格特征，也无法设计完整的职业描述。技术不是行业分析的主要内容，但是行业分析包括技术分析，因为有的职业包含了多方面的技术，并涉及相近技术领域，衍生出所谓的"横向职业"（transversal occupation）。学术层面的一个典型例子就是经济工程师，他需要学习机械工程和企业经济管理方面的知识，而在职业教育层次的典型横向职业则是机电一体化。横向职业涉及的技术范围很广，应对其进行开放性的研究（如 IT）。技术在企业和工作组织方式中的不同应用，在很大程度上决定了职业工作任务的情境，对一个行业的发展会产生深远影响。由于职业分类和相应的职业轮廓始终处于发展变化过程中，需要不断地修订职业描述，对产业、行业、部门或类似领域及其变化的细致观察则是其重要基础。

"行业"和"行业职业"概念是当下热门的话题。"行业"作为职业描述的基础，在《杜登词典》的定义"作为专业领域的经济和商业领域"（Duden 2001，148）是模糊的。对经济和商业领域有不同的理解，这些理解要么非常宽泛要么过于狭隘，专业领域同样如此。在实践中，对行业也有各种各样的理解，如整个电子工业或仅其中的一部分都有可能被称为一个行业，如 HiFi 行业。这样的例子举不胜举。这种对行业的理解随经济和工业领域不同而不同，没有研究意义，也不适合作为研究对象。在职业科学和其他相关研究中需要对概念进行深入的定义，以便更好地了解工作世界的实质。因此，对行业和行业分析进行明确界定非常重要。

6.1.2.2 行业的选择及其定义

1. 行业模型的多样性

有关行业和产业讨论的核心问题,通常是宏观经济的结构划分。Fourastie(1954)在他的"三个产业理论"中描述了服务型社会的产生以及工业社会向知识社会的转型,将产业定义为:第二产业为制造业,第一产业是农业、林业和渔业,第三产业是服务业。除此以外,还根据国民经济不同部门对产业进行了相应划分,如农业、林业和渔业;制造业;商业和运输业;服务业(Helmstädter 2000)。

此外,还有很多其他的产业或行业定义,比如根据实现国民经济总值的经济主体(企业、政府和家庭等)划分或对服务业的 IAB 模型(Weidig 等 1999)。有趣的是,随着信息和通信技术的发展,有人曾经尝试引出"第四产业"的概念。现在看来,新的信息技术和通信技术被广泛使用,并不产生特别的产业范畴,只会涉及横向技术,而且确定新的信息技术产业并不利于扩大其影响和对其进行深入研究。

这个例子说明,任务和兴趣点不同,对行业和产业概念的理解和定义也不相同。

然而,行业的概念却是开展本领域研究工作的基础。在这里,首先要理解行业与职业领域的关系。一般来说,金属加工职业领域包括大量的行业和"产业",如汽车服务、加工制造、制造工艺和装备制造等。显然,这对行业或产业的理解是比较模糊的,只是一个用于进行一般性归类的分类形式。在职业教育研究中,对行业或产业的详细界定并没有太多的实际意义,重要的是理解行业以下两方面的含义。

(1)在宏观层面,确定对职业教育有重要影响的领域,并最终形成职业教育体系。对单个甚至所有领域的经济政策、发展方向、资格要求、职业特征等的研究,能获得当前职业教育体系发展的本质,并为制定职业教育政策提出依据。这些研究在很多国际组织如世界银行、德国技术合作公司以及一些国家机构中得到了广泛的应用(Spöttl 2000b;世界银行 1997;Schmidt J. 2003),为职业教育体系的进一步发展奠定坚实的基础,并由此获得很重要的质和量的数据,特别是典型的质的数据,如不同地区、行业、技术领域、学校和劳动力市场等的发展情况。尽管如此,Dröge(1995)的研究表明,这种宏观研究得到的有关体系结构特征的数据仍然完全忽略了过程相关的"系统行为"。要想避免这些问题,行业分析不能仅停留在宏观层面上。

(2)微观层面的研究不是针对体系的结构性特征,其核心任务是了解"专业工作的各个维度",如工作任务的变化和内容等,在不探究细节的情况下,获得能够确定"重构和开发职业轮廓和职业教育课程"的知识(Spöttl 2000a,207)。

通过以上两个层面对行业进行深入理解，可以对研究背景进行分类和界定，以确保研究的效度。行业研究界定的行业范围必须很容易区分，即宏观层面上对体系结构间联系的研究面比较宽，而微观层面上的应当更准确，以便了解特定背景的行业发展情况。在职业学领域的职业资格研究，更应当关注研究的背景，因为它对职业教育的内容影响很大，应多方面细分析"车间"（行业背景）的所有含义。

考虑到行业研究的研究对象在经济、社会结构、资格与能力以及职业方面的重要意义，就会产生这样的问题：如果上述分类研究方式还不合适的话，那么"行业"的特点究竟是什么？

2. 职业科学研究意义上对行业的定义

从研究方法上讲，一个行业主要包含以下内容。

➢ 一个具有可比较的和相似的职业任务、生产（维修或服务）结构的（专业）领域；

➢ 涵盖相同的（专业）领域，可以用于理解特定行业的发展情况（国内和国际）的数据、统计和论文；

➢ 按照统计学系统对职业活动的定义（NACE 2004）；

➢ 在结构上难以区分的产品、顾客、技术、服务和专业任务。

不难看出，清楚地界定一个行业的定义必须进行细致的考虑，如汽车行业。在初步的研究中，汽车行业包括汽车制造业、供应链以及相关的服务和维修业，涉及加油站、租赁企业、双轮车制造公司和二手车交易商等。如果以上面的定义为基础观察汽车行业，就能区分生产、服务维修和贸易。汽车制造商和配件商（产品生产商）属于第一个范畴，即生产范畴，服务、维修和贸易属于第二个范畴。第二个范畴的特点是直接面对客户，把贸易归到这个范畴，是因为它与服务和维修单位有关。二手车交易商、摩托车维修也归入此类，因为技术和服务与汽车业务联系紧密。而加油站和租赁公司应排除在外，尽管它们以销售和出租为导向，但在结构上与汽车服务、维修或贸易没有可比性（Rauner 等 1994）。

按照这个定义，在实践中分析"回收行业"就会出问题，因为一般的统计和标准中都不包括这个行业（如 NICE 或国际标准行业分类指南 1999/42/EG，L201/77），但 NACE 分类是有的。通常把回收行业定义为循环经济，由此可以选择一个概念——"闭环的废品经济"，这个概念包括了保护、避免和利用的过程，即回收过程（闭环）、废品再利用过程和再循环过程（广义的理解）。因此，这个行业包括适合市场需求的产品和废旧原料的收集、分类、翻新和生产等。在欧洲，对这一概念的理解至少包括 13 个部门，如废玻璃、废纸、废车、废木料、建筑碎料、旧纺织品和废电器等（Entsorgung 2000，37/38）。由此可知，垃圾焚烧、销售和处置也属于"循环经济"。从本质上看，这里的工作流程与上述情况不一样。这就保证了"行业"定义是一个确定的研究领域。如果没有这种定义，就会出现这样的风险，即把旧汽车和废车解体归入汽车服务和维修业，尽管这是一个典型的回收业例子，仍然可能得出简单的结论：汽车机械工的适合工作是解体报废车辆。在专业文献上，这就是所谓的"镜像职业（Spiegelberufe）"，它忽略了一点，即对汽车机械工和"回收者"的要求是完全不同的。"回收者"在循环经济中对制造汽车有所贡献，而汽车机械工的工作则是汽车诊断与维修，与"回收者"的任务完全不同。可见，两者的工作领域最终是从行业结构方面来区分的。在与行业有关的研究中，这种区别非常明显。

6.1.2.3　研究对象，与其他研究方向的界限

上文描述的行业界定方式的优点是，明确界定行业研究的对象并确定其重要性。举例来说，汽车行业或回收行业的社会学研究，首先研究的问题是行业发展状况和正在发生的变化，其次是社会技术特征，或许与信息和通信技术（ICT）的应用有关，并从中得出对培训的需求。职业科学研究是在这些明确定义的行业结构中开展的，如了解汽车行业中诊断工作的意义，或者回收设备中 ICT 的作用，或者完成工作任务所需要的实践性知识和理论知识。其研究结果可以明确：在什么地方可以进行案例研究和工作过程分析，从而得出职业描述，并开发工作导向的课程。

行业分析最根本的目的是对一个行业进行深入调查，从而确定如诊断工具受到哪些限制，它们与工作组织方式发展有什么关系，以及它们对资格水平、职业教育、职业轮廓、培训水平和具体培训措施有什么影响（Becker 2003；Blings/Spöttl 2003；Windelband/Spöttl 2003c）。行业分析是对生产层面的工作世界进行深入的职业科学研究的出发点，为行业的全面和深入研究提供基础，为破译"实际工作所包含的知识"创造条件。

不管行业的特点如何，在此既要考虑宏观层面又要考虑微观层面，都要将研究对象定义为广义的行业。在早期的研究如 FORCE 项目中，Kruse 在零售贸易中首先提出了行业研究的理念，Spöttl 对此进行了完善和发展，并提出了行业分析的研究对象（Kruse 1991；Spöttl 1992），这在新的欧盟 Leonado 研究项目中得到了应用，并证明了其理念的合理性。研究对象涵盖以下内容。

➢ 行业的界定和定义：行业之间的界限能够区分相关的经济领域，并涵盖所有的职业资格问题。只有具有完全不同的经济问题和生产方式的领域，才有必要区分开来。而且还需确保行业分析以一致的方式分析研究领域，并确保国内数据的可获取性。

➢ 现有研究的引证：如果经验能够被记录的话，建立国内现有研究成果和经验的索引。

➢ 行业的特征和结构：行业特征应回答以下方面的问题，如同一性或多样

性、历史背景、国家结构、采用的设备、工作对象、公司结构、专业化程度、工作和劳动组织形式等。

➤ 制度背景和社会背景：应该阐明社会伙伴（工会、雇主协会、行业协会等）的作用，劳动者在管理委员会和教育培训中的参与决策权和代表权。与之相关的还有企业的法律状况、参与联合企业的情况、工作时间限制、质量和安全保障规定、顾客权利保护和培训进修情况等。

➤ 行业的就业情况：以就业和资格为例，应对就业结构，包括近年来的变化、现有职业结构及其变化、培训进修状况以及人力资源发展过程（女职员比例、兼职工作者、资格结构和管理结构等）进行调查。

➤ 变革和变革的动力：确定用来描述变化的因素，如人口统计数据、技术变化和创新、商业环境、劳动组织和企业组织形式、信息化、国际化、职业结构、培训和进修要求，另外还需确定工作任务的变化。

➤ 培训进修与招聘：它取决于任务变化的重要性和程度，包括统计数据，培训和进修方案，筹资，企业参与，行会，工会，学校，目标群体，不同资格、水平职工的参与情况，企业培训范围等。

6.1.2.4 研究方法的特点及与其他研究领域的交叉

行业分析的目的是行业结构的整体把握，为职业科学案例研究的推广和工作过程研究做准备。作为独立的研究工具，行业分析的目的是了解选定行业的（专业）工作、技术和职业教育及培训情况，职业的工作过程起着核心的作用，这与人类学研究（工作分析）很类似。工作分析这种独立的社会学研究方法建立于20世纪70年代（Bergmann 1991），其研究的核心问题是"在职业的框架下，日常工作按照怎样的规则和方法进行"。这虽然不是行业分析所关注的问题，却是下一步职业科学研究需要考虑的内容。理想的交叉是：作为研究对象的"工作"是相同的，然而"工作研究"由处理工作任务的所有内容组成，正如 Bergmann（2003）提到的，其成果很难得到普适化。相比而言，行业分析的起点更高，能通过案例分析对工作世界进行更深入的研究，因此也与以下研究领域不同：

➤ 培训条例研究，因为培训条例的开发尚未生效；

➤ 劳动科学领域的资格研究，因为还没有对工作活动进行分析、评价和设计；

➤ 工业社会学研究，因为还没有涉及对工作的社会结构的复杂性进行多层面和多维度的分析。

6.1.2.5 研究历史与传统

20世纪90年代初期，职业科学研究背景下的行业分析，在欧洲 FORCE 项目中首次发挥重要的作用，此时德国对行业分析还几乎是一无所知。在很多行业，如零售贸易、汽车行业和道路运输等，人们意识到应对职业教育发展与企业组织发展联系起来进行研究，而不仅仅是采用过去那种通用的职业教育体系的描述性比较，或基于假设的研究。为了达到这一目的，行业分析作为一种新的工具得到了发展(Kruse 1991；Spöttl 1992；Rauner/Spöttl 1995b)。在此期间，行业分析在职业科学研究中建立起来，并得到了应用，但是从人力资源发展的角度来看，行业分析还不为人知，或者尚未纳入人力资源发展中去，或者只有当一个行业发生了很大变化时，才考虑到培训的重要性。作者已经在国际化研究项目上多次使用了行业研究的方法。

6.1.2.6 发展前景

行业分析的目的主要有以下两个。

➤ 提供一个参照性框架，在此框架内对该行业的发展趋势及其内涵进行阐释。在职业教育研究中，能对职业教育和继续教育进行深入研究。

➤ 为进一步的研究做准备，如个案研究和工作过程研究。为了对所选定问题进行深入分析，需要明确行业结构。这有利于通过个案研究和工作过程研究，增加获得课程开发和职业轮廓形成的理论联系实际知识的机会。

行业分析已经发展成为职业科学研究的一个有效工具，而且在国内和国际研究中都得到了验证。其中一个重要的优势是，研究设计建立在对职业科学研究的基础上，其结果能够直接应用于职业教育课程开发和能力发展中。由于行业与劳动世界的距离很近，保证了理论联系实际以及在职业教育规划和课程中融入经验性知识和工作导向的认知。这也是行业分析与其他相近的科学研究的区别。

综上，有必要在职业教育研究中引入这一工具，但是研究者应当对研究对象有整体性的把握，并掌握所研究行业的基本知识。

6.1.3 职业发展史研究

Falk Howe

6.1.3.1 前言

人们经常讨论(培训)职业和职业领域的改革和完善。自从20世纪30年代引入国家承认的培训职业目录(RWIM 1934；DATSCH 1937)以来，无论是培训职业的结构，还是具体的职业描述，都需要不断地修订，而且灵活性正在与日俱增。德国联邦职业教育研究所(BIBB)认为，在过去的7年里，国家承认的培训职业体系经历了其发展历史上规模最大的现代化进程(BIBB 2003)。

在对职业描述或《职业培训条例》的制定、修订的讨论中，认为有必要确立"符合时代要求"培训职业的观点仍然占据着主导地位。据此，技术进步改变了对专业工作的资格要求，培训职业也应当适应这一要求(例如，电气技术职业领域是这一范式的经典案例，参见 Howe 2002）。《职业教育法》第 25 条也证明了这一原则，培训职业应当"适应技术、经济和社会及其发展的要求"。这里所表达的"技术决定论"思想的适应理念，初看似乎非常容易理解，可以用来解释职业和职业领域的起源。这也与广为流传的、单维度的、一定程度的"天然"职业发展理念相符合，使得职业发展具有一定的规律可循（这一理念体现在如 KMK 于1950 年提交的职业教育专家报告中，参见 Abel 1963）。技术决定论采用单维度的"起因影响"链研究历史发展，作为一种解说模型，易于吸引一些人的注意（Rauner 1998c，159）。然而，这种理念在研究社会、经济和技术现象及其发展中的说服力，如今却遭到了越来越多的质疑。在研究有关职业发展的问题时，技术决定论也第一次因为理由不充分而遭到职业社会学家的反对（Hesse 1972；Beck/Brater 1977）。因此，必须引入新的理论模型，必须考虑各因素之间的相互影响和相互依存。此后，比较观察法在职业教育研究和职业科学研究中也重新找到了用武之地（Benner 1977；Poelek 1987；Heidegger 等 1989；Gronwald/Schmidt 1996；Petersen 1996a；Rauner 1998c）。

从那些非决定论的研究理念看，分析职业领域和职业的产生及发展状况，是职业领域历史研究的中心问题。在此，每一个时间点的职业领域的划分和界定，以及构成职业领域的培训职业都被诠释为一个历史发展的过程。其研究目的是，确定对职业和职业领域形成过程产生影响的联系、断裂、依存性和传统等因素。然而，针对职业领域历史的研究不仅关注其发展历史，而且还关注其发展设计的目的：在对其发展史深刻理解的基础上，针对未来的职业和职业领域的建构，对其潜能、机遇、障碍和需求进行批判性的观察及评价。

6.1.3.2　作为一种缺失的职业领域历史研究

对职业领域研究的总结分析表明，职业领域或针对具体职业的研究是一个研究缺陷。目前很多出版物涉及一些具体职业的产生和发展，但达不到职业发展史研究的广度和深度。不过一些节日或纪念日刊物也激起了人们对进一步开展职业发展史研究的兴趣。

在职业教育史研究的成果，可以与职业发展史研究联系起来。此领域的出版物提供了对双元制职业教育体系、工业企业的学徒培训、手工业培训以及职业学校的产生和发展的全面而详细的资料（Hoffmann 1962；Pätzold 1980；Georg/Kunze 1981；Pätzold 1982；Greinert 等 1987；Stratmann/Schlösser 1990；Kipp/Miller-Kipp 1995；Greinert 1995a；Herkner 2003）。除此之外，一些有关职业社会学、职业教育学和职业道德研究的刊物也以历史说明的形式，为职业发展史研究提供了依据或建议（Hesse 1972；Benner 1977；Ravav 1927/1930；Molle 1968）。

职业教育史研究和职业研究都没有对职业发展史研究给予特别关注，对职业保留一种一般化的理解，从而对职业的观察保持着普遍性，而不会深入某个职业领域的具体职业层面。这种研究方法得到的成果有范化的危险,即不同职业的产生、发展与"消失"的起因和条件,在细节上可能是完全不同的。

6.1.3.3　职业发展史研究的内容

技术决定论的批判者对职业发展分析的核心观点是,职业是一种"结构"。在这个体系中,不同的、甚至是完全对立的观点都得到了反映。这些观点来自体系构建过程的不同参与者,同时又存在于大的社会经济体系中。

作为经济、教育、社会和劳动政策讨论的结果,职业管理表现为一系列职业教育实践的法律基础、条件和约束,它为职业教育教学计划(《职业培训条例》)的制订工作以及制订和修订培训职业确定了法律规程。在这一领域同样重要的是建立在相应《职业培训条例》基础之上的实施和监督程序。

"职业结构"研究培训职业的建立或撤销等具体问题,包括那些负责设计的人员和相关参与者,相关制订工作的流程和方案以及在此起作用的范例、协议和标准,采用的分析和设计方法,以职业描述、框架培训计划和考试要求等形式出现的确定培训职业工作的成果。

"职业工作"中考虑到了以职业形式组织的工作的细微转变。它主要研究工作对象,作为工作过程中遵循的流程和行为方式的工作方法,作为生产资料的工具、工作组织和从不同角度对工作和工作对象的不同方面的要求等。

上述三个相互影响的因素对职业起源产生直接的影响,并从职业和职业领域的发展中获取动力。这一体系也是技术、社会和经济发展的构成部分,不但反映了这些发展的前提和框架条件的变化,也间接对职业发展产生着影响。只有对不同影响因素及其相互关系进行细微观察,才能深入开展职业和职业领域产生和发展研究。在此基础上,可以批判性地进行如下分析。

➢ 确定影响职业和职业领域产生的重要因素;

➢ 解释职业发展史上的连续性、存在问题、两难困境以及成就和考验。

同时指出其对职业领域发展的意义所在(Howe 2004)。

6.1.3.4　作为工作基础的系谱学

系谱学用"前一职业"和"后一职业"的形式,反映了所研究的职业和职业领域的历史发展过程,它是职业发展史研究的核心成果,也是开展进一步研究的重要工作基础。它回答了以下重要问题:职业领域和其附属的职业是什么时候产生的,这一体系是如何发展起来的,构成职业领域的单个职业之间存在着什么样的联系,哪些职业废除了,哪些新职业产生了,哪些职业进一步细分了,每一种职业存在的时间是多久,等等。除此之外,职业领域发展中的关键点也一目了然,如制定全面的培训条例等。

系谱学研究的基础是对职业目录的评估(RWIM 1934;DATSCH 1937)。这些目录虽然有确切的职业名称清单,但一般不涉及职业的具体内容,而系谱学关注对以前的和以后的职业简单评价。此外，对培训职业内容的完善一般不会体现在职业目录上，对职业名称的变化也没有任何影响，因此需要对培训条例相关文献（职业描述、框架培训计划和考试要求），职业相关参考书、期刊、高校刊物、专题论文和文集进行整理和分析（实施方法和过程案例详见 Howe 2002）。

6.1.3.5 职业发展史研究的阶段划分

对一项涉及较长时间的发展史研究工作来说，除了确定研究的维度之外，确定研究对象的发展阶段也是一项挑战。影响因素和发展阶段共同决定了研究框架，它可以作为一种结构化的工具，帮助我们进行全面的职业发展史研究。

通常我们基本上把德国培训职业的发展分为五个阶段。

第一阶段（1933 年以前）：地方和企业培训职业的产生。

在 1933 年之前，德国还没有一个公认的、统一的、全面的而且界面清晰的培训职业体系。1896 年的工商管理条例及其增订部分确定了培训规章，促进了地方和企业培训的产生。

第二阶段（1933—1945 年）：国家承认的培训职业体系的建立。

凭借纳粹政权的威信，德国建立了统一的、覆盖全国的国家承认的培训职业。职业目录中明确规定，哪些职业允许或能够进行培训。

第三阶段（1945—1969 年）：国家承认的培训职业体系的肯定。

原则上，第三帝国时期建立的培训体系在二战后并没有遭到质疑，相反，国家至今沿用业已存在并被承认的培训职业体系。

第四阶段（1969—1996 年）：国家承认的培训职业体系的巩固。

1969 年通过了《职业教育法》，在此法制定过程中颁布了许多不同的规章制度，促进了企业培训制度和统一的国家承认的培训职业体系的建立。

第五阶段（1996 年至今）：国家承认的培训职业体系的改革。

自 20 世纪 90 年代后五年以来，国家承认的培训职业体系在数量方面经历了罕见的改革浪潮，半数以上被修订或更新。

由于以上阶段对国家承认的培训职业都产生了不同的影响，因此可以作为职业发展史研究的基础。对具体职业和职业领域特点的研究和分析，可以在各自的研究维度中实现。

6.1.3.6 职业发展史研究的重要性

研究职业发展史，不仅是系统化科学研究的需要，更是相关领域实践的需要，如职业指导、职业介绍、职业条例和职业统计、招聘广告、社会司法（职业法、劳动法和工资协议法）等实践的要求（参见 Molle 1951；Hobbensiefken 1980；Lipsmeier 1996）。除了这些实用主义的需求外，人们在理念上也达成了共识：对当前问题进行深入讨论的前提是，对历史发展和历史特征与社会经济和技术经济发展之间的相互影响的批判性反思。历史研究能够为人们提供更深入的启发（如

Schlieper 1957；Stratmann 1970；Pätzold 1980；Behr 1981；Georg/Kunze 1981；Petersen/Rauner 1996)。从广义上看，职业发展史研究成果在以下领域有重要的作用。

1. 应用领域：职业教育讨论

职业发展史研究的成果能够为当前有关职业教育研究的讨论、职业教育规划、职业教育政策以及将来完善国家承认的培训职业目录提供专门的素材，这些素材不仅包括一般性的，也包括符合具体职业领域要求的。这里的研究成果观点差别可能会很大，很多措施和建议的质量和影响也不相同，这恰恰说明了历史发展的活力。某个职业是否存在和以哪种形式存在，它是否会以某种形式保留在职业领域中，对于这些基本问题的讨论，可以从不同职业和职业领域方案的发展史中获取经验。

2. 应用领域：职业教育课程开发(在德国即制定《职业培训条例》)

是否要制定新的《职业培训条例》或对现有的《职业培训条例》进行修订，以及对培训职业的关键点、内容和培养目标等展开的讨论常常缺乏历史性的眼光。问题的答案常常来自对职业现状的研究和分析。为了让职业现状对职业的发展产生决定性影响，有必要了解当今职业的条件和关联。

3. 应用领域：职业特征

制定《职业培训条例》时争论的焦点，常常是一个稳定的培训职业特征构成的不确定性。目前，还没有一个成熟的职业教育理论，可以提供一个现代化的、面向未来的培训职业的质量标准。职业发展史研究通过对长期存在和短期存在的职业的对比分析，能够得到一些对构成稳定职业基本元素的基本观点。

4. 应用领域：高校课程

职业发展史研究能为技术类和综合性大学的职业教育教师培养专业能力奠定基础。与职业领域相对应的专业学习内容，是以职业形式组织的工作内容和方式。因此，职业和职业发展史是专业学习和研究的重点。对于一名职业教育教师来说，了解在课程标准中已经确定的教学内容和教学目标的来历，这是最基本的知识。

6.1.3.7 结论

虽然职业发展史研究的成果具有重要的意义，但是正如上文所说，它依然存在着很多研究空白。现在的一些零星研究表明，技术发展、资格要求和职业发展之间并不存在谁决定谁的关系。

职业发展史研究能够深入发现，各种外部条件和参与职业设计的利益群体，是如何对培训职业的目标、内容和职业划分以及制定《职业培训条例》的时机和过程施加影响的。因此，职业发展史传达了这样一个认知，即作为社会劳动的组织原则，职业能够被设计。因此，职业领域和职业的未来不是一个预测问题，而是一个设计问题。

6.1.4 职业教育的预测与前景研究

Philipp Grollmann

6.1.4.1 从预测到前景

职业教育研究中，很多研究方法都针对职业教育的未来发展（发展前景），目的是促进制定合理的发展规划，例如从实证和理论上都得到证明的发展规划法。

严格意义上的预测性研究可以用来确定未来和未来发展的一般方向，即前景，它是对设计导向研究方法的补充（Rauner 1994）。即便是对职业教育发展史研究（Howe 2000）也同样有着重要的意义，因为它为设计（未来的）职业教育实践提供了建议。

预测性研究与其他职业教育研究方法的根本区别是其研究的对象是未来。当然，对于未来发生的事情是很难进行实证检验的，不过确实存在一些科学方法，可以对未来进行有根据的论证。这始终需要一种特殊的推导方式，即根据实证研究结果来推断有关未来职业教育研究对象的结论。这种推导方式主要针对研究设计的问题和方法。

1. 20 世纪 60 年代末以来的预测和规划

在德国联邦职业教育研究所（BIBB）确定的德国职业研究框架中，职业教育规划从一开始就发挥着重要的作用。尤其是第一研究室的研究领域"结构研究、规划和统计"，更具有立足未来的战略眼光。该项研究任务在 1969 年版《职业教育法》第 60 ~ 72 条（目前已失效）中有规定，这为职业教育研究奠定了基础（Alex 1999；Schmidt 1995）。从那时起，预测职业教育体系变量和资格要求发展就有了重要的地位，这体现在当时的期刊文献中（如 Pornschlegel 1968；Szaniawski 1973）。因此，在分析劳动市场的科学管理原则和企业机构精简的"现状"与"理想状况"间的矛盾时，德国联邦职业教育研究所第一研究室强调将预测作为课程（《职业培训条例》）开发的组成部分的重要性（Pornschlegel 1968）。这里需要强调的是，除了作为确定培训目标的依据和劳动市场研究的成果之外，预测研究成果同样也是制定《职业培训条例》和设计课程的基本依据。从 20 世纪 60 年代到 80 年代，除预测性研究外，与教育规划和教育经济学相关的研究方法也用于这类研究。这些方法源于社会经济学中已证实的原则（Baethge 等 1976），它们为劳动市场和职业教育的预测研究提供了方向（Buttler/Franke 1992）。

2. 职业教育前景研究的开端

经典的教育规划方法和教育经济学、技术后果评估、经济与社会学预测研究以及工业社会学研究，可以视为各种面向未来的职业教育研究的起源。这些研究按照职业教育的基本目标可以归为四大类：工作、技术、经济和教育。

从 20 世纪 70 年代和 80 年代开始，这些研究方法受到了越来越多的批判，不仅因为研究的相关信息量太少而受到批判，而且基本假设也受到了质疑（Grünewald 1979）。就业市场需求和教育目标之间的单向推导更是批判的焦点（Beck/Brater 1977）。在多数社会经济学研究方法中，人们更倾向于把教育定义为一个独立的社会职能领域。

在有关"承担社会责任地设计技术发展"的讨论和"工作与技术"研究背景下，"培养（参与）设计工作和技术的能力"作为一种指导思想被引入职业教育研究中来（Rauner 1988a）。这一指导思想的渊源同样是对上述传统观点的批判，即技术革新与课程改革的单向关联。这种单向性违背了设计导向理念。设计工作和技术的理念指出了技术的工具局限性，强调了开发和使用技术的社会过程能力（Rauner 1988a）。技术发展预期和非预期的后果和影响，在职业教育和课程开发的"解放理念"中得到了内化。据此，专业工作可以对职业教育和工作组织的关系，以及职业教育与技术和技术设计的关系，对职业教育的未来发展具有显著的促进作用。这一理念后来也体现在研究项目《2000 年的职业》中（Martin/Rauner 1988）。按照 Rauner 的观点（1994），如果职业教育研究把专业工作的潜在和实际贡献融入工作组织与技术设计中（即具备设计的开放性），并进一步融入各种研究方法中，那么它就是前景研究。因此，对设计导向的职业教育来说，前景研究是一种新的研究方法。

6.1.4.2 面向未来的职业教育研究模式

1. 教育经济学与教育规划——国家宏观规划

在 20 世纪 60 年代和 70 年代，科学的教育规划和教育经济学研究经历了一段繁荣时期。伴随着人类第一颗人造卫星给德国带来的震惊，Picht 对德国教育灾难的实证研究（1964）以及保守与解放两种教育改革思想的结合，教育政策的改革开始萌芽，这主要表现在一系列专家报告中（Deutscher Bildungsrat & Bildungskommission 1972）。因此，从美国引进的用于协调教育和就业体系的"人力资源规划法"在德国得到了发展。但不久人们就发现了这种方法的局限性（Blaug 1970）。据此，解决教育和就业体系间问题的方案，可以从过去和/或当前可观察的发展状况（例如针对特定职业领域或行业的增长率）的统计做出单向推测或推断，在此基础上制定教育发展规划。在对这种研究方式的讨论中，还发展起了很多其他劳动市场和职业教育研究方法（Edding 1995）。狭义的人力资源规划方法不承认各专业劳动市场间存在的可替代性、灵活性或流动性。此外，人口发展（如出生率下降）的影响有时被低估，一些实证研究成果也推翻了有关社会行为（如职业教育和职业选择）的基本假设（Friedeburg/Oehler 1995）。与"人力资源规划法"相反的是"社会需求法"(Blaug 1970)。从教育途径和职业选择这一人的基本自由权来看，规划的本质是提供充足的培训位置或受教育机会，从而满足学生的教育选择需求。这是一种供给导向的方法。从方法论角度讲，这种方法的依据不是经济发展，而是个人教育选择的可观察趋势。社会需求公理与平均主义和解放主义的教育扩张非常吻合。这一理论最先在高等教育领域得到应用，但不久就遇到了"过度教育"的问题(Teichler 1974)。归根结底，社会需求理论建立在以下基本假设基础之上，即"劳动力供应的灵活性是无限的"。

将这两种理论应用在职业教育中需要一定的条件，因为供求关系的简化并没有合理考虑双元制职业教育体系中参与者的多样性和课程的复杂性。按照教育经济学的最新理论，可以通过尽可能个性化的教育供给和需求策略，来解决教育规划的问题，如 Friedman 最先提出的"培训券"。

2. 技术后果评估

技术后果评估(TA)源自美国的"技术评估"(Technology Assessment)。美国的技术评估由专门设置的技术评估办公室负责，目的是给国会提供相关信息，及时寻找到有科学依据的答案，以解决技术或项目引发的政治问题(Deitmer 1985)。TA 的目的是对技术应用的预期和非预期效果进行权衡，在此基础上对"是否"和"如何"采用新技术做出合理的决策。除了考虑技术应用的生态和经济后果外，原则上还要考虑技术应用的社会后果。最初的 TA 与"技术的概念"并没有多大关系。TA 法的特点是跨学科性，以及研究对象与研究方法的选择受不同社会利益群体的影响。

在德国，不同政治团体做了各种尝试，试图在联邦层面开展 TA，但都失败了(美国的技术评估办公室在成立 20 年后也于 1995 年关闭)。1990 年，巴登—符腾堡州设立了技术后果评估研究所，实现了 TA 的机构化。但从设计导向的职业教育研究角度来看，可以从两个方面对 TA 进行批判：首先，与隐性的内在变量理论不同，TA 存在一个风险，即将经典的技术理性模型物化成为线性的"目标—手段"关系。其次，规划和设计问题都由专家解决，这与前文所述的教育目标，即"培养(参与)设计能力"和参与式的技术发展也是矛盾的。

6.1.4.3 当前的理论

目前，可以把面向未来的职业教育研究方法分为"设计导向"和"分析"两种类型，也可以划分成"观察式"和"参与式"两种方法。在由德国联邦教育与研究部(BMBF)资助的研究项目"资格要求早期识别网络"(FREQENZ)中，对"早期识别"和"情景描述"(Scenario)等方法进行了研究。这些方法有时也会与德尔斐法(Delphi)一起使用。

1. 早期识别

自 20 世纪 90 年代中期以来，早期识别就一直是德国联邦教育与研究部资助的"资格要求早期识别网络"的指导性方案。在此，多个研究机构承担了不同的子项目，以期对资格要求的早期识别做出贡献（Bullinger/Abicht 2003）。早期识别中的规划时间显然还比较短，当时的规划时间一般是提前 5～15 年。早期识别项目的重点是以未来职业教育的重要性为出发点，确定与未来有关的并已觉察到的发展趋势。因此，这里不是预测可能的发展，而是确定职业教育的重要变化过程以及发生变化的背景。德国联邦教育与研究部在委托任务书上这样说明："……要对迄今为止个人资格还不明确的新就业领域进行界定。"这里需要注意的是，只有提供充足的企业培训机会，才能按照双元制教育体系的条件完成职业培训过程。也就是说，早期识别针对或应该针对的是已经发生的，但尚未被发现的资格发展情况，即具备这些资格的人没有受到专门（而足够）的培训，而是在企业内部和外部劳动市场上获得这些资格。因此，早期识别的"'实践性要求'并不是面向遥远的未来，而是面向当前的过程，并最终取决于当前的需求状况"（Alex 1999）。

该研究项目采用了不同方法来确定这种剧烈的变化过程，如企业实地访谈、招聘广告分析或者国际比较研究等。

网络内部的不同机构通过虚拟交流平台彼此联系起来，以便更快地交换数据和信息。这个虚拟平台还为不同思想和观点的交流提供了便利。此外，网络中不同的子项目采用了不同的研究方法，如分析方法或者设计导向方法，参与式方法或观察式方法。目前，欧盟也建立了技能需求的早期识别网络（Bullinger 等 2003）。

2. 德尔斐法

在社会科学研究中，德尔斐法以多种形式展现。用于不同研究领域的各种形式的德尔斐法有一个共同特点，即都是从繁杂的意见中获取相对准确的判断（Häder 2000）。德尔斐法产生于军事领域，用于战略决策。20 世纪 60 年代，美国加利福尼亚州的私人研究机构兰德（RAND）公司最早用此方法对技术和社会发展间的相互作用问题进行研究，从此德尔斐法被应用到了更广泛的领域。

德尔斐法的重要特征是多层结构和反馈环。原则上，德尔斐调查阶段可以使用所有形式的社会学调查方法。具体方法主要由研究经费、研究对象和专家的规模决定。所有德尔斐研究有一个共同点，就是被调查群体能够看到首次调查的结果，并在此基础上参与进一步的反复调查。这样，他们可以修改自己的答案，以更精确地给出答案或者回答其他仍然开放的问题（其他尚未回答的问题）。

在德国，最著名的德尔斐法应用案例是受联邦教育与研究部委托进行的所谓的"知识和教育德尔斐调查"（Kuwan/Waschbüsch 1998；Stock 等 1998a；Stock 等 1998b），它的目的是获得有关知识的结构性发展的认识，并对到 2010 年的教育体系发展进行预测。德尔斐调查的结果通常以"情景描述"的方式呈现。1998 年进行的"知识和教育德尔斐调查"预期会使用"情景描述"呈现其研究成果，但是至今也还没有公布出来。根据前面的分类，可以把德尔斐法划归到参与式方法中，其参与性通过提高利益相关方和专家的地位，以及流程的多层级性得到保证。德尔斐研究也有一定的分析特征，因为从这里不可能直接得到行动的战略。

3. 职业教育研究中的情景描述法

情景描述法最初由 H. Kahn 等美国未来学家在 20 世纪 60 年代提出（Kahn/Wiener 1967）。出于对科学规划和未来科学的热衷，人们开始探索新的方法，以弥补传统社会科学预测研究方法的不足。作为企业的战略规划工具，情景描述法已被证明适合作为制定中、长期发展规划的工具。20 世纪 70 年代石油危机之后，一些大的石油财团如壳牌公司等开始对战略规划工具提出了需求，如情景描述法。传统制定规划的流程建立在"时间稳定性"假设基础上，即其前提条件是：一项决策或一个决策领域的边界条件保持稳定不变，或者与变量发展过程相关的边界条件保持稳定不变。在此基础上，就能预测出一些对企业发展规划具有重要意义的变量（如预期销售额或对某一产品的需求）。

所有书本和实践中的情景描述法都有一个共同点，即具有一系列可供选择的情景描述，这些情景描述都是针对特定对象和决策领域的未来的行动草案。以下引文反映了应用情景描述法进行规划活动的共同特征："情景描述一般是指在边界条件可选择的条件下，对特定的预测对象的未来发展所做的描述"（Hanssmann 1983，11）。

情景描述法还有另外一个重要特征，即它的目的不是对未来做出准确预测，而是通过影响决策者和领导的想法，让其意识到一些可能的发展路线，从而能够灵活应对。"情景描述规划"不是一种科学方法，而是一种实践性的工具，它为在不确定的情况下做出决策提供帮助，从而开发新的设计和行动方案。因此，情景描述法也可以算作一种参与式方法。它的首要目标不是对一些发展情况和某些因素做出准确的预测，而是针对特定的研究对象未来可能的发展获得（或细化）能够引导行动的设想。

4. 其他设计和分析方法

在职业教育研究中，德国首次在科研项目《2000 年的职业》中运用了情景描述法（Heidegger 等 1991）。在此，情景描述起了两方面的重要作用，一是在"话语讨论"过程中呈现可能存在的或者值得憧憬的未来；二是作为一种设计导向的职业教育规划工具。后来，在职业学"资格要求早期识别网络"研究中也使用了情景描述法（Windelband/Spöttl 2004）。

在现代管理学研究中，人们不仅强调情景描述的结果，而且更加强调设计情景描述的过程，以及权衡可能的行动策略的过程。这些过程可以帮助组织成员在组织目标方面达成共识，或者至少寻找到一种共同的语言，并就可能的问题和利益冲突进行沟通。因此，用当前的术语来说，情景描述这种规划方法为建立和保持一个

"学习型组织"做出了贡献（van der Heijden 1996；Schoemaker 1995/1991）。

按照人力资源开发理论建立的模式没有提供多种可供选择的愿景，而前文提及的那些德国研究项目则建立了未来多种可能的职业教育模式。这些模式在未来多种可能的发展情况下（每一种可能都有其基础），可以权衡不同的行动选择，即策略。只有能应对尽可能多的未来不确定情况的策略，才是"强有力"的策略。

5. 情景描述规划的流程

一般来说，构建一个情景描述的步骤如下：首先，设想相关研究对象的各种背景条件和维度，然后以不同方式变化这些背景条件和维度。不同的背景条件相组合，就形成了不同的情景描述。在很大程度上，情景描述是对未来的各种理想化的设想。根据这些情景描述，可以检验战略和行动方案的效果，并开展进一步的细化设计。按照应用背景和应用条件的不同，情景描述设计可以建立在大量的科学数据（如德尔斐法调查结果）基础上，也可以仅仅基于已有知识的分析，如二次分析是一种成本合理、适合小型组织的方法（Leney 等 2004）。

基于之前的讨论，面向未来的职业教育研究有两种分类方式，即按照两个指标分类：一是分析型和设计导向型，二是参与式和（非参与的）观察式，案例如表 6-1 所示。

表 6-1 面向未来的职业教育研究的分类方式案例

	参与式	观察式
设计导向型	2000 年的职业	人力资源规划
分析型	HRD 商务情景描述	传统的劳动市场研究与预测

6.1.4.4 在职业教育研究中，前景描述可以代替预测和规划吗？

按照荷兰组织研究专家 van der Heijden 的观点，开始采用情景描述规划方法的最佳时期，应该是规划对象的不确定因素与可预测因素量一致的时候（见图 6-1 中的 S 点）。他认为，传统的预测方法（F = 预测）对短期规划来说是一个有效的手段，而在之后的时期，"愿望（H）"则占据了主导地位。

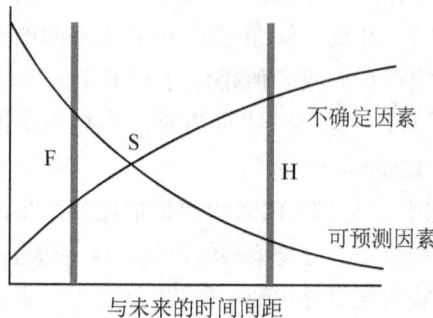

图 6-1 不同时期的最佳规划方法（Heijden 1996）

传统的教育经济学和教育规划理论表明，经典的预测方法有局限性。在职业教育中，只能对少数影响因素做出较准确的预测，例如人口数量发展。此外，由于"事物难以预测的本质"，未来问题非常复杂，因此人们无法对职业教育的未来进行准确预测。对未来职业教育（在设计方案方面的）研究成果的处理和应用总是针对利益相关者的。在职业资格供需双方参与者的多样性、职业教育课程的复杂性以及校企合作教学的背景下，必须对职业教育的未来设计进行讨论。基于这个原因，前景研究作为设计导向职业教育研究的普遍质量标准，是传统规划和预测方法一个重要且不可或缺的补充。

6.1.5 （社会学）职业资格研究

Otfried Mickler

6.1.5.1 工业社会学的资格研究的开端

在工业社会学领域，人们很早就已经开始对工作过程中的资格发展进行研究了，目的是掌握技术发展、工作组织和人的工作变化之间的关系（Popitz/Bahrdt 等1957）。在20世纪70年代改革时期，科恩（H. Kern）和舒曼（M. Schumann）（1970）的研究报告《工业工作与工人意识》是教育政策讨论中最重要的资格研究成果。该研究是在"德国经济合理化组织"（RKW）大型项目框架内开展的一项自主研究，主要针对工业工作的技术形式、工作意识和工人意识的发展变化，研究成果受到了职业教育研究的广泛关注。项目通过实证数据证明了两极分化的发展趋势，即在自动化工业生产过程中，除了高技能工作岗位外，还需要大量技术含量较低的岗位，这从根本上否定了20世纪60年代教育政策讨论中广泛认同的"职业资格提高"的观点。"职业资格提高"的基本含义是：由于自动化技术日趋复杂以及劳动市场对高科技人才需求的增加，对技术工人的职业资格要求会不断提高。

这种两极分化的发展趋势对制定教育政策的重要意义在于，仅通过技术高速发展就得出提高教育层次的理由是不充分的。相反，从业者对高学历的追求在政策上与工业化社会中经济技术的发展趋势并不一致。这意味着，企业在技术和工作分工设计中，应专门为员工设计和保留技能要求高的工作领域。

《工业工作与工人意识》的科学价值除了对职业资格研究外，还表现在其他一系列与资格相关的研究成果。这说明，劳动科学和社会科学引发的资格研究还只是一个开始。

6.1.5.2 社会资格研究的基础

针对Kern和Schumann提出的发展趋势，德国联邦职业教育研究所和哥廷根社会学研究所（SOFI）以"生产与职业资格"为题（Mickler 等 1977），针对技术工人占员工比例较大的行业开展了大量系统性研究，并开发出对资格要求进行分析的工具。

"生产与职业资格"研究有两个任务，一是研究工业生产中技术发展和生产组织变化引发的资格要求变化，尤其是通过实证研究说明技术工人的职业轮廓和现状；二是研究企业与资格相关的工作设计的缘由和机制，以便更好识别经济技术变化中潜在的职业资格要求。

第一个目标只有通过对企业岗位进行深入的劳动科学资格分析才能实现，第二个目标可以通过生产中重要的技术组织创新案例和经济技术行业分析来实现。其理论基础是：用长远眼光看，工业劳动潜在的资格需求并不是由企业外部的机构如职业教育体系决定的，而是由生产过程及其经济设计本身决定的。1973—1975 年，该项目的研究者在印刷、家具、精密仪器、建筑、机床制造（机械生产）、汽车和钢铁等 15 个行业开展了实证研究。

1. 资格的概念

按照该项目研究，"资格"包括"资格要求"和"作为个人的知识和技能"的资格。资格要求是指由工作任务、技术和组织的工作条件产生的、满足工作能力的要求，是劳动者在技术、组织和社会方面完成企业任务时所需要的技能和能力。因此，资格要求也确定了通过培训和经验获得的、在劳动过程中利用和发挥作用的个人技能。无论人们使用或者不能使用已获得的技能，工作始终都是一个学习或者荒废的过程，它对工作情境、企业地位和就业市场发挥着影响。

2. 分析工具

分析（职业）资格要求的工具，是按照 Kern 和 Schumann（1970）的劳动社会学概念和 Hacker（1973）的精神行动理论开发出来的。资格分析过程包括两个密切相关的层面，即"活动分析"和"资格要求分析"。

资格分析的第一个层面是"（职业）活动分析"，在此，"活动的构成要素"不等同于"职业资格"或"能力"。人们对活动进行具体而详细的定性描述，从中推断出完成工作任务时精神方面的绩效要求，这不但针对常见的，也针对罕见的和复杂的任务，从而能够对不同的工作岗位进行精确划分。为了使总结出的活动能够适应不断变化的企业生产过程的要求，并且在特定的结构中显示出灵活性，人们用"工作对象""工具"和"劳动组织"作为活动分析的要素（Mickler 等 1977）。

"资格要求分析"是在 Hacker（1973）的行动结构分析理论基础上发展起来的，并且在工作能力方面划分了三种互为前提的要求：

➤ 对感觉运动性（sensumotorisches）行为的要求，即对肢体运动行为的要求，特别是手工技巧；

➤ 对感知性行为的要求，即接受含有信息的信号的能力，按照所学的评价模式对信号进行处理，并且将其转化到程序化的行动过程中去；

➤ 对诊断性和计划性行为的要求，即把握新的工作条件、通过系统化的解决方案完成新任务的能力。

最后还需要补充的另外一个重要维度是对"工作动机"的要求。这与以上三个维度是平行的，没有先后之分。它指遵循工作所要求的标准并独立行动的能力。

3. 研究结果

"生产与职业资格"研究对资格研究做出了以下贡献(Mickler 1981)。

➤ 人们无法根据现代生产技术发展状况直接推测出资格要求，而必须考虑一个重要的运作机制，即企业技术应用中的经济和社会过程以及劳动分工。

➤ 企业的技术和组织创新过程，一般对技术工人的劳动政策并不产生直接影响。即便是工会和企业职工委员会，也很少对职业活动的去技能化提出异议。在很多情况下，复杂职业领域在逐渐减少，人们通过加强现有工作过程的标准化和简单化，试图降低成本并提高生产力。

➤ 虽然各行业经济条件和创新过程各不相同，但总体来说存在一个共同发展趋势，即直接生产中的复杂工作逐渐减少，只有在一些特殊情况下(如机械制造)才有相反的趋势，如准备性和维修性的专业工作数量增加。在机械制造行业，只有把维修作为一种复杂的自动化技术工作，才能防备装配工职业功能彻底简单化。

➤ 比较性的资格研究，关注工业领域专业工作之间的巨大的水平差异(如生产性工作中受很强专业限制的工作活动，以及新型的高技能维修工作等)，并指出了现代专业工作的多样性：它包含从传统手工到自动化生产的抽象技术的所有形式。

➤ 从方法论的角度，可以展示"企业案例研究""行业技术—经济分析"作为特定的研究方法在技术和生产组织变革活力和条件研究中的作用。通过资格要求分析工具，可以确定工业领域技术工人的资格轮廓及其发展变化的内涵，并将其按照认知维度进行归类。迄今为止，一般资格研究中采用的"为了能做什么"而需要的各种知识和技能列表，将被资格行为维度的系统化认识所取代。

4. 批判

"生产与职业资格"研究方案还存在一些缺陷。批评者认为，资格的概念局限在对企业的功能性要求方面，忽略了企业内外的培训过程和招聘过程，而它们是资格要求和实际资格需求之间的重要传导机制。现在看来，研究过度局限在生产领域也是有问题的。尽管研究了工作准备和维修领域的职业活动，但是对不断发展的技术和商业服务领域的职业活动分析不够。

6.1.5.3　企业社会学的资格研究

Drexel(1982)从事的"在变与不变之间的人员结构"研究能够弥补一些这方面的缺失。慕尼黑社会科学研究所(ISF)开展的企业社会学研究通常遵循的理论和实证原则是,将企业培训政策与人事政策作为企业和社会问题的调解机制。据此,生产资格要求的变化仅仅是对企业培训政策产生影响的众多因素之一。对企业来说,还应考虑劳动市场、社会所确定的人才类型(如技术工人、熟练工、技术员等)、重要技术工人类型的职业发展模式以及现有的职工人员结构等。

1. 研究的动机和成果

本研究的动机是解决在工业企业中引入要求不是很高的熟练工种(如化学技工、冶金技工等)的问题。尽管企业对采用新的生产性熟练工代替原有的高素质技术工人非常感兴趣,但在实施过程中还是遇到了很大问题。在生产技术发展过程中,传统的熟练工已经不能满足要求,但是技术工人培训缺乏受过良好教育的学苗(由于生产性工作缺乏吸引力的缘故),同时又因技术工人被传统的熟练工看作其自身职业生涯的威胁,两个群体产生了冲突。

Drexel证明了,熟练工和技术工人典型的职业期望和职业发展过程在津贴、晋升机会和工作内容等方面都有着本质的区别。随着时间的推移,熟练工和技术工人形成了不同的职业发展模式,这在不同企业里有不同的特点。研究结果表明,高科技所要求的高资格要求,并不一定要求引入新的生产性职业。新技术引进成功与否,从根本上取决于企业传统的人力资源结构,这些都与企业的外部社会发展(如当地的劳动市场和职业教育发展)有关。这里所观察到的引入新的生产性技术给工人职业带来的困境,是否与"新职业与通常的技术工人的要求不符"——对技术的过低要求有关,根据现有实证数据还无法进行验证,因为(通常的企业社会学研究)并没有对工作岗位的资格要求进行分析。

2. 研究结果评价

Drexel的研究进一步丰富了在社会学范畴进行的职业资格研究的理论,即针对企业的培训政策和人事政策以及职业教育的社会条件研究,但是人们仍然不能从中得出最终结论。为了确定资格发展,人们放弃了对技术创新和组织创新进行的劳动社会学资格分析。两个社会学研究项目的结果都证明,必须综合运用多种社会学理论和方法才有希望在深入的资格研究中取得丰硕的成果。

6.1.5.4　最近的工业社会学的资格研究

20世纪80年代进行的对90年代劳动政策和教育政策产生重大影响的两大工业社会学研究课题,即《劳动分工的终点》(Kern/Schumann 1984)和《员工的未来》(Baethge/Oberbeck 1986),都综合运用了多种研究方法。

1. 新型生产方案和生产性工作的再专门化

这两项研究揭示出的资格发展趋势让人惊诧。Kern和Schumann指出,在高度技术化的生产领域，低技能工作将进一步由自动化技术取代，剩下的生产性工作的价值将整体得到提升。他们将其归纳为一种新的企业合理化战略，并称之为"新型生产方案"。由此形成了一种新的合理化形式，即企业通过计算机辅助自动化提高了灵活性，同时工人劳动在生产效率提高过程中也获得了新的尊重——技能和专业诀窍重新变得炙手可热。Kern 和 Schumann 在德国一些重要行业（如汽车工业、机械制造和化学工业等）中观察到一种对劳动者全面使用的发展趋势：曾经一度集中在技术部门的生产精英如今又重新返回到生产性工作中来，特别是编程、质量控制和维修工作将重新被安排在生产车间层面，并被整合到生产性的工作中。因此，在汽车生产自动化设备周围产生了一种新的技术工人类型，即所谓的生产线指导员，人们称之为生产性工作的"再专门化"（Kern/Schumann 1984）。

2. 系统的合理化重组和任务集成

针对大型服务机构（如银行、保险、商业和公共管理机构等）中计算机的广泛使用，Baethge 和 Oberbeck 通过比较分析发现：作为一种企业的新型发展战略，系统合理化重组的结果是产生一体化的工作组织方式。人们通过重组专业人员开展所有与客户有关的商业活动，可取消延续至今的高度专业化分工，而这只有借助高效计算机系统和数据库才能完成。但是，针对与市场、管理相关的职业群体，其技能要求又有所不同。

信息技术应用和一体化工作组织方式，使得多数"市场操作人员"（如顾客咨询、销售和采购等）需要掌握复杂的技能。虽然他们的行动和决策方式在很大程度上受到信息处理技术方式的影响，但是任务范围扩大和决策量增加，往往会提出更多更新的专业知识需求，并要求进行战略性的思维。

在纯粹的行政管理领域（如会计和仓储管理），虽然工作分工也有一定程度的弱化，但是更加远离与市场相关的功能。长远来看，建立一个范围广泛的职业轮廓的机会很小。这样行政人员就有可能陷入一种与市场泾渭分明的困境，但他们别无选择（Baethge/Oberbeck 1986）。

人们在劳动社会学研究和资格轮廓分析中，开始采用早期的"工作主观化"概念。现在，资格研究的出发点是从业者的能力发展，而不是资格要求的客观影响和借助外部技术和组织条件实现的技能培训。新的工作组织方式和高质量的服务业越来越注重从业者的主观潜能，从业者还必须注重自身的技能发展（Baethge/Baethge-Kinsky 2002）。从业者的主观特性已不再是作为管理层控制的企业干扰因素，而是企业可以有针对性地利用的重要人力资源。为此对从业者的要求是：主动投入工作过程中，成为企业生产和创新过程中的一员（Moldaschl/Voss 2002）。

3. 最新社会学资格研究与以往研究的比较

早期的社会学资格研究对具体就业人群的资格缺失和培训的必要性重视不够，其研究的核心问题是合理化过程中的去技能化，以及通过能力导向的工作设计改善限制性的工作条件。最新的研究则关注生产和管理中新的资格要求，这些要求有可能导致特定就业人群面临严重的资格问题，需要企业积极的培训政策。研究发现，如果将局部要求提高和选择性的员工培训政策相结合，有可能造成某一从业人群在企业中的地位降低，并走入职业发展的死胡同。

最新研究发现，确定资格发展的机制不再仅仅是行业经济状况和企业发展条件的变化，而且还包括企业的创新决策和管理设计过程。它考虑到了在多种设计理念讨论中的企业参与者的利益冲突，并强调了在资格设计时企业可以拥有制定不同措施的机会。

6.1.5.5　未来资格研究的任务

(1)由于迄今为止的研究过多局限在特定的企业部门，可能会忽略对资格发展非常重要的、从生产部门向技术部门转移的要求，以及与之相关的职务晋升过程。未来应该扩大研究领域，并且更加关注企业内、外部的服务领域。

(2)新的研究除了一如既往地重视不断变化的"技术劳动工具""工作组织"这两个变量外，还要考虑新产品开发对资格变化的影响，特别是在开发、设计和计划领域。只有研究产品技术发展的影响，才能将资格要求的迁移与相应的员工培训和人事政策关联起来。

(3)至今为止，为生产领域开发的资格要求分析工具还没有运用到管理和技术部门的专业人员资格分析中。后者的职业分析还仅限于对工作任务的简单描述和知识列表(Baethge/Oberbeck 1986)。因此，需要引入新的理念对高素质的管理和技术人员的行为维度进行系统的概括和分级。

6.2　职业学研究

6.2.0　职业学研究概述

Jörg-Peter Pahl　Felix Rauner

职业教育研究涉及学习内容、学习目标、教学方法和课程组织结构等多个方面，需要我们从历史和国际比较的角度，在不同的职业和职业领域进行。不同职业的教育培训过程不仅内容不同，而且教与学的形式和手段也不同。职业教育学、职业研究以及社会学等相关方面的研究成果，反映了职业教育的特点和规律。此外，探讨特定职业及职业领域的研究发展也取得了进展。这类研究的内容、采用的方法和得出的结论，在很大程度上影响着职业教育研究的发展。在职业教育研究中，分职业领域的研究发展较晚，但其根源仍然可以追溯到 20 世纪初。可以说，Gilbreth(1911) 和 Taylor(1913) 的任务分析法就是此类研究的鼻祖。

职业教育体系和课程的出现，亟须用科学方法来研究特定职业领域的资格要求、课程设置以及教与学的方方面面。建立与多个学科相关的、适应多样化要求的职业领域内的研究势在必行。如"工作研究"的创立者认为，当人们考虑具体的工作和教学内容时，传统的社会学研究方法显示出了很大的局限性。

"关于职业的社会学研究存在很多空白，它缺乏对相关职业行为的描述以及对从业者如何完成任务的过程分析。而如何完成任务对从业者来说事关重大。"（Heritage 1984，299）

直到近些年，我们才看到一些职业学的研究成果（Heritage 1984；Pahl 2005）。德国联邦职业教育研究所（BIBB）成立后，此类研究在德国逐渐普及开来，并涉及了几乎所有的职业领域。这种发展一方面说明了职业学研究的必要性；另一方面也说明通过《职业教育法》可以有力推动这一领域研究的发展（Müllges 1975；Abel 1963；Stratmann 1975b）。

6.2.0.1　概念说明

职业学研究的基础，是"以职业方式组织的工作以及与这种工作组织方式相对应的职业教育和培训"。通常，职业教育体系发展完善的国家有一个共同特征，即职业传统。按照学历教育模式，这些国家中等层次的就业体系是按照职业的结构建立的，即划分成不同的职业领域或职业群。这里，专业化职业和一般的培训职业两个概念之间有所不同。如《美国职业目录》（Dictionary of Occupations Titles, DOT）按照工作描述列举了约 1700 个职业，其中只有约 1000 个被确认为培训职业。在拥有完整的学徒培训制度的国家，培训职业的数量也不相同，有的国家有 200～300 个（如丹麦和瑞士），有的有 360 个（如德国），一些工业国家甚至最多有 500 个。职业的聚合并逐渐发展成为职业领域的过程，与职业教育教师的专业化、职业学校建立以及覆盖整个职业领域的职业基础培训的建立有密切的联系。2004 年，联合国教科文组织职教中心（UNESCO-UNEVOC）在中国举行的专家会议采纳了在 12 个职业领域建立和发展职业学的建议，这在国际上还属首次（表6-2)，并在此基础上引入了职业教育教师培养的国际硕士学位标准（Maclean 2006；Rauner/Dittrich 2006）。

表6-2　12个职业领域的职业学(Veal 等 2005，15-16)

职业学领域	范畴	职业学领域	范畴
商务管理	商品生产及分配，服务，市场营销，管理，金融，保险，交通，物流，旅游……	教育与文化	儿童及青少年保健，护理教育，成年人教育，特殊需求目标群体，音乐与舞蹈……
生产制造	制造，机械工程设计，供给工程/环境工程，自动化工程……	休闲、观光与旅游	旅行，体育运动，游客服务，餐饮接待……
土木工程	建筑，木材，表面涂层技术……	农业、食品与营养	农业，食品生产，地方经济……
电子电气工程与信息通信技术	生产系统，装备制造，信息与通信技术，媒体技术……	媒体与信息	印刷，电子广告，电子客户服务，营销……
工艺工程与能源	应用科学，能源转换……	纺织与设计	服装生产，时尚，室内设计，工艺美术……
卫生保健与社会关怀	卫生保健，临床护理，个人卫生，护理……	采矿业与自然资源	采矿，石油与天然气……

　　职业学研究主要分4个方面：①职业研究；②职业资格研究；③课程研究；④教与学的研究，包括职业教育学的研究。

　　对特定职业领域进行的内涵研究以及相应的对研究方法的研究，是职业学研究的另一个重要领域，这些研究一般都是跨学科、跨领域的方法论反思。

　　职业学研究的特殊性是由以下两个原因造成的：①各国职业教育体系的巨大差别；②从职业教育过渡到高等教育的不同模式。一些职业教育体系欠发达，但拥有大量高校在校生的国家，在很大程度上将传统意义上的职业培训课程纳入了大学教育中。例如，美国等国家的临床护士需要在大学接受专门的护理专业教育，这与盎格鲁—撒克逊教育文化传统是一致的(Benner 1984)。围绕着这些培养机构和相应的课程，产生了大学层面的职业学研究。许多职业教育培训机构转型或升格到高等教育体系后，也开展了相应的研究(参见6.2.7)。职业教育从中等学校到高等院校的发展过程，通常也伴随着基础研究能力的建立和发展过程。这些基础研究能力与对应的专业类别有密切的联系，也为今后建立高质量的博士教育和博士后研究项目奠定了基础。因此，在高等教育职业化的发展过程中，职业教育研究与高等教育研究之间的界限越来越模糊，职业学的研究范围也扩展到了高等教育领域，一些高等院校甚至直接把满足劳动市场的资格要求作为培养目标。与此同时，职业继续教育和培训的领域也不断拓展，并最终达到大学学位教育的水平要求，使得职业教育的学历化发展趋势愈演愈烈。

本文仍然按照职业教育研究的传统，仅讨论学术体系之外的职业教育，并分析针对职业的科学研究。

6.2.0.2 职业领域的起源与发展

广义上讲，职业发展是众多学科的共同研究课题，如：

➢ 从历史学角度看，社会发展史领域的职业研究将职业发展作为一个特定的社会发展现象来研究；

➢ 社会学的职业研究关注"去专业化"（deprofessionalization）的问题，而去专业化是当前工作世界的一个普遍现象；

➢ 劳动市场研究的任务之一，是预测职业与职业领域的发展趋势；

➢ 职业社会学研究与职业工作有关的内容；

➢ 职业教育学和职业发展史研究的职业教育问题包括职业认同感的发展与建立。

职业学的研究主要涉及以下问题。

➢ 在工作和专业领域不断变化的过程中，职业与职业领域是如何发展的？

➢ 一个职业的结构性特征是什么？

➢ 专业工作对组织创新的过程和结构有什么影响？

➢ 特定职业对于学员和雇员有什么样的潜质要求？

➢ 现有职业描述与实际岗位工作有什么差异？

➢ 是否可以将一些职业归并为核心职业？根据专门化领域使职业分类更加细化有无意义？

➢ 如何通过合适的职业定义和职业描述预防职业的弱化，特别是在发展变化迅速的行业？

➢ 如何加强目前尚很欠缺的职业发展史研究？

行业分析是在特定领域进行的重要的职业研究，其研究内容包括调查分析职业任务的变化、职业与职业领域的发展、资格要求的变化。行业分析研究的涵盖面很广，它还包括技术发展和社会工作组织的发展分析（参见6.2.1~6.2.4）。值得注意的是，不同国家或地区的文化差异能建构出不同的工作形态，这一点非常重要（Laske 1998）。通过对基于职业的工作组织方式的国际比较我们可以清晰地看到，在不同的国家，工作任务群在水平与垂直方向上的划分有巨大的差异。这就产生了新的研究课题，即如何在行业分析和跨专业研究的基础上，制定职业划分的标准。长期以来，社会学和社会历史研究者一直都认为，专业分工与社会的改革发展过程是矛盾的，而且这种矛盾会越来越激化（Giddens 1992；Gall 1995；Beck 1993）。但是最近的职业教育研究却为现代的职业（专业）化发展确立了新的标准(Heidegger 等 1991；Heidegger 1995；Rauner 2000a)，这里主要强调以下四项指标。

(1)工作情境：对这一概念的理解与其在手工业中的含义相同，即可定义的工作领域。它由综合性的任务构成，特点是其内容在社会劳动分工中清晰可辨。

(2)引入核心职业后对水平专业分工的弱化(Heidegger 1997b)：核心职业的基准点是具体的工作情境、工作过程中的知识以及职业认同感的发展潜力。

(3)持续稳定的职业描述：一方面，通过工作情境定义稳定的职业描述，是提升职业吸引力和熟悉度的重要方式；另一方面，技术类职业和机械加工类职业也必须不断优化，否则将会遇到认可度的问题。

(4)开放而动态的职业描述：开放与动态的职业化方案的前提同样也是具体的工作情境。然而，只有在完成典型工作任务的工作过程中，才能确认相应的职业描述和相关资格。职业描述必须能够在企业组织发展过程中不断改进，而且对技术革新敞开大门。

欧洲研发项目"汽车服务领域：结构变化、职业教育与培训"就是一个典型研究项目，它为建立国际化的"汽车机电一体化维修工"职业描述奠定了基础。欧洲的 FORCE 项目建立了一种新的方法论来进行这一行业研究，研究的主题是：在界限明晰的就业系统内进行的技术和经济变革，如汽车服务业和零售业。行业分析用于调查分析工作组织和经营过程的结构性变化以及相对应的职业教育的内容和形式。这里需要满足两个重要条件：①基于工业文化对技术、工作和教育培训策略的重要影响，此类国际项目必须由多国研究人员共同参与，以确保在跨文化研究中纳入显性和隐性的工业文化成分。②此类研究要融入所处的社会对话中。这意味着该行业的社会伙伴要参与到研究的控制过程中，特别应注意那些可以对终身学习的发展规划和教育政策制定产生直接或间接影响的人(Heidegger 1995；Rauner/Spöttl 1995c)。

6.2.0.3 职业学的资格研究

有一种观点认为：独立于情境之外的理论知识、解决问题的通用能力和智力能保证技术工人获得更高的专业流动性，保证劳动市场更大的灵活性，并由此开展了大量的研究。这些研究建立在以下流行的假设基础之上，即日新月异的技术发展会带来专业知识的去技能化，而且"技能型"工作的组织方式也逐渐会去职业化(Kern/Sabel 1994；Anderson 1996；Ziegler 1996)。与此同时，专家智能(expertise)研究的结论却否定了这个假设。研究表明，专家智能对专业能力的发展极为重要，对建立特定职业领域的资格研究也有重要的作用。"一般性智力的发展是正式思维策略的前提……这种观点并不符合当代心理学和教育学的最新理论"(Gerstenmaiter 1999，67)。这一观点在职业生涯发展越来越不连续的情况下同样适用。从专家智能的研究成果可以发现专业能力与特定领域的知识的联系。

在职业学领域进行的资格研究主要有以下三项任务。

(1)按照设计导向的原则,确定和认可一个职业领域内的职业分类的标准。

(2)通过任务分析解决以下问题:哪些典型工作任务能够影响当前和未来的职业发展?在任务分析中还要研究这些任务所包含的工作过程知识。

(3)职业学的工作过程研究必须关注那些对参与企业的组织发展至关重要的知识。

针对上述研究活动,我们建议采用过程性研究的战略和原则,具体如下。

➢ 开发有代表性的职业工作实践,可以此表达经验和解释职业实践。

➢ 只有在开放性的研究过程结束时才能浓缩出观点。获得研究成果的前提条件是:参与研究的从业人员共同讨论和解释所收集的数据。

➢ 最后,将上述结果应用于职业描述和职业课程开发过程中。

工作过程分析的目的是描述某一职业所特有的工作情境,它从以下三个方面进行:①工作对象;②职业工作的方法、工具和组织;③对职业工作的内容和形式的期望。这种研究与传统的工作任务分析不同。传统任务分析的目的是将工作内容细分成具体的下一层次的任务,然后按照这些任务确定培训内容。

在国际职业教育研究领域,针对特定职业领域的资格研究主要采用两种方法。第一种是 DACUM(development a curriculum)方法,即确定和分析职业工作任务(Glendenning 1995;Norton 1997),采用该方法开发课程的出发点是去情境化的任务;第二种方法是寻找工作情境的特征,并按照职业发展的逻辑规律从发展性任务(developmental task)的角度确定具有典型意义的情境及其结构(Rauner 2002a)。

Becker 和 Meifort(2004)指出了这两种方法的价值取向问题。来自工会和行业的专家参与到职业教育(课程)开发过程中,他们代表雇员和行业在职业教育中的利益。因此,确定职业描述、培养目标和培训内容不仅要受到科学规律的制约,还受到政治因素和实际协商过程的影响(Maag Merki 2001)。人们认识到,在政治影响和价值取向,与课程开发与资格研究的问题、方法和结果之间,存在着相互影响的关系。它们的互动结果最终影响着职业的发展状况。

6.2.0.4 特定领域的课程研究与课程开发

设计职业教育与培训的课程、确定职业教育的学习目标和内容,需要开展课程研究,从而解决以下问题:

➢ 培养、培训目标的合法性;

➢ 教学内容的确定与表述;

➢ 教学内容的系统化处理;

➢ 教与学的关系;

➢ 课程评价;

> 学习成果的评价与测量，专业能力的发展目标与职业学习的环境条件。

职业学习的一个重要特点是在工作过程中学习。职业工作不仅包含求职、就业和技能发展，还伴随着新技能的学习过程。从职业教育角度看，工作过程的学习应当采用专门的课程，并按照一定的系统性原则顺序进行。在这一领域，课程研究的任务是确认工作任务与工作情境的教育价值，这对专业能力的发展具有重要的作用。此外，为了能够获得隐含在工作实践中的工作过程知识，课程开发研究还要对工作过程知识进行解码，并为工作情境的系统化处理奠定基础，这也是系统化的职业教育课程的特征。

不同的课程理论有不同的系统化标准。在职业教育课程开发中，专家智能研究者与职业教育研究者均建议采用"从初学者到专家"的范式（Benner 1984）、Havighurst 的发展理论（Havighurst 1972）以及情境学习理论（Lave/Wenger 1991）。但这些方法和理念却遭到了传统课程理论的反对。后者认为，职业情境的学习是基本技能的综合化过程，因此强调通过任务分析确定具体的基本技能（Ferner 1972；Mccormick 1979）。

在不同的职业学领域进行的课程研究取得了不同的成果，也产生了一些课程开发方法。比如在临床护理领域，P. Benner 领导的团队采用 Dreyfus 的"从初学者到专家"的五阶段发展模式确定护士培养的典型工作情境，并将这些工作情境按照职业发展的逻辑进行了系统化处理，从而形成护士培养的案例化课程（Benner 1984；Benner 等 1996；Dreyfus/Dreyfus 1996）。

早在 20 世纪 70 年代，在师范教育领域就建立了按照 Havighurst 理论的护理学校教师教育课程，包括四种发展性任务。这一课程开发方法与 Benner 的理念有一共同之处，就是都建立在职业发展逻辑规律基础上，将学习步骤和学习内容按照主观发展模式进行系统化处理。从 20 世纪 90 年代中期开始，主体化课程开发方法在技术类职业教育课程开发中也有应用（参见 6.2.1、6.2.2）。DACUM 方法在职业教育实践中的运用尤其普遍，其标志性的方法就是"专家工人座谈会"。现在，专家工人座谈会已成为课程开发方法论中的关键部分。当然这里也有不同的声音，如有人批评 DACUM 法缺少学习理论和发展理论的基础（Bremer 等 2001）。

纵观所有职业领域的职业学研究，人们始终致力于探索各学科的学术知识与职业工作过程知识之间的关系。工作过程知识对课程开发有什么影响？不同人对这个问题有不同的答案。本章后面的文章共同说明，工作实践中的知识解码即工作过程知识对课程开发至关重要。

6.2.0.5　特定职业领域的教与学的研究以及职业教学论研究

职业教学过程的分析、设计和评价，是在特定职业领域进行的教学研究的主要而直接的对象，因此教学论研究涉及的领域也都是职业学的研究对象（Heimann

等 1965）。

不同职业的学习目标群体千差万别。很多职业允许不同类型的学校毕业生直接接受职业教育，其灵活度比一般高等教育强得多。这些学生的能力和智能特征（GARDNER 2002）、专业兴趣和爱好有很大的差别。因此，职业学的研究对象包括对某职业教育课程感兴趣的学生学习绩效及其适应能力。

职业教学论的研究任务是，如何将学习者在职业教育初期已具备的知识和经验转化为专业能力，并使其随着学习过程的深入而进一步提高。教与学的研究有不同的学习和发展理论做支撑，也有不同的能力发展理论模式。但迄今为止，在职业领域的教与学研究中还缺乏被普遍接受的科学理论基础。

职业领域的教与学研究的另外一个重要任务是对不同职业进行职业教学论分析，并推动教学理论的发展。例如，实验室和实习车间的试验性学习，与电气工程、计算机科学、金属工艺、化学工程等领域的教学法有紧密的联系。此外，在护理学校教师培养中，角色扮演法以及由此衍生出来的教学方法，对人际交往及内省能力的培养非常重要。因此，教学法研究开始关注准实验研究的设计问题。这是因为，要想验证一个教与学的过程是否可行，并不只是与普通职业教育方法论有关，而是与具体的教学目标和内容有关。

职业教育研究是在 20 世纪上半叶制造业的大规模工业化发展时期逐渐形成和发展起来的，其首要目标就是削弱"科学管理"对教育培训带来的负面影响（Taylor 1911）。

职业学习的另一个特征是"为有价值的工作过程而学习"。Lave 和 Wenger 对情境学习进行了研究（1991），发现学徒以一种准自然的方式融入到实践共同体中。其实早在 19 世纪末 20 世纪初，劳动教育学就开始建立和发展系统的实践教学方法。在这个过程中，瑞典在 19 世纪进行的教育改革项目 Sjöld 起到了极大的促进作用。此后，这一劳动教育学理念在世界范围传播开来。不过，当时人们在把工作形式和工作内容纳入学校教育中时，这一理念也产生了副作用，即很多人用模拟的工作和技术实践代替真实工作的社会特征（Larsson 1899；Reincke 1995）。工业领域的职业教育在 20 世纪初也出现了类似的情况。大量培训车间纷纷建立，提供以课程为基础的实践学习（Ploghaus 2001）。直到 20 世纪末泰勒主义的工作组织结构逐渐减弱，职业教育研究才发现，企业的组织发展与职业教育有着多么紧密的联系（Dybowski 等 1995b）。随后，以过程为导向的培训方法的开发和研究（Reglin/Shöpf 2005）以及过程导向的职业教育培训才得到了发展和验证（Loebe/Severing 2005）。

在教学论对教育目标的研究中，人们开始全面关注职业教育的客观标准和主体因素。这一研究实现了职业教育范式的历史性转变，即从过去的"适应"转变为现在的"设计"。在 ITB 研究（Rauner 1998b；Heidegger 等 1991；Heidegger

1997b）的基础上，从 20 世纪 90 年代开始，"使培训生有能力本着对社会和生态负责任的态度，参与设计工作世界"的教育理想，成为德国国家课程（《职业培训条例》）的指导思想（KMK 1991a；Rauner 1998b）。在多个典型试验研究中，这个指导思想正在转化成一系列的实际行动，如教师的教学行动、学习环境与职业课程设计以及专业能力评价手段（Howe 等 2000；Heidegger 等 1991；Grollmann 等 2006）。

6.2.0.6 展望

综上所述，在不同职业领域，职业学研究的发展是不平衡的，本书其他部分也能证明这一点。一些国家不仅拥有完善的职业领域结构，而且还有大学层次的职业教育教师培养机制，职业教育教师必须学习职业教育学以及一门职业学。这类国家对职业学有深入的研究，并且有国家职业教育课程开发体系和国家级职业教育研究机构作为支持，因此能够传承和发扬本国的研究传统。当一个职业领域的职业教育与高等教育相融合时，职业学研究也就向着国际化的方向迈进了一步。可以说，确立包括职业学在内的职业教育教师培养的国际标准，能对这一国际化发展做出贡献。本文正是为建立国际化的"科学共同体"所做的尝试。目前，在不同职业领域进行的研究活动受到各国差异巨大的职业教育体制的影响，同时也受到各国教师（培训师）培养模式的影响。尽管如此，大家仍在为建立具有国际可比性的职业教育结构，即被大家普遍认可的职业教育教师学士和硕士培养方案而努力，这就更需要进一步加强职业学的系统研究。

6.2.1 工商管理职业学研究

Antje Barabasch

6.2.1.1 理论框架与引言

本节综述了国际上关于广义经济教育的职业教育研究。工商管理领域涉及广泛，包括商品生产与配送、面向公众和消费者的以人为本的服务、银行、行政机构、保险、运输、物流和旅游。不同国家，培训上述职业从业者的方法不尽相同。通常，商业教育的实施地点是高等院校，学士学位就是职业资格证。但是德国没有照搬这一模式，而是通过"双元制"学徒教育体系提供职业资格证书。不同年龄段的群体都可参加工商管理领域的职前教育培训，并获取不同级别的资格证书。

Huisinga 与 Kell（2005）从组织理论、功能理论、历史学、经济学以及信息化程度 5 个角度对商业行为研究进行了分类。根据这种划分方式，可进一步细化商业管理。例如，从组织理论角度出发，商业行为可分为结构型和过程型行为，并可进一步细分为战略型、决策型和执行型行为。从功能理论角度出发，商业行为可分为以下子任务：采购、营销、融资、存档、人事管理、买卖商品和会计等。历史学角度关注的是几百年来商业行为的演变，这种演变最终形成了当前的职业培训新形式，即要求强烈的服务导向和新知识。最后一个角度强调技术变革和新的社会化形式。

在工商管理领域的职业教育中，对教与学的研究涉及以下内容：教学组织（特别是对信息和通信技术的应用）、技能训练、工作过程知识、技能需求与要求、职业描述的重构、新职业的开发以及各教育培训机构的制度安排。此外，师生对学习效果、教与学安排的观念和经济教育中的种族、阶层及性别问题逐渐成为研究热点。鉴于本节涉及的主题多数在其他章节已有阐述，在此仅讨论工商管理领域的教育培训研究。但是由于工作领域、任务要求以及培训需求千差万别，本节无法全面总结已有研究成果。而且很多国家的职业研究在外部资助研究下进行，其研究报告仅以本国文字写就，容易受到检索渠道的限制。多数国家将此类研究归入高中和高等院校进行的经济学教育范畴。商业贸易的职业培训很少成为独立的研究对象。对职业的实用性研究常被放置到人力资源和组织发展框架中进行。为了对研究成果进行分类，作者大致沿用了 Bannwitz 和 Rauner（1993）的职业教育研究分类方式，并补充了几个类别。Huisinga 和 Kell（2005）总结了 20 世纪 70 年代初的课程理论，发现课程分析和构建是按照以下几点进行的：

（1）教育标准，如职业培训；

（2）学习的前提与条件；

（3）职业工作的资格要求；

（4）学科结构；

（5）法律和组织的先决条件（体制）；

（6）职业导向的教与学的设计。

这些标准可以指导研究者探讨经济与商业教育的课题。本节列举各种研究方法与研究重点，包括资格与技能要求，培训课程的分析、设计与评价，方法与工具，学习者观点，政策研究和劳动市场产出等。当然，有些研究不属于上述任何一类，或者涉及该分类体系的不同方面。为了开发新的培训条例，德国联邦职业教育研究所（BIBB）进行了大量的研究项目。本节在结尾展望了今后研究的前景。

6.2.1.2 对研究方向和方法的分析——综述

1. 不同领域的资格要求与技能要求

欧洲职业培训发展中心（CEDEFOP）曾发布银行与金融业（Castelli 2004）和旅游业的技能与培训需求报告（Strietska-Ilina/Tessaring 2005）。第一份报告主要涉及银行与金融服务业的岗位要求，并特别提到了意大利与法国在该行业对信息与通信技术（ICT）的要求。报告列出各种企业、协会和培训机构提供的信息和建议，为职业院校调整相关课程提供参考依据,并且指出该行业 ICT 培训资源的短缺。后一份关于旅游业的技能需求报告聚焦全球的酒店、餐饮与旅游业的最新发展,特别是描述了 13 个国家旅游业的发展趋势和技能需求、无障碍旅游的新职业、养生旅游服务以及收益管理等。两份报告涉及宏观经济、区域、地方、部门、职业以及企业等多个层面,其第三部分列举了一些优秀案例,以及将研究成果转变为政策的建议。

关于全球旅游业和酒店业的培训需求,研究人员做了大量研究。Baum (2002)分析了酒店业的工作特点,并简述了发生在苏格兰的有关"技术技能与通用技能"的争论。此外,Baum 还解释了酒店业的教育培训过程。南非旅游、酒店、体育教育培训局(THETA)负责监督该国旅游、酒店和体育经济领域的岗位技能发展。该机构经过细致调查访问目标群体及利益相关者,制定了一份行业技能规划书,规定了培训的目标,并对南非旅游业的企业数和雇员数等进行了统计和预测(Theta 2004)。针对德国、美国和英国的酒店服务人员,Finegold 等 (2000)进行了国家技能创新体系和职业生涯发展的比较研究。

一项在不来梅技术与教育研究所(ITB)进行、由 Rauner 和 Bremer(2001)主持的研究,总结了在服务领域修改职业描述并优化工作过程的方法。该研究试图促进职业等级与培训方案的改革。很多研究特别关注资格考试方式的发展。Keck 等(1997)以及 Paulini 等(1999)都研究了工业贸易的职业等级与培训方案。前一份研究侧重工业贸易人员的岗位学习过程,后者则调查了全球与国际若干服务职业的技能需求。

英国金融服务技能委员会(Financial Services Skills Council)和零售业技能委员会(Sector Skills Council for Retail Sector)联合发布了工商管理领域技能需求报告。该报告分析了大量公共政策报告及其数据,还收录了对五位学习者或潜在学习者及五位雇主的访谈记录。定量研究部分通过对 250 名雇主和 250 名雇员的标准化电话访谈,掌握了可靠的数据,并以此获得了工商管理业的技能缺口及需求,确定了信息技术、语言通信、组织和规划等方面的技能需求。研究确定的技能缺口包括财务分析/预算、IT、组织规划、人员管理、语言通信、法律法规解读和信息管理。报告还概括了该领域的职业生涯发展。Finegold 和 Wagner(2002)调查了德国银行业的培训状况,特别是雇主对银行双元制学徒的期望和培训决定。

针对新技能需求的实现,大量研究关注新型雇主关系和新工作领域。Rosenheck(2001)概括了商业领域的新资格要求,其中心议题是:当前的职业设置是否适合未来的需要?结果显示,社会能力与方法能力等关键能力扮演着重要的角色。与之相比,专业知识的重要性却稍逊一筹。在瑞士,作为一种职业,商业职员的含义非常广泛,涵盖了文秘、人力资源开发、营销、分销会计和金融等工作。该研究得出一个惊人的结论,即社会能力日趋重要,这与通常的反固定化、去社会化和个性化等社会发展趋势是相反的。关于进一步的研究，Rosenheck 认为，工作组织的变化直接影响着职业描述，应特别关注新型管理模式，ICT 的发展直接影响职业工作任务。除了这些主题之外，研究社会变化(年青一代的价值观和技能观的变化)也十分重要，因为这将决定未来的职业资格供给。Rosenheck 在报告中强调，商业贸易服务的教育以及软技能发展都需要更多的案例研究。

Bredow(2003)研究了德国银行从业人员的服务能力教育，并通过专家访谈了解新职业及其课程实施问题。德国其他研究还关注资格发展(Brötz 等 2006)、银行类职业的决策能力和责任心(Bohner/Straka 2005；Straka 2000a/2000b；Straka/Lenz 2005)。Meierhofer 和 Rosenheck(2000)也对新型职业做了研究。许多国家设置了中央监管机构，对工商业领域的技能发展与技能需求进行监管并定期发布报告，为相关政策的制定奠定基础。此类研究通常会委托给独立的研究机构，由它们从大量的利益相关者那里收集信息，并汇编成实质性的研究报告。

2. 对培训课程、资格认证过程和社会化过程的分析、构建和评估

除了上述研究外，一些国家也进行了关于培训项目的比较研究。例如，由 Fulst-Blei 和 Ebner(2005)承担的一项德国曼海姆大学的课题，目的是比较德国工业贸易专业毕业生与威尔士类似专业毕业生的业绩水平，评价内容包括毕业生的理论知识水平、独立策划能力与完成不同任务的能力。结果显示，德国毕业生的岗前准备更为充分。然而，作者对人们普遍认同的评价和分类方式提出了质疑——他们认为要用不同方法评估教育体系的优劣，从而为政策制定奠定客观的基础。Richter(1996)对德国和英国不同职业领域的职业教育学位进行了比较研究。还有研究者研究了工业贸易教育培训中的自主学习(Spevacek 等 2000；Straka 等 1999)。

对职业教育教师和培训师的培训课程也是重要的研究课题，如在商业和贸易领域，教师培训项目在很大程度上促进了动机导向的学习(Straka 等 2001)。Walstad(1994)、Whitehead(1994)以及 Myatt 和 Waddell(1994)对美国、英国和加拿大的经济教育做了研究。Walstad 的研究范围很广，涉及招生、测试、作业、经济成就、经济满意度、教师教育、教材变化以及教学效果增强(有经济学家与相关机构参与)等方面。虽然该报告涉及面过大，且分析不够深入，但是从中我们能够看出美国自 1960 年成立国家经济教育特别工作组以来的经济教育发展脉络。加上有关英国和加拿大的研究，该报告为经济教育提供了颇具价值的参考。

Beck 和 Krumm(1994)对奥地利、德国和美国的 17 岁左右的高中生进行了比较研究，他们采用经济素养测试系统(Test of Economic Literacy，TEL)研究各国学生达到既定标准的程度。结果显示，以德语为母语的学生和美国学生都没有达到课程标准，但奥地利学生的分数最高。作者还得出结论：与奥地利和德国的分流式教育相比，美国综合教育体制下培养的学生水平更趋一致。Kim(1994)使用相

同工具对韩国与美国学生进行了类似的比较研究，其结论之一是，韩国学生对经济学基本概念掌握不牢，对经济的理解也相对较弱。其他国际研究关注的则是学习成果（如经济素养）的比较（Beck/Krumm 1994；Kim 1994）。

德国一项比较研究对德国、英国及荷兰工商管理类职业教育的制度和政策以及课程设置进行了分析（Frommberger 2004），主要针对两个层面的问题：一是职业教育的结构模式及其供给/需求情况，二是课程体系。该项目主要介绍比较研究的方法局限性和课程分析的理论模型。

许多国家的旅游教育与培训由高等院校提供。Okumus 和 Yagci（2005）研究了土耳其旅游高等教育的体制问题，并对未来的发展提出了建议。旅游教育从职业培训和高中培训升格为 4 年制大学教育，由此产生了诸多问题，如地点选择错误、师资力量不足、硬件设施匮乏、课程体系过时以及培训合格后才能进入企业等。作者建议在所有教育层次（副学士、学士和研究生）中实施课程改革，提供针对性强的功能性学历课程，并鼓励不同高等院校之间以及高等院校、培训机构和企业之间开展合作。

德国开展了多项关于工作场所分散式学习的研究（Dehnbostel 等 1992），其关注点是新学习形式和工作过程知识。东欧国家只有少量针对经济学教育的研究。Kovzik 和 Watts（2001）研究了莫斯科国立大学经济学本科生教学的改革，课题涉及教师培训与进修、西方教材与本土教材的冲突、西方与苏联式的教学方法及教学环境的冲突等。

不同国家的研究方法、兴趣点和研究问题各不相同，这与各自领域教育事业的发展程度有关。许多工业国家对课程的评估和比较感兴趣，以更多了解其学历和教育质量的竞争力，而仍致力于开发培训课程的国家则侧重于完善教育规划和提高教育供给的研究。

3. 对教学方法、工具、组织以及预期的分析与构建：教与学的情境

2002 年开始出版发行的《酒店、休闲、运动与旅游杂志》（Journal of Hospitality, Leisure, Sport & Tourism）定期发表关于旅游和酒店培训教学方法的文章（Armstrong 2003；Capstick/Fleming 2002；Cho 2002；Dale/Lane 2004；Feinstein/Parks 2002；Hall 2003；Lomine 2002；Mcgugan/Margaret 2002；Mcgugan/Peacock 2005；Sigala 2003）。德国有许多研究是针对开发经济学教育领域的教与学安排的教学论基础的（Achtenhagen 1998；Achtenhagen 2004；Beck 2000a；Beck 2005；Beck/Krumm 2001；Bendorf 2002；Dubs 1996；Wuttke 1999）。Stiller 等（2000）致力于教育的灵活性和质量保证的研究，同时还为职业学校和培训公司开发了综合性的课程体系。Dumpert 等（2003）研究了以顾客为导向的社会能力。对环境教育的研究也同样重要（Neuss 1995；Kaiser 等 1995），还有一些研究关注商业教育中的道德发展（Beck 等 2002；Beck 等 1997；Parche-Kawik 1998）。Tuomi（2004）则

对芬兰的商业教育结构进行了综述，并解释 Edupoli 成人教育中心实施的新教育策略。

模拟公司在商业教育中的运用是一个常见的研究课题（Achtenhagen 等 1999；Frick 2000；Straka 等 2001），有关经济学教育中商业对策（business games）的研究亦同样重要（Egger 1994）。还有一些研究涉及多个课题，如网络方法作为测量和评价经济领域的情境知识的工具（Weber 1995）。随着教育国际化和市场全球化的发展，跨文化行动能力的研究越来越受到关注（Weber 2000）。电子杂志 bwp@（www. bwpat. de）发表了多篇关于采用模拟公司开展商业教育的行动导向教学的文章。另一项跨文化研究分析了德国和美国在银行和金融领域实施的"从学校到工作过渡"的课程体系（Clark 2002）。Clark 在观察的基础上，利用质性的个案研究法来详细描述如何设计国际化的课程，在此特别关注国际商务和银行方面的课程方案。《经济学教育期刊》（Journal of economic Education）刊登了多篇有关教学方法的文章，包括学生日志和心得报告（Brewer/Jozefowicz 2006）、作为教学工具的实验法（Dickie 2006）以及测评学生知识的定性 VS 定量方法（Buckles/Siegried 2006；Walstad 2006）等，《营销教育期刊》（Journal of Marketing Education）则关注针对不同教育层次的营销教育方法（Amato/Amato 2005；Forman 2006；Hagenbuch 2006）。

4. 从学生和学习者的视角分析教学方法及效果、培训方案、学历和产出

许多研究关注于评估学生在某一课程或培训项目中的体验（Brookes 2003；Huang 2005；Kang 等 2005；Leung 2003），或者关注教师对自己的教学方式以及与学生关系的认识（Tribe 2003）。Smistrup（2001/2003）的研究课题"银行职员的职业认同感"描述了一个具体案例研究的结果，其中对银行内部社会生活的结构进行了研究，其研究问题是：在与现有结构的互动中，银行职员个体如何从主观层面发挥作用？该研究针对 120 名丹麦银行客户服务部门的员工进行，并通过 15 个主题叙事访谈加以补充。Smistrup 发现，一些年轻雇员对其所任职的银行有强烈的认同感，因此得出结论：职业教育和年轻人从学校向工作成功过渡的积极性肯定起到基础性作用。为成功应对紧张或冲突的工作环境，职业认同感对雇员来说非常重要。Schwadorf（2003）对职业行动能力的相关理论进行修正和完善，设计了一项针对参与者的个人观点、态度和认知等方面的研究。分析中，她采用了575 个不同职业从业人员（如银行职员、销售人员、企业销售代表或会计师）的研究样本。结果表明，学生以不同的方式获得不同的能力。然而，专业能力显然是最重要的。其他研究则从学生的视角分析学习方式对学习效果的影响（Ebner 1996）。

5. 政策研究、劳动力市场产出和历史研究

荷兰的一项政策研究发现，一项关于成人和职业教育的法律所造成的影响已经在文斯科坦的一所中等规模的商业学校里得到印证（Jellema 等 2001）。这项研

究不仅关注一项新政实施产生的影响，还关注教师和协调员对所在学校职能的主观认知。其中一项主要发现是，学校的职业教育大体上被视为一种获得通用职业资格的教育，教师则质疑以产业和劳动力市场需求为导向的职业教育。

一些研究还分析了培训课程对就业能力的影响。Stadler(2006)研究的问题是：初级学员和学徒对就业的预期有何区别？她引用了瑞士国家青年调查(Transition from Education to Employment 2002—2004)对初级职业教育的纵向研究得出的数据。200 名零售和酒店业的学徒或实习生在他们的初级职业教育或学徒期末接受了此项调查研究。Reinisch(2001)所做的一项历史研究总结了商业职业教育自建立起至 20 世纪后半叶的发展情况。Adams(1992)研究了公共管理领域的知识及理论发展的历史脉络。Horlebein(1989)综述了德国 1818—1984 年商业领域的职业教育发展。Bruchhauser(2006)发表了一项关于 1787—1806 年的普鲁士商业学校的历史的研究。Zabeck(1979b)也对商业领域的职业教育史做过研究。

6.2.1.3　需进一步研究的方面

有关工商管理类职业教育的研究似乎更多关注教与学的方法，以及学习者和教师对学生产出、学习效果以及教育课程的看法。在微观制度层面进行的研究一般关注各教育层次的组织和机构，而在宏观制度层面的研究往往关注技能需求、学历、教育要求以及国家层面的职业教育体系。对区别于学术知识的工作场所实践知识的习得与教授，目前还缺乏研究(Heritage 1984；Dedering 1996；Fischer 等 2004；Schön 1982)。真实的实践知识的学习可以帮助学生适应工作要求，这也是进行职业教育课程改革和创新的重要原动力。此外，需在不同国家进行大规模的研究来分析学习的产出，从而为分析课程的效能奠定基础。尽管在旅游、银行以及经济教育领域中进行了大量的研究，但是对商业教育其他领域的研究似乎不多。从本领域采用的研究方法来看，质性研究显然是被普遍采用的方式。为了得到制度结构、组织、项目以及学习产出的广义假设，需要采集并分析更多的量化数据。最后，还需在国际、国内范围内，对该领域的工作、教授和学习的异同点进行比较研究。

6.2.2　若干欧洲国家的电气电子技术与信息通信技术职业学研究

Klaus Jenewein　Alison Shilela　Len O'Connor

6.2.2.1　说明

在德国职业教育体系里，电气电子技术与信息通信技术(EEE/ICT)属于同一个职业领域。根据文教部长联席会议(KMK)的建议，按照这一标准制定了职业领域。一些重要的学术团体如劳动科学学会所属的技术职业及其教学论研究会

（GTW）对这一分支领域的发展做出了贡献。这一领域的职业学也是职业教育师资培养的主要学习内容。

6.2.2.2 作为职业教育研究主题的 EEE/ICT

本节针对德国和爱尔兰的电气电子技术职业，讨论 ICT 对职业教育的影响。这两个国家在这一特定专业领域的职业教育不同，可以进行有趣的比较研究。德国职业教育的基础是双元制，包括在高等院校获得的学科知识部分，爱尔兰则依靠传统的学徒培训模式。在两种不同培训模式下，比较电气电子专业技术如何对该领域内专业知识的期望和作用产生影响，具有重要的意义。

在德国，从 1960 年开始，EEE/ICT 就已经成为国家承认的职业领域。该领域的培训由《联邦职业教育法》规定的基础培训开始（Howe 2000）。在这个职业领域，德国有 14 个国家承认的培训职业，爱尔兰有 26 个，其中最多的培训职业是电气技术和焊接技术。爱尔兰国家培训与就业管理机构（FAS）通过由 FAS 和技术院校共同颁布的学徒标准（Standards Based Apprenticeship，SBA）管理职业教育。在爱尔兰经济繁荣发展之际，即所谓的"凯特尔之虎"时期，学徒制实现了复兴，注册学徒数达到创纪录的 29000 人。学徒享有全职员工的地位和待遇。爱尔兰最近开发了一套十级制的国家资格框架标准，学徒处于第六级，低于普通学位的级别，学徒培训属于中学后教育，课程以技术为主，没有普通教育的内容。

19 世纪末和 20 世纪初，德国电气和电子技术职业被认为是最主要的两个电学职业，尽管这个职业领域最近又扩展到了通信和媒体技术。德国这一职业学科现在被称为"电气电子技术"，共有 13 个职业科目，但通信技术不属于这 13 个职业科目。职业教育教师在大学教育期间必须从这 13 个职业科目中选择一门作为主修科目进行学习和研究。本职业领域课程标准包括的专业知识技能有生产系统、建筑设备、信息和通信技术以及媒体技术（UNESCO 2004a）。与德国不同的是，电气和通信技术在爱尔兰不是培训职业，其从业资格通过大学或技术学院的课程获得，毕业生有资格从事技术员和工程师级别的工作。然而，电工专业的课程包含大量的电子学知识。技术和工作实践的变化，意味着这两个领域中的每一个职业都有很多共性。ICT 技术的引入对电子专业课程的开发也有深远影响，目前的发展有其历史原因，目的是跟上本领域的快速发展。

6.2.2.3 电气电子技术职业的背景

在德国，人们一直从社会和历史角度对电子和通信技术专业技能进行研究，其中包括对实践性知识要求和相关培训条例的研究。史密特的研究在考虑了职业教育课程开发、分析和评价三方面的情况下，记录了电子技术成为国家承认的培训职业的发展历程（Schmidt 1995；Gronwald/Schmidt 1996）。

随着 20 世纪初电子职业指南的出现和 30 年代对电子技艺的认可，德国和爱尔兰都出现了相对稳定的职业描述（Howe 2002）。德国 20 年代开始的职业教育制度化过程也使电气和电子工业受益匪浅。最终德国技术学校委员会(DATSCH)和国家工商职业教育研究所共同开发了一套培训条例和资格标准。后来,制定培训条例的工作由联邦职业教育研究所在经济部的指导下进行,并按照1969年颁布的《联邦职业教育法》实施(Howe 2001b)。

通过分析德国和爱尔兰电气电子技术领域技能型职业的组织和设计会发现,信息技术的发展并没有导致职业任务描述发生重大改变。这一令人吃惊的结果说明:尽管所谓"以知识为基础的"或由ICT驱动的工业成倍增长,电子领域的职业还是处于一个相对稳定的状态。尽管从1972年以来,德国对电气电子职业的分类也经常发生变化,但它的工作任务结构和职业描述体系一直保持相对稳定(Rauner 2003a)。出于这个原因,在职业教育中盲目进行所谓的现代化改革是不合适的,这是我们对德国职业教育和资格要求总结后得出的结论。

6.2.2.4　EEE/ICT的资格

随着有关职业领域管理制度的完善,德国成立了一个研究EEE/ICT领域职业资格的机构。Pfeuffer为此开发了一个分析工具:

➤ 锉削、锯削和车削加工以及镶接等材料加工领域的22项技能和认知能力;

➤ 电子技术领域完成工作任务的12项基本技能和认知能力,如"准备能量传输所需的线路和电缆并进行作业"和"制作高频工程所需的线圈元件";

➤ 装配、运行和连接中的14项工作任务,如"焊接装配""制作固定件";

➤ 如"测量电参数""电气功能控制"等4项测量与控制任务;

➤ 启动、保养和修理的4项工作任务(Pfeuffer 1972,12)。

通过这些分析工具,Pfeuffer得出了材料加工以及对电子组件、线路电缆的机械加工的基本技能。这一研究工具的使用为整个职业领域的基础课设计打下了坚实的基础,同时也促使德国引入了分阶段培训模式(Heidegger等1991),从而对复杂的职前教育踏出了研究的第一步(见表6-3)。这种发展体现了职业教育的一个新的发展方向,它反映了从情境学习(在培训职业的背景中学习)向分阶段式学习模式的转变,而这种转变被认为是有问题的。在20世纪80年代至90年代的一系列研究中,Heidegger等对本职业领域的新的职业资格要求提出了质疑。

表6-3　德国EEE/ICT分阶段培训模式(Howe 2002,102)

时间	阶段	培训模式
1900—1933	第一阶段 建立电学领域中具备地方性和企业特色的职业	由地方有关机构开展有特色的手工业教育,并承担学徒培养以及对职业培训认可的责任。企业承担对工业类、不受中央制度照顾的无法得到正式职业培训认可的学徒的培养责任

续表

时间	阶段	培训模式
1933—1945	第二阶段 在电学领域建立国家承认的职业	由国家对手工业和工业中的职业进行控制管理和标准化。最初职业通过没有管理权力的经济部门获得中央的认可，具体通过德国技术和行业协会或德国工程学院委员会进行管理
1945—1969	第三阶段 建立全国范围的电学领域职业认可体系	由联邦政府对手工业和工业中的职业进行控制管理。最初职业通过没有管理权力的联邦经济部门获得中央的认可，具体通过职业教育中心和职业培训运行国家中心（ABB）进行管理
1969—2000	第四阶段 巩固全国范围的电学领域职业认可体系	由联邦政府对手工业和工业中的职业进行控制管理。职业通过由联邦教育部许可的联邦经济部门获得中央的认可，具体通过联邦职业教育研究所（BIBB）进行管理

确立"设计导向的职业教育课程开发"方法，是现代电学职业的基础。该研究利用"剧情描述"（scenario）方法探讨技术发展、职业功能和知识的变化以及新型工作组织形式之间的关系。研究证明，这些变量之间不存在谁确定谁的简单线性关系。根据这一研究成果，研究者制订出了4个相应的剧情描述方案，以确定未来在技术设计、相应职业设计以及在工业生产中职业教育和培训设计的关键点。

在爱尔兰的体制中，学徒标准SBA的所有课程都是在对各行业要求进行功能性分析的基础上制定。在开发课程之前，国家学徒指导委员会（即NAAC，对所有和学徒标准有关的事宜提出建议）通过对雇主的两项调查，开始对职业角色要求进行功能分析，目的是确定每个行业技术人员的技能范围和标准（O'Connor 2004）。考虑到技术、工作实施、健康和安全方面的变化，多数课程都在不断修改，但在职业名称上并未体现出来。技术人员的教育培训不仅要开发合适的课程，还要了解学习者发展技能、知识和能力的方式。Enyon/Wall（2002）认为，从学术文献中可以看出对能力的定义是复杂的。学徒制提供的不仅仅是一系列连续能力水平的发展，还要开发提高工作岗位上完成任务绩效的认知能力，包括实践技能、基础理论、数学、科学、制图和个性化技能等的学习内容，以一体化的形式在同一个单元里出现（FAS 1997）。尽管对这种课程观还有不同看法，但是任何学徒制的重点，都是如何利用岗位外所学的知识补充岗位上所学的内容。爱尔兰的电工培训要求学习大量的电子学知识及跨学科的技能，如机电一体化和电动、气动技能等。

在1996年Drescher进行的一项研究中，确定了网络化生产中自动化过程电子服务存在的两个明显的难题。如果出现故障，电工需要通过系统技术的不同层面寻找故障原因，从图形用户界面、计算机网络系统支持的设备和工作系统，一直到信息加工的电子设备（诊断和维修的深度），同时还要关注 ICT 支持的生产、规划和调控过程之间的联系（诊断和维修的广度），因此全面了解电子维修领域中各系统的联系是极具挑战性的。培训中对计算机和网络系统的整合需求，反映出维修技术工人在完成诊断和维修工作任务时所需知识的广度和深度（Bremenr/Jagla 2000；Drescher 等 1995；Dittrich 2001）。针对自动化设备和工作过程中电气电子技术工人职业任务变化的研究发现，与较少自动化的生产过程相比，系统控制者和维修工人必须在工作过程中表现出更高层次的能力。这和大家普遍接受的自动化和人工智能减少对高层次能力的需求的观点相悖（Drescher 2002；Ehrlich 2002；Dittrich 2002；Rauner 2001a）。

这项研究在德国引发了关于是否需要进一步研究职业领域内资格要求的讨论（Rauner 2002d），不过爱尔兰电工培训体制表明：由于学徒培训系统中培训要求的深度和广度与德国不同，Drescher 研究指出的难题在爱尔兰还不存在。

在爱尔兰，培训师和教师的挑战是如何培养学徒具备自主学习和终身学习的能力，保证他们能应对在工作中千变万化的技术。受 FAS 的委托，国家学徒委员会正在审查的一个"职业"是结构化布线。这个职业是一个发展中的领域，具有重要的经济意义，它涉及建筑物中 ICT 技术基础设施的安装与维护。虽然合格的电工已经具备这方面的能力，但是仍然需要对学徒进行广泛而深入的培训。

目前，德国的研究强调职业教育需要有基本的教育理论、学习理论基础以及基于这些理论的教学方案。这种规范性取向把特定领域的资格研究和其他以发展为导向的研究模式如"工作与技术研究"联系起来（Ulich 1994）。

自 1972 年以来，德国 EEE/ICT 职业领域的一个研究重点是对工业电气/电子职业新《培训条例》的评价。在这方面，联邦职业教育研究所开展了内容广泛的、有国外研究机构参与的评价研究（Hegelheimer 1979；Drescher 等 1995；Borch/Weissmann 2002；Petersen/Wehmeyer 2001）。Drescher 等通过评价研究得到的主要结论（1996）如下。

（1）在工业和手工业电气技术领域有 15 个以上的培训职业存在重叠，其重叠程度之高，足以将这些培训职业合理地整合成两大核心职业，即机械与自动化电子技术人员和通信电子技术人员。

（2）在教学内容和教学目标方面，学校课程和企业培训之间没有多大联系，其原因是学校的学习是基于物理和电气技术的内容，而企业培训是以工作过程为导向的。针对这个问题的解决方法，是把工作过程知识作为通用基准点整合到职业课程中。在后来的电气技术职业课程开发中，已采纳了这个建议。

20 世纪 90 年代以来，德国电子行业职业资格研究主要有两个层面，即顾客导向的工作情境（Hagele 2001）和建筑系统中电气技术的革新，后者是电子技术工人工作的主要内容。电气安装工人的技能体现了工作任务的根本变化，也体现了不同职业交叉合作的重要性（Jenewein/Petersen 2002）。在此，经典的工作内容仍然主导着电工的工作过程。研究表明（Hagele 2001），在工作描述中体现的任务变化比在教育内容描述中体现得要慢。在一个范围广泛的任务分析中，Hagele确定了电工的10个典型工作任务及其工作过程。

对自动化设备的配置、实现、操作和维修需要对智能化建筑有总体了解。"有限的技术视野"会对此造成损害（Dittrich 2001）。电气技术企业能否应对这一变化的任务，或者它们是否会失去这个（重要）的盈利领域，还有待观察（Knutzen 1999；Jenewein/Peterson 2002；Bloy 2002）。

背景是本职业领域的一个重要考虑因素，Samurcay/Vidal-Gomel 研究说明了本职业领域背景的重要性。他们通过对电气技术工作过程的研究，对三个阶段（即诊断、安全保证和修理阶段）的潜在危险作了区分（2001）。

这个案例研究展示了工作过程知识管理及其与能力发展的联系，这里对能力发展讨论的理论基础是皮亚杰（J. Piaget）和维果茨基（L. S. Vygotsky）的认知辩证发展理论。研究确定了下列因素是能力管理的必要因素。

➢ 通过真实的工作情境进行学习；
➢ 理解工作过程的重要性；
➢ 技术学习过程中整合风险防范和故障诊断。

作者反对泰勒主义的工作组织，提出了预防性维护的模型，其基础是工作过程知识。

6.2.2.5　教育和培训过程

1971—1978 年，德国进行了一个有关教学媒体的全国性典型试验项目，即"电子技术多媒体系统"（MME）。研究对象包括 58 所职业学校和 20 多个电子行业的企业。通过 MME 项目，研究者倡导的典型试验项目与职业教育研究相结合的全新理念，成为职业教育研究的一种新的重要方法。建立在准实验方法基础上的典型试验项目，对加快职业教育发展和形成新的行动研究方法产生了催化效应（Gutschmidt 等 1974）。

该项目为以下教学内容提供了以学习者为中心的试验设备，如电动机、交流/直流技术、数字与动力电子技术以及电气防护措施等。MME 项目的另一个重要研究内容是研究学习过程中实验性学习的重要性及其科学定位。阿道夫（Adolph 1975）对此做出了重要贡献，他对"科学导向的学习是学习一种'理论'化的正式语言"提出了质疑，因为这就没有必要涉及个人在技术体系和工作过程中获得的经验和已有技能了。他倡导摒弃这个观点，而接受对教育的正式理解，即教育的基础是获得学科知识和自主的学习过程。这也反映了爱尔兰目前的取向，其焦点在于自主的终身学习(O'Connor 2006)。

作为职业学习的一种基本形式，实验学习(experimental learning)在德国已成为 EEE/ICT 职业领域研究与开发的重要内容(Eicker 1983)。在大量典型试验项目中，实验学习和行动学习的形式得到了进一步开发。从教学法角度看，这些典型试验项目具有特别重要的意义，因为这是设计导向职业教育理念在电子技术职业领域的首次尝试。后来设计导向的理念被德国文教部长联席会议(KMK)采纳，并作为新的学习理念在职业学校推广(KMK 1991a)。以至于后来的设计导向的学习策略研究项目也继续推广了这些成果(Heidegger 等 1991；Petersen 等 2001)。

通过对新教学方案和学习场所的开发和评价，人们得到了优化方法，从而解决在职业学习过程设计中出现的职业学校和企业的任务分工问题。有关学习场所间合作的全国性典型试验项目也选择了这种方法。对电气/电子职业典型试验项目而言，"工作过程导向的课程设计"(Heermeyer 等 1999)与"学习场所合作"典型试验项目(Jenewein/Schulte-Göcking 1997；Schulte-Göcking 1999)有特别的联系。与工作相关的教育问题和新教学方案也对电子安装工和卫生—供暖—空调制冷职业产生了重要影响。接着，在一项电子技术典型试验中进行了任务导向学习的研究实践，该项目的目的是客户导向的学习方案开发(Nicolaus/Kasten 1999)，通过把通识教育融入工作过程导向的情境中(采用 repertiore 商业游戏、剧情描述、未来车间和技术测评等方法)，进一步加强了客户导向的学习。通过模拟环境中的指导导向、生产导向和项目导向的学习，和实际工作环境中的学习方式的展示，Hahne(1999)对职业教育的新教学法进行了总结，认为其特点是在存在确定学习可能性的真实环境下学习。对此，法兰克等提出了 6 个维度，即问题的复杂性、行动的可能性、可选择性、完整性、社会支持和训练过程的价值(Franke/Kleinschmitt 1987)。电工工作导向教育的"指导导向"学习任务分为两类，即安装(荧光灯、电能分配、浴室电气安装)和开发(电机控制技术，欧洲安装总线)任务(Nicolaus/Kasten 1999)。

在爱尔兰，这方面的职业培训方法有其自身的条件，即必须构建完整的学习过程，以确保学习者学到足够技能来应对不断变化的情况。为了达到这个目标，学习方案必须培养学习者依靠自己的技能知识和能力去诊断问题根源并提出经济的解决方案。因此，职业教育课程应与行业要求有清晰的对接，这一点极为重要。Heraty 等(2001)指出，在全球化带来劳动力老化和科学技术迅猛发展增加的挑战和激烈竞争背景下，越来越多的欧洲国家正加大对终身学习的投资力度。Sneyd(2004)针对学徒学习的研究表明，善于自主学习的学徒和那些在考试中取得高分的学徒的工作绩效有显著差异。雇主关注针对行业的培训，而教育工作者则更关注课程开发的全面要求(O'Connor 2006)。中世纪，行业师傅本质上是指能工巧匠，他们了解自己职业的一切。而现代"师傅"意义则不同，他必须通过终身学习才能跟上新的、不断变化的技术步伐，并逐步了解自己所从事的职业。在 EEE/ICT 行业，师傅必须成为终身学徒。

6.2.2.6　最新发展

德国本领域的最新发展的标志，是 1997 年信息技术职业的引入和 2003 年手工业和工业电子职业重新制定《培训条例》（Jenewein/Petersen 2003），这些改革措施的要点是取消了基础培训和专业培训阶段的划分，在信息与通信技术领域第一次引入职业核心资格和专业资格方案。职业教育研究对这一发展给出了两个层面的反应：一方面，在电子技术专业工作越来越多地渗入了信息技术的观点已被接受，有必要研究信息技术知识对传统电子职业工作的意义（Stuber 2000）；另一方面，电子技术职业获得了一个新的发展方向，即"职业信息技术人员"。因此提出了以下问题：在传统的电气/电子技术职业领域中哪些职业工作与信息和媒体技术的新职业有关？人们应采用什么教学模式迎接这些发展带来的挑战？重点在于，是否可以在电气/电子职业领域开发的学习任务以及反映工作和学习过程关系的媒体基础上，进行信息技术领域的相关研究（Stuber 2002）。

尽管手工业和工业电子技术职业领域的学徒人数下降了，但 EEE/ICT 领域职业教育的重要性并未降低。相反，电子和信息技术越来越成为 21 世纪经济和公众领域的重要技术组成部分。可以看出，电子和信息技术正发展成为一个横向学科（Rauner 2003a）。许多培训技术人员的文献指出，培训包应涉及技术发展、新的工作实践以及健康和安全问题。Hodkinson（1998）认为，员工需要接受高水平的教育，才能适应新的和高要求的工作机会。然而，人们对确定过时技能以及将过时技能及时剔除的培训课程的研究关注还不多，特别是针对学院或学校。研究者面临的挑战是，开发能够早期识别将过时技术的战略，这在电气/电子这一发展变化迅速的领域特别重要。

20 世纪 90 年代职业学研究的特点，是以企业的工作过程为导向，一系列的项目都与此有关。在 Rauner 发表的一份针对电气/电子技术职业领域的基础教育专家意见中，建议为技术类职业构建一种拥有新型结构的职业教育课程大纲（1986/1996a）。职业基础教育不再按照以自然科学－数学为基础的学科系统化结构进行，职业教育的教学内容也不再按照电气工程技术学科结构排列。他引入了"由初学者到专家"的职业发展规律（Dreyfus/Dreyfus 1992）和发展性任务（Havighurst 1948）的概念，由此建立了互为基础的 4 个学习范围，其排列顺序为：定向和概括性知识、关联性知识、具体知识和原理性知识（Rauner 1996a）。针对电子/通信技术领域的工作导向学习过程设计就运用了这一理念（Petersen/Rauner 1995；Petersen 1996b；Rauner 1996a）。

德国黑森州课程计划评价项目的开展（Petersen/Rauner 1995），实现了 EEE/ICT 职业领域课程大纲的标准化（Rauner/Spöttl 1995b）。在 EEE/ICT 领域，以发展理论为基础的课程开发研究成果,体现在工业机电一体化电工职业的课程中(Rauner 等 2001)。

6.2.2.7　展望

30 年来,针对 EEE/ICT 职业领域的教学和职业资格框架等的研究表明,该领域的课程正在发生着显著变化。这些变化促使人们创新学习方式,如行动导向学习、情境学习、实验学习以及职业教育课程设计等,甚至有些研究已经超越了职业领域的本身。然而,在教学法领域针对主观行动导向的专业术语和理论的系统性研究还很少。Eicker(1983)、Adolph(1984)、Horn(1996)、Jenewein(1998/1999/2000)、Rauner 等(1975/2004a)在这方面做过研究,但数量不多。EEE/ICT 领域的高等院校职业学和课程研究与开发也是如此。没有证据表明教学导向的电子科学课程方案(Gronwald/Martin 1982)和德累斯顿开发的电子技术教学方法是成功的(Rose 1982)。

EEE/ICT 学徒教育方式对行业的发展前途至关重要,提供的课程必须不断更新。我们要优先考虑教什么而不是如何教授,因此要确保课程内容的关联性,就必须对课程进行经常性的审核,并做必要而适当的调整,包括纳入新技术和删除过时技术,这就给培训项目的开发人员提出了挑战。

这里一个重要的挑战,是 EEE/ICT 技术教师教育专业的专业化发展。职业技术学会(GTW)建议的教学计划框架(Rahmenstudienordnungen Gewerblich-Technische Wissenschaften 2004b)可以为此提供一个重要指南(Pfeiffer 1998;Howe 1998;Martin 等 2000)。

6.2.3　建筑职业学研究

Johannes Meyser　Ernst Uhe

6.2.3.1　简介

在德国,建筑业是一个非常重要的经济领域。建筑业不仅提供了大量就业岗位,而且还提供了该行业职前教育和职后继续教育的培训场所,并不断设计着人们的工作与生活空间。目前,德国建筑业主要由建筑施工和建筑装修两部分组成,从业人员 160 万人,创造的价值占德国国内生产总值的 11% 以上。建筑业作为德国职前教育培训的重要提供方,尽管职前培训生的数量有下降的趋势,但是在该行业接受职前教育的年轻人还是多于大部分其他行业,而且 9.4% 的培训率也高于其他行业的平均值(BMBF 2005;BMWA 2005)。究其原因,主要得益于建筑业拥有一个基于纳税融资的优良传统。从 1976 年开始,根据社会伙伴自愿达成的协议,德国所有建筑行业企业都缴纳一定的职前培训基金。这一基金的大部分都由德国"建筑社会银行"(SOKA-BAU)支付给开展职前培训的企业。

由此可见,职业学习在德国建筑业中具有举足轻重的地位。当然,对企业和雇员个人来说,职业学习也是永恒不变的主题。因为对新生事物、灵活性、市场机遇以及创新和发展潜力的学习,都可从整体上提升从业者和企业的竞争力。

在德国,要想把建筑业从其他行业清楚地划分出来并不是一件容易的事,这从建筑业的多种名称中就可见一斑,如建筑业、建筑行业、建筑施工与装修以及高层、地下和装饰工程等。因此,要想完全弄清楚建筑业的方方面面是很难的。在实际生产中除施工现场外,还有很多人在其他行业从事与建筑有关的工作,如:

> 建筑材料,水泥与自然石材的生产加工;
> 建筑机械工业;
> 钢结构和轻金属结构;
> 建筑学与施工工艺;
> 住宅开发与物业管理;
> 设备管理,建筑物安保与清洁。

这使得德国与建筑业有关的从业人员达到德国总劳动人口的10%(Syben 1999,15)。建筑体现着一个社会的文化和经济特征。在所有的文化与时代背景下,建造房屋都是人类的基本实践活动。通过建筑,人们改造了大自然,使环境更适合人类的生存与发展。同时,建筑也对城市和地区的发展产生了深远的影响。建筑工作作为一种职业活动具有悠久的历史,但是对该领域的职业研究至今却仍处于初始阶段。不可思议的是,在所有"传统"和"基础性"的职业(如农业、护理、营养学与家政等)领域,职业研究都是刚刚起步,但是人们对"现代的"职业领域(如金属加工、电子技术或化工技术)却进行了很多研究,它们之间形成了鲜明的对照。随着关键技术的进步与发展,建筑类职业也被注入了全新的内容,有了新的组织形式和培训形式,这引起了职业教育研究界的关注。

6.2.3.2 建筑领域中的国家认可培训职业、职业教育及公司结构

建筑业经历了漫长的发展过程,最终出现了多种层面的分工。为了描述建筑类的相关职业,首先得从广义的角度理解职业领域这一概念,它涵盖了住宅和商业建筑的规划、设计、地基施工(奠基)、建筑施工、装修、设备安装维修及其使用保养等,以及道路交通设施的施工与维修。

在1978年,即提出"职业基础教育年"(接受职业教育前的一年课程)的那年,德国的职业领域Ⅳ"建筑技术"只涵盖建筑类职业的一部分职业。职业领域Ⅳ包含28个国家承认的培训职业,其中19个培训职业采用1974年出台并于1999年修订的"阶段式培训"模式(BIBB 1999)。在这19个培训职业接受初始职业教育的培训生达到了"建筑技术"职业领域培训生总数的近90%,人数最多的

是泥瓦工、混凝土工、筑路工、管道工、木工、抹灰工和清水建筑工。在接受职业准备的基础教育之后,培训生开始接受专业培训。第一阶段为期两年,培训期满并考试合格后,可以获得建筑结构工、土木工程建造工或建筑装修工的职业资格。获得上述任何一个资格后,方可继续第二阶段的培训;第二阶段包括16种职业,培训期满考试合格后获得相应的职业资格。

"阶段式培训"不包含防水技术员、外墙装修工、屋顶施工员和建筑通风与空调员等9个培训职业。此外,那些虽与建筑业联系很紧密,但没有被划分到任何一个职业领域的职业也不采取"阶段式培训",如玻璃安装工、施工机械操作员、沥青工、脚手架工、烟囱清洁工和测量员等。

在实际生产中,施工现场也有来自其他职业领域的工人,特别是职业领域Ⅴ"木材技术"(如建筑材料供应业的木工和木材机械工)和职业领域Ⅸ"油漆技术及室内设计"(如油漆工、软缎面装饰工)。他们主要从事装修、外墙施工、钢铁或墙体的上漆以及建筑物的修复与翻新等工作。

此外,与建筑业联系紧密的还有职业领域Ⅱ"金属技术"中关于卫生间设备安装、供热和空调系统的职业。"农业"职业领域与"建筑技术"也有交集,如园艺景观建筑中就包含了大量筑路筑墙的工作,这些也可以归入"建筑技术"职业。

"建筑技术"职业领域的企业内部职前培训(学习场所是建筑工地)在"跨企业培训中心"(UEBS)的指导下得到大规模实施:如第一年提供16~20周,第二年提供10周,第三年提供4周的培训,这使得职业基础教育能够覆盖整个职业领域。在"木工技术"与"装饰技术及室内设计"职业领域也有跨企业的职前培训,但是规模相对较小。

建筑工地上的工作与大量国家认可的职业有关,仅有直接关系的职业就超过60个。本节中讨论的建筑职业领域就包括"建筑技术""木工技术"和"装饰技术及室内设计"等职业领域,以及前节提及的与建筑相关的职业。因此,有必要提出建立所谓的开放式的、动态的"职业性原则"(即国家承认的培训职业)(Pahl 2001a)。这种分类方式与德国在专业教学论中采用的原则也是一致的(Kuhlmeiner 2003)。此外,因为这些职业的工作过程和组织方式在很大程度上是相似的,由此我们可以提出这样的问题:是否可以把职前教育集中到一些核心职业上来(Uhe 2001)?

除了涉及职业的多样性外,建筑业的特殊组织形式也是影响学习的因素之一。2004年,德国76612家建筑企业中只有27家拥有500名以上员工,超过200人的企业只占企业总数的0.3%,近九成企业的员工数不足20名。可见,建筑业中绝大多数是小型企业。

建筑业中有三分之二的员工在规模小于49人的中小企业工作(Statistisches Bundesamt 2005)。这一行业特点,影响着每个职业的工作过程和工作组织方式,也决定着在施工现场进行学习的特征。企业规模影响着企业可支配使用的技术设备以及可接受的业务种类，也影响着每个具体岗位的要求和员工应具备的能力。

例如，结构工程的从业人员几乎都集中在大型建筑公司，因为只有规模较大的企业才能提供高标准的建造技术服务，才能承担大型房屋建造、土木工程和道路(铁路)建设工程。高超的技术水平和过硬的员工素质是此类企业的典型特征。由于普通建筑(大部分为住宅)的复杂程度较低，所以承担此类工程的企业规模相对较小，施工人员较少，员工的专业能力也没有达到结构工程所需的水平。此外，从事特定的建筑与土木工程的企业，其业务范围包括架设保温层、拆卸、覆面建设或管道系统建设等，其中需要复杂技术的环节只有一小部分，大部分工作由大部分从业人员运用基本技能完成。

从事建筑行业工作(如屋顶工程、脚手架、木工、隔热工程以及水力工程等)，但属于其他部门的建筑企业，基本上都是小型企业。一般它们很难接到有技术难度的任务，但是也会雇用能力高的员工，以保证碰到高难度工程时也能顺利施工。

建筑企业的内部组织结构也比较复杂，与其他行业情况不同。这对员工的综合能力，如专业技术，对机器、工具、材料等的了解程度，独立决策的复杂度，以及工作过程及应对合作方式变化等方面均产生影响。这种特殊的组织结构同时也决定了工作的学习内容，毕竟，不同的从业人员的继续教育与培训的需求必然是不一样的。

6.2.3.3 职业教学论研究——开发学习方案与教学材料

职业学研究通常会涉及企业内部、跨企业和职业学校的职业教育教学论研究，以及相应的职业教育方案和教学材料开发。

20世纪70年代，前民主德国学者Bloy对熟练建筑工人的工作与职业教学论研究成果迁移间的关系进行了研究(1973)。德累斯顿技术大学的Stähr提出了"学习站教育"的理论(1970)，他们与莱比锡建筑教育研究所合作出版了一套教学材料，为建筑类职业的基础培训提供了实践素材。

德国联邦职业教育研究所(BIBB)从1970年成立之日起就积极参与建筑类职业的教学材料开发工作，为建筑业跨企业培训提供服务。BIBB在建筑行业中已有的一系列实践活动基础上，按照金属加工行业的基础培训模式开发了基础训练课程，即所谓的"白色系列"教材。它介绍了各具体建筑实践活动所需的工具、辅助手段和材料，但没有解释。20世纪70年代中期，该教材进一步发展为"灰色系列"教材，增加了相关说明、注解与学习指导，以帮助培训生进行独立学习。

BIBB还在1977—1982年资助了典型试验项目"集中教学系统中的合作——建筑业分阶段式培训"，该项目的参与者为Simmerath/Eifel地区的跨企业培训机构。项目调查分析了阶段式培训、集中(区块)教学以及跨企业培训的有效性和公众接受度，同时也检验职业教育是否反映了企业工作过程的要求（Schwiedrzik 1986）。在随后的80年代和90年代，BIBB也资助了一些类似研究，主要内容是建筑场地的职业教育及就业状况（Clauss 1993）。研究人员获得了许多数据，包括典型职业活动、岗位要求、工作场所带来的生理和心理压力等。然而，当时在设计学习过程时并未充分考虑该领域职业研究的关键特征，即特殊的工作环境。因此不管是在前联邦德国还是前民主德国，其本领域职业教育研究的理念和方法都是以工业类职业为样板的。

前联邦德国的高等学校对建筑技术领域的职业教学论研究始于1980年，标志为汉堡大学相关教授教席的设立。1984年，伴随着开发新的培训职业"废物处理技术"的进程（Uhe 1992），在土木工程技术领域第一次研究了关键能力的迁移问题（Sagcob/Uhe 1991）。

1993年，柏林技术大学开辟了"建筑与设计技术教学论"研究领域，通过职业教育研究，为细木工、清水建筑工、油漆工等职业开发符合环境保护要求的学习指导材料（Hasper等1996）。包含"工作与学习任务"的行动导向教学方案也出现在跨企业建筑类培训中（Meyser/Uhe 2006）。本职业学研究领域的重点是面向所有建筑类职业，为采用分阶段培训模式的跨企业培训开发学习指导材料。新型学习材料加强了学习与工作实践的联系，在世界范围内得到了高度认可。例如，跨企业职业教育课程中采用行动导向学习方案成为与荷兰建筑职业教育专家合作的重要内容。FAINLAB项目也采用这种教学方式，推进基于网络与多媒体学习在建筑职业教育的接受度和融合度。

然而高校的职业研究和职业教学论研究仍需进一步加强。迄今为止，德国只有三所大学（柏林技术大学、德累斯顿技术大学和汉堡技术大学）设立了建筑职业教学论教席，其研究重点是职业教学论在学校、工作场所和企业背景下的应用（Uhe 1996）。

1999年，德国对建筑类培训职业的结构进行了调整，并引入了学习领域课程方案，这意味着职业研究的成果被系统化地融入教与学的过程，并指导教学材料开发，而且比以往更加彻底。国家《培训条例》对行动导向的学习方案进行了规定，其重要目标就是让培训与建筑工地的施工过程和工作组织形式联系起来，这引发了教学法的巨变。此后，在职业研究中也就自然关注起职业教学论。

相关教学研究也是一个重要的研究领域，越来越关注以下问题。如 Springer 以部分时间制职业学校的油漆工和光漆工为对象，研究如何从课程设置、教学方法和指导策略角度提高他们的"设计能力"（2004），揭示了学习与工作相结合对职业能力发展的重要性。Wülker也进行了一项针对实践教学方案的有效性的研究（2004）。他以接受职业教育的木工为研究对象，通过观察高分学习者和低分学习者的知识习得与学习动机，来分析主题结构与行动结构在学习环境之间的关系。

这项实证研究深入探讨了完成职业任务所需的陈述性知识和程序性知识的积累过程。此后，研究人员还连续进行了多个典型试验项目，如 DOMAZI，IntergrA，NeWeBa 和 LOK 等，他们在研究建筑现场施工过程特点的基础上，开发了实践任务和学习任务，这些特点如下（Meyser 2003）。

➢ 主要是一次性的房屋建设任务（非大批量生产）；

➢ 不同的现场条件（几乎没有车间预制）；

➢ 对整个产品的整体化操作（较少的分项目施工）；

➢ 涉及多个行业；

➢ 熟练技工对工作过程和工作结果进行独立的质量控制；

➢ 班组工作（团队工作是标准作业方式）；

➢ 经常与客户接近（特别是在现有建筑中施工时）；

➢ 工作环境危险，需采取多种健康安全防范措施。

为了更好地分析典型工作过程，研究人员需要与职业教育从业者进行深入合作。此外，作为"职业教育高校大会"（Hochschultage Berufliche Bildung）的子会议而定期召开的"建筑—木工—油漆专业会议"（Fachtagung Bau/Holz/Farbe），能邀请来自大学、职业院校、企业与跨企业培训机构以及职业教育规划管理部门的课程主管人员参与是很重要的。另外，有大量本领域的职业研究成果收录于大会会刊（Bloy 等 1995/2000；Bloy 等 2000/2002；Baabe 等 2004/2006）。

随着 1999 年德国"联邦建筑技术、木工、油漆及室内设计专业职业教育工作协会"（简称 BAG Bau/Holz/Farbe）的成立，建筑职业教学论研究得到了极大的关注和推动。2003 年，该协会与由劳动科学研究公司（GfA）创立的"职业技术科学及其教学论"工作小组建立合作关系，共同研究工业技术类职业的工作过程，以开发具有前瞻性的职业培训方案，设计培训过程，并促进相关职业领域教师的专业化发展（Mitteilungsblatt BAG 02/2003）。同时，大学的学位教育课程也取得了新的进展（如建筑工程技术、油漆技术及室内设计技术），特别是将劳动科学、经济学和生态学等问题纳入课程学习。至此，有关职业工作、技术工作过程和学习环境的分析与设计，正式成为职业教育教师培养的学习内容（Rahmenstudienordnung Gewerblich-Technische Wissenschaften 2004a）。

6.2.3.4 关于建筑工作的职业学研究

迄今为止，由于建筑业特殊的结构特点，对建筑工作实践及组织过程的系统性实证研究范围还很窄。此外，在其他大型企业的工业车间工作条件下采用的研究方法（Röben 2000b）也不能全盘照搬到建筑领域的工作分析中。在此，我们需要特别关注建筑领域的以下特点。

➢ 建筑行业的小企业结构；

➢ 施工场地潜在的高危险性；

> 多家企业参与同一建筑项目;

> 工作复杂程度高,不局限于特定职业;

> 工作任务涵盖多种子任务;

> 在同一企业内部,不同工作领域之间频繁流动;

> 对工作过程中出现的任务很难制订长期的工作计划;

> 熟练技工频繁在企业之间流动;

> 有时会出现大量流动性的临时工。

为了更好地研究建筑业的工作过程和工作条件,人们在职业教育学与职业研究领域利用了其他行业先进的研究方法,如将金属加工行业流行的研究方法(如观察法、专家调查法和以问题为中心的访谈法等)应用于建筑行业研究中。有多名学者利用这些方法进行相关的研究。如颜明忠分析了"实验静力学"策略在多大程度上适合实践性知识的获得(Yan 2003)。该研究分析了以下三个方面的内容:①在使用建筑静力学软件时,从第一手经验获得知识的重要性;②从建筑熟练技工到高水平的结构工程师,结构静力学专业知识的转变情况;③熟练技工"去技术化"的结果。张建荣通过中德两国的实证比较研究,指出职业培训手段是保证建筑生产质量的重要前提(Zhang 2003)。在一项欧洲范围内进行的比较研究中,Bünning分析了基于职业的工作转换对建筑熟练技工培训的影响,并针对英国和德国的实际情况进行了案例分析(2000)。Leidner分析了建筑业职业教育的情况与影响,指出培训经常是以熟练工指导学徒的方式、伴随着正式工作的过程进行的(2001)。

职业研究的方法与相关分析也可用在其他相关学科的研究中。例如,汉堡技术大学的应用建筑技术学院进行了一项研究,探索节能建筑发展对职业教育的影响(Holle 2004),并分析了CAD/CAM应用对中小型木工企业工作活动的影响(Herchenhahn 2004)。汉诺威大学的建筑职业学研究所(IBW)研究了建筑工地的工作过程的变化,并探讨了如何前瞻性地设计木工业公司里的手工工作岗位(Fiebig/Lange 2000)。

尽管长期以来建筑业一直是社会学研究的"盲点",但是从职业研究的视角,人们还是在工业社会学领域进行了一些重要的研究(Syben 1992)。不过,涉及建筑工人的工作条件(Janssen/Richter 1983)和建筑技术的最新进展的研究并不多。在1989年,当时的联邦研究与技术部将建筑业列为优先研究对象后,这种状况有所改善。之后便出现了相应的研究,有的关注工头的工作状况(Marwedel/Kölsch 2000)以及工头与熟练技工间的合作过程(Marwedel/Richter 1996),还有的研究建筑领域的劳动市场与就业情况(Bosch/Zühlke-Robinet 2000)以及结构变化对培训的影响(Hochstadt 2002)。Syben收集了关于具体的工作环境,以及日益频繁使用的信息通信技术对工人工作的影响这两者的信息(1992),还分析了分散化管理、即时生产以及对技术工人的技能要求更加灵活化的影响(1999)。他近期的一项研究成果则展望了未来所需的技术人员和职业技能，并引发了业内对专业工作所需技能的讨论(2002)。

关于继续教育领域，近期 BIBB 受德国联邦教育与研究部的委托开展了一项研究，有可能为建筑领域继续教育体制的改革奠定基础(IGBAU 2003)。它的实证数据是通过多层次分析获得的。在考虑建筑领域继续教育需求的前提下，这些数据可以用来记录目前建筑工地的工作过程，并预测未来需求(Syben 等 2005)。

6.2.3.5 展望

尽管近年来有不少项目都以职业研究为主要内容，但是针对建筑工作的研究仍有相当大的拓展空间。许多分析是在开发新型学习方案、新的教学辅导资料的过程中获得的。可以肯定的是，由于"学习领域"理念的应用，这些研究更加明确了职业研究的主题。提高职业行动能力的目标直接导致了对建筑类职业的工作过程的争论。为了实现这一"教学巨变"，必须摒弃原有的来自金属加工技术领域的学习模式，而更加关注建筑工地的工作特点。今后的职业教学论研究也必须加强与职业研究之间的联系。

为此，要对建筑工作的内容、形式、对象、方法、工具以及组织形式等进行更加系统的分析，以确定可促进学习的潜在工作过程。今后研究内容的重点应在以下方面：建筑工地的后勤保障、新技术与新建筑材料、使用半预制及预制构件的意义，以及通信技术对建筑工作及建筑工地管理的影响。建筑生产中的"工作交界面(interface)"问题也是一个重要领域，特别是在工作涉及多个职业和企业的情况下。另外还需要研究：合同转包和雇用外来临时工对建筑工作的过程和组织形式的影响，及其所需的特殊工作条件。建筑领域的继续教育同样是职业研究的重要课题。

在此，职业学研究的方法必须与建筑工作的特点相吻合。只有对常见研究方法进行重新审视和不断发展，才能不断满足建筑领域工作过程研究的需要。

6.2.4 农业职业学研究

Martin Mulder

6.2.4.1 简介

在全世界人口持续增长的形势下，能否保障食品生产、食品安全和生存环境都将是非常棘手的问题。人类及自然资源所承受的压力不仅来自人口增长，还来自人类为摆脱贫困、营养不良和营养失调所做的种种抗争。农业教育可以为未来培养新一代的领导者、研究者、专家、技师和创新型农民，他们作为一个整体，为保证全球食品供给和食品安全而努力。

从自然属性看，农业是个国际性领域。在欧盟，农业也是最大的政策领域，属于共同农业政策（CAP）范围。农业教育与食品行业的关系非常密切。欧洲 2.6 万家食品企业的从业人员达 270 万人，食品业每年交易额高达 6000 亿欧元，是欧盟第三大行业雇主。

欧洲农业与食品行业得到了各自社会对话委员会的支持，《欧洲联盟条约》第 138 和第 139 条制定了欧洲社会对话的框架。欧洲层面的跨行业社会对话有以下团体参与：欧洲工会联合会（ETUC）代表员工，欧洲工业和雇主联合会同盟（UNICE）代表 22 个成员国的 36 家雇主机构，欧洲中小企业联合会（UEAPME）代表欧洲手工业、商业和中小企业利益，欧洲公私合作伙伴关系和公共经济利益服务企业中心（CEEP）是国际性企业协会，针对所有类型法人地位和所有权的企业开展符合公共经济利益的活动。欧洲社会对话涵盖三种模式：咨询，如职业培训咨询委员会（ACVT）的作用；两方对话（发生在社会对话委员会及行业委员会之间）；以及三方协调（如发展与就业三方社会峰会，也称"the troika"）。在农业领域，从属于社会对话的欧洲社会伙伴包括雇员方面的 EFFAT（www.effat.org）和雇主方的 Geopa-Copa（www.copa-cogeca.be）。这些社会伙伴就农业职业培训与就业问题交换意见，也达成了不少共识，如《欧洲农业职业培训协定》（2003 年 12 月 5 日）、《EFA/CES - GEOPA/COPA 关于农业就业的联合声明》（1995 年 3 月 30 日）、《关于农业培训的意见》（1993 年 11 月 18 日）、《关于培训农业工人的意见》（1982 年 11 月 26 日）等。GEOPA 于 2004 年举办会议专门审视《欧洲农业职业培训协定》的贯彻情况。人们开始重新关注行业职业教育的政策（Warmerdam 1999）和行业任职资格。

本节着重叙述了农业研究、教育和推广之间的紧密联系，并指出了农业教育及推广依赖于农业研究。农业是一个宽泛的概念，可以聚集所有经济部门。之前出现的许多创新，将农业教育拓宽到环境研究、可持续发展、企业社会责任、食品营养与公共健康问题上来。由于食物是人类的基本需求，本节还指出农业教育与消除贫困以及全球发展的主题密不可分。之后，详细讨论了职前教育培训与继续教育，并说明非正式学习与非正规学习如今都是提高农民技能的途径，而正式的农业教育可以从根本上提高农业和食品领域未来企业家与雇员的水平。最后对全球农业教育研究情况做了介绍。

6.2.4.2　农业教育、研究与推广

一直以来，农业教育都离不开农业研究的土壤，二者与农业推广一起组成了农业发展知识系统的三大部分。农业研究生成新知识，然后通过农业推广服务普及到农民。农业教育则消化相关的研究成果，将其融入课程以培养未来的农民和农工。农业推广服务为乡村发展、农耕方式及其他人力资源发展过程提供支持。

农业研究的开展得到了众多机构的支持，其中国际农业研究磋商组织

（CGIAR）位于华盛顿，资助的科研项目涉及种植、畜牧业和渔业等多个领域。其他相关机构还有 CGIAR 所属的国际食物政策研究所（IFPRI）和国际农业研究国际服务中心（ISNAR）。其中 ISNAR 的项目包括三大领域：机构变革、组织与管理、科学政策。

许多国家的农业推广正在经历私营化转变过程（Ban/Hawkins 1996），与其他国家相比，西方国家的转变程度更深（Riveira/Alex 2004）。换句话说，这些国家的农民只能享受有偿服务。有些国家无偿提供此类服务，因为农民教育的目的是更加有效地生产食物，因此具有较高的社会优先权，这也是对充足、便宜和安全食品需求的结果。从农业推广人员的数量可以看出这项服务的重要性，如印度农业推广人员有 10 万名。他们向农民传授涉及动物疫病、植物病虫害综合治理、可持续生产、市场营销、财务管理和技术创新等多方面的知识。

6.2.4.3 多元化的农业教育

世界各国农业教育的发展状况差别很大（Moore 2004；Tajima 2004）。从职业教育体系的角度看，中学层次的综合性高中开设农业类课程作为选修课或短期培训课程，有专门的农业职业教育学校，还有双元制学校，即包含学校学习和工作学习两部分。这里的工作学习有两种模式，即实习模式及学徒模式。一般情况下实习生不签订劳动协议，而学徒要与雇主签订学习工作合同。

从课程内容上来看，动植物学作为传统的学习领域吸引着多数学生注册此类课程。然而，在工业社会和后工业社会背景下，农业教育呈现了多元化发展态势。甚至在某些情况下这种发展过于迅猛，以至于某些农业教育机构已经无法让"农业"字眼出现在其名称中了。目前农业教育学生中只有一小部分选择直接面向农业岗位的专业，更多人就读于环境、食品、营养、生物技术、地理信息、消费、农场管理、商务管理、经济学、社会学、保健和通信等专业。中等层次的园林、宠物护理和马术等都是颇受欢迎的专业。可以看出，农业教育变得越来越广，而且这种发展势头还将继续保持下去。

农业教育多元化与农业食品群（agri-food complex）的组成有密切联系，它们共同制造和分配足量、安全和优质的食品。农业食品群由农业、贸易（批发、商家到商家、零售）、工业（饲养、农机、生物技术）和服务（物流、拍卖、融资、保险、法规及质量控制、风险评估、连锁管理和资讯）等领域的组织和机构构成。

农业的直接目的是满足人类的生存需要，因此营养失调（包括肥胖）、饥饿、扶贫（Sachs 2005）和艾滋病等问题也引起了广泛的关注（Brinkman 等 2007）。许多国际项目正是为了解决以上问题，农业教育方面也有一些项目培养专门人才应对这些问题。

此外，在职前教育和职后继续教育之间、正式学习与非正式学习之间也存在着差异。鉴于这是一切职业教育的普遍特性，本节不展开讨论，而仅在农业研究部分有所涉及。

6.2.4.4 农业教育研究

农业教育研究是教育研究的一个分支,尽管所占比例不大但颇为有趣。农业教育的本质使该领域的研究具备了合法性,农业教育研究的独特性也是众多讨论的焦点。该领域多数研究是应用性的,而且涉及具体的内容,这些研究与农业食品群的创新有关。

国际农业教育研究成果发表在各种学术刊物上,如《农业教育与推广》(JAEE, http://www. tandf. co. uk)、《国际农业与推广教育》(JIAEE, http://www. aiaee. org)、《在线农业教育》(JAE, http://pubs. aged. tamu. edu)和《推广体系》(http://www. jesonline. org)等。当然,农业教育研究报告也会发表在教育、培训和人力资源开发期刊上。

美国的国家与地方性的农业教育组织有农业教育者协会(NAEE)、亚太农业与环境教育者协会(APEAEN)、职业技术教育协会农业教育分会(ACTE)等。农业教育的最新科研成果在一年一度的全国农业教育研究会议上得以展示。国际农业与推广教育协会(AIAEE)会定期举办各种会议,发挥了非常积极的作用。欧洲农业推广与教育研讨会(ESEE)每两年举办一次,与会者皆为本领域研究人员。农业推广部分显然占了上风,这从研讨会主题就可看出,如"农业推广与教育"或"农业推广教育"。

荷兰是一个具有良好农业教育科研传统的国家。该国的教育与能力研究管理小组完成了一个为期五年的农业教育科研项目,项目有一部分是关于农业教育中的计算机辅助合作式学习和工作。对于计算机辅助学习的实施过程中和教师间合作的困难,Lutgens 等(2002)、Verburgh 等(2002)、Van Oene 等(2003)和Veldhuis-Diermanse 等(2006)进行了报告。据此,实施效果在很大程度上依赖于具体情境因素。只有引入电子交流平台,基于计算机的不同步交流,教师和学生才能感觉到其价值的存在,这时计算机辅助的合作式学习才表现出潜力。对此,实习期就是很好的例证。电子交流平台能使学生与学生之间、学生与教师之间的沟通更为便捷。但是如果处于面对面接触情境中,这种学习和工作方式的价值就不大了。学者 Stephenson 等(2005)也有类似结论。项目在进行过程中重点转到了与内容相关的能力开发方面,发表了一系列绿色教育中能力本位的人力资源开发出版物(Mulder 等 2003),如能力本位的绿色教育(Wesselink/Lans 2003)、农业食品工人的学习问题、机会和动机(Lans 等 2003)等。这里所指的能力范畴较广,与 Edwards/Nicoll(2006)所述狭隘概念不同。在整体化教育理论的框架下,Mulder(2004)提出了能力本位职业教育的普遍原则。Wesselink 等(2007)以一组教育专家的 Dephi 研究为基础详细解释了这些原则,最后按照实施层次生成了一个矩阵图,教师能在矩阵中找到课程的定位,并且找到了课程进一步完善的方向。

除此之外，为了给农业高中毕业生创造持续教育机会，研究人员做了许多努力（Lans 等 2003；Lans 等 2004），建立了中等层次农业教育毕业生的校友学习网络。在此方面，有些国家有着很长的历史。

当前本领域的重点是与农业食品群的变化（Mulder 2002；Mulder 等 2003）和与可持续发展（Biemans 等 2003）有关的能力发展与绿色教育。如目前进行的三个项目分别是能力本位绿色教育的试验、灵感和评价。其中，绿色教育试验项目旨在揭示能力教育的开发者与学生在意愿方面的差别；绿色教育灵感项目的目的是在教育机构中引入绿色教育的趣味学习，其基础是创业教育研究的隐喻，以便在职前教育中引入更确切的学习方法；绿色教育评估型项目的目的是找出存在的主要问题，包括评估者素质、有限的情境、内容效度（如角色扮演、任务模拟等）以及优质评估所需的时间。Biemans 等（2004）展示了能力本位教育面临的缺陷以及克服方法。Weigel 等（2006）分析了英国、法国、德国和荷兰职业教育与培训发展中对能力概念的不同理解方式。

在欧洲不同的国家，农业教育有的属于农业部管辖，有的划归为教育部（或类似名称的部委）的权责范围。在欧盟成员国出版的职业教育著作中（如 Christopher 1999；Circé 2000；Twining 2000），并没有明确农业教育在各国教育体系中的地位。欧盟各国的政体差异很大，因此到底应由哪个政府部门负责农业教育，并不是一个容易回答的问题。

常见情况是，农业部负责将有关农业研究的成果推广到农业教育项目中，包括教育体系的其他部分。如生活方式是人们关注的焦点，荷兰农业部大力推广健康的生活行为，在基础教育阶段宣传健康饮食，并提供了"品位课"的学习资料，类似的例子不胜枚举。在农业教育科研资助方面，荷兰农业部有意强调这类内容。为了促进农业教育创新，资金投入方向有所调整，受资助的科研项目也就有相应的变动。因此，目前实施的项目都有强烈的时代特征，如可持续发展、企业的社会责任感、创业教育和提高跨文化能力等。

法国的农业教育于 1848 年出现以后，法国农业部就一直负责该领域的事务（Circé，2000）。鉴于教育部是教育主管部门，农业部做了不少努力去协调农业教育与教育部门的关系。法国（包括境外领地）共有 858 所中等学校教授农业课程，同类型高等院校有 25 所。

与法国相比，德国的情况更为复杂，这主要是因为该国是联邦制国家。德国职业教育的管理职责分成不同层次，有的属于国家（联邦），有的则属于各州。大体来说，食品安全、公共卫生和农业是联邦消费者保护、食品和农业部的工作职责。此外，该机构还负责制定农牧业职业教育《培训条例》。联邦经济与劳工部负责食品生产职业的《培训条例》。各州文教部则负责各种形式的职业学校。

英国的情况同样复杂。英伦四岛的教育和教育管理体制都有差异，各地有权制定自己的政策，不过总体上英国的教育状况还是相同的。以英格兰为例，16岁以下的教育全部由英国教育与技能部(DfES)管理。16岁以上的教育管理则有不同。DfES仍然负责财政投入，并对公共资金支持的农业教育进行质量管理。但同时还有其他机构参与到这一过程中，以确定雇主需求和进行课程设置。课程设置是教育提供者的责任，但各种公共机构有责任确定供给质量的标准，其中一个关键的公共机构就是英国资格与课程局(the Qualifications and Curriculum Authority，QCA)。农业类学院还有一个联合机构NAPAEO。有关土地经营者和农民需要学习的信息与技能，英国环境、食品和农村事务部(DEFRA)都有决定权。英国食品标准局在食品领域也有同样的权力。英国有两个行业技能委员会(SSCs)也影响着特定行业的技能培养计划的制订，其中一家叫"Lantra"，主要针对农业、园艺等依靠土地的企业；另一家名为"Improve"，其对象是食品及饮料行业。

荷兰农业部也在大力宣传所谓的"知识循环"。这里弃用了经典的知识迁移理念，即"研究—开发—推广"策略，取而代之的是新型的多方参与合作过程。由"绿色知识合作组织"负责相应的工作。这家提供绿色教育的组织网络的重点是建立集体性知识，并期望最终提高学生和工人的能力。

以可持续发展为目的的学习研究是一个特殊的科研领域，它在宏观上与农业科学、在微观上与环境科学有紧密的联系，相关的项目计划已经得以实施或正在进行当中。其中，如何在各个教育环节的课程中贯彻可持续性是重中之重。关于这个主题，Corcoran/Wals(2004)和Wals等(2004)收集整理了许多资料并加以展示。

最后，我们讨论对行业技能或能力开发方法的研究。行业技能开发战略在英国得到了广泛的应用，在其他国家也已实施了多年，即对职业教育与培训采取双方或三方管理的方式。研究表明，行业管理法确实有良好的前景，但同时又存在一些缺陷(Winterton 2006b)。因为行业的利益相关方联系紧密，行业职业教育政策在农业领域优势明显而颇受青睐(Warmerdam 1999)，这些利益相关方对教育创新的影响力也很大。不过在农业食品及环境领域，并没有发现欧洲能力开发项目的研究对象与社会伙伴组织之间的稳定伙伴关系(Mulder 2006)。

以上我们可以得出这样的结论：农业教育打造了农业食品群的创新能力，而创新是食品保障、食品安全和可持续发展的最重要的影响因素，这对全世界人民都意义重大。农业教育研究应促进这一目标的实现，且与该体系的有关各方进行合作实施，并为其服务。

6.2.5　健康与保健职业学研究

Ingrid Darmann　Regina Keuchel　Florence Myrick

6.2.5.1　引言

健康保健职业领域基本上提供的是个人服务，包括面对面和身体对身体的一对一服务。在这种情况下，职业学研究必须向专门跨学科的方向发展。

从世界范围看，教育正呈现出跨学科和跨职业的发展趋势，为具有复合性特征的健康保健的发展提供了必要条件。这一发展势头在英国、加拿大和美国等国表现得尤为明显。最近的一次跨职业的国际教育会议于 2005 年 11 月在加拿大温哥华市召开。来自澳大利亚、加拿大、丹麦、意大利、英国和荷兰等国的代表齐聚一堂，共同商讨跨职业合作的重要性以及在此形势下健康保健类职业教育的重要意义。通过发言可以看出，各国保健领域的教育取得了很大成绩，而且还在不断发展中。有一个趋势引起了大家的关注：作为保健服务对象的个人及其家庭越来越多地参与到真正的合作过程中来。不少社区人员讲述自己的故事，与大家分享作为真实的保健小组成员的经历和自己做出的保健治疗决定，也印证了以上趋势。

然而，保健领域至今没有展开明确的职业学研究活动，这是不争的事实。只有某些工作与该研究领域有所联系，本节将在 6.2.5.3 中对此加以总结。好在这些研究为描述保健类职业的技能要求提供了基本信息，也为科学的职业教育发展奠定了基础。

6.2.5.2　职业领域的发展现状

一个国家的保健职业领域随着该国的科技进步而不断发展。具体来说，保健与医药及相关科学的发展最为紧密，同时也与社会卫生状况、卫生政策及经济条件的变化息息相关（Becker/Meifort 1993/2002；Meifort 1991；Krüger 等 1996；Rabe-Kleberg 等 1996；Rabe-Kleberg 等 1991）。由于岗位需求和技能要求水平的快速发展，保健职业的专业化发展的轨迹也各不相同，这在欧洲国家表现得更为明显。欧洲各国的健康与保健类教育体系的差别很大，进一步发展保健领域是未来一项重要的工作。从国际范围看，应当评估是否将该职业领域提升到高等教育领域。以下案例就显示了各国不同的发展轨迹。早在 20 世纪初，在美国就可以通过普通的本科和硕士课程拿到学位，如果继续深造可以拿到教育学博士、哲学博士或者护理学博士学位。直到 30 年后，欧洲国家才效仿了相同的做法。英国在护理科学的研究和培训方面做了开拓性的工作，于 1956 年在爱丁堡开设了第一个护理本科专业，1972 年出台了所谓的"Briggs 报告"，其核心理念是"护理应该成为基于科学研究的职业"，这在欧洲掀起了护理教育研究的浪潮。斯堪的纳维亚国家与英国一样,其护理科学研究已经上路。捷克斯洛伐克(1961年起)、希腊(1980年起)和西班牙(1982年起)等国护理科研和培训也有较长的历史。有意思的是,与其他欧洲国家相比,捷克斯洛伐克的教师的学术化起步时间相当早。当时捷克斯洛伐克试图通过提高护理教育的质量标准来促进护理职业的发展。从今天的视角看,捷克斯洛伐克的护理教育的学术化是前华沙条约成员国家的典型。

最后一批将护理纳入高等教育职业范畴的欧洲国家是德国(1991年)和奥地利(2000年)(Ewers 1998;Seidl 2005)。特别是在德国,由于护理科学的很多关键内容属于实用护理技能,因此护理学位课程常由应用型大学提供,但它们并不提供基本的护理培训。迄今为止,高校的护理专业教育主要还是集中在护理教育和护理管理方面(Bischoff 2002)。高等院校颁发的护理学学位数量很少,这导致以护理研究为基础的博士学位仍然分布在不同的二级学科中,这已经成为一个规律。

回顾过去,可以说造成欧洲护理教育发展差异的根源是世界卫生组织。该组织推崇护理职业的学术化,但早期各国对这一战略知之甚少。起初这一过程主要集中在英语、拉丁语和斯拉夫语地区,很久以后德语区和其他地区才开始护理职业的学术化进程(Seidl 2005)。

人们一直在讨论护理职业进入高等教育的必要性。而与此同时,其他专业学科如物理疗法和社会工作等,却正在进入更高的层次,准备将硕士学位作为入职的基本要求。

目前人们普遍认同以下观点,即护理资格教育需要以研究为基础的培养方案和机构做支撑。护理职业的行动领域不断扩展和充实,如现代保健需要融入越来越多的信息、咨询、教练、个案管理、预防和康复、评估以及非医疗保健专业的内容,这需要学术化的教育。德国是否将基础护理教育提升到高等教育水平,取决于保健职业的专门化发展程度。人们还需要耐心,看德国的发展何时能赶上盎格鲁—撒克逊文化国家。后者采用多种类型的阶段化培训模式,这不但经常受到护理专业教师的批评,而且由于经济原因,也常常引发去职业化的后果。

目前,就业市场对护理和保健职业的发展提出了新的要求,职业发展呈现出一些全新的方向,如就业市场需要康复、休闲和养生等新兴服务业。如 Abicht 等(2001)提出"养生"应当作为继续教育专业并获得正式的职业资格,这不但拓展了基本保健和咨询职业(如按摩师、物理治疗师)的职业轮廓,还在一定程度上与疾病预防、康复、卫生咨询的护理技能相重叠。不过这种发展趋势是否可能加速护理,特别是保健类职业的细化,尚有待观察。上述两个职业领域包含大量的具体职业,甚至涉及老年护理、牙科技术等职业(Bals 1993)。这些职业的分化现象是否属于一般性特征,或者说护理和保健是否可以作为科研、教育和职业领域的一个综合体，这在很大程度上取决于该领域的科研水平、发展政策和经济实力。

6.2.5.3 研究对象与研究进展

本节介绍护理保健领域的职业学研究状况，即从职业教育和培训的角度，研究护理保健专业人员提供的护理保健服务情境，以及它所包含或缺失的显性及隐性的知识与技能（Rauner 2000b）。与职业学研究相比，护理保健领域中的劳动社会学研究（如 Strauss 1985 年进行的开拓性研究"医学工作的社会组织"）、教育社会学研究（Ostner/Beck-Gernsheim 1979；Ostner/Krutwa-Schott 1981；Bischoff 1992 等进行的"个人服务作为女性职业"的研究）和劳动科学研究（Aronson 等 1983；Edelwich/Bridsky 1984 进行的"护理工作的心理紧张及过劳问题"的研究）具有更长的发展历史。与职业学研究不同的是，上述其他各种研究在涉及教育培训问题或工作过程知识时仅仅是一笔带过，而未将二者联系起来。

整体上讲，卫生职业领域职业分类的进一步细化，需要开展护理职业领域的资格研究。这里应当优先研究护理的工作过程知识，或者更确切地说是"护理关系过程知识"（Wittneben 2003，264），因为课程开发工作中，护士的交流能力和关系能力是护理职业的核心能力，它们是解释和判断护士工作的各种情境的最重要的内容。以下职业学的研究成果说明了护理保健职业所需的专业能力，同时也提供了通过跨学科合作开展护理职业学研究的很好的案例。

本领域一项杰出研究成果是由美国护理学家 Benner（1984/1994）取得的，她成功地研究了职业护士的临床判断权力，即"专家知识"。Benner 等（2000）认为，临床判断权力是护理人员通过各种方法了解客户（病人）的问题和利益、观察重要信息并做出敏感而负责任的处理。Benner 按照 Polanyi（1958）的理论，指出经验丰富的护士的行动是受隐性规律的支配的，尽管她们自己无法解释这一隐性规律，也无法完全使其显性化。Benner 借用 Dreyfus 的渐进式技能获得模式（Dreyfus/Dreyfus 1986/2000）进行了一次大规模的质性研究，确立了 7 个护理实践领域（如帮助、咨询及护理、诊断及病人监护等）。每个实践领域又分为若干独立的组成部分（如帮助领域包括：亲自在场，通过身体接触或在情感上支持亲属、提供信息等提供安慰）。她引用职业护士陈述的事实，刻画出了这些领域所需的技能和专家知识的发展。Benner 的研究目的是使护理专业学生通过完成实践中的各种护理任务获得职业资格。但是按照德国的教育学理论，这种功能主义的研究存在着弊端（Wittneben 2003）。德国的研究更加强调个性发展和建立认同感。此外，Benner 的研究也给人留下这样一个印象，即好像每个护理情境的确存在着合适的、"好"的解决方案。她忽视了两个事实，一是很多护理情境并没有最佳解决途径，二是在实际工作中常需要对互相矛盾的条件进行选择。相反，德国的护理学家进行的研究则更加注重确定护理工作的行动情境和问题情境，以及在这些情境中起作用的、常常是相互矛盾的要求和不同的解决方案。他们不仅研究情境中蕴含的知识，还关注那些无法解释的可能性，由此提高了护理实践的自主性（Oevermann 1996）。

受 Benner 的启发，Wittneben（2003）也采用叙述法对保健职业的内涵进行了深入研究。与 Benner 不同的是，他重点研究在经验缺失的情况下，运用批判性的科学精神，对数据的适用范围进行批判性的反思。Wittneben 利用护理学的患者导向多维模式对从业人员的叙述结果进行分析（1993），将其作为职业教育的基础；他还利用护理能力模型分析教育体系的问题（Wittneben 1999/2003；Krüger/Lersch 1993）。通过这些分析，演绎出学生的学习和发展要求。护理教学论是一门综合科学，既要满足以患者为中心的护理学要求、促进学生个性发展的教育学要求，还要满足行动导向的护理实践的要求（Wittneben 2002/2003）。德国学者Darmann（2000）、Stemmer（2001）和 Kersting（2002）也在职业学领域进行相关研究。Darmann（2000/2002）研究了护士和患者之间的交流和道德判断，认为交流是护士与患者关系的基础。这一研究也是德国专门研究护士自身工作现实的一个典型案例。Darmann 利用质性研究方法在交流层面确定护理关系的"关键性专业问题"（Klafki 1993），如"护理人员的权力""病人的决策自由"等。在涉及护理决策时，此类关键问题成为护理服务提供方和接受方之间协商过程中的内容，而且明确了在各个护理情境下应满足的交流要求。后来 Darmann 进一步拓展了其实证研究的成果，形成了其情境性和体验式的护理教学模式。

与其他医疗卫生学科一样，护理也把实证性知识作为其唯一正统的知识来源，从而教会学生提供什么样的和如何提供护理服务。近几十年来，护理学者沿用多种认知途径，掌握认知所需的知识（Carper 1978；Munhall 1993；White 1995）。然而人们不可能通过一种特定的认知途径或一种知识源全面了解人类，因此护理方法和护士教育也不可能只有一种模式。因此在各国的护理教育界，人们需要多种方法来促进学习和提高批判性思维能力。在护理课程中，多种学习战略，如情境学习（Williams/Day 2006）、叙述、自我报告、反思日志和概念图等，都有助于创造出工具化的、促进创新的学习环境，从而帮助学生取得好的成果（Oermann 2006；Myrick 2002）。

起源于美国的课程革命（Allan 1990；Bevis/Watson 1989；Bevis/Murray 1990）引发了课程范式的变化，人们最终抛弃了传统的行为主义课程开发模式而转向"关怀"课程，使学生切实积极地参与到自己的学习中（Romyn 2001）。换句话说，学生不再是教与学的过程的附属品。Freire（1997）将传统教育描述成一种灌输式的教育，学生是被动的知识容器。而解放式（emancipatory）的课程模式，按照护理学术语，就是"关怀式"的课程，它能促进教师和学生之间的联系，自从课程革命以来，在护理教育中得到了越来越广泛的使用。Banister/Schreiber（1999）、

Diekelmann(2001)和 Heinrich 等(2004)的研究表明，课程改革在美国和加拿大也取得了明显的进展。解放式的课程模式提倡以学生为中心的教育，在教育过程中发展新的伙伴关系，进行课堂教学改革和注重创新，以能够更好地培养未来的护士。

对基于知识的课程发展来说，上述研究工作仅仅意味着一个起点。德国的多数护理培训课程并没有系统化的来自实践经验的数据，因此也无法系统保障解决真实职业工作实践中出现的所有问题。另外，我们也不能将实证分析作为教学决策的替代品，因为这仅仅是第一步。从众多的护理教学研究可以看出，人们正在努力改变纯功利主义的、由外部人员确定教学内容和教学过程的工作方式，从而转向多角度的、以反省和建立世界观为基础的个性发展促进模式(Ertl-Schmuck 2000；Oelke/Menke 2002；Wittneben 2003；有关大学教学论参见 Greb 2003)。

6.2.5.4 研究方法的特点及其内涵

原则上讲，职业学研究与其他研究具有一个相同的特点，那就是研究方法取决于研究对象。迄今为止，职业学研究利用了多数的质性研究方法(Flick 1995a；Kleining 1995b；Strauss 1994；Lamnek 1993)。这是因为，护理专家对护理工作的隐性知识和显性知识的深入研究还没有起步。此外，职业学研究的目的并不是确立关于护理规范的基本知识，而是解释对工作情境的不同，甚至是对立的认识。下面将针对这一研究对象讨论数据的获取与分析。

为了了解护理工作的工作过程知识，对专业护士进行问询是获取原始数据的重要途径。在辅助工具的帮助下，研究人员通过询问使被调查者详细地说出他们的主观感知、阐释和判断。问询的方式包括个别访谈(Benner 1994；Darmann 2000)、问卷调查、团组讨论(Benner 1994)、自我报告及叙述(Benner 1994；Wittneben 2002/2003)。在职业学研究中，研究聚焦在"关键事件"上，此处"关键"的含义是"带来深远的影响"(Wittneben 2002；Cormack 1991)。Benner(1994，201)也使用了这一术语，不过所指的范围更宽泛一些。她将"关键事件"定义为护士用特别的方式体验积极的自我效能的事件，在此过程中既可能发生普通事件，也可能会遇到特殊困难。在此，她把积极的实践经验放在了突出的位置。

通过询问专业护士能够了解到护士眼中的行动情境。然而大多数情况下，护理情境是护士与病人、家属以及同事发生的言语和非言语的互动，具有多视角的特点，因此仅考虑护士的视角是不够的。在挑选样本时必须考虑护理情境涉及的不同群体，至少要有护士和患者。如果没有患者，就有可能忽视护理活动的很多方面。

除了研究样本的多样化，还要注意研究方法的多样化。通过参与式或非参与式的护理情境观察，可以对通过问询得到的主观感受从外部可观察的过程方面进行补充。特别是当研究那些对于实施者来说只是部分明确的隐性知识，这显得尤为重要。通过解释观察报告和领会"专家诀窍",可以开发部分的隐性知识(Neuweg 1999)。

数据分析的方法与现象学和解释学等一般科学研究方法是一致的。现象学研究的任务是明确和描述真实事物的现象和结构。但是要想明确护理情境的可能和现实的含义,我们还必须要使用解释学的方法。解读护理情境应在相应的理论框架基础上进行。

在职业学研究中,人们还没有注意到客观诠释学方法的重要性(Oevermann 2002;关于护理学参见 Kersting 2002)。因为只有通过客观解释,才能了解一个情境中的丰富内容和行动选择,并进一步了解其实践内涵。

6.2.5.5 问题与发展前景

在护理保健职业领域进行的职业学研究有一个共同点,那就是研究视角的变化,即从原来职业轮廓不清晰的纯专业资格要求,转向强调在对工作实际的实证研究基础之上的多视角的和反思性的教育过程。以人为服务对象的服务业职业教育体系正在发生着历史性的变化,职业学习过程正在发展成为一个"职业教育"的过程,这是护理职业在专业化发展道路上迈出的重要一步。

在这一发展过程中,Bevis/Watson(1989)首先意识到传统的护理教育方式不足以让护士具备批判反思的能力。特别是在美国,护理学者创造出了一个新词"课程革命"来反映教学方式的变化,即从传统模式到解放式的教学过程,教师和学生一起都成了学习者。关注过程、重在关怀的学习形式使学生真正掌握了积极学习的自主权(Allan 1990;Bevis/Watson 1989;Bevis/Murray 1990)。

要进一步发展护理保健事业,研究人员还需付出更多的努力去发现新的活动领域、专业行动所要求的情境、需满足的条件以及护理人员的专门知识和技能。护理职业的专门化发展对职业教育体制的改革也带来了新的挑战。以核心课程为基础的或在欧洲职业资格框架(EQF)内的职业名称和资格的国际互认,并最终建立国际统一标准,是实现欧洲融合的重要条件。

6.2.6 学前教育与社会教育职业学研究

Maria-Eleonora Karsten

6.2.6.1 实施,研究领域,与相近研究领域的关联

20 世纪 70 年代,人们在职业教育中开始引入学前教育专业,它不仅在全日制职业学校,而且在高等师范教育中都扮演着一个特殊角色。这对职业学研究的发展有重要的影响。

德国在 1960—1970 年的教育改革中,将学前教育确定为教育体系的组成部

分。学前教育教师，这一具有社会教育特征的职业资格，在儿童及少年福利服务领域中，具有丰富的内涵。随着社会教育事业的发展，社会教育类专业和职业已经成为为儿童及 27 岁以下青少年提供社会服务的最重要的领域。根据《儿童及少年福利服务法》的规定，目前在专科大学（学士学位）及以下层次教育中，有 30 余种学前教育方面的非学术职业资格。

这一发展是随着学前教育专业的建立发展起来的。在 1978/1979 学年，班贝克（Bamberg）大学建立了第一个相关专业，之后在波鸿（Bochum）和多特蒙德（Dortmund）等地相继开办了这一专业。吕纳堡（Lünerberg）的学前教育专业创建于 1996 年，它的特点是与经济学专业同时学习职业学和经济学课程，研究情境以跨学科的方式进行（Karsten 等 1999b；Schmidt 2004）。专科大学层次的学前教育学专业于 1970 年开始建立，其研究领域涉及学前教育的职业领域、学前教育的组织管理等。

可以说，社会教育研究和针对社会工作的研究也属于职业学研究的范畴。但鉴于此类研究主要针对需要学术性资格的劳动市场，即超出了职业教育的范畴，因此本节不做深入讨论。本节不讨论儿童教育研究，因为尽管其研究成果与学前教育的职业活动有关，但它是从学前教育的接受者的视角分析问题，而不是研究学前教育工作者的职业实践。

职业学研究是从职业资格和职业教育的角度，研究如何设计教育情境和社会情境，讨论一个职业所特有的显性和隐性职业知识，以及这些知识的缺失（Rauner 2002c）。为了使研究对学前教师培养这一问题有更强的针对性，本节涉及的社会教育学的研究范围，锁定在针对 0～10 岁儿童进行的学前教育方面。

在儿童教育领域，按照专业工作职责，可以把教育工作划分为直接与儿童互动过程的工作、领导工作、管理工作、咨询、相关培训以及与职业相关的政策和管理工作。从事这些工作的专业人员（多为女性）主要如下。

➢ 教师（专科学校）、保育员、社会救助员（职业专科学校证书）（Beher 等 1995）；

➢ 专业咨询师：根据自己的工作形式和内容确定具体的职业资格证书，没有特定的正规教育或证书要求（Karsten 1996；Irskens 1996）；

➢ 社会教育工作者（学士）：在某些州担任管理职务；

➢ 学前教育专家（硕士学历）：在教育培训机构或科研项目工作（Rabe-Kleberg 1996）；

➢ 教师：社会教育学学位不是必要条件（Krüger 1991）；

➢ 专科大学教授或讲师：方向为学前教育或青少年教育；

➢ 大学教授：方向为社会教育学或职业学校教育；

➢ 职业和行业组织以及工会的专业人员；

> ➤ 地方或国立学前教师教育培训机构的专业人员；
> ➤ 国际组织的专业人员；
> ➤ 日间看护院、寄养所和收养之家的专业人员；
> ➤ 儿童教育咨询机构的专业人员；
> ➤ 专业咨询、组织和计划领域的独立开业的专业人员；
> ➤ 各级各类教育阶段的实习生。

总体上说，以上工作岗位在某种程度上都可以划分到学前教师范畴（Karsten/Zimmermann 1999），对其工作活动的描述可以在相应的岗位描述报告发现（PFV 1994）。但是，人们在提及学前教育教师的工作时，首先还是想到那些直接从事教育教养工作的专业人员。造成这一局面至少有以下两个原因。

第一，在有关管理文件中，首先是关注直接面对儿童的教养、教育和辅导以及相应的资金支持，即便是 KJHG 也将这部分工作放在其中心位置，而把上文所列举的其他工作归入继续教育和咨询等范畴。

第二，从事咨询工作和在职业学校工作的专业人员本来就有专科大学（学士）或研究型大学（硕士）文凭，因此，尽管他们也从事学前教育工作，却有自己的职业名称和职业认同感，不把自己的工作首先定义为"儿童的教育工作"。

但是这种对学前教育职业领域的细分方式并没有体现在科研工作中。这就意味着，从研究的角度看，学前教育工作者的职业的学术专业化程度明显跟不上实践发展的脚步。即使是国家层面或各州研究机构的实践性研究，也无法弥补这个不足，因为其科研活动也只是集中在实践开发方面，还没有将研究结果系统化、结构化地反映到学前教育和科研工作中。因而 Rabe-Kleberg 将学前教育机构和教育科学研究之间的关系描述成一种"无隶属关系"（1996）。

本领域开发出的知识主要是由上级决定或从概念上推导出来的，很少有实证研究基础，这在专业组织内部早已被公认为"有相当的不足"（Rabe-Kleberg 1996, 103）。这种评价适用于原联邦德国地区。东部地区在原民主德国时期，尽管教育和咨询机构是系统化建立和管理的，但也都是按照"自上而下"的原则规范相应的内容（Musiol 1998）。

从历史上看，把学前教育作为一个职业进行研究是从以下多个视角进行的，如教育科学研究视角（Amthor 2003）和职业的专门化发展反思视角（Beher 等 1998；Friese 2000；Karsten/Rabe-Kleberg 1979；Rabe-Kleberg 1993），而在女性研究中则将学前教育教师作为典型的女性职业来研究（Krüger 1999）。在以上这些研究和内容更为宽泛的社会教育学研究中（Otto/Thiersch 2001），人们间接讨论了职业教育和教养工作过程问题及其所需的知识，但尚未将学前教育教师的培养工作作为学前教育机构的核心任务。

6.2.6.2 研究内容与研究现状

下面对本领域职业学研究的重要成果进行综述。为了深入研究职业学与职业工作的联系，了解学前教师教育的要求、培养结构、课程、实践培训和教学设计等问题，必须关注学前教育的组织实施、工作要求、质量保证以及社会对职业教育的接受度等之间的联系。

通常，实证研究针对一个或若干独立因素进行。纵览近 35 年来的研究实践，可以把相关重要研究成果分为以下几类，这种分类与历史发展和职业领域都有关系。

➤ 从数量上看，对儿童的现状、社会背景及家庭条件等的分析研究占了主要地位，这些因素被认为是学前教育工作面临的主要挑战，要求学前教育教师在日常工作中具备通用和特殊的知识技能。这些可从所谓的"典型项目"（Karsten/Rabe-Kleberg 1979）得到充分反映，这也是 20 世纪 80 年代以来"大学职业教育研讨会"的主要议题，因此也是职业学的研究成果（Rabe-Kleberg 等 1983）。儿童社会学研究对此提供了补充。

➤ 与此同时，从"情境理论"发展起来的"情境导向"理念（Zimmer 1983）对结构化的行动具有重要的意义。此后，人们把学前教育教师职业和学前教育工作描述为"设计儿童的生活情境"。这在与儿童交往的工作实践中引发了多方面的现代化以及学前教育工作自身的现代化，尽管这当时还不是职业教育研究的内容。直至 90 年代初，典型实验项目"关注实践改革需求和专业发展的学前教育教师培养培训的发展"（WERA）的进行，才首次使学前教育教师的培养成为研究内容（Krüger 1999）。这证明了 Rabe-Kleberg 在 1996 年提出的观点：研究人员通过建立模型引发的典型变化，正是科学监控和评价的主题。

具有鲜明职业学研究特色的、建立在研究基础上的课程研究代表，是 20 世纪 80 年代北莱茵-威斯特法伦州在"预科模式"实验框架内进行的一项纵向发展性评价研究，名为"发展性任务及其在学前教育教师全日制培养方案中的实现"（Gruschka 1985；Gruschka 等 1995；Karsten 2003）。在这一研究基础上，另外两项研究分别为职业教育和高等师范教育开发了学前教育专业教学方案（Krüger/Dittrich 1982；Habel/Karsten 1986）。但不管是哪个方案，其精华部分都是建设性地提出了人文社会领域职业教育的"双重理论—实践关系"理念，即学生同时在"学校"和"社会实践"两个学习场所学习、积累实践经验并对此进行反思；学生可将"自己职业学校和社会化过程的理论和实践"与"未来学前教育机构的社会化理论和实践"结合起来一起学习。上述第一项研究是针对女性职业的，第二项研究是在高等教育领域进行的教学研究和实验，它至今都被认为是有关学习研究的"最佳实践"（Wildt 2003）。

总体上讲，20 世纪 90 年代本领域研究的特点是进一步发展了原联邦德国的相关研究，其重点是职业学校教育、学前教育教师的自我意识以及提高教育质量（Tietze/Rossbach 1993；Andres/Dippelhofer-Stiem 1991；Dippelhofer-Stiem/Netz

1998；Cloos 2001；Musiol 1998；Lill/Sauerborn 1995）。此外，还有研究分析了学前教育教师这一女性职业领域的特点、学前教育教师培养教学方案以及这一职业与相关职业的关系，如教育、社会、卫生、保健和家政等（Rabe-Kleberg 等 1991；Karsten 等 1999a；Krüger 1999）。这里的研究重点是相关职业的专门化问题，如教育、卫生（Walther 2002）、老年护理（Meyer 2002），研究内容包括工作与时间管理、社会事务管理（Hetzer 2004）、职业适应性和职业成长过程（Riesen 2004）以及学前教育机构的教师交流等（Mertel 2002）。在这些质性研究中，还有研究专业化途径和专业化知识的博士论文（Krohs 2003）。

20 世纪 90 年代的研究还有另外一个特点，就是出现了很多针对不同职业领域的专家建议（Rauschenbach 等 1995）和新的培养方案建议。经过少年儿童福利服务管理、教育管理、教育科学和专业理论研究人员之间长达六年多的讨论，最终形成了一个德国文教部长联席会的框架规定（KMK 2000c；Elsenbast 等 1999）。此外，联邦新州也出现了第一批关于学前教育教师培养培训状况的研究成果（Rabe-Kleberg 1997；Musiol 1998）。

在国际比较研究方面，人们对通过职业专科学校培养学前教育教师的教育层次提出了批评（Fthenakis/Oberhuemer 2002）。近十多年来，人们一直呼吁将其教育层次提高到专科大学层次。目前来看，这一体制改革仍在进行。

然而，许多重要问题至今仍未引起足够重视，如学前教育教师这一女性职业领域的性别构成问题以及儿童的教育教养问题等。如果按照 KES-R 质量控制研究方案（Krüger 1999b），人们还没有关注到学前教育这一典型女性工作领域的性别构成问题（Tietze 等 2001），也没有考虑男孩和女孩在成长、关爱和教养过程中的社会化和性别特点，因为即使在人员、房间、时间和教学安排上都一致时，两种性别还是存在差异（Karsten 等 2003；Krüger 1992；Münchmeier 等 2002）。在学前教育机构，教师应为男孩和女孩提供不同的专业化教育机会。直到《第 12 次联邦儿童与青少年报告》发布后，（女性）学前教师职业和女性化的职业行动才首次成为研讨的议题。

学前教育机构的工作负荷与压力也开始成为研究对象。研究表明，儿童制造的噪声对教师的工作造成了很大影响。另外，教师还需要经常弯腰为孩子调整桌椅，这要求她们具备良好的体力（Buch/Frieling 2001）。按照规定，从 1996 年起，所有雇主都有义务对所有的工作岗位进行危险性分析，但对学前教育教师的工作却鲜有研究。

进入 21 世纪，本领域的教育研究和试验范围得到了扩展（Münchmeier 等 2002），其中最有代表性的试验发生在斯堪的纳维亚国家。他们针对 1 岁至 16 岁的儿童设计了一个一条龙的教育模式，包括与之相平行的直到大学教育阶段的教师培养模式。这一试验已经推广到了意大利北部的 Bozen/Brixen。

在德国所有联邦州的经验基础之上，形成了新的教育计划(KMK 2000)，由此确立了儿童及青少年福利服务中的教育理念(Conference of Youth Ministers 13./14.05.2004)。此外，欧洲波罗尼本科和硕士教育的一体化进程，也促进了专科学校和专科大学教育之间的沟通。在一些特殊情况下，可在入学考试中考核专科学校的一门课程从而承认其资格(如 Hanover 专科大学和 OOW Ostfriesland 专科大学)，或者建立学前教育学士教育专业(柏林 Alice Salomon 专科大学和 New Brandenburg 专科大学)。

以上措施将对学前教育的发展和这一领域的职业学研究产生影响。到 2004 年 8 月为止，有记录的有关专业建设的方案就有 11 个之多。这些建立在不同教育层次基础上的新的专业设置方案，实现了不同类型和层次教育的沟通，即在职业教育、职业教育的学术化教育以及教师培养之间的沟通。

6.2.6.3 现状与前景

造成学前教育领域职业学研究和发展的特殊现状有其历史原因。

➤ 在教育改革开始时，在大学或至少是专科大学层次建立学前教育教师培养专业的实践性研究没有取得明显成就；

➤ 直到 20 世纪 90 年代后期，数量有限的教师培养机构发展成为职业学中心，建立起自己的科研能力，并努力建立以研究为导向的基础设施和人才培养模式，并(顺其自然)开展了职业学研究；

➤ 那些涉及实践、变革、评价与科学伴随的研究机构需要与大学的基础研究和教学网络建立起系统化的联系，本科与硕士教育也需要这种联系，才能把潜力转化为实际发展。

最后，所有有关社会、职业和专业政策的讨论过程都应按照国家和国际标准进行，这样才能使德国的职业教育科学和政策至少在欧洲范围内具有可比性。同样，也应当对培训师的培养进行深入分析，并将科研能力培养纳入其教学计划。

从培养的具有国家承认职业资格的学前教育教师数量上看，职业专科学校和专科学校是学前教育和社会教育领域的主要教育类型。目前这种"有计划的无序"状态，表明了开展职业学研究的必要性。

近 35 年来，随着有关职业领域、教育对象、职业的专门化和质量提高等方面研究的深入，人们制订了很多改革方案，内容涉及移民、失业、贫困人口增长、德国统一和组织机构发展等方面。如今所有高校研究机构、政策研究机构、专业团体和工会都在共享这同一个"研究与发展领域"，这就为针对 10 岁以下儿童的教育体制的第二次改革提供了机会，从而实现专科学校和专科大学(本科教育)的沟通和学分互认，实现建立在职业学基础之上的专门化和高质量。

有关以上发展的讨论尚处于起步阶段。发展建立生动的、全球性的职业学科课程研究，并通过科学评价促进其深入发展，这是我们现在和将来很长一段时间内必须面临的挑战。

6.2.7 食品营养职业学研究

Barbara Fegebank

6.2.7.1 简介

在德国,"食品营养"不是一个正式的职业或行业名称,而是"营养与家政"职业领域的一部分。在职业教师培养机构中,营养与食品科学有时属于家政学,有时作为家政学之外的一门独立学科。在讨论"食品营养"主题时应明白,"职业领域"概念在不同情境下有不同含义:一方面它作为一个谋生领域;另一方面又是一个学徒群体,根据职业要求,既有理论方面,也有实践方面的特征。1995年,文教部长联席会议(KMK)确定了职业学校教师培养的 16 个专业,它们与职业教育的"职业领域"基本对应。不过职业领域是按照职业基础教育年的换算方式确定的,依此看来,16 个专业实际上只有 13 个。至于把哪些职业归属到哪个职业领域,目前并没有明确的划分。

德国劳动局也用"职业领域"统称一组职业,共划分了 22 个职业领域,除了通过双元制职业教育学习的"培训职业"外,还考虑了能在职业学校或大学学习的新职业。"职业领域"可帮助我们区分不同职业教育学校的类型,如营养职业学校、家政职业学校、餐饮职业学校和农业专科学校等。由于职业分类过于复杂,本节我们不完全按照官方的职业领域分类进行讨论,而把"食品营养职业领域"看成是具有共同职业要求和相同特点的一类职业的集合,它们有共同的职业发展历程和对应的大学学科。食品营养职业具有特定的职业技能要求和工作特点,它们对应的学科(特别是家政和营养与食品科学)需要跨学科的研究,因此相关职业教育研究不可能局限在一个学科内进行。由于没有与家政和营养对应的、独立的职业教育"研究领域"(Rauner 2002d),本节讨论重点不是总结过去的研究成果,而更多的是分析未来的研究任务与指导原则。分析重点会涉及历史发展和性别的内容。

6.2.7.2 "营养":发展中的职业与职业领域

"营养"是个体、小团体、社会乃至整个人类的基本需求,是生命的基石。营养功能的满足是通过食物生产实现的,主要包括种植、养殖、工业加工和产品销售等环节。其他获取食物的途径还有打猎、捕鱼和采摘等,以及为终端消费者加工、储藏和废物处置等环节(Fegebank 2001)。在历史发展进程中,营养功能的实现方式发生了很大变化。人类文明和多种文化的发展,要求出现更精细的食物、更优雅的餐桌礼仪和更优质的餐饮服务,这对食品营养的专业化发展提出了新的要求，产生了新的职业。

尽管食品营养职业从来就没有具体的职业描述，但它们几乎都是历史最为悠久的职业（Fegebank 1997）。从事食品营养职业，就意味着复杂和情境化的行动以及线性工作过程。所有行动都需要与水和土地打交道，与动植物的生命方式和相关辅助工具建立联系。对食品营养职业的从业人员来说，时刻考虑"环境因素"是最重要的资格条件之一，这对本领域的职业学研究也有重要的影响（Fegebank 2002）。

最初阶段，完成食品营养领域的活动和任务，消耗了人类社会的大部分人力投入。发挥营养的功能，不但是家政活动的重要部分，是农业的重要任务，后来又成为重要的工业行业和服务业的骨干力量。这一领域的大部分活动都以职业形式进行。职业的发展不仅是经济技术发展的结果，也是日常生活的创新结果（Thiele-Wittig 1992）。作为劳动分工与工作的专业化发展的结果，目前食品营养类约有 30 个培训职业。

此外，（农村与城市）家政职业和家庭服务员的工作，也间接包含了食品营养类职业活动，而且涉及内容越来越广，因此产生了上文所提及的职业分类问题。由于这些工作活动与人们的日常生活息息相关，很多是由非专业人士承担的。

这就产生了对职业学研究来说的第一个、也是最重要的问题，即按照什么标准界定一个职业。如人们已经讨论了多年，是否要把"家庭主妇"或"农妇"确定为一个职业，在此并未有充分科学根据的、有职业针对性的标准。在此背景下，"职业"是个困难和不断发展的历史性概念。如果仅仅把职业看作已经掌握的技能，就会遗漏很多重要内涵。因此"职业"首先并不仅仅是我们今天所理解的职业活动，而是对"人们所关注的任务和行为整体的主观解释与个体理解"，而工作只是赖以谋生的基本手段。

6.2.7.3 工作与教育：职业学研究的基本内容

"工作"是人类所特有的一个参数，最初只是发生在家政与农业领域。随着时间的推移，它不但发展到其他生活领域，而且其劳动分工和专业化进程也得到了巨大发展。起初人们使用工具和技术过程来利用和改造环境，最初也是在家政和农业领域，后来才出现了手工业、工业和贸易企业。

从制度组织角度看，家务是人类工作的最原始状态。对于饥饿和干渴等生命最低需求的满足决定了这类工作的内容。目前，通过饲养动物、集约化耕作和企业化生产等方式，农业已经发展成了"现代农业"，但家政仍然是一种补充，如对食物的加工、将食物和饮料等整合成合适的餐食，甚至有时还销售多余的物品。从科学的角度看，应当始终促进这一过程的发展，研究重点是技术和产品的完善、效益提高和健康元素等。

由于对工作的要求、特别是质量要求的提高，很多日常工作逐渐发展成为具有更高价值的、以职业方式组织的工作。生产同一件产品，目前常常存在着家庭制作、手工业生产和大工业生产三种生产方式共存的局面。职业学研究要解决"工作成果质量与特定职业发展"之间的关系问题。如今我们消耗的食物有 3/4 来自工业化生产。工作过程的变化，意味着很多具有数百年历史的传统行业（如厨师、面包师等）不再是必需的，而代之以新的职业，如化学实验员、食品工程师和食品设计师。食品市场的发展为职业学研究提供了新的领域，如工作过程和职业道德等问题。

人类社会的一个主要特点是劳动分工。在食品营养职业领域，需要特别注意劳动分工中的性别问题。由于法律制度的建立和专业组织机构的介入，传统女性的很多日常生活能力目前已经转换发展成了职业能力。尽管日常生活能力并非多余，但是其价值却下降了。多数女性都有生产与加工食物的能力，但是她们具备的这些能力还不是"职业能力"的组成部分，因此也无法完成职业化的工作。在历史上很多情况下，"以职业形式"组织的工作是留给男性的。如 Bühler 对烹饪文化史上的性别化劳动分工进行回顾后发现：至少在 18 世纪和 19 世纪，在"厨师"这一专业词汇中我们只能找到男性的踪迹。那时各类厨师（如法庭厨师）都是接受过专门培训的男性，女性不允许进入此类职业。我们只能通过另一条途径寻找在厨房工作的女性。在 18 世纪，厨房中的女性通常被称为"家庭母亲"和"服务员"，19 世纪改为"女仆"，如今成了"家庭主妇"（1994）。在工作范畴方面，男性和女性也有区别。男性厨师的职责要求清楚，其工作建立在专业基础上，必须提前接受培训。同样是在厨房工作，女性则要按照家庭的地位和财富情况完成任务。她们不仅要做好烹饪工作，还负责之前的采购和之后的清理。可以说，女性在厨房的工作介于有偿工作和无偿家务劳动之间。

与劳动分工的性别特征相关的还有教育培训中的性别问题。最近，人们才意识到这个问题是教育发展史的一部分。迄今为止，教育史的论断多数都和男性的教育史有关，而女性的教育史则进展相对缓慢。人类最早的教育和职业教育都是以家庭为单位的，由家庭内部自行组织。与男孩和年轻男性相比，女性教育被制度束缚在家庭范围内的时间更长。为了使女性扮演好"与生俱来的角色"，人们一直给她们灌输这样的思想：做好家里的每一件事，再学习一些常用的基本知识就行了。这种思想在 20 世纪 30 年代引发了家政教育专业的设立。当时职业学校除了有面包师、肉匠和厨师专业外，还设置了"家政专业女孩班"。尽管家政专业很多内容属于食品营养职业（如烹饪、烘培、采购和储藏食物等），但是人们还是试图用"女孩班"的名称涵盖所有的教育内容。

本领域教育的性别特征也存在于继续教育领域，直到大学层次。如男性教师教育与女性教师教育就有很大区别，特别是体现在专业选择和进入高等教育的便利性方面。高等学校以前只招收男生，很长时间以后才允许女性就读；女性常常学习农村和城市的家政专业，而男性则多学习贸易与技术专业。由于"食品营养"既包括技术和贸易类职业，也包括服务业和家政职业，因此需要重新评估这些职业的工作特性和工作能力要求。Glade 与 Zierau（1994）研究的课题是：是否可以认可家庭内部的私人工作绩效，使其成为一种就业性工作。

如今教师教育不再有性别的局限性。按照法律规定，所有类型教育入门条件都是男女平等。由于受长期教育传统的影响，性别因素对营养职业仍然有一些隐性影响，这就要求在今后的职业学研究中，持续关注性别对营养类职业教育的影响。

6.2.7.4 对食品营养专业的科学研究

与食品营养类职业相对应的学科首先是家政学与营养科学和农学（Fegebank 2001），另外还有一些相关学科。作为一门大学的专门学科，家政与营养科学的建立，是科学研究发展的结果，同样也是职业教育家政与营养专业教师培养的基础。这一专业最早于 1962 年在 Giessen 大学建立，当时它是描述家政教学"教育史"研究的一项成果。根据黑森州《中等职业学校教师教育法》规定，"所有教师至少需在大学学习八个学期"。学生毕业时均需通过两项考试，一项针对专业课，另一项针对教育学和职业教育学。事实上，原联邦德国所有大学的"营养专业"教师教育都是专业学科导向的（包括食品科学和农业科学），并通过普通教育科学与职业教育学加以补充。这里既没有与具体职业的联系，也不存在职业学研究。

直到 20 世纪 90 年代，原联邦德国还未把职业学当作一门科学，但是家政科学的一些研究成果却非常有利于发展这一领域研究。相关的家政科学研究涉及了教育史研究（Richarz 1991）、女性研究（Tornieporth 1979）和国际研究（Thiele-Wittig/Funke 1999）。从 20 世纪 70 年代中期开始，不少学科就将私人家庭看作是一种工作场所和教育场所，因此相关研究的问题与经济管理学和社会学是一致的，如质量、资格与专业化等问题。作为联邦家政研究所（1951—1974）的主任，Stübler 为将家政引入劳动教育做出了巨大的努力（1979）。解决营养问题需要自然科学和生态学方面的知识，农业科学研究也是针对专业化的知识。只有家政学，将分析工作、职业和教育三者之间的关系作为研究对象，并取得了成果（Oltersdorf/Preuss 1996）。

在原民主德国，德累斯顿大学设立了职业学校教学法研究所，下设有营养技术方向，其任务是培养"食品营养职业"教师。职业学研究室各专业委员会的任务是，进行职业分析，确定职业和资格要求，并以此作为技术工人专业要求的基础（Körner/Lusky 1993）。

综上所述，我们不禁要问：如何建立发展食品营养职业领域的职业学研究？

6.2.7.5 职业学的研究领域与预期研究热点

只有在大学开展职业教育教师培养的背景下，才能建立食品营养职业的职业学研究。在此，其他的专业学科都属于辅助学科，通过多学科的方式共同开展内容广泛的课题研究。

教师培养的教学与科研的核心是"食品职业的职业学"(Fegebank 1998/2004)。作为教师培养的理论和研究领域，它包括一般的教学因素、教育实践以及专业学科内容。在此，专业教学论扮演着中介者的角色，在学校教育和企业培训之间、在职业教育科学和专业科学(如家政学和营养科学)之间找寻关系。行动导向的原则具有重要意义。在职业学的学科发展中，应特别注意"通过主题、专业术语、原则和方法，来描述这一学科，并将其运用到学习过程之中"，把遵循科学导向的原则作为完成教学任务和制定教学决策的基础。其他需要遵循的原则还包括"生活状况与相关行为导向"和"职业资格与学习情境导向"。

在这一领域，"教与学的研究"起初是研究重点，产生了不少成果。然而，这些成果却很难应用到教育实践中，如是否可以在营养与家政职业学校引入"学习领域"课程的调查研究就属于这种情况(Gradel 2003)。其他的研究方法是典型试验，如在德国联邦、州教育规划与科学研究促进委员会(BLK)框架内的DILL项目，即家政专业人员的双元制教育。该项目开发和试验了校企合作模式，并发展了全日制学校教育的合作关系，其目标是提高教育质量、促进职业能力发展以及使学生在劳动市场上具备更加灵活应用的能力。在这个项目中，开发了学习领域课程案例，用于家政方面的分阶段培训(Brinkmann 2004)。在此，资格研究和课程开发全面考虑了学习场所与学习情境的结合，这对营养类职业来说非常重要。例如，为了确定一个大家庭中的家政工作需要满足哪些资格条件，我们必须对工作场所进行分析。在此需要特别关注客户导向(Fegebank/Händel 1998)。

巴伐利亚州和欧盟的资助项目"关于家政专业与管理人员的适应资格的研究"也把重点放在资格方面。该项目分析了工作能力模式与工作能力应用之间的差异，而"附加资格"正是因这种差异而产生(Regierung von Mittelfranken 2003)。1998年5月，在欧洲的国际家政联合会(IFHE)地区性会议上，针对"提高对社会中的家政职业的认识"的议题，讨论了学校与研究中的家政职业培训的地位与标准。此次会议系统梳理了欧洲国家的职业教育与培训情况，推动了各方在家政领域的进一步合作。

虽然在家政与营养这一大领域已经有了一些涉及学习领域理念和职业教育课程开发的初步研究成果，但是在纯粹的"食品营养职业"仍然缺少类似的发展(参见 BLK 项目以及典型实验 SELUBA：www.seluba.de，2004)。本领域很多研究课题无法仅仅通过资格研究和课程研究来完成，但是资格研究和课程研究的不少课题还是可以直接应用到"食品营养职业"中去的。与技术类的职业相比，"食品营养专业"的研究也有不同关注点：前者关心"人和机器的互动"和"工业文化和技术迁移"（Rauner 2002d），而后者更关心"人与人的交流"和"饮食文化"等问题，比如 Fegebank 和 Händel 的文章所讨论的（2000）。工作场所的形成与发展、客户导向、工作和生活场所的设计等，是重要的研究课题。工作和生活的发展，与其发展效果之间互相牵制，这也必将成为研究热点，教师教育应做出积极应对。

鉴于研究课题的复杂性与多样性，我们建议使用混合研究方法，如工作场所分析、简史研究、质性和量化的社会实证研究和统计法等，研究历史发展时也可以使用启发、批判和解释等方式。总的来说，食品营养职业的职业学研究仍然处于起步阶段，需要完成的任务和解释的问题还很多，今后的研究必须面对的一个重要挑战就是填补这些"空缺"。

7 职业工作与能力发展

7.0 职业工作与能力发展研究概述

Martin Fischer   Nicholas Boreham

7.0.1 概念解释与重要问题的定义

职业工作和能力发展间的关系包含很多方面。首先，工作系统设计本身暗示了工人需要满足某些要求和需求，这些要求界定了能力发展的可能性和局限性。因此，工作系统设计对职业能力发展起着重要的作用。工作设计、成果和工人选择使用的工具密切相关，这也涉及企业的工作组织（结构组织和过程组织）。而学习型组织概念的引入，不仅有利于完成工作任务、确定工人在企业中的位置，还推动了组织内部的学习，进而促进了职业能力的发展。因此，工作设计、技术和组织构成了职业能力发展的重要条件。

能力发展过程表明，个人实际能力的提高不能单纯从工作条件方面得出论断，这一点至少在分析技术工人工作过程知识中得到了验证。分析还表明，即使在工作条件相似情况下，个体获得的能力也是不同的。这一结果说明，对于职业能力发展而言，主体带着怎样的前提条件、态度、动机和兴趣参与到工作过程十分重要。从某种意义上讲，除了客观的工作条件之外，主观条件、态度、动机和兴趣决定了职业能力发展的限度。它们在职业社会化过程中形成，又在职业专业化的过程中得到深入细化，最终体现在个人具体的职业能力中。

7.0.2　主要研究领域和课题

职业工作与能力发展的关系十分复杂，涉及许多科学领域，如劳动科学、工作和组织心理学、教育心理学、工业社会学和职业教育学等，每一个学科都有自己的发展史。

劳动科学和工作心理学研究工作设计方面的问题，例如泰勒的科学管理原则体现了不同工作设计模式对职业能力发展产生的影响，这与半自治的团队工作原则相反。科学管理方式使工作任务简单化、工作监督外部化，从而降低了对工作活动的能力要求，这与工人的低文化水平相适应。但是，伴随着工人决策权减小，又产生了一种单调重复性工作带来的新压力。与此不同，半自治团队工作方式主张多样化的工作要求和多种形式的工作任务。工作人员的职业能力发展是通过了解决策依据和团队成员间沟通实现的。根据不同的工作设计形式，我们可以判断工作方式是朝着提高工作所需知识技能水平的方向发展，还是反向发展。关于这一课题的研究成果，Sonntag 和 Stegmaier 撰写的章节给予了详细表述（参见7.2）。

与工作设计理念密切相关的是生产性工作体系的工作组织，以及这一体系采用的技术。技术对职业能力的发展有双重关联：一方面，要正确处理一项事务，所需的经验和知识都可以在使用工具的具体过程中获得，而通常工人为了正确使用工具必须具备这些经验和知识；另一方面，技术特别是以计算机为基础的技术，可以设计成有助于学习的方式。也就是说，通过公开与工作相关的信息，可以实现对工具使用的个别化指导，这种指导反过来又为职业能力发展提供了机遇。工作系统的这种个别指导性，在 Becker 撰写的章节中有具体论述（参见7.5）。

包括工具在内的工作系统所处的工作组织也存在于上文所说的各种能力发展要求中：在操作中，等级划分较少的组织方式允许在操作层面有更多的随意成分，同时也要求操作者有相应的能力。但是在等级划分较密的组织方式中，操作层面和工作准备层面知识的外部化，会导致相反的结果。

事实上，工作设计领域的实际情况并非像不同设计方法之间的差别那么大。如果了解一下工业社会学的研究结论就会发现，这些观点正以越来越快的速度重组和融合（Drexel 1998b），而并非只是支持某种方式，如团队工作方式、半自治工作团队方式等。同时，尽管不尽完善，但是连 Brödner（1998）这样的团队工作方式支持者也承认，即使是在同一个公司里，泰勒式组织形式也有可能仍然存在，如关于机器的有效使用方式（Weilnbck-Buck 等1996）。其项目中最重要的是尽快向市场推出新产品，这需要项目化的组织，需要简化官僚渠道。对雇员而言，要求实行团队工作、跨层级和跨专业的协作以及依照协议分配工作。

不同组织发展战略的基本共性可以描述如下：除了处理日常工作外，技术工人还应具备处理混乱状况、突发事件和新问题的能力。这是工作过程中职业能力发展的真正起点，这在以计算机为基础的生产过程中也显得越来越重要。我们在描绘工作情境时有一种通用说法，叫作"问题情境"，它包括与预定工作流程不符的混乱状况、技术设备故障以及所有对工人而言尚未确定行动计划的新任务。

发生这种情况的原因是企业技术工作的一种普遍变化（Frieling 1995），引发这些变化的原因有以下几个。

➢ 新的生产技术的应用；

➢ 新产品和新材料的使用；

➢ 工作组织和工作结构的变化；

➢ 针对商业行为产生的新的政治条件，如欧盟立法中的一些新政策。

所有这些原因导致的后果是，生产领域的企业将永久面临"问题情境"，这种情况会对最基层的生产产生影响。从学习理论角度看，这种"问题"构成了职业能力发展的原始动力（Seidel 1976）。对于这一问题的重要性，在20世纪70年代由Holzkamp和Seidel从批判心理学角度做了回答，他们的答案与曾经对专业人员的活动进行过分析的美国学者Schön得出的结论十分相似，结论如下。

"从技术理性角度看，职业实践是一个问题解决的过程。人们从多种可能性中选择最符合设定结果的方式，从而解决选择和决策问题。但是在强调问题解决的同时，我们忽略了问题的确定，也就是对所做决策、要达到的目标和可以选择的方式做出界定的过程。在实践中，问题并不会自己呈现在工作人员面前，而需要从那些令人困惑的、麻烦的、不确定的问题情境中提取和建构出来。要想将问题情境转换成实际问题，工作人员需要做一定的工作。他必须理解一种本身并无任何意义的不确定的情况"（Schön 1983）。

"在工作中领会"（Boreham 1995a）是每个工人做的事情。但如果在生产过程中使用电脑，这一点就很难做到。这是由于在通常工作条件下需要的行动知识，与在问题情境下需要的工作过程知识之间存在着巨大的差别。

在解决问题情境的过程中，第二种与工作过程中学习相关的动力开始发挥作用，那就是：在社会交流中学习。1998年，在由Eraut及同事在英国所做的一项研究中，来自机械工程、商业和行政管理以及卫生领域的120名受访者指出了工作过程中最常见的两种学习源。

➢ 第一，"工作本身的挑战"，它与这里所讨论的问题情境有相同的含义。

➢ 第二，"从别人身上学习"，通常这种学习机会只有在通过集体智慧解决问题情境时才会存在。当然有关工作的非正式交谈和企业刻意安排的社会交流机会和场合，也会引发这种形式的学习。

这种旨在提高职业能力、刻意创造的社会交流条件和机会，通常都带有如

"组织学习"或"学习型组织"之类的标志。这表明，人们希望通过反馈、团队内部的社会交流和媒体支持促进工作过程中的能力发展。这些方法有助于提高工作绩效并实现相应的学习过程，它不仅有助于个人的学习，同时还能加强整个企业组织知识的根基，可以更有效地利用雇员的学习成果，理想状况是不断积累解决实际问题的。Dick 撰写的章节对这一课题的理论背景和试验结果做了具体阐述（参见 7.3）。

但是，在工作背景中的能力发展不仅受到技术条件和组织条件的影响，同时也要看个人带着怎样的主观前提条件参与到工作过程中。在上文提及的研究中，Eraut 及其同事得出了以下结论。

"从'以学习者为中心'的角度看，正式教育和培训仅仅提供了工作中所学知识的一小部分。根据受访者描述，大部分学习都是非正式的，既没有明确的说明，也无明确的计划。都是在应对工作要求和挑战的过程中、解决问题的过程中、提高能力或生产力的过程中、处理变化条件的过程中自然产生的，也是在工作场所的社会交流中产生的。这种'从经验中学习'的结果就是知识、技能和理解的提高，虽然这种提高很难向他人解释清楚。当然有效的学习还取决于雇员本人的自信心、动机和能力，这些都是雇员对于学习进行自我管理的前提"（Eraut 等 1998）。

最后一句话中提到了职业能力的要素，即自信心、动机和能力，它们是工作过程学习的先决条件。

因此在工作背景中实际能力发展的原因不仅有客观的一面，而且也有主观的一面。客观原因是，不通过学习，通常就无法解决问题情境。主观原因是，部分技术工人已经发展起来职业认同感，将自主解决问题的工作任务（而不是放弃或是委派他人处理）看成是职业自我概念的一部分。

在对不同的国家进行比较时我们认识到，并非只有一种形式的职业认同感决定对工作过程中学习机会的理解和获得。德国一项综合性实证研究界定出了多种职业生涯发展方式。

在名为"职业资格通道"的研究项目中，Heinz 和同事进行了一项长期研究，对近 2000 人次进行了采访和记录（Heinz/Witzel 1995；Witzel/Kühn 2000）。研究表明，在完成职业教育后，不同环境下的就业步骤显示了职业发展的一些共性。按照"实据理论"（grounded theory），Glaser/Strauss（1967）建立了一种基于实证研究的分类模式，即分为六种传记设计方式（biographical shaping modes），如"受雇工人的习惯"和"个性发展"等。

虽然"受雇工人的习惯"这一类型的合理性仍有待讨论，但在所有类型中，职业学习至少从适当进行继续教育的角度得到了认可。特别是那些有某种职业志向或努力实现自治的人，常把工作环境下的能力发展看作设计自身职业生涯的重要方式。

对与职业相关的生命历程研究表明,职业生涯不仅是在工作过程内、外进行的职业学习的结果,反过来它也作为一种可变的设计方式影响学习过程。从学习心理学角度研究职业工作中的能力发展,如果只考虑工作环境中的学习条件就做出解释,那是很有局限的。还应考虑学习者在学习过程中的目的、兴趣和态度,它们从本质上说明了职业的社会构成对人生规划到底意味着什么,以及个体在总结和反思职业工作的内容时,内心设定了怎样相应的发展目标。由 Heinz(参见7.6)、Raeder(参见7.8)和 Mieg(参见7.9)撰写的章节中讨论了这些课题。

至此,我们已经讨论了工作背景下能力发展的客观条件和主观前提。但是,应该如何描述能力发展过程?这个过程包含哪些内容呢?

获得职业能力的过程被 Dreyfus 兄弟描述为从初学者到专家的发展过程。对这一课题的实证研究用了 Havighurst 的发展性任务的概念。发展性任务在人的职业生涯的某个阶段出现,也必须由本人亲自解决。Dehnbostel(参见7.1)撰写的章节解释了方法论的问题,并通过工作和学习方案的形式描述了能力发展的步骤,这些步骤正是测试主体在获取职业资格的过程中所遵循的。

对不同职业领域实践人员获得的知识,一个由欧洲10国共建的工作网络给出了界定并冠以"工作过程知识"的通用术语。工作过程知识概念(Boreham 等2002;Fischer 等2004)的基础,是对现代工作环境下能力要求的实证研究,研究对象是从泰勒管理(即强调等级、自上而下的决策体系、分离的工作职责和固定的工作程序)到有机管理模式(即注重广泛参与决策、灵活的工作流程以及各层级员工共同参与的持续化改进)转变的现代企业。支持工作过程知识理论的基本原因是,在有机结构工作环境下,雇员需要从整体上系统理解组织内的工作过程,这样才能更好地参与制定决策、跨级别合作并不断改进工作。工作职责扩大,要求他们明白自己的工作与组织内其他部门的工作有什么联系。这一观点的基础是对现代工作环境下与灵活工作方式相适应的学习方法的实证研究。在 Fischer 和 Boreham(参见7.4)共同撰写的章节就对以上论点进行了归纳,重点研究人在所学科目中到底领会到了什么。曾有心理学文献对此进行了隐晦或粗略的阐述,但很少有其他文献提及这个问题。对能力发展过程的这种理解,不仅包含能马上见到实效的知识,还关系到从业者在企业的地位以及道德方面的评价。道德评判发展议题在 Lempert(参见7.7)撰写的章节有专门论述。

7.0.3 发展前景

正如开头所说,职业工作中的能力发展是一个复杂过程,对它的研究需要具备以下条件。

➢ 与工作系统相关的、技术和组织上的条件;

➤ 由职业社会化和资格发展带来的个体所具备的先决条件；

➤ 能力发展过程本身以及它的构成元素。

从方法论角度看，很难将某些孤立因素看成职业能力发展的要素，特别是不能单纯把职业工作能力发展看作个人的成就。在对职业能力评价的过程中，能力发展往往不能直接得到确认，而是通过口头或书面科目考试。当然，写文章、讨论问题与实践能力是完全不同的。

长期研究可能会得出更多关于能力发展过程要素的信息。这些研究会加深对职业能力的专业认知、评论和个人反思，而这在工作能力发展方面很容易被忽略。

7.1 在工作过程中学习——能力发展

Peter Dehnbostel

7.1.1 概念解释与分类

在工作场所学习是获得职业资格最古老也最常见的方法，这种学习包含认知、感官以及精神运动等各个方面。工作场所就是学习场所，工作最重要的特点是强调经验、动机和社会关系。工作中进行的学习，其条件和取向取决于历史、文化以及特定行业的环境。在技术工人学徒和实习阶段，受训者往往与技术工人结成一对。对操作技能和特定工作活动的学习主要通过模仿实现，这一点同样适用于提高培训和以工作为基础的技术工人培训。在企业工作环境下的学习，通过观察、合作、协助、尝试或模拟等方式实现。学习成果如何，很大程度上取决于在工作场所进行指导的专业人员、工作任务以及学习者本人的处置能力和学习动机。

从历史上看，"做中学"是模仿性原则的最好例证，这已有数百年的历史（Stratmann 1967；Blankertz 1982b；Gonon 2002）。18 世纪，随着教育体系的建立与发展，产生了以学校为基础的各种学习方式，并在工业化进程中得到了系统化的发展。20 世纪 80 年代新型工作组织方式产生以来，做中学发生了根本的改变，但仍强调学习的目的、内容、形式和方法。做中学被看作一个自我引导、过程导向的终身学习过程，这在本质上有助于人格发展和专业能力的提高，同时也促进了创新，提高了就业能力（Streumer 2001；Dehnbostel 2002b；Fischer 等 2004）。目前有许多关于"在工作过程中学习"的论述。文献中的工作过程强调现代化的工作，是整体化的、以过程为导向的工作，不但有新的资格和能力要求，并且以一种未知方式建立了与职业工作的联系,其学习特点表现在以过程为导向、与具体内容相关、自我引导和以需求为导向,强调在经验中学习,是正式学习和非正式学习的结合。企业和其他工作环境中学习内容和形式的多元化,提高了对"工作中学习"的要求。这不再是简单的技能、知识和资格的传承与拓展,而是掌握现代工作过程所需的综合职业能力。从教学法角度看,工作过程中的学习逐渐成为能力发展的重要部分,这不但提高了专业能力、社会能力和个人能力,也为工作导向的职业教育和继续教育提供了新的可能。

原则上讲,"在工作中学习"与能力发展的观点是一致的,这也是国际公认的,但大家对其内容和方法的解释却大相径庭,特别是对"能力"概念的理解。如在《欧洲资格框架》(EQF)中,欧洲委员会将能力定义为"通过考试验证的能力,是个体可以独立应用的专门知识、技能以及在特殊情况下(即工作或学习情境)对专业和个人行为进行处置的能力"。很多文献对资格/技能、关键技能和能力的定义及其发展做了描述(Arnold/Steinbach 1998;Streumer 2001;Dehnbostel 2001b)。综合各种定义,能力可理解为是技能、方法、知识、态度和价值观,能力的获取、发展和应用与人的一生有密切的关系。能力发展是从主体角度审视的,人的能力、兴趣作为一种主体导向的概念,包括了教育维度。能力发展作为伴随人一生的过程,发生在工作世界里,通过多种个性化学习和发展过程实现。狭义的职业能力指技能、方法、知识、资格和态度,它们构成了个体职业、社会和工作活动的基础。

7.1.2 在工作过程中学习的研究方法

尽管"在工作过程中学习"的概念由来已久,但对此并未有过深入的研究。对"实践共同体"中学习的研究,已经把传统的学徒培训和行会职业培训纳入了研究范围。实践共同体的概念源于民族志研究(Lave/Wenger 1991;Lave 1993b;Wenger/Snyder 2000),它描述了共同从事一种实践活动的人类团体,通过活动和日常行为进行的情境化学习,不仅传授知识技能,同时也培养习惯、态度和价值观。与传统的基于学校的教与学的理论相比,情境学习理论认为,不可能从知识源上获取和习得知识,而只能在具体的情境中获得。情境学习与指导下学习的观点是对立的,它与组织学习和参与式实践工作有密切的联系,只不过不是在别人直接指导下进行(Lave/Wenger 1991;Stein 2001)。

目前的研究方式主要是对工作场所中学习进行反省,"反省"是杜威的一个重要思想。在杜威"经验与教育"相结合的基本理念中,反省是通过实践学习从理论和实践两个方面发展的。这里的"经验"指直接经验,通过自己的行动获得,必须嵌入到反省系统中。如果行动是重复进行的,带有不确定的问题,那么经验就不会形成知识。从行动到经验再到反思的这一过程,以及先前经验和认知过程所具备的稳定和持续性，被杜威称作"进化性发展"。它的前提是学习者的积极性，如有可能会以自觉的方式学习。个体在活动和自觉基础上，通过学习过程和经历过程将事实呈现出来。

杜威通过反省进行经验性学习的理论在徐恩（Schön）的《反省的实践者》（The Reflective Practitioner）（1983）一书中得到了进一步发展。徐恩认为，反省是思想和行动之间的对话，它帮助实践者处理与自己任务相关的复杂问题。从职业行动解决问题的角度，他将反省分为两种类型：行动中的反省和对行动的反省。行动中的反省使实践者以边做边反省的方式解决其隐性知识不足的实际问题。这在当事人掌握知识的同时，不要求一定能用语言表达出来，其结果是通过适应环境来调节行动（Schön 1983，9）。第二种反省是在行动过程中选择暂停或止步，目的是对已有行动和将要发生的行动进行反思，这要通过理论和假设方式对行动进行截取、简化和分析。为达到这一目的，要明确表达出围绕此项行动的知识，从而进行分析和重组。由于相关知识不足或错误而产生的行动问题，可以通过改变问题所涉及知识的方法解决。这些知识也会变得更容易传达，更容易进行讨论和评价。正如下文所述，这种在工作过程中反省学习的研究和开发方法，在"反省行动能力"方案中得到了发展。

7.1.3 主要课题和发展领域

对"在工作过程中学习"理论的研究主要涉及能力发展和学习组织等领域。鉴于工作过程中学习的变化，学习和能力发展过程仍然需要实证的证实。以下论述是长期研究和实践的结果，反映了现代工作过程中学习理论和实践的最新状况。

需要注意的是，引发"做中学"变化的直接根源是企业生产方式的大规模重构，这一过程自20世纪80年代开始持续至今。一方面，全球化、新技术发展、生产力提高、就业机会减少、工作负担加大与雇用关系不稳定有密切的联系；另一方面，为减少等级化、降低集中度以及实现整体化和参与式工作模式而采取的措施，也意味着工作条件的改善，即在工作任务更加复杂多样、自由度更高和选择性更多的情况下，重新设计工作环境。我们发现，旧的社会关系已经瓦解，人们越来越难确认职业资格要求。但是在现代工作组织形式下，新的社会关系的形成和更广义的能力发展似乎又是可能的。因此，加强在新的工作组织方式下的学习，是工作流程优化、提高工作绩效和服务质量、获取必要资格的必要条件。

7.1.3.1 自我引导的、以工作过程为导向的学习

在现代工作过程中学习改变了学习的原有特征，其最明显的特征是自我引导和工作过程导向（Attwell 等 1997；Fischer/Rauner 2002b；Euler 等 2006）。"自我引导学习"的特点是学习过程的独立性和自治性，即学习者在一定限度内自己确

定学习目标、内容、方法、工具以及规则，但是学习行动的广度和学习情境结构是由工作的实际要求确定的。就范畴和环境而论，自我引导学习还算不上自治型学习，而只是有目的地选择和确定学习途径（Weber 1996；Dietrich 1999）。

自我引导学习和自我组织学习有很大区别：在自我组织学习中，学习的条件、机制和组织框架不是由学习者自己确定、也不是外界强加的，这一点与自我引导学习不同。工作过程中的学习往往发生在企业工作环境下，没有特定的学习目标，通常根据工作目标和组织结构而定，同时又允许在特定范围内进行独立、自我引导的学习，特别是通过经验学习。在此，自我调节可以指个人，也可以指一个团体。

在现代工作组织中，自我调节过程对参与式和网络化工作的效果有重要影响。形成新的策略和行动计划、实施改进方案、应用全面质量保证程序以及实现工作目标，都需要自我引导的方式。自我调节过程是工作组织扁平化和分散化管理的结果，是现代工作过程的重要特征，也与自我调节条件下的"做中学"有密切的关系，且多以非正式形式发生。

工作过程导向学习强调工作的具体环境，如顾客导向和经营过程导向等，可以由此产生出工作过程知识，即有经验的工人在操作机械、处理环境和人际关系过程中积累的知识，这种知识使他们有能力应对日常工作中出现的复杂情况。工作过程知识的特点如下。

➢ 是工作过程中直接需要的一种知识（与"系统化学科知识"相对应）；

➢ 通常是在工作过程中获取，如通过实践学习方式，但不排除对理论知识的应用；

➢ 包括个人目标界定、计划、对工作表现的自我评价等整个过程（Fischer 等 2002；Rauner 2002b）。

工作过程知识学习以及学习的独立性和自觉性特征，标志着传统职业资格鉴定方式的转变，即从技术分类体系向行动能力分类体系转变。资格鉴定由狭隘的学科模式转变为在工作过程中实现的职业行动领域模式。学科导向的职业教育可以培养与职业相关的学科知识和实用技术，却无法养成自我引导、过程导向和反省性的行动能力，后者只能通过工作过程中的积极实践获得，是职业教育最重要的目标。

7.1.3.2 能力发展与反省性行动能力

专业化、反省性的行动能力培养在现代工作中具有重要意义。在此，有必要区分"能力"和"资格"的概念。德国教育学会（Deutscher Bildungsrat 1974，65）认为，"能力"是学习者本人及其在个人、职业和社会条件下自主并负责地采取行动的能力，而"资格"是从需求方面进行定义的。获取全面的职业行动能力是公认的职业教育的最高目标。

从工作绩效方面讲，能力在实际工作过程中表现为完成任务的行动能力，这里最重要的是一种"反省性"的行动，即将自我引导的个人能力与其行动模式、对应的工作和社会结构建立联系。反省是在经验和知识基础上对行动做出清醒、客观和负责任的评估。在工作中，这意味着要从当前的具体事务中解脱出来，仔细推敲过程的组织、行动安排和备选方案，并将其放在个人经验和整个团队的集体知识中去考虑。Lash（1996，203）提出了反省的两个模式："一是结构性反省，即员工在脱离社会结构束缚后，对社会结构的'规则'和'资源'进行反思，并对自身所处的社会环境进行反思；二是自我反省，即对自身进行反思。在自我反省时，自律性取代了他律性。"因此，自觉性和人格发展与自我反思能力有密切的关系。反思的深度和广度容易受到现实工作条件和工作中学习机会的影响，首先是工作的质量标准，如学习和工作模式、企业文化、与学习相关的工作范畴以及个体发展机会等。这些因素共同构成了复杂的反思行动的调节框架（见图7-1）。

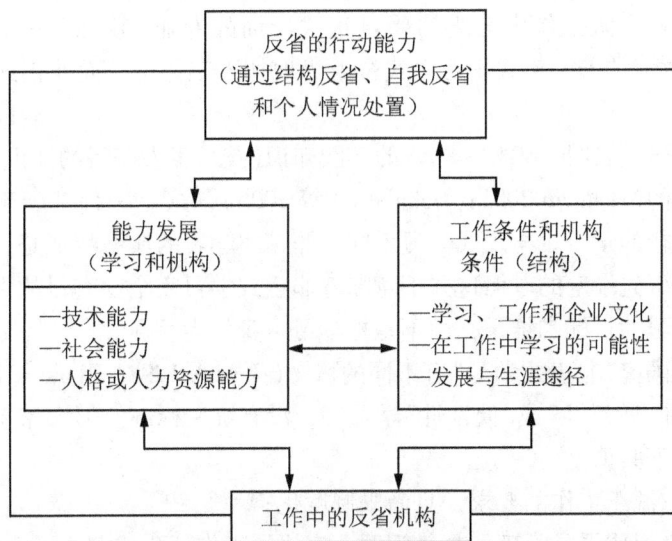

图7-1 反省行为能力的调节框架

在现代工作过程中的工作反省能力，把学习与组织结构相结合。结构性理论（Ortmann 等 1997；Goltz 1999；Walgenbach 2001）从分析、理论和应用角度解释行动与组织结构间的关系，其理论基础是英国社会学家 A. Giddens 的结构性理论。据此，组织内的行为、行动和发展过程既不完全由组织的约束机制决定，也不是单方面通过其成员的意愿和自我约束实现的。

传统的职业教育学只考虑学习理论和教育理论，很少关注组织结构的重要性。但在企业实践中，一个人是否真正具备胜任力，是由组织环境决定的，培训和（一般）能力的发展都是组织结构环境的因素。要实现工作过程学习"发展反省能力"的目标，以上两种方式都有片面性，应当将二者有机结合，并充分考虑学习和组织结构的相互依存关系。应建立行为和结构的双元论，调节个人学习与企业工作环境和组织结构之间的关系，这需要行为和组织结构的相互支持。

7.1.3.3 工作中学习的新形式

在现代化的工作过程中，必须区分不同的学习形式和工作形式，以及二者的对应关系(De Jone 等 2001；Dybowski 等 1999；Dehnbostel 2002；Mooral 等 2004)。工作中学习有时发生在新的工作组织形式中，其特点是正式学习与非正式学习相结合，如训练、定向学习、学习角、工作与学习任务以及互动式学习等。这些学习形式都是组织学习的形式，都与结构化的学习有关。为了提高学习质量，应从教学设计角度，在工作过程中建立系统化的学习条件。

简单来说，工作过程中学习与两种方式有关：一是学习方式，即通过经过专门设计的系统化方式，将正式学习和非正式学习结合；二是工作方式，即以经验为基础的非正式学习途径。但是，实践中这两种方式间的区别并不一定清晰。有时，在企业团队工作中会聘请受过正式培训的专业"教练"来进行辅导(Rauen 2000)。这意味着，正式学习方式被人为地加入工作中，而非正式学习变成了一种补充。

实证研究表明，60%~80%的实践知识(技术工人获得的知识)是在非正式学习中获得的(Dohmen 2001；Dehnbostel 等 2005)，这是一种基于工作实践的、通过经验进行的学习。与正式学习不同，非正式学习的典型特征是，它取得的学习成果不是事先设定的。但这并不意味着非正式学习完全没有目的性，而是说明其更注重学习的目标和结果，而不是把学习本身作为目标。

不同国家"非正式学习"有不同的概念(Garrick 1998；Marsick 2001；Overwien 2002)，如"随意性"或"偶发性"学习等，没有统一标准。但大家至少对非正式学习达成以下共识。

➢ 它源于工作的要求，且尚未制度化；
➢ 学习成果是处理了具体问题、完成了工作任务或解决了问题后的结果；
➢ 通常不在专业教育工作者和指导者监督下完成。

与正式学习不同，非正式学习几乎没有知识传授过程和学习动机问题，它比在企业外有组织的学习环境中进行的正式学习成本也低很多，同时这也可能是一种劣势。因为，在工作中经历了什么，发生了哪些感官、认知、情绪和社会过程，都取决于具体工作的流程、内容、组织结构、社会关系和企业文化。非正式学习多以随意的方式发生，多被限制在企业的具体工作中，尽管目前网络技术为其提供了多元化的学习环境，但由于没有教学计划、明确的组织和目标，它并不符合培养综合能力的要求。

将非正式学习与有一定组织的学习结合起来，既不是非正式学习的正式化，也不代表非正式学习失去了价值。两种学习的共同目标是满足工作资格要求，并实现个人的能力发展。学习体系的建立，丰富了工作岗位和工作过程的内涵，综合职业能力培养目标也由此在技术、社会和个人层面得以实现。20世纪末，人们将学习角、学习站和学习岛等学习方式引入企业培训并成功地推广，说明在工作过程中学习与工作相结合的方式是成功的（Dybowski 等 1999；Dehnbostel 2001a；Dehnbostel 2002）。

这些学习方式也被称为分散式学习，在20世纪90年代初由德国联邦职业教育研究所（BIBB）组织的典型试验项目——"分散式学习"首次提出（Dehnbostel/Molzberger 2004）。该试验项目首次在充满复杂高新技术的现代生产环境中，将工作和学习完美地结合在一起。

工作和学习相结合的学习形式的特点，是具有双重基础：一方面是工作基础，即学习的工作任务、技术、工作组织和资格要与真实的工作环境一致；另一方面是学习基础，它提供了专门的学习空间、学习资源和学习支持人员。学习和工作相联系，但又不局限在工作经验学习中。工作活动和相关反思都与企业的发展目标和工作内容相联系。如图7-2所示，非正式学习和正式学习，在工作基础和学习基础相互作用的条件下系统地结合了起来。

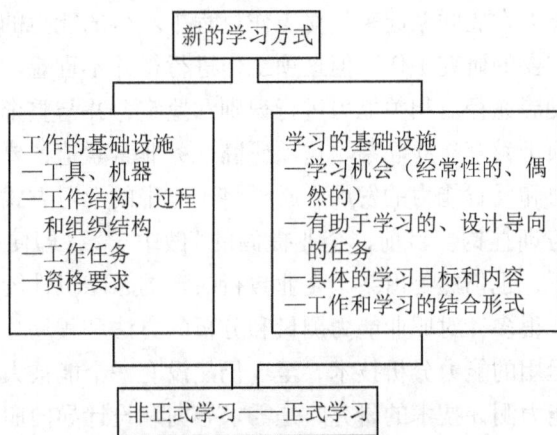

图7-2 新型学习的双重基础

奥迪公司建立的"学习站"很好地验证了"工作过程中学习"的作用（Ehrke 等 1992）。学习站的建立，满足了新型生产组织方式对员工综合职业能力提高的要求。如汽车行业引进团队工作方法，最先就是通过学习站方式实现的。实践证明，在不同生产部门，学习站都有助于实现复杂的继续教育标准，也有助于学习型企业的建立，并提高了工人的行动能力。学习与工作相结合是在完成实际工作任务的过程中实现的。特别是在团队工作中，学习者获得了自主性、责任感、合作意识等个人能力和社会能力的发展。实践共同体的活动有助于人们认识自己的技能、长处与不足，提高了他们使用技能应对一切的能力。

尽管学习站等新型学习方式在个别企业得到了应用,但是像学习站、学习岛等新型工作方式能否得到推广,从根本上还要看是否能找到更好、更经济的学习办法来满足企业的需求。由于这些组织模式的系统性越来越强,在实现企业创新和提高质量的过程中,学习逐渐有了更强的目标性。新型学习模式有很好的发展前途,因为它在考虑经济效益的同时,也为个人的发展提供大量很好的支持(Sauter 1999;Heidemann 2001)。

7.1.4 发展前景

如上所述,工作过程中学习以自我引导和工作过程导向的方式进行,也是职业能力和反思能力发展不可或缺的条件。学习与工作相结合,可以促进学习者的能力发展,但是需要企业制订相应的工作组织方案,这在传统的泰勒式组织方式下很难实现。现代工作过程中的学习,可以通过工作基础与学习基础的结合,正式学习与非正式学习的结合,在工作环境和工作过程中培养职业能力和反省能力。

为了开发出工作与学习相结合的学习方案,应该重点研究工作过程中的学习过程,并将其与能力发展联系起来。对工作过程中获得的能力的分析、评价、识别和认证是一项重要的研究工作,但这项工作进行得并不理想。关键在于,如何根据不同职业的发展途径对相关能力进行识别和鉴定,并与整个教育体系,包括现有的学士甚至硕士教育建立联系。这项研究任务非常紧迫,要想在工作过程中促进综合职业能力和反省能力的发展,必须将工作中的学习方式直接与学历教育和继续教育证书培训挂钩。目前,企业提倡的"做中学",即便是在完成整体化工作任务的条件下,也仍然是由某个企业自行决定的,随机性较大。

国际上开发了很多针对职业能力测量和分析的方法和程序。然而,有关在职业教育和培训中运用的能力分析技术,至今仍然没有一个能被大家普遍接受的版本。对职业教育能力测评技术的研究,是需求导向和设计导向职业教育的重要基础。在此,应把那些关注个人和个人发展的测评技术,与那些仅从企业客观要求和需求角度对能力进行分析的测评技术区分开来。这一方面要关注企业主导的能力资格要求;另一方面又要注意主观导向的能力开发,只有这样,才能为考虑不同利益群体要求的能力分析和评价奠定基础。

已颁布的《欧洲资格框架》(EQF)主要满足了需求方的要求,把工作中学习的发展向单一的工具性方向引导。《欧洲资格框架》和《欧洲职业教育培训资格认证体系》(ECVET)的结构与以前"只有一种教育体系和标准"的普遍认识相比,已经有了很大的改进。它承认在非正式、非惯例条件下获得的能力,认同不同资格证书之间的互认。但是这种片面强调结果和取消系统化职业教育培训项目的做法,有可能使工作过程中学习和相关能力发展脱离职业性原则。因此,应采取一定措施，确保德国《国家资格框架》(NQF) 遵循职业性原则。

7.2 工作设计与工作组织

Karlheinz Sonntag   Ralf Stegmaier

7.2.1 简介

工作设计研究，是对员工日常身体和精神状况以及工作任务的内容和组织进行的研究(Parker/Turner 2002)。本领域的研究问题是，工作任务的哪些特征会影响员工的态度、人格、能力、健康和绩效，并决定产生影响的机制(如动机、强化技能)和偶然性因素(如环境的不确定性)。在工作设计中，工作的内容、时限和方法，任务的多样性、复杂性和实现性，员工的反馈程度、认知水平和社会要求等因素是相互独立的(Parker/Wall 2001；Sonntag/Stegmaier 2007)。

一些现代工作设计理念，如工作简化和员工控制等，可以追溯到工业革命前后。Smith(1776)认为，劳动分工是提高劳动生产率和提高工作绩效的手段。Babbage(1835)进一步解释了工作简化的优点，即企业因此只需要组织技术含量较低的劳动，这种劳动既廉价又容易替代。

泰勒的科学管理原则阐明了分段计划和实施工作的优势，将工作分解细化成小微任务，并取消了员工的决策权。按照泰勒的理论，工程师和经理可以选择通过完成任务的最佳途径提高劳动效率，充分利用了时间行动研究的成果。

工作简化的实践得到了企业的广泛认同，并从制造业向管理和服务业等领域推广(Parker 等 2001)。尽管公司经理对工作简化很支持，但人们对简化工作造成的心理后果却越来越担心，因为简单化的工作会引发单调、劳累、缺乏满足感并最终损害工作者的精神健康(Bergmann B. 2000；Zapf/Semmer 2004)。为了消除这些负面影响，人们开始"重新设计"工作方法，如通过岗位轮换和丰富工作内容等方式。以上实践的理论基础都属于工作设计。

7.2.2 工作设计的主要理论

1. 岗位特征模式

按照 Hackman 和 Oldham(1976)的岗位特征模式理论，有五种重要的岗位特征影响着员工的动机和绩效，它们是技能的多样化、任务的认同感、任务的重要性、自治性和工作反馈。这些岗位特征可以通过三种心理状态引发出积极的效果，这三种状态是对意义的熟练把握、有经验的责任感和对工作结果的了解。实证研究充分肯定了这些岗位特征(如工作满足感和工作动机)与积极的工作成果之间的关联性。但是对不同心理状态产生影响的原因,实验结果并不完全一致(Fried/Ferris 1987;Parker 等 2001)。总的来说,岗位特征模式理论比较适合那些在工作中成长较快,面临的能力挑战和机遇都较多,并能够实现个人发展的员工(Parker/Turner 2002)。

2. 社会技术体系(STS)方法

"双元素理论"或"岗位特征模式"重点研究个体的工作,而"社会技术体系方法"则着眼于团队工作的设计,它起源于 20 世纪 50 年代伦敦 Tavistock 人际关系学院的一项研究(Trist/Bamforth 1951)。社会技术体系理论的核心理念是,组织内部的社会体系和技术体系需要平行设计并同步优化;在工作任务设计时,应将社会体系和技术体系联系起来考虑(Emery/Thorsrud 1982)。该理论还发展出一整套社会技术设计原则(Cherns 1976),即要尽可能少地规定工作方法,在工作过程中遇到变化时要及时讨论,工作岗位要有多重功能和多种技能。按照这些观点,人们设计了由具备多种技能的人员构成的自治型工作团队,对日常工作的方方面面尽可能进行自治管理。这种团队不仅能为员工的个性发展提供机会,而且由于具备多种技能和较强的灵活性,还能为企业提高工作绩效创造条件(Parker/Turner 2002)。

3. 心理授权

心理授权理论(Conger/Kanungo 1988;Spreitzer 1995;Thomas/Velthouse 1990)从工作的客观方面转向个体对授权的主观认识。授权状况是对个体在工作中的影响、能力、意义和选择的认可和激励性评价。实证表明,心理授权状况对工作满意度和工作动机积极发展有正面影响(Liden 等 2000)。授权理论提出的这些状态与岗位特征模式评论的心理状态高度一致。在这里,"影响"类似"对结果的了解","意义"与"对意义的熟练把握"对应,而"选择"等于"富有经验的责任感"。前边的评价强调了员工对自己工作能力的信心,这与 Bandura(1982)的自我能力概念相似。心理授权理论丰富了工作设计的内涵,认为决定员工工作动机和绩效的不仅是任务的复杂性和多样性特征,还包括像领导力和员工间关系这样的人际因素和组织因素(Liden 等 2000;Spreitzer 等 1999)。

4. 行动理论

起源于德国劳动心理学(Hacker 2005;Volpert 1982;Frese/Zapf 1994)的行动理论,从认知角度对工作设计作了明确的阐述,其核心是:工作行为由目标指导并以行动为导向。工作行动从目标开始形成计划、实施,最后运行并发展到反馈阶段。

认知过程和知识表述在规范行动方面起着重要作用(Hacker 2005;Volpert 1982)。工作行为在不同的认知水平上得到规范,从自动处理的层面(即规范的感觉运动阶段)发展到半自觉的层面(即规范的知性或启发性阶段)。操作形象系统是行动规范的知识基础,它表现了员工对条件、行动和结果之间联系的认识。操作形象系统由运动导向图、柔性行动模型、综合性图解、元计划和启发式教育共同构成(Hacker 2005)。

行动理论还认为,能力提高、个性发展和健康状况的改善都会受到工作条件和任务特征的影响,特别是受规章要求和限制的影响。工作任务是否具备自我控制、复杂性、多样性和完整行动性等特征,是岗位学习和员工幸福感的前提(Volpert 1982)。

"完整的行动"概念在行动理论中起着重要的作用,它既要求行动过程本身的完整性(从目标设定到反馈信息处理等所有步骤),也要求各层面行动规则的完整性(符合从自动层面到半自觉层面等所有层面的规则要求)。

人们在行动理论基础上发展出了用于评估工作规章要求的工作分析方法(Frieling/Sonntag 1999),分析结果说明了工作设计是促进个性发展,还是对员工的健康和幸福造成危害等问题。从业者还能从该分析数据中得出重新设计工作所需的具体信息。

7.2.3　工作设计方法

1. 岗位扩展

岗位扩展是通过增加岗位所承担的工作任务的方式,增强工作多样性的一种手段。通常新增任务与已有的任务类似,岗位扩展的本质只是改变了工作的总量(Ulich 2005)。

Campion 和 McClelland(1993)区分了岗位扩展的两种形式,即"任务扩展"和"知识扩展",并对其产生的不同影响进行了评估。此项研究的对象是一家金融服务公司的 500 名后台工作人员,其工作是给信息进行编码,或将与产品相关的信息输入电脑系统。"任务扩展"意味着把过去相互独立的编码和数据输入工作合并成为"数据处理"一项工作;而"知识扩展"则意味着一个员工不再只负责一种产品的信息编码和输入,而需要兼顾多种产品。Campion 和 McClelland(1993)发现了这两种方式的不同作用:"任务扩展"降低了员工的满足感、客户满意度和工作效率,工作中的错误也有所增加;而"知识扩展"却对工作满足感、客户满意度和完成工作任务产生了正面影响。

Sonntag 和 Freiboth(1997)以两家汽车公司为例,研究了如何通过引入半自治工作团队方法实现岗位扩展。过去生产和维修是完全独立的工作行为,即"操作员"负责生产,"维修工"在机器出现故障时负责处理故障和维修设备。在新的半自治工作团队中,操作员还要负责处理生产缺陷和进行质量管理。因此,新的工作设计对操作人员而言是一种岗位任务的扩大。Sonntag 和 Freiboth(1997)指出,操作人员的认知需求和社会工作要求的提高，相应产生了知识更新和能力发展的要求。

2. 岗位丰富化

作为工作设计的一种方法，岗位丰富化的目的是提高员工的判断力和自治性，同时增强工作的完整性(Ulich 2005)。在内容丰富的工作环境下，员工有可能参与计划制订、工作的自我评价以及对工作中不良问题的处理。岗位扩展主要是增加相似的任务，而岗位丰富化则增加了对认知和社会能力要求更高的任务。

Parker(1998)的一项研究为岗位丰富化对员工个性和能力发展的积极影响提供了实证依据。在工作中，自治性和控制能力较高的工人，其角色宽度、自我效能(RBSE)也比较高。他们具备前瞻性，能从全局角度定义自己的工作角色和责任。而岗位扩展对角色宽度、自我效能的提高没有作用，工作丰富化能鼓励员工带有前瞻性地工作，并积极参与到那些本不属于他们的核心任务中去。

3. 岗位轮换

岗位轮换增强了工作的多样性，允许员工轮流接受不同的工作任务。岗位轮换需要不同的任务和多个员工，通常发生在团队和工作小组中(Parker/Turner 2002)。按照可轮换的工作任务的不同类型，其作用与扩大就业和工作丰富化有一定的相似性。

Campion 等(1994)以一家药品公司员工为例，研究了岗位轮换对职业生涯发展的影响。岗位轮换的频率与升职、加薪和员工技能提高成正比。有趣的是，年轻员工特别愿意参加岗位轮换项目，这可能是因为他们将其看成了事业发展的前提。

4. 问题处理小组

项目组、自治工作团队和质量小组等是以团队为基础的不同工作设计方式(Frieling/Sonntag 1999)。团队工作的定义是：有共同的目标；两个以上人员共同工作一段时间；有多项子任务和不同工作职责；有团队自我意识(Antoni/Bungard 2004)。

质量小组是一种临时性的工作团队，组员在自愿基础上定期会晤，讨论与工作相关的问题，并共同寻求提高工作质量的办法(Antoni 1990)。这种会晤也为交流知识信息和推动合作学习提供了良好的机会。

对于质量小组在提高工作绩效方面所起的作用有很多项研究。总结这些研究成果，可以肯定：质量小组对于经济表征(如生产力、旷工记录和质量等)和社会表征(如动机、满足感和组织氛围等)都产生了积极影响(Antoni/Bungard 2004)。

Marks 等(1986)的一项准实验研究表明：参与质量小组，能够减少流程重组过程中不确定因素产生的负面影响；没有参与质量小组的工人，在流程发生变化时会觉得自己的工作没有什么意义，而且报告的机器故障次数也有所增加。

目前，质量小组方案已被纳入工作组活动的常规设计中（Antoni/Bungard 2004）。而解决问题、改进产品和生产流程、交流知识以及处理社会冲突，则被视为（半）自治工作团队的部分核心活动。

7.2.4 工作设计的作用：实证研究结果

理解工作设计如何对不同结果产生的影响非常重要。这包括工作态度的测量（如满足感和动机），相对稳定的可变因素（如员工个性和能力）以及从个人到整个组织范畴各层面的工作绩效。其间，一些评论对实验证据作了归纳，重点研究了工作设计对员工态度和个性的影响（Baitsch 1998；Bergmann 2000；Parker/Turner 2002；Schallberger 2000），对工作绩效的影响（Parker/Turner 2002），以及对职工安全、健康和幸福感的影响（Sonntag 2001；Sonntag 等 2001；Zapf/Semmer 2004）。接下来，将对其中一些重要研究成果进行讨论。

1. 对工作绩效的影响

回顾关于工作设计的研究文献，Parker 和 Turner（2002）得出结论：多数报告认为，工作设计对于诸如工作满足感和工作动机等态度方面的影响，比对工作绩效这类以成果为导向的结果影响更大也更稳定。然而，更为审慎的研究又为工作设计对绩效的影响提供了实验证据。

例如，Griffin（1991）发现，在重新设计工作后的 24 个月至 48 个月中，技能多样化和工作自治度的提高与银行出纳员的工作绩效成正比。类似地，Wall 等（1990）也指出，赋予设备操作员防止和纠正设备故障的权力会降低生产故障总数。Jackson 和 Wall（1991）在后来的研究中又明确提出了两种建立提高操作者控制度和减少故障的机制，即迅速反应时间和有效错误预防。

Parker 和 Turner（2002）对这些研究成果作了总结，确定了建立工作设计和工作绩效之间联系的几种机制。他们认为，如果丰富的工作设计能够提高员工的工作动机、知识和技能水平，就有可能提高工作绩效，反应速度也有可能加快，而这又建立在工作过程中更加宽泛的角色定义上。对于那些有提高能力的需求、能接受含义模糊的工作任务、在完成开发性工作任务中具有前瞻性特征的员工，丰富的工作设计对工作绩效的积极作用更为显著。这些具体的个人和组织情况，与工作设计对工作绩效的影响程度有很大关系。

2. 对员工个性和幸福感的影响

Kohn 和 Schooler（1982）在工作的复杂性对员工灵活运用知识的正面影响方面进行了实验研究。作者利用反向依据证明，员工是否能灵活运用知识，会对日后完成复杂工作任务的能力产生影响；应当将工作与个性之间的关系理解为一种互动关系（Schallberger 2000）。员工应当积极寻求适合自己个性的工作。为了更好地满足自身需要，甚至还应当改造目前的工作任务、重新设计社会界限。

Parker 和 Sprigg(1999)研究了工作控制与角色范围内自我效能间的关系。控制能力较强的员工，以角色范围内自我效能为尺度来衡量，其水平也较高。这种正面作用对那些有前瞻性特点的员工更为明显。采用纵向设计图，Axtell 和 Parker(2003)确切地描绘了工作控制对角色范围内自我效能的正面影响。

进一步审视那些生产效能低下的工作行为，Parker(2003)发现，工作自治性减弱导致了员工角色范围内自我效能的降低。关于工作自治性的作用，Morgeson 等(2005)的一项研究也进行了说明。对工作内容和工作组织影响力越大的员工，其行为越有前瞻性。这些行为建立在对自身角色更广义的认识之上。

Karasek(1979)研究了工作设计对员工健康的影响。那些从事要求高、易失控的工作(即高度紧张的工作)的员工更容易产生健康问题，如情绪日益低落或感到疲惫不堪。Parker(2003)对这一研究结果给予了进一步的支持，指出工作自治性的减弱导致了工作中消沉情绪的增长。

Sonntag 等(2001)研究了在组织变化过程中在健康和幸福感方面员工个性与工作特征间的相互作用。自我效能高的员工，工作中更加谨慎(控制力强)，能较好处理工作中的变化。而自我效能低、工作控制力弱的员工，在工作过程重组时会产生更多健康方面的问题(关于组织变化过程中能将对健康的负面影响最小化的方法参见 Sonntag/Spellenberg 2005)。

综上所述可以清楚地看出，技能多样化、反馈程度、工作复杂度、工作控制和自治性等工作设计特征，对于员工及其工作绩效，甚至组织的绩效都会产生影响。

7.2.5 工作设计研究的未来挑战

人口和科技发展趋势对工作设计及其对员工的影响起着重要作用。我们将重点研究三种主要发展趋势，并讨论其对工作设计研究提出的问题。

1. 组织内的劳动者日趋老化

主要工业国家的人口发展趋势和法律关于延长工作年限的规定，将导致组织成员的老龄化(Hedge 等 2005)。从研究角度可以提出一个有趣的问题，即以年轻员工为主要调查对象的关于工作设计影响的研究成果，是否适用于逐渐老龄化的劳动者群体。我们有必要弄清，是否有一个自治程度提高和任务多样性增强对年老员工的满足感、能力、健康和工作绩效产生负面影响的转折点(Park 1994)。

2. 信息和通信技术的发展使新的工作设计形式和组织形式成为可能

信息和通信技术的发展为员工创造了前所未有的分享和交流信息与知识的机会，以及几乎完全不受时间和工作所在地限制的、合作解决问题的机会(Cascio 2003)。这种灵活性的增加和处理成本的降低，为诸如远程工作、外包、呼叫中心工作、虚拟网络和开放型创作网络工作等新型工作的设计和组织提供了可能（Friedman 2005）。这就为未来的工作设计研究提出了一项挑战，即如何正确看待这些由计算机和网络支撑的新型工作形式、组织内部及跨组织合作的积极成果（如自治性的提高等）和消极后果（如认知需求的提高、不确定性增强以及依赖信息技术对员工实施控制等）。

3. 工作的社会复杂性和认知复杂性不断增强

组织内的员工正面临着日益增强的社会复杂性和认知复杂性的挑战。僵化的等级、团队工作和项目工作，使员工需要处理的社会关系量、决策和处理问题的数量都不断增加（Parker/Wall 2001）。

从组织角度看，决策制定权的分解降低了组织的复杂性。但是在个人层面上，这种权力分解又是一把双刃剑：一方面，员工个人或小组拥有更多的工作自治权，这为促进工作和个性发展提供了机会；另一方面，认知需求和社会工作需求显著增长，需要员工灵活进行处理（Sennett 2000）。如果员工缺乏相关知识和技能，那么丰富的工作环境所产生的负面结果就会显现。因此，未来研究应着重于工作设计和培训活动之间的相互作用对员工产生的影响。

7.3　组织学习

Michael Dick

7.3.1　本文的结构

第一部分介绍概念，包括定义、基本元素、原因和概念发展历史，第二部分阐明最重要的相关学科的观点。"管理理论"不仅反映了国际上对组织学习的认识，也整合了不同学科的观点。战略性管理主要针对组织内部的资源，认为组织内部的行为、对行为的分析、发展和影响是竞争力的关键。另一项与不同学习理论学派都有关的概念是"组织惯例"（organisational routine）。作为动态的群体现象，它被视为一个"组织发展"问题。"信息惯例"则属于广义的"知识管理"问题。本文第三部分概述了该方案的前提条件和影响，特别是针对学习、组织和职业教育，同时也提出一些批判性观点。有关本课题的详细出版物见 Cohen/Sproull（1996）或 Dierkes 等（2001）。

7.3.2　引言

7.3.2.1　定义

组织学习是"组织通过自身的能力发展适应环境的变化"，这些变化包括对现有产品、结构和过程进行的适应性调整或更正。除此之外，变化还可能意味着核心业务和内部条件的改变，甚至通过拆分、合并或交叉链接的方式改变组织的界限。只有当学习过程有意识地进行并朝预期方向发展时，组织学习才有意义。组织学习不包括完全由外部引发的变化和偶然发生的变化。从这一点看，组织学习与组织变化的概念完全不同（Amburgey 等 1993；Hannan/Freeman 1984；Haveman 1992；Lievegoed 1973）。组织学习的概念隐含着可以确定学习的主题，表述了学习意图和学习过程的发展方向，因此组织学习与"学习的意识"紧密相连。组织学习的另一个前提是，必须将组织视为一个集体单位，有内、外部之分——内部指属于该单位的人员及物品，而外部是不属于它的。每一次变化都是组织根据其环境进行的改变（Aldrich 1979）。只有遵循这种关系才能形成学习目标、评价学习结果并识别发生的变化。这样就可以界定组织学习的另一个基本特征，即组织学习是一个循环周期。这里，首先要设定目标，然后依据目标对行动作出规划、实施和评价。如果行动结果与预期不符或目标未达成，那么就有必要进行更正。这种更正也是一种会影响行为条件、行为目标和学习策略的调整或学习过程。组织学习被认为是一种与个体学习类似的过程，只是没有明确将人定义为学习的主体。组织学习概念的范畴与心理学的行为理论类似，也包括行为主义理论（Cyert/March 1963；March/Olsen 1975）、认知理论（集体知识基础，见 Duncan/Weiss 1979；Huber 1996）、互动理论（Argyris 1985；Argyris/Schoen 1974；Daft/Weick 1984；Tsoukas 1996）、系统理论（Probst/Büchel 1994；Senge 1990；Wimmer 1999）以及情境理论（Brown/Duguid 1996）。按照学习理论，Maier 等（2001）、Pawlowsky（2001）和 Shrivastava（1983）等对此进行了分类。

组织学习非常必要，因为组织的环境日益复杂，与企业内部事务和企业经营成果相关的环境因素（如市场、技术、社会和信息等）也在不断增加，它们之间不但相互影响，而且以极快的速度发展变化。这种变化在工业中表现的特征是：小规模多品种的产品系列、产品生命周期缩短、对服务要求提高以及价格和订单的剧烈波动。在这种情况下，必须采取技术和组织措施使生产结构更灵活，同时使领导层跨度减小。公共行政管理的结构性问题与此类似，应对不断增加的新挑战（如缺乏全球控制机制、人口老化、社会和文化要求以及创新型监管体系的建立）面临着严峻的财政问题。总之，组织在发展的过程中面临着不断增加的经济压力。

7.3.2.2 概念发展史

组织学习一词出现在 20 世纪 60 年代（Cangelosi/Dill 1965；Cyeroet/March 1963；Wilensky 1967），70 年代逐步形成了最初的概念（Argyris/Schn 1974；Duncan/Weiss 1979；March/Olsen 1975），80 年代经历过拓展和深入研究，到90 年代中叶开始被广泛接纳，并应用于研究中（Berthoin Antal/Dierkes 2002）。这里一个

具有里程碑意义的事件是，1990 年圣吉（P. Senge）发表了《第五项修炼》。它是当时最畅销的书籍，赢得并坚定了人们对组织学习实践的关注。在同一时期，《学习型企业》（Pedler 等 1991）一书的出版，也引发了欧洲各国对这一问题的大量讨论和相关应用；在德国，这一风潮是由《学习型组织》（Sattelberger 1991）引发的。90 年代后期，组织学习的概念在文献中出现的频率有所降低，但仍然是一个重要的关键词。同时，组织学习的概念也发生了一些变化，并因知识管理概念的出现得到了补充和完善（Davenport/Prusak 1998；Dick/Wehner 2003）。

相关文献的一个共同特点，是对研究现状进行自我批判和反省。Fiol/Lyles 在 1985 年指出，"组织学习文献充斥着对概念的不同解释"。1991 年，Huber 抱怨道："不同研究团队缺乏积累性和综合性的工作。"五年后，Weick/Westley 指出："虽然有关组织学习的评论甚多，但评论的实质内容却很少。"（1996，440）在那一阶段，这种状况没有发生根本性的改变。在对 90 年代相关文献进行了整体回顾后，Pawlowsky 的评价是，"目前有关组织学习的文献数量虽然不断增加，伴随着的却是一种模糊状态。人们缺乏共识，甚至越来越混乱。那些试图对理论进行整合的文献则不在其列"（2001，64）。

有文献综述收录了 17 部主要作品，由 J. G. March 领导的科研小组连续数年的文献综述涵盖了 57% ~ 64% 的出版文献（Cohen/Sproull 1996，xiv）。研究显示，基础性的实证研究，与通过修改和综合得出的新方案之间的联系很少。德国的状况也证明了这一点：有许多从理论和历史角度对组织学习理念进行重构的博士论文，尽管对大量文献进行了分析，却始终停留在描述层面，缺乏深入的实证分析（有关经济学理论探讨参见 Hennemann 1997；管理理论探讨参见 Kleingarn 1997；社会学参见 Kranz 2000）。

7.3.3　展望

组织学习涉及的学科很多，如针对职业培训机构的职业教育学和企业教育学（Arnold 1996b；Geissler 1994），重点关注系统性变化过程的组织发展研究，针对技术性工作的组织心理学研究（Baitsch 等 1998；Sonntag 1996）。此外，在社会学范畴内进行的组织理论（Gherardi/Nicolini 2001）研究也很重要，其主要研究领域有：组织的结构和创建，在企业管理中如何将学习和组织作为实现特定目标的手段，针对经理一般行为过程的实证主义管理研究。

7.3.3.1　战略管理

经济学和管理学最早开始对组织学习进行研究，它们至今仍是组织学习研究的主要阵地。从领导管理角度看，组织学习是通过对"企业的认同感、独特性和专门知识"的投入，而不是对容易过时的生产设备的投入，来建立竞争优势和实现长期的利润增长（Quinn 1992）。作为一种指标，企业体现出其特色的"核心能力", 比一时的市场占有率更为重要。这一理念源自对传统管理学理论的批判。二者的区别在于:①改变了传统理念片面的外部导向原则;②改变了传统理念认为"企业战略由利润最大化原则决定"的认识;③终结了传统理念认为"战略决策可以通过线性分析得出"的认识。

传统理论认为, 企业发展是一个可以通过战略管理规划实现的转变过程。这一理念尽管目前受到了广泛的批判, 但是还是对组织学习理论的发展起了铺垫作用。人们由此通过行为类比法, 得出了有关组织的规则和惯例(Kieser 等2001)。

7.3.3.2 组织的惯例

组织的惯例是一种人员之间以及人与其他资源之间的行为所遵循的规则模式。惯例的主要特征是程序性、连续性和可靠性。它们不是通过语言表达, 而且在组织中通过多种载体承载(Cohen/Bacdayan 1996)。Pentland/Rueter(1994)将惯例划分为自动反应型(automatic responses)、努力迎合型(effortful accomplishment)和行动原则型(grammars of action)三种类型, 并以此来追溯研究这一概念的发展和演变历程。起初, 惯例是一种可以减少探索和选择可能性的自动的行为方式。通过不同行为的不同后果, 人们学到了这些惯例。这与早期对学习"标准化操作流程"的理解, 即对组织学习的理解是一致的(Cyert/March 1963), 也与"个性化技能"的发展过程相吻合, 即能自然迎合预定程序, 并在特定情境中采取有效行为的能力(Nelson/Winter 1982)。由于惯例是以一种无意识的方式执行的, 因此它与隐性知识或缄默知识的概念有一定联系(见下文)。按照 Giddens(1984)的观点, 惯例的第二层含义强调了一种积极的行动, 且包含选择的可能性, 能改变或重建组织结构。为了适应新的情境, 必须不断对惯例进行解译和调整, 这种认识与社会建构主义范式不谋而合(Berger/Luckmann 1967), 后者注重进行积极的构建, 倡导经常对意义的理解进行协商。这也揭示了学习的集体性特征。个体性惯例和群体性惯例相互限制, 就产生了"行动原则"。这些原则是从具体情境中提炼出来的, 描述了行动导向的基本结构, 又可以根据不同情境被具体化, 这一点与语言应用类似。因此, 惯例是产生于任务和情境演化过程中出现的行动机会或框架, "组织惯例是一套由不同组织、社会、物理和认知结构构成并受其约束的可能的模式"(Pentland/Rueter 1994, 491)。

这种理解与建立在活动理论基础之上的实践共同体模式(Wenger 1998b)和作为历史演化结果的活动体系模式(Engeström 1999b)是一致的。

7.3.3.3 组织发展

阿吉里斯(C. Argyris)和徐恩(D. Schoen)之所以创造出"组织学习"概念, 是因为他们观察到了一种特殊的组织惯例, 即"防御性惯例", 其定义是"为了防止组织内个体经历困境和威胁, 一个组织内部所采取的行动和政策。与此同时, 它也妨碍了个体和整个组织明晰引发困境和威胁的原因"(Argyris/Schoen 1996, 99;

Argyris 1993）。

　　这种防御机制由看似描述清晰却将其本质掩饰起来的模糊信息构成，同时人们却不能对这种模糊信息进行讨论，因为"不能去讨论那些不能讨论的事"本身就是一个原则。其结果是导致了一种多重掩饰的回归性（Argyris 2004）。一个典型的例子是：虽然（甚至说由于）参与各方不断强调自身的重要作用，导致企业内部个人之间和部门之间的合作无法实现。"我们需要合作"这种肯定性的陈述，事实上却意味着每次实践努力的终结。

　　通过沟通，可以创建一种隐性的组织现实，而组织行为往往都与这种隐性现实有关。因此，理性的推理以及正式宣布的目标和任务，只是引发行动的部分动因。Argyris/Schoen（1996）将这些动因称为"采纳原理"（espoused theories），认为这些原理是行动者为自己预先确定的，往往代表了一种职业理想或主观化标准。然而"实用理论"（theory in use）则认为，可通过外部观察发现这种行动。

　　多数学者都赞同 Argyris/Scheon（1978）的观点，同意将引导行动的理论修改为"双循环学习"或"2 型学习"，以此区别于"单循环学习"或"1 型学习"。后者仅仅是指为适应外部条件而进行的行动调整，而"双循环学习"则包含了现有各种理论。通过这种学习，能发展出新的行动导向标准，并改变原有的参照框架。这种学习模式还会阻止负面行动的扩大，切断控制环，从而确保实施新的惯例。

　　圣吉（P. Senge）认为，通常的组织学习过程是个人和群体在以下三个层面上所做的取向调整，即愿景、实际分工和理论模式。他从以下五个方面对学习过程进行了描述：一是自我超越，它关系到个人的愿景、目标和能力，整体上描述个人的发展过程。这种过程不是孤立发生的，个人愿景与组织内其他成员的愿景结合形成了第二个方面，即建立共同愿景。这个过程是组织日常性惯例的一部分。第三个方面是团体学习，参与者同意发展出共同的补充性能力，并通过分工进行组织，使实践中获得的成功经验普适化。由此形成的观点可帮助人们了解组织的实质与环境，也决定了人们的认知。为确保这些认识的稳定性和它们在学习过程中的变化之间的平衡，需要不断进行反思，即需要大家共同改善心智模式，这是第四个方面。第五个方面则是系统性思考。在此阶段，所有学习模式融合为一种思想，它考虑了各种模式间的相互关系，不针对某一单独事物。系统性思考注重对过程进行经常、长时间的监控，因为对复杂体系的干预常常存在时间和空间上的不稳定性。学习型组织的成员应该在网络化的背景中思考，并学会评价自己的行动对整个企业的影响。

7.3.3.4　知识管理

　　个人与组织之间紧密而完美的协调（即"组织惯例"）也属于知识管理，这就提出了一个根据所学和所用内容学习什么的问题。严格地说，惯例本身并不是重要的竞争力，竞争力资源是惯例中真正指导行动的知识。知识管理是组织对以各种形式表现的知识进行的处理(Wehner/Dick 2001)。通常情况下，它的任务是在活动体系(小组、部门、项目组等)内和活动体系之间进行知识迁移，该过程可划分为以下三种循环或运转模式(Dick/Wehner 2002)。

➢ 知识与信息(或数据)间的迁移。它将具体任务环境中获得的知识，通过普适化形成与环境无关的信息和数据，作为未来行动的基础。

➢ 隐性知识与显性知识间的迁移，主要是为了知识创新。

➢ 个体结构与集体结构间的迁移，一方面确保连续性和传统；另一方面使个体有可能掌握与集体文化相关的规则、方法和程序。

迁移是不同活动层面(操作、行动、系统、文化)的学习和信息收集过程，它们相互联系、彼此交织。这意味着，知识测量以及知识的正式化和标准化都是很困难的。局部知识(local knowledge)是人们置身于活动体系(如组织体系和生产体系)的物理和社会文化结构中，通过参与到这些体系而获得，它受到局部的限制，不一定适应更高层次的协调，也不一定能自动应用到其他环境(Scribner 等1991；Waibel 等2004)。正是由于知识的沉默性、局部性和情境相关性特征，使得知识对组织极为重要(Blackler 1995；Spender 1996b)。每一种知识管理都需要解决同一个问题，即可以(或应该)在什么范围内进行知识的迁移和传递。对知识设定的界限是组织文化的标志，因此知识管理对组织发展非常重要。Pawlowsky(1998)曾尝试将不同知识管理理念进行整合，考虑了学习的不同层面(个人、团组、组织和网络)、学习模式(认知模式、与行为和文化相关的模式)、学习类型(单循环式学习、双循环式学习、再学习)和学习阶段(识别、形成、扩展、整合和运用)。这种全面的方案为组织学习提供了一个框架，它与Schüppel(1996)的分析十分相似。后者在前者基础上，更为全面地研究了个体知识、结构知识、文化知识以及学习障碍。与前文所说的学习阶段类似，我们还必须区分两种不同层面的知识形成，即通过对具体行动过程进行计划、实施和评价形成知识的短期方式，以及包括知识的形成、扩展和清理(较少提及)在内的、长期的"知识生命曲线"方式。科学社会学方法有助于理解上述观点，但在目前的研究中对此还没有太多关注(Kuhn，1962；Mannheim 1982；Schütz/Luckmann 1974)。

7.3.4 影响和作用

7.3.4.1 组织概念

类似上文所述的管理理念，组织理论的研究重点也从"组织结构"发展为"组织变化"(Morgan 1986)。在这方面，组织系统理论具有重要的影响(Baecker 1998a；Luhmann 2000)。据此，组织是"相对一个环境进行自我观察和自我再生产的体系"，是一个在不平衡和预期平衡之间不断寻求平衡的过程。Giddens(1984)提出的建构理论指出了组织具有反思性、复发性和发展能力(Ortmann 等

2000)。除了社会学研究方法外，心理学研究方法也得到了越来越多的运用，它们从组织的层面对行为和发展过程进行描述（Katz/Kahn 1966；Weick 1969；Wimmer 1999)。这些组织理论的发展为设计组织学习方案提供了基础，并在后者的促进下得到了进一步发展。这就必然提出一个问题，即组织是如何对自身进行反思的，因为一个学习主体原则上是有意识能力的。至于能在何种程度上将这一理念推广到组织的下级单位，以及独立于企业的实践共同体能够做出多大的贡献，还有待于进一步研究（Orlikowski 2002；Lee/Cole 2003)。

7.3.4.2　学习概念

Weick/Westley（1996）曾经质疑说："组织理论的研究者为什么选择在心理学逐渐放弃学习概念的时候，使用学习这一概念？为什么认为学习的概念（而不是变化或适应）仍然有用？"通过对学习概念的长期研究，相关文献已不再只是从行为角度进行分析，而转向全面关注认知、社会、建构和情境等方面的内容，即采用的理念不再是传统和唯一的（如 March 和 Hedberg 的"团队工作"）。学习的一个重要特征表现为，它是一个循环过程，与组织（体系）及其环境之间有紧密的互动关系。尽管有多种说法，但人们普遍认同应将学习划分为适应性学习的小循环和创新性学习的大循环。学习概念的另一个重要特征是强调学习能力（再学习）的重要性，其他特征还有诸如学习意愿、易出错、选取适当角度、距离性、学习类型、对话和反馈等。

组织学习无疑是学习概念发展的一个重要案例，它涵盖了行为、认知、完整的主体乃至活动体系（即由集体构成的学习主题）。有关组织学习的讨论起源于终身学习理论，后来又逐渐渗透到电子学习和混合式学习理论中。这种空间上的发展显然向着工作、学习和创新相结合的方向进行，而这些领域以前是彼此分离的（Baitsch 1998；Brown/Duguid 1996；Fischer/Rauner 2002b；Wenger 1998)。

7.3.4.3　职业教育

职业教育研究的内容，是如何使受教育者受到与专业化行动相适应的教育。因此，与组织学习有关的资格和能力是职业教育研究的重点。分散化组织形式、参与式和团队式工作，拓展了企业内学习和创新过程的基础（Dehnbostel 2002b；Dybowski 2002b)。职业教育不仅要传授专业知识以满足职业活动的要求，同时还必须使学习者准备应对不断发生的变化。期望拥有更大自主权的技术工人需要更多的个人发展，包括专业能力和关键能力（即横向能力）。通过在企业实践中开展职业教育，并参照基于实证研究的劳动心理学理论，人们开发了系统化的组织学习方案（Fischer 等 2004)。如"分散化学习场所"在一个既是工作性基础设施又是学习性基础设施的场所，将经验性学习和基于课程的学习进行整合（Dehnbostel等 1992)。这种学习追求的目标不仅包括与工作相关的目标（如提高生产效率和质量），而且还包括个体的学习目标。人们希望能够同样关注经验性知识和课程中的理论知识，并将其整合成职业行动知识，如参与者研究解决具体问题的"质量圈"或"问题圈"(quality and problem-solving circles)方案(Derboven 等 1999)。

7.3.4.4 评论

通常对组织学习的讨论具有宽泛性和基础性强的特点。批判者从实用主义角度指出，目前的组织学习理念过于哲学化，缺乏详细和能提供启发的具体建议(Garvin 1993)，这实际上也对实践性研究提出了需求。这同时表明，迄今为止对组织学习实践给予的关注和思考还不够。在组织学习理论中占主导地位的仍是那些思辨的、由理论推导得出的概念，很少有实证研究成果和相关建议。其他研究也未对那些通过实证经验提出的模式(如阿吉里斯和圣吉的理论)进行充分的评价。最后一点是，我们很难在个体学习和集体之间建立起联系，如果实证经验的推广仅仅局限于实验状况下的范式，就只能得出在特殊的受控条件下的个体情况。因此，有必要考虑不同社会文化因素和微观政治因素，进行与情境相关的研究，从而将抽象的组织学习理念引向具体问题。

7.4 工作过程知识

Martin Fischer Nick Boreham

7.4.1 导论

"工作过程知识"是职业能力的一个方面，在职业教育讨论中常常被忽略。但是近年来人们意识到了它的重要性。简言之，工作过程知识是指对一个作为整体组织的工作过程的理解，它与限定性更强的知识有不同的基础，后者主要支持组织内某一部门的单项任务或界定明确的工作。

工作过程知识之所以在现代组织中具有重要的意义，其原因至少有以下三方面：第一，在很多经济领域，人们通过发展灵活的工作组织方式应对国际竞争。20 世纪中早期，官僚机构、等级制度、"需求与控制"管理和功能界定明确等，对一个组织的顺利运行起着重要作用。在此，决策权属于顶层管理人员，其余员工只需要遵守特定的管理程序就行了。如今，为了应对国际竞争，扁平化管理、功能融合、多重技能和对工作小组赋予更大自治权的工业组织方式越来越普遍，这对员工需掌握的知识发生了很大变化。在新的组织中，为确保实现顾客至上、快速推出产品和提高生产力，工人需要跨界工作并不断改进，为此必须从整个组织的角度去理解工作过程，这超出了传统官僚体制中员工对工作的理解，后者只需要掌握支持有限工作的知识。第二，职业教育的传统基础是培训机构事先确定的专业资格，现在则更加关注工作实际的需求。在新型生产组织中开展职业教育，课程设计的基础是整体化的工作过程（包括经营流程、生产流程等，见下文），而不是操作技术（如机械加工或维修）和学科概念，尽管后者也属于工作过程知识的范畴，但它失去了在传统职业教育课程中的基础性地位。第三，人们意识到，支持中等层次技术人员（如维修技师）工作的知识基础已超出了工程科学的范畴，它包括员工在其工作情境中建构起的知识，即在实践共同体中通过经验建立起的知识。工作过程知识的应用也与传统的学科知识不同。

工作过程知识是职业教育研究的概念，起源于德语"工作知识"（Arbeitswissen），最早由克鲁索（Kruse）于 1986 年提出。后来，欧洲"技术和组织发展中的工作过程知识"研究网络又对此定义进行了拓展，那是由 10 个国家的研究机构共同实施的项目，它从 22 个行业大量的实证研究中得出了拓展后的工作过程知识的概念（Boreham 等 2002）。据此，工作过程知识的主要特征如下。

➤ 内容涉及对组织内完整工作过程的理解。可将其与泰勒模式下员工的知识要求相对比，后者一般狭隘有限，以完成工作任务的最低要求为基准。

➤ "工作过程知识是个体对所处工作过程的理解，包括对工作过程中与产品相关的、技术的、工作组织的、社会的和与系统相关的各方面的知识"（Kruse 1986）。

尽管对组织的其他部分的工作过程知识无须特别研究，但员工必须确保有足够知识在对工作过程有整体认识的情况下完成自己的任务。鉴于对跨界工作的灵活性和对工作持续改进的要求，整个组织，乃至组织的供应商和客户都包含在这一整体认识中。

➤ 对工作过程知识的领悟是工作方法的组成部分，因此工作过程知识是直接应用在工作过程中的。"工作过程知识是指导实际工作的知识"（Rauner 2000c，25），它与学科系统化知识不同，后者关注知识体系内的逻辑关系，但缺乏对实用方面的启示。工作过程知识与"惰性知识（非活性知识）"是对立的。

"对于一种特定的实践，任何一种知识既可能是积极的也可能是惰性（消极）的。如果这种知识能促进实践的进行，它就是积极的。如乐谱知识对演奏家是积极知识，它帮助演奏家演奏出正确的曲调。但演奏家对某公司股票不关心，因为这对他的演奏毫无影响，是惰性知识。但股票经纪人就不同了：乐谱知识对他是惰性知识，而股票知识是积极知识"（Boreham 2004a，213）。

多数情况下，工作过程知识是在工作场所通过对经验性知识和现有的成文知识进行综合处理后形成的。经验性知识从直接的工作经验中获得，而成文知识则从培训课程、参考书、操作规程和其他符号性信息源中获取。研究表明，员工在问题情境中，当成文知识（如操作手册）与经验性知识（如以前曾遇到过的类似情况）之间发生矛盾并需要思考时，工作过程知识就形成了。

工作过程知识以下两个特点值得注意。

➤ 它不是独立于人类活动之外的柏拉图式的理念，而是作为人际间和人与工作之间相互作用的、成文知识与隐性知识的结合体存在于人类活动之中，常常表现为惯例和人为确定的条款。工作过程知识是人类活动的重要组成部分。克鲁索认为，工作过程知识存在于员工对于自己的工作目标和所采用的方法的自信心中，它是在新的生产和服务理念下员工的重要能力(Kruse 2002，100)。

➤ 工作过程知识不是经过多年积累、无须理性思考就能简单获得的纯经验性的知识。要想获得工作过程知识，必须充分发挥个人的批判性的反思能力。马克思(K. Marx)通过对工作过程的观察发现：最差的工程师也比最好的蜜蜂优秀，因为人类在实际操作之前首先在大脑中进行了工作的建构，即"工作结束时的成果与工作开始前所设想的结果是相同的"(Marx，1972，193)。直接的工作经验对生产技术的发展设定了限制，从而限制人的思维的发展；而工作过程知识"从外部角度建构知识"，超越了传统(Kruse，2002，102)。由于对工作条件和工作流程进行了重建，因此通过获得工作过程知识，可以形成新的工作方法，并为员工创造主动介入工作的机会。

随着"工作过程知识研究网络项目"的实施(Boreham 等 2002)，工作过程知识的概念在国际研究中频频出现，德国大量旨在完善双元制职业教育体系的典型试验项目也广泛采用了这一概念。例如，以工作过程为导向不但是 BLK 典型试验项目"双元制职业教育的新型教学方案"(Deitmer 等，2004)的重要目标，也是其他很多项目的主要研究任务，如"以工作和经营过程为导向的职业教育(GAB)"(Bremer/Jagla 2000)等。综上所述，"工作过程知识"包含以下三方面的含义。

➤ 技术工人为满足现代工作需求必须获得的知识；

➤ 技术工人从其参与的工作过程中获取的、与岗外学习和其他学习方式中获得的成文知识相结合的知识；

➤ 从教育角度看，能帮助主体按照其职业取向共同设计工作和技术的知识。

7.4.2 概念的思考

直至 20 世纪 80 年代中叶，有关技能性工作的结构性变化的科学研究(特别是计算机辅助生产)的一个主要出发点是：结构变得越来越抽象了。职业教育研究将职业教育培训的目标定义为：从事以理论为基础、经过系统规划的工作活动(Korndörfer 1985)。因此，在培训理念的发展中，特别强调能支持实践行动的"目标导向型认知"的发展(Bachl 1986)。这种理念的基础是行动调解理论(Hacker 1986a；Volpert 等 1983；Volpert 1992)和苏联文化—历史心理学学派的理论(Leontjew 1979；Galperin 1967)，它完全忽视了传统手工业中经验性学习的重要性。

当代工业社会学研究已经摒弃了技术决定论的观点（Kern/Schumann 1984；Malsch/Seltz，1987），对工作定义的基础不再是工作所采用的技术，而是生产组织方式和工作的合理化程度（Schumann 2000）。人们更多关心的是，技术工人在不同生产组织方式下（如柔性化生产和福特主义）需要哪些能力？他们如何获得这些能力？

为此，必须对"经验"进行深入的研究。"经验"的最初定义是生产人员在实际生产过程中的社会学意义上的"经验性知识"（Malsch 1984/1987）。然而这一说法并不准确，因为工程学家也有经验。真正有决定意义的是经验的内容，而不是"什么人有经验，而其他人没有"。

与仅仅具备经验不同，"经验引导的工作"理论关注的重点是获取经验的过程（Böhle/Milkau 1988；Böhle/Rose 1992）。Schön（1983）提出的"反思性员工"的理念，在盎格鲁—撒克逊文化国家中有一定影响力。Böhle 等也强调，职业能力首先体现在对意外事件和特殊事件的处理过程中。"经验引导的工作"理念在劳动和技术研究领域也有重要的影响。人们通过对工作和技术的设计，营造能够促进技术工人经验性学习的工作条件，其关键词是"计算机辅助的经验引导性工作"（德语简称 CeA）（Martin 1995b；Fleig/Schneider，1995；Schulze 2001）。这一理念也引发了很多职业教育学研究和典型试验项目（Dehnbostel/Peters 1991；Dehnbostel 等 1992；Dehnbostel 等 1996）。

很多研究证明了经验对工作胜任力的重要意义。然而从职业教育理论上看，区分知识与经验并不重要，重要的是研究它们所处的环境以及应该营造什么样的环境。经验包含语言的成分，它与对世界的反思有关，不能将客观化（或普适化）的思考排除在经验之外（Fischer 1996）。技术工人的知识不是建立在未加解释的经验基础上，而将经验和知识相对立也是错误的（Fischer 2000）。

工作过程知识是关于企业工作过程各要素及其相互作用的知识。亚里士多德（Aristotle 1982）早在公元前三世纪就对其进行了研究，并指出工作过程中相互作用的 4 个要素，即：

> ➢ 工作目标（预期的工作成果），其他要素都从属于这一目标；
> ➢ 工作对象（客体）、材料；
> ➢ 工作对象的设计形式；
> ➢ 工作方法（包括所使用的工具）。

即使在现代工作中，这 4 个工作过程的组成要素仍然具有重要的意义，当然其内涵更加丰富，如工作中的市场经济规律，以及有偿雇用条件下的劳动分工与合作。还有一项重要的理论将工作过程知识理念融入了行动理论中。在苏联的历史—文化行动理论（Leontjew 1979；Wygotski 1985）和 Bateson（1973）的双循环学习理论基础上，Engeström（1987/1999a）拓展了工作过程学习理论，并提出了"企业行动体系"模型。其基本观点是，学习发生在由相互联系的行动体系构成的、不断变化的综合体中。每个行动体系都包括行动的主体与客体(工作对象/产品)、调解主体与客体的技术措施以及主体所属的共同体(包括那里的规则和劳动分工)。

在此我们必须避免两种错误认识：①知识本身并不能构成职业能力，它必须与职业意图以及对行动来说重要的条件知识与措施知识相结合（Hacker 1996, 10）；②知识与行动之间的关系是辩证的，而非单方面的决定关系。因此，工作过程知识对工作设计的作用，并不表现在行动发生之前进行有意识的、全面的预测。研究表明，将知识融入实践行动的过程是隐性的（Neuweg 1999），行动中的语言表述反而可能降低行动结果的质量（Boreham 1994）。工作过程知识是职业活动所包含的知识，可以通过行动和由第三方对其进行编码。工作过程知识既包含隐性的成分，也包含显性的成分（Moser 2004）。

7.4.3　一些实证研究成果

下面，我们选择一些实证研究成果充实以上理论框架。

1. 技术类职业的工作任务中的工作过程知识

M. Baethge 等（1998，4）对金属和电气领域技能性工作进行的研究发现，工业领域技术类职业的资格要求发生了巨大变化。企业除了需要传统的"生产技术工人"外，现在还需要"系统调节员"和"问题处理者"，其任务是发现并解决产品和生产过程中的问题。要想胜任这些角色，就必须具备工作过程知识，特别是当工人在企业生产流程中承担规划和控制的职责时，如在小组工作或生产岛模式中（Brödner 1985）。

在研究技术工人在工作中到底获得了什么能力时，工作过程知识的概念十分重要。在一项实证研究中，技术工人被要求勾勒出企业内的信息和物资流。结果显示，尽管他们勾画的轮廓包含的任务不一定是被调查工人职责范围内的事，但一些技术工人的确获得了"如何组织生产的知识"（Fischer 1995a）。多数情况下，技术工人的工作过程知识并不只是关于其自身职责的知识，它还包含有关各项子任务如何融合成一个整体的知识。这既包括对生产组织模式与企业实践间相互作用的理解，也包括对设计工况与生产过程中的实际工况之间相互作用的理解。这种"关联性认知"（Fleig/Schneider 1995，8）或"关联性理解"（Laur-Ernst 1990, 14）的主要内容是：①技术流程和生产过程中的企业过程；②企业使用的原料、系统和设备的具体特性；③与机械、能源、化学和信息等技术相关的内部特征；④行动在生活领域可能引发的后果。

另一项有关企业维修工作的研究（Drescher 1996）表明，工作过程知识主要针对企业使用的设备与材料的特性，以及与工人的行动相关的日常经验。类似地，

Schulze（2001，93）在"计算机辅助经验引导性工作"项目研究中强调了生产领域经验指导性工作的特征：

> 根据环境做出的最佳精确计划，如短期订单处理方案；

> 网络化的行动，如解决生产流程中各部门间的矛盾和避免信息损失；

> 前瞻性的过程控制，如通过针对性措施预防问题的发生；

> 补充性过程调整，如弄清数控加工过程中实际路径与设计路径间的细微差别，以避免差错；

> 以生产为导向的衡量方法，如根据生产情况对模糊数据进行解释；

> 灵活、省时的故障管理，如通过识别与以往故障的相似之处，对错误、不完整或不充分的故障现象做出正确解释；

> 通过优化经验来优化实际工作，如在已往情况和新情况间寻找相似点；

> 创新过程改进，如与同事或上级交流经验，以推广和保持经验。

引发并促使个人获得工作过程知识的是人们所经历的问题情境，如计划好的工作流程遭到破坏、设备出现技术故障以及尚未计划的新任务。这时，人们必须在自己的工作过程中对问题做出反应，同时还须与企业其他部门合作，从而获取关于企业整体的工作流程知识（Fischer 1995b）。这意味着不但要运用已有知识，还要在行动中运用新的知识。Ulich/Baitsch（1987）在一项纵向研究的基础上提出，能否在问题情境中积累起工作过程知识，取决于以下三个因素间的相互作用：①工人必须意识到在指定的工作环境中存在着矛盾，新形成的或至今潜伏的工作活动的动机为这一问题情境设立了新的目标；②为形成新目标，必须有足够的选择性信息；③一项新工作活动的实施代表了矛盾的消除或新目标的达成，并最终导致能力的发展。

这里的问题是：哪些信息可以用来解决问题。技术工人常采用巴黎第八大学 J. Rogalski 研究小组提出的"实用主义方案"（Rogalski 等 2002，145），即一方面通过实用主义方式利用理论知识，尽管有时对科学知识的认识是错误的；另一方面，正如劳耐尔（Rauner 2002c）通过对一些研究（如 Benner 1997）进行重新评价后发现的那样，这个方案包括了"实践知识"，其特征是：对细微差别的敏感性、背景性、情境性、范式性、实践共同体中的可交流性和原能力。实践性知识在传统理论中是不存在的。

应用与工作相关的知识，不仅是工作者的个人能力问题，也与具体的职业有关。研究表明，不同领域中工作过程知识的结构有很大差异。例如，一些职业和职业活动并没有对应的学科，因此也无法确定这一专业的普遍原理。这些领域的知识几乎完全依靠手工业经验代代相传的方式延续，而这种知识对职业能力的发展又非常重要，如机械制造中的刮研（Gerds 2002）。一些职业不具备这种纯手工业式的起源，而是从某些学科中发展起来的，或一开始就与这些学科紧密相连，如电气和化学技术类职业。在这些职业的工作中，必须考虑理论知识并将其融入职业技能中（Niethammer/Storz 2002；Röben/Siebeck 2002；Fischer/Röben 2002b）。当然，即便是在高科技领域，经验对引导行动的重要性也是不容忽视的（Böhle/Rose 1992；Bauer 等 2002）。

2. 在工作场所中建构工作过程知识

工作过程知识不是技术工人直接获得，而是他们在应对问题的工作过程中构建的。这个过程是在经验性知识和理论知识基础上的辩证过程，可以医师开药方为例进行描述（Boreham 1989/1994；Boreham 等 1992）。研究表明，医学院学生在课堂练习中开处方时，往往试图将理论直接"应用于"新的实践案例，却总是无法做出有效的决策，因为他们缺乏建构一项行动所必需的经验。专家医生开处方时既用经验性知识，也用药物学理论，二者通过综合辩证、运用，建构起了工作过程知识。该过程分为三个阶段：首先，医生运用临床经验考虑该患者的实际问题；其次，按照从经验中得出的"经验法则"暂时确定用药量；最后，仔细斟酌这个剂量是否合适。辩证关系发生在最后阶段，它为行动创建了心理依据（Boreham 等 1992）。这项研究对理解工作过程知识十分重要，即虽然应用药物学理论不能直接解决问题，但是将这些理论知识与个人通过经验积累获得的知识相结合却十分重要。决策模式的第一阶段（即确定患者的实际问题）与决定是否要增加用药量有重要联系，它取决于对引发疾病的原因的理解，而这又需要更广泛的知识，包括治疗此类疾病通常采用的策略（Boreham 1995b）。

3. 在个体学习和组织学习之间的工作过程知识的习得

虽然工作过程知识是个人拥有的知识，但在多数工作条件下，个体都是某个实践共同体的一员，在工作场所从事着合作式的实践并与同事分享与工作相关的知识。由于工作过程知识存在于工作场所的互动关系、人为规定和群体实践中，因此它既属于个人也属于集体。工作过程知识的建构与个体和集体活动都有关系，还涉及这两个层面活动之间的相互作用。Boreham 和 Morgan（2004）等对一家炼油厂进行了研究，重点分析人为标准（如《电工手册》中的操作程序）并研究这些标准的社会效用模式，即其在工作文化中的意义。按照标准规定的操作程序进行的集体活动，就是按照这一社会效用模式上演的，而工作过程知识的建构，就是在能让工人针对问题进行沟通的社会实践中实现的。

有研究将技术工人的网络化行动与生产流程和生产部门联系起来（Fischer 1995a；Schulze 2001；Baethge 等 1998），认为技术工人已经了解了企业的整个生产过程，并获得了工作过程知识。然而，其他研究（Waibel 等 2002，396）指出，企业内工作知识的获取和交流只是发生在某一特定区域，并没有超出实践共同体的范围（Lave/Wenger 1991）。这就提出了一个问题，即哪些工作过程知识是通过个人方式获得？哪些需要集体方式，甚至需要整个组织的努力才能获取？

"在社会性的互动中学习"为企业内工作过程知识的获得开辟了新的途径，特别是当这种方式获得官方认可、甚至还得到企业的支持时。一项关于"企业是否以及如何真正（而不只从理念上）引入并实施组织学习"的实证研究（Fischer/Röben 2004）发现，在被调查的 4 个欧洲大型化工企业中，都要求技术工人为其他同事熟悉工作和接受培训提供支持。在此，工作过程知识被确定为学习主题（Fischer/Röben 2004）。例如，操控化工设备所需的知识，是技术工人经过轮岗并亲自尝试过所有工作后对自己的收获进行分析和记录得到的。通过组织措施，企业又推动这些知识在组织内的交流与传播，并将其编入今后的培训课程中。

这样，"在社会性的互动中学习"就成了对技术工人提出的一个新的能力要求，但这并不排除企业内、外的竞争。对于"问题处理者"类型的工人而言，Baethge 等把这种能力描述为"以知识能力为基础的、对经济关联性的理解"。对于职业教育，作者建议："职业描述必须具备更扎实的理论基础，传授社会交流能力和问题处理能力必须融入整个企业和全体员工构成的组织和社会背景中"（Baethge 等 1998，5）。

7.4.4 有关工作和教育设计的观点

了解工作如何进行以及工作的相关因素（产品、技术、工作组织、社会、经济以及生态等各方面）对于职业教育十分重要，这里有三点原因。

➢ 作为融入在实践行动中的知识，它对（工人的）实际表现负有隐性责任（实施的工作，并不是那种代表实践潜力的能力）；

➢ 作为可以从实践中提炼出来的知识，可以指导实践，这在人们从未经历，也没有任何经验的状况下仍然适用；

➢ 作为可以从给定行动环境中提炼出来的知识，能够超越已有现实，并涵盖其他工作环境的设计方案。

未来的技术工人如何才能获得这种知识呢？针对工作设计，Wehner 等（1996）、Derboven 等（2002）和 Waibel 等（2002）开发了"观察方案""团队工作方案"，目的是促进企业内及企业间的知识迁移，并帮助克服解释模式受区域性限制的困难。在职业教育领域，一些改革项目试图通过新的课程开发方法帮助学生获得工作过程知识（Rauner 2002c）。职业教育建立在工作过程知识基础上，而这些知识则体现在职业典型工作任务中。为了促进工作过程知识的获得，培训应采取以下步骤：首先弄清该职业的重点内容；接着推动情境性知识和功能性知识的获取；最后向学员传授该特定领域系统化的、基于经验的深层次知识。

然而，工作过程知识的获取不仅与企业内的培训措施和培训课程有关，还涉及个体所采用的独特的设计策略。基于不同实证经验形成的职业生涯设计类型，对是否需要获得工作过程知识和如何获得等都有重要的影响。

7.5 指导性工作系统

Matthias Becker

7.5.1 作为"指导"的工具和工作系统

工作是利用工具和工作系统完成的，而学习是通过教学资料和教学系统实现的。在相当长的一段时间里，工作和学习一直被认为是一对矛盾。传统手工业与大工业的技术工作不同，无法完全区分开工作和学习，但工作的"科学化进程"（Böhle 1992；Gronwald 1993b；Taylor 1993）却支持工作和学习相分离的发展趋势。职业教育研究应分析将工作与学习进行整合的条件、前提和设计原则，从而设计学习导向的工作系统。

要想全面解释"指导性工作系统"并非易事，这个词组的两个部分（即"指导性"和"工作系统"）在实践中有不同含义。德国工程标准"DIN EN 614"对"工作系统"的定义是："一人或多人与其工作手段之间的相互作用，目的是完成在特定工作领域、工作环境和工作条件下的系统性任务"（DIN EN 614-1）。

狭义上讲，工作系统是使用者在工作过程中使用的辅助设备和工具（即工作手段），如锤子、维修手册、机器甚至于计算机辅助诊断设备。现在，常用工具还包括交互式计算机辅助设备和信息系统，如个人电脑等。从广义上看，工作系统是一个控制实体，工作发生在这个实体范围内，如车间、办公室或其他与工作过程有关的功能性场所和区域。

当人们可以利用一个工作系统，或者在该系统中学到东西时，就可以说这个系统是"指导性的"。行为主义和建构主义理论对"学习"有不同的定义，要想判断一个工作系统是否具有"指导性"，必须对这些理论有一定的了解。

工作系统，或者 Ropohl 定义的"社会技术系统"或"人机系统"（1975，45），对个人采取的行动方式有巨大的影响。在该系统中，人与机器间的互动有重要的实践意义，它在很大程度上决定着是否可以实现"工作场所的学习"和"工作过程中的学习"。随着工作中越来越多地采用计算机辅助系统，人机关系也变得越来越重要。由于计算机辅助工作系统引入较晚，人们对人机互动的研究还不深入。从 20 世纪 80 年代后期开始，这些研究主要是在职业教育领域进行的。从建构主义角度看，这些研究不但对工程科学的发展起了重要作用，而且促进了工业心理学和劳动科学领域人类环境改造研究的发展（Timpe/Rothe 1999；Landau/Rohmert 1987）。计算机科学及其分支学科"人工智能学"从人与机器辅助学习比较的角度研究人机互动（Puppe 1992），学习心理学和教育心理学也讨论这一课题（Mandl 等1995）。涉及工作系统的研究领域很多，这也恰好表明了本领域研究具有高度的跨学科特性。

7.5.2　人机互动和人类环境改造学

7.5.2.1　人因工程（工效学）角度

良好的人类环境，即通过对工作条件的调整适应人类工作的要求，是对学习有促进作用的工作系统的一个前提条件（Geiser 2001），即这个系统是"用户友好"系统。当人们使用该系统时不需要学习，而是一种"直觉"和"自我解释"的行为时，系统的使用效果最佳。

由于在实践中这种情况十分罕见，因此劳动科学研究目前还主要是对"技术系统使用环境中的学习"进行分析，目的是改进人类的环境特性（见图7-3）。

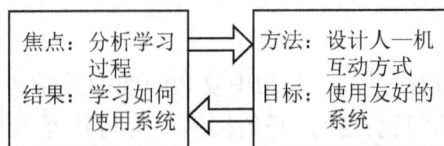

图7-3　为改进一个系统而进行的工效学研究

7.5.2.2　与职业相关的学习内容

职业教育研究的问题是如何设计工作系统，才能最大限度地支持"针对工作对象"的学习（见图7-4）。技术工人的任务不仅是接触工作系统，而且还要在完成任务的过程中实实在在地使用它。

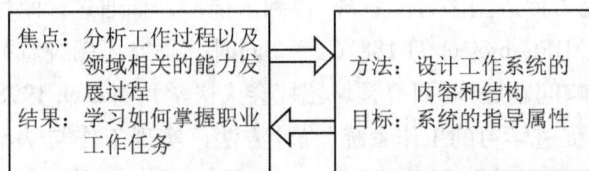

图7-4　以建立"促进学习的工作系统"为目标的研究

由此看来，在系统的"用户友好性"和"指导性"之间存在着明显差别。融入人类操作环境中，或经过调整适应人类操作环境要求的理想系统，并不会自动促进人的学习。由于工作系统中使用越来越多的软件，人机交流和互动方式的设计成为研究的核心。作为一个研究重点，软件的"对话特性"应符合环境标准"ISO 9241"的七项基本原则，即任务的适当性；自我描述能力；可控制性；与预期保持一致；容许错误存在；可个性化；可促进学习。

关于"促进学习"，"ISO 9241"标准指出："当对话能够支持和指导使用者学习如何操控对话系统时，就能促进学习"。但是针对具体的职业工作，遵循了"促进学习"原则并不一定就能确保学习的实现，因为标准描述的仅仅是对话的效用，而没有关注是否促进了专业内容学习。

7.5.3 对"通过工作系统促进学习"进行的调查研究

有关工作系统是否能促进学习的研究目的有以下几个。

➤ 对软件的人类环境改造学研究，即实用性研究，目的是研究计算机程序为适应人类工作需做哪些调整(界面、对话设计、生理基础，参见 Arend 等1999)。

➤ 软件和网络化学习系统的开发和应用研究，如计算机辅助学习系统(CBT)、基于网络的培训(WBT)和虚拟社区等，目的是对学习过程提供支持(参见 BMBF 研究项目"学习文化与能力发展"中关于"网络与多媒体学习"的论述)。在此，开展与对话系统和虚拟行为(模拟)互动的研究具有特殊的意义(Müller/Bruns 2002)。

➤ 以系统论为基础，对人机互动中复杂问题的跨学科解决方案的研究。由于机器的黑箱化导致的问题，人们开始探索社会可接受的技术设计方法。在20世纪80年代后期和90年代初 BMFT 进行的"工作与技术"项目(Fricke 1994; Martin 1995b)以及后来的"创新性工作设计：工作的未来"项目(BMBF 2002a)都进行了这种探索。其中一个重点是围绕如何恢复"感性工作经验"地位，并在计算机辅助生产中开发工作岗位导向的编程技术(Schlausch 1997)。在学习促进研究中，"人工智能"方法得到了越来越多的应用(Puppe 1992; Sonntag/Schaper 1997; 参见柏林技术大学"人机系统中心"项目)。近年来，分布式人工智能(DAI)以"设计能力促进型多智能系统"得到了推广，如通过诊断性任务为数控机床操作提供支持(DFG-project TI 188/6-1)。同时，研究还围绕着社会干扰对智能性行为产生的影响问题展开(研究领域：社会人格学)(Malsch 1998)。

➤ 对利用"促进学习的工作系统"设计方法，实现工作与学习相融合的可能性研究，有关"人机互动"(Eicker/Petersen 2001)和"信息技术辅助型专业工作"的文献(Petersen 等2001)，对职业科学研究进行了概括性描述。

以下章节将主要探讨有关这种研究方法的文献。

7.5.4 研究现状

人们认识到经验性知识(Böhle/Milkau 1988)和工作过程知识(Kruse 1985; Fischer 2000)对职业工作和学习过程设计起着越来越重要的作用，所以提出了一个问题，即如何确保和处理这些知识，才能使其真正被技术工人所利用？Gronwald 指出：有必要建立行业的工作信息系统，即支持工作过程中的个体学习的媒体(1992)，它能激发并支持使用者的学习过程，帮助其正确处理工作的相关信息。有了指导性工作系统的帮助，显性知识的传授就没那么重要了。研究技术工人如何发展全面的行动能力变得更加重要。

20世纪末期，人们曾经尝试利用专家系统来"物化"和优化维修工作中的行动能力(Striebel 1994；Ziegler 1994)。专家工作系统的目标，是像专家一样为使用者提供信息、指导和支持。然而人们不久发现，专家系统并没有促进学习，反而阻碍了学习，其原因有以下几个方面。

(1) 技术工人不理解专家系统提供的建议和结论，系统缺乏透明性(Fischer 2001a)。

(2) 系统的知识库没有考虑技术工人的工作经验，技术工人也无法将自己的经验性知识记录在系统中。

(3) 完成职业工作任务必须具备与工作和情境直接相关的信息，而该专家系统并没有考虑工作过程的背景(Fischer 等 1995)。

(4) 实践中发生的具体问题无法通过系统给出的信息得到圆满解决，因为问题的个体化特征越来越强(Becker 2003)。

对专家系统持批判态度的人认为，专家系统可能永远无法对个人提供适当的支持，因为它采用的知识模型(数理逻辑模型)与人类的知识模型完全不同(Dreyfus/Dreyfus 1987)。相关领域研究项目的目的是克服专家系统的这些公认弱点(Bruns 1990；Daniel/Striebel 1993；Puppe 等 2001)，其中一个重要切入点是让技术工人亲自参与到系统的设计过程中。在此之前，知识获取工作是由知识工程师负责的。这样做的目的如下。

(1) 使系统对技术工人的知识开放，并让后者参与到设计过程中(即设计过程的参与)。

(2) 允许技术工人对某些系统部分进行改动和修正(即在使用和发展过程中的参与)。

此外，人们还试图针对使用者的能力水平提供不同的使用者指南(Bourauel 1996)，目的是建立以学习者为导向的模式，通过完善系统，使其适应使用者的使用和学习习惯(Puppe 1992)。近期的研究表明，要想完善工作和学习系统以适应使用者和技术工人的学习习惯，只有针对相应背景，通过对工作过程导向的信息进行处理才有可能实现。很多研究证明：工作过程中的学习要么通过非正式方式实现，要么(在多数时候)是由"故障"引发的。Fischer(1999，109)解释道："工人一般只是依据自己的现有知识进行工作，根本没有学习的意识，直到他们发现工作无法继续时，这种状况才发生了变化。"

"故障"通常包括系统失灵、故障、出现盲端、信息丢失、无信息传递或缺乏信息传递、未预见的状况和意外情况等。这时我们需要做的是处理事故、解决问题，这也正是"指导性工作信息系统"进行信息建构的主要原因和重要内容。因此，Fischer(1999，119)认为：促进学习的环境"(必须)支持'人与问题领域的互动'，而不仅是支持'人与计算机之间的互动'"。学习心理学中的"故障"和"障碍"本身往往就是学习的内容(Dörner 1979，10)。为克服这些障碍而建构的工作过程导向的、易于理解的信息系统，既有助于使用者的理解，又有助于问题的解决。由于这种系统可以使学习在工作过程中完成，而无须在工作之外刻意安排，因此在企业实践中得到了极大的关注。Becker 等与汽车修理技术工人合作，开发了一种建立在工作过程导向结构上的"指导性工作信息系统"，并进行了相关测试(Becker/Spöttl 2001b)。

7.5.5　研究范围和局限性

运用指导性工作系统进行学习需要良好的人类环境条件，系统的内容设计也需要能够促进学习。仅仅是后面这项要求就对教学提出了严峻的挑战，因为一般工作系统很少涉及某个具体领域稳定的职业知识。此外，还需要能促进学习的工作组织(Schreier 2001a)。Schreier 通过对一个"指导性"诊断系统应用状况的研究，提出了六项设计标准：

(1)扁平化的管理和现场负责模式，以提高决策的自由度；

(2)采取合作式的领导方式，增强个人责任；

(3)创建工作过程导向的工作组织，以过程为导向处理工作任务；

(4)尽量减少分工程度，从整体上完成工作任务；

(5)通过小组工作和小组学习鼓励团队间的"相互学习"；

(6)使所有人都参与到工作方法和工作过程的设计中。

采用指导性工作系统可以节省职业教育，特别是继续教育的费用(Staudt/Kriegesmann 1999；Becker 等2001)，因为足不出户便可以营造学习环境。学习以一种自我控制的方式进行，学习时间也可以适当减少，从而支持高效的"学习和工作组织"。之所以产生这种理念，是因为人们认为，未来的继续教育无论从时间上还是内容上都无法与生产工作割裂开来。欧洲共同体的创新项目"ADAPT"重点研究了旨在实现工作与学习相融合的指导性工作系统。研究表明：必须采用多种且相互结合的学习模式，才能确保工作过程中学习的实现。这里列举了12种学习模式，即网络化学习模式、二传手模式、"未来"设计模式、网络化工作模式、重组模式、主持人模式、模拟(或项目工作)模式、知识模式、教练模式、自学中心、研讨会模式及问题解决模式。

将上述多种模式进行结合，同时考虑到它们各自的有利条件和不利因素、学习方法及其学习和工作环境，工作与学习相融合的指导性工作系统被证明是成功的。与学习组织相结合的指导性工作系统具有强大的支持作用，将其应用于"问题解决模式"中取得的效果更好。它可以在完成实际工作任务和解决实际问题的过程中对情境学习提供支持，因此也特别适合于诊断支持系统。

　　然而，在全面能力发展过程中，指导性工作系统并不可能完全取代教师、培训师和辅导员。从知识管理角度看，指导性工作系统确实有助于在工作过程中，将各种与背景相关的信息建立起联系并对其进行测试和反思。一方面，学习者遵循工作系统提供的问题解决步骤（即指导），同时将新学习的内容与已有知识相联系（Stark 1999）；另一方面，在处理工作任务的过程中，学习者又从工作系统中获得了信息。这种信息可以适当地融入行动环境中，并在行动的帮助下对其有效性加以证实（即知识构建）。Gerstenmaier 等将这种系统称为"建构主义学习环境"（Gerstenmaier/Mandl 2001），并将它们划归到情境学习理论范畴中。这就提出了人机互动的另外一些重要特征，即除了情境导向外，小组（或共同体）内的知识分享、交流和共同生产，对"指导"的质量也十分重要。

7.5.6　存在的问题和发展前景

　　借助指导性工作系统进行的学习，与自我控制的学习有共同特点（Nuissl 1999），学习过程不会因为指导性工作系统的存在而自动发生。除了必要的激励手段外，学生还需要区分对促进学习而言的有用信息和无用信息，并完全独立进入到学习过程中来。未来，另外一项重要任务是通过对学习内容进行教学法设计而创设新的学习过程。为此，必须弄清楚利用指导性工作系统可以促进哪些内容、在什么时候以及在哪些工作和问题环境中的学习，必须进行有关特定领域能力发展的研究（Rauner 2004）。迄今为止，这些研究工作的广度和深度还不令人满意，关键是还没有处理好显性知识与隐性知识的关系，并将这种系统切实用于工作环境中。

　　事实上，尽管在职业教育领域确实取得了一些案例性的研究成果，但我们对迄今为止的劳动心理学、知识建构和教育心理学研究成果的运用，以及对专长研究中获得的专业知识的运用，了解还很有限。

7.6　职业社会化

Walter R. Heinz

7.6.1　引言

职业社会化不仅指职业学习，而且包含更多的内容：它是发展个人在工作中所需的、涵盖其整个职业生涯的态度、知识、动机、价值取向和社会能力的过程。这个过程涉及职业前的社会化(在家庭、学校和职业培训中)、从业过程中的社会化(工作过程和职业生涯)以及职业之外的社会化(继续学习、转业培训和教练)。职业学习和发展过程不仅是为了获得工作资格,同时也影响着个人特性的形成。

乍一看,职业社会化似乎是一个与个性化服务与知识经济等现代理论很不相干的概念。许多社会理论学家认为,人们之所以求助于工作以外的生活领域,是因为社会上缺乏工作机会,而且教育培训的回报也在不断降低。然而,通过回顾相关研究成果和关于失业所造成的社会和政治影响的研究,我们发现,特别是在社会转型时期,按照职业方式组织的工作能提供重要的心理社会经验以及发展和行动的机会。我们关注在经济、政治和社会结构中的职业社会化过程。通过这个过程,工作和培训条件成为劳动市场和企业中个人经验与行动策略的组成部分。由于就业越来越灵活而不稳定,职业社会化对个人生活变得越来越重要,因为它有助于形成一种可持续的生涯设计。只有当个人的职业行动能力得到社会和物质认可时,个人才能对工作和生活世界的维系做出贡献。只有把个人的职业知识、技能和自尊与就业安全感结合起来,才能促进企业的发展。另外,在社会管理中还要重点强调(至少在德国),技术工人的素质是提高国际竞争力的关键因素。

本文涉及本书的一些其他重要内容,如工作、教育与资格、资格研究、能力研究、工作过程中的学习、道德评判的发展和职业认同感等。

7.6.2 职业

职业定义了生活的条件与机会,通过一系列专门能力表现出来,包括知识、实践技能和社会技能(Beck 等 1980)。与其他工业化的服务型社会国家相比,德国的职业、职业教育和就业之间的联系非常紧密,并深深地根植于社会制度中,特别是在双元制职业教育体系、集体工资协商制度和继续教育组织中,即所谓的"职业导向的培训和就业"(Daheim 2001,24)。工作组织内部的职业活动导致了个体的动机、社会关系和企业经济绩效标准的形成。职业也界定了作为个人和社会结构交界层的社会地位。当职业成为社会地位的象征和实现个人兴趣与能力的载体时,职业可以为个人提供引导生活计划的框架。

如今,职业性原则已不再是一种终身保障。个体必须自己设计职业生涯,独立在就业市场中寻找出路。在"灵活的资本主义"(Sennett 1998)中,个体面临着工作时间、任务和地点的不断变化,过去持续的标准化就业方式正在逐渐消失。目前有关职业发展有三种意见。①Baethge(2001)认为,由于以职业形式组织的工作弱化,提高了过程性和认知要求,职业教育体系正在向学校和学术教育体系转化。②按照"核心职业"（Rauner 2000b）方案设计新的职业能力轮廓，可以满足企业灵活工作的要求。③出现了一种所谓"独立经营者"职业（Voss/Pongratz 1998），从而化解职业性、不稳定就业和个性化职业发展之间的矛盾。

也许正是由于就业稳定性的不断降低，人们必须不断参加高质量的职业教育与培训。如果没有职业社会化，在严峻的劳动市场条件下寻求就业机会将越来越艰难。在自由劳动市场中，将多次就业经验与灵活的、常常是自发的工作变化相联系后，就形成了职业资本。这种发展模式的缺陷在于，工作条件和生涯发展受企业主不透明的决定的影响，求职者经常被迫做出让步，接受较差的工作条件和薪酬水平。

7.6.3 社会化

社会化理论和相关研究（Hurrelmann/Ulich 1991；Hurrelmann 2002）的任务是解释和实证分析影响个性形成和改变的社会过程。目前社会化理论研究的重点是促进或阻碍认同感形成的生活和工作条件。个体通过将遗传和生理方面的天资与社会物质生活条件建设性地联系在一起，建立起自己的心理社会认同感，即通过积极有效地处理其生活条件、通过在不同领域和生活阶段中活动，设计自己独特的历程。在现代服务型和知识化社会中，独立思考和行动的个体模式是合作个性化社会的基础（Marr/Filaster 2003）。在此，职业工作仍然是现实社会的核心，它将个人成就与社会认可联系起来，并提供个性化的生活保障。

在过去数十年中，社会化的概念也历经变迁。初次社会化理论、青少年时代准则与价值理论已失去主导地位。现在，社会化被认为是一种通过具有"自我社会化"特征（Heinz 2002b）的反思行动达成社会、文化和物质实现的持续的终身发展过程（Hurrelmann 2002）。社会化理论的演变是伴随社会的现代化过程发生的，即日益增强的个性代替了社会直接控制和传统价值观，承诺给个体更大自治权和自我负责的生命过程的去标准化。

7.6.4 职业社会化：历史与概念发展

直到 20 世纪 60 年代末，职业社会化才成为社会学的一个研究领域（Lüscher 1968；Moore 1969），主要是对结构功能主义理论的社会学概念（如社会地位、角色和社会准则）进行研究。职业社会化是一个发生在社会结构内部的过程，对社会人格和社会体系都有影响。这种观点强调职业与组织角色的要求和规则，但没有强调个体如何应对这些期望。熟悉这些与职业相关的角色期望，是获得职业认同的一个前提。与社会地位和角色一样，准则方面的期望在结构功能主义理论中同样受到极高的重视，因为员工对这些准则的内化程度被视为其工作责任感强弱的指标。这主要是指对工作时长、公司领导和绩效衡量标准的接受，同时也是指成为公司忠实成员的意愿。Moore(1969)将职业社会化定义为：对知识和能力的学习，以及对特定职业领域普通工作规范和准则的内化。即使在当时，人们也已意识到，由于职业结构和工作条件的不断变化，职业社会化将会伴随整个职业生涯(成人社会化)。

从此，理论研究的主题就从规范工作条件下的控制性工作，转变为风险就业环境下的自我管理的职业学习(Heinz 1995)。这种转变的原因一方面是由于职业结构从工业生产转变为服务；另一方面是由于教育水平提高，以及工作组织对员工行动能力期望值的提高。此外，社会化的概念也从规范性角色理论转变成了互动和经历理论，即个性发展、职业结构、工作环境和就业经历之间存在动态的相互作用关系。

在德国，有关职业教育中的社会化过程(Mayer 等 1981；Kruse 等 1981)和执业活动中的社会化过程(Hoff 等 1985)的纵向研究，推动了职业社会化理论发展。这些研究不单区分了蓝领和白领工作，也不仅是对职业发展过程进行研究，而且还研究了成年人处理自己职业经验的方式。研究表明，职业社会化使工作前景既充满悬念，又变得现实。这意味着，要按照工作条件、职业风险和机遇做出符合自己意愿的自我安排，同时也要通过灵活的就业策略和继续教育尽可能确保自己的行动空间。

职业社会化的研究历史较短，但是也必须将职业社会化与职业教育和培训区分开来。职业教育是对工作导向和能力的有计划的促进；而培训则是在特定教学安排中传授职业知识和技能模块。与之相对，职业社会化是通过刻意或偶然的方式对信念、取向和能力的积极获取过程，工作经验和个性特征由此被联系在一起。

7.6.5 职业工作前的、通过职业工作实现的和职业工作之外的社会化

通过职业社会化过程可以发展个体的工作动机、工作质量和职业历程的标准，作为个人与工作之间关系的"规范主体化过程"(Baethge 1994)。分析这个过程要从以下几个角度进行(Heinz 1995；Lempert 1998)。

(1) 在家庭和学校中进行的工作前的社会化，针对某些职业领域的促进价值观、兴趣和能力形成过程。其结果是(个体)做出了职业选择，即在劳动市场上找到一份职业或接受职业教育。

(2) 通过职业工作进行的社会化。这一过程是指个体在企业的工作过程中获取的、影响其对工作内容、工作条件和工作结果的态度的经历，它对个人的整个生活环境都有影响，包括社会和政治观点、个性和应对并妥善处理压力对个人生活的影响等。

（3）职业工作之外的社会化。由于对终身学习要求不断提高，继续教育、失业培训和转业及个人咨询经历（如教练辅导）逐渐成为职业社会化的一个重要方面。

如果职业社会化过程研究能够说明，在不断变化的经济、技术和组织工作条件中如何将工作能力、职业信念和培训要求结合起来，那么对职业教育的政策与实践具有重要意义。这里最为重要的一点是，弄清在不断变化的工作条件下职业能力、个人能力与社会能力之间的关系。过去，研究重点一直是职业能力和内化的规范性取向（工作道德）。由于工作组织方式的变化和工作岗位减少，在以上三个层面的职业社会化过程中，能力发展、参与工作和组织发展设计的愿望变得愈发重要。

7.6.6　职业社会化理论

开展社会化研究，需将社会、个性和劳动心理学研究方法与职业社会学、组织社会学和生命过程社会学（Heinz 1995；Lempert 1998）研究方法结合起来。在这里，我们介绍职业社会化综合理论的各种元素。

（1）角色理论：社会学角色理论从社会准则和企业资格要求角度对职业进行定义。职业角色不仅仅与企业有关，还与社会成就标准和社会价值观相关，这些标准和价值观也关系到员工的社会地位。依据角色理论，社会化的主要目的是对有助于特定职业工作的动机、能力和取向进行社会化设计。因此，职业社会化的结果，就是通过将个体动机与资格和成就要求高度结合，实现对工作过程的社会性融入（Joas 1991）。

（2）主体导向型理论：社会结构与个体资格之间的关系，有助于职业的社会构成（Bolte/Treutner 1983）。在社会化进程中，技能间的结合与个人的工作能力形成了紧密的联系。但是如果只学习一种职业的知识，就会阻塞获取其他综合能力的通道。因为，是否能获得某一职位取决于社会选择，而这些选择又会导致新的社会不公。例如，将人工技能从符号处理技能和规划技能中分离出来的做法，就是如此。职业社会化的主体导向理论研究的主要问题是，主体做出的不同职业选择说明了哪些与个人发展相关的过程？有必要分析，不同职业工作对人的工作需求和职业生涯设计起的促进或限制作用有多大（Keupp 等 1999）。

（3）学习与行动心理理论：主要强调体现在工作任务中的行为规范要求。Hacker（1986b）和 Volpert（1987c）指出，工作任务可以根据它对规范个人行动提供的可能性进行划分。部分工作行动和限制性的工作条件，会减少员工个性发展机会、阻碍其参与工作组织，并可能对其心理健康产生负面影响。当工作活动涉及所有层面的规范时，就会促进工人的个性发展。这一理念的基础是学习和人类发展心理学理论，并可通过自我效能（Bandura 1997）的观点对其加以补充，后者还增加了对个体工作活动所承担的责任要求。个体根据工作要求对自我效能所做的评价，会由于其工作行为涉及不同规范层面而有所区别。如果通过成功的工作和社会认可实现了个体目标和自我效能，就有可能实现职业的自我发展。

（4）职业习性：当家庭、学校和就业紧密联系在一起时，其结果就形成了"职业习性"。Windolf（1981）认为，依据 Bourdieu（1988）提出的社会理论，"习性"是一种稳定的内化行为规则系统，它不仅有助于进行自我调整以适应工作，还会影响个体的社会观和自我认识。学习并实践一门职业可能导致类似的"习性"，具有同一"习性"的人，其思维、评价和行为方式基本一致。这一观点主要用于对专门化职业（如医生和律师等）的职业社会化研究，并以此描述传统工薪阶层和公务员这两种职业类型的特征。

（5）职业工作与个人的互动作用：通过工作前、工作中和工作外的社会化过程，人们发展出了自己的特性模式，并通过与工作组织其他成员间的互动而加强。Hoff（1994）认为，必须从社会互动角度研究个性发展。社会互动，是职业教育、工作结构与通过职前社会化过程形成的个性结构之间的相互关系。良好的互动过程会在职业工作与个性发展之间建立广泛的联系。职业生涯是否有连贯性、不同生活方式以及对不同工作条件的选择标准，都会影响个性的形成与稳定。由于机构重组导致的标准化工作条件削弱和就业机会减少，使许多员工不得不去更新自己的技能，从而将失业风险降到最低（Beck 1986；Brock 等 1989）。Lempert 等的研究得出了对动态职业社会化过程的认识。在此，职业社会化过程是一种工作经验与个性发展间的互动（Hoff 等 1991）。要描述工作环境特征及其互动潜力，最重要的是行动范围和允许对工作活动进行自我控制的限度。依据这些方面的不同要求，个性发展形成了不同程度的控制意识和不同的道德评判能力。

（6）职业生涯和自我社会化：由于职业工作的去标准化程度不断加深，积极设计自己的职业生涯成为一项重要的挑战，即将自己作为基准点（Kohli 1994）。人们被迫按照劳动市场的取向和企业重组状况寻求新的切入点（Heinz 2002b）。为了应对工作生涯不连贯性的挑战，个人不仅要不断发展职业能力，同时也要形成自我生涯设计模式，以此应对不断变化的工作和就业要求。一项对德国青年技术工人进行的纵向研究（Witzel/Kühn 2000）表明，职业经验积累有不同的自我生涯设计特征，如"现状安排""事业管理"和"取得自治"。

7.6.7 改变工作条件和技能状况

随着新的信息通信技术和柔性工作组织方式的发展，职业社会化的焦点也从能力和资格转向基于主体的行动能力，因为特定的职业技能和职业能力必须与工作过程知识、组织体系知识和社会能力知识结合起来（Deutschmann 2002）。灵活的工作和不稳定就业，要求个体形成跨越特定职业的一系列重要能力

（Mertens1974；Heinz 1995），如个体灵活性、认知能力、技术敏感性、自我责任感以及越来越重要的企业家心态（即承担风险并推销自己）。

员工这些能力的发展状况，决定了他们如何评估将自己的能力用于不断变化的工作环境和职业生涯的可能性，以及如何应对工作压力和失业风险。然而，企业则期望其员工能将职业技能知识与组织管理能力结合起来，从而有效协调工作过程以及与客户的关系。这些本质上相互矛盾的期望，促使那些已经预见到工作和职业前景变化的员工采取超出界定范围的行动，以避免可能发生的就业间断（失业）。这就是说，以灵活的合作方式在不同环境下工作，就不会陷入职业取向和职业认同方面的永久性危机。

临时的服务性工作，特别是兼职工作的盛行，严重影响到了女性的职业社会化进程。职业教育培训和就业体系中一些对性别有特殊要求的劳动部门，继续主导着女性的职业路径，其中大多数人从事的是以人为对象的服务型工作。在她们工作前和工作中的职业社会化过程中，重点关注的工作类型都有特殊的灵活性，其目的是能协调好家庭生活和有偿就业之间的关系（Hoff 1990）。公司采取了相应策略，主要雇用女性从事临时性工作或兼职工作，这同时也将她们排除在了职位晋升和继续教育的行列之外（Hochschild 2002；Krüger 2003）。

7.6.8 职业社会化与职业生涯

依据职业前、职业中和职业外的顺序进行的社会化过程、学习过程伴随着整个职业生涯。青年人对工作和职业的信念建立在家庭和学校经历的、具有导向意义的职业前社会化过程的基础上，这影响着他们对工作和就业的兴趣及要求。不同级别的高等院校教育和职业教育，是针对不同职业地位设计的。尽管职业选择给人的印象是，允许个人根据自己的愿望和能力做出选择，但事实上却取决于不平等的社会结构。这只是事实的一部分，因为社会化与劳动市场选择之间的关系是隐性的。决定一个人能否获得某项工作的社会因素，与个人愿望和期望值无关，而是企业人力资源政策、国家福利政策和劳动市场政策的结果。有人认为年轻人固守自己的喜好，并有不切实际的期望。然而一些纵向研究（Heinz 等 1987；Keupp 等 1999）结果表明，受教育水平、出身和性别等原因影响，许多青年人很早就已经被排除在某些职业领域之外。

最近几十年，青年人迁移到就业体系的方式，以及职业愿望、职业教育培训和就业之间的关系发生了变化。青年人的迁移经历对社会化过程造成了一定冲击，而社会化过程则将他们引向劳动市场有限的选择中。尽管有这些经验和不断增强的风险意识，但青年人依然坚持自己参与正式职业教育这一生活规划。他们强调，自己完全有能力实现这些与就业紧密相关的生活规划。近期，美国对介于高中和成人过渡阶段的青年开展的一项纵向研究（Mortimer 2003）显示：在校外进行的定期、适度的非全日制工作,会增进自尊、提高时间管理能力、促进职业探索,甚至有助于他们在未来的大学生活中取得成功。由于在北美没有制度化的职业教育,因此这种职业的自我社会化过程,在功能上类似于德语国家中组织严密的职业教育模式(Heinz/Taylor 2005)。

在德国,职业教育是能力、工作和个性特性形成之间的联结。作为职业社会化的核心制度,它传授有助于稳定就业的技能和引导模式。与过去将职业教育固定在严格规定的职业、技能模型和工作常规上的做法不同,如今培训越来越多地针对"关键能力"的获取。这种趋势在将现代服务职业纳入职业教育体系过程中得到了明确体现。培训为这些职业提供了广泛的技能基础,同时也培养了符合这些职业要求的能力。尽管如此,为了就业,还是有越来越多的青年不断寻求新的选择和策略,同时调整自己去适应不稳定的工作环境。从经济、教育和组织角度对"从教育到工作"的艰难过渡状况进行研究,低估了青年人的行动潜能和动力。他们的行动依据,是在自我社会化过程中为寻求工作和适应意外工作条件形成的生涯设计模式。此外,他们还必须适应那些重视社会能力和问题解决能力的工作要求,而这些要求是双元制职业教育体系在近期才关注到的(Münk 2002)。

随着企业内工作组织的不断弱化,技术工人有必要在适当时候对自己的就业前景进行规划:"随着能力范围的拓展,培训职业反而失去了明确的职业导向"(Baethge 2001,61)。但这一点并不适用于所有职业,因为有些新工作(如信息技术、客户服务和媒体领域)刚刚成为国家认可的和有能力标准的职业。这不仅需要社会能力,还必须具备专门的职业技能与知识。

在实现了向劳动市场的过渡后,由于工作经验的不断增加,职业社会化的程度开始逐渐分化。主体的要求和能力与工作内容和环境之间的匹配程度成为核心,这同时也创造了新的自我定义标准和发展个性特征的机会。如前文所述,制造业和服务业员工必须要处理技术和组织合理化之间的矛盾,这要求员工必须灵活安排工作(允许出现变化),并积极设计工作环境和资格获取过程。在进入职业工作之前的期望和信念,仍然是个人对工作环境和职业前景进行阐释的准绳,当然现在还要考虑到企业内的工作经验和劳动市场状况(Baethge 等 1988;Brock 等 1989)。

如 Kohn 等在其著名的比较研究(Kohn/Schooler 1983;Kohn/Slomczynski 1990)中论述的那样,在社会等级与职业工作的结构性需求之间存在苛刻的关系。这种需求,与职业自我引导水平和在工作组织内所处地位有关,与个体职业生涯中存在的风险和机遇也有关系。在工作中允许员工享有自治权,是员工建立价值取向、社会和政治观点以及自尊心的必要条件。对员工工作经历的长期研究结果表明:自我指导型工作经验促使员工具备了知识灵活性和独立的社会取向,这一点也适用于与工作相关的继续教育。但参与继续教育是否具有实际意义,要按照个体形成的职业衡量标准来评价(Bolder/Hendrich 2000)。

7.6.9 职业社会化的发展前景

工作条件的不断变化,使职业社会化过程也处于转变中(Brock 等 1989;Sennett 1998;Heinz 2002b;Pongratz/Voss 2003)。职业教育与职业工作间的关系正经历着改造,它们变成了具有个人特色的职业生涯的组成部分。职业社会化研究不仅具有重要的理论意义,还关系到职业工作与个人间的关系(指个人如何处理职业的不连贯性)。为了理解这些变化,引入了职业自我社会化的概念,这是因为特性的形成越来越有动态特征,也由于工作环境和职业生涯设计中对自我管理要求不断加大。这意味着要将职业社会化研究与生命过程联系起来,从而运用纵向设计法对职业结构、工作要求和个人能力发展间的关系进行分析。这类项目往往将定性解释法与量化标准法相结合(Kluge/Kelle 2001),需要研究人员和参与各方的长时间投入,因此这种项目只能由类似劳动市场和职业研究所(IAB)、Max-Planck 教育研究所或德国青年协会(DJI)这样的大型机构进行。

唯一不变的是工作场所,企业和职业永不停歇地变化,这听起来或许有些夸张。但事实上,工作组织合理化进程和就业的灵活化确实导致了职业生涯的断裂。鉴于这些间断对参与社会造成的负面影响,有关特性形成、劳动市场整合和就业机会的可持续社会化过程成为终身教育的核心任务。对于职业社会化研究而言,要求我们必须弄清"协作式个人主义"和"企业家式自我主义"产生的原因及带来的后果,同时也要认真研究个体就业机会、技能形成和行动能力之间的差异存在的原因和造成的后果。

7.7 职业道德判断的发展

Wolfgang Lempert

7.7.1 研究主题及研究背景

本节介绍和讨论的调查研究是有关个人道德判断能力的发展,以及如何能通过非学术化的学习和工作过程促进或阻碍这种能力的发展。它重点关注的是社会学习过程,对其他形式的能力发展也有影响,如表达对某事的同情能力,或为某事做出争辩的能力。能促成这些能力发展的社会条件,形成了职业教育、工作和非工作环境的一个本质性特征。最重要的一点是,这些社会条件表明了,那些工作和非工作环境究竟对等级性结构有效,还是对参与性结构有效。

本节还涉及本书中的一系列其他文献，如职业教育规划与发展、职业工作和能力发展、职业教育教学法、评估、质量发展与质量保障、教学研究、职业教育的典型试验和行动研究等。

可以明确地说，道德判断不仅影响个人在工作环境中的行为方式，还影响着生活中的其他方面。因此，道德判断还（甚至首先）属于除职业教育研究、发展心理学研究和社会化研究以外的研究领域。

旨在评价个人如何形成道德判断能力的研究，由于其特殊的理论取向，与上述职业教育研究领域有所区别。这些理论最初由美国哲学家、心理学家和教育学家柯尔伯格（L. E. Kohlberg, 1927—1987）建立，其后又有无数社会科学家对其进行了详尽阐述（Kohlberg/Althof 1996；Oser/Althof 1992）。与发展心理学研究和社会化研究相比，这个领域的研究之所以独树一帜，是因为它主要针对职业工作环境和与工作相关的现象。

7.7.2　概念澄清

笔者将"道德"定义为：依据社会准则对行为做出的规范、协调和评价，这些社会准则是由个体创立（虽然也经常违背）、社会团体成员共同坚持并界定为"正确"的行为方式。

"正确"在此意味着，接受那些准则并依照其行事的个人，会成为同龄人尊重的个体，并被其他人（也包括他自己）视为各自集体中的一员。

如果不接受或违背那些准则，就会在其他人中引起反对和蔑视，并（通常）会使"罪人"自己产生一种卑劣感（Luhmann 1989）。

"道德能力"指在遇到社会冲突时提出解决方案，并以一种所有涉及人员和外部观察者都能接受的方式证明这些方案正确性的能力。当然这里的前提是，所有人都愿意听从合理的论证。

所说的"合理"论证是指那些运用所有人都赞成的普遍道德原则进行的论证，如公正、慎重、真实、容忍和尊重人格。这些原则也适用于其他情况、环境、其他人以及其他反应，只是根据不同状况采取了不同的方式（Kohlberg/Althof 1996）。

根据 Kohlberg 的观点，道德判断能力的发展遵循一个涵盖了三种水平的间断过程，这三种水平分别为前习俗水平、习俗水平和后习俗水平，每种水平又包含两个发展阶段。是否能较快进入更高的阶段，依赖于环境因素，要看这些因素是有利还是有害。从第四阶段到第五阶段的过渡（即从习俗到后习俗水平的过渡）通常都发生在青春期后。而第六阶段主要是理论上的，不具有太多现实意义。它只在假设状况中存在，即一个从未接受过任何道德原则教育的个人，却发展成了"符合道德准则"的人。

Kohlberg道德判断发展阶段模式基于三个扩展性纵向研究，其中最长的一项研究历时20多年。正是这些研究为他提供了不断调整和修正其研究成果的基础，其六个阶段的界定至今仍备受争议。然而，他却始终坚持自己这三种水平的界定，并坚持认为，个体既不可能一次跨越几个阶段，也不可能有任何逆向发展。他更断言，所有的人，无论处于哪个过渡阶段，也不论处于什么样的特殊环境和情况中，都以基本相同的方式进行推理。

由于不同阶段间的这种明确划分仍受到争议，而且我们也只了解那些能促进三种水平间过渡的社会条件，所以在此只简要描述有关道德思考的这三种水平：处于"前习俗"水平的个人，往往以自我为中心，且尚无能力区分主体（个人）的原则和主体间（社会）的原则；"习俗"水平的个人具有一种"社会—中心视角"，但还不能区分那些仅适用于某些社会团体的特殊性原则和适用于所有人的普遍性原则，这种能力只有在"后习俗"阶段才能拥有。在这一阶段，个体能以通用原则为基础（如公正、慎重和真实）考虑和平衡自身利益和社会需要。

7.7.3 研究史与研究现状

Kohlberg在其1958年完成的博士论文中提出了他的阶段模式，其基础是瑞士发展心理学家皮亚杰（J. Piaget）于1932年以"儿童的道德判断"为题的研究。在这项研究中，他将儿童的发展过程描述为从原始的他律状态（即只是按照权威指示和角色模式行事）到开始具备自律感（Kohlberg，1958）的过渡，后者指能建构和遵守一些简单的道德原则。Kohlberg对这一理念进行了拓展，将其用于所有青少年。其后，他与他的同事、学生和追随者又将这一阶段模式应用于所有年龄段及不同文化的人群，并进行了实证测试，都相当成功。但当他们要对不同阶段做出明确定义时，才发现有必要进行调整和修正，但这仍是从理论的角度出发的。

起初，Kohlberg研究了日常生活中的道德判断发展。可以说这种发展是"自然的"，不存在教育方面的影响和控制。不久后，他在一些刑罚执行机构和学校对一些干预措施进行了测试。这可以被视为系统化地促进道德判断发展的试点项目。为实现这一目标，Kohlberg不仅需要考虑个体的道德认知发展心理条件（即个体的逻辑—数字智能和采纳社会观点的能力），而且还要虑及那些人们认为如若发生改变就会对道德发展造成重大影响的社会条件和障碍。简言之，为了按预定目标指导个人的道德发展，他面临的挑战不仅是描述个体发展，而且还要在社会化和教育理论基础上对这种发展作出解释。由于道德判断发展一直延伸到成人阶段，因此还必须考虑与职业和工作相关的经验。Kohlberg的确考虑了这一因素，但他只进行了四项回顾性的案例研究，研究对象是两名医师和两名律师。

即使回顾性调查包括大量样本，但要以可靠的方式评价社会环境（包括职业环境）对道德思考产生的影响和可能的后果，这仍不充分。相反，还必须进行纵向研究。然而直至今日,这方面的研究还相当匮乏。如果我们考虑到这类研究需要付出的巨大努力,出现这种结果也就不足为奇。下文中,作者将进一步介绍四项纵向研究项目、两项田野研究项目和两项干预项目。其中,两项田野研究项目代表两种各有利弊的研究方法,两项干预研究的特点则在于选择了教育过程中不同的样本,即学徒和培训师。

田野研究:20 世纪 70 年代末期,马克思·普朗克研究院对柯尔伯格的理论和其后一些社会科学家的观点(特别是 Garbapino/Bronfenbrenner 1986)进行了研究,并首次通过一项集中纵向研究对其进行了测试。这项研究历时 7 年(1980—1987),有 21 位金属产业的年轻技工参与(Hoff 等 1991)。随后又进行了一项更为标准的纵向研究,由美因茨大学于 1989—1999 年进行,研究对象是 174 名保险公司的培训生。借助后一项研究,有可能进一步对柯尔伯格的阶段模式进行检验,其结果是在理论论证的基础上,对该模式进行了修正(Beck 等 2002;Bienengräber 2002)。这两项田野研究都分别对职业前社会条件、职业社会条件和个人社会条件对道德判断发展产生的影响进行了评价。

其中主要的假设认为,以下因素能促进道德判断的发展。

明显的和严重的社会问题及冲突;

➢ 可靠的评价;

➢ 轻松的沟通;

➢ 参与性合作;

➢ 社会责任的适当归属和确认;

➢ 活动和行为的选择空间。

马克思·普朗克研究院的研究证实了这些假设,只是"对社会冲突进行的公开讨论"并没有被证明是推进发展过程的一个必要条件。而美因茨大学的研究则证实,"可靠的评价"和"对社会冲突进行的公开讨论"对道德判断的发展起到特别重要的推动作用。其他被认为会对道德判断发展起到潜在促动作用的条件被证明至少没什么反作用,只是由于理论方面的困难,最终摒弃了"参与性合作"这一条件。此外,研究还揭示了道德判断发展具有的不同形式,以及快速发展和逆向发展的情况。所有这些都与柯尔伯格的理论假设和实证发现相矛盾。

美因茨大学的研究无法对 Bienengräber 完全不同的假设进行可靠的测试,该假设认为,其余的五项理论方面的社会条件不会影响道德判断能力的发展,只是会影响其某些特殊结构元素(以及这些元素的心理条件)。Bienengräber 是在数据收集阶段提出他的这些假设的。要想对这些研究的可靠性进行进一步改进,就要对某些变量进行修正,然而这是不可能的,因为这样会降低不同年份调查数据间的可比性。

两项研究的结果之所以差异巨大,可能归咎于它们采用的不同方法。

马克思·普朗克研究院的研究结果与职业教育研究关联尤为紧密，即道德判断的发展主要通过一些变量的特征进行解释，而这些变量恰恰又与职业教育和（或）工作环境相关。

另外两项干预研究项目只是间接针对道德推理能力发展的促进，打破了原有的单向研究策略，道德心理学家奥泽（F. Oser）引领了这两项研究。

第一项研究历时两周，对象为一家瑞士银行的 50 名学徒（Schläfli 1986），对比组的研究对象是同一家银行的另外 21 名学徒。两组课程的共同特征是：设定了一系列学习目标以及实现这些目标的具体步骤。这些目标和步骤并不直接针对道德判断的发展过程，因为这一过程不可能在数周之内完成，相反可能要花费数年时间，干预效果才能显现。因此，研究重点放在了那些基础性的个人内在前提上，这些因素容易进行沟通，从而能对道德判断的发展发挥潜在的助推作用，研究的策略如下。

➢ 解释和交流相关的心理、社会和道德方面的信息（如关于柯尔伯格的阶段模式）。

➢ 对工作或私人生活中遇到的现实或假设困境（即实际经历或编造的无法解决的冲突）进行有组织、有引导的讨论。

➢ 实现和对比。

➢ 评价并批判性地审视个人价值观的结构。

➢ 开放性的小组和全体讨论。

➢ 绘图练习、角色扮演以及其他的组内练习活动。

这些策略试图创造一种能对道德判断发展起到助推作用的环境，尽管其有效性仍待验证，然而研究充分考虑了责任因素。

尽管第一项研究的强化课程历时较短，但四项目标中仍有三项达成。而在半年之后进行的第二次干预实践中，参与者应对冲突、参与讨论及问题处理的意识和能力都明显增强。与强化课程前进行的测试相比，他们对社会上普遍给予的较高评价也更为注重，同时所有参与者对研究项目课程的态度也发生了改变。起初他们对这些课程态度不一，有的甚至明确反对，但现在都比较喜欢这些课程。

第二项干预研究的目标是，提高教师处理课堂冲突的能力。对那些潜在的或公开的冲突不仅应能较好控制，还应能加以解决。在所有设定的目标中，最重要的就是提高学生的沟通能力，从而创设有助于学习的、和谐的课堂氛围。Oser（1998）发表了一项名为《社会精神——人类的成功》的报告，研究建立在大量以瑞士教师和学生为对象的预备研究基础上，预备性研究的目的是测试采访提纲、指导原则和调查问卷，同时也为研究人员提供新的深层次认识：

➢ 教师在职业工作中需具备的与（解决）冲突相关的秉性，即公正、慎重和真实。

> 教师在冲突情况下能够采取的各种决断。

这些预备性研究提出了以下五种不同等级的决断形式。

(1)逃避：拒绝做出任何反应，不愿承担责任。

(2)采取防护措施或依据授权行事：承担责任，但只是依据法律规定的最低要求承担最低限度的责任。

(3)单边决断：教师完全独立做出决断，不征询学生的意见，也不考虑他们的想法。

(4)论证方式一：邀请学生参与并表达自己的想法，但不允许他们参与决断。

(5)论证方式二：讨论后通过投票方式进行调停。教师票与学生票效力等同，并无权驳回学生的投票。

教师的作用是评估潜在冲突的严重性和程度，并依据具体状况选择最适当的决断形式(1-5)。教师不是积极地介入，而是要尽力推动讨论和决断的过程。

虽然似乎只有通过"论证方式二"才可能达成一致意见，但这只适用于严重的冲突状况，而这对学生来讲又太难判断。然而，教师往往低估了学生处理问题的能力。他们并未意识到，学生对校内各种冲突特别熟悉。此外，"预先给予信任"也有激励作用，能对学生的学习、投入和责任感产生积极影响。Oser 认为，决定哪种决断形式最为适合，这本身就是对教师的一种挑战。它需要教师具有敏锐的直觉，而这种直觉通过培训能得到提高(参见下文)。

教师应允许学生进行适度的讨论，这不单会提高参与者的沟通技能，而且还会提高他们清楚说明自己的道德判断的能力。只要教师确保每个人都有发言权、能(以第一人称)表达自己的观点、坚持论题、积极听取并尊重别人的观点、努力澄清事实，那么处于等同地位和不同发展阶段的学生尽管会有对立的观点，但还是会彼此支持。培养学生的讨论能力也会满足对道德判断发展起促进作用的环境的要求。

如果通过这种方法使社会冲突以所有参与者(或相关者)都乐于接受的方式得到解决，那么学习效果也就可能得到提高，因为冲突不再转移学生的注意力。如果教师体现出了某种社会精神，就会支持学习过程。这种社会精神并不是完全建立在经验基础上，也不源于直觉，因为由于遗传基因、内在准则、外在力量和特定的角色模式，教师的直觉各不相同。相反，这种社会精神是以专业者的特性为基础的，因此也是可以学习的。

Oser 从实证角度证明了这些假设，他对 89 位教师进行了一项课程培训。教师被分散到四个不同课程中。其中一项课程以社会精神和论证为导向，第二项课程重点强调能支持学生独立性的教学方法，第三项将前两者相结合，最后一项是"对照组"。每项课程都由十个课时构成，组织形式为：从学校日常生活开始，通过角色扮演分析、讨论和模仿各种不同解决方案，并处理各自教学实践中的特殊任务。每个小组都采用了不同的方法和社会实践。

研究的核心假设是：在以社会精神和论证为导向的课程组，采用随意方法的可能性就显著增加。最终结果支持了这一假设。即使数月后再次进行评估时，这一小组的测评结果也是前测好，而且无论选择哪个介入点，他们的表现都优于其他各组。

7.7.4　方法论特征及其启示

道德判断的发展通常是通过让个体面对生命不同阶段的典型困境来评价的。困境是指使个体面对至少两种相互冲突的准则或道德原则，并通过标准化的提问对这些准则和原则进行解释，来仔细观察个体的反应。借助一本《评价指南》可以记录下这些反应并对其进行分析。所呈现的每一个困境都要符合同一个分类标准，即由它们得出的不同结果都能归并为同一种价值观。同一种价值观代表不同表现形式的各种结果，如以计算形式表示的结果、以模型表示的结果，或在最高发展阶段以参与者的特殊论述表达的结果等。可以对参与者表达出的道德判断（即所谓的"表现"）进行分类，并与其内在的道德判断能力和技巧相挂钩。

现有的评价方法各不相同，它们之间显著的区别如下。

➢ 困境代表的领域和环境不同。

➢ 呈现的困境与参与者本人实际经历的冲突状况相似程度不同。

➢ 对各种可能的反应进行界定的标准不同，如有开放型、半标准型和标准型，还有采用多项选择的方法。

➢ 对困境和随后的问题采用的呈现方式不同，有的用口头陈述，有的则用书面表达，较为极端的两种方法是访谈法和标准化调查问卷法。

特别是后两项区别显示了不同的研究效度。只有开放性的访谈才能促使参与者最大限度地运用自己的道德认知能力，并提出和努力证明他们认为所有参与者都会赞同的冲突解决方案。与之相对，通过"二选一"或做出标准化反应的方式来做出决策，要求参与者对困境有较好的理解，但多数时候只需要他们对所做出的选择给予辩护。

最常见的评价方法如下。

（1）由 Kohlberg 等提出的"道德判断采访法"（MJI）。它只针对个人生活中遇到的特殊困境，与日常生活中的一般经历相去甚远。各种反应是完全开放的、非标准化的。配套的《评估手册》记述了许多实例，都是针对具体困境的特定阶段行为辩护和建议的解决方案。特定阶段的实例和行为辩护列表可用来与采访结果相对比，如果对比结果一致，就可以依据柯尔伯格阶段模式对这些实例进行解释（Colby/Kohlberg 1987）。

（2）由 Gibbs 等开发的"社会道德反映调查问卷"（Gibbs/Widaman 1982；以及

Gibbs 等 1992 年提出的 SRM-SF）。与 MJI 类似，只是这里（受调查者的）反应以书面形式呈现。该问卷采用的道德判断评价方式是：在既定的冲突环境中，独立甚至创造性地进行表达的能力。然而这种方法只有用于能以书面方式熟练进行自我表达的参与者时才会有效。

（3）由 Rest 1972 年提出的"特定问题测试"（DIT）。

（4）由 Lind 1980 年开发的"道德判断测试"（MUT）。

后两项评估采用多项选择测试方法，测定特定阶段不同解决方案的受青睐程度。

纵向研究及其相关的前测研究采用评估方法必须由项目参与人自己开发。这是因为，研究人员最感兴趣的就是受调查个人如何处理他们日常生活和工作环境中的典型困境。而迄今为止，除 MUT 以外，其他各种方法没有呈现日常生活中的困境，也没有涉及工作环境中的困境。与评估方法相关的评价方法也是如此：评价手册的实例和陈述都是针对特定困境的。由于无法将其迁移或运用于其他困境，因此也不能用它们来解释其他环境中的问题（Spang/Lempert 1989）。

7.7.5 存在问题和发展前景

上文为我们提供了一些可以选用的研究方法，同时也指出了一些问题。如果完全沿用原有研究路线肯定会有问题，因此必须就某些方面进行重新定位。

（1）迄今为止，对于促进在普遍、公允原则上"正确的"道德判断发展的条件，我们还知之甚少。此外，认识到何为"正确"并不能导致和确保正当的行为。我们也不知道哪些内部和外部因素有助于将认识转化为具体的行为。弄清这一过程应该是未来道德判断研究的首要任务。

（2）尽管上述实证研究投入了大量精力、时间和资源，但整体上的成果还很有限。研究（职业）道德观的社会成因面临着方法论的困境。因为我们有时（相关的）样本较少，或者根本没有；有时采用的半标准化方法和评估手段又只支持那些以解释性理解和分析为基础的定性研究。如马克思·普朗克研究院的研究使用的就是这种方法。该方法能得到有效的研究成果，但却不具有代表性。而另一方面，正如美因茨大学的研究，虽然样本广泛，数据收集高度标准化，而且（从数量角度看）研究成果也更具代表性，但是由于成果效度欠缺而不能进行推广。也许将来我们可以弄清，是否可用最少的样本获得最多的认识，或通过很多样本却只能得到很少启发，还是说这两种研究方法都华而不实，而最终只能选择将二者明智地结合在一起，正如对生命过程和经历的研究中所做的那样（参见 Kluge/Kelle 2001）。

（3）就职业实践而言，这些研究成果不容小视。我们已经发现实证研究中存在的问题，这些问题阻碍了对柯尔伯格道德判断阶段模式的验证，也阻碍了将这一模式应用于职业环境中。如针对银行学徒的课程并没有按照柯尔伯格的观点被证实其对参与者发展产生的直接影响。但事实却是，它的确在许多方面产生了重要且持久的作用，如对规则和习惯的创建与接纳。对教师的研究与之类似，它主要强调，在学校冲突环境中，如何引入话语交流方式解决类似冲突。如前文所述，针对提高教师在教学中引入道德论证职业能力的"社会精神小组"，比其他小组的表现都出色。在这些研究中，柯尔伯格的阶段发展理论没有成为培训课程的内容。其阶段模式只被当作一种诊断工具，测试变量间可能存在的联系。

（4）基于上述原因，我们建议，只将柯尔伯格心理发展模式用于特殊的基础调查研究中，即不再将柯尔伯格的评估等级用于支持性干预项目中，而只在心理学和教育学研究中谨慎应用。这种方法更适合教育、职业实践以及职业教育研究。在职业教育实践中，与道德判断的发展相比，更需要加强学生的参与讨论能力。因为后者比前者更容易识别，而且通过重点发展话语能力，会自动提高道德判断能力而无需额外努力。话语能力更能得到灵活应用，而且可能同时实现问题解决和冲突控制，它与具体行为的相关性也就更大。

这两种能力都可以被视为沟通能力。就对沟通能力的研究和支持措施而言，我们更应注重加强话语能力和对话能力，而不是一种独白能力。

7.8　职业认同感

Sabine Raeder

7.8.1　在不断变化的环境中的职业认同感

由于工作领域的不断变化和对灵活性要求的提高，（职业）认同感（identity）再次成为研究的焦点。Sennett 等在 1998 年曾经提出质疑：如果人们在工作中有很高的灵活性，那么他们是否还可能形成一种稳定的认同感？森奈特还指出，经济发展和就业机会的不确定，导致个人生活规划的薄弱和盲目。然而，这个观点的基础是传统的认同感理论（如 Erikson 1959），即青少年时期形成的自我认识是构成认同感的前提；认同感一经建立，就会在整个人生中恒定不变。然而，Keupp 等（1999）和 Rattansi/Phoenix（1997）的研究却发现，认同感可能是不断变化和发展的。

本文认为，"职业认同感"是在工作和职业以及工作和个人之间终身互动过程的产物（Hoff 1994），而个人的就业和职业并不一定是稳定和连续的。对职业教育而言，这个观点意味着，在不断变化的工作世界中，个人的认同感不一定局限在特定的职业生活上。职业教育不但为个人职业认同的不断确定和定位提供支持，而且也指明了职业认同与个人认同感之间的联系点。

本文介绍四种职业认同感的研究方法，即社会认同感法、生活情境法、传记法和心理学方法。它们都针对职业认同感的某个方面，但没有一种方法能将所有方面都成功地结合起来。本文的宗旨正是说明这些方法的利弊，并为今后更完善的研究提供支持。

7.8.2　定义

"认同感"和"职业认同感"的概念在很多场合中使用。本文采用心理学范畴的"个人认同感"概念引申出"职业认同感"，因为心理学范畴的认同感概念关注个人和个人经历，而其他领域的概念则更加注意个人与工作环境间的关系，没有对个人认同感做出清楚的描述。通过采用心理学的概念和方法，我们可以分析与工作相关的自我认识。

Frey/Hausser(1987)将个人认同感理解为"个体的自我反映过程"。在这个自我反映过程中，个体形成了一种基于自身经验的结构，并在其各种经验之间建立起关联，由此形成一种"关联体系"，即"认同感"。据此，孤立的自我认知或自我描述，只是完整的认同感的一个方面。

Hausser(1995)和Raeder/Grote(2007)建立了一个由三个要素构成的个人认同感结构模型，这三个要素分别是自我概念(self-concept)、自尊(self-esteem)和心理控制源(locus on control)。

➢ 自我概念：包括传记连续性、生态一致性、态度与行为的关联性、情感与行为间的真实性、个性化和平等性等特征；

➢ 自尊：包括舒适和自我满足、自我设计和自我重视、意识和满足的经历、独立性；

➢ 心理控制源：包括可解释性、可预见性和可影响性。

按照豪瑟的定义，职业认同感针对职业和工作，是人的整体认同感的一部分。认同感的形成过程，是一个对与认同感相关的经验不断进行概括和详细说明的过程。上文的结构模型，就是在这个过程中呈现的。对于认同感形成在青少年时代便会终结的观点，学界一直存在很多批评(Keupp 1997)。以上的认同感模型也认为认同感的形成过程可以延伸到成人阶段。

研究表明，在工作和职业不断变化的环境中，"心理控制源"和"自我概念"中的传记连续性和生态一致性等特点十分重要。"心理控制源"是指对尚在进行中的过程进行决策和控制；而传记连续性和生态一致性则是Erikson认同感理论的主要关注方面。在工作相关因素不断变化的情况下，所谓的"职业金线"也不再能完全保证职业的连续性。如果人们在特殊的生活情境中面临相互矛盾的行为要求时，也可能被迫将主要精力投入到职业中（如投入大量时间来提高职业资格），那么这时就很难保证生活中各个方面的一致性。下文中，我们将对这些认同感的相关方面以及相应的实证研究方法进行讨论。根据豪瑟的认同感定义，可以说明各个相关概念和有关职业认同感的实证研究方法。

7.8.3 职业认同感研究的社会认同感法

社会认同理论（Ellemers 等 2002）把职业认同感定义为对一个职业领域的认同，以及对一个社会团体或专门化团体的接纳（Van Dick/Wagner 2002）。这里的"认同感"指社会方面的认同因素。在英语里，人们用一些同义词或近义词表达职业认同感，如 vocational identity、identification 或 commitment 等，都用于描述个人与职业之间的关系。

"欧洲劳动市场中的职业认同感、灵活性和迁移性"研究小组（FAME）将职业认同感定义为对工作和职业的确认（Brown 等 2007；Kirpal 2004b）。FAME 的研究考虑了职业教育的环境、历史发展状况和经济特征，研究对象为 7 个欧洲国家的雇员和雇主。该项研究得出了一系列工作认同感的形式，包括传统形式的和灵活、个性化的工作认同感。传统形式的认同感主要是对企业和工作任务的认同。具有传统形式认同感的人，认为工作变化是由于个人资源（如资格、动机和自尊）缺乏导致的一种威胁。具有灵活的认同感形式的人，为了实现其目标，则善于运用灵活方式发展能力；对公司和职业承担的义务，也是这些目标的组成部分。研究对象多处于这两个极端的认同感之间的一种认同感形式，即可以通过自我调整适应灵活性的要求。FAME 研究小组因此建议：职业教育应支持人们树立获取能力和承担自身事业发展责任的信心。除了职业能力外，职业教育还应该培养方法能力和社会能力、加强与工作过程相关的学习，并在学习和发展过程中提供支持与指导。

Mieg/Woschnack（2002）等的能力相关性方法，则将职业认同视为对工作能力的主观感知。他们对环保技术人员的职业经验和职业知识进行了调查。利用 Hausser 理论中的自我概念、自尊和心理控制源等概念，他们对职业能力中的认知因素、评价因素和推论因素进行了测量。他们所做的过程描述既包含了个人，也包含了职业，但只限于与技能相关的方面。此外，对 Frey/Hausser（1987）等提出的"关联体系"也从多个方面进行了分析，但没有涵盖个人的所有方面。

这些在职业认同感研究中采用的社会认同方法是成功的，如它们对个人认同感形成的环境进行了详细的描述，而且还明确表明了环境与认同感之间的联系。这些关于连续过程的知识，为职业教育提供了重要信息，这些信息可以帮助人们控制自己对其职业和工作的认同过程。FAME 项目还给出了相应的建议，即职业教育必须意识到，发生变化不仅是个人发展过程的结果，也是对外部要求做出的回应。

7.8.4 职业认同感研究的生活情境法

Baethge 等(1988)对从教育向职业过渡的青少年的认同状况进行了研究。作者提出了四种不同的生活方式,分别体现了青少年在生活中关注的不同方面。这四种方式是:工作导向型生活观、寻求工作与个人生活间平衡的生活观、将工作置于从属地位的家庭导向型生活观、对工作采取超然态度的享乐型的生活观。作者认为,生活观与认同感的概念是一致的。从心理学角度看,个人对于生活观的解释,对理解个人认同感的构成是必不可少的。

Pongratz (2003)以及 Pongratz/Voss (2003)对"自我创业型员工"这一理想类型进行的研究中发现:工作的变化以及工作态度的变化会影响个人的认同感。该研究从自我控制、自我商业化和自我合理化等方面对这种类型进行了定义。"自我控制"指必须独立计划、控制和监督自己的工作;"自我商业化"要求创业型员工主动开发个人的工作潜力,并将它推销给内部或外部的客户;"自我合理化"则是指以自我决定的方式,合理分配用于工作和个人生活的时间。这两部分时间的分配可以灵活调整,工作也可以占用部分私人生活时间。Pongratz/Voss 对 6 家公司的 60 名员工所做的定性研究发现,有 15 名员工属于"自我创业型员工"类型。这些员工的目标是:优化自己的工作表现、自觉开发自身的劳动市场潜力,并灵活安排其工作与个人生活间的时间分配。虽然这项研究并没有将(职业)认同感作为研究重点,却说明了职业认同感是如何根植于不断变化的工作环境中的。

Billett (2007)则分析了雇主和雇员对员工参与终身学习所持的不同甚至矛盾的观点,他主要研究了个体参与学习的动机。作为研究对象的五个人都很好地适应了他们工作的转变。在经历了工作变化并体验了工作与个体生活间的互动后,他们形成了一种自我意识。按照这个小样本案例分析,Billett 重点强调了个人方面的因素,包括与认同感相关的信息,如主体在学习和适应过程中的自我意识。

职业认同感研究中采用的这种生活情境方法,与 Hausser 的认同感模式和"自我概念"中的"生态一致性"之间有很大的联系。他们都指出了行为要求在不同生活方面的兼容性,Baethge 等(1988)将这种兼容性视为不同认同类型的主旋律;Pongratz/Voss 将其视为自我合理化以及由此做出的工作和生活时间安排;而Billett 则认为这是对生活不同方面的关注,即按照"生态一致性"原则对生活的各个方面给予同等的重视。

这些研究成果说明了外部要求和个人反应之间的互动关系。职业教育应该为沟通和个人间的交流创设一个平台,从而提高个体应对这些要求,并在这一过程中找到正确方向的能力。

7.8.5 职业认同感研究的传记法

Heinz（2002a）利用传记方法对青少年进行了一项纵向研究，将职业认同感详细分为三类，包括六种模式。

➤ 现状管理类：即特别注重职业连续性的人，其特点是或者对雇主极度忠心，或者只是寻求安全就业和合理工资。这一类别又可分为两种模式，即"公司认同型"和"工薪阶层习性型"模式。

➤ 进步志向类：属于这类的员工或者期望获得升职，或者想承担更多的职责，但并没有下一步晋升的目标。这一类别可以进一步划分为"事业导向型"和"机遇完善型"模式。

➤ 获取自治类：指那些注重个人个性发展或独立创业的员工，包括"个人成长型"和"自我雇用习性"模式。

分属于六种类型的不同个体，其职业发展经历的连续性和灵活程度都不相同。如"个人成长型"和"机遇完善型"的人有时会决定暂时中止工作而外出旅游或学习外语；"事业导向型"和"机遇完善型"的人倾向于参与继续教育或高等教育；"个人成长型"的人会利用失业期重新确定职业发展的方向；"公司认同型"和"工薪阶层习性型"的女性，则更有可能因为家庭原因而中断工作。Heinz 的研究是这方面为数不多的纵向研究，他从纵向发展的角度出发，成功解释了生活方式与个人对生活的理解之间的联系。但是这一项研究并没有明确指出认同感的问题。与认同感的各个要素有关的内容有（在个体职业生涯过程中的）连续性、（工作与非工作行为之间的）兼容性以及（影响和控制个人职业生涯的）能力。与心理学研究方法不同的是，这里对各方面的描述采用自传的方式，而非心理学描述方式。

对个体生活情境中的传记（历程）的分析，为我们提供了理解职业认同感的重要信息，特别是展现了个体在学徒阶段完成之后的发展状况。有了这种纵向研究，我们就可以评估出职业教育是如何对工作历程和职业认同感产生影响的。

7.8.6 职业认同感研究的心理学方法

霍兰德（Holland）等（1980）对职业认同所作的定义，可能是本研究本领域中知名度最高的。他们将职业认同感定义为"对个人目标、兴趣、个性和才能形成一种清晰、稳定的认识"。霍兰德等还划分出了六种类型的职业认同感：现实型、研究型、艺术型、社会型、企业型和常规型。其中，每种类型的认同感都有不同的职业兴趣、生活目标及价值观、自我信念和问题解决方式。不同的工作环境对应不同的认同感类型。如果职业认同感与工作环境间配合得好，就会使工作获得成功，个人得到满足。尽管工作具有很大的灵活性，可能会发生变更，但人们仍然应该坚守在适合自己的职业中（Gottfredson 1999）。霍兰德等的这一理念被广泛应用于职业咨询，其理论基础是：明确的职业取向是个人成熟程度较高的标志。认同感与工作之间完全有可能实现最佳的配合，因此，这也限定了个人认同形成的不同发展选择。依据这一理念，我们可以分析个人与工作之间的联系，但这种分析不会像"社会认同感法"分析的那样具体。

7.8.6.1　认同感形态

Marcia（1980）对 Erikson（1959）的概念进行了扩展，将认同感定义为特定阶段的发展任务。Marcia 认为，认同感形态并不限定在某个年龄段上，而有些人也可能反复经历同一种状态。因此，认同的形成是一个贯穿终生的过程。人也可能在不同的生活领域内同时经历不同的认同状态。Marcia 重点研究了职业选择和工作中的状态，以及对宗教和政治的态度。他划分出四种认同感形态：认同感达成、认同感拒拆、认同感分散、认同感延缓。他对处于这四种认同状态的个体进行了如下描述："认同感达成的个体已经度过了决策阶段，正在追寻自己选择的职业和意识目标。认同感拒拆的个体也致力于某项职业和意识主张，但这些都是由其家长选择的，而不是他们自己的选择。这些人往往很少，或根本没有'危机'迹象。认同感分散的个体多数是还没有确定职业方向和意识方向的年轻人，无论他们是否已经度过了决策阶段。认同感延缓的个体正在与职业问题和（或）意识问题做斗争，他们正处于认同危机之中。"

虽然 Marcia 承认认同是在被不断反思的，但他认为，"认同感达成"就是一种成功的认同形成目标。因此，其理论对认同感形态做出了一种规范性的评判。

7.8.6.2　工作心理控制源的发展

Hoff 等（1991）在一项以技术工人为研究对象的纵向研究中，分析了工作心理控制源的形成。该研究认为心理控制源是每个人个性的组成部分，但是并没有对心理控制源进行测量，相反却（与其他认同感研究一致）主要研究了个体心理控制源的形成，以及它是如何融入个体的自我设计中的。该研究划分了两种不同的控制源：决定性心理控制源和互动性心理控制源。决定性心理控制源又分为内部控制源（事件是由个人决定的）、外部控制源（事件是由外部环境决定的）和宿命论控制源（事件是由机遇或命运决定的）。互动性心理控制源认为，事件是由个人与环境之间的互动关系决定的。

研究开始时的调查显示，内部控制源、外部控制源（事件或由个人决定，或由环境决定）和互动性控制源在样本中的分布状况基本相同，极少数研究对象表现出了宿命论控制源。在六年后进行的第二期调查中，宿命论控制源已经完全消失，有五名研究对象转而采取了外部控制源或互动性控制源。研究因此得出结论：个体选择与环境制约的并存，以及经历冲突情境，都促进了互动性心理控制源的形成。Hausser 把这种互动性心理控制源引入了其认同感研究中。Hoff 等还提出了一种很有针对性的方法。这样，他们就成功地把与认同感相关的信息，和对作为认同感形成场所的工作环境的描述结合起来了。

7.8.6.3 连续性的和灵活的认同感类型

在 Hausser 的影响职业变化的认同感三要素（即传记连续性、生态一致性和心理控制源）的基础上，笔者提出了一种与工作相关的认同感分类模式（Raeder/Grote 2004），其基础包括质性研究结论和量化数据分析。本研究的样本为来自不同职业群体和具有不同受教育程度的成年人。在质性研究部分，通过交流确认（communicative validation），将认同感理解为"主体的自我认识"，它包括以下类型：连续型、工作中心型、批判灵活型和自我决定型（Lechler 1982）。连续型认同感的显著特征就是抓住了一条贯穿职业生涯的"金线"；工作中心型则表现出生活各个方面的严重的不一致性，这往往是由于工作在生活中所占比重过大而引起的；自我决定型具有较强的内部心理控制源，即将具体状况由个体因素控制，而不是像互动性控制源那样，由环境和个体因素的相互作用控制。具有不同认同感类型的人，在工作中的地位往往不一样。例如，经理往往出现在连续型或工作中心型认同感的人群中；而批判灵活型和自我决定型的人更多是那些不承担管理责任的员工、在机制灵活的公司中工作的员工以及经历过职业变化的员工。与其他类型不同，批判灵活型的人对雇主提出的有所变化的要求往往持否定态度。研究显示，尽管人们普遍要求个体提高灵活性，但事实上，这种灵活性并不能促进人们的事业成功。将认同感与工作感受相结合，我们得出了二者之间的关系。然而，单纯依据跨领域研究，还无法对这种相互作用的过程做出解释。

与本节前文所呈现的三种方法相比，心理学方法能更准确而简明地描述出个体和个体的发展，但是除 Hoff 等人的研究外，对工作和教育方面的描述还相当抽象（Hoff 等 1995）。研究结果表明，职业教育应当为学员创造机会来讨论这些互动关系，并反思工作的稳定和变化对个人产生的影响。职业教育还应该帮助人们做好应对这一过程的心理准备。

7.8.7 研究方法问题及其启示

本文所引用的研究多数是通过访谈和依赖小型样本进行的职业认同感研究，它们均成功地获得了个人工作和生活的历史资料。这与那些采用标准化问卷调查，但是局限于对认同感的少数几个方面的研究相比，显然是一种优势（Hausser 1995）。

但是，这种研究方法对自我认识的形成和发展过程的考虑还不够充分。我们必须认识到，对研究所获得的数据分析和解释的方式，与个人进行自我描述时乐于选择的方式并不一致。我们发现，虽然研究对象接受了研究者对他们的认同感进行描述的类型（Raeder/Grote 2007），但他们可能更愿意选择用其他类型来描述自己的认同感。对于能够详细说明认同感的内容和概括说明认同感的形成过程方面的知识，我们了解得还很有限，而只有这种知识才能促进个体认同感的建立和发展。在研究认同感的形成过程时，只有 Hoff 等使用了纵向研究方法（Hoff 等 1991；Heinz 2002a）。在今后的研究中，应该重点针对这些缺陷进行改进。

7.8.8　未来发展方向

随着工作和教育灵活性的不断提高，职业越来越多地成为一个贯穿终生的设计过程。阶段性失业、自愿或为顺应环境而选择新的职业取向等状况都会时有发生。这些情况将如何影响认同感、工作和教育之间的关系，根据现有研究成果还无法做出回答。

此外，职业教育应当清晰地展现出个体职业认同感的发展类型和前景。为了支持青年人实现与工作相关的自我设计，职业教育还要明确各种可能的选择，并指出其需要具备的条件，如职业技能。如果人们能够进行准确的自我定位并确定职业方向，就可以了解自己所处的职业现况，或者设想出在未来生活中可能遇到的某种职业状况。此外，还应考虑到生活和职业的自我定义的可变性。

应当对职业教育中采用的方法和教学中提供给学员的方法进行评估。为能对这些方法所产生的影响做出正确的评价，必须开展各种纵向研究。

7.9　职业的专业化

Harald A. Mieg

7.9.1　职业的专业化作为一种国家和社会现象

职业的专业化，是指从普通职业到专业化职业的转变。所谓专业化的职业，是指其从业者在某种程度上享有确定和控制工作标准的自主权的职业，而广义的"职业"是指有偿、有约束性质量标准的工作。按照广义的说法，人和活动都是可以被职业化的，并实现其职业性。

职业的专业化是 20 世纪初由英裔美国人发展起来的职业社会学研究课题。最早具有里程碑意义的事件，是 Carr-Saunders 和 Wilson 著作的出版（1933）。在很长一段时期，有关职业专业化的讨论只是集中在医疗和法律方面的职业，目的是区分专业化职业和普通职业。如今，这种方法被认为是毫无效果的。从 Freidson 的研究开始，职业社会学研究重点转向了对职业主义（职业化）理念和现象的研究。他认为，职业主义是除市场规律和科层制度外的第三种工作组织逻辑。与市场规律和科层制度不同的是，职业主义是由专业人员进行的自我组织和自我规范。如今，Freidson 被视为职业研究的主要学者，也是各种专业化职业的主要倡导者（1983/1986/1994/2001）。

从历史发展角度看，职业的专业化有两种类型：一是"由内部引发的"专业化，即职业本身就是专业化过程的主体和承担者；二是"由上级引发的"职业化，即职业是政府管制的客体。在英国和美国，职业的专业化往往是"从内部"发展起来并获得了较高的社会地位。在德国和法国，职业的专业化过程则按照欧洲大陆模式进行，即重要的职业群是"由上级"按照国家规定的教育培训课程和职业规范设计而成。盎格鲁—美国和欧洲大陆的职业化发展在 19 世纪最为显著（Conze/Kocka 1985）。如果不考虑这些不同的历史渊源，我们就很难理解盎格鲁—美国的职业与德国或法国的自由职业之间的区别。从历史角度看，职业的专业化是一种无预期目标的过程（Mieg 2003），或是一种从历史角度可追溯的战略。通过这一战略，一个职业试图"在资本主义市场中和阶级社会中提升自己的经济和社会地位"（Siegrist 1985，329）。

职业专业化理论必须解释，为什么特定的职业群（即专业化的职业）可具有广泛的自主权。这一自主权主要体现在对工作条件的控制上，即"对工作的职业化控制"，特别是：

> 界定职业教育的权力；
> 对市场准入的控制；
> 定义、组织和评估工作质量的权力。

专业化职业的核心特征表现在，对工作绩效的定义和评估是职业内部的权力。即专业化职业在很大程度上自己确定绩效标准，并进行自我评价；相反，工业生产和服务质量的评价却由国家进行。这种自我规范不仅有标准，而且还按照职业内部的竞争和特定岗位的资格要求来实现。

尽管人们对专业化职业的定义存有争议，但对实现职业的专业化的条件却有很多共同见解。深入了解这些条件，就能在不同职业间划定界限，同时也可以明确研究方向（Mieg 2003）。这些条件如下。

（1）首先要有包含较多不确定性因素并需要专门知识的特定工作任务。例如，医生需要对疾病进行诊断和治疗。Abbott 在其《职业体系》中展现了，各职业间是如何利用抽象的行动知识和解释性知识，为争得对某项任务的管辖权而展开竞争的（1988）。

（2）这些任务包含公认的社会核心价值观，如医生职业的健康价值观、律师职业的公正价值观、环保职业的自然保护价值观。具有社会共享的价值观，是实现职业专业化的一个条件。

（3）具备不断扩展的学术教育基础。尽管历史上并非所有专业化职业都是从大学专业演变而来，如英国的律师职业。但是时至今日，学术化教育基础对专业化的工作是不可或缺的，因为技术知识的生命周期正在迅速缩短，而基础理论知识的有效期要长得多。

（4）具有全国性的职业组织。专业化的职业是有组织的职业群体，先建立地方职业组织，进而再建立全国性的职业组织，这一做法被认为是职业专业化过程的一个里程碑（Wilensky 1964）。这样，专业化的职业就成了一种"共同体中的共同体"（Goode 1957）。

专业化进程在职业教育中起着重要作用。我们可以提出以下问题。

➤ 新职业是怎样发展的？如信息技术和环境服务业（Leal Filho 2001）。

➤ 如何解释目前"职业性要求和吸引力"（Evetts 等 2006）？专业的自我控制是否是一种新型的分散化职业控制（Fournier 1999）？

➤ 如何区别职业化工作与志愿性工作，能否将志愿者的工作职业化（Mc-curley/Lynch 1989；Mieg/Wehner 2004）？

➤ 在国际化和柔性化劳动市场中，职业化是否能为职业认同感的建立提供支持（Hellberg 等 1999）？

➤ 职业化的科学和社会之间有什么关系（Kurz-Milcke/Gigerenzer 2004）？

7.9.2　盎格鲁文化国家有关职业的专业化理论

从历史上看，盎格鲁文化国家的职业社会学一直被两种对立的理论主导，一是"功能主义理论"，代表人物为 Parsons（1939/1951/1968）和 Goode（1957）；二是权力理论，即对功能主义理论做出的批判，代表人物是 Johnson（1967/1977）和 Larson（1977）。

功能主义的基本内容是，专业化职业承担社会的重要任务，因此获得了一定权力和义务，如医生负责健康，律师负责法律体系等。专业化职业的权力包括一定的自治权和高出平均水平的收入。专业化职业的一个重要义务是一定程度的"利他主义"，即服务取向，从而保障实现 Parsons 所说的"社会责任"（1968，536）。

按照权力理论，专业化职业本质上是一种经济与社会关系的载体，因为它控制了某一职业领域。Johnson（1977）认为，专业化职业的特点是，它能（参与）确定客户的需要和所提供的服务，而客户对其有依赖关系。从这方面看，职业的"利他主义"是空洞的，只是新兴的中产阶级将其成员的共性目标合法化的一个借口。

除上述理论外，还有一种"从业者与客户互动"理论。据此，专业化职业是"专业化的行动"，是一种对人的改造或支持，与客户间的互动特别重要。这里的关键是，专业人员如何向客户或观众展现自己，Hughes 称其为"专业化宣誓"

（profess）（1965，2）。

在盎格鲁文化国家的职业社会学研究中，人们试图对专业化职业进行定义，并寻找职业专业化过程的实证依据。Wilensky 把专业化过程划分为七个阶段（1964），即①一项工作变成一项全职职业；②出现了职业培训机构；③设立大学的专业；④创建地方性的职业组织；⑤创建全国性的职业组织；⑥建立国家许可制度；⑦建立职业道德准则。

然而，Abbott 发现，这个专业化发展路径会随着政治结构的变化有所不同，包括地方和国家层面（1991）。国际比较研究也表明，专业化发展有多种模式（Torstendahl/Burrage 1990；Burrage/Torstendahl 1990）。

Hall（1968）对职业的专业化程度与职业成员自治需求间的关系进行了研究。研究证明，职业自治权较高的职业（如医师）与较低的职业（如护士）相比，其工作组织结构中的官僚化成分较少，因此享有高度职业自治权的职业群体经历了更多与官僚结构的冲突。针对企业内职业角色冲突的研究至今仍未取得一致成果（Mieg 2001），但是职业的专业化程度确实影响着职业成员的身份认同（Mieg/Woschnack 2002）。

Rueschemeyer 认为，专业化是对知识的一种社会结构化过程。他还对权力和知识之间的关系进行了分析，特别是对"特定知识载体进行控制的团体"的权力（1986，104）。由于现代社会对知识的需求迅速增长，专业化成为一个"满足极度扩大的知识需求的制度化发展过程"。他还认为，职业的专业化理念，是盎格鲁文化国家市场本位的职业观，与欧洲大陆文化的科层管理职业观相融合的一种方式。

知识是现代社会的基础和职业发展的源动力，人们对这个观点已经达成了共识。有学者还提出将专业化职业理解为"知识型职业"（Evetts 2003）。与传统的理解相比，这可能会使专业化职业的理念得到更大的推广。

7.9.3 欧洲大陆文化国家有关职业的专业化理论

欧洲大陆没有与英语"专业化职业"（profession）一一对应的词汇。在法国，profession 就是普通意义上的职业；而在德国，profession 用于说明个人与某一职业的从属关系，但并不表明该职业具有某种特征。盎格鲁文化的 profession 对应法国的 professions liberales 和德国的 freie berufe，即"自由职业"。"自由"的概念源自七个学科，即语法、辩证法、修辞学、算术、音乐、几何学和天文学。从罗马时代开始，学习上述学科只对自由和富裕的公民开放。在中世纪的大学里，它不但是核心课程，而且是学习神学、医学和法学的前提条件。

欧洲大陆的职业社会学理论与普通社会学理论有密切的联系。Durkheim 研究了社会的道德基础（1992），认为职业化是建立在职业全体成员基础上的道德共同体形式。社会学家韦伯(Weber 1972)将律师、医生和艺术家等"自由职业"视为一种具有特权的职业,因为它们有潜力对政府或其他团体的经济政策产生影响。目前,不但已有多部研究专业化的社会学著作,而且对工作和组织内部的专业化进行研究的呼声也越来越高(Evetts 等 2006)。有关专业化研究的理论基础是 Foucault 的两个概念,即"合法性"和自治主体控制的"标准化"操作(1979/1980)。他认为,从 16 世纪开始,一些特殊的专门知识的发展成为政府管理的一项关键要素。他还分析了劳务公司如何利用专业化职业概念解释"恰当"的工作认同、行为和实践,认为专业化职业是"一种领域逻辑,把'自治性的'专业化实践定位在一定的责任和义务范围中"(Fournier 1999,280)。这种解释有助于人们理解,为什么在现代社会中认为专业化是为职业发展服务的一种机制。

在德国现代社会学研究中,Oevermann 提出了一种修正的"职业专业化行动"理论,它的关注点是从业者与客户间的互动,其核心理念是:"专业化职业的功能,是被授权用来帮助顾客处理危机"(2001,3),即专业人员要在一个特定实践领域代替其客户解决问题。据此,他指出了专业人员提供帮助时的以下三种"危机和危机处理方式"。

➤ "躯体—精神—社会"整体关系的建立和维护(如医疗、社会工作和心理治疗职业);

➤ 对公正和法律的维护(如律师);

➤ 对经验性、规范性、伦理的、美学和逻辑性知识的创建和检验(如科学家)。

Oevermann 认为,从功能角度看,只有以上三个领域存在被授权处理危机的情况,因此也只有这三个领域有必要实现职业的专业化(2001,15),尽管有些领域并没有实现专业化,如教育和社会工作者,而另一些职业(如工程师)事实上已经实现了专业化,但从理论上看却并不需要专业化(Oevermann 1996/2001)。Oevermann 理论在德国社会学界具有很大的影响,但争议之声也不绝于耳(Mieg/Pfadenhauer 2003)。

如果说有一项研究整合了盎格鲁文化和欧洲大陆国家的职业专业化研究的话,那就是所谓的"社会隔板"(social closure)理论(Murphy 1988),即职业的专业化导致了专家与非专家的制度性分离。

7.9.4 有关专业化研究的心理学和社会学理论的融合

有关人的专门技能和专业知识发展的研究,在心理学上属于"专家知识"(expertise)研究的范畴(Chi 等 1988;Ericsson 等 2006),其典型案例是对国际象棋大师和医学诊断的研究。专家知识研究采用了一种宽泛的"专家"概念,即专家只是某一领域的优秀者,或者说绩效最佳的、比例占 10% 的人(Ericsson/Smith

1991）。专家知识研究取得了以下公认的成果。

➤ 专家的能力遵循"领域特定性原则"，即某一领域的技能和知识不能转移到其他领域；

➤ 专家知识不依赖于一般的能力，如智力和记忆力等；

➤ 存在一种所谓的"十年规律"，即专家知识的形成通常需要十年的专门训练或"刻意练习"（Ericsson 等 1993）。

综上所述，为适应某一特定领域的要求，专家在不断进行着认知调整（Mieg 2001）。专家知识存在于专门化的、基于经验的知觉和行为结构中。如今，专家工作已经被制度化，属于专业化职业。用 Abbott 的话讲，"职业专业化是工业化国家中实现专业知识制度化的主要途径"（1988，323）。他还对专业化的职业工作进行了分析，将其工作活动分为三部分（见图7-5）。

（1）诊断：描绘出客户的相关需求，并将这幅"图画"放入其诊断范畴中；

（2）推理：掌握诊断信息，指出不同处理方案及其可能产生的后果；

（3）处理：与诊断类似，在处理过程中也对问题进行主观化设计，正是这种设计方式，体现了专业化职业的特征（Abbott 1988，41-44）。

图7-5 专业化工作活动的组成（Abbott 1988）

在此，"推理"是专业化工作的主要部分（Schön 1991），也是职业自治的核心内容（Abbott 1988，40）。实践中，专业人员有可能将诊断和处理工作交给他人处理，如医生需要其他技术科室或助手帮助诊断和处理病情，然而对病情进行推理分析则是医生自己的工作。Hawkins（1992）和 Freidson（2001）采用"斟酌"代替"推理"一词。其实，推理的过程包含了斟酌，如选择哪种方法等。可以想象，当专业人员慎重进行专业化推理时，如果他感受到约束，就很有可能与研究同一问题的人士发生冲突（具体证据参见 Mieg 2000）。

专家行为的基础不仅包括专业知识和工作，也包括由非专家认可的专家角色（Mieg 2001），核心是权限的分配。

➤ 专业化人员：他们对图7-5所描述的整个工作任务负责；

➤ 研究人员/分析师：其核心任务是对分析进行修正（即诊断部分）；

➤ 专家/决策支持专家：对决策过程提供支持，重点放在推理部分（Mieg 2000/2006）。

在这种情况下，专业化就意味着专家角色进一步得到扩展，涵盖了职业工作的全过程。显然，职业的专业化包含的内容不仅仅是专家知识和专家角色。我们还必须对不同层面的专业化进行区分：①个体层面，即个体具备的能力（或专家知识）；②团队层面，即专门的职业群或专业化组织；③任务层面，即内在的自治程度。

对这三个层面的研究引出了相关的研究问题，如职业资格的种类、职业认同感和职业间的竞争。

如前所述，职业的专业化伴随着社会建立"隔板"的过程。专业化的职业群体不仅要自己确立内部的工作标准，而且还要保卫其领域的自由决定权不受其他职业的干涉。

7.9.5 抽象知识和专业间的竞争

Abbott 认为，必须把专业化职业作为一个系统看待。该系统以工作为中心，包含职业和职业与特殊任务之间的关联。他将职业与其任务间的联系称为"管辖权"。职业之间彼此竞争，目的就是取得对特定任务的管辖权，采用的手段是知识。职业之间竞争所使用的武器是一种特殊的知识，即抽象知识——"抽象知识是专业竞争与普通竞争的本质区别"（1988，102）。

将专业化工作与抽象知识相结合，是职业社会学研究的通行做法（Stinchcombe 2001），这与 Hughes 的观点也是一致的。后者认为，专业化工作的"超脱"是指"对具体事件没有个人的兴趣（如影响个人行为的建议），但对一类共同事件却有十分明确的兴趣"（1965，6）。类似地，Parsons 将专业化工作中的抽象知识称为"智力成分"（1968），Freidson 称其为"正式知识"（1986）。

Abbott 认为，抽象知识有两种形式。第一种抽象知识由于缺乏具体内容，因此是一种简单的"简化"，它可以涉及多个不同主题（1988，102）。如心理学断言："酗酒是一种人格障碍"。这既可以属于普通心理治疗领域的问题，也可以是纯粹的医疗问题或公共管理问题。

第二种抽象知识是指对知识的"正规化"处理，它以正式论述的方式详细阐释一个主题的多个层面。"正规化"意味着一个专业为一类专门问题提供了正式的、系统化的解释，如现代医学的言语体系为开展医疗工作提供了一个诊断系统，巩固了一个职业的管辖权（Abbott 1988，102）。

第一种抽象知识（即简化）对职业竞争而言是一个攻击性机制。通过简化，一个职业可以宣布对新的问题具有处理权。第二种抽象知识（即正规化）则是一种防御性机制，它通过设立较高的职业标准，防止潜在的入侵者夺走其管辖权。有关新兴的职业环境如何服务市场的研究表明，职业间的竞争是由抽象化程度各异的知识载体间的竞争构成的（Mieg 2002；Mieg/De Sombre 2004）。

7.9.6 结论：抽象知识在职业教育中的作用

目前，抽象知识对界定学术性知识以及未来的研究方向起着重要的作用。由于专业化职业是以知识为基础的，职业的专业化与学术化在职业教育中有着紧密的联系（Mieg/De Sombre 2004）。总的来说，抽象知识具有以下特征。

➤ 生命周期长：具体知识比抽象知识更容易老化；

➤ 持续性：抽象知识能帮助我们将具体的职业工作与具有持续性和普适性的专业知识连接起来（Hughes 1965，6）；

➤ 竞争力：抽象知识有助于界定和拓展新的专业化工作领域，如生物领域的基因诊断；

➤ 有实现合法性的潜力：由于抽象知识已成为社会共享文化知识的组成部分，因此有助于在公众心中实现职业工作的专业化，并实现高收入的合法性，如精神分析治疗工作。

目前，大学与专业化的职业之间存在一种共生关系。专业化职业需要大学开展"职业教育"，不但要依据职业工作不断更新其知识基础，而且也需要职业活动推动和实际检验其学术知识。专业化职业缩短了"观念和实践间的距离"（Luhmann 2002）。因此，职业的专业化是实现技术推广、市场化和大学知识迁移的重要形式。

8 职业教育教与学的设计

8.0 职业教育教与学设计概述

Lorna Unwin

8.0.1 导言

正如本书所示，职业教育是一个多样、动态而且异常复杂的活动领域，从尚处义务教育阶段的青少年到接受再培训、技能提高或专业继续教育的成年人，都可能涉入其中。职业教育发生在不同的场所，包括各种规模不等的工作岗位、车间和教室。现代信息和通信技术的发展和应用，又为职业教育提供了新的空间，例如在火车和飞机上，商务人士不但可以完成工作任务，同时也可进行与其职业发展相关的学习（Felstead 等 2004；Whittington/Mclean 2001）。职业教育的多样性既反映了一个国家工业、商业和服务业的不同需求，也越来越多地显示出一种强大的世界力量，这对职业教育实践和政策提出了严峻的挑战。虽然各国发展职业教育的措施不尽相同，但大家共同关心的一个问题是：如何确保知识和技能的有效发展。

本章重点讨论职业教育的教学组织，首先对各种术语进行探讨，然后简要回顾文献中的一些重要争论。论述证明：由于职业教育本身的复杂性，其教师、培训师和政策制定者必须采用大量不同的教学方法，这些方法具有高度的开放性，从而适应不断变化的教育内容和学习者的要求。

8.0.2 职业教育的学习语言

职业教育体现了国际语言的丰富多样性，但其术语有时还是令人费解。最明显的例子就是"didactics（教学论、教授法）"与"pedagogy（教育学）"的不同含义以及对"competence（能力）"的不同理解。首先讨论"教学论"与"教育学"这两个概念，当然这两个词不仅在职业教育中使用，也出现在其他教育领域。由于人们用它表述不同国家对职业教育深层次的理解（有的国家只用其中一个词），因此必须首先讨论它们的用法。"教学论"通常在德国和北欧国家使用，而英国、澳大利亚、美国和其他英语国家则更多使用"教育学"概念（Nordkvelle 2003；Terhart 2003a；Simon 1994）。didactics 的法语是 didactique，俄语为 didaktika。didactics 的使用要追溯到 19 世纪，当时德国学者将"didaskein"（意为指向或示范）与希腊语"techne"结合起来，并引入柏拉图的哲学"辩证法"概念。尽管实事上包含着师生对话的含义，然而 didactics 在具有盎格鲁文化传统的美国的教育研究和实践中还是有负面意义的。Hamilton 指出，didactics 在《牛津英语词典》中的定义等同于"既'教条'又'乏味'的死板的教育行为"（Hamilton 1999，135）。在英语里，"教学（teaching）"常被认为过分强调以教师为中心。例如，如果要求学生只是坐在那里听讲而不是积极参与，这就被认为是"过于 didactic 了"。换言之，英语 didactics 的重点是向学生传授知识，而不强调积极参与和双向对话。

正如 Hamilton（1999）解释的那样，英语的"pedagogy"一词与欧洲大陆使用的"didactics"一词的含义十分相近，因为这个概念包含了更为广义的学习过程，这比"teaching（教）"所包含的意义要丰富得多。两个概念都考虑了学生特征的课程组织，含有"形成"（becoming）之意，这对职业教育非常重要，因为它准确抓住了以下内涵，即职业能力的学习过程包含对特定职业领域的历史文化的学习、建立对该职业的自豪感以及将职业能力代代相传的意愿。具有讽刺意义的是，"pedagogy"一词在英国还有一段混乱的历史，源于 19 世纪和 20 世纪早期在教师培训领域存在的矛盾（Simon 1981）。在职业教育领域，这种混乱状况持续的时间更长。与其他欧洲国家不同，现在英国的雇主仍能在企业没有合格培训师的情况下招收学徒。直到 2002 年，英国才要求所有继续教育院校的教师，包括职业教育教师，必须获得国家认可的教师资格（Huddleston/Unwin 2007；Fuller/Unwin 2003）。

虽然"didactics"具有悠久而且基本稳定的历史，但自 20 世纪 70 年代伦敦社会学家 Bernstein 和巴西激进教育家 Freire 的著作发表以来，"pedagogy"概念在具有盎格鲁文化传统的美国得到了广泛应用。Bernstein（1971）深受德国教育思想的影响，他认为，教育既是对社会规范的传播，也是对方法的传授，从而揭示了教育与政治间的相互联系。而在巴西较早利用成人文化知识造成农民激进化发展的

Freire(1970),将教育学的概念定义为"实现解放的载体"。由此又发展出了相关理论,如"女性主义教育学"和"批判教育学"等。虽然 Bernstein 和 Freire 并未特别强调职业教育,但他们的研究成果仍与职业教育有着密切的联系,因为它要求所有教师和培训师对自己的实践进行批判性的反思,并认真思考他们的工作目的和道德规范(Grace 2007;Young/Gamble 2006)。

本章也涉及对"competence(能力)"进行的探讨,因为它的含义已超越了传统的尺度,即衡量一个人是否掌握了足够的专业技能,以完成一项或一系列令雇主或考核人员满意的任务。在澳大利亚和英国,由于在职业资格体系中引入了以能力为基础的理念,从而在职业教育领域赋予了 competence 以特别的意义(Raggatt/Williams 1999;Boreham 2004a;Hager 2004)。其基本观点是:职业资格由通过对一项工作任务的功能分析中得到的一系列能力描述组成。如果考生能够证明已经达到令考官满意的能力水平(一组能力描述),他就可以获得资格而无须参加任何学习。如果能证明自己已经达到能力描述中的一部分要求,那么他只需要接受针对那些尚未达到要求的能力部分的培训。无论在英国还是澳大利亚,这种以产出为导向、评价驱动型的职业教育模式都备受争议,但决策者仍然在推动和扩大这一模式方面投入了巨资。其结果是,职业教育的教师和培训师必须按照这种模式调整自己的教学。

除了职业能力和岗位能力概念外,世界许多国家(包括欧盟)开发出了多种多样的所谓的关键能力列表(Weigel 等 2007),这些能力亦被称为"通用能力""可迁移能力"和"核心能力"(或技能)等,其中包括沟通能力、计算能力、应用信息通信技术能力、解决问题能力、做出决策的能力、与他人协作的能力和对自我学习进行反思的能力等。用以支撑关键能力的基本理论是:在当今世界经济全球化背景下,人们必须对雇主表现出灵活性和适应性才能保住自己的工作(相关评论参见 Brown/Duguid 2001),仅仅具备专业能力是不够的(Kristensen 2001;Kämäräinen 2002)。同样,将关键能力纳入职业教育课程和评价体系的做法,又对教师提出了巨大的挑战。Hodkinson(1998,199)对此批评道:过分强调教学组织和学习内容设计符合经济发展需求的做法问题很大,这样一来,"教育培训就被看成一个系统的生产过程,好比流水生产线,有输入、过程和产出,质量和效率是主导"。

对以能力为基础的模式,针对关键能力等相关概念的主要批评是:知识与技能无法从具体的工作情境中抽象出来(Billett 2003)。这将在下文中具体讨论。

8.0.3 情境中的教与学

1991 年,Lave 和 Wenger 合作发表了一部题为《情境学习》的短篇作品。事实证明,这是教学思想发展史上一个重要的转折点,同时它与职业教育也有着特殊的关系，因为它把工作岗位提高到了"学习场所"这样一个重要的地位。该书在从"传授—获取模式"向"以参与为基础、将学习作为一种社会过程的教学模式"转变的过程中具有里程碑的意义（Beckett/Hager 2002）。Beckett 和 Hager 对传统的"传授—获取模式"做了这样的评价：按照这种模式，学习为人类的大脑"稳定地供给各种观念"；学习作为一种产品，其重点是"储备不断积累的观点，从而构成一个充实的头脑"（Beckett/Hager 2002，97）。目前，这种模式在许多国家的公立教育中仍然占据着主导地位，包括职业教育。它之所以对决策者有吸引力，是因为这种学习的效果可以通过正规测验和考试进行检验，而政府也能对教学质量进行比较。

Lave/Wenger 提出的"情境学习"理论指出：个体是通过积极参与社会群体活动进行学习的，例如工作岗位上的学习。作为初学者，个体（如学徒）在"老手"或专家的指导下通过参与"实践共同体"的实际工作进行学习。随着时间的推移，他们逐渐从"合法的外围参与者"发展成全面的专家。由于个人真正参与了工作场所的"课程"（包括该实践共同体的社会实践、规章制度和各种仪式），因此对大家共同制造出的产品也产生了自豪感（Fuller 等 2005；Eraut 2000a）。

对 Lave/Wenger 理论的批判意见是：他们的实证研究仅限于一些特殊团体，其活动和环境很难与发达经济体中的工作岗位相比较。以社会文化行为理论为基础进行研究的芬兰学者 Engeström（2001/2004）在情境学习理论基础上，研究出了所谓的"扩充学习"（expansive learning）理论。他认为，"通过参与进行学习"的理论对于现代工作岗位和经济发展需求而言过于保守，人们更需要一种能够带来转变与迁移的学习理论。这就要求个体必须跨界进行多种形式的工作和学习，参与产品的生产过程，并将其视为共同采取行动和解决问题的一部分。

强调作为学习场所的工作岗位的重要性，一直是职业教育的一个特点，这可以追溯到欧洲中世纪的学徒制。当时各国开始建立提供职业理论课程的职业教育机构，如何使受训者在没有工作岗位压力的情况下应用技能，并将职业教育过程中的在岗学习与岗外学习相融合，成了一个突出的难题（Fuller/Unwin 1998；Kivinen/Peltomaki 1999）。如今在许多国家，由于雇主越来越不愿意为那些希望参加双元制职业教育的学徒提供机会，这一问题变得更加严重，这也包括那些希望从企业实践中获益的高校学生。一般认为，解决这一问题的办法是，在职业教育机构以工作场所为原型建立模拟环境。这样做或许有效，但模拟场所与工作场所动态的实际环境相比，差距仍然很大，因为工作场所的首要功能不是教学，而是生产产品和提供服务。

8.0.4 研究问题

本章对职业教育教学组织涉及的多种因素进行了讨论，重点强调了各国及国际间针对与职业教育政策和实践有关的概念和理论进行的争论。重要的是，它揭示了职业教育需要在各国传统文化和经济全球化需求之间寻求平衡的必要性。同时，新技术的快速发展也对职业教育教师和培训师提出了新的挑战，他们必须为学习者创造更多的自主学习机会，同时又要尽力保持学习作为一个实践共同体活动的一部分的集体特征。因此，无论从宏观、中观还是微观层面上，职业教育都为科学研究提供了一个有可能产生丰硕成果、颇具刺激性的领域，同时也为各国和国际间的比较提供了机会。

8.1 课程研究

赵志群

8.1.1 课程与课程开发的理论基础

8.1.1.1 基本概念

1. 课程

课程的概念起源于拉丁语，其基本含义是"跑步"。对课程的理解可分为两类，一类认为课程是处方，规定什么是未来应该发生的；另一类认为课程是经验，关注在课堂上发生的事情(Ellis 2004)。Goodland 把职业教育课程分成四个层次，即①由国家或学校设置的，在课程计划中列出的正规课程；②教师按照自己的理解实施的领悟课程；③外部能观察到的实际实施的观察课程；④学生能够实际领悟并做出反应的体验课程(1984)。对课程的多种定义反映了课程研究的复杂性，每一个新定义的诞生都意味着课程研究的不同发展(钟启全等 2008)。20世纪后期以来，国际职业教育课程呈现出以下几个发展趋势。

➢ 职业能力导向：传统的学校课程注重学科知识的系统性，学习内容与工作世界之间的联系不紧密。因此，尽管对能力有多种理解，目前多数国家仍将职业能力培养作为课程发展的方向。

➢ 着眼于学习者的职业生涯发展。由于工作世界的变化，针对岗位要求的课程受到巨大挑战，终身职业学习理念的普及，促进职业生涯发展的情境学习成为现代课程的关注点。

➢ 关注学习和工作的联系。随着劳动组织方式的变革，职业学习与工作过程的联系更加紧密。工作过程知识的获取必须通过案例性的工作场所学习实现，因此工作岗位重新成为重要的学习场所。

2. 课程开发与课程设计

课程开发是使课程的功能适应社会、经济和技术发展需求的、持续决定和改进课程的活动和过程。课程开发又常被称为课程设计，但是它们之间有细微的差别：一般课程设计指确定课程目标和课程内容，而课程开发还包括课程的实施与评价部分(徐国庆 2008)。

职业教育的课程设计是对职业学习的目标、内容及其结构以及评价标准进行的可行性研究。Nölker/Schoenfeldt 将职业教育课程开发过程划分为两个相互联系的系统，一是选择与确定，包括现状分析、工作分析、教学分析和教学目标确定，二是实施与评价，包括教学组织、教学实践和评价(1980)。课程不仅是用于教与学的行动框架，同时也是由教师、学生和学习资源组成的一个系统，因此在课程开发中除了要确定学习内容及其排列顺序，还要开发包括课程资源和质量保障体系在内的整个系统(Australian National Training Authority 2003)。本文重点讨论职业教育课程模式和课程开发方法问题，特别是职业资格研究。

8.1.1.2　职业教育的课程模式

职业教育课程模式有多种分类方式，但在有关讨论中，处理理论与实践学习的关系始终是一个核心问题。按照理论与实践的关系，职业教育课程可以分为三种类型，即理论与实践并行的课程、理论为实践服务的课程和理论与实践一体化的课程(赵志群 2009)。

1. 理论与实践并行的课程

传统的职业(学校)教育课程围绕"理论知识教学"和"技能训练"两个中心建立，理论教学与技能训练有相对独立的体系，不追求或无法追求其在内容和时间上的协调。其中，理论课常按内容和时间顺序被划分为文化课、专业基础课和专业课，这在中国被称为"三段式"课程。这种"理论与实践并行课程"体现了福谢依(Foshay 1969)的并行课程理念(parallel curriculum)，即期望学生在进行系统知识学习的同时，探索解决工作现实中的实际问题。

"理论与实践并行课程"的特点如下。

(1)强调知识的完整性和系统性，重视理论知识的再现、验证、记忆与理解；

(2)理论学习内容是对学科知识进行教学简化(didactical reduction)的结果，以"事实"和"符号"为主要表现形式，与具体工作情境没有直接联系；

(3)实践教学强调动作技能和技巧习得，缺乏在真实工作情境中的学习。

"理论与实践并行课程"遇到以下难以解决的问题。

(1)由于没有将"工作"作为一个整体来看待，无法形成对工作的整体认识，也无法获得相应的工作经验；

(2)教学以灌输知识和训练动作技能为主，忽视发现性学习和行动学习在职业发展中的价值，无法最终形成高层次的职业认知能力；

（3）职业教育学生不善长抽象思维和演绎式的学习方式，在脱离具体情境的理论学习中困难很大，更无法实现知识的迁移。

在教学实践中，由于人们过分关注知识学习，或者由于设备设施和组织条件所限无法进行深入的工作实践活动，因此常忽视针对实践的体验，也很难真正实现并行课程的理念。

2. 理论为实践服务的课程

职业教育首先应当满足经济界的功利性需求，多数国家都有一致或类似的课程开发指导思想，即在劳动市场需求分析、职业和工作分析基础上确定资格要求、课程目标和学习内容，典型的如起源于北美的 CBE（Competence Based Education）以及与其关系紧密的 DACUM 课程开发方法（Norton 1997）。CBE/DACUM 从岗位需求出发，将知识学习作为习得技能的支持手段以及能力发展的基础，对理论知识没有系统性和量的要求，这就构成了以"理论为实践服务"的课程类型。中国广泛流传的口号"理论知识必需够用为度"就是对追求这种课程理想的真实写照。

"理论为实践服务课程"把学习理解为"投入"和"产出"间的关系，把能力发展理解为按照教育者意愿自上而下进行的传递，强调通过知识和技能积累实现能力提高，关注可观察的行为变化，这与行为主义学习理论有直接的联系（Hager 1995）。

"理论为实践服务课程"以满足工作岗位要求为最高目标，忽略了职业认知能力发展等教育性目标，包括理论和实践一体化的要求，忽略了隐性知识对职业能力发展的影响（Polanyi 1966），也不符合情境学习和建构主义学习理论的要求。尽管如此，这种课程还是得到了很大范围的推广。20 世纪 90 年代，CBE 通过中加合作项目传入中国以后，其"能力本位"理念在很大程度上取代了中国传统的"知识本位"理念，并几乎引发了职业教育课程理念的一场革命。

3. 理论与实践一体化的课程

当今世界，技术和社会发展进入了一个以人为中心的时代，劳动者的整体发展具有越来越重要的意义（Ott 1995）。有效的学习是学生在真实工作情境中对工作的任务、过程和环境进行的整体化感悟和反思，从而实现知识与技能、过程与方法、情感态度与价值观学习的统一。要想实现这一目标，必须进行整体化的课程设计，让学生不但学习专业知识技能，而且能够在工作过程和情境中获得职业认知和方法，并最终形成职业设计能力（KMK 1991；Heidegger 等 1997），这需要手脑并用的"做中学"（杜威）和行动导向的理论实践一体化学习，因此需要在更高层面建构理论与实践的关系。

从 20 世纪末开始，人们在理论实践一体化课程方面做了大量尝试。在中国，项目教学作为一种课程模式得到推广。德国从 1997 年开始实施学习领域课程

（KMK 1996）。学习领域是以"行动领域"形式展现的以能力为基础描述的专业教学单元，其特点可以归纳为：①课程目标是发展整体化的职业能力；②学习内容是职业的典型工作任务，与学科知识没有一一对应关系；③学习过程具有工作过程的整体性，学生在综合的行动中思考和学习。

理论与实践一体化课程从整体化的工作世界出发认识知识与工作的联系，由此获得工作过程知识和背景意识（Fischer 2000），从而实现学习的迁移，符合建构主义和情境学习理念，应当是未来课程发展的方向。然而实践发现，目前大规模推广一体化课程还存在很多困难，其中最主要的是职业教育机构对职业教育的"教育价值"认识不足。一体化课程对理论和实践教学的综合化要求超越了教师的平均水平，其实施过程打破了传统的学校教学管理制度（如班级制度、理论与实训教学各自独立管理），对教学管理体制提出了很大挑战。

8.1.2　职业教育课程开发的实证基础之一：职业研究

对职业的认识是职业教育课程开发的基础，因此，职业研究是课程研究的重要基础性工作。与职教课程相关的职业研究对象是工作、工作过程、工作变化及其对职业教育的启示，目的是获得有关资格、职业轮廓、专业设置、教学设计和学习效果评价等方面的基本数据。

8.1.2.1　职业的概念

职业是"从业人员为获取主要生活来源而从事的社会工作类别"（国家职业分类大典和职业资格工作委员会 1999）。现代社会中职业的含义十分复杂，不同文化对其有不同认识，如德语职业（beruf）在不同场合可翻译成英语的 vocation、occupation、profession、trade、job 和 career 等多个词。在盎格鲁文化中，职业的含义并不是特别明确，以"职业形式组织的工作"并不是工作研究的直接议题（Donkin 2010）。国际学术界认为，职业是一种典型的德国现象（Dostal 2008）。在德国，职业的原始含义是受上帝委派，将人的一生固定在某个社会地位上。路德（M. Luther）最早开始用职业指代世俗工作，使职业从宗教"天职"演变成社会结构的重要基石，如今德国职业教育仍然是按照"培训职业"进行的。中国是较早对职业进行记录的国家，但除少数有关学徒活动的文献外，职业一直都不是任何社会科学的主要研究内容。对职业的不同认识，反映了不同的社会结构特征，对职业教育课程开发产生着深远的影响。

随着技术和社会的发展，工作世界的变化引发了很多讨论。一些社会学家认为，职业不适合社会快速发展和工作任务综合化的要求，已失去了原有的重要意义。在美国，职业教育正被生涯（career）教育所取代。甚至有人认为，职业只是在劳动市场管理和职业教育中人为保留的一个概念（Baethge/Baethge-Kinsky 1998）。但是更多学者反对这种"去职业化"观点，因为不是所有工作的专业化发展都向着学术方向，强调高质量"实践工作"的专业化发展同样也是一个重要趋势（Mieg 2008）。

中国职业院校的教育按照"专业"方式组织进行，专业与职业的联系并不一定明确，如专业名称通常根据具体事物（如公路与桥梁）、生产经营活动（如电气运行与控制）或专门技术（如电子与信息技术）命名，按照职业命名的很少。这种"专业教育"的后果是：学生对职业认识不足，很难建立起职业认同感。采用迈尔（P. J. Meyer）承诺量表以及布劳（G. J. Blau）等的"职业承诺量表"对职业院校学生的大规模诊断表明，与德国对照组相比，中国学生无法明确职业认同感与工作道德的差别（Yang/Zhao 2010）。

建立"职业"意识，明确专业与职业的关系，对职教课程开发具有重要的基础意义，即通过研究职业以及与此相关的社会问题确定职业轮廓（profile）。当前，由于工作的综合性和灵活性提高，除岗位功能要求外，过程性能力、设计能力和隐性知识备受关注，这对职业研究的方法提出了挑战。人们已经不能简单通过岗位分析描述职业，而更多地关注职业的"次级因素"，如生涯发展、工作环境和工作自主权等，同时也更加关注职业的社会功能，如社会平等和职业认同感的建立等。

8.1.2.2 职业分类研究

职业分类是职业教育专业设置的基础。不同国家劳动市场背景条件下职业演变、发展和内涵的不同，集中反映在一个国家的职业分类体系中。国际劳工组织从 1923 年开始建立国际标准职业分类（ISCO）。2008 年版"ISCO-08"按照四个层次划分职业，即 10 个大类，43 个中类，125 个小类和 436 个细类（ILO 2012）。职业分类在为劳动市场提供数据的同时，也为职业教育专业设置提供了基础，如德国"国家承认的培训职业"本身就是职业教育的专业，从而建立了职业与专业的直接联系。在其基础上建立的每个培训职业的《培训条例》就是职业教育的国家课程（http://www. bibb. de）。

中国职业分类体系的结构与 ISCO 的结构基本一致，只是各类别的数量有所不同。美国 2010 年修订的职业资格标准（SOC）包括 23 个大类、97 个中类、461 个小类和 840 个细类（SOC 2010），这与 ISCO 的结构不完全相同，因为采用了不同的分类标准。美国劳工部建立的 O*NET 职业数据库，为大众提供有关职业的工作任务、工作活动和从事该工作应满足的要求等方面的信息服务（http://www. onetcenter. org）。

职业分类体系为政府、组织和个人用户提供了共同的工作和信息平台，但不同国家职业分类体系的功能不同。如 SOC 的功能主要是为政府、私人机构和个人提供信息服务，特别是针对失业员工的再就业、大学生择业和企业岗位重组（Pollack 等 2002）；德国《国家承认的培训职业目录》是具有法律效应的开展职业教育的基础；而中国职业分类体系则是国家资格制度的组成部分。因此，所有国家的职业分类研究都为职业教育课程开发提供了不同范围和程度的帮助。

8.1.3 职业教育课程开发的实证基础之一：职业资格研究

工作导向职业教育课程的基础是明确的资格要求。职业资格是人们获得的能力与职业任务的系统化结合，是从事一种职业时能应用和通过学习获得的能力或潜力的标志（Hatung 等 1981）。职业资格研究分析以职业形式组织的工作、该工作所要求的能力、职业的工作任务与职业教育的目标、学习内容以及课程结构之间的关系（Becker/Meifort 2004）为主。资格研究的对象主要有两个，一是社会发展与职业资格之间的关系，二是职业资格本身的内容和结构问题，这与各国社会制度和经济技术发展水平有密切的关系。

尽管社会发展与职业资格的关系不是课程研究的重点，但是其研究结果却对课程开发指导思想有直接的影响。资格研究的传统指导思想是技术决定论（autonomous technology），即按照技术的"物质性"要求确定资格要求，但是目前人们已经学会从更多角度看待社会发展与资格的关系，实现这一转折的标志是 Womack 等（1990）的研究报告《改变了世界的机器》，即劳动组织和分工发展成为优化职业资格的重要因素和途径。尽管如此，确定资格要求变化的灵感仍然首先来自对技术发展的感悟，如中国教育部课程开发指导方案中"关注企业技术发展，及时调整课程设置和教学内容"等字样几乎成了老生常谈，这也反映了资格研究对课程开发的重要意义。

8.1.3.1 传统学科领域中的职业资格研究

职业资格研究的对象包括工作和职业的变化，对资格和职业需求的早期识别，对典型工作任务、工作过程及工作方法的分析和系统化处理，工作与学习间关系的设计，职业资格与职业能力等（Spöttl/Lewis 2008）。现代社会中水平分工逐渐弱化，对工作行为进行准确的分析、评价、测量和总结变得更加困难，通过传统工作分析得出结果的可信度也越来越低，科学的研究方法和工具对资格研究的质量显得更为重要。

1. 职业教育学领域的职业资格研究

职业教育学资格研究的任务是揭示职业教育的内容和形式之间的联系，并由此确定教学内容。针对职业教育学习内容有不同的观点，Robinsohn 提出"教育需要能够提供胜任生活的技能"（1981）；杜威认为职业教育不纯粹是经济发展的工具，强调学习者应当学习"一门值得终身从事的职业，而不仅仅是为了工资才去做的工作"（1916）；黄炎培则强调职业教育应当"求工作效能的增进与工作者天性、天才的认识与浚发"（成思危 2006，221），这些指导思想对职业教育实践中学习内容的选择产生了重大影响。

在不同职业教育体系下，职业教育机构承担的任务不同，资格研究关心的重点也不同。如在德国双元制职业教育中，职业学校的教学任务是(在理论方面)弥补企业培训的不足，即承担企业委托的部分教育内容(Lipsmeier 1995)，因此传统职业资格研究并不是职业教育学研究的重点。但是从 20 世纪末开始，随着工作过程导向教学理念和学习领域课程的推广，资格研究逐渐成为职业教学论研究的一个重点，甚至在此基础上发展出了新的学科，即职业学(Bannwitz/Rauner 1993；Pahl/Volkmar 2010)。

在中国的职业教育中，(过去)由于没有统一的课程计划，职业院校进行了一些范围和深度不同的职业资格研究，资格研究与课程开发成为一个一体化过程。但是，由于缺乏高水平的方法论指导，研究成果的质量存在很大问题。

在传统的资格研究中，人们比较重视认知和动作技能领域的能力要求，而对心智技能关注不足。20 世纪后期，资格研究逐渐开始重视起情感领域和社会能力的研究。由此出现了一些看似自相矛盾的概念，如跨功能的资格(extra functional qualification)、关键能力和核心技能(core skills)等，尽管它们与具体职业没有直接关系，但对职业发展有重要的促进作用(Clement 2003)。目前，职业教育学资格研究的重点是如何将跨职业的资格纳入职业教育中。

2. 心理学的资格研究(Psychological Qualification Research)

心理学职业资格研究的核心是工作分析，包括职务分析和作业分析，主要关注资格要求的主观内容。Schultz/Schultz 区分了职务分析和作业分析，认为前者是用专门术语对工作者执行的任务成分性质进行描述，后者是对某种任务和技术的研究，从而保证工作者从一个工作迁调至另一个工作。他们总结了工作分析的主要方法，如访谈、问卷、直接观察、系统活动日志和关键事件等(2004，53)。目前，最新研究成果主要体现在工作分析、评价和测评工具的系统化发展方面。Dybowski 等把这些工具分为三类，包括针对工作行为的分析工具、针对工作行为的评价工具和针对工作岗位的设计工具(1993)。

总的来看，对企业和组织中工作心理行为进行分析得出的成果对职业教育的贡献和影响并不大，因为它对工作内容的专业性关注不足。按照这些标准化分析程序得出的结论由于过于抽象，或者有较大的个性化差异，无法用来确定具体的工作内容，因此也无法对课程开发提供强有力的支持(Frieling 1995)。

3. 社会学的资格研究

在工业社会学和劳动社会学领域开展的资格研究，将工作作为一种社会现象进行分析。社会学的资格研究与课程开发中的资格研究有密切的联系，因为它们有相同的研究对象，即工作内容、资格要求和劳动分工，其分析结果也是对工作的详细描述。但是这两种研究的目的不同：前者旨在工作过程的设计与组织，为职业发展奠定基础；而后者则是为了确定课程内容，为教学提供基础。

尽管社会学的资格研究无法为课程开发提供足够的实证基础，但是社会学研究还是为课程开发中的资格研究提供了重要的分析工具。德国社会学学会（GfA）甚至成立了一个专门的分支机构，试图通过工作分析和职业学研究的结合，来解决资格内容确定的问题。

需要指出的是，社会和文化因素对职业资格确定和相应的工作评价有重要的影响。如中国儒家传统思想沉积深厚，封建官本位职业观念比较严重，在社会实践中，行政指令的作用有时甚至会大于职业资格研究成果的作用。

8.1.3.2 职业学的资格研究

课程开发中，资格研究的目的是解决"职业工作的内容"问题，这是一个要求很高的跨学科、综合性研究领域，需要解决很多难题，如确定职业的具体要求并对其进行解释和归类，确定、分析和描述典型工作任务和工作过程并将其转化为符合职业学习规律的课程。20世纪后期，随着职业学（vocational discipline）研究的建立和发展，资格研究正式成为职业学的重要研究内容（Rauner/Maclean 2008）。

在职业学研究中，人们在职业教育学、职业教学论和工作研究的基础上开发了一系列资格研究的方法和工具。它们综合了量化研究（如概率分析、技能点量化评估）和质性研究（如实践专家访谈会、剧情预测）方法，还考虑了人的主观特性的影响（Neuweg/Putz 2008）。职业学资格研究的关键是科学地确定典型工作任务和工作过程。Becker 按以下四个层次把这些方法进行归类。

（1）行业分析。通常采用文献分析法，在整个行业对某职业的典型工作岗位、工具和任务进行分析，确定选择案例的标准。

（2）案例分析。选择代表性企业，对生产过程进行交流，或观察工作并记录整个工作过程。通过访谈发现企业针对工作过程设计、劳动分工及解决问题的最佳设想，确定工作现状与理想状况间的差距。

（3）工作研究。也称工作分析，关注技术、工作和教育间的关系，经常采用相关领域的研究方法，如专家智能和专家评价研究、教育人类学研究和显性知识研究等。

（4）实践专家访谈会。通过分析典型工作任务进行的整体化职业分析方法，其目的有两个：一是以典型工作任务的形式描述职业工作，二是为课程设计划分这些任务的难度等级（Becker/Meifort 2004）。

资格研究是对工作世界的实证研究，其研究结果是有关资格要求、职业轮廓、专业设置、课程开发和学习评价的基本数据。研究人员的能力结构对资格研究的结果有很大影响。对不同背景研究人员（如工业心理学家、工程师和教师等）对同一职业的资格研究成果的比较研究发现，只有当研究者熟悉工人语言、能从专业角度解释所观察的专业行为时，才能保证成果的正确性和准确性（Rauner 2004）。

8.1.3.3 职业教育课程开发中的职业分析工具

到 20 世纪后期,人们逐渐建立起了职业教育课程开发的概念体系和系统化的职业分析工具,在课程建设实践中主要探索了两类开发方法:一是由政府机构组织进行的"权威性资格研究程序",二是由职业教育机构自主进行的职业和工作分析的方法,典型的如 DACUM 和 EXWOWO。

1. 资格研究程序与课程开发技术标准研究

中国有关职业院校专业设置的研究很薄弱,几乎没有系统化、可操作的专业设置程序。2003 年,教育部开始在"职业院校技能型紧缺人才培养培训工程"框架内探索职业教育课程体系建立的技术程序,一些地方政府也开始建立地方性的课程开发流程(上海市中等职业教育课程教材改革办公室 2011)。2005 年,"职业发展变化趋势与国家职业分类体系研究"课题开始讨论建立课程开发技术标准的问题,并确定了以下具体目标。

➢ 帮助职业院校设置符合劳动市场和行业发展要求的专业;

➢ 开发符合职业发展规律,并与国家职业标准相对应的课程;

➢ 构建有利于技能人才成长的学习情境和学习过程;

➢ 主管部门能借此对职业院校课程开发和实施质量进行有效的监督。

事实上,建立课程开发技术程序的研究并不是中国特色,如德国《职业教育法》规定,职业教育课程开发由联邦职业教育研究所(BIBB)统一进行,这就是一项按照"权威性资格研究程序"进行的工作,即 OQF(德文课程开发范围内的资格研究程序的缩写)。从法律上讲,其他研究机构和学校几乎不能从方法上对 OQF 施加影响,它经过半个世纪的实践已经日臻完善,Benner 将其归纳为四个步骤。

(1)问题概述:收集技术、经济和社会发展的相关数据;对工作和职业教育状况进行观察;提交工作假设。

(2)案例分析:研究所选择的工作岗位;确定工作内容和要求的深度和广度;确定知识、技能和态度,并对其进行结构划分。

(3)活动分析(广泛性调查):对职业活动的要求进行广泛性调查;获得有关培训内容和结构的基本数据。

(4)进行评估和开发课程:选择培训内容并对其进行时间和内容上的划分;确定课程草案供审批,包括职业名称、结构、内容、培训期限和专业名称等(1996,59)。

Becker 和 Meifort 区分了 OQF 的三个类型,即资格现状研究、资格使用研究和资格开发研究(2004)。其中,资格现状研究是以统计数据、相关出版物和现有课程标准(《框架培训计划》)为基础,对职业教育内容和结构进行的分析,它对课程的完善具有重要的意义。严格上讲,OQF 程序不是纯粹的科学研究方法,而是带有一定民主协商性质的数据收集和加工过程,其实质是劳资双方、联邦政府以及各州文化部之间针对《职业培训条例》的协调机制，由此确定的职业资格是各利益集团博弈的结果，忽略了职业研究的"质"的方面，无法保证资格内容的"合法性"，因此只是一个"准科学方法"（Rauner 2004）。

科学的职业资格研究、课程开发及考核鉴定的技术标准，应当对课程开发各个环节的工作方法和质量进行控制，包括行业和职业分析、课程设计、课程实施以及考核评估等，这对课程开发方法提出了两个要求，一是职业分析要关注技术、职业活动和职业教育间的关系，关注整体化的工作情境，二是采用开放性的技术标准，以满足经济、技术和社会发展不断变化的要求。2013 年人力资源部制定的《国家技能人才培养标准编制指南（试行）》对此进行了系统化的尝试。它不但采用了如典型工作任务分析等整体化的职业分析方法，而且对整个教育过程的多个要素如教学环境、教学人员和教学评价制定了专门的、满足一定开放性要求的规定。

2. DACUM 职业与工作分析法

实践证明，针对同一个研究对象，采用同样的研究方法，不同学科背景的研究者得出的结论并不完全一致（Drescher 1996），研究人员只有尽可能缩短与研究对象的距离（如置身于工作过程中），实现"接近"和"疏远"的平衡，才能保证研究结果的质量（Heinemann 2008）。这说明，仅有"权威性资格研究程序"是不够的，它还必须与高质量的工作分析相结合，才能满足资格研究的科学性要求。

有关工作分析方法的研究可以追溯到 F. B. Gilbreth（1868—1924），最早的理论在 20 世纪 20 年代由德国劳动研究学会（REFA）和德国工程师协会（VDI）提出。F. W. Taylor 的"科学管理原则"（1911）的推广使这类方法得到了广泛的应用。Bobbitt（1918）最早在课程开发中应用此类方法，将人的活动分成若干领域并对其进行分析，由此决定课程目标和内容。在课程开发实践中大量采用工作分析法与CBE/CBT 理念的推广有关，最早由美国军队在 20 世纪 50 年代开始。后来，为了提高职业指导中的资格和倾向诊断质量，Molle（1965）引入了职业分析理念，为工作分析提供了理论依据。

在北美课程开发中最有影响的工作分析方法是 DACUM，即一个对实践专家的主观判断进行客观化处理的方法。它是由加拿大专家在 20 世纪 60 年代开发，并由 R. Norton 进行了系统化的发展（Norton 1997）。在国际职业教育讨论中，对能力的理解有很大差别。DACUM 将能力理解为完成工作任务的可观察、确定和描述的技能、知识和态度，即职业的"初级因素"，认为这些因素之和就是职业的整体。这种行为主义的研究方式忽视了各因素的内部联系，即人类工作的整体性特征和经验成分，也很难关注受教育者的可持续发展和全面职业素养的提高（Buch/Frieling 2004）。目前，技术和劳动组织变化对技术工人的综合素质提出了更高的要求，工作分析必须针对包含技术、社会和环境等各种要素的综合性工作任务和灵活劳动市场进行，而 DACUM 很难满足这一要求。DACUM 也没有提供将工作分析结果(如 skill 和 competency)进行系统化处理的理论基础和工具。

3. 典型工作任务分析(BAG/EXWOWO)

自 20 世纪 90 年代开始，随着有关工作过程系统化课程讨论的开展，人们开始寻找更加科学的、能对现代职业工作特征做出恰当描述，并能反映职业学习规律的工作分析方法，不来梅大学开发的"典型工作任务分析法"(德语缩写为 BAG)，延续并发展了 DACUM 采用的通过实践专家确定工作任务的专家研讨会方法(expert workers workshop，EXWOWO)(Kleiner 等 2002)。通过引入发展性任务理论(Havighurst 1972；Rauner 1999)、工作过程知识和"从初学者到专家"的范式理论(Dreyfus/Dreyfus 1986)，BAG 实现了从学科范式向以发展理论为基础的范式转变，并把对实践性知识的认识提高到了一个新的水平(Boreham 等 2002)。

EXWOWO 与 DACUM 的座谈会不同，前者将"工作"作为一个整体来看待，对工作任务进行筛选、分析和区分，并按照职业发展规律进行分类，关注工作过程的整体性和关联性。其分析结果不是能力列表(如 DACUM 表)，而是一系列综合性的典型工作任务，它帮助人们较为容易地确定和描述学习目标和教学内容，使工作过程完整的职业教育成为可能。在美国，Benner 等(1996)采用类似方案确定了对护士教育的范例工作情境，并对其进行描述。其实践知识理论，也为 BAG 分析法提供了理论依据。由于对职业生涯发展和工作环境等职业分析的"次级因素"进行了系统化的处理，BAG 能对职业工作进行深层次和整体化的定位，从而满足对现代职业进行科学描述的要求，即①知识和技能的资格组合；②由工作对象、工作条件和工作要求确定的系列典型工作任务组合；③由资格和任务确定的"自由行动空间"；④社会分工和评价的结构性特征(Dostal 2008，163)。

8.1.4　总结与展望

尽管课程研究已有很长历史，但是职业教育课程研究还是一个较新的领域。不同国家课程研究的起源不同，研究关注重点也不同。例如在美国，至少有三个对职业教育课程研究产生过重要影响的研究领域：一是普通(学校教育)课程理论研究，二是起源于人力资源管理的、以 DACUM 为核心的课程开发研究和实践，三是建立在专家智能研究基础上的研究和实践。有趣的是，这三者之间的相互影响并不显著。例如，丰富的课程理论在职业教育中并没有引发深入的讨论，DACUM 没有寻找教育理论和课程理论的支持，而极高水平的专家智能研究成果对课程开发实践的影响也很有限。在英国和澳大利亚，由于对能力本位的追求和特殊理解，课程研究主要是在实践层面的，还没有建立在教育学理论基础之上的方法论。然而，由于英语的世界性影响，这些国家的课程实践对其他国家特别是发展中国家产生着巨大的影响。

在德国，传统上相关研究主要在专业教学论的框架内进行。德国的专业教学论研究成果很丰富，在理论和实践上都具有国际水平（Arnold/Lipsmeier 2005；Ott 1995；Schelten 1995）。但是由于语言的限制，这些成果对其他国家的影响还很有限。在专业教学论研究中，课程只是一个下位概念，并没有特别重要的地位。只是随着近年来资格研究的发展和国际职业教育合作的扩大，课程研究才逐渐成为一个显学。

发展中国家主要从发达国家学习课程理论并进行相应的实践。从实际效果来看，与发达国家的交流有时有"双刃剑"的作用，一方面，研究人员获得了很多启发和工具，可在短时间内取得成果；另一方面，由于发达国家如美国和德国等不同的研究传统，不同背景的研究人员在利用所学知识开展工作时会遇到很多困难。如英语和德语文化对"能力"有迥然不同的理解，建立在其基础之上的课程理念也有很大不同。这对发展中国家推行缺乏扎实理论基础的课程建设实践会产生不利的影响。

8.2　跨专业的能力

Katharina Maag Merki

8.2.1　背景

"能力"是当今职业教育中讨论最多的概念之一（Clement 2002）。它之所以受到重视，一方面是由于社会和工作领域的巨大变化；另一方面是由于全球化、知识社会发展和劳动组织的变革（Ermeling 2001）。个人能力的重要性不仅体现在广泛的社会经济变革中，因为这一变革对个人的灵活性提出了更高的要求，而且还体现在教学改革成果、教育标准以及国际（职业）教育研究发展中。其中最重要的研究项目如国际经合组织（OECD）的 PISA 项目（国际学生测评）、DeSeCo 项目（能力定义与选择）以及为开发"欧洲终身教育资格框架"和"欧洲职业教育培训学分转换体系"所做的工作。

尽管大家一致认为发生了重大社会变化，但是对能力的定义，以及需要具备哪些能力才能满足特定生活环境的需求等问题，还缺乏共识。在 Mertens（1974）开展关键能力研究之前，人们一直不清楚，要满足职业领域出现的大量无法预测的需求，跨专业能力是否与具体的专业能力等同重要。之所以进行这样的讨论，是希望通过获得不针对特定学科和专业特性的能力（如方法能力或社会能力）来从容应对新的或变化了的情况。虽然最初在相关讨论中使用"资格"（qualification)或"核心技能"等概念,但近期的研究越来越倾向于使用"能力"。能力与资格的理论渊源不同,它起源于教育学理论,而后者来源于经济学领域。事实上,多数文献对这两个概念并没有进行清楚的划分。Arnold(1998)和 Vonken(2001)指出,人们通常把能力和技能这两个概念作为同义词使用,有时甚至作为反义词使用。二者之间缺乏明确区分的另一个表现是,在很多分类方式中,人们常把个人技能和能力作为等同概念列出,至少对它们进行描述的语言是一样的。

在文献中,人们运用多种概念表示非特定学科专业的能力,包括"跨专业的能力""核心能力"和"关键能力"等。在很大的程度上,这些概念的含义是重合的。由此引发了另外一个问题:为了对重要的跨专业能力进行系统化处理,人们建立了多种分类方式。这些分类方式虽然具有一定的启发,但既没有理论的一致性,也缺乏实证基础。因此,当我们试图对跨专业能力进行描述和分类时,往往面临理论和实证方面的双重缺陷。

本文对广泛使用的"能力"概念以及在过去 30 年来形成的"跨专业能力"的不同分类方式进行批判性的总结,重点针对核心技能的相关分类,因为(从历史角度看)这是当前研究的重点。本文第三部分还对未来研究中有关跨专业能力的定义和评价问题进行分析。

8.2.2 能力的概念

通常情况下,能力的概念有两种不同使用方式:一是指本领和技能,二是指职责范围或权力领域(如制定决策的权力)。第一种方式与职业教育领域的 competence 一致,即当一个人掌握了处理某项具体事宜的能力时,就被认为是"有能力的"。Clement(2002)指出,虽然这种用法在世界范围内得到了普遍认同,但事实上它们的含义并不完全确定。她写道:"不仅是具体的能力内涵,就连能力获取和认证的外部条件都大不相同"(Clement 2002,48)。在对能力进行定义的过程中,许多因素起了重要的作用,如教育、经济和政策、各种具体职业的传统以及"被市场化的能力"的劳动市场状况等。对(职业)行动能力的定义往往强调能促进能力发展的实践和学习过程的重要性,因此将能力定义为一种可以学习和影响的东西,可以与"智力"概念区分开来。同时,能力还包含认知、动机和意志等方面的因素(Weinert 2001;Tippelt 等 2003)。

目前,在研究中被反复讨论的一个有关能力的重要理论,是 20 世纪 60 年代由乔姆斯基(Chomsky 1969)提出的语言学概念。乔姆斯基把"能力"和"绩效"区分开来,用"能力"表示一般意义上的语言能力,用"绩效"说明对语言的实际运用。他认为,只有对最佳的听者和说者(母语使用者)而言,绩效才能直接反映出他们的语言能力。他跟踪了大量"绩效错误"(如语法错误和发音错误等),并分别将它们归咎于社会文化因素、社会因素、个人心理因素和环境因素的影响。

此外，哈贝马斯提出的交流能力概念（Habermas 1981/1995）在目前的研究中也被广泛引用。

Weinert（2001）的理论目前在相关研究中占有核心的地位，他将能力定义为"个体或包括个人的群体所拥有的、能成功满足复杂需求的前提条件"（2001，62），这就在"可以习得的能力"与"成功满足复杂需求的潜力"之间建立起了联系。这一能力定义不仅包含认知方面，还包括动机、道德、意志和社会方面的成分。人们在深入研究处理专业或学科"领域"（domain）事宜时获得能力，因此Weinert能力定义与关键能力理论是完全相左的，因为按照关键能力理念，能力的获取与具体专业领域的内容没有关系。这一理念正在逐渐遭到摒弃。

在职业教育领域，人们对"资格发展管理"（Qualification Development Management）工作组的研究成果讨论也很多。该小组把能力定义为（与其他概念，如才能、技能、本领或资格相比较）个体通过对事务进行安排而获得的自我组织的才能（Erpenbeck 1996，311）。这个定义的许多要点都遭到了批判。从意识形态角度进行批判的人认为，它的错误在于只强调个人的责任、自我组织和自我管理，却忽视了内化过程的他律性这一重要原则。而个体要想具有自决权，这是不可或缺的条件（Bolder 2002，662）。Vonken（2001）的批评认为，"能力"和"能力发展"不是用于描述资格或技能（与个性几乎没有关系），而是针对那些从经济和社会角度看，希望工人所具备的个性特征。否则缺乏某种能力就可以被解释为个性缺陷。但事实上缺乏某项技能（或资格）并不代表工人有个性上的不足。只有将工作和个性区分开来，并分别归入两个不同概念范畴，才能维护个体的尊严。Arnold（1997a，283）的批判采用了另外一个视角，他指出这个定义建立在对"能力"和"能力发展"古老认识基础上，没有考虑相关研究的最新进展，也没有发展出新的理念。Lehmann（2002，121）总结说：当前的能力研究"具有严重的理论缺陷，有可能退化成为毫无意义的概括，正如过去的'关键能力'一样，可能仅仅是一种短暂的狂热。好在仍有一些努力'保卫'这一理念的人，才使这种悲观的印象受到乐观主义态度的挑战"。

8.2.3 跨专业能力的分类

跨专业能力包含所有符合以下条件的能力：不属于某个学科或职业所特有，而具有横向迁移特性，覆盖多个学科和专门化领域，并对成功求学及工作具有重要的作用。自从对关键能力的讨论开始以来，曾出现过多种对非学科专业技能和能力的定义，但所有定义都不完全满足理论和实证研究的要求。Grob和Maag Merki为评价各种分类模型的质量制定了6项标准（Grob/Maag Merki 2001，63）。

➢ 结构性模型：经过理论和实证检验的能力模型，必须能清楚说明重要能力的内部结构，从而避免与其他能力相混淆。

➤ 功能性模型：应界定清楚各种能力之间的关系，并按照相关外部标准界定每个能力的所有维度。还要通过实证数据证明，这些能力与特定领域的复杂要求之间有一种功能性的关联。

➤ 可塑性：所探讨的能力不是由遗传因素决定，而主要是通过设计和建构方式达到特定的能力水平，从而在学校教育、职业培训和（或）继续教育中得到发展。

➤ 内容的广度：所包含的能力范畴涵盖个体生活的全部领域。对这些能力的功能性定义，既考虑个体因素，也要考虑到人际间的因素和社会因素。

➤ 可实证检验性：跨专业能力模型必须能够通过实证数据加以验证，并保证与建立这一模型的理论基础的实证依据具有相同的质量。

➤ 澄清确定标准的依据：不可能按照中立的价值观，确定各项对职业培训或继续教育过程重要的能力（Rychen/Salganik 2003）。必须平衡与每种分类方式相关联的、基于不同价值观的标准之间的关系，使所选分类方式不被一些特殊取向所左右，确保其建立在民主协商基础之上。应考虑具有不同世界观和价值观的不同群体的要求。

现有多数的跨专业能力模型并不完全符合上述标准，而只是满足了其中一项或几项要求。例如，30 年前由 Mertens（1974）提出的关键能力概念就缺乏实证检验，因而无法证明这些关键能力是否能够帮助人们有效应对岗位上出现的不可预测需求（Dörig 1994）。除了不符合上述功能性标准外，它的另一个重大缺陷是，没有从实证角度澄清关键能力的内部结构（即不符合结构性标准），而且也缺乏可塑性。

在 Mertens 的理论基础上发展起来的其他模型也都有同样问题。其他分类方式，如 Bunk（1990）从职业教育学角度提出的分类和 Calchera/Weber（1990）提出的针对个体而非职业的分类方式，的确为该理念提供了人类学和教育学方面的依据，但还是缺乏对结构、功能和可塑性方面的实证检验。Reetz（1990）提出的分类方式颇为有趣，它建立在 Roth 的个性模型基础上，因此具有理论基础的系统化结构，符合"内容广度"标准。然而，Dörig（1994，104）认为，这种方式还需要"实现从特定环境中迁移出预期能力的承诺"（即功能性标准）。此外，也无法明确所选能力的标准。

Klafki（1998）在建立跨专业能力的理论模型时采用了其他方法。通过分析"特定时期教育内容中典型且关键性问题"，他提出了从形式上解决这些问题所必需的关键能力。如果获得了这些关键能力，学生就"理解了自己所特有问题的背景"（Klafki 1998，150）。但是这个模型过于思辨性，目前仍然没有对其结构、功能和可塑性方面的实证检验。

我们可以把能力分类方式分成理论型和实证型两种。按照研究工作实际采用的不同方法，实证型能力分类又分为以下三种。

（1）对组织性因素（如工作描述和任务轮廓）进行分析。它建立在以下假设基础之上，即组织方面的因素构成核心能力或关键能力的基础（Weinert 2001，57）。Krüger（1988）为了从组织特征和工作任务中得出功能以外的技能，采用专门的演绎式流程，以确保分析结果符合功能性标准的要求（至少从方案设计上讲），尽管（能力的）预测值和标准（如在复杂情境中的要求）之间的关系还有待于实证检验。这种方法在很多企业中采用，需要进行深入研究的是，如何更好地理解内部结构（即结构性标准），并分析所涉及个体能力和关键能力的可塑性。

（2）创建实证型分类方式的第二种方法，是对企业和学术机构的专家进行调查。国际经合组织进行的"能力定义与选择"（DeSeCo）项目就是一个很好的例子（Rychen/Salganik 2003）。这种方法的优点是有可能根据多种理论对能力做出较为理性的选择，从而避免受一种理论的局限。然而实践证明，将不同概念结合在一起十分困难，因为它们可能属于不同学科，而且视角各不相同。每个学科都有自己的优先任务，选择一个专家，也就意味着选择了一个学科的特定学术立场，从而排除了其他学术观点。此外，选择建立在高度抽象知识基础之上的能力，暗示满足了对内容广度的要求。但这些未经实证检验的抽象理念的缺陷是：我们只能认为其在职业教育实践中的应用性比较低（可塑性标准）。

（3）创建跨专业能力或技能理论模型的第三种方法，是对目前使用的培训课程和培训指南进行分析。Frey（1999）针对一个职业群（未来教师）进行的研究，以及 Grob/Maag Merki（2001）对很多学校和职业层面进行的研究都运用了这种方法。课程和职业培训指南简要概括了教育管理者认为的为满足学校、职业和社会需求所确定的重要教学目标。与组织社会学研究方法相似，这种方法建立的模型符合功能性标准（至少从方案设计上看）。对普通教育和职业教育学校的课程而言，这里优先考虑的是集体利益，而不是特殊利益。我们必须清楚，课程开发过程是在各种利益之间实现一个透明的妥协过程（设立标准的依据）。通过确定和完善由教育目标推导出的跨专业能力模型，已经有一些研究从结构性、功能性和可塑性方面进行了实证分析（Frey 1999；Balzer 等 2002；Bieri/Forrer 2005；Maag Merki 2006）。由 Grob/Maag Merki 建立的模型，由于包含了个人能力、人际间的能力和社会能力，因此符合内容广度的标准（Grob/Maag Merki 2001）。

8.2.4 研究需求

迄今为止的研究表明，对"能力"和"跨专业能力"概念的定义及理解，无论从理论方面还是实证方面都存在很大不足。产生这种局面的一个主要原因是，对非特定学科专业能力的实证研究没有得到应有重视，而在概念方面的讨论却"很深入"。由于理论研究和实证研究之间存在着相互依赖的关系，对未来的研究工作提出了要求，即必须尽快从实证角度对理论层面的问题进行研究（Trier 2001，51）。以下是亟待研究的三个重要课题。

1. 跨专业能力的实证测评

如前文所述，目前有关"跨专业能力"研究还缺乏实证依据。正如 Bernien（1997，21）所说的，对能力的测量和评价本身并非最终目的，但它"在对跨专业能力理论研究和实际应用中具有决定性作用，而且在一定程度上影响着相关的管理政策"。实证研究的缺失，使我们感受到在对跨专业能力（如合作能力和沟通能力）进行可操作化处理时面临的巨大困难。能力发展必须在互动过程中进行，它取决于个性特征和情境特征（Grob/Maag Merki 2001，229）。作为隐含的个性特性，跨专业能力只有在具体情境中才能显示出来（作为绩效），如果没有这些特定的情境，人们就无法确定这些能力的存在。实证研究面临的挑战包括：选择适合测评的情境，在能力测评中全面考虑个人和情境两方面因素，并考虑个人与情境间的互动（Flasse/Stieler-Lorenz 2000，209）。这种综合化的观点，可以帮助人们在能力测评中避免做出单维度和片面的结论。

在对跨专业能力进行测评之后，第二个挑战是对测评结果的解释。通常情况下，对这些能力的描述不能只按照简单的"行为—效果"间的关系进行，即遵循"越多越好"的原则，而是按照"mesotic"模式（Patry 1991a），即将行为和行为效果看作一种"倒 U 形"关系。在此不存在绝对的最优化选择，而只有"理想的"行为选择。"一种行为无论在频率、持续性上还是强度上，都应既不太高，也不太低，最好采用中间值"（Patry 1991，68）。然而要确定这个中间值，却远比确定最大值困难得多，因为它取决于理论、实证和标准等多方面的因素，而这些因素往往并不存在。由于这一问题的复杂性，Bernien（1997）得出了这样的结论：人们无法对能力的所有组成要素都进行测量和评价。

现有的能力测评中运用了多种测量方法。对这些方法的有效性评价，与具体的能力有关。实践证明，以个人的自我评价为基础的标准化问卷对个人能力（如态度和动机）测量是行之有效的方法（Sonntag/Schäfer-Rauser 1993；Grob/Maag Merki 2001；Frey 等 2002）。但是，采用调查问卷中的自我报告方法测量社会能力和方法能力的做法，却遭到了学界的强烈质疑。在对个人行为模型的评价中引入外部观察员的做法，以及运用"Kasseler 能力量表"（Kauffeld 2002）和"评价中心"方法（如 Schuler 2006），需要花费大量时间，但确实能获得有关特定情境结构方面的可靠数据。然而，对通过实证方法获得的成果在多大程度上可以进行普适化处理，目前观点仍然不一。上述方法与计算机辅助测评方法不同，后者常用于评价解决问题的能力（Wirth 2004）。由于运用了日志文档记录，计算机辅助测评法与其他方法的区别在于：它尽管不是即时反应，但却有很强的情境性。但是这种方法不适合用于对动机和态度的测评。测验法不适合能力测评，尽管人们经常用它测量社会能力（例如 Meijer 等 2000）。但无数研究表明，这种方法缺乏足够的有效性（Seyfried 1995）。

综上所述，现有能力测评方法对能力这一内容广泛的研究领域做出了重要贡献，但是要想对跨专业能力进行符合科学标准的测评，即客观性、可靠性和有效性，还需要更多、更深入的工作。综合使用多种方法也许可以取得较好的效果，如将对跨专业能力进行自我评价的标准化方法，与以行为主观观察为基础的行动分析方法相结合。这样不但可能同时对多个能力领域进行评价，而且还可以建立个人的能力轮廓，从而全面认识个人能力存在的潜力与不足。

2. 能力的普适化程度

在对跨专业能力进行选择的过程中，需要考虑这些能力的普适化程度。各种分类方式中罗列出来的关键能力和跨专业能力都是高度抽象的概念，对这些能力进行定义的依据还很不具体。如果不想只是停留在口号上，就必须建立一个稳固的概念基础。此外，为了对能力的维度进行识别，还必须在系统、科学和有充分依据的迁移和普适化过程中对这些概念进行充实（Bernien 1997）。只有这样，才能从实证角度分析跨专业能力对（职业）教育过程的意义，并在职业教育和继续教育实践中设计和发展这些能力。这种目前还未被采纳的方法的优点是：它运用了多维度、多级划分构想，从而有可能建立更为具体的个人能力轮廓。这反过来又能帮助我们收集有关个人能力的潜力与缺陷的信息，从而为未来的职业教育提供实用化基础。

3. 特定领域与关键能力的关系

关键能力（或关键技能）的理念是，其界定的能力不属于某一特定学科或专业领域，但是具有一种形式化的特性，因此它们能应用于各种新的学科和专业领域。对这一看起来很好的方案，实践证明却很难实现其目标（Dörig 1994；Dubs 1996b）。教学研究证明，教学策略的抽象性越强，它对解决棘手问题的教育性和智力发展的贡献就越小，正如在"广度与精确性相矛盾的困境"中所表现的那样（Weinert/Schrader 1996；Friedrich/Mandl 1992，18）。鉴于跨专业能力具有的情境性特征以及跨专业能力有限的可迁移性（Patry 1991a），我们应当能预料到，在特定教学领域之外也会遇到同样的问题。因此必须承认，跨专业能力与教学内容是有联系的，而能力永远不可能发展到适用所有工作和生活领域要求的程度。人们最多也只能是在一些具有相似结构和内容的领域中使用某种能力（Maag Merki 2001）。因此，未来研究的重要任务是在能力的领域功能与跨领域功能之间建立起联系。

8.3 职业教育课程的设计与评价

Peter Gerds

8.3.1 职业教育课程设计和教学组织的相关问题

职业教育学作为一种实践性学科，不仅用抽象的方式分析问题，而且还为从事实际教学工作的教师提供实用支持。

社会的快速发展，特别是在工作和技术领域，带来了很多无法确定和预期的后果，这为选择和确定工作组织形式、生产和提供多种产品、服务等提供了广阔的空间。在技术的开放性应用和全球竞争大背景下，现代技能型工作的组织理念要求为所有员工提供灵活的工作任务和职责。自我控制的独立学习能力和为完成复杂任务寻找解决方案的能力，已成为职业资格的重要组成部分，即便是对那些工作在基层的技术工人也不例外。职业教育课程和教学必须满足这些需求，并与工作领域的持续变化保持一致，必须进行全新的创新设计。灵活的教学环境、量身定制的教学方法、多样化的教学方式、针对学习者条件和经验的个性化诊断和指导工具，成为高质量职业教育的特征。要想高质量地完成教育教学任务并使学习者学有所成，必须对教学环境的优劣势进行分析，从而设计更适合的、要求更高和更加综合化的教学组织(Arnold/Lipsmeier 1995，13-15)。

在这种建构主义教学组织方式中，教学的条件、过程和结果都无法预先设定。人们必须在具体环境中进行设计，包括分析和消除可能阻碍学习者取得学习成就的障碍。

在职业教育教学设计中，必须考虑工作、技术和教育三者之间无法确定的复杂关系。这意味着，职业教育不仅要使学习者满足现有工作环境和工作任务的要求，而且还要使他们能够有效参与车间层面的工作组织设计。确定职业教育教学组织的目标、内容和教学方式时，要对现有工作和技术进行分析，而要想培养学习者应对外部要求的能力，必须促进其独立工作能力和个性的全面发展，在教学组织设计中必须遵循"以人为本"的原则。

传统的选择教学内容的一个重要方法是：在"对应的学科"即成熟的学科领域(如机械工程学)的科学知识与"对应职业"(如钳工)的技术工人知识之间建立一种联系。虽然按照这种方法确定的学习内容与技术工人实际工作差距很大，但是这种方法在学校职业教育体系中却被广泛采用。事实上，即便综合运用了上面两种方式，也还是不能完全满足现实的要求，因为实际工作过程的要求一般不包扩旨在发展人的综合能力的主观性要求；而学科性内容与技术工人职业发展之间的联系又非常有限。

按照现代主体性教学理念，上述两种方式的局限性都很明显。只有通过专门的职业分析，才有可能明确职业教育的内容。现代职业教育教学和课程的特征是开放性、灵活性和响应性，其目的是使学习者能够独立学习并以自我负责的方式进行自己的职业生涯发展（Volpert 1989；Rauner 1995a）。

综上所述，为促进职业发展所进行的教学设计，意味着赋予学习者更多权力并对其提供更多的辅导，使其在工作和学习环境中能够进行特定的行动并进行适当拓展，包括确定行动的目标、方式和结果。这本身也说明了社会、技术和伦理在职业教育和工作过程中的一致性（Rauner 1987）。

在工业社会特定的工作组织中，一个职业的工作任务和职责是通过其典型的职业工作任务确定的。因此，对职业的典型工作进行分析和记录并将其转化为学习任务，是教学设计和实施的基础。学习任务在社会、技术和伦理方面所体现的质量、综合性和可拓展性，决定了学习者未来的职业发展潜力。制订职业教育教学计划和教学实施的关键，是如何将与实际工作任务相关的学习任务与学习者已有的成就、知识和工作经验恰当地联系起来。专业知识的形成发生在特定的职业领域，这是一个逐步拓宽、深化和直至精通的过程。在学习任务和教学组织设计时，应首先了解学习者的现状，才能指导他顺利进入职业发展的下一个阶段。这要求教师具备良好的"诊断"能力，能够正确评估学习者已有成就和取得的进步，同时还能运用多种教学资源提供符合学生需求的教学内容（Hofer 等 1996；Rauner 1999a；Gerstenmaier 2004）。

换言之，职业教育课程开发以及教学组织和教学环境设计本身就是一种矛盾，即劳动市场的职业资格需求与社会个人实际要求之间的矛盾，这种矛盾已经超出了可以简单调节的范围（Drechsel 等 1987；Gerds 1995b）。

8.3.2 传统职业教育教学组织的特征

传统的课程和教学理念以及教学组织形式已经被新的职业教育理念所取代。后者将目标群体、教学环境和社会要求作为教学设计关注的焦点（Hedderich 2001）。下面是传统理念下的教学组织特征。

1. 标准化

教学的目标、内容、过程、时间、地点和结果都由主管部门预先做出详细规定，与学习者、教师和教学环境的实际情况基本没有关系。教学计划没有为无法预测和计划的事件留出调整余地，没有为创新过程以及结果留有空间，也没有考虑创新解决方案及其相应的能力发展。不仅如此，标准化管理甚至不允许学习者个体的学习结果偏离统一的教学要求。传统职业教育的显著特征是：将教学作为一种常规性任务,目标是满足既定标准的要求。从这一点看,它与传统的泰勒主义的工作组织方式极为相近。

2. 教学在远离实际工作和生活的机构中进行

按照传统教学理念,应积累大量与具体情境无关的知识以备未来工作之用。由于教学没有发生在实际场所,而是在脱离实际工作和个体经验的、人为的学校环境中,因此学生无法获得真正具有应用价值的职业能力。教学被限定在特殊场所内,以明确的既定方式进行(如学时固定的课堂教学)。学习和工作在不同时间、不同地点进行,在工作环境和工作过程中进行的持续性学习以及按照个体经验进行的终身学习,都不是教学目标,教学计划也不涉及在工作中进行的分散化学习(Dehnbostel 等 1992;Dehnbostel/Walter-Lezius 1995)。

3. 以工具化的、技术行动模式为主导

传统职业教育注重对实施过程固定清晰、界定严格的完成工作任务或子任务所需技能的培训,这与泰勒主义的工作组织方式相对应。而全面的职业技能、知识和能力由于与劳动市场的需求联系不直接不紧密,因而不是教学重点。这里,职业教育的目的是提供满足生产要求、符合特定标准的劳动者,而学习者个体特征、参与实践共同体的交流与合作以及采用不寻常的方式解决问题等,都被看作偏离了标准工作方式的"不正确"的方法。即使同事之间的社会关系,也按照机械化的行动模式:他们提供标准相同、可用数字度量的绩效,相互之间是竞争者的关系。在这种模式中,职业教育提供一种抽象的资格证明,这一资格与工作的具体需求是脱节的。由于不是日常工作所需,因此学习者参与决策的能力和创新精神的培养,并不是职业教育的必要教学目标(Brater 1984;Gerds 1992b)。

4. 采取外部控制方式,而非自我规范

在工作和学习相分离的劳动组织形式中进行的限制性强、僵化的工作任务,大大损害了相关人员的动机和兴趣。当工人意识到自己不是平等的参与者时,就不愿意运用自己的工作过程知识,也失去了参与的欲望,其结果是对工作(或学习)采取冷漠的态度和缺乏责任心,从而对工作和学习结果造成严重的损害。为了确保工人能够具备最低限度的工作热情,企业不得不加强外部监控,而花费在监控方面的时间、精力和费用,又降低了工作效能。

8.3.3 对现代职业教育方案的新要求

当代计算机辅助系统化的生产组织方式,要求员工在工作过程中积极参与并发表意见,同时也要求企业赋予员工范围更广的工作任务与职责。对任务范围进行严格限定的传统理念,不但妨碍灵活、高效生产方式的推广,也无法使员工以迅速和负责任的方式去完成无法预期结果的工作。在柔性化工作体系中进行的紧密沟通与合作、为客户提供有效服务和个性化解决方案等,已成为企业竞争力的

重要标志，这对工作人员的资格提出了新的要求（Ganguin 1992，16-33）。我们必须将职责、决策权和处置权重新赋予那些直接创造价值的岗位和员工，这也是整体化的、以工作过程为导向的现代职业教育理念产生的重要原因。个性化的、量身定制的能力资格、持续的终身学习以及日趋重要的组织学习，同时成为组织发展、人力资源开发和职业教育的重要环节（Geissler 1998）。

与此同等重要的是员工、信息系统和工具之间互动产生的新需求。人们发现，技术工人内在的、隐性且实用的知识与经验，对完成日益增多的非常规性工作任务非常重要。此外，要想有效地利用计算机辅助系统，也必须在工作岗位上直接进行调试性的操作，并不断对系统进行维护和更新（Schreier 2001b）。系统、设备和工具研发者与使用者之间的知识差距必须是可弥补的，否则就会产生"去技能化"效应并造成严重的后果（Jakobs/Martin 1991）。使用者只有积极参与，才能使计算机辅助系统和工具得到完善，并在工作岗位上发挥其最佳效果（Fischer 1995a）。

计算机技术的广泛应用，引发了工作组织方式的系统性变革，这对职业教育产生了革命性影响，涉及范围包括微观层面的教学环境设计、职业教育机构的组织和人力资源发展、课程开发，以及国家层面的职业教育体系改革完善。与将决策权下放给基层技术工人的企业生产方式改革类似，国际上也存在着赋予教学人员更大权限和选择范围的趋势，这也是工作与学习相结合的结果。学生对自身学习过程承担的责任越来越大，人们更加重视支持独立学习和工作的教学理念（Gerds 2001）。职业教育教师在教学决策（包括课程实施和评价）和职业发展方面都有了更大的空间（Gerds/Bauer 2003）。职业课程脱离了僵化、具体的指导原则的限制，教师和学生可以按照需求，在宽松的课程框架内进行教学。这对教师提出了新的能力要求，即必须有效地参与到组织和个人的发展过程（Sloane 2002）。

教师的任务和职责范围扩大，说明精益生产和扁平化组织模式的做法不仅在市场导向的职业培训体系中盛行，而且在学校职业教育体系中也得到了发展。课程的设计与评估、课程内容、教学计划和教学指导的决策职能以及社群之间的关系，都不能转交和分摊给彼此没有直接联系的管理机构和人员。课程的开发、实施、评估和修订共同构成了一个连续的闭合回路。按照现代教学理念，教师在其中每一个环节都负有更大的责任（Fischer/Gerds 2002）。

教师的传统任务是教学过程的实施，他们的新职责远远超越了这一范围。但是，教学过程设计仍然是他们的重要任务，因为它与教学质量的联系非常紧密。选用合适的教学方法、教学实施与评价、对学习者提供个性化的指导、开发和运用媒体以及教学环境设计，仍然对学习者的学习效果起着重要的作用，它们在很大程度上决定着能否真正实现新的教学目标，如上文所述的独立学习能力和专业知识。

8.3.4 关于学校职业教育质量的研究结果

不论是在学校教育还是双元制职业教育体系中，一般都有一套系统的教学传统，重点是系统化和结构化的教学设计。近年来，随着"在工作中学习"和"工作过程知识"理念的推广，传统教学理念黯然失色，新理念对职业学校的教学组织改革起了重要作用。然而，实证研究表明，尽管人们、特别是欧洲人对于工作中的学习进行了大量讨论，但无论是在理论或是实践方面还有很多缺欠。

职业学校教师的工作通常是按照课程计划预先确定的教学目标、内容和方法设计相应的教学过程。这种教学方式传授事实性知识，按照教学简化(didactical reduction)方法对传统学科知识进行简化处理，即：

➢ 从连贯、系统性的知识中得出基于学科的基础理论与概念；

➢ 在职业行动领域中进行普适化处理和实践；

➢ 提供有关特殊案例、决策和行动的专门建议(Eraut 2002，43)。

由于学校教学发生在实际生活和工作环境之外，其社会条件、信息和教材都是事先设定的，因此对与教学相关的环境条件都进行了仔细规划，其中包括：

➢ 行动的社会化形式，即对所有参与教学过程的人员的社会关系和合作形式进行规范。这种社会化形式是由外部因素(空间、时间和设备的结构)和内部因素(等级式的或平等的人员关系)共同决定的。

➢ 行动模式，即对教学过程的内部组成(通过对绩效行动的内化处理建构知识与能力)和外部组成成分(演示并策划教学组织中的模拟工作过程)进行规范。

➢ 教学过程的排序，即规范教学过程的外部结构(按时间先后的安排)和内部结构(按照知识获取方式进行的安排，如采用情境化或非情境化的方式)(Meyer 1987)。

社会化形式、行动模式和教学顺序安排之间的相互作用，对确定教学组织和教学方法，如项目、课程和课时计划等，具有决定性的意义。

与基于工作的教学类似，基于学校的教学也是一项极为复杂的工作，以至于科学家都无法确定是否能够建立一套系统而不自相矛盾的理论来分析和描述教学过程(Terhart 2000a，33；Pätzold 等 2003，16-21)。因此，Pätzold 用实用主义概念"教学方法"描述对职业教育教学实践的实证研究，而"教学组织"(arrangement)包含多种教学方式方法，从"大型组织"(如项目)到微小教学情境中的短期行动安排。

然而所有这些传统的学校教学理念都是从教师的观点看问题，因为这里教学过程的设计者是教师，因此学和教就成了地位相同的一件事，从而大大忽略了学习者的活动和观点。

"教学组织"的概念起源于建构主义学习理论(Maturana 1993)。按照建构主义"自创生体系"（autopoietic）教学理念，知识不能简单由教师传给学生。对教师教学能力的评价，不只看他是否能用"适当"的教学方法实现师生间的知识传递。相反，教师必须在学生自主行动和积极的学习过程中赋予学生更大的权限。教学设计的重点不是教师的教学组织，而是为学生独立建构知识提供支持。建构主义教学理论可通过有关教学设计和教学质量评价的实证研究得到证明。

1. 学校教学组织改革没有充分利用现有的空间

尽管通过大型项目教学和课程改革，学校在教学组织安排方面做了很多调整，在课程开发、实施和评估中采用的科学方法也促进了职业教学的标准化和制度化建设，但职业教育的质量仍存在很多不足（Deitmer 等 2004a；Deitmer 2004b）。

研究表明，许多学校仍存在很大的改进空间，而且从整体上说，对这种改进空间的利用并不充分。教学质量不佳的另一个原因可能是，新规章制度对教学实践产生的影响非常有限，因为有很多可以回避这些规章制度的方法。有经验的教师在教学准备和教学实施过程中，甚至可以不参考课程标准和其他规章。研究表明，许多教师无意参加教学方面的继续教育，因此缺乏自身的职业发展能力。约50%的教师对传统教学理念（如以教师为中心的教学）有充分了解和实践经验，只有25%的教师熟悉自主学习和基于工作学习的教学理念（Pätzold 等 2003）。

2. 语言传授式教学仍占主导地位

面对面的语言传授式教学仍然是主导的互动形式。情境认知理论认为，与职业实践情境联系不紧的知识无法帮助学生应对实际工作的要求（Lave/Wenger 1991）。按照情境教学理论，职业教育的教学应遵循以下基本原则（Clancey 1992）。

（1）教学环境应提供完整、复杂的工作情境，不应为直接传授特定的、抽象的概念而只截取实际工作情境中的部分内容。

（2）亲身经历的积极参与方式，比被动的讲解教学更有效。

（3）团队工作和社会性互动，优于孤立的个体学习。

另一种对传授式教学进行批判的理论在教学方面更有实际意义，即传授式教学的结果是积累大量无用的理论知识，即"惰性知识"（Mandl 等 1993），这种知识对实际生活和工作环境并没有太大实际意义（Brettschneider 等 2000，399）。之所以说没有实际意义，是因为传授式教学采用被动的、接受式的教学组织，其结果只是获得一些特定的、按照学科结构建立的术语和事实。它忽略了"学习是一个积极的建构过程，必须与职业活动和任务联系起来"（Reinmann-Rothmeier 等 1994）。Dörner 在其"Lohhausen-实验"项目中对此进行了辛辣的讽刺：学习者能用很多"动听的新词"讨论问题；尽管他具备这种雄辩的才能，但其实际行动却没有丝毫的改变（Dörner 2000，304）。对此，Dörner 提到了"宦官知识"，即"他知道该怎么做，但自己却不能做"。

Tramm 和 Rebmann 对经济管理领域职业教学的知识类型进行了研究，并获得以下重要发现。

（1）主要内容是零散的、按层级构造的法律与贸易知识。

（2）缺乏通过直接处理相关问题获得的真实经验。

（3）教学组织中没有与具体任务和案例相联系的整体性的复杂行动，也没有目标明确的行动、决策、实施、控制、指导和证实活动（Tramm/Schroer，引自 Schroer 2002，78）。

Tramm/Rebmann 认为，这种强调获取知识的教学理论的特征如下。

➤ 包含大量关于内容和程序的知识条目，通过对知识条目的积累形成职业能力。

➤ 这些知识条目都是通过对学科知识的转化和归纳得到的。

➤ 通过对知识体系进行"压缩"形成职业能力。

➤ 在非情境化的教学环境中学习的理论术语，通过某种方式与实际工作和生活的实践经验联系起来。

➤ 通过教师对单个孤立的概念进行描述和学生被动接受完成学习过程。在学习过程中，这些概念被不断吸收到一个等级化的知识结构中，如果需要可以随时调用。

3. 媒体制约的沟通与合作是主导的社会行动模式

教学采用的主要行动方式是面对面的教学，由教师主导教学方向。针对职业的典型工作任务进行的小组工作与学习，或合作完成学习任务的做法很少见。实证研究表明，学校职业教育往往以"正统的"教师中心方式进行，学习者处于被动地位。即便是在工商类专业领域，教学中使用最多的媒体也是黑板（Pätzold 等 2003，64）。

企业的职业培训同样也缺乏活动式的教学组织：以培训师为中心的教学和产生于"产业内培训"（TWI）的教学方法是主导的社会行动模式。然而这些传统的教学方法还是得到学习者的青睐，因为他们认为企业培训比学校教育更容易获得专业知识。

评估结果显示，在那些旨在实施现代教学理念的典型试验项目中，尽管提供了很大的自由实践空间，但职业教育质量并未像预期的那样理想。

德国政府曾组织了一个由 21 个典型试验组成的大型项目，在 100 所职业学校实行，内容包括：①工作过程导向的课程开发；②独立学习；③采用行动导向学习法培养设计能力；④整体化学习。这些项目并没有从整体上转变古老而传统的教学方式。造成这种结果的原因是，教师缺乏现代教学知识而无法正确引导学生，更不能根据学生的已有知识状况开展个性化的教学（Deitmer/Fischer 等 2004）。

8.3.5 现代行动导向和综合化的教学组织的特点及设计与评价标准

8.3.5.1 实践经验与理论知识的基本关系

职业教育的教学目的是使学生获得完成实际工作任务的能力，这意味着要按照完成职业典型工作任务的标准，控制并参与到与特定工作岗位相关的各种因素的设计过程中，包括工作过程、工作中使用的技术方法、仪器设备以及工作组织形式。所谓的需求导向，就是指关注职业的典型工作任务，并按照公认的标准完成这项任务。

当前，培养设计职业生涯发展能力正逐渐成为职业教育的重要目标。Volpert将这一目标定义为：在已获得的职业管理（governance）和知识基础上设计新的工作条件、形式和产品，并成为一种自我实现（1989）。

为了避免形成"惰性知识"，职业教育教学应提供合适的教学情境，让学习者尽量采取自我控制的学习方式，学习发生在一个复杂而真实的实践环境中。"真实性"是指当面临具有可比性的问题时，学习者将新任务和已有经验和使用过的解决方案联系起来。通过对比，形成解决新问题所需的知识。

但仅仅是这种对比性的知识还不完整，还必须通过获取新知识对已有知识进行拓展，而新知识的获得只有在完成新任务的过程中才能实现。当学习者意识到自己能够独立完成一项任务时，就会产生进一步学习的动力。这是学习者的内部发展过程，无法由教师取代。教师的职责是，创设有助于学习的学习环境，提供学习所需的条件并消除学习障碍。

好的教学组织的标准如下。

（1）学习任务能激发独立的学习和工作；

（2）复杂的综合性内容，具有开放性，允许学习者进行改动；

（3）能与已有经验联系起来；

（4）要求使用职业行动中所需的各种手段（设备、工具、材料和信息等）；

（5）允许（或者最好）形成不同的解决方案，采取个性化的学习方式；

（6）允许并要求小组合作和沟通；

（7）鼓励不同形式的个人和社会活动（语言、社会、思想、操作的或体力的）；

（8）鼓励自我组织和自我控制的学习（独立或以小组方式）；

（9）要求学习者对工作和学习的成果及方式进行自我反思和评价。

与传统课堂教学获得的系统化理论知识不同，情境教学的结果受到很多与特定环境相关的因素的影响，这些因素不是随意的，它会出现在特定的情境中。实证研究结果（Boreham 等 2002）表明，在实用主义理论基础上形成的理论知识与认识，对完成困难工作任务和处理紧急事件来说非常必要（Fischer/Boreham 2004）。

在处理实际工作问题时，高水平的技术工人能将个人的经验性知识与理论结合起来，并处理好二者之间的矛盾。

近期关于工作过程知识起源的研究结果表明，工作过程知识的形成过程是将岗位上获得的实践经验与岗位之外获得的理论知识相相合的辩证过程。教学的关键任务是在适当的教学组织中将工作中的学习环境与学校学习建立起联系，并努力实现其一体化。

有一项旨在按照"知识迁移理论"澄清"惰性知识"与"适用知识"之间的关系的研究，其研究主题是：如何将通过经验获得的知识融入现有知识中，从而形成解决更难的新问题所需的、更高水平的知识和能力。按照知识迁移理论，只有当"旧"情境与"新"情境的结构相同时，才可能实现知识向新的情境的迁移。在情境教学环境中获得的知识，如果进行了"去情境化"处理，就会产生与"惰性知识"类似的问题。这时就无法实现知识的进一步累积，并将其融入已有的结构化知识中。Bruchhäuser 认为，在从初始经验到系统化知识的结构化迁移过程中，对知识的积累是必不可少的。实现这种迁移的前提，是具备通过归纳得出结论的能力（2001，334-335）。

在课程开发领域，至少已经有两种策略可以处理这一问题。第一，设计"螺旋式课程"，通过安排性质相似、难度不同的学习任务，以螺旋上升方式进行学习，这可以对特定领域的知识进行不断的编辑和推敲（Gerds 2001，44-48）；第二，将从卫生类职业课程开发中得到的"职业发展逻辑规律"用于其他职业领域（Rauner 1999a）。

8.3.5.2 发现对综合性教学组织的评价

教学组织的质量的一个重要标志是：采取什么策略，将学习和工作过程中获得的实践经验与已有或将要获得的理论知识进行结合，并完成职业任务。

为了在能力发展过程中促进这两方面的融合，应按照实用的原则，将建构主义教学范式、情境教学范式和指导性教学范式进行综合。许多实践研究证明，这些范式不能彼此排斥，而是要通过相互补充才能完整（Schroer 2002）。

研究结果证明，特别是在那些复杂的教学组织之中，提供一定的外部指导比没有这种支持的效果好（Brettschneider/Gruber 等 2000）。

Schroer 在德国职业学校的研究证明，教学成果欠佳往往是由于没有对个体的学习流程和步骤做出专业化的诊断。我们应当提供个性化的、量身定制的教学，然而这种愿望却无法实现，其原因是目前尚不具备合适的、能对不同教学组织进行诊断和管理的方法，或者说教师还不了解这种教学组织。在为促进自我管理型学习而进行的复杂情境教学的典型试验项目中，这一问题变得尤为紧迫。典型试验结果表明，我们有可能在某种程度上避免"惰性知识"的产生，但同时也出现以下问题，即现有知识水平较高的学习者从这些教学组织中获益的可能性较大；而那些知识水平较低和基础条件较差的学习者则无法从中受益。

通过运用指导性辅助措施（例如，多媒体和网络、设计允许在各知识领域间自由导航的个性化信息互动方式），即便是较迟钝的学习者也可能取得重大进步（Schroer 2002）。

要想可持续性地、专业化地运用这种计算机辅助的个性化的情境教学组织，必须对现有的课程设置、教学理念和（特别是）职业教育的教师教育进行深层次的改革。

8.3.5.3 开发和评价复杂情境教学的教学组织

在开发阶段，最重要的是要评价以下方面的问题。

（1）学习者对情境教学组织的接受程度，包括这种教学组织与企业实际工作要求的联系。

（2）对学习者个体的现有条件和学习绩效进行鉴定、评价和认证。

（3）确认复杂教学组织中能够增强学习动机、责任感和学习绩效的因素及其结构。

（4）制定实践和理论一体化的教学组织策略。

（5）进行个性化的教学组织设计，并运用适当的工具进行反馈。

实施和推广阶段的问题如下。

（1）深度阐释的程度，以及已有知识的类型。

（2）教师设计和实施复杂教学情境的能力。

（3）开发和评价复杂情境教学组织的工具和流程。

评价的重要标准是：学习者是否通过独立、自我控制的学习获得了新知识，是否能够运用这些知识解决职业工作中的关键任务，是否能将这些知识应用于其他类似的任务和案例中。

对复杂教学组织产生影响的评价，主要关注教学成果的可持续性以及教学成果与以下各方面的关系：教学内容、动机和媒体（教学组织的互动性、反馈、课程设计工具所贯彻的教学原则）。

8.4 学习环境设计

Peter Dehnbostel

8.4.1 背景

自20世纪90年代以来，我们目睹了岗位学习方式的复兴。由于社会和产业发生的巨大变化,这种学习形式已成为企业的一种重要竞争优势。完善和优化程序、质量保障、知识组织以及其他先进管理理念和方法,都要求在工作过程中进行学习。在多数情况下,人们认为岗位学习比课程和培训更为重要,尽管后者在职业继续教育领域始终占据着主导地位。继续教育理念的转变还体现在,如今"能力"已经逐渐代替了"资格"(技能)一词。由教育机构分析界定的各种资格,也被那些只能通过家庭及岗位学习获得的综合能力所取代。

尽管人们普遍认为岗位学习在当前企业生产组织方式改革过程中发挥着重要作用,但对于岗位学习的范围、性质以及它在个人发展中的作用,我们还知之甚少。此外,岗位学习本身也有缺陷,如对工作任务和工作条件的情境依赖性、经济性、学习过程的巧合性和随意性等不利因素,以及许多工作岗位无法真正促进学习的现实。

通过设计学习环境,我们不但能为工作岗位提供更多的学习机会,也能激励和促进人们学习。然而关于岗位学习环境设计的标准、过程和理念,不同的学科,如职业教育学、人类环境改造学、工业和组织心理学等,有着巨大的差异。这种差异不仅体现在各种新的学习方法中,如教练法(Coaching)、学习岛(Learning Islands)、质量圈(Quality Circle)等,也表现在不同的工作形式中,如团队工作、岗位轮换和网络化工作等,这些工作形式是人们刻意创设的"学习导向的工作结构"。在此,不在狭义上理解学习环境的含义,它是一种广义的学习和工作氛围。由于传统的有偿工作、工作类型和学习场所之间的界限已经被打破,因此对学习环境的设计甚至已经延伸到了日常生活之中。

8.4.2 岗位学习

在过去的数十年里,工业化进程和泰勒主义工作模式盛行,使工作岗位学习的可能性和机会大大减少。直到20世纪80年代,人们还以为这种趋势会一直持续下去。当时,所有职业教育研究都建立在泰勒主义基础之上,即不论是出于教学法方面的原因,还是出于组织和经济方面的考虑,人们都不太认可"在工作中学习"的理念。然而,岗外培训实践表明,尽管在教育培训中心开展的集中学习能够实现系统化学习,但却明显忽略了实践学习和经验学习的重要性。同时人们也认识到,现代工作岗位的复杂需求越来越难以预测和模拟。人们发现,新的工作与生产组织方式增加了工作过程中学习的可能性和机会,企业越来越重视在工作中发展员工的能力。"分散化培训"理念的推广和应用,正是追求这一目标的结果(Dehnbostel 等 1992)。

人们之所以会重新重视岗位学习,最初不是出于教育学理论考虑,而是由于经济方面的原因。传统的大工业化生产方式并没有像预期的那样延续下去,因为现代社会已经发展成为一个充满着新信息技术的"知识－服务型"社会——体力

劳动减少，知识型工作不断增加，知识成为一种重要的资源。经济、技术和社会
文化以前所未有的速度发展，迫使组织和企业不断进行调整与创新。人们必须通
过组织内部进行的持续化学习为创新铺平道路，增加和拓展知识，并最终(但并
非不重要)提高绩效水平和竞争力。在日益重视顾客导向的全球化经济中，对许
多领域的专业人员而言，岗位学习以及由此获得的知识已经成为最重要的生产力
(Jaeger 1999；Nonaka/Takeuchi 1997；Wildemann 1994)。

另外一个问题是，如何从质量和实施的角度确定这类学习过程？这是岗位学
习的决定性因素。现代的工作过程真的能提供切实可行的学习机会吗？这些机会
是否有效，是否有可持续性？有关讨论自 20 世纪 90 年代初就已经开始，而且一
直围绕经济和教育关系中的"偶然性"(Coincidence)和"趋同性"(Convergence)这
两个关键词展开(Achtenhagen 1990；Harteis 2000；Heid 1999)。人们分析了企业
管理方式变革的利弊，以及这些变革对工作过程中的学习所产生的影响。一方
面，全球化、新的信息与通信技术推广和生产力提高共同导致了大幅裁员、工作
压力增加、就业不稳定和任务导向型学习；另一方面，"偏平化"和"分散化"管
理又为员工整体化的工作、自主权度提高、增加参与机会和促进积极创新创造了
更好的条件，同时也改善了学习条件并增加了学习机会。

虽然存在不同的见解，但工业心理学家和教育心理学家都认为，岗位学习的
机会对于人的个性发展非常重要(Hacker/Skell 1993；Wächter/Modrow-Thiel
2002)。重视工作和相关学习，这与 20 世纪初改革教育学派的教育理论和经典的
职业教育理论有很多共同点。岗位学习是个性发展过程的一个重要组成部分，同
时也有助于个人价值的自我实现，即工作的条件对个人和社会具有重要的意义，
但并不是所有的内容和环境都能够促进学习，它们必须满足一定的标准。

8.4.3 建立学习潜力的标准

创建有利于学习的工作条件和学习环境，需要处理一些相互矛盾的关系。首
先，一般岗位任务的设立取决于经济和技术方面的客观要求，而人的个性发展目
标只能在以人为本的教育和职业发展环境中才能实现。目前，有研究提出了一些
建设性的标准，它们既可用来分析特定岗位上学习可能性的大小，又能帮助人们
创设学习导向的工作环境(Bergmann 1996，173FF；Franke/Kleinschmitt 1987；
Sonntag 1996)。制定这些标准的主要依据是工业和组织心理学研究成果。

下面以 Franke 等提出的标准为例进行说明，它与其他标准在本质上是一致
的。据此，岗位学习应满足以下七个标准(Franke 1999，61)。

➢ 经历问题状况。这对工作本身经验的复杂性和思考过程的深度提出了
要求。

➢ 行动范围。指明了工作岗位的自由程度，以及有哪些行动权限。

➤ 可变通性。指在不同实施条件下完成基本结构相同的岗位任务时，可在工作中进行适当变通的程度。

➤ 完整性。即按照"完整的行动模式"实施整体化的工作任务。

➤ 社会支持。包括沟通、建议以及与同事和上级之间的相互支持。

➤ 个性化。将工作任务与个人的不同发展阶段相联系。

➤ 合理性。即按照德莱福斯（Dryfus）的"从初学者到专家"的职业发展规律对员工的不同职业发展阶段进行划分。

Franke 相信，以上这些标准对于一个岗位是否能提供学习机会和"制定促进员工发展的行动战略"具有决定性的意义，但是这还不是一个完整意义上的质量标准。岗位工作最终是促进还是阻碍了学习，取决于更大范围的环境因素，如企业文化、工作组织方式和工作任务等，这一点在对"个性化"标准的描述中可见一斑：个体在所处的每一个职业发展阶段，其工作任务有时太难，而有时又会太简单。在其他方面，如"经历问题状况""行动范围"和"合理性"等，岗位工作是否能真的促进学习，则主要取决于个体的素质。每个人不同的个性和技能，问题的难度、行动范围以及分类的合理性，既可能促进学习也可能阻碍学习。此外，这些因素相互之间的影响也十分重要。

按照建构主义观点，要使工作岗位和工作环境促进学习，也必须满足一些类似的要求（Reinmann-Rothmeier/Mandl 2001b）。工作（与学习）过程必须有一定的自由度：新的发展不能产生封闭系统，学习者必须掌握和控制工作（与学习）过程。学习者必须能够获得经验、收集知识并自己得出结论。这些层面的自由必须有意识地去体验、运用和构建。要实现这一点，学习者必须有积极性，并且具有或产生了对工作及学习活动的兴趣；他们还应通过学习过程进行自我指导。学习往往是一个社会过程，在这个过程中，学习者及其行动之间具有一种社会文化性质的相互影响。对岗位学习环境设计的基本原则可归纳如下。

➤ 真实和情境性的背景；

➤ 综合性的环境；

➤ 多种视角；

➤ 社会环境。

除了现代职业教育的最高目标，如发展综合职业能力并能在行动中应用自我反省能力外，确认工作岗位的学习潜力还有两项参考标准：工作内容的反思性和创新性。反思性包括行动主体的结构性反思和自我反思（Lash 1996，203）。按照这一定义，工作中的反思意味着对工作结构、工作环境以及个人做出的反思。工作的创新性内容依赖于个体不同的创新能力。这种创新能力正是在工作中进行持续的反思性学习所要得到的目标。所谓的创新，就是在知识、经验和观点之间建立联系并运用知识，从而创造出新的东西。创新可能体现在产品和服务中，也可能体现在工作结构和组织中。

8.4.4　学习环境的开发与设计

正如对具有学习潜力的岗位标准所描述的那样，在创建学习导向的工作条件和学习环境中并没有"最佳的"方法，每一家企业、每一个工作领域都应寻找适合自己的解决方案。后福特主义的复杂工作结构表明，在很多情况下，我们必须将工作任务设计成一系列整体化的、全面的团队工作任务。因此，在设计学习环境时，必须超越个体的工作岗位范围，全面考虑日常工作的整个工作过程和工作环境。

工作中的学习环境的主要特征是，它具有能为岗位学习创造可能性的各种有利条件和选择。这些条件一方面是由具体因素决定的，例如企业规模、行业特征、工作任务、工作组织形式和资格要求等；另一方面，它们取决于开发和设计工作过程及学习环境的措施。其中，"开发"指检查和确定可以作为学习设施和学习环境的工作岗位；而"设计"则指有目标地创建学习导向的工作组织结构，它常常通过与人力资源发展的相关措施以及提供学习资料的方式实现。在下文中，我们介绍两种通行的工作过程和学习环境开发与设计方法，即"工作与学习任务"和"学习岛"（Dehnbostel 2003，6）。

"工作与学习任务"学习方案的主要内容，是选定工作任务并对其进行教学处理，从而将工作岗位发展和组织成为一种学习设施和学习环境。采用这种方案的典型例子如多家中小型企业中采用的"工作和学习任务模式"（Wilke-Schnaufer 1998）。为确认这些企业的工作环境，不仅进行了多个阶段的企业分析和资格分析，还对工作任务进行了深入的分析。后者的目的是确定"典型"工作任务，这不仅包括传统的企业的常规性任务（即按照特定工作结构和材料确定的简单任务），还包括那些要求较高的、具有岗位培训性质的复杂工作任务。

例如，在分析企业特定的任务时，将生产一个轴承的工作认定为与学习相关的任务。为从教学角度对这项任务进行准备，应首先对任务进行分析并将其划分为几个独立的阶段，如接受任务和准备阶段、实际生产阶段、质量监控阶段以及最后的完善阶段。然后审查确定对每个阶段工作和整体工作而言都需要哪些条件，弄清为了实现职业教育目标还需要增加哪些内容。为减少培训师的困难，这些"工作与学习任务"都被编入一门课程中。这样，针对轴承生产的计划和实施过程进行的教学准备，就能作为一个"工作与学习任务"应用于许多其他以"轴承加工"为名的相关产品的生产过程中，也能应用于不同的企业。

总而言之，"工作与学习任务"是建立在以下原则基础上的。

➢　工作任务的真实性；

➢　与各职业描述的要求一致；

> 引导教学过程朝着经验性学习的方向发展；
> 促进团队工作；
> 能够实现个体的教育性目标。

这一系统化的基于工作的学习设计方法的关键是，各项任务和从这些任务中得到的"工作与学习任务"必须在学习与工作环境中具有完整的工作过程。

随着"学习岛"和类似教学方法(如学习站、学习圈)的应用，工作岗位被系统化地发展和设计成为一种学习设施和学习环境。与"工作与学习任务"一样，正式学习和非正式学习也被融合在一起。"学习岛"是人们学习环境设计工作中成功开发并推广的一个由五个阶段构成的模式(Dehnbostel 2003，7)，这五个阶段是：第一阶段，分析工作岗位和工作任务，设立与之相关的资格要求和工作条件，并在上文所述标准基础上，审查确定其学习潜力和学习选择(option)。第二阶段，根据职业教育目标，审查这一工作岗位是否可以作为一种学习环境和学习岛。第三阶段，确定结构、设备和组织原则，并建立工作和学习的基础设施。第四阶段，在工作与学习环境、组织背景和人力发展及社会发展目标基础上，确定学习目的、学习内容和学习方法。第五阶段，对学习岛中的工作及工作过程进行规划，建立评价工作质量的模型。同时按照专门的标准，对学习过程的质量和能力发展水平进行检验。

学习岛模式曾有几个不同版本。事实表明，应为这样的学习方法确定岗位学习所含学习潜力的标准。由于多种原因，许多工作岗位和工作过程并不适合作为学习环境。与多数实际工作岗位不同，在"学习岛"创设的学习环境中，尽管完成相同的工作任务，但是学习者有更多的时间形成能力和演练学习过程。为了达到学习目标，"学习岛"配备了教学软件、可视化学习材料等学习资源。按照上文所提及的标准，"学习岛"也在努力确保其工作任务能符合整体化工作的各项标准，即通过加大任务的复杂性、丰富问题内容和采用多种变化形式，提供有效的学习选择和学习机会。

从很大程度上讲，学习者是自己规划、实施和评价工作任务的。"学习岛"中的工作具有以下特征：高度独立性、高度职责感和团队紧密合作。负责"学习岛"工作的是一名职业培训专家，他的主要职责是对学习过程和发展进行监督。他面临的主要挑战是，不能用传统的教学方法来传授知识与技能，而允许主要由学习者自己来控制其工作及学习过程。创设的学习情境和学习环境要有利于学习者独立工作或在团队中工作，要允许他们完全独立地获取专业能力、社会能力和个人能力。传统的教学方法已经被伙伴式、主持式和辅导式的教学方法所取代，而后者要求具备相应的学习环境。

8.4.5 总结性评述

岗位学习在未来相当长一段时间内仍将会得到发展。在设计岗位学习环境时，不能忽视两个问题，一是企业创新面临越来越大的市场竞争和成本压力，岗位学习和创设学习环境也面临着越来越大的外部压力。这里的风险是，学习有可能被限制在满足企业短期利益需求上，也可能会被一些增加企业竞争优势的短期培训所取代。二是从教育角度看，将能力发展限制在岗位上的做法也没有可持续性，这就好比将岗位学习从普通教育体系中分离出来一样。它不但会阻碍员工获得职业发展所需的多方面资格，也妨碍他们日后获得普通教育的资格。在这个背景下，能将非正式学习与正式学习相结合的工作非常重要，必须将企业的学习设施和学习环境与外部学习设施以及中等教育和高中后教育结合起来。

因此，只有将"做中学"（非正式学习）与在企业内和企业外学习环境中进行的正式学习相联系，才有可能获得全面的职业能力和反思性行动能力。对于能力发展，正式学习和非正式学习是同一事物的两个方面，如果刻意将它们分离开，那么受害的必然是学习者。"非组织化学习隐含着组织化学习，反之亦然"这一规律，在本文所解释的学习环境中得到了验证。

8.5 任务导向的学习

Falk Howe

8.5.1 引言

21世纪初迅猛发展的技术、经济和社会提出了这样一个问题，即哪些教学方案和学习策略更有助于实现恰当而有效的职业教育。几乎在所有经济和职业领域，职业资格要求都发生了本质性的变化，随着信息和通信技术的推广，共同分享工作场所、工作环境、工作条件和工作计划的机会不断增加。同时，现代化的过程导向的工作组织形式将很多权限和责任转移到创造价值的最基层，企业对员工的期望值大大提高，如需要他们具备独立性、责任感、合作精神、沟通和互动能力，理解操作流程和背景以及具备灵活性和创造力等。

这种发展变化也体现在职业教育课程中。在德国，"使员工具备以对社会和生态负责任的方式、在工作及社会设计中发挥作用的能力"成为职业教育的一个重要目标（参见《职业学校协议》1991）。

8.5.2 概念

在这一背景下，任务导向学习成为一种有助于实现与工作和工作过程相关的学习的重要教学方案，它也是建立在学习和工作互动基础上的现代职业教育的基石。任务导向学习主要以项目方式进行,即在含有具体问题的实际操作中进行。这里的"学习与工作任务",简称"学习性任务",是从一个职业所涉及的典型工作任务中选取的,能将学习和工作以及职业学校和企业内与职业教育有关的各种元素进行有效整合。通过工作过程中的学习,学习性任务帮助人们建立起"职业教育"和"工作世界"间的联系,即利用真实工作中的教育和培训机会实现职业学习。

任务导向学习的基本特征是:鼓励学习者发现和通过一定的自由行动来完成任务、寻求不同的解决方案(多以团队方式)、评估不同的方案建议,从而能够有充分依据做出决策。通过合作,在学习者之间、学习者和培训教师之间就如何采取行动达成一致意见。

学习性任务必须能够引发学习者提出以下问题。

➢ 为什么这样设计这项技术?企业为什么会这样用它?

➢ 企业为什么以这种方式组织工作?

➢ 是否可用其他的方式工作?有哪些备选方案?

换言之,学习者要学会如何批判性地完成工作任务(采用不同技术、组织方式和工作条件),并能投身于反思性的实践中,因为他们清楚地知道学习目标。这时,培训教师基本是一个"助手",主要发挥主持人和指导者的作用。

早在20世纪70年代,当时民主德国就在岗位培训中开始使用"学习与工作任务"的概念。到了90年代,任务导向学习在德国职业教育学和职业科学研究中得到迅速推广。在很多典型试验项目中,学习性任务都成为提高职业教育质量的重要手段。

按照强调内容的不同,在不同的典型试验方案中对学习性任务有不同称谓,这主要是由工作与学习之间联系的广度和深度造成的。例如,有的任务是在实际工作条件下即兴完成的,有的是经过系统化教学处理的职业典型工作任务,有的则完全是企业实际要求的操作任务(Malek 1996,27)。在完成不同任务的学习过程中,学习者的自由度不同。有的通过讲解课文为学生提供详细指导(Nicolaus/Kasten 1999),有的则允许学习者有更大自由,鼓励他们独立找到解决方案和完成任务,但是多样化解决问题一般是共同的教学目标(如设计导向的学习与工作任务,参见 Howe 等2002)。此外,对不同任务进行系统化处理的方式也有差异,如有的按照任务的复杂性(Wilke-Schnaufer 等1998,25-29),有的按照任务的重点(Meerten 1999),有的则是建立在职业发展逻辑规律基础之上的"学习范围"(Reinhold 等2003)。

8.5.3　任务导向学习的重要性、目标和益处

职业教育有多种教学策略,如"项目导向和工作相关"的教学策略,即在项

目实践工作中实现学习；或者传统的"课程导向"教学策略，即学习发生在一系列较为理论化的课堂教学中。任务导向学习的目标是实现第一种教学策略，即"项目导向和工作相关"的学习。

通过职业教育与企业生产和经营过程相结合，有可能在工作岗位上对最新技术进行实践性学习。通过参与实际工作过程，学习者不但获得了关于生产技术和工作组织的"第一手"经验，而且也了解了工作过程中存在的期望、纠纷以及调节和管理方面的要求。此外，岗位工作经验也为学习者提供了影响自我发展过程的机会。

除以上教与学的融合和由此引发的职业教育质量提高外，任务导向学习还有以下优点。

➢　如果项目包含对工作任务的设计和实施过程，那么它能促进企业内的价值创造过程。

➢　由于项目所需材料可以由客户提供，因此能够降低培训成本。

➢　培训任务要求企业培训师和教师必须进一步调研企业的真实工作及经营过程，同时了解实际工作环境。这一重要的实践知识可以迁移到学徒培训车间和职业学校，即传统上远离实际工作岗位的教学机构。

➢　这种学习方式可以激发学习者强烈的学习动机。事实上，培训师和教师从这些具有创造力和负责精神的学习者身上也可以获得有关工作的重要反馈。

8.5.4　相关概念

职业教育面临的一个主要挑战是如何处理好实践与理论之间的关系。在不同的职业教育制度下，学习场所不同（职业学校、企业、行业培训中心），实践与理论结合的程度也不相同。很多课程和教学改革项目都将加强实践与理论相结合作为目标，希望由此提高职业教育质量。任务导向学习继承了这些传统，不但吸收了当前课程研究、能力研究和教学研究的最新成果，而且在发展教学法方面也为职业教育提供了创新方案。

1. 情境认知

在学习理论方面，情境认知理论为任务导向学习提供了基础（Collins 等 1989；Rogoff 1990；Lave/Wenger 1991；Greeno 等 1993）。尽管这类理论强调的重点有所不同，但归纳起来有一个共识，就是学习是一种与学习者现有知识和经验相关联的、积极的、个性化的建构过程。据此，能力的获得不可能与实际应用分离开来，能力依赖于对其提出要求并应用的环境。为应用所学知识，学习环境必须尽可能接近未来的应用环境，即要设计情境化的学习环境。教学内容应该是一个存在于真实职业情境中的真实有趣的问题。为实现全面发展并灵活应用所学知识，学习者应从多角度学习，同时也应对自己的行为不断做出辩解和反思（Gerstenmaier/Mandl 1995；Mandl 等 2002）。

2. 分散化学习

从历史上看，在企业培训中的学习和工作之间的联系一直都很密切。然而从 20 世纪 20 年代以来，大企业的培训活动越来越多地转移到了培训中心，人们主要通过特定的培训课程获得所谓的"基本技能"，传统的学习和工作之间的紧密联系消失了。

20 世纪 90 年代末期，人们开始意识到，职业基础教育和职业提高教育是企业工作过程的重要组成部分，它可以为课堂教学提供特别的支持。人们重新认识了工作与学习之间的重要关系（Streumer 2001；Boreham 等 2002；Fischer 等 2004）。

针对这一要求，分散化学习从以下 4 个方面提供了一个可行的学习方案：新的学习场所以及它们之间的新的结合方式、教学方法和教学方案、改革培训师培训以及对工作场所和工作环境的分析（Dehnbostel/Molzberger 2004，291）。其基本思想是将工作岗位和工作过程融入职业教育中，从而使学习者能够应对不断变化的资格要求。

3. 行动导向学习和职业能力

20 世纪 80 年代，将工作过程和行动导向学习相结合的理念变得越来越重要（Hacker 1986b）。为应对不断变化的资格要求而引发的有关"关键能力"的讨论，促使企业内培训向以项目教学（Laur-Ernst 等 1996）和引导课文教学（Reetz 1990）为典型代表的行动导向教学发展。

特别值得注意的是，行动导向教学的目标是将理论知识与实践能力通过"与现实和问题相联系"的学习方式结合在一起，在融入社会行为的同时，由学习者进行自我控制学习（Wittwer 2000；Pätzold 1992；Adolph 1996）。促进独立计划、实施与评价能力的发展是行动导向教学的主要目标。

然而，认为职业能力仅仅是基于完整工作过程的一系列有序的行动能力的观点也受到了批判（Rauner 1995b，5）。按照教育人类学（Roth 1971）和设计导向理论（Rauner 1988a），综合职业能力是独立、适当、专业化及个性化的承担社会责任的能力和热情（Bader 2000，39）。职业能力包含专业能力、社会能力、个性能力和方法能力，并将人的个性发展作为职业教育的一个重点。

4. 发展性任务理论

按照发展性任务理论（Havighurst 1972），每个人在发展到职业成熟阶段的过程中需要完成不同的任务（Bremer 2004b，329）。可以将职业教育过程设计为一个从新手到专家的发展过程，使学习者完成一系列不同的、彼此相联系的工作任务（Dreyfus/Dreyfus 1987；Rauner 1999a）。如果一个新任务的内容和要求对学习者提出了挑战，而这一挑战又能通过学习者已有的能力克服，那么这个任务就是一种"发展性任务"（Havighurst 1972）或"范例任务"（paradigmatic task）（Benner 1997）。能力是可发展的、可行的行动方案和可练习的行为模型，人们可以进行反思、完善和改进。

发展性任务不仅适用于能力测评，也可用于职业教育课程开发和任务导向学习的教学设计。

8.5.5 任务导向学习的理想实现形式

任务导向学习的过程可划分成"任务开发""任务实施"和"评价"三个阶段。但是这往往会产生一种误导，各个阶段之间看似是相互分离的，事实上并非如此。在实践中，不同阶段和相应"子任务"之间的界限也不明确，它们之间相互影响并交织在一起。因为每一项学习性任务的特征不同，任务导向学习也不会永远按照一个预定的模式进行。

以下认识源自一项名为 GoLo（Bauermeister 等 2000；Howe 2001a）的典型试验项目的成果（Howe 等 2002）。

8.5.5.1 任务导向学习的任务开发

任务导向学习的基础是一个职业的典型工作任务。因此，开发学习性任务的出发点，是对企业的工作过程和经营流程进行评价。

如果提供一个任务选择标准，那么确定任务的过程就会变得容易。这个标准应能帮助人们检验该任务是否充分考虑了学习者的能力和技能、企业和职业学校的要求及条件、职业的典型性以及与职业教育课程标准的关系。

任务导向学习不把学习者的活动限制在仅仅是获得、应用和巩固解决具体问题所需技能和知识的范围内，它同时也要促进个人能力、社会能力和方法能力的发展。每项任务都提供多种学习机会，以便按照学习者的状态确立学习重点。

在选取了一项任务以后，要查验并完善其必要条件，这些条件对学习者完成任务是必不可少的（包括学习和工作环境、人力及资金资源、责任划分、所需信息和时间表等）。建议为学习者的活动留出尽可能多的空间。

准备工作结束以后，应以书面形式为学习者提供任务描述。这不仅对于学习者，而且对于教师都是一项重要的工作指导。为了保证按要求完成任务，大家首先必须明确该项任务的内容和目标。

8.5.5.2 任务导向学习的实施

任务导向学习过程的实施主要是学习者的责任，这是"他们的项目"。教师不作为布道者去告诉学习者做什么或替他们完成工作，他们发挥专家、主持人和顾问的作用。重要的是，他们不提供预设的解决方案，而是和学习者一起规划完成任务可用的组织和方法并加以利用。

这种流程对于学习者是全新的，因为他们往往不习惯进行独立学习和工作，这也是传统学校教育的遗留问题，即学生将自己定义为"用户"，期望老师给出全面、具体的指导。要给学习者留出足够的自由活动空间，让他们从自身的经历中学到知识，这意味着学习者有可能会犯错误、做出错误或不当的决策、产生错误的理解、采取错误行动或不能及时认识缺点。

在接受和了解任务以后，学习者可以安排第一步的解决方案，制订计划并尝试解决。他们建构起完成任务所必需的知识、技能以及资源信息。

要想在众多的选项中做出理由充分的选择并最终确定实施方案，就必须建立标准。标准是从各"相关方面"(如顾客/客户、标准规程、与环境和社会相关的要求等)对产品或服务提出的要求中获得的。在此阶段也要确定对学习者个人表现的评价标准，使学习者在整个学习过程中都清楚如何评价自己的工作。

任务导向学习一般通过生产一种产品或者提供某项服务来实现。这需要进行不断的计划和监控，并书面记录做出的协议、决策、程序和对部分成果的评价，这又将影响到以后的工作进程，因此学习过程是一个持续的发展和完善过程。

在项目实施过程中，学习者基本上可以独立获得完成任务所需的能力，并通过参加相应的课程学习补充项目工作所要求的知识技能，因此任务导向学习并不是完全代替"传统的"教学方法。事实上，传统的课堂教学，如讲解、演示和模仿等在项目教学过程中仍有一定作用，只是所处环境在本质上是完全不同的，因为项目学习要求学员完成一个实际的工作任务。

8.5.5.3 任务导向学习的评价

对任务导向学习进行评价是教学过程的一个重要部分，而不是附加物。由于有序工作和精确记录是技术工人专业工作的重要组成部分，如对售后服务情况和客户关系的记录等，因此也需要对任务导向学习进行记录。

经验表明，展示成果对激励学生和对整个项目进行反馈起着特殊的作用。在项目结束后，学生展示自己完成的工作任务、完成过程以及工作成果，还要总结获得了哪些学习机会，提高了哪些职业能力，如社会能力、个性能力和方法能力等。

教师的最终评价从三个方面进行：第一，对学生绩效的评价基于学生自己设定的标准。如对产品和服务质量是否达到要求、不同处理方法和解决方案、合作状况、个体贡献及表现、各种问题及意外状况的处理等的考核，这可以使评价具有透明度。第二，教师作为主持人和顾问这一事实，也要求教师对自己起的作用做出批判性的反思。他们必须思考：是否给了学生足够的自由发挥空间？对学生的提示是否过于明确，或者是太简单？是否由于指导不力而使学生因面临混乱的学习环境而承担了过重的负担。第三，完成的任务要为今后的任务导向教学设计提供经验，同时，掌握独立的学习过程、做出适当的自我评价也很重要(Dubs 1995，891)。自我评价能帮助教师开发学习任务，提高职业教育教学质量并认识不足（Howe／Bauer 2001）。

8.5.6 研究现状

对任务导向学习的测试和评价是实践导向职业教育研究的重要内容。研究成果往往通过典型试验获得，并用于创新职业教育方法的实施和推广。通过对相应典型试验项目研究成果和报告的文献分析，可以做出以下评价：任务导向学习方案的价值已经得到证明。值得强调的是，任务导向学习使职业教育的质量大大提高，从而能更好地应对现实工作的挑战。

一方面，采用任务导向学习法的学习者往往考试成绩优异。年轻人在培训结束时信心十足，因为他们自信获得了能使自己应对职业生活及未来发展的能力；另一方面，企业主对这些年轻技工也十分满意，因为他们比较容易适应企业的工作。

除了教学方法与工作的紧密关系外，学生和教师高昂的热情、高度负责的精神也是教育培训成功的决定性因素（Arends 等 1998；Bunzel 等 1998；Höpfner 1998；Howe 等 1998；Jenewein 1999；Malek/Pahl 1998；Wilke-Schnaufer 等 1998）。

尽管已经取得了以上成功，但目前还没有在职业教育实践中全面、持久推广行动导向和工作过程导向式学习。相反，相关调查研究表明，传统的教学方法仍处于统治地位。BIBB 进行的调查（BMBW 1993）和 Pätzold 的调查问卷（Pätzold 等 2003）进一步表明，职业学校中以教师为中心的教学方法和企业培训中的示范及"四阶段教学法"等传统方式仍占上风。

8.5.7 发展前景

具有不同组织方式和重点的任务导向学习方案，在大量典型试验项目中起着重要的作用，这些都得到了进一步的发展和肯定（Euler 2004b）。在德国，部分任务导向型学习是在过去的试验区进行的（如 Wilhelmshaven 或 Duisburg 等），并将其作为职业教育培训的一项标准，由此确认了对实训教师、理论教师和学生提出的新要求。这主要是指摒弃学校和企业培训中传统的、熟悉的做法，而把教与学的过程理解为一种所有相关人员共同发展的过程。要对学习和能力发展提供全面的支持和评价，教师需要提高自己的学习伴随和主持等新的工作能力。另外，学生面临几乎完全陌生的环境，他们首先要对自己的学习和能否获得成功负责，因此他们的角色必须从被动的"学习用户"演变为积极的学习者。

在学校和培训企业的组织和发展层面，团队工作方式的引入也产生了新的要求。为实现任务导向学习，组建由培训师和教师共同参与的工作团队十分有益。这些工作团队能创造基本的机构化条件，提供学习环境，在实践中应用职业培训标准并共同进行课程的开发、实施和评价。除了开放性和容纳度外，一定的团队能力对于设计和反映这些过程也必不可少(Vollmer/Berben 2002；Schley 1998)。同时，培训师和教师获得了足够灵活的调整空间和更大的自主性，这样工作小组就可以充分参与到学习型组织的发展过程中(Senge 1998；Berben 等 2001；Gerds/Zöller 2002)。

事实证明，任务导向型学习非常适合全面发展的职业教育，为实现创新型职业教育提供了通用、有效的基础。这一点在以后的实践中应继续秉持。

8.6 自我引导的学习——概念、理论与建模

Martin Lang Günter Pätzold

8.6.1 职业教育的目的和意义

近年来，对自我引导学习(self-directed learning)的研究越来越多(Boekearts 等 2000；Zimmerman/Schunk 2001)。该课题在教育实践各领域(学校、高等教育、职业教育和成人教育)引起关注的原因有多种，其中一个原因是，人们普遍认同自我引导学习及其重要性，特别是在终身教育的大环境下。基于这种认识，进行自我引导学习的能力甚至被视为跨学科学习的一项基本能力，促进这种学习也被看成是"未来教育政策和教育实践的基本任务"(KMK 2002b，2)。

经济政策、社会和工作组织的变化也证实了促进自我引导学习的正确性。这些变化的特征可用以下流行语来描述：全球化、消费者导向、扁平化、可预测和可规划性降低、个性化以及就业能力。这些发展对灵活性、进取精神以及自我反思和自我引导能力提出了更高的要求。

有关学习者的学习条件、学习能力和学习类型的研究也为自我引导学习提供了理论依据。自我学习能力的获得，使学习者能够独立设计自己的学习过程，并按照自己的学习风格选择适合的学习策略和方法(Bräu/Schwerdt 2005)。从教学角度看，这个目标建立在构建主义理论基础上，将学习解释成有目的、反思性并以负责任的方式通过不同的智能操作和战略实践构建知识的过程。学习者通过将自身知识与经验知识相结合，不断拓展和区分自身知识实现学习。这要求他必须独立引导自己的学习。

从教育理论角度看，自我引导型学习的必要性表现在：个人对学习过程的自我引导符合促进个体成熟和自治教育理念。"自治的"或"以自我引导方式"做一件事，比"他治的"或"在指导下"做同一件事更有积极意义。当然对这种观点也要批判地看待，因为"作为定义特征的'自我'本身并非行为或学习的质量标准。

行为的质量不是由实施主体决定，而是依据所涉事项的内容和目的来衡量"（Kraft 1999，837）。

在上述背景下，自我引导学习成为职业教育的前提和重要目标。不难理解，由于很难预测未来的挑战，而且工作又处于不断变化中，自我引导学习能力成为人一生中持续、深入学习的核心动力。

研究产生的许多理论（Zimmerman 2001）对这一现象做了描述和分析。有学者通过比较自我引导能力"较强"和"较弱"的学习者，对自我引导学习的特点和过程做了界定，同时还研究了自我引导、动机和学习间的关系，考察了生命中特定时期自我学习能力的发展特点，形成并测试了用以推动校内自我引导学习的干预方法（Schunk 2005，174）。很多学科都对自我引导学习进行了研究（如教育学、学习心理学、组织心理学和工作研究），但这些研究还很分散，还没有获得深入的研究成果（Boekearts 等 2005）。但是从整体上看，这些研究使我们对自我引导学习的过程有了更深的理解，也为教学实践提供了动力。

8.6.2 "自我引导""自我组织"和"自我调节"的概念

虽然人们认同自我引导学习的必要性，但对这一概念的定义和模型却各持己见。即便对自我引导型学习者的功能性定义达成了共识，仍很难确定一个定义，对自我引导学习的过程给出功能性的描述（Baumert 等 2000，2）。例如，Weinert（1984，97）用限制性条件对自我引导学习进行了定义，即"主体对他是否进行学习以及学习的内容、方式和目的等方面的决定具有针对性强和深远的影响"。

为了更深入理解这一概念，我们对不同学科文献中混淆使用的"自我引导""自我调节"（self-regulated）和"自我组织"（self-organized）三个概念进行更明确的区分，说明本文为什么选择"自我引导学习"概念。

按照控制论理论，"引导"和"调节"的区别在于："引导是对系统发出的一种信息指令和干扰，使系统以特定方式运转并实现目标"；调节是"由于背离了既定目标而引发的一种信息反馈"（Ulrich/Probst 1991，79）。通过查验所采取的调节措施是否已经导致了预期的变化，或是否还存在偏离，而不得不采取进一步措施，"调节"将对破坏因素的反应融入发展进程中。Miller 等于 1960 年提出的调节模型（TOTE）被视为学习研究中认知转变的里程碑。通过自治性测试和操作实现的学习活动的改进，则对另一种外部调节模型进行了补充。

如果把对自我引导学习的理解建立在 Knowles 的定义基础上，自我引导和自我调节学习的关系就很清晰了。Knowles 将自我引导学习理解为一种过程，"在这个过程中，个体主动（在他人帮助下或完全独立）确定学习需求、设立学习目标、确认学习可用的人力及物质资源、选择并实施适当的学习策略以及评估学习成果"（Knowles 1975，18）。在自我引导学习开始阶段，学习者要确定实现自己所设目标的指导措施。在学习过程中和学习结束后都会有测试，这有助于对学习活动进行纠正。调节被理解为一种进行引导的前提，因此也是自我引导学习的一个必要组成部分，因为它能为此后学习活动需采取的新的引导措施提供信息（Straka 2006，399）。这种将学习过程作为一项顺序进行循环的反思行为的理念（Zimmerman 2000，15；Winne 1996，331），阐明了为什么在有明确规范措施的情况下也可以进行自我引导学习。

有关"自我引导"和"自我组织"的区分，Erpenbeck 和 Heyse（1999，130）认为，"引导"（指在学习中）暗示朝一个目标引领，这一目标（至少其基本轮廓）是事先确定好的。目标的设置者可能是他人，也可能是主体本身。除学习目标外，他们把以下内容也定义为引导的组成成分："（为实现学习目标进行的）信息处理的操作和策略、有针对性的控制程序（如比较、评估、评价反馈信息）以及学习目标、操作／策略和控制程序的开放程度"（Erpenbeck/Heyse 1999，130）。当上述四项要素尚无法确定，但各项可用于应对未来状况的选择又唾手可得时，才可以谈到"组织"。表 8-1 对外部引导和自我引导学习以及外部组织和自我组织学习进行了对比。

表 8-1　外部引导与自我引导学习、外部组织与自我组织学习的比较

	引导	组织
外部	教师决定学习的目标、操作与策略，控制进程和开放度	教师设置复杂的、开放的情境，不适合有特定操作和策略的情境，自我组织过程由外部引发
自我	学习者决定学习目标、操作和策略，控制进程和开放度	学习者置于复杂的、开放的情境中，不适合有特定操作和策略的情境，自己引发自我组织过程

通过以上对"外部引导"和"自我引导"学习的对比，可以看到：在真实学习过程中，永远不会有"除非即是"的问题。在学习中，必须同时恰当运用以上两种学习类型。学习者对学习过程承担多大责任，以及对他们的引导措施能起多大作用，需要教学各参与方协商得出，从而创建各参与方都能接受的自我引导学习框架。

至于这种方式到底应称为自我引导还是自我组织型学习，则要看学习过程的发生环境。人们必须认识到：自我组织过程主要在学校外的环境中完成（如企业培训等）。在学校学习过程中，指定的课程和既定的学校条件阻碍了复杂、完全开放的学习环境的建立。因此，在学校学习环境中更需要自我引导学习。

关于自我引导和自我组织学习更深入的理论基础可参见协同论（synergetics）（Haken 1996）以及由 Maturana 和 Varela（1987）提出的自创生理论（autopoiesis），

这些理论在建构主义理论研究中得到了进一步的发展（Erpenbeck/Heyse 1999；Minnameier 2003）。据此，复杂系统可由内部转向外部做出反应，依靠组成要素间的影响链保持系统的稳定。人自身是一个复杂系统，无法进行准确预测。人在自身认知结构基础上，在与外界环境的互动中构建新的知识。学习者是一个主体，有个人的经历，可以建构自己对世界的理解和其意义的认识；他还能主动进行学习，并在此过程中形成自己的特质。教师的活动应建立在个体已有知识的基础上，推动学习者之间以及师生之间的互动。

能力发展的自我组织过程只能发生在具体条件下。正是由于必须克服环境方面的限制和障碍，才引发了学习过程。如果机构制订的方案促成了预期结果的实现（即是可行的），个体会觉得自己处于一种内在和相互的平衡中，就不必去拓展认知基础。只有当遇到已有技能无法克服的障碍时，这种状况才会发生改变。按照自创生理论，是"不安"导致了认知程序的启动，其目标是恢复原有的平衡。只有当外界发生变化时，人们才能察觉到这种不安。协同论认为是"控制参量"的改变打破了原有平衡（Haken 1996，588）。不断增加的信息熵（指无法充分解释、甚至与当事人的信念完全相左的信息）（Minnameier 2003，6）导致了系统的扭曲并使人陷入混乱状态。最终，进化的压力迫使个体进一步发展自身的认知系统。这种向高层次认知的发展引发了新的信息处理方式和问题解决方式，展示了相应的能力。于此同时，系统（从物理学角度）又进入了一种熵值较低而有序的状态，因此实现了新的平衡。这种创建新结构的过程需要自我组织的过程。"系统发现其自身的特殊结构已经自动处于新的控制变量之下"（Haken 1996，588）。

8.6.3　自我引导学习模型

在澄清概念后，有必要建立一个理论模型。一方面，通过这个理论模型对学习要求进行描述，使人们在开展自我引导学习时能明确把握这些要求；另一方面，自我引导学习能力模型可以提供一些科学手段，从而确定自我学习能力的水平和程度（BMBF 2003a，74）。文献中有许多理论模型（Zimmerman/Schunk 2001；Nüesch 2001，22）从不同角度对自我引导学习进行分析和解释（如操作反射论、现象学、认知建构主义、意志、社会认知理论等）。这些模型看似不同，但却有共性。如自我引导学习均被视作对知识形成过程积极的、建设性的设计活动。在设计过程中，学习者依据学习和动机需要确定自己的态度、位置和行为，他们自主定义目标并选择适当的策略来达成这些目标（Pintrich 2000，452）。多数自我引导学习的定义强调认知、动机、意志和元认知过程对于自我引导学习的重要性（Pintrich 2000；Boekearts 1999；Schiefele/Pekrun 1996，258）。有研究发现，尽管进行了大量关于学习策略和元认知的研究，但不应因为过分强调自我引导学习中的认知而忽视了其他过程（Boekearts 1999）。实证研究发现，即使掌握了有关学习策略的全面的陈述性知识,也不能确保这些策略的成功应用(Artelt 2000a,100)。"对自我调节学习过程的研究,除(元)认知成分外,还必须考虑学习过程中的动机和情感方面的因素"(Baumert 等 2000,3)。

要建立自我引导学习模型,应全面考虑认知、元认知和动机因素。Boekearts(1997/1999)建立了一个三层模型,其核心是对认知学习策略的选择,它为检测学习内容以及理解和记忆学习内容服务。同时,它还使学习者能够施展对学习过程的各种影响。这些学习策略被称为信息处理策略(Friedrich/Mandl 1992)。根据Weinstein 和 Mayer(1986)的分类法,可将这些策略分为"重复""组织"和"阐述"策略。

"重复策略"通过记忆或反复诵读课文等,将新信息保留在短期记忆中。通过多次反复,直到将其储存在长期记忆里。由于重复策略仅注重事实知识的获取,无法对复杂关系进行深层次理解,因此是一种表面取向型策略。"组织策略"和"阐述策略"是为实现最终理解而对学习内容进行的深加工,因此也称为"深度取向型策略"。"组织策略"激发学习者对学习内容进行建构,并关注相关概念间的联系(如通过绘制概念图)。"阐述策略"则激发学习者将新学知识与其原有知识进行连接,如设计一些能应用新学知识的具体例题(Leopold/Leutner 2004,365)。

要实现有效的自我引导学习,必须有足够可由学习者根据具体环境实施学习的可选策略。由于自我学习能力在很大程度上具有领域特殊性特点,因此学习者对不同领域的学习任务采取不同的学习方法,其学习方式也有赖于具体技术内容和环境要求(Boekearts 1999,448)。此外,动机和情感因素也会影响到学习策略的选择和运用。实证研究证明,深度取向型策略的应用与内在动机相关,而对表面取向型策略的使用则与外部刺激相关(Schiefele/Schreyer 1994,9)。

Boekearts 模型强调元认知对成功学习过程的重要性(Schiefele 2005,36)。自我引导学习的一个重要条件是"元认知知识"的存在,包括陈述性知识和执行性知识(executive knowledge)。陈述性知识是关于个人认知体系、任务特征和要求以及专门策略的应用方面的知识(Flavell 1984,24)。执行性元认知知识在选择和运用学习策略的过程中对学习者提供支持。通过运用"元认知策略",学习者规划、控制、引导和评估学习过程(Klieme 等 2001,211)。这种自我调节策略也称为控制或资源策略(Friedrich/Mandl 1997,251),其作用是调节认知、动机和行为。随着学习经验的增加、个体绩效期望和归因模式的改变,陈述性和执行性策略知识得到了发展,同时又由于具有描述详细的策略备选项,因此促成了对学习策略的有效运用(Baumert 等 2000,7)。

Boekearts 模型的外层通过对"自我"的调节,将动机和意志方面的内容纳入自我引导学习的考虑中。"由于自我引导学习要求有一定的持久力,因此应将暂时稳定的动机因素也看成具有影响力的成分。对结构性学习前提的描述和分析也受到了动机理论各项概念的支撑，如需要、主题兴趣、目标和自我效能信念等"（Friedrich/Mandl 1997，243）。Deci 和 Ryan（1993，236）在其实证研究中将能力体验、自我效能、自治性和社会嵌入性定义为在自主基础上形成动机的重要条件。自我效能信念是自我引导学习重要的决定因素，因为它们会影响对任务的选择、工作的准备以及在不利环境中付出努力的持续性（Schwarzer/Jerusalem 2002；Bandura 1997）。除认知和动机两方面以外，意志过程也是自我引导学习的一个必要条件，它由发生于行为操作之前、之中和之后的引导性和控制性过程构成（Corno 2001；Heckhausen 1989，212）。

Boekearts 模型相当成功地描述了自我引导学习的过程和调节系统，但是它很难在实践中对不同调节体系进行解析和区分。而且，该模型的三个层面有一定的关联性，如动机与深度取向策略的应用之间就有着高度的关联性。

8.6.4 自我引导学习的推广

自我引导学习的推广方案可分为直接推广和间接推广，它们对学习环境设计产生了不同影响（Nüesch 2001，101；Friedrich/Mandl 2006，10）。

"直接推广"是通过学习策略培训向学习者灌输自我引导学习的策略和技巧。学习者由此可以从容而有针对性地运用这些策略，实现自我引导学习。传授对获取知识的认知策略及元认知策略，目的是应对学习过程的规划、引导和控制；学习动机策略则是为了实现学习过程的启动和持续。

采取直接培训方式传授学习策略时须牢记：学习的关键不是抽象而脱离情境的学习策略交流，而是个人对工作和学习经验的反思，以及与这些反思相关的、个人对工作和学习策略的进一步发展（元认知）。这使得学习者能够根据具体学习环境和个人已有条件（现有知识、学习习惯和动机）来思考和选择成功的策略。此外，不能期望通过简单的培训措施就能实现学习行为的可持续转变，因为"学习策略的获取和运用不是短期策略培训或单项程序化教学的结果，而是长期习惯养成的结果"（Friedrich/Mandl 2006，17）。学习策略培训要想获得成功，必须置身于策略运用的真实环境中，同时推动学习者进行高水平的活动并实现深层次的元认知。在培训中应逐步减少预设的外部支持。必须创造并坚持适当的动机使学习者获得陈述性、程序性和条件性策略知识，使其明白如何应用这一策略，以及何时应用和为什么应用这项策略。

在学习策略培训时，学习者首先要形成一种意识，即他们的现有学习策略需要进行修正和拓展。特别是那些能力较弱的学习者，往往会低估这种需要，因为他们当中多数人都缺乏足够的自我监测和自我评价能力。这时，学习策略培训应从学习自我监测方式开始，然后再进行其他外部干预性项目。学习者由此能更加了解自己现有学习策略的局限和有效性,然后再鼓励他们改变这些策略或学习新的策略(Zimmerman 1999,549)。

"间接推广"不是通过训练课程培养自我学习能力,而是通过对学习环境的设计,暗中为学习者提供自我引导学习的可能性。这种环境有一定的灵活性,有调整的空间。该环境应能激发自我活动,使学习者能在学习目标、学习路径和学习节奏方面做出自己的决定。遵循中度建构主义模式的学习环境尤其符合这种要求,如认知学徒制(Collins 等 1989)、认知灵活性(Spiro 等 1992)和抛锚式教学等。这些学习环境的共同之处在于:提出复杂的启动问题,允许有多种观点,遵循真实性和情境性原则,在社会环境中进行反思性学习,并在必要时给予学习者援助(Reinmann-Rothmeier/Mandl 2001,627)。特别是那些自我引导能力较弱的学习者,能够从社会化学习形式中受益。他们在与其他学习者的交流中受到鼓舞,能更有效地应用自我引导学习策略(Zimmerman 1999,549)。"通常认为,合作学习会对自我调节形成支撑,因为同辈学习者可以对其各自的学习和动机策略进行模拟和讨论,这原本'散落'在小组的各个角落,要由学习者个体自己进行选择和修正,才能适应自身的需求"(Boekearts/Corno 2005,220)。在设计间接法学习环境时,具有多媒体结构的网络化学习理念特别合适,这允许甚至要求学习者进行深入的自我引导(Lang 2004,123;Lang/Pätzold 2002)。

根据现有的研究(Nüesch 2001,102;Friedrich/Mandl 1992,33),还无法验证哪种方法更为适宜。有证据表明,如果能在对自我引导学习提供支持的过程中将两种方法结合起来,效果是很显著的。即在起步阶段采用直接培训,然后根据学习者进展状况逐步减少培训,并以问题导向学习取而代之(Friedrich/Mandl 2006,16)。针对开放性复杂问题的"间接法"是最适合的能力促进方法,因为能力发展依赖自我组织的控制和在具体环境中完成任务。"能力是知识与技能之间的链接,必须将其视为对情况和任务的掌控力"(BMBF 2003a,73)。

当谈及"应用学习策略是否能最终促成更好的学习效果"这一问题时,近期的研究成果并无惊人之处。Artelt 注意到"由理论推导出的结果(即学习策略和学习效果间的关系)与实证研究结果有很大的差异"(Artelt 2000a,176)。另一项研究表明,其关联的紧密程度要看怎样衡量学习效果和学习策略的应用。人们很自然地认为,对"成功学习"选择的衡量标准,将直接影响学习策略的应用。"如果将对事实性知识的获取作为评价指标,那么,学习效果与学习策略之间就没有大的关联;如果将在问题处理过程中的智能性表现作为衡量标准,那么,学习效果与策略之间的关联度就很强了"(Friedrich/Mandl 2006,13)。学习成功与策略应用的关系还取决于学习策略应用的方式。如果策略的应用过程与学习过程同步,那么学习策略与学习成果间的关联就很密切;但是,回顾性的学习策略对学习成功没有太大的帮助。

8.6.5　诊断方法

由于多种原因，对自我引导学习的记录是一项复杂的任务。一方面，高度复杂的构造要求运用过程导向的诊断方法，这要考虑自我引导学习的所有因素（认知、元认知、动机和意志等）（Boekearts 1999）；另一方面，是否具有自我引导学习的能力和意愿，只有通过对具体问题的成功解决（即表现）才能显示出来。

在选择合适的评价方法的过程还会遇到以下困难：依据不同的评价功能和评价环境，现有评价方法在可行性方面存在差异（Metzger 2006），调查类型也会影响到调查结果的价值和可推广性（Artelt 2006，339）。

实践中，对自我引导学习的评价以调查问卷为主，如"学习和学习策略调查问卷"（LASSI）（Weinstein 等 1987）、"激励性学习策略调查问卷"（MSLQ）（Pintrich 等 1991）、"基尔学习策略调查表"（KLI）（Baumert 等 1992）、"大学学习策略调查表"（LIST）（Wild/Schiefele 1994）、"我是如何学习的？"（WLI）（Metzger 1995）以及"自我调节特质调查问卷"（TSRQ）（O'Neil/Herl 1998）等。但是，通过调查问卷方式对自我引导学习进行评价还存在许多问题（Pätzold/Lang 2005，6）。如调查问卷这种回顾性自我汇报方式，要求学习者以"后记忆"方式对自己的学习活动做出详细陈述和提炼，但这种能力是多数学习者不具备的（Artelt 2000b）。此外，对学习过程的调查还要求尽量及时，以确保自我反思的价值。如果行为操作和回顾之间间隔时间过长，由于受访者记忆不清晰，有可能出现陈述错误。同时，学习者还必须在应用学习策略时始终注意整个过程，而那些以机械方式进行的日常行为又往往难以用语言表达。

问卷调查法的另一个缺点是往往只记录学习策略的运用而忽视了学习环境。学习策略似乎被认为是能处理任何学习问题的方法和学习者普遍喜欢的学习形式。这就忽略了一个事实，即学习行为在很大程度上是由具体应用环境决定的。在不同的环境状况下，即便是同一个学习者也可能表现出完全不同的学习取向。"在一种情况下能自我调节的学生，在另一种情况下有可能不会对自己的学习进行调节，虽然他们明知道自我调节的好处。事实证明，自我调节学习具有领域特定性，尽管有可能超出具体的领域。在具体领域中，有能力者会利用与该领域相关的、不同类型的经验知识"（Boekearts 1997，161）。还有一点不容忽视的是，学习者在填写学习策略调查问卷时，往往以一种他们认为会被社会接受的方式来回答。

鉴于以上问题，我们可以断言：调查问卷只能在一定程度上了解学习策略的运用，从而诊断学习者符合哪些自我引导学习的特征。"除了弄清动机和兴趣取向外，调查问卷能收集有关学习者喜欢的学习方法、策略知识及其相对优劣势的信息"（Klieme 等 2001，212）。策略调查问卷能评价的只是普遍的学习喜好，但无法对实际学习行为做出论断，更不必说学习成就了。对自我引导学习而言，有关学习策略应用方面的知识是必要条件，但不是充分条件，而且这也无法说明学习策略的实际应用频率和效果(Zimmerman 1999，550)。这也解释了为什么实证研究无法弄清(由自我评价决定的)学习策略应用与(由外部评价决定的)学习成就之间的关联(Artelt 2000a，76)。

由于学习策略问卷调查法的不足，有必要(从三角验证角度)用行动导向方法对现行研究进行补充，从而形成更为有效的评价方法。事实上，自我引导学习理论的发展也促进了这种评价手段的发展。人们已经不把自我引导的学习能力看作学习者的一种稳定特性，而是学校内外环境的动态发展过程，并由此发展了学习能力调查方法。过去的问卷法是一种去情境化的评价方式，而自我引导学习能力是一种个人的习惯性特征。新的具有领域特征和情境敏感性的调查方法和诊断措施包括如随想随说法、回顾性自我报告、刺激性回忆、定性访谈、观察、学习日志、档案袋、计算机程序测量、追踪心理事件及其过程等。以上方法或措施人们可以结合使用，通过对具体行为的分析准确掌握自我引导的过程(Boekearts/Corno 2005，209；Artelt 2000a，91)。如借助计算机程序，可以分析学习者面对复杂问题时会做出什么反应。程序记载了学习者通过滚动翻页法反复标记、备注和阅读的课文内容，并对其在材料中留下的痕迹进行解释和量化分析。这样，无形的心理过程(如认知和意志策略应用)就跃然纸上了(Winne 2005，236)。

然而，在所有这些考虑当中，有一条不能忽视而且必须始终贯彻的原则是：对教师和学习者而言，所采用的分析方式、方法必须具有可操作性。这也说明了，为什么迄今为止，经过行动导向分析补充的学习策略问卷调查研究的数量，一直比简单的理论思辨研究的文献少得多。因为对学习策略进行行动导向研究十分复杂，而且需要很长的时间(Artelt 2000a，106)。另外，还特别缺乏对职业教育的长期研究和典型试验项目，而只有这些研究才能回答"自我学习能力在整个学习过程中是如何演变和发展的"问题。同时，BLK 典型试验项目"职业教育自我引导和合作学习"(SKOLA)还研究了在学习内容和学习条件不同的情况下，如何在自我引导的情境化工作任务实施和在去情境化的环境中教师给予支持之间，实现一种最佳平衡。这个项目包括 21 个子项目，分别在 12 个州进行，由德国联邦教育与研究部和各参与州共同支持，项目的协调工作由多特蒙德大学 G. Pätzold 和圣加仑大学 D. Euler 负责。

8.7　对教与学的研究

Gerald A. Straka

8.7.1　从课堂研究到教与学的研究

从美国教育研究会（AERA）（Gage，1963）编辑的手册可以看出，到 20 世纪 60 年代，世界进行的还只是对"教"的研究。在原联邦德国，一方面 Roth 于 1962 年在 Göttingen 做了一次具有划时代意义的就职演讲，发出"教育学研究要向实际转变"的呼吁并引发了德语国家的关注，对"教"的研究也因此繁荣起来；另一方面，1972 年 Ingenkamp 首度对上文提到的 AERA 手册进行德语版改编（而非翻译），从而建立起了原联邦德国与国际教学法实证研究的联系。

对理论和方法的思考，使人们对不同教学方法进行比较的价值产生了怀疑（Gage 1963）。在这方面争论的焦点往往集中在对干扰因素无法进行恰当的控制（实验室实验）以及现有方式（如"传统教学"）的不确定性。人们认为，这些都不足以说明可能影响学习的各种条件。教学法由于缺乏理论基础而受到普遍的批判。当时的实际情况是，教学法往往依赖某种单一的学习理论，例如斯金纳（Skinner）程序化教学的操作条件反射理论。大家认为，这些理论过于狭隘，无法解释教与学之间复杂的相互作用。

由于对教学方法的比较没有说服力，对重视提高认知过程的呼声又越来越高（Weinert 2000），这导致德国原来采用的"课堂教学研究"一词被"对教与学的研究"所取代。后者体现了一种视角转变，即不单单从"教"的理论角度来看待教学，同时也从"学"的理论角度去思考。两方面必须相互结合，并开展对"教与学"相互作用的实证研究。

8.7.2　研究课题

在寻求"以教育学为导向的学习方案"的过程中，被视为原联邦德国教与学研究鼻祖的罗特，以德国以外的教学理论研究成果为基础，对学习者的"初始状态"和"最终状况"进行了划分，同时区分了学习者从初始状态发展到最终状态的过程中必须经历的"步骤"。在他规划的学习步骤中，教师的任务是运用"教学辅助工具"激发和支持学生的学习（Roth 1957）。几年之后，加涅（Gagné）的著作《学习的条件和教学论》（1st ed. 1965/4th ed. 1985）一书严格区分了影响行为的"外部"及"内部"学习条件。加涅还指出，有多少种教学类型就有多少种教学条件。

这一观点得到了教学研究实证研究成果的支持(Gagné 1965)。这样就超越了美国的行为主义导向的、只关注特定教学类型的教学研究,从而使该领域的研究转向认知主义。在这一成就的基础上,加涅与 Briggs 又携手提出了"教学设计"理念(Gagné/Briggs 1974),并出版了该书的修订第四版,时至今日仍在发行(Gagné等 1992)。

与加涅(Gagné 1965)相比,罗特(Roth 1957)指的"初始和最终状态"与加涅的"内部条件"相对应,而"学习步骤"相当于个体实际、可见和不可见过程中的"行为"。教师的"教学辅助"属于外部条件,对应此处所说的"教"。此外,学习过程开始时的"内部条件"与"学习成果"不同,因而被定义为"学习前提"。

这样,教与学的研究课题就包括了学习前提、学习成果、行为和教。它们又被划分为三个等级,即外部条件、内部条件和现实进程(见图 8-1)。

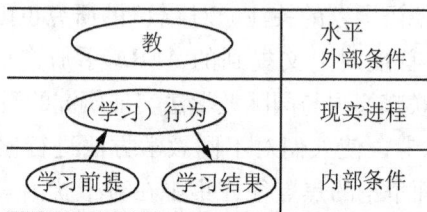

图 8-1　教与学的总体框架

这一模式使人们克服了原联邦德国以往从"方法自由"角度出发对教学方法进行讨论的局限,因为它完全忽视了学习研究的成果(Oser/Baeriswyl 2001)。图 8-1所示的教与学框架的特殊之处在于:一方面,外部条件、现实进程和内部条件这三个层面彼此独立;另一方面,可从功能关系角度将三者联系在一起(Klauer 1973)。"教"包含了对所有外部条件的组织安排——从教的活动到多媒体教学材料等,这种安排将影响学习的整个过程;而"学"只有在当事人经历了持续的内部条件变化的情况下才可能发生。这一切都是现实进程影响所致,它包括可见和不可见的各种(学习)行为(Gagné 1977；Klauer 1985；Straka/Macke 1979b)。

8.7.3　研究发展及当前的研究状况

德国研究基金会于 1974 年启动了历时 6 年的"重点规划"研究项目(DFG 1974)。期间,德国教与学的研究工作得到了蓬勃发展。之所以发起这项研究,是由于当时德国教育学研究中关于学习理论的研究还比较少见,对教与学之间关系的认识也缺乏实证基础。此外,当时进行的多为短期实验,往往忽视了课程内容,也没有关注教学材料的作用和个性化的区别(处理方式、天赋、相互作用)(Cronbach/Snow 1977),这导致了一种笼统的"教学能力"概念。对研究项目投标者的选择标准参考了认知理论(包括情感、动机和社会变量因素)、在长期田野实验基础上的校内应用以及是否考虑到了个体差异等（DFG 1974；Achtenhagen 1995；Achtenhagen/Grubb 2001）。研究项目聚焦于普通教育学校五、六年级数学和英语教学。该项目还引发了关于教与学理论的讨论，并在原联邦德国职业教育研究中逐渐普及（Schelten 1977/1980/1981；Straka/Macke 1979b；Straka 1980）。

由 DFG"教与学研究重点规划"支持实施的项目既包括正式的教与学的模式（Treiber 1980），也包括互动、交流模式（Wienold 等 1985），还包括"狭义"的教与学的理论模式。这些项目涉猎范围十分广泛，如教学中的行动理论研究（Hofer 1981）、教学素材的认知理论构造（Niegemann/Treiber 1982）和教学的认知动机构成（Eigler 等 1976）。

尽管研究问题各不相同，但存在一些共同的研究途径，包括试图弄清解决问题和控制行动时的认知过程、教学素材和教学目标的系统化描述、对学生学习成果的结构化和总结性分析、长期教学过程的分析、动机和影响性因素分析以及对不同层面进行的比较分析（学生个体和班级之间等）（Van Buer/Nenniger 1992）。

1990 年，德国研究基金会出版了《德意志联邦共和国大学职业教育研究》报告（DFG 1990）。报告指出了研究的缺陷，从而导致 DFG 设立"经济管理类职前职业教育中的教与学过程"的重点项目，这在职业教育中是独一无二的。这个综合项目共包括 18 个具体项目，对各个层面的问题进行调查研究（Beck 2000b/2002/2003）。

从 DFG 重点规划项目"经济管理类职前职业教育中的教与学过程"（Beck 2002）和对教与学经典研究文献的回顾（Achtenhagen/Grubb 2001；Efklides 2006；Atkinson 等 2000；Deci 等 2001；Dochy 等 2003；Niegemann 2001；Weidenmann 2000；Weinert 2000；Renkl 2002；Kock 等 2004；Hidi 2006；Krapp 2005；Goetz 等 2006；Pekrun 2000；Schnotz 2006；Mayer 2001；Stern/Hardy 2004），可以归纳出在知识方面的以下主要贡献。

➤ 对工作与学习策略的相互作用、元认知策略、动机与情感以其通过复杂教学环境所起的支持作用进行实证研究和建模；

➤ 自我指导型、自我规范型学习和自学，以及三者所需的外部支持条件；

➤ 将兴趣、自觉性和学习情感概念化并进行实证确认，从纵向角度描述学校和工作的外部条件变化；

➤ 对利用单一媒体和综合性媒体的教学项目进行媒体设计，基本原则如对同一事实及其相关教学效果进行的不同可视化处理；

➤ 灵活和开放式教学环境的开发与测试，以此作为按教学计划进行的、外部控制的制导性教学方式的有益补充；

➤ 整体化解决方案的研究以及适应性和推广潜力大的教学范例研究；

➤ 事实证明，学校或培训机构的管理制度改革不会自动提高教学过程的质量；

➤ 研究表明，通用能力不能取代为专业知识学习提供的支持；

➤ 研究成果表明，由教师掌控的、通过外部刺激和系统化教学组织而获得的知识，与内在动机、注意力集中和心理学习活动是一致的；

➤ 按照学习目标、对教师及学生的角色界定以及学习者相互之间的角色定位来划分学习环境；

➤ 教学和行动是能产生不同学习成果的，对信息、可见及不可见的认知行为以及情感和动机进行的多层面、动态的处理过程。

这些认识导致人们不再寻求一种普遍有效的教学方式，而是开始研究内部预期条件（即学习目标）、学习活动和教学条件之间的相互作用。运用"教学舞台编排"将教与学联系起来的案例就实现了这一点（Oser/Baeriswyl 2001）。

8.7.4 方法细节及含义

在相当长一段时间里，对教与学的研究都建立在 Hilgard（1948）的定义基础上，即"学习是一种通过与环境的相互作用和对情境的反映，以一种相对持久的方式而产生或改变的过程"。在认知转变的过程中，内部条件（如知识结构、能力和动机）和程序（如认知及元认知策略、动机和情感）成为关注的焦点。学习是一种积极的、建设性的、处理个人所获得的需要理解的信息的过程，学习者通过将需要学习的内容与已有的知识或经验建立起联系的方式实现学习（Renkl 2002；Anderson 1995b；Straka/Macke 2002）。随着建构主义理论的出现，人们产生了这样的疑问：那些累积起来的抽象的去情境化表述（即知识）是否真的能在一种环境中获取，而又可以应用在其他环境中呢（Clancey 1993；Lave 1988）？学习被认为是处理具体环境下各种选择和限制的途径。因此，情境化学习关注的是一个特定领域，除了专业领域外，主要是互动与交流的社会文化领域。如此一来，学习被看作是一种在社会群体中的文化适应（Lave/Wenger 1991）。因此，对实际过程、外部社会条件特征以及外部条件的感知便成为学习的重点。

这种对学习理论认识的转变也体现在教学方法的发展方面。20 世纪 60 年代，行为学习理论研究常常选择简单的实验场所（包括田野实验）和无差别的测量工具。当时，出现了大量针对师生间互动的研究和分析（Flanders 1970；Brophy/Good 1986）。随着认知理论的发展，实验研究和田野研究越来越受到重视（Hesse/Wottawa 1997；Renkl 2002）。目标教学理论（Bloom 1976；Carrol 1963）、加涅的积累学习方法（1962）以及学习层级概念（Gagné 1968；Eigler/Macke 等 1976；Schelten 1980），一方面表明了成果的差别（Eigler/Straka 1978）；另一方面，教学目标导向也使传统的测量模型不再适用。由此引发的后果是发展出了一些可行的可能性衡量模式，如二项式模式（binomial model）（Klauer 等 1972）。这些模式将能力定义为解决问题的可能性。后来，其他一些可能性测量模式如指标反映（item response）理论又将这一方案进行了进一步的完善（Lord 1980）。

通过绘制概念图，对知识结构及其细节进行分析（Weber 2004；Schnotz 等 1999），促进了替代性程序的发展和现有教学诊断方法的完善（Duit 1995）。人们对教与学关系的认识不断深入，一方面对二者间的区分更加明确；另一方面教学关系变量间的相互作用也越来越复杂。简单的关系分析，甚至相关分析（教法研究时代"顶尖级的"数据分析）都已达到了自身的发展极限。统计方法的进一步发展和创新，如多重回归分析、因素分析、聚类分析以及结构方程模型的开发使用，为教与学研究提供了强有力的工具，从而能够对教学过程的复杂性做出更充分和适当的分析（Straka/Lenz 2005）。

虽然，由教与学研究人员绘制的"方法图片"符合国际认同标准，如"教育与心理测试标准"（Aera 1999），而且在建构主义出现以前也曾一度得到确认，但这只是部分情境化的方法。这里运用了多种定性方法，而这些方法的适当性和持续性仍有待考证。人们可能还会提及"设计实验"（Brown A. L. 1992）或"互动式研究与设计"（Greeno/MMAP 1998），它们都特别强调了科学与实践之间的结合，有些属于 20 世纪 50 年代兴起但后来似乎已销声匿迹的行动研究（Corey 1953；Shumsky 1958；Taba/Noel 1957）。如今采用的研究方法是否会重蹈行动研究的覆辙，将来会得以验证（Straka 1978）。特别值得一提的是，经由多个案例总结出的有关过程和效果的确凿证据正是构建主义教学方案的要害所在。或许正是这种状况促使国家研究会（Pellegrino 等 2001）做出了一份有关重要测量方法的重要报告。从报告的核心结论之一，即"了解学生所掌握的知识"可以看出，没有一种评价方法可以满足所有需求，或许建构主义的研究设计只能有赖未来的发展（Renkl 2002）。

8.7.5 问题与发展前景

一段时期以来，在不同教育学派和理念指导下，普通教育和职业教育教学研究均取得了大量的、有时甚至相互矛盾的实证研究成果，使得人们对教与学的整体框架产生了不同的认识。随着认知的转变，"行为"被更全面的"行动"概念取代。行动是结构性的，可以细分为认知、情感和动机三个方面；行为的可见方面只包括语言和动作方面；认知方面则重点关注工作和控制的策略。参考 Weinstein 时期的重要文献（Weinstein/Mayer 1986；Metzger 1997；Boekzerts 1999；Vanderstoep/Pintrich 2003；Zimmerman/Kitsantas 2005），我们可以将这些策略划分为组织、规划、处理、集中和元认知。这些分类还可以进一步进行。情感维度包括各种激励措施，可根据其激发或抑制非认知状态（如喜悦、气愤或烦躁）的类型和程度不同而有所区别。Pekrun 时期的研究人员对这些情况进行了模仿和描述（Pekrun 1992；Pekrun 等 2002；Goetz 等 2006）。动机维度包括兴趣（Krapp 2002/ 2005；Hidi 2006）、成就取向（Vollmeyer/Rheinberg 1999；Rheinberg 等 2002）和归因。兴趣与过程和（或）内容有关（Straka/Nenniger 1997；Beck 2002）；成就取向的重点是质量标准。Atkinson 遵循价值期望思路，利用内容、过程和质量兴趣建立了兴趣与成功模型，据此成功与失败的归因具有一些共性，如场所的稳定性和可控制性等（Weiner 1986）。

然而，一种行动只有借助一样东西才能实现，这在行为范式中被称为刺激物。从认知主义和（或）构建主义角度看，行动的基准点是个人或外部世界产生的关于事物、他人或自身的信息（Ausubel 1968），这种信息包括事实、状态或过程方案（Anderson/Krathwohl 2001）。行动和信息是教与学的一般框架中实际过程层面的构成元素（参见图 8-1）。

行动和信息是易变的，这一特征引出了内部条件的概念。信息的内在补充指事实性知识、状态知识和程序知识，行动的维度对应的是技能、动机和情感倾向。这些目前包含在能力概念中的内在条件（Achtenhagen 2004；Delamare Le Deist/Winterton 2005；Spencer/Spencer 1993；Straka 2002/2005）一方面较为持续稳定，而另一方面通过学习也可能会发生改变。

外部条件由各种任务构成。在实施一项任务时，只有遇到某种障碍时，这项任务对当事者而言才能成为一个问题（Dörner 1976）。一项任务或问题具备以下特征：复杂性、不透明性、依赖性、动力缺乏或含有大量目标和多种结果（Kluge 2007）。这是职业教育特别是双元制职业教育教学过程中的重要部分，因为解决问题的过程发生在企业和学校的背景中。从结构上看，这些背景具有一些共同特征，如教师和同事的行为、学校的教学方式、企业的组织结构以及运用媒体进行学习（Jonassen 2001）。尽管有些相似点，但不同的学习场所（企业和学校）还是存在差异。企业对学习环境条件创设的基础是企业本身的目标，它并不把促进学习作为第一要务。与此不同，学校各种组织安排的目的则完全是为了对学习提供支持。

双元制模式从职业教育教与学理论研究视角出发，旨在弄清企业与学校创设的外部条件是否与职业能力发展相适应，以及何种外部条件与职业能力发展的某些维度有关。这就要求进一步明确指出能从根本上对学习提供支持的环境条件。此外，还要对不同职业领域的事实知识、状态知识和程序知识做出具体分类。在此基础上，还要继续开发目前缺乏的评价工具（Baethge 等 2006），它们应当符合"教育和心理测评标准"（AERA 1999）或"整体化学习评价体系"（Birenbaum 等 2006）的要求。由此可以得出以下结论：职业教育中教与学的研究已经取得了实质性的进展，但是大量的工作还有待继续。

8.8　对弱势群体的研究

Arnulf Bojanowski　Peter Eckardt　Günter Ratschinski

8.8.1　关于弱势群体的定义

1980 年，"弱势群体"一词被引入了职业教育讨论中，同时设立了针对弱势群体的规划项目(Biermann/Rützel 1999，13)。由此，"弱势群体"代替了原来如"无技能群体""年轻工人"或"边缘群体"等说法。然而，该词只提供了一个临时性的总括，从初期的研究中可以明显看出，它主要描述的是未经正规职业培训的年轻人。

在教育学讨论中，其他说法如"青年社会工作"(Fülbier/Münchmeier 2002；Herrmanns 2002)、"青年职业援助""职业准备""职业预备年"或"职业准备措施"则显示，它们的研究只是部分涉及职业教育的相关领域。"弱势群体"一词在职业讨论中也受到质疑，因为它"概念模糊"，而且带有歧视性(Biermann/Rützel 1999)。此外，对弱势青年提供的促进措施也犹如"一片杂乱的丛林"(这是普遍也十分恰当的描述)。为简化起见，我们选用"弱势群体促进规划"这一简单的通用词汇来描述由不同承办者、执行者和机构提供的校内、外的职业培训活动。

然而，"弱势群体促进规划"一词并没有得到有效推广。有些文章采用的说法如"需要特殊教育促进的年轻人""起步艰难的青年人"或"职业一体化促进"，尽管措辞不同，但从整体上看，促进措施针对的是一个年轻人群体，他们由于个人原因(如学习或行为问题)或不良社会生活条件(如家庭问题和失业等)陷入了困境。由于"弱势群体研究"一词的使用，使得该领域的科研活动变得容易理解了。

8.8.2　弱势群体研究的主要内容是什么？"弱势群体促进规划"的目标群体

虽然对"弱势群体"一词的使用不一致，也存在争议，但人们对其包含的意义已达成共识。"弱势群体促进规划"的工作内容是为"处于困境之中的"青年人提供融入职业和社会的机会(Mollenhauer/Uhlendorff 1992)。"弱势群体促进规划"的学习者群体由不同的成分组成。也就是说，该规划涵盖的学员包括中等特殊学校的毕业生、有移民背景的学生、有社会性功能缺陷的青年(惰性极强的青年、有健康问题的青年)以及没有机会获得职业培训和工作的青年(Gügercin 1999，

100)。这意味着这些青年在其"学习变迁史"中存在着相当大的不足。尚没有明确的、决定性的因素能够解释这些青年在生活中遇到的困难和问题。在相关教育学讨论中，已有人提到了以上问题状况不断累积。年轻人感觉自己"学校(生活)失败"，并把这些主要由"外部环境"引发的失败视为他们个人的失败。

在公众中和教育学讨论中，人们并没有充分考虑"弱势群体促进规划"的"量化含义"。1998 年，Emnid 进行了一项随机电话调查，对象是 14782 位不同年龄、性别和国籍的年轻人，年龄在 20 ~ 29 岁不等，其中 19.3% 正在接受职业培训，68.4% 已经完成职业培训，11.6% 根本没有接受过职业培训(BMBF 1999)。我们可以脱口而出，说那 11.6% 便是"弱势群体促进规划"的典型对象。然而这种对弱势青年实际数量的估计并没有充分依据(Lappe 1999)。

与此同时，"弱势群体促进规划"已经"默默地"变成了对很多青年而言具有决定性作用的社会化实体和教育实体(Gessner 2003)，但是该规划还没有教育体系其他领域都有的清晰的教学大纲或合作式教育理念。值得一提的是，教育政策和教育研究对教育体系这一新发展给予的"官方"认可相当有限。职业教育学也没有真正理解"弱势群体促进规划"对双元制职业教育体系做出的"生动批评"，更别说开发出新的方案了(Rützel 1995；Schierholz 2001)。

8.8.3 由谁进行弱势群体研究？与(教育学)现有学科的重叠和区分

在教育学论述中，至少可以找到(进行弱势群体研究的)四个不同的"权威方"(Fülbier 2002)。

(1)社会教育学主要将弱势群体问题作为"青年社会工作"课题(Gögercin 1999)。该领域工作人员往往关注补课、咨询和休闲方面的问题，对有偿就业和职业导向一概采取批判态度。可惜他们并不认同职业教育学的一些观点(如 Galuske 1993；Krafeld 1989)。该领域科学研究主要针对目标群体(Gögercin 1999，105；Feuerstein 1991)和参与青年职业援助活动的实践者的专业化过程(Krafeld 2000，113)。

(2)特殊教育学一般会将重点放在年轻人的需求(特别是特教学校中学生的需求)和其日常生活或生活伙伴上。从整体上看，本分支学科的研究着重是对初中阶段学生(确切地说，是从特殊学校向职业培训过渡的学生)的研究(如 Brandt 1996)。有关职业恢复领域的文献则重点研究残障人员向就业的过渡(Ellger-Rüttgardt 1982)。

(3)职业教育学将重点放在对年轻工人和青年失业现象的研究上(Blankertz 1960；Nolte 等 1973；Schweikert 1974；Seubert 1984)。新的职业教育教学方法中用于弱势群体教育的还很少见(如启发式教育，Eckert 等 2000)。多数研究与社会教育学和特殊教育学的关联度不大，因此我们认为极有必要进行职业教育学研究。这一观点与职业教育专家的观点完全不同。德国研究委员会(DFG)提出了几项职业教育优先发展项目，但根本没有提及"弱势群体促进规划"。对以前的研究进行总结评价发现，有一些"覆盖面宽和深入的"对职业预备年、学习障碍和青年失业现象的研究。在职业教育研究项目"德尔斐(Delphi)2001/2002"中，800名专家提出了250个现有急需进行研究的领域。"对边缘群体或弱势群体提供促进"课题未列入排名前15位的优先研究项目，"对边缘群体或弱势群体提供促进"课题也不会被纳入BIBB中期研究规划中(Brosi/Brandes 2003)。

(4)据我们所知，学校教育学还没有明确针对职业"弱势群体促进规划"的理论。当然，当我们关注国际比较学校教育研究时会发现(如TIMSS、PISA和IGLU)，学校教育学(在弱势群体促进规划中)起着一种隐性的重要作用。所有研究都显示：德国教育体系在对青年弱势群体的教育方面存在缺陷，如学前教育中缺乏激励措施，从小学到高校采取极度任意的配置方式，四年级后就过早地对学生分流，在学校系统中重组出各种阶层，能力培养不足或水平较低。这些批评指出，学校在不断增加辍学者的数量，他们的年龄在16~18岁，因此只能转而去依靠"弱势群体促进规划"。而这个发展尚不完善的促进体系只能对那些个体条件极为困难的年轻人提供补偿性支持。

8.8.4 研究在何处进行？ 弱势群体研究的机构和地点

(1)德国联邦职业教育研究所(BIBB)已进行了30多年"弱势群体促进规划"典型试验，得到了大量的基本方案和方法(Zielke等1986)。从BIBB发起的典型试验和相关的科学伴随中，我们可以获得许多对"弱势群体促进规划"极有价值的建议，而这些建议又促进了"弱势群体促进规划"实践。为实现这一目标，BIBB提供了一系列出版物。BIBB作为一个激发者，在通过典型试验促进研究和创新活动方面具有重要的意义(Zielke等1989)。通过所谓的优秀实践中心(Good Practice Center, GPC)，它又发展出一种新方法，即通过运用互联网来创建全面的数据库。然而，GPC并未在不同的研究成果之间建立关联。

20世纪90年代，德国青年研究所(DJI)通过"青年人社会工作"项目重点对弱势群体中的青年向工作领域的过渡进行了研究。DJI的研究包含一些社会学方面的内容，对有关"弱势群体促进规划"在整个教育体系中的作用的讨论产生了重要影响。实证研究表明，当时的"过渡体系"(经由初中教育进入职业教育体系，再由职业教育体系进入就业市场)为目标群体(弱势群体)设立了新的障碍。年轻人不仅需要清除这一新"障碍"，而且事实上他们已经在很大程度上被排斥在就业市场之外。

劳动市场与职业研究所(IAB)主要关注就业市场的量化分析方面，并通过对综合数据分析为年轻人提供较为清晰的就业说明。相应的研究工作对相关课题的统计分析也十分有益(Schober 1992),但未能激发起更多的研究活动。

(2)除了上述重要公共研究机构外,还有应用技术大学和研究性大学设立的社会教育、特殊教育和职业教育类研究机构,也是弱势群体研究的实施地点。然而,有关"弱势群体促进规划"的职业教育学方面的出版物却极为有限。

(3)除公共机构外,一些"私营经济"部门也进行了这方面的研究。首先是三个全国性的经营性学院(即 BBJ/Consult、HIBA 和 INBAS)部分参与了"弱势群体促进规划"的组建过程。它们通过制订方案和进行深层次的实证研究,为该领域的构建和稳定发展做出了贡献(如 INBAS 组织编著的出版物 Lippegaus 1994;BMBF 2002b)。这些学院从典型试验项目中积累了大量经验,并将其呈献给该领域的专业人士,为研究提供了经验支持。

8.8.5 研究的内容是什么?对弱势群体研究领域和进展状况的综述

8.8.5.1 理论方案的形成

"理论形成"意味着要进行专门针对"弱势群体促进规划"的理论尝试,而不仅仅是对其他领域的理论进行一些调整和发展性研究。

(1)从历史的角度看,Hiller 提出的一项很好的理论是针对我们的目标群体的。该理论为实证研究和教学实践提供了启发,以社会学理念为基础,即年轻人的主要特征是他们有能力获取必要的经济、文化和社会"资本"(引自 Bourdieu)。因此,他们将一生的职业发展分割成不同的部分(阶段),并在各部分获取不同的"资本"(引自 Luhmann)。Hiller 还提出了更深层的问题,即如何使在某一职业发展部分获得的"资本"对下一个职业发展部分产生积极作用(Hiller 1994)?依据这一问题,人们用微观社会学的假设对弱势青年的职业发展过程进行了分析。

(2)从微观的和教育社会学角度看,这一理论更应被理解为针对弱势群体的一个"稳定但临时性的解决方案"。来自 DJI 的 Braun 提出(对于这一点我们也深表赞成),要使公众逐渐熟悉教育体系中针对弱势群体的促进性职业教育(Braun 2000)。他将 DJI 实证研究成果中的教育社会学理论解释得通俗易懂,这种由不同机构组成的"混合统一体"切实影响了大量年轻人的"过渡模式"。

从微观社会学理论的另一个角度出发,人们提出了青年职业援助的"取向困境"问题。这也正是"弱势群体促进规划"中针对就业和职业的教育取向备受争议的地方。人们之所以产生这样的疑问,也源自工作领域的不断变化(Galuske 1993;Haunert/Lang 1994;Galuske 1998)。出于相似的想法,Krafeld 也提出了几种有关弱势青年群体的理论(1989/2000),主要用"有意义的失业"理念研究"实现农村环境活化"的问题。

(3)从教育学角度看,人们已经进行了大量的个体研究并得出了一些教育学方面的理论。有关"弱势群体教学法"方面的理论也不胜枚举（Biermann 等 1999）。然而，由于未能将职业教育、社会教育、特殊教育和普通教育的教学法结合在一起，因此无法形成一个稳定的理论框架。通过 HIBA、INBAS 和 BIBB 的工作，各种近似又彼此独立的科学论述变得更加具体，这也使对弱势青年提供的校外支持的实践更为具体。它们提出的"社会教育学导向的职业教育"方案（BMBF 2002b）为特殊教育（个性化、促进）、社会教育（陪护、建议、公共财富引导）和职业教育（职业相关性、劳动教育学）提出了不同的参考。从中期发展角度看，该理念在整个（弱势群体教育）理论发展过程中占据着特殊的位置，将已有的许多教育学元素结合在了一起，可以承担起弱势群体工作中整合教育学理论的功能。

8.8.5.2 实证导向的研究

实证研究成果既包括量化研究成果，也包括质性研究成果，它们总结了实践方面的经验。

（1）重要的量化实证研究的起步。以 20 世纪 70 年代 Höhn（1974）进行的题为"青年工人和劳力工"的研究为标志。其研究对象是年龄在 18~25 岁的 1000 名劳力工，他们都是任意抽取的代表性样本。与大家预想的不同，研究证明，群体中的成员本质完全相同，他们都有过接受培训的经历。Höhn 将这些劳力工划分为三种类型："放弃者"（40%）、"遗弃者"（34%）和"摇摆不定者"（26%）。

早在 20 世纪 70 年代，IAB 进行了一项广泛的调查，对象为 62825 名九年级学生和 33021 名普通教育学校的离校生（任意抽取的代表性样本）。该研究对处于人口高峰期的群体向职业教育和工作过渡中遇到的问题给出了一手信息（Saterdag/Stegmann 1980）。这也提供了一些有关辍学青年的参考指标。

另外两项社会学量化研究与以往的研究完全不同，它们引起了政治界的热议（但每次持续时间都不长）。1991 年的"BIBB/EMNID 研究"发现：14% 的青年人既没有参加职业教育也没有就业（BMBW 1991）。1999 年进行的另一项类似分析得出了几乎完全一致的结果（BMBF 1999）。这两项研究覆盖面广而且具有代表性，因此能够指出在教育与政治方面存在哪些问题或失败之处，并说明有必要立刻采取的行动。就业市场研究项目（Tessaring 1991；Tessaring 1994）和对"非婚生儿童"的教育学分析（Klemm 1991；Fülbier 2002）对上述两项研究成果进行了补充。

（2）实证研究活动的焦点可以用"过渡研究"一词来说明。这里的重要研究便是上文提及的由 DJI 和 IAB 共同进行的一项全国性的研究，它以大批量化研究项目为基础，重点关注教育体系中几个重要的过渡门槛问题（第一道门槛：从普通教育学校到职业培训的过渡；第二道门槛：从职业培训到工作的过渡）（Braun 等 1999；Felber 1996；Lex 1997；Raab 1996；Rademacker 1999）。其中有一项研究较为突出，即 Lex 对年龄在 18~25 岁的 2230 人进行的一项书面问卷调查。受调查者当时都在参加某项青年职业援助项目。研究按照时间序列对职业融合的各个阶段进行了描述。作者指出，在行为类型迥异的年轻人中，有些人在利用其接受的职业教育进入劳动市场的过程中遇到了问题，有时这些问题还相当棘手(Lex 2002，477)。20世纪90年代，"过渡研究"的实证证据证实：长期活跃的"弱势群体促进规划"已经逐步发展成一个与双元制职业教育体系并驾齐驱的"平行体系"。

"弱势群体研究"中有关过渡问题的研究主要采用基本的社会学研究方法，因此关于"过渡问题"的(区域性)研究不胜枚举(Wolf 1986；Eckert 1989；Institut für Entwicklungsplanung und Strukturforschung an der Universität Hannover 1994)。从主观上讲，如何完成过渡，在过渡研究中起着重要的作用。在这方面，对弱势青年在过渡过程中的处理策略进行的分析就是一个很好的例子。Heinz 等(1987)在一所中学中进行了这项有关"过渡处理"的研究。研究内容是不同情况下中学毕业生进入工作领域的过程。最初采用定性的纵向设计方法，于1979—1983年(通常间隔期为一年)对不来梅208名中学生进行了采访。研究结果表明，就业市场的实际状况主宰着就业取向。(学生们)并非根据自身兴趣和能力选择职业，而是要看劳动市场能够提供哪些工作机会。就业过程也不是依据个体兴趣做出选择的过程，而是通过分配实现的过程(Heinz 1987)。有关主体成就的问题则在其后的大量研究中给予了关注(Kohlheyer 等1983；Friebel 1983；Dietz 等1997；Bylinski 2002)。

Hiller 及其同事进行了具有不同问题取向的"过渡问题"定性研究。他们的"纵向分段研究"包括数个年轻人"职业发展模型"，描述了其在就业预备年期间和其后的生活成就(Hiller 1997；Giest-Warsewa 2000；Friedemann/Schroeder 2000)。研究结果清楚地表明：当今就业市场状况下，参加就业预备培训活动的青年人仍然没希望进入学徒体系，更不可能有一个正常的职业生涯发展。这项研究得出的理论取向在德国各地如汉堡和汉诺威等地进行的研究中被广泛采用(Friedemann/Schroeder 2000；Bickmann/Enggruber 2001)。

(3)除了对"过渡问题"进行的广泛研究外，还有许多实证导向的深入研究。这就意味着，在界定"弱势群体促进规划"目标群体方面往往存在问题(Feld 1981)，也就是如何区分"就业预备年"和"弱势群体促进规划"的问题(Feuerstein 1991)。由于"弱势群体"是近期才逐渐形成的一种说法，因此，研究工作首先是为了找到对这一说法所指目标群体进行界定的方法(Hennige/Steinhilber 2000；Gögercin 1998)。

在近期进行的"弱势群体促进规划"研究中，一个重要的领域就是"如何在区域环境中构建合作和网络"。以20年来的经验为基础，由 Weiblen(1997)所做的质性案例研究证明：在区域范围内建立合作关系十分必要。这一认识又通过对特定地区进行的有关"合作问题"的广泛质性研究得到了加强（Münder 等 2000）。该研究强调了这方面已有经验的缺乏（对照 Seckinger 等 1998），同时也提出了一些有助于推动（弱势群体促进规划）发展的合作建议（Weber 2001）。

令人惊讶的是，如果把"弱势群体促进规划"工作中各种教育职业群体都纳入考虑范围内的话，我们就会发现对"教育人员的专业化问题"的研究还相当匮乏。这方面的质性研究如"弱势群体促进规划"中社会教育者的自我定义（Böttcher/Köster 1986；Gessner 2003）、继续教育中辅导人员与弱势青年的合作经验（Bojanowski 1988）以及"就业预备年"中教师面临的压力（Göhrlich 2001；Göhrlich 2002）。这些研究成果都充分表明，该领域的工作人员具有较高的反思能力，他们的专业性和投入精神普遍较强，而且对自身状况的满意程度极高。研究也清楚地显示出教师对于加强沟通和进行继续教育的要求依然存在（Krafeld 1997）。这一点并不稀奇，因为在高等专科学校进行的"弱势群体促进规划"中，有些教师未经充分准备就承担起了教学工作（Christe 等 2002）。

由于对"弱势群体促进规划"活动的教学质量要求不断提高，联邦劳动署还设立了专门促进弱势群体发展的机构。奇怪的是，有关本问题的研究还相当少见（Enggruber 1989；Baudisch/Bojanowski 2002；Nicase/Bollens 2000；Bylinski 2001）。

（4）令人极为惊讶的是，对"弱势群体促进规划"中教育教学方面进行的研究还为数极少（如课程、教学、支持、建议等），而有关促进规划方案的系统性研究根本就不存在。目前的研究有些是对"弱势群体促进规划"本身进行的分析，以及由此扩展出的典型试验（Zielke 等 1991），它们都只是对目前规划项目的一些自我评价（Brater 1983；Schroer 1991；Bojanowski 等 1996）；而另一些则是项目之间的比较（Greinert/Wiemann 1992；Petersen 2003），吸取各种教学研究成果的经验并提出建设性意见。少数几个项目至少是在经过"二级检验"的方案基础上进行的，如通过经过测试的心理行为治疗方案提供援助。如"学徒制中的伴随支援"方案（Bonifer-Dörr 1992）的依据就是为青年人工作和社会行为提供支持的"行为治疗项目"（Peteraann/Petermann 1992）。此外，在就业预备年的工作宣传材料中，实践人员还推荐了许多动态学习方法和经验激发方法，目的是创造一种充满信赖的课堂氛围（Niedersächsisches Landesinstitut für Lehrerfortbildung 1994）。除了极少数尝试外（Ratschinski 2000/2001），对于职业选择和职业取向等问题的理论和实证研究目前基本上还不存在。

8.8.5.3 运用典型试验或单独项目进行的"弱势群体研究"

典型试验和示范项目是"弱势群体促进规划"实践的结构性特征，因此也是本领域研究的重要部分。

（1）"弱势群体促进规划"中进行的典型试验研究完全独立于20世纪80—90

年代由联邦职业教育研究所（BIBB）进行的一系列典型试验（如 Abel 等 1983）。开始时，典型试验以及典型试验的科学伴随和试验结果都比较单一。这就是说，它们都只是针对各自试验项目，而且其结果也只是在专家会议的范围中交流。在每一个阶段，都以典型试验结果为依据发表了大量文献，其目的是通过理念上的整合和普适化过程来巩固试验成果（Zielke 等 1989）。

（2）典型试验和独立的项目对"弱势群体促进规划"也是一种重要的方法，它们通过提出有益的建议为"弱势群体促进规划"提供教育学设计方面的支持。通过这些开创性的工作，有可能将分散在各处的大量建议综合成为"职业促进教育学"。

8.8.6　发展前景

总之，我们通过简要描述指出了急待发展的研究领域，特别是有关教学法问题的研究。在特殊教育学、社会教育学、学校教育学和职业教育学这些相关学科间，尚未形成系统化的链接点和共同的基础法则，也没有一致认同的研究结构。在弱势群体研究领域，有必要加强实证研究，并同时进行"教学基础研究"。

在以往研究实践的基础上，还必须为职业教育学项目研发出一个系统的研究问题设置策略。我们认为，"弱势群体促进规划"从整体上正在被削弱。这就是说，有关"弱势群体促进规划"中的"知识形成和知识管理"方面的研究、有关地方经济及其对困难青年群体的社会和职业融合的重要作用的研究、有关"弱势群体促进规划"复杂的法律和财政状况的研究，都变得越来越少。

因此，这一领域很少有固定的结构化知识。针对"欧洲化知识型社会"的各种要求，"弱势群体促进规划"似乎根本无法在"促进人力资本发展"这样一个完全未知的领域开展工作，需要进行新的系统化处理，并开展各方广泛认同的研究项目，否则只能让"弱势群体促进规划"完全依赖各种实用主义的实践。"弱势群体促进规划"对职业教育学提出的挑战是，如何开发与内容紧密相关的指标，如可靠性、长期性、透明性、稳定性和系统性等，从而使"弱势群体促进规划"获得良好而持续的发展。

8.9　媒体的研究与开发

Antje Pabst　Gerhard Zimmer

本文基于以下四个问题对职业教育领域的媒体研究和开发进行描述。

（1）媒体的一般含义是什么？它对于职业教育意味着什么？

（2）针对职业教育发展出了哪些形式的媒体？它们具有什么功能？

（3）对媒体的研究取得了什么进展，在职业教育发展进程中如何运用媒体？

（4）职业教育媒体研究和开发的前景如何？

8.9.1　媒体的定义

口语中"媒体"一词指传播信息的系统，以计算机和互联网为基础的"新媒体"的产生大大扩展了这个系统。职业教育常见的媒体包括专业书籍、影片、音频实例、图片、绘图、地图、练习册、指导书、参考书、机械模型、机床、实验室设备、教学软件和计算机模拟软件等。其中有些媒体是专门为职业教育开发的，另一些是为其他领域开发但也能用于职业教育。教师也可以被视为一种媒体，在职业教育环境中的专业指导人员因此成为为学习者提供服务的媒介（Austermann 1996）。

"媒体"一词起源于拉丁语，它一方面表示"中间体""两者之间"或"介质"（词根为 medius）；另一方面又代表"公众""公益福利"或"共同财产"（词根为 medium）。媒体是表达的对象、手段或形式，介于人与世界之间，传达着与世界相关的信息。这种信息同时也是一种文化产物，表现了公共事实与形式，因此媒体是人类为了自身需求而创造的介质体系，或者事先已经存在的物体或现象，只是被人为转变成了满足人类需求的介质。通过对所要传达的文化及世界的领悟，将信息和释义赋予这些介质中。这种对媒体的一般性定义，不仅适用于大众传媒，同时也描述了教学过程中媒体的特殊地位和作用（Zimmer 2000/2001/2002a/2002b）。

在职业教育教学过程中，"媒体"的概念还有其他含义，而这往往并未得到应有的重视。在希腊语中，媒体代表一种"语态"，是从语法角度上表示主语对某种行为的参与，这一功能在诸如"I wash myself（我给自己洗澡）"这样的反身陈述句中表现得十分明显。此外还必须区分互易媒体和引因媒体，前者表示效果的相互性，而后者则是引起效果的原因（Brockhaus 1971/1991/1996）。媒体的这些深层含义，如主体的参与性、相互性和行为的引因性等，同样适合对职业教育媒体的描述。媒体不仅是师生间传递文化信息的介质，也是自我或他人行动的刺激者或引发剂。

唯象方法认为，信息的情态，即触及哪些感官的问题，信息的编码以及媒体内部的导航，对于感知人类运用媒体发展出的世界非常重要（Mayes 1994）。就内容、编码、情态和导航而言，媒体是由人类开发的，人类运用自身个性和对世界的认知为媒体的形成做出了贡献（Kron 2004）。

认知主义学习理论提出：学习结果是认知的积累和对隐性及显性知识的重构。知识由事实、实践活动、二者的含义及二者间的关系共同构成。它存在于社会和文化中，并依赖特定的学习和应用环境。

知识不仅有主体特性,而且是由跨主体因素决定的,因而是可迁移的(Perkins 1992;Salomon 2003)。媒体以跨主体的方式传递世界信息。

建构主义学习理论认为,媒体不能直接将信息在个体间传递。但对模态编码信息的领会,的确能刺激和引发受体头脑中信息(知识、含义、动机等)的形成(Funkkolleg 1990,Arnold/Müller 1992)。这意味着,关于世界的信息不是由媒体传递的,世界是由这些媒体主观构成的(Jonassen 等 1999)。

在职业教育领域,媒体不仅仅是个体学习者和工作领域间的特殊中介体系。更确切地说,实际工作表现、直接工作经验以及与工作相关的各种题材,均是职业学习的基本媒体。与其他类型的教育相比,实际工作经验作为职业教育的媒体就证明了这一点。在这一过程中,创造了这种媒体的人消失在实际物体、设备和过程背后。他们的意图、知识和技能都被承载在所涉及物品的使用方式中。而学习者个体在合作和交流式的工作环境中,在更有资历的同事或指导人员协助下,通过实际工作过程对这些意图、知识和技能进行主观上的重新建构。"学习岛"(即为受训者建立的工作站)就是一个典型案例。

有些媒体是人们无法企及的。在基于信息和通信技术的自动化过程中(PAQ 1987),由于很少或根本无法对此进行直接观察或体验,物体、设备和过程对职业学习而言就不再是直接的媒体。这时,即使传统媒体如教科书、图片、影片或模型等也无法提供足够的支持。因此,必须开发并综合使用同样基于信息和通信技术的"新型媒体",如计算机辅助培训、计算机模拟、在线社区等。这些媒体创造出将工作与学习相结合的新方式,从而使学生更容易习得所需要的知识。

8.9.2 职业教育媒体的形式、功能及分类

对职业教育媒体的分类可按照其外在形式进行,如"物理媒体"包括工作页、书籍、幻灯片、影片、多媒体光盘、计算机和机器设备;根据其表现形式划分,如文本、图片、符号、模型、器具、实验设备或教学软件;根据其所触及的感官划分,如视觉媒体(如图表等)、听觉媒体(如马达的音频等)或视听媒体(如教学片等),还可能有嗅觉媒体、味觉媒体、触觉媒体,甚至动觉媒体(Bonz 1999;Schelten 1994)。

媒体在教与学的因果链接中是一个重要因素。它们与目标、内容与方法、教师及学生的个人学习条件、社会文化环境和流行的教学模式共同组成了教学组织。而应用哪种媒体、何时应用及怎样应用,则受着教学理念的支配。在这方面,媒体的突出功能可能是:传递信息(如示范和图示);转至另一抽象层面或另一体验方面(如实验);激励学习(如提问或呈现操作过程中的特殊状况);作为工作设备(如教学软件、作业本、参考书或实验设备);通过重复、实践和与其他学习者进行交流来支撑学习过程的控制、反馈或推动学习进程(Bonz 1999,

173）。按照媒体的普及程度、教师使用情况和学习者参与状况，每个媒体往往可能具备多种功能。

如何确定职业教育中某一特定媒体的功能，则要依据其他层面的判断。根据不同的学习理论、教育理论或互动理论可能采用不同的教学方法，如认知教学法或情境教学法。一些媒体可能被频繁使用，而另一些有可能很少使用或根本不用，或对同样的媒体采取不同的应用方式。决定媒体选择和应用的主要因素，包括基于教学理论的特定动机、教学安排（如团队工作、讲授、个体独立工作）和实际的教学模式。

此外，还可以依据基本教学功能对媒体进行分类。最著名或许也是最古老的教学分类方式，是按照与直接体验的接近程度进行的，即抽象化程度。关键问题在于，是应用媒体阐述主题使之更加有形，还是将媒体作为展现主题背后抽象原则的手段，这正是 Dale（1950）在"戴尔经验之塔"理论中采用的标准（Bonz 1999，170）。在"戴尔经验之塔"中，依据对现实体验的递减而定性使用媒体。在塔尖，部分使用的媒体容许的现实体验量最少，在塔底则罗列出多种媒体，用于对现实的大量体验。

另一种类似的分类是由 Tulodziecki（1999）建立的，他按照以下标准对媒体进行划分：①实形媒体，如工作中使用的机器；②模型媒体，如变速器模型；③图形媒体，如机器图形；④符号媒体，如物理公式。每一类媒体都有独特的导向和效用。

其他教学法分类是依据教学过程中媒体支持的互动方式划分的。这里的互动是指由媒体提供的自由度可能实现的师生之间、学习者之间、学习者和学习客体之间以及学习者和学习所用媒体之间的交流。

通常认为，只容许少量实际体验的媒体（如展示符号或图形）产生的学习效果不如包含直接体验的媒体（如实验、模拟或角色扮演）（Arnold/Müller 1992；Bonz 1999；Eicker 1983；Mingzhong 2003）。因此，基于符号媒体和语言媒体的教学环境所做的贡献可能相当有限。

依据课程安排、互动方式和媒体提供的自由度对媒体进行分类，与职业教育的现实状况、相关研究和教学成果有关，即把媒体明确划分成教的手段和学的手段（Bonz 1999）。其中，教的手段只能由教师使用，它含有一种要求恰当使用媒体的深层次信息；学的手段则由学习者使用，以支持他们的学习过程提供必要信息、帮助进行查询、为继续学习提供思路、通过对学习成果的自我反馈提供信息，同时还会激励学习者制定并应用学习策略。现代媒体是根据以学习者为中心的学习原则设计的，使学习者能够自己去理解学习对象。它能为学习者留出足够的空间去查找、收集、研究、发现、思量、排序、构建和形象化，这些过程或者由学习者个体独立完成，或者以团队方式合作完成。这要求对媒体进行开放性的设计，这种设计在当今由计算机网络创造的数字化学习背景中得以实现(Arnold等 2004)。

随着计算机网络技术的发展，出现了一些新型教学媒体，提供了全新的学习可能性。计算机首次将不同的符号进行系统整合，如文字、表格、图片、图像、语言和影片等，并以多媒体及互动形式将上述符号系统动态地结合起来，如超文本、动画、模型、计算机模拟等。这使得无数同步与异步的交流方式成为可能，例如电子邮件、聊天、社区讨论和视频会议等，从而为媒体设计创造了全新的可能(Astleitner 2000；Craig 等 2002；Fischer/Mandl 2000；Hohenstein/Wilbers 2002；Niegemann 等 2004；Pekrun 1999；Weiss 等 2002)。为实现这一目标，很早以前就有人提出过系统化教学设计的概念(Gagne 等 1979；Briggs 等 1992；Dick/Carey 1996；Heinich 等 1999；Merill 等 1990)，尽管在当时还很难将这些概念付诸实践(Dick 1991)。在这些概念基础上，为避免付出徒劳的努力来研发新型媒体，人们曾尝试自动构造学习单元的办法，但未获得成功(Locatis/Park 1992)。

"新型媒体"将所有传统教学媒体结合起来，并为克服过去教学过程的一些束缚提供了可能，如在相同时间相同地点集合的要求，和对包含所需知识的不同物理媒体的需求(以书面、视频和音频形式等)。新的同步与异步交流方式允许教师和学习者在不同时间做出不同类型的回应，既包括由情境激发或自发的回应，也包括经过专门准备而做出的回应。特别是作为新型媒体的模型与模拟，能帮助人们学到真实状况下所需的知识，而又不必承受由于错误而导致的后果，如数控机床操作、运用金融经济仿真模型在特定任务中学习决策技能等(Fischer 等 2004)。

新型媒体包括 CBT(基于计算机的培训)或 WBT(基于网络的培训)，即依赖刻录在光盘上的多媒体、互动教学软件或通过互联网进行培训；计算机模拟或在虚拟学习平台上进行教学，即所谓的"多媒体辅助教学"和"超媒体辅助教学"，它们都是将基于计算机与多种形式的媒体相结合；远程信息化教学(除媒体外还包含通信技术)；数字化教学(包括上述所有学习形式)和混合式教学(指在教学中综合运用新型媒体和传统方法)。

新型媒体能为个体创造一种新的学习环境。Midoro 等(1991，181)指出了这种学习的三个特点：①适应性，即适应学习要求；②反应性，即学习者和系统间的互动模式(如模拟、竞赛和微格教学)；③适航性，即与书籍、字典、超文本或数据库类似的导航。为了能恰当处理技术媒体(如培训中使用的工具和实验设备)，特别是有效应用新型媒体，对媒体能力也提出了越来越高的要求。这一点不仅针对教师，也针对学习者，因此现在鼓励独立自主的学习。如前文所述，有些知识很难简单通过媒体的形式获取，因此媒体能力还包括对媒体进行巧妙的操控、在教学过程中对媒体进行正确分类以及熟练掌握与媒体相关的通信过程。对教师而言，它还涉及对多媒体的补充和设计；对学习者而言，它还包括运用多媒体展示所学知识和已完成的课题(Zimmer 2002a/2003)。

8.9.3 进展和预期

从历史上看，对职业教育媒体的研究始于 20 世纪六七十年代的德国，即将电视引入教育媒体的时候。用电视进行教学的可能性，引发了大量关于媒体对教学产生的积极辅助作用的研究。当时研究的问题是，在这种传导过程中每种媒体的最佳位置，人们认为学习者个性和所用媒体间的互惠作用是媒体产生学习效果的主要原因(Tulodziecki 2001)。最早的关于计算机辅助教学结果的元(meta)分析是 Kulik/Kulik(1987)做的。

一直到工业化初期，手工业和工业职业教育的基本媒体仍是工作本身。职业知识和技能主要通过参与操作过程传授(即做中学)。直到 19 世纪末，职业教育的教学媒体才得到明显发展，最初这些教学媒体也是用在操作过程中的，且多以理论课的形式出现(Ploghaus 2003)。在 20 世纪与 21 世纪之交，企业开始引入系统的职业培训体系，并采用了独立于生产之外的教学模式。德国 1969 年建立的联邦职业教育研究所(BIBB)专门设立了一个研究室进行针对实践的媒体开发与研究(Benner 1993)。其他教育培训机构、职业学校和高等院校也开发了一些教学媒体，并通过出版社等机构发行。

在相当长的时间里，媒体研究的目标似乎一直是期望找到最佳的教学媒体，使复杂的教学内容对职业教育的所有学生变得容易理解(即效率标准)。由于媒体可以重复使用，因此人们期望用它来优化教学过程(通过以去个性化、去情境化和客观化为突出特点的方式)，并使教学过程合理化(Bonz 1999)。媒体的使用，使某些教学功能与直接实施教学的个人分离开来。这样即使教师的传授有些不当之处，也不影响教授的主题。在教学过程中，主题、学习动机和学习成果控制都被"储存"在一个物理媒体之中。特别是计算机在教学中的使用，大大增加了实现客观和高效教学的希望(Bonz 1999；Schelten 1994)。甚至还有人考虑过在教学中完全抛弃教师和培训师，这一理论最早出现在 20 世纪 60 年代产生的程序教学法中。在一定范围内，当传授的仅仅是标准化、基础性内容时，这是可能的，但它当然不可能适用于整个教学过程(Schneider 1999)。

在远程和函授职业教育中，媒体一直起着特殊的作用。Sparkes 等在十项国际案例研究基础上，对计算机辅助远程教学的发布体系和策略、现有效率和发展趋势进行了分析。其总结是："有多种方法可实现有效的远程教学，对此没有特定的成功模式"(Sparkes 等 1992，91)。

过去，对教学媒体的一些期望，如通过去个性化、客观化、合理化和标准化使复杂主题对所有学习者都变得容易理解，似乎是不可能实现的，因为教学过程中一些固有的因素限制了媒体发挥效果。学习过程常常是一个主观过程，虽然媒体和预设的教学情境能够支持并促进这一过程，但学习过程是无法强制施行的(Grotlueschen 2003)。

由于新型媒体具有内置的适应性，因此有可能通过更恰当、更个性化的方式支持学习过程。重要的是，它能使语言表述和图示同时进行，这从记忆的角度显著改善了教学过程。此外，通过开发使用新的媒体交流方式，也激发了学习者的参与和协作热情(Crook 1994；Sinko/Lehtinen 1999；Tenberg 2001)。Lehtinen 等列出了成功的新型媒体设计应达到的 5 条标准，即必须从复杂问题入手；发现与教学指导相结合；应用实例与系统化相结合；容许通过互动和合作解决问题；将需完成的任务设置于情境中(Lehtinen 等 2003；Arnold 2003；Dillenbourg 1999；Zimmer 2003/2004)。后来，这些要求成为将媒体有效融入教学过程的基本原则。

8.9.4 研究现状

自 20 世纪 80 年代以来，德国的媒体研究和开发一直针对个体学习者。现代教学媒体要去满足以现实为基础、以学习者为中心的教学原则，并尽可能让学习者自己领会学习主题。在媒体开发和设计时，越来越多地考虑个体学习策略，制订问题解决方案、主体创造性和自我取向，从而促进经验性的自主学习。Euler(2003c)界定了三种媒体创新类型：①作为现行教学过程附加物的教学软件；②新开发的学习环境(如为在职学习开发的新学习环境)；③ 职业教学的文化和组织/机构框架的设计(如支持工作过程中的学习；参见 Nyhan 等 2003)。第四种创新是通过成套的元数据，实现媒体的可研究性、可交换性、未来的适用性以及在自主学习过程中的再利用性(Baumgartner 等 2002；Bremer C. 2002)。

以上各类创新可通过以下问题进行总结：设计怎样的媒体形式可确保学习者成为教学过程的主体？如何进行跨学科和个性化的媒体设计？采用何种媒体能使工作实际融入到教学组织中？(确切地说，工作现实如何能在媒体的帮助下成为一种学习情境?)须具备哪些结构和物理特性，媒体才能在完整的教学过程中具有更强的应用开放性与灵活性(Arnold/Müller 1992，7；Harrison 1999；Laur-Ernst 1993，9)？

如上文所述，近年来在新型媒体研究与设计领域取得了显著的进步，国际上出现了很多新的教学理念与教学模式，如学习站和剧情描述等(Arnold 2001)。为充分利用媒体提供的学习可能性与潜力，人们发展了新的教学模式，取得了更加深入的认识，并在现代学习理论指导下开发和利用新媒体提供的虚拟教学环境(Arnold 等 2004；Kerres 2001；Schulmeister 1997)。

研究的关键是：从哪些教学方法入手去确定和设计教学平台(即定义教学平台)以及该平台包含的知识元素和交流方式。这里有两种基本理论，即认知论和情境论。认知论认为，人的智力结构和发展可以通过教学得到系统的促进，并为实现这一目标开发出多种教学设计模式（Dijkstra 等 1997；Reigeluth 1998）。在这些模式中，新型教学媒体的设计总强调个体的认知过程及其对认知结构变化的支持。情境论与认知论相反，其主要观点是：学习过程受到所在环境的约束，学习过程中隐含了各种互动与交流，理论和实践技能的获取对任务的真实性的依赖性很大（Boshuizen 等 1995；The Cognition and Technology Group at Vanderbilt 1997）。情境教学的典型模式有：抛锚式教学，主要考虑问题的复杂性和接近学习者的个体环境；认知学徒模式（Collins 等 1989），即初学者跟随专家进行学习；鹰架式知识整合方法，即使思想变得"可视化"（Fischer/Mandl 2002；Mayer 2005）。

其他研究问题是关于文本、声音和图像的结合，即在多媒体教学环境中教学过程的媒体设计。有趣的是，文本和图像是两种完全不同的思维表达方式，但若能将二者有效整合，就会对教学和理解过程带来积极的影响。使用动画能对理解产生刺激作用，但就复杂教学内容的学习成果而言，动画和图像之间几乎没有区别；倾向于视觉刺激的学习者比较容易理解图形表达形式，而对具有良好空间感的学习者，图表表示的作用更大（Fischer/Mandl 2002）。

一般认为利用新型媒体进行教学在自主性和个性化组织方面具有很大的潜力。然而很多研究表明，由于多媒体教学环境对学习者提出了太多的要求，因此目前还无法完全实现理想的自主学习。学习者往往弄不清楚自己到达了整体结构中的哪一步，或如何进一步发展。因此，许多学习者只能不断收集数据，而不会对数据进行反思和深入分析。此外，对提供的辅助学习资料的利用率也不高，如词汇表、背景信息和对进一步工作给出的说明。可以看出，能够促进实现成功教学的并不是无限制的自由，而是适当的自主学习程序（Lehtinen/Repo 1996；Lehtinen/Rui 1996）。近年来，为了进一步支持自主学习过程的实施，人们研发了许多直接和间接的辅助方式。直接辅助方式利用认知和激发性策略进行培训；间接辅助方式则运用如思维规约（Think-Aaloud Protocols）以及结构或图形展示，来详细阐释某种学习策略。引导文和绘图技术也同样用于呈现和构造主题，并对主题进行分类（Fischer/Mandl 2002；Mandl/Fischer 2000）。对自主学习的促进和自主学习本身的局限性，从根本上改变了教师的作用以及对教师的能力要求（Battezzati 等 2004）。

新型媒体的合作特点，不仅从时间和空间上使教学变得更加灵活，而且由于新型媒体环境下的合作比传统教学环境中更加深入，从而改进了教学质量。当然，只有恰当使用网络交流方式才能实现这一效果（Gaiser 2002；Lehtinen 2000；Littleton/Häkkinen 1999）。例如，在传统教学环境中经常发生交流资料分布不均，但在网络合作学习中就极少发生。此外，学习者用电脑以书面方式与他人进行交流，也大大增加了学习的灵活性。但是，与多个学习者同时接触以及采用书面交流方式需要付出更多的努力，这也会阻碍合作学习的效果。另外可以确认的是，网上文字资料往往没有参考已经讨论过的问题而包含复杂参考内容，这妨碍了讨论的连续性，也更难做到适度。

8.9.5 实践

在探讨新型媒体的研究和开发时还要考虑它们在教学实践中的实施情况（Hasebrook 等 2003）。过去比较明显的情况是，项目一经发起就很少有后续过程。之所以会考虑到这一问题，是由于我们努力寻找的是能带来整个教学体系变化的多种方法，包括课程改革、教学人员的资格、学习者的准备工作等，而不仅仅是寻求媒体的变化。这就意味着，在通过局域网构建基于媒体的教学和实施过程的基础设施时，必须同时推动教学理念的变化（Salomon 1994/2003；Sinko/Lehtinen 1999）。这也包括运用新型媒体对教学成果进行评价（Zimmer/Psaralidis 2000），从而促进教学发展、提高教学质量并促进新型媒体的推广（Arnold 等 2003）。

9 职业教育研究的典型案例

9.1 MME 典型试验项目：处于转折关头的创新研究

Ute Laur-Ernst

9.1.1 引言

本文介绍的创新项目发生在德国职业教育系统化研究的起始阶段。在很长一段时间内，职业教育并不是德国科学研究的主题。20 世纪 60 年代末，联邦政府将双元制职业教育列入其首要政治议程，弥补了这一缺陷。当时相关机构一致认为，职业教育的组织、课程和学习方法改革应建立在实证研究和理论知识基础上。他们提出将"典型试验"（Modellversuche）作为主要创新手段，并为其提供财政支持，从而可以在学校和企业真实环境中检验新的课程和学习方案。每个典型项目都有一个外部科研小组伴随，即所谓的"科研伴随"。该小组以"中立"视角进行调查研究，验证所试验的新方法的质量和效果，其实证数据成为后来政策制定的基础。时至今日，德国仍然广泛采用典型试验这种创新工具，只是发生了针对具体情况的变化。

9.1.2 历史政治背景

20 世纪 70 年代，联邦职业教育研究所（BIBB）发起并实施了历史上最大规模的典型试验项目之一"电气与电子技术多媒体系统"（MME）。它涉及德国各州 56 所职业学校，历时 6 年之久（1972—1978），即针对快速变化的电气电子职业领域,重点开发、试验和实施开放式的、针对全部课程的模块化多媒体系统(Rauner 1972/1975)。这个项目之所以不同寻常,不仅是因为其内容和数量,而且因为其特殊的政治意义,因为联邦政府并不负责职业学校的管理,而联邦职业教育研究所也主要研究企业培训。直到后来有 20 家企业加入了项目,才与双元制职业教育的结构对应起来,即两个学习场所(职业学校和企业)同时参与,通常二者很少直接进行合作。

MME 典型试验是在德国教育改革蓬勃发展时期进行的。那时刚刚颁布《职业教育法》,人们期望通过贴近现实的模拟条件进行创新研究,以提高职业教育质量。然而,改革条件成熟并不意味着没有矛盾。在创新项目的起步阶段,人们首先必须解决与各州政府(尽管已得到"联邦政府和各州教育规划与研究促进委员会"(BLK)的应允)和企业代表间的争议。例如,人们担心由于全国范围内教学媒体的应用,会削弱各州文教部制订的《教学计划》和联邦层面的《培训条例》。另外,联邦政府提出的利用教育技术提高教学效率的目标,也使很多教师担心学校和企业培训部门裁员。虽然 MME 项目因定位在微观层面而被认为是"非政治性的",但也受到了教育管理部门的质疑。

9.1.3　典型试验的目标和解决方案

MME 典型试验秉持的整体信念是"提高职业教育质量",即:

➢ 克服职业学校长期形成的灌输式教学原则;
➢ 确立对本专业重要的,但一直被学校和企业忽略的新技术和跨学科内容;
➢ 在教学过程中强化学习者的地位;
➢ 采用整体化教学方式,同时配以多种教学媒体。

除了在内容与方法方面重新进行教学设计外,该项目还试图实现以下目标:积累有关教学媒体设计及其效用方面的经验;将职业教育研究重点定位于实践导向;以此为依据,将典型试验项目发展成一种创新工具。多维度的目标,决定了该项目必须有复杂的结构和跨学科的研究队伍。

解决方案是什么?采取什么创新策略?从教学论角度出发,将现代教育技术与源自行为主义学习理论的"程序化教学"相结合似乎是一个可行方法。项目初期,人们采用程序化教材进行教学,其成果已经应用到职业教育实践中。同时,现代多媒体和"移动实验工具"(模块化教学工具包)的发明,也把枯燥的教学变得更有吸引力、更多样化也更有效。典型试验采用了一种相对全面的解决方案,在两个技术领域(直流电技术和电子技术)开发了用于测试的新型教学媒体,同时开发出一种全新的准实验研究设计,为以下研究提供可靠的实验数据。

➢ 对交流电技术、电力机械等新开发课程的教学内容进行修正和改进;
➢ 认识现代化媒体对自主学习和趣味教学的影响和作用。

该项目还对典型试验实施过程进行严格监管，以便发现能对其组织和方法进行改进的地方。总之，MME典型试验最初是按照"理性的经验主义"创新战略设计的，即对经过科学验证的"优秀解决方案"（多媒体体系）进行广泛试用和实证分析，从而使其成为今后日常教学工作的一种固定方式。然而，事实上这个项目却走了一条完全不同的发展道路：事先设计好的试验在实施过程中演变成一种目标导向的创新学习过程，研究人员和实践者在此都是平等的参与者。

9.1.4　富有生机的创新过程

MME典型试验实现了以下三个转变，并由此对职业教育研究和实践产生了深远的影响。

➢ 从"准实验性田野试验"转变为"行动导向的研究项目"；

➢ 教学过程从以教师为中心转变为以学生为中心；

➢ 从侧重专业技术的、零散的知识技能传授转变为对整体化综合能力的培养。

这三个转变体现了创新项目的内在动力：教学过程灵活化，没有特定结果，也无法事先做出详尽的计划。因此，必须对项目进行灵活设计，并考虑具体参与者的认识与能力水平。

9.1.4.1　研究范式的变化

通过对社会学和心理学研究实践的总结，典型试验项目在开始阶段提出了一种假设，并计划用准实验现场测试方式对这种假设进行实证检验。这个基本假设（解释模式）是：可以在理论和实验教学中，通过运用多种且能自由组合的程序化教学媒体提高教学质量，并将这些教学内容设置于不同的教学安排中。这样，就可以改变理论教学和实验实习教学常常相互分离的状况，如通过以相关课程和实验为基础的教师合作（团队教学）来提高教学质量。在此，传统的正面课堂教学被学生按照程序化教材进行的自学所代替，学生也扮演一种积极的角色。此外，采用的模块教学工具包也使教学环境设计更加符合独立或合作实验的要求，从而替代了传统的演示性教学（Gutschmidt 等1974）。

项目在对教学理论进行深入研究的基础上开发了多种系统化的教学方案，以测量和分析教学的短期和长期效果、学习态度以及基于媒体教学设计的情感变化。在分析这些问题时，不仅关心"刺激"与"反应"间的关系，而且还通过适当调节使各种变量（智力、普通教育水平、学习兴趣等）之间相互协调，因为这些变量可以解释个体未来发展的差异。可调节的变量还包括教师的特点（如年龄、专业经验、独裁或伙伴式的教学、僵化或灵活的行为等）和学校条件（如班级规模和异质性、教学经费等）。教师和学生都了解试验的目的和流程，被要求在1~2年内始终坚持实施该教学计划（实验条件），并对所学知识进行标准化的测试、调查和控制。除了以上量化方法外，对特别复杂的情况（如运用组合教学工具包进行合作式教学)还采用一些定性研究方法,如观察、访谈和小组讨论,由此建立起了一个由约 170 名教师和数千名学生组成的数据库,利用大量统计数据(描述性和解释性数据)对项目不断进行评估并做出最终评定(Laur-Ernst 1981)。

起初,教师把设计好的教学计划当成一种使用 MME 教学媒体的辅助工具。但是随着教学经验和能力的增加,他们觉得现有教学计划是一种束缚,便开始想设计和尝试自己的教学方案。这是一个转折点,即社会学实验所预设的、实践者在整体结构中的"客体作用",必须转变成"主体作用"。这一变化符合当时备受争议的行动研究范式。按照这种范式,作为实施方的专业人员也被视为对研究设计有平等权力的合作设计者。事实上,MME 项目也正是这样做的。其结果是:教师们摒弃了预先的详细设计,完全以自决的方式自己设计媒体的使用方式。因此,项目不得不从整体上重新设计研究方案,研究者也放弃了自己过去作为观察员的"中立"身份,转而开始为创新过程提供实证数据和相关教育学心理学支持(Laur 1978)。媒体研发中这种合作增强了很多,教师参与到方案研发和媒体设计的整个过程中,并对教学组织提出各种改进建议,其中很多教学创新方案远远超出了 MME 项目的原始设想。

MME 这种研究范式的转变对研究项目的管理提供了启发,即在行动研究中必须重新定义"科学伴随"的外部控制功能。另一项转变体现在推广方针方面。在企业培训活动中,行动研究一开始就建立在经验的基础上。在这种背景下,实践指导教师首先需要得到职业学校的教学文件,从而开发出针对具体企业的补充性培训方案。

9.1.4.2 以学习者为中心和教师角色转变

典型试验项目发起者的社会政治取向在实现职业学校"民主化"的过程中得到了体现,这也是那个时代的典型发展目标(Rauner 1972)。原则上说,这包含以下两个方面。

➤ 学生(培训生)脱离教师控制而有更大的独立性;

➤ 摒弃封闭的"教师举证式"课程模式。

如何将这些想法变为现实? 有了专业上没有瑕疵、反映先进技术的程序化教学材料,学生要想学到正确而重要的知识,就可以不必完全依赖教师的现有能力水平。这是一个重要的优点,因为生产中采用的技术发展很快,有的教师常常存在知识老化现象。学生在教学过程中也改变了原来的被动接受的角色而主动学习。但是,程序化教学明显限制了学生的独立性,尽管 MME 项目开发的任务设计和多媒体教学材料弱化了这些限制,但是田野实验获得的数据和经验还是证明有限制存在。对这些实证经验的批判性反思又引发了一种新的发展趋势,即"由学习者控制的学习实践"。此后又对教学项目进行了更加开放的设计,使这些项目可以在学生完全独立的情况下进行,从而实现了行动导向的自我控制性学习。

但是不能忽视的是：并非所有学生都能从开放性学习中受益，程序化教学对不同的学习者作用不同（这是媒体研究的普遍结论）。在企业培训课程中，可以按照这个结论制订深入的教学媒体方案，即"实践技术演练"。它以真实的工作任务为基础，从而能使引导性的教学行动成为可能。之后采用的"模块化教学方案"，让学生生产出功能完整的模块化产品（如测量设备和放大器等）。通过这种方式，教学理论成功地转化为可行的企业培训组织形式（Gutschmidt/Laur 1978）。

媒体应用改变了教师的作用（Rauner 1986）。教师可以选择不同媒体（如视听媒体、书籍、程序化练习或学习者自我控制的练习），采用不同教学组织形式和教学方法设计教学。教师变成教学过程的组织者和学生的学习顾问——这种角色在当时还十分罕见。当时，教师普遍把自己定义为"不容质疑的知识传递者"。要对自身角色做出全新的界定极为困难，这要求教师进行自我反思，并不断提高专业和教学能力，MME典型试验恰好提供了一个合适的平台，其多媒体教学体系也向开放性课程方面迈出了重要一步。例如在电子技术领域，理论教育和实训教师可以针对相同的目标，根据自己的特点选择不同的练习内容。然而在实践能力方面MME的进展却很有限，仅仅应用了部分新的方法。

9.1.4.3 学习过程中的综合化和全面的学习方法

传统的教学在学校和企业分别进行，教学过程处在两个相互分离的系统中，这导致了职业资格的分裂性，使学习者无法应对实际工作中不断提高的各种复杂要求。应当采用全面而综合化的教学方法克服理论与实践相分离，并改变对操作技能的片面关注，这主要通过理论实践相结合的媒体、模块化教学工具包和设施设备完善的专业教室实现。然而这种毋庸置疑的教学改革在一些职业学校还是引发了矛盾，即将实践教学纳入"理论课教师"工作范畴的做法遭到了强烈的抵制。同样，要求实习指导教师教授理论知识也是如此。在此，教师自我身份的认识以及对不同类型教师划分严重阻碍了创新过程。后来这些问题是通过学校管理层制订新的工作方案得到解决的。

在企业进行的典型试验不存在这样的问题。在此，理论和实践学习内容一开始就在同一教学单元（实践技术练习）中，这显然比学校人为地进行教学组织设计的做法要好得多。然而在这种环境中学习也存在一个问题。有关技艺的知识，而不是科学理论知识和相应的实验，是具体的技术行动实践的前提。培训企业认为，后两项能力培养的任务应由学校承担。另外，学习者的个性发展也被纳入教学工作范畴。MME通过增强学习者的独立性和合作精神，体现了对个性培养的重视，而这些任务过去也都是通过学校教育实现的。企业过去并不认为自己应当担负这方面的责任，因为传统的技术工人教育并不关心对独立行动能力的培养，这在过去也是可行的，因为过去企业只要求工人按照规定完成工作任务而不需要其他更多的能力。

另一个争论焦点是项目倡导的合作学习。理论和实训教师对此都持反对态度，认为学生间的合作会使个人成绩变得模糊而无法进行判定。但是随着时间的推移，这种保守看法已不复存在，这在很大程度上归功于现代劳动组织形式在企业的推广，即重视团队工作的重要作用。20世纪80年代中期，金属加工和电气技术职业领域新制定的《培训条例》在实现教育性目标方面取得了两项重大突破，即强调不同职业所共同需要的关键能力和对职业资格的综合化理解。MME典型试验为实现这些突破做了必要的铺垫，并为联邦职业教育研究所(BIBB)后来启动类似典型试验项目"金属加工技术领域多媒体体系"(MMM)做了准备。

9.1.5　项目评价和信息传播战略

现场测试和深入的实证研究是对典型试验进行形成性评价的重要手段，形成性评价也是创新过程(行动研究)的基本组成要素。这种评价还通过参与项目的教师以及外部科研人员的理论探讨进行补充。该项目最重要的成果是联邦职业教育研究所针对实验教学的深入的研究报告(BIBB 1975)，以及从交际行动角度对典型试验项目做出的批判性评价。在此，媒体教学论正式成为一个独立的研究课题(Neumann/Stiehl 1976)。MME项目采用的双重评价策略(实证评价和理论评价)也体现了该典型试验项目的特征，即"开放的学习和发展过程"。

此外，"透明度"也是本项目设计的一个重要要素，即让包括学生在内的所有参与者都随时了解典型试验的意图和结果，为此还推出了多种手册、《信息册》、报告和科普出版物等。然而这种信息传播策略也遇到了困难。在项目的两个实施机构(职业学校和企业)都存在沟通的结构性问题，因为不同的研究和实践方有不同的兴趣、能力和言语体系。这个问题不可能得到彻底解决，只能达到一种双方都能接受的妥协和平衡。在行动研究中，参与者必然会被各自的社会和职业背景所束缚。然而人们最终还是要架起沟通的桥梁，明确利益的重叠部分，这对创新项目的成功至关重要。在MME项目中，有两方面的因素在此起了决定性作用，即参与方的能力(特别是专业能力)和个性特征(如诚信、沟通技能和同情等)。

9.1.6　研究成果的实施和推广

MME典型试验开发了600多种含有相应教学素材的教学资源功能模块，并在进行修订后用于多门课程的教学。该项目涉及大量的生产性工作，要求多样化的能力。项目之所以在教学资源开发方面采取这样一种综合化的途径，是因为经验表明，相对孤立的教学资源很快就会消失。在其他方面未发生变化的现实环境中，它们常常会成为创新的"孤岛"，无法支持持久的教学改革。然而，多媒体学习资源体系却有可能改变这一点。由于覆盖内容广泛，大量学校和企业都参与到这些学习资源的开发和试验中。

正因为如此，经验推广（这是导致许多典型试验失败的原因）在 MME 创新项目中发挥了重要作用。它尽管没有针对具体学校和企业量身定做的解决方案，却尽可能照顾到了不同单位的兴趣、传统、条件和目标。教学资源和教学设计考虑了大量潜在用户，甚至还想到了市场化问题，即实用模式。在典型试验过程中人们就已经清楚地看到，教学资源的使用并不一定按照设计者的想法，而是由教师个人的教学设计决定的。教师这种积极的运用方式，在一定程度上对创新进行了重构，是创新获得成功的重要条件。

MME 项目采用早期责任与主动下放原则。项目参与学校两年后建立了区域性工作小组（按照州组织），学校自己设计自己的项目活动，并邀请同一区域其他学校参与，在集体活动中对各自活动进行总结提炼。有些地方的工作小组在典型试验结束后继续存在了多年，其关注的问题也远远超出了项目的最初目标。在企业方面，与项目有关的信息交流最终导致企业间交流网络的建立，工商行会还对项目组的活动提供了专门的支持。项目本来还设计了为确保其长期和正面影响而在原典型试验框架外的研究，但未获得联邦职业教育研究所管理委员会的批准。

9.1.7 重要意义与结论

由于规模、持续时间和经费等原因，MME 典型试验项目产生了比一般研究项目更为广泛和持久的影响。在很多方面，它标志着职业教育研究与实践的一个转折，包括应用研究范式的变化，如综合化的学历理念，独立和合作式学习，以及教师向学习顾问的角色转变等。事实证明，建立在程序化教学基础上的综合性多媒体教学资源系统并非完美无缺。人们很快就发现了程序化教学的问题，这主要是因为它与跨学科学习目标（以学习者为中心、个性化、合作和独立性）从根本上是矛盾的。人们在项目起始阶段并没有意识到这一点，正如也没有发现研究方法（准实验设计）的制约作用一样。项目发起者和参与者在经历了长期的学习过程后，最终对这些问题进行了重新定位。MME 典型试验为学校和企业改变长期以来形成的职业教育模式和取向提供了重要的动力。在新教学资源开放和教学设计中，人们关注到很多教学问题，并最终通过创新方式解决了这些问题。项目提出的对职业学习过程的全新理解，如同 20 世纪七八十年代进行的类似创新项目（如 MMM、引导课文教学法等）一样，对职业教育发展产生了深远的影响。

MME 典型试验结果发现，职业教育研究要想产生和实现实践创新并保持这些创新，就必须采用以行动研究为基础的跨学科研究方法。此外，它还要依靠社会学研究方法和实验法，对其进行仔细推敲后应用于自己特定的研究主题中。回顾过去的经验，当时以下三种做法可能是有问题的。

➤ 将典型试验限制在特定而孤立的"项目"上，由于参与人员少，持续时间短，会使创新实践不可避免地变成"创新插曲"，无法产生广泛的影响。

➤ 采用的选择性、非整体化创新方式，与职业教育的复杂性和多样性特征不相符。这不仅是一个跨学科性问题，也是典型试验项目的系统论和方法论问题。

➤ 系统化的实证研究较少，只有这种研究才能提供超越孤立案例的研究成果。

所有这些教训都要求我们重新思考现有的典型试验方案和经验推广原则。只有对作为改革工具的典型试验项目的设计进行必要的调整，才能适应新的挑战。

9.2 利用 Dreyfus 模型解释护理实践能力

Patricia Benner

9.2.1 简介

德莱福斯兄弟——应用数学家 S. E. Dreyfus 和哲学家 H. L. Dreyfus 在对国际象棋手、空军飞行员和坦克驾驶员及军官研究基础上，建立了一个能力发展模型(Dreyfus/Dreyfus 1977/1979/1980/1986)。该模型解释了能力发展研究的最新成果，明确了根植于专家护士实践中的知识。Dreyfus 模型是发展性的，并以情境行为和经验学习为基础。在该模型指导下，我们进行了三项护理专业能力发展方面的研究(Benner 1982/1984；Benner 等 1992/1996；Benner 等 1999)。Dreyfus 兄弟作为顾问也参与了这些研究。

1978—1981 年开展的第一项研究的基础是对新毕业护士及其教师进行的 21 名配对访谈(Benner 1982/1984)以及对其他 51 名经验丰富的临床护师、11 名新毕业护士和 5 名护理专业毕业生进行的访谈和(或)参与式观察，目的是深入描述不同教育和经验层面护理行为的特征。访谈在 6 家医院进行：两家私立社区医院、两家社区医学院、一个大学医疗中心和一家市中心综合性医院。第二项有关重症监护护士的能力发展和临床知识的研究于 1988—1994 年进行(Benner 等 1992；Benner 等 1996)，研究对象为 8 家医院重症和普通病房的 130 名护士，采用的数据收集方式包括小组叙事访谈、个人访谈和参与式观察。此项目与本文相关的研究目的有两点：①描述重症护理能力发展的实质；②描述专家实践中的实践知识。1996—1997 年进行的第三项研究是这一研究的扩展，包括其他重症护理领域(如急诊护理、飞行护理、家庭护理、手术室护理和麻醉后护理)，75 名护士参与了研究，同时扩大了高级见习护士样本。本文根据以上研究项目介绍其主要发现。

护理与其他实践性学科一样，都不是一个简单的"应用型"工作，因为它复杂多变而且有许多未确定因素。做好护理工作需要护士技能纯熟、道德高尚，并能将科学知识和新技术很好地应用于临床诊断。临床护理内容广泛，涉及多个学科，需要在特定实践情境下做出具体的解释。生化、物理、生物和心理等基础科学知识，具体治疗方法和实用技术开发成果以及临床试验等，共同构成了内容广泛的与临床护理实践相关的护理学科内容。

最新的临床护理实践汇集了临床试验研究成果，归纳并展示了具体临床条件下的治疗依据。但是，由科学推导出的逻辑与护士具体处理个案和特定对象的逻辑是不同的。执业护士必须在短时间根据病情变化和医师对病情的理解做出推论。由于个案实际具有不确定性特点，可能遇到学科知识尚未涉及的情况，因此护士必须善于临床推理，明智地选择和使用相关科学知识。在临床上，只有敏锐察觉显著的迹象、症状以及病人对治疗的反映，才能为医师做出正确的临床诊断提供必要的条件。

要想做到长期不间断察觉和留意病人的临床变化，需要在变化过程中进行逻辑推理（Taylor 1993；Benner 1994），这是对持续变化结果的一种判断。对病人变化的评判，不论是相对稳定还是趋于恶化，都应随时间发展而不断改变，医生称其为对病人的"趋势识别"。这种实践既要符合标准的规定，又要具备亚里士多德所称的"技艺"（techne）。生命体征（如脉搏、呼吸、体温、血压等）的标准测量和实验室指标就是临床评价中"技艺"的例子。需要注意的是，建立在经验基础上的技能技巧对"技艺"也同样重要。在考虑病人的特殊反映、敏锐察觉病人的显著变化情况时，以及当需要通过经验行为构建和谐关系和做出正确判断时，技艺和实践智慧（以能力、判断、性格和智慧为基础的特定情境下的行动）十分重要。

正确的临床判断和临床智慧的核心是从案例中进行经验性学习，从中改进和纠正错误判断，在此必须关注异常状况和差别。德莱福斯能力模型强调在复杂情境中逐渐深入的经验性学习。它强调特定情境下的绩效，是一种情境学习模式。由于能对不同时间段特定情境下的绩效进行比较，因此该模型在本质上是发展性的，但对做出这些绩效的个人应具备的特质和天资未进行深入研究。

正如亚里士多德所言，护理实践既需要技艺又需要实践智慧。技艺可通过程序知识和科学知识获得，它是有关特定病人群体的知识，除必要的判断和对时机把握之外，是正规、明确的。与技艺不同，实践智慧是一种实践推理，其实施者往往是护士群体中的优秀代表，她们为了完善专业行动，不断通过经验性学习进行实践并改善实践（Shulman 1993；Gadamer 1960/1975；MacIntyre 1981；Dunne

1997；Benner 等 1999)。技艺在有产出的活动使用，遵循"方法—目的理性"(means-ends rationality)原则，生产者通过控制成果产生的方式实现对生产的掌控；而实践智慧置身于实践中，无法仅仅依靠"方法—目的理性"原则实现，因为人的行动受到"做好工作"这一愿望的支配，处理好人际关系、认清人的特殊关切对指导个体的行动非常重要。

单单依靠技术无法说明人际关系的责任，也无法说明对因伤病而变得脆弱的病人进行护理时所需的洞察力和可能遇到的情况。这时就需要实践智慧。在护理过程中，方法和目的密不可分。医师与患者的合作和互动，拓宽并重塑了视野和领域，从而有可能产生新的(治愈的)可能性。

德莱福斯模型指出，经验性学习需要学习者参与，而不仅仅是技术专家在清晰情境下熟练应用理论知识。经验性学习需要学习者的开放性和响应，从而不断发展和改进实践。只有能在"反应"基础上采取恰当行为的学习者，才能根据过去的具体经验把握全局。

我们发现，对具体情况(作为个案)做出反应是卓越实践行为的关键。如在遇到心脏衰竭或体液枯竭时，如何处置取决于对当时临床症状性质的把握。高素质护士能以灵活可变的方式运用自己的背景知识。当默认的预期情况没有出现时，她们能及时做出判断。如在诊断心律不齐时，病房所有患者的心脏功能状况都处在监控之下，因此她们只会注意失常的声音，而不会去留意那些符合正常规律的声响。在其他职业领域如国际象棋或开车，实践专家在采取行动之前并没有必要说明自己的观点。但在医疗领域，当内科医生做出处置时，则有必要说明其观点和依据。在没有医生的紧急状况下，护士必须能说清采用常规医嘱和规程，或者采用超常规护理行动的理由。在病人生死攸关之时，人们期待可以接受第二种处置方式。对意外状况(病人未达到预期治疗目标)做出及时判断，也是专业实践能力的重要标志。

9.2.2 初学者：受教育的第一年

在能力学习的初级阶段，学生没有任何临床知识和方法经验，针对特定患者进行治疗和护理的知识技能对其而言都是陌生的。教师必须对这些情况的特点做出清晰描述，如通过提供确切数据和指导让学生判断体液是否平衡：

"判断体液平衡状况时，需要检查患者过去三天早晨的体重、每日液体摄入量和排出量。体重增加和液体摄入量经常大于 500 cc 可能意味着水肿，这时要限制液体摄入，直到找到失衡的原因(Benner 1984，21)。"

经验丰富的内科医生会马上想到并不是所有的判断都合适，或有过分僵化的情况。而在学习不同临床条件下体液平衡知识之前，初学者首先得到有关安全处置方式的明确指导。学习这些规则不需要先期经验，它为今后临床环境中的学习提供一个安全的起点。体液平衡的特征是明显的，但初学者还必须学习有关特殊患者体液平衡特征的知识。

初学者严格按照规定行事，采取的行为呆板且有局限性。她们在教师指导下将书本中的案例与临床实际进行比较并建立联系。在实验室人体模特身上很容易操作的技能，在患者身上操作时还必须进行针对性调整，与表现紧张的患者进行良好沟通以消除其顾虑。教师须小心选择一些相对稳定的护理对象，并对患者可能发生的变化给予指导。教师应预测能看到的结果，学生通常也采用标准护理方案进行有计划的护理行为。护理教师或责任护士必须给学生讲清有哪些意外和禁忌。在特殊情况下，必须与教师或实习护士重新讨论生命特征的含义。对一些患者表现出的症状要依据其重要性进行重新审视和评价。对许多症状（如嗜睡、皮肤肿胀、精神状态不佳等），初学者只有在接触过大量患者后才能识别。由于初学者仅仅从患者身上获得了少许经验，她们预测症状走向的能力很有限，通常只能依赖书本内容做出预测。

9.2.3　高级初学者——新毕业护士

新毕业护士的能力与其最后一学年的水平类似，通常没有行政或管理职责，虽然她们可能学习过一些相关的原则性知识和技能。她们最显著的变化是肩负起了对患者的全部法律和职业责任。这种新的责任使新护士们更加注重识别不同的症状，其评价方式仍然是孤立的，通常无法与其他已做出科学评价的迹象和症状结合（Benner 等 1996）。

下文说明，一名高级初学者在对经历了复杂 GI 手术后病人的描述中证实了学习"存在的快乐"。她整个的陈述过程都以兴奋、热情洋溢的口吻进行：

"有两名临床护理专家参与了这一过程，我学到了许多。部门还有具备临床护理二级和三级证书的人，他们在幼儿 GI 手术方面的知识相当丰富。我与所有这些人进行交谈，儿科手术非常有用……我想说，在过去三天学到的知识实在太多了，我简直无法向大家说明白（Benner 等 1996，52）。"

高级初学者对提高绩效有强烈的意识，而且非常留意同事的实践情况。她们主动寻找各种可靠有用的信息源，努力提高自己识别多种病情的能力，这些病情有时是同事为其指出，有时是自己意识到的。高级初学者把每种病情都当成一组竞争性任务去完成，其中每项任务对新护士来说都同样重要。焦虑和过度疲劳是多数新护士的共同感受。由于高级初学者对许多病情的特点尚没有鉴别力，对时刻存在的新任务有所焦虑和担心：

"我刚才还对自己说，今天晚上感觉太好了，因为我第一次做了这项工作……我对自己说：好吧，一点点来。你只是个普通人，先做好一件事，再去做另一件。一切都会做好的，如果你能冷静些，就会变得更好，因为那样的话会考虑得更充分……这种调整非常有效(Benner 等 1996，50)。"

由于缺乏这样的调节和对病情的精确认识，高级初学者对知识的渴望就更加强烈。因此，她们的经验性学习多数是对具体病情的更细致的认识。高级初学者的工作基础，是课本对疾病、损伤和治疗中的迹象和症状的描述。但是在与实际案例比较中，她们很难识别微妙的变化，也无法准确评价现状的严重性，这是由于缺乏对相似病人治疗前后状况对比的经验性知识。比如，高级初学者要认真收集她们的评估数据，然后设法弄清这些数字、迹象和症状在案例中的意义。那些用来识别模糊状况、"族群相似性"(family resemblances)、特性差别且描述起来有一定实证依据的感知技能，不可能从课本或案例介绍中获得。这一点，在一个护理学生对一次临床突发事件所做的描述中体现得淋漓尽致：

"这是个好小伙，开朗机敏、头脑清醒。不幸的是，每一两个小时他就要接受一次气管抽吸，以确保气管分泌物保持在正常水平。分泌物比较黏稠，呈浅褐色。很不幸，抽吸效果不太好。这让他感到不舒服，还引起了中度咳嗽和呕吐，这又导致血压暂时升高。一次在做完抽吸后，当我拿掉他的气管雾气罩时，他开始从嘴里咳出大量鲜血。我有点儿慌了，赶紧叫隔壁护士帮忙，把他摆成适当的头低脚高姿势，开大他的 I. V. 频率。我一直处在轻度恐慌，也许接近中度恐慌的状态(Benner 1984，19)。"

鉴于情况的突然性和严重性，这个作为高级初学者的护士表现得已经相当不错。但她还是暗自疑虑：是否由于自己抽吸技术不过关才引起了出血？需要指出的是，这个高级初学者不可能了解其中的原因，因为她对类似危险情况病人治疗和抽吸技术本身经验太少。这里还有一些其他细节，如使用的语言都是书本的说法。她对当时情形的描述很少涉及对未来病情的预测，而只是描述了自己在此过程中的焦虑。引起这种焦虑的部分原因是缺乏处理这种病情的经验性知识。与初学者一样，高级初学者需要依赖他人完善基于经验的比较、解释和性质区分。下文我们还会对比看一看专家是如何描述这一事件的。

9.2.4 有能力者(胜任阶段)：1~2 年实践经验

能力发展和案例中临床知识的获取依赖经验性学习。一个人能力提高快慢取决于其面对患者病情的多样性和复杂程度。在能力发展的胜任阶段，通常更容易预测近期状况，工作的计划性增强。具有胜任力的护士能根据工作中掌握的非正式规范来衡量病情轻重。她们通过对近期可能出现的意外状况的预测及其各种需要，来做出计划、分析和预测，并限制不可测因素。她们意识到，在这方面没有"规则"可循。这种求知欲更符合实际。

护士：这有点儿打击自信心。（她发现，生理学教材对这一事件的解释相当清楚，但当问题在患者身上表现出来时，她却没能意识到。)有时候我觉得自己好像会一些东西，也能处理问题了，可出现这种事的时候才发现，还有很多知识需要学习。如果现在出现这种状况我就能处理了；我现在需要学的是怎样处理其他意外情况。回想以前第一次遇到的状况，觉得简单的事情并不简单；现在，那些问题和麻烦我都能处理，可当初并不是这样。我总是需要人帮助（Benner 等1996，95）。

虽然普遍存在对学习的渴望和对准确无误行为的期望，但如今这种渴望比以前更符合实际了。这时，指导教师应鼓励这些处于胜任阶段的护士带着"事情经常不都一样"的认识，甚至带着一种模糊的焦虑和危机感继续努力探索，因为她们必须学会在没有任何指导性规则的情况下做出决定。此时的经验性学习，是对以往相似和不同临床状况做出的模糊认识的情感反映。当行为成功时，护士感到兴奋；但当她们意识到因为自己注意错了症状，或者错过了相关细微迹象和症状，工作的有效性和预见性明显降低时，又觉得很懊恼。这些情绪反映了处于对"最佳实践"审美欣赏形成阶段的特点。这些对自身表现的满足感和担忧感，成为引导经验性学习、伦理学习和临床学习的道德指南，并由此产生出一对矛盾：一方面是遵循基于组织、计划和预测方略的既定规则；另一方面是探索注重个体反应的实践方法。

在对患者的护理工作中进行的经验性学习，使护士对具体状况有了更突出的认识。她们越来越清楚，自己什么时候已经领会或者没有领会临床病情要点。由于已经经历了更多临床处理后的状况，她们能更好地预测可能发生的近期情况和患者可能产生的需求，并据此做出下一步计划。

9.2.5 熟练者——获取专业技能的过渡阶段

当护士对患者临床状况的理解与病情发展和患者意外反应相冲突时，就有必要进行新的领会和思考了。如果这一切进展顺利，就实现了经验性的临床学习。据她们描述，当对突发情况没有良好的感性理解时，她们就处在"跟着问题跑"，又总是与具体状况"不合拍"的令人沮丧的状态（Benner 等1996，146-147；Benner 等1999，23-87）。在变化中进行推理，需要接受各种批评意见并打破已有认识。开放精神而不是预测和控制，忠于自己所见所闻而不是过分困惑和依赖他人建议，这包含在对情境的情绪响应中。因此，熟练者的情绪反应会指导其感知与过去相似或不同情况下发生的敏锐而积极的变化。但当遇到新奇的状况时，护士又要努力弄清为什么会出现这种不同（Benner 等1996，116-117）。

处在熟练阶段的护士具有大量实践经验。她们在具体工作中感到非常自然，也能判别自己什么时候才算较好地认识了当下情况。在以下摘录中，这名护士通过描述一位接受心脏内窥镜手术患者的过程，展示了其内心的舒适感受：

"我感觉很自然。你知道，当体温升高时就得开始输液。也知道什么时候该停,因为这时可能需要一点酸式酒石酸降肾上腺素来升高血压。在苏醒过来时又要停止输入这种液体,因为这时儿茶酚胺已经开始发挥药力。就这些事儿吧,(这些处理)都很平常,可在手术前需要问好多问题。"

这种改变建立在过程性知识和规则基础上。正如上文描述的转变过程,其基础是对具体情况下患者变化的灵活认识。这种认识发生在护士对心脏手术患者恢复过程中长期、可预见的变化环境中。做出决定不能只依据生理指标,而必须建立对这些数字与患者表相及反应之间的关系的认识。这种以反应为基础的行动,对在变化迅速的紧急情况下采取正确处置方式非常重要(Benner 等 1996,123)。

由于处于熟练阶段的护士不断学习和调整自己的反应,以适应特定情境的要求,她对人对事的处理能力更加丰富和适当。只要开了头,她往往就会继续提高解读特殊情况的能力,并通过与以往经验和其他患者的仔细比较,不断改进不当处置方式,从而加强对情况的把握。

9.2.6 专家:实践智慧

护士一旦发展到熟练者阶段,其"依据情况和反应而动"的行动者状态,会进一步推动经验性学习。她不再把以往默认的预测看成理所当然的事,转而关注病情变化,并随着这些变化调整自己的认识。专家护士也是以反应为基础的,她们能将自己对病情的理解和所做反应融为一体。

专家能以多种方式应用理论从而达到实践目标,常常能在具体情境中创造出新的可能性(Taylor 1991)。对护士而言,这些特定情况下的实践创新或实践中的明智应变直观而明显,这可能不会从对病情的叙事性描述中轻易获得。这就是为什么要想了解和描述不同水平的实践,尤其是熟练者和专家阶段的实践,就必须在实际中进行观察和非正式访谈的原因。

患者状况与(护士)行动间的关联度非常强,以至于护士往往更加关注采取实际行动,而不是对迹象和症状做出评价。这种做法是合理的,因为在极端状况下可能产生的反应更少,更需要运用经验设法扭转局面。

护士:我们根本没有呼叫编码,只是通报医生有紧急状况,然后就将他放好位置。(当时周围有足够人手使患者恢复意识,所有没有必要再正式呼叫求救。)我看了他的心律,然后说:"他心律衰弱,给我些阿托品好吗?"我开始一一喊出了需要给这个人用的药,并开始给他注射。接着我又说:"再弄些血浆来好吗?"我就这样接连喊着这些(需要的东西和要做的事)。我简直无法跟你说清顺序,就是一直在说"我们需要这个"。我需要预测可能发生的情况,而之所以能做到这些,是因为一周前我参与了对该患者同样的救治,所以很清楚我们做了些什么(以及怎样做有效)。

识别和评判的话说得很少,一是因为针对每个问题采取的行动次数有限,二是由于识别和评判的言语与行为和结果紧密相连，以至对实践专家而言变得不言自明，或者非常"明显"。这就是专家具备的"最大程度的把握"，这一点是熟练水平的操作者无法实现的。专家能明确预见近期状况并决定整个局势的发展。在本案例中，由于对患者和事件顺序最大程度的把握，这名护士成为该情境的领导者。整体性的、迅速的反应成为实践专家的主要标志（Benner 等 1996，142-143）。

在熟知相似和不同情境的基础上，护士现在能很好地判断自己是否准确（更好或不足地）把握了情境。技巧性的"怎么做的知识"使其能更灵活迅速地开展专业实践。与精细反应相对应的对事物的把握程度，说明护士做的和知道的比能用语言表达和描述的多得多（Polanyi 1958；Benner 等 1999）。减轻患者忧虑和调整临床状况等关系处理技巧，使患者及其家属有可能向护士袒露其担忧和恐惧，也让护士能随时发觉患者及其家属的变化。这种细心、体恤和良好关系为患者及其家属创造了开放空间和氛围，这些显露出的不同可能性有助于发现各种临床问题。

现在可以比较一下专家对颈动脉出血患者的叙述与高级初学者的描述有何不同。

我工作到很晚正准备回家，这时一个护士指导员对我说："Jolene，来一下。"她声音急切，我走进去看了患者，心率大约在120，插着呼吸机，还在呼吸。我问她："怎么回事？"当时是一名新毕业护士负责病人。她就用手指了指躺在血泊中的患者。患者嘴里还在往外大量流血。患者被诊断患有下颌癌，下颌已被切除。在切除前一个星期，他曾有过一次颈外动脉出血经历。在放疗后，颈外动脉已经扎结。这一动脉可能已经腐烂，因此他呼吸困难。我看了一下绷带，是干的，血是从嘴里出来的。由于手术（需要），他还接受了气管造口术。而且插着N. G. 管用以进食。我就想到，会不会是颈动脉或其他什么动脉溃烂了？所以我们拔掉呼吸机，看是否有血从肺部流出。确实有一点儿血，但看起来很像是从咽部流到肺中的。于是我们又插上呼吸机，再去检查他嘴里到底有什么东西，吸了这么多血……（Benner 1984，17）。

这位护士继续描述了她所采取的快速行动：抽取血样进行交叉对比分类，列出手术所需各种资源，立即将患者转到手术室。她为我们做出了正确、及时和直接的判断，行动、思考和感觉相互融合。她用手压法来促进患者呼吸，并以此判断肺部阻力。由于她的迅速反应，患者幸运地从出血事件中得救。

9.2.7　总结

每项研究都建立在大量参与者对于自己印象最深的临床状况进行的第一人称、针对实际经历的叙事性描述基础上。在实践中，还对一些样本参与者进行了观察和非正式访谈。我们特意挑选有大量经验和良好技能的护士作为样本，并在小组叙事采访中对背景相似的护士进行访谈。同时，针对德莱福斯能力发展模型的理论基础进行了开放式的讨论。我们发现,这一模型能够预见和描述护理实践能力发展的不同阶段。最显著的质的变化发生在从胜任到熟练的过渡阶段。处于这个阶段的护士开始解读实际情况。熟练的行动者对于情况的性质认识开始改变,开始研究如何改变计划和策略,以适应新的认识。专家护士通过提高灵活性而提高应对不同情况的能力(即便是病情本身有所变化),从而具备另一种处事方式。由于护理工作是一种开放性的复杂实践活动,需要专业化的行为举止、解说本领和高水平的关系处理技巧,因此这项研究使我们从根本上界定出能力发展过程中不同阶段所特有的道德行为方式和实际参与能力。道德行为方式的发展以及对事、对人的情感投入和情感氛围在能力发展中产生的影响,在各个阶段都明显不同。例如,高级初学者注重正确"完成每件事";有能力者则增强了自己向患者提供建议、了解患者需要的能力;到了专家阶段,道德行为方式和实际参与能力发展打开了广阔的空间,这种空间是在以前的阶段无法想象的。各种新的可能性和对"最佳实践"的崭新认识,在更富有技巧的道德行为及关系处理中得到了体现。当专家护士能够减轻或帮助患者应对由疾病引发的各种需求时,她们感到无限欣慰。

我们发现,在理解实践目的、处理人际关系和深入分析问题方面有困难的护士,无法进一步发展成为专家护士(Rubin 1996)。她们认为理性推算才是严格的"科学"和"客观"实践方式,因此无法关注到那些重要的道德方面,也不能识别不同病情质性差别,这完全是由于她们按照"同一标准"理性推算出具有普遍意义解决方案的期望。这种数学式的实践方法,加上严格遵守纪律和墨守成规的态度,阻碍了经验性学习。德莱福斯能力发展模型也有助于解释护理实践中的知识和技能。实践的理性技术观是指实践者或技术专家熟练掌握大量知识,并用预先确定的方式应用这些知识,以达到预先设定的结果。理性技术模型无法解释随时间推移而不断发展的关系处理、认知和技术能力,也没有说明在这种动态、开放和复杂护理工作实践中经验性学习的重要性。对知识严格的技术性应用,没有考虑辨别病情的性质、可能性和局限性的能力。在德莱福斯能力发展模型中,即便是专家,也必须时刻调整自己以适应具体情况的要求,并随时准备应对各种意外。具备专业能力的实践者必须继续进行经验性学习,并在快节奏和有多种可能性的环境中不断解读新的变化。实践者应时刻努力,在一个富有意义、容易理解又不断变化的世界中培养自己的技能和技巧。

9.3 汽车机电一体化维修课程标准研发

Wilfried Kruse

9.3.1 研究项目的背景

本文讨论一项题为"汽车行业的职业再造：对工作任务的分析"的研究项目。文章还涉及另一项由德国联邦教育与研究部支持的汽车行业职业研究项目及其相关报告（Becker 等 2002）。当时，该项目提出的理念及研究战略已经远远超出了同期职业研究的水平，即由职业教育社会伙伴专家进行工作分析。该项目的另一个特点是，它建立在对汽车维修技术人员新职业的假设和结构性提议基础上，而这些假设是"欧洲职业科学行业研究"课题对日本、美国和欧洲汽车行业进行深入比较研究的成果。此外，还有两项"先驱性"研究项目对汽车维修职业再造项目发挥了重要作用，因此具有十分重要的意义。

第一个是在达·芬奇项目框架内进行的欧洲研究项目。在此，由欧洲多国行业代表共同提出建议，将"汽车机电一体化维修技师"作为一个新型的综合化职业，并确定其职业轮廓的内涵（Rauner/Spöttl 2002）。第二个项目是此前进行的范围广泛的国际性行业研究，即在欧洲力量项目（European Force Programme）框架内进行的汽车服务和修理业职业教育的行业研究（Rauner 等 1995a）。

但是，这些项目研究报告往往带有强烈的专题讨论特征，大家认为其内容过于深奥，超越了本领域相关专家的一般认知水平。《汽车机电一体化维修技师——从初学者到专家》（Rauner/Spöttl 2002）则是一部通俗易懂的著作。它以近年汽车行业发展研究为基础，详细阐述了新职业的整体理念和产生条件，并从职业行动理论和学习理论方面进行了说明。其中，"工作过程导向"和"任务导向"两个核心元素，可以帮助我们克服传统功能导向的职业模式局限。

该研究的特殊之处不是它所针对的专业领域，而是它的研究方式，即：

➢ 把整个"行业和工作过程"作为研究对象，超越了传统上在一个国家范围内进行职业研究的限制；

➢ 职业标准的特点是"行动导向的工作过程相关性"和"基于典型工作任务"。

按照这种新思路，本项目作为发轫于德国的职业再造建议实现了职业教育课程标准的"欧洲化"，但是项目组提出设立"汽车机电一体化维修技师"职业建议的基础，仍然是德国的职业传统，即仍然坚持"正规职业"（而不是临时性的"岗位"——译者注)的理念,只是对职业的概念进行了一些扩展和"现代化"处理。这项以汽车机电一体化维修技师为研究对象的综合性研究课题,是国际职业学研究发展的里程碑。它在充分实证研究基础上,提出和建立了欧洲职业(标准)的概念,同时又不舍弃在德国发展起来的正规职业的理念,也不改变职业与工作岗位环境学习的关系。

9.3.2 研究问题的提出和研究主题

本项目的出发点是一项研究发现,即汽车服务领域存在着"知识爆炸"状况,这一点从汽车服务相关技术文献数量快速增加中可见一斑。要想用常规累积方法获取这些海量知识已经根本不可能,这也促使相关工作人员实现高度专业化。国际汽车行业研究还发现了一个成功模式,即汽车后市场领域的员工并不需要实现高度专业化,而采取一种以"全能技师资格"为基础的全方位车间服务方式。这对教育培训机构提出了问题,即随着汽车维修行业职业工作的发展,是否有可能解决知识爆炸性增长与全面要求之间的矛盾,同时又不轻言放弃任何现代的专业知识。项目还启动了相关伴随研究,在国际有关研究成果基础上提出研究假设。

在伴随研究的开始阶段,参与企业重组过程的行业专家、社会伙伴和项目研究人员之间就三方面内容达成了一致。他们根据技术和工作要求的发展及其在未来职业描述中的重要程度,确定了汽车维修技师的以下职业资格要求。

➢ 诊断性工作:由于自我诊断技术的发展和建立在知识基础上的网络化诊断系统的广泛应用,专家诊断能力在汽车机电一体化维修技师资格体系中具有重要的意义。

➢ 汽车通信技术:在汽车行业,电子技术和电气技术的应用极为广泛。在传统的课程中,这些认识只是导致培训课程中新知识点的增加。而本课题的研究人员根据欧洲研究项目成果,大胆提出将汽车通信技术作为整个学习活动的核心内容。

➢ 汽车车辆系统技术:必须对这一新的领域进行评估,并在职业轮廓中为它保留一定的位置,从而使学习者相关能力发展成为可能。过去进行的欧洲"达·芬奇项目"对此进行了研究。

9.3.3 研究成果

从狭义的角度看,这项建立在广泛对话基础上的关于汽车后市场职业工作发展的研究取得了以下重要成果。

➢ 对实践专家进行观察和访谈的结果显示,在确认汽车维修人员的资格时,他们的知识是否覆盖了多种车型并不重要,重要的是他们要有一种将每辆车都看成一个高度发达的元件"综合体"的能力。

➤ 在信息技术和诊断技术方面提供高质量的指导，有助于快速找到故障。当然要想精通这门技术，还必须对汽车系统和结构的维修保养资料有很好的把握。这些参考资料是按照技术指导和规范化服务标准制定的。

➤ 虽然在汽车技术中采用的电子技术越来越多，但技术工人并不需要了解电路的内部构造。在诊断故障时，更重要的是能测量、分析和评价各个数据。要想确认故障，技术工人必须理解各种现象和各组测量数据背后的含义，并能对其做出解释，进而找到汽车故障的"问题所在"。

➤ 工作过程和工作任务的分析结果，并不能直接证明职业教育需要培养高度专业化的人才。通过在培训车间的细致观察，发现针对特定型号发动机或车型的培训，实际上阻碍了对一个完整"汽车"系统的理解。

以上述发现为基础，研究人员得出了有关培训、政策和教育方面的结论，并将其反馈给企业专家进行检验。这种方法同样也应用在典型工作任务研究中。研究人员通过大量以对话为导向的田野研究确定了典型工作任务，然后将其与职业教育"从初学者到专家"的基本原则相结合。其中的主要结论如下。

➤ 在研究发展过程中确定的"汽车机电一体化维修技师"职业，已经发展成为一种"核心职业"，它具备一个具有长期"效度"的现代职业的所有特征。这意味着，它考虑了汽车维修工作实践中不断发展变化的技术，无须进行经常性的职业培训课程结构调整。然而，项目开发并提交的以职业发展逻辑为基础的开放式培训课程计划，后来只得到了部分采纳。

➤ 将通过与大量实践专家进行广泛专业对话确定的典型工作任务，按照一定顺序进行了排列。如前文所述，确定这个顺序的原则是"从初学者到专家"的职业能力发展逻辑规律（Blankertz 1983a；Gruschka 1985；Benner 1997）。这里最重要的是解决"如何入门"问题，因为对年轻人而言，他们被引入工作世界中的方式，决定了他们今后能否快速把握职业的实质。今后，只有这种职业认同感能帮助他们建立起工作动力，这也是传统职业教育的普遍缺点。

➤ 最后，在田野研究的基础上，课题组发现：以能力为基础的、符合职业发展逻辑的专家智能更适合在实践工作中获得，职业教育培养能力更多的是在车间里。这就又一次证明了，尽管汽车维修领域发生了巨大的变化，但是最重要的学习场所仍然是企业。

9.3.4 研究方法

本项研究采用的方法主要是对行业专家进行访谈，这不仅要求他们对车间里的工作过程做出分析，而且还请他们参与到大量的反馈环节和小组讨论中，共同探讨研究所确定的工作任务。通过这种方法，行业专家变成了对工作过程进行再度剖析的研究伙伴，分析所关注的典型工作任务则反映了他们现实或近期工作实践的特征。在此,研究人员应用了大量特定领域的专门化知识,这不仅仅是由于先前获得的经验,同时也是为了加深对"在对话基础上获得的实证知识"的理解。研究人员与汽车维修专家共同召开了多次研讨会,有时研究人员甚至成为实践共同体的一部分,这种研究方法的优点十分明显(Glendenning 1995)。研究也可能存在以下问题,即在讨论中过分强调技术的因素,对职业实践专家的能力要求也只是以传统方式进行解释的,即按照职业等级的方式进行,因此只是传统理念中的技术工人的工作能力。这样得出的职业描述不是针对整个职业领域的,而是针对不同级别如技工或师傅等不同级别的工作的描述,这本身就传递出一些模糊的信息,从而影响问题认识的水平。在此,有多大可能建立一种严格的监管机制,可以消除对职业等级的传统社会偏见(Rauner 2001b),人们对此还知之甚少。

9.3.5 总结

本文所述研究方法的成功之处在于,研究人员在其领域能力的基础上,深入了解了(汽车维修)行业和工作过程的复杂关系,同时有效避免了把工作任务分解成细小的操作活动,从而割裂工作的整体关联。研究过程始终保持着与工作过程的紧密联系,而在其他的职业教育研究方案中,这方面做得并不理想。

尽管在有关劳动组织重组过程的科研报告中,研究和职业教育方案设计之间看起来有简单的因果关系,但在阅读了《汽车机电一体化维修技师——从初学者到专家》一书后就会发现:职业学研究和职业教育课程开发本来是两个完全不同的工作过程,每个过程都有自己的历史、发展逻辑和背景。

具有创新性的新职业概念,应当能为职业行动提供全面而有效的指导,并为职业学习提供动力。职业的视角往往建立在最终产品上,对于汽车类职业而言是一辆完整的汽车,而非汽车的各种单项功能或零部件。接受职业教育的年轻人的兴趣既可能源自工人的角度,又可能源自消费者的角度,这种兴趣传达出了汽车的应用价值。职业教育课程结构是按照各阶段的典型工作任务建立的,工作过程与学习过程的协调发展也建立在典型工作任务基础上。因此,典型工作任务是职业课程标准开发的关键。

按照工作过程分析结果,教学中选择的工作任务应该是工作中经常完成的任务,而不是偶尔出现的任务。尽管偏于专门化,但是工作场所仍然基本是一个学习场所。我们容易忽略的是,使典型工作任务从众多的工作任务中脱颖而出的,是其教育性特征。因此,典型工作任务的典型性,并不是其自有特征。

通过以上讨论,人们会产生这样的印象,即工作过程导向非常适用于研究过程,尤其是在本研究过程中发生的与汽车维修实践共同体工作人员的合作。在职业教育课程标准开发中,作为客体的工作过程及其丰富内涵,都包含在典型工作任务中。典型工作任务更多是由技术因素决定的(当然会受到实践共同体的思想的一些影响），社会因素和工作场所对其影响不大（Kruse 2002）。职业分析主要针对汽车维修车间中工作领域的重大变化，而在技术领域与其环境条件的关系方面，如有关经济视角的研究，取得的进展相对较小。

对工作过程和工作任务中社会因素的低估尤其明显。尽管培养创新能力被认为是职业学习过程中从初学者到专家发展道路上的一个重要目标，但是研究却没有说明这种论断是针对哪些工作任务的，也没有说明要与谁合作才能找到创造性的解决方案。

这项历时数年、具有里程碑意义的研究项目的贡献还包括：提出和建立"典型工作任务"的概念，并确定了汽车维修技师职业的典型工作任务。它是工作过程间的一种动态关系，而不是静止或抽象的联系，因此在持续的变化中，也是获得职业专家智能的现代化手段。典型工作任务的组合可以利用"从初学者到专家"的分阶段方案，并适时检验典型工作任务所描述的工作内容是否需要修正。

典型工作任务这一概念，使得本项目开发的职业标准可以在很大程度适用于整个欧洲，因为典型工作任务原则可以应用在不同国家的政治背景中，而且典型工作任务也将一直存在下去。因此，这里尽管不是官方的标准化方式，还是拥有很强的吸引力。另外一点也有决定性意义：尽管这个方案传递着一种根植于德国的基本传统，即"职业性原则"，但它是用一种开放式和现代化方式呈现的。"汽车机电一体化维修技师"研究以及相关建议，利用充分的研究素材表达了一种"开放、现代化的正规职业"理念（Heidegger/Rauner 1997a）。与之相关，亟待进一步发展的是欧洲的职业教育培训政策。

9.4 工业生产与职业资格研究

Fred Manske

9.4.1 发展和相互关系

"工业生产与职业资格研究"是德国工业社会学的两个重要研究领域。前者首次出现在 1973 年哥廷根大学 Baethge 等的研究中，后来又于 1974 年以第 14 卷（Band 14）为名，第一次在职业教育研究界发表了这些成果，并成为 1974 年由 Mickler、Mohr 和 Kadritzke 发表的第二项研究成果的前奏。两项研究题目均为"工业生产与职业资格研究"，但分别有不同的副标题。Baethge 研究的副标题为"对职业教育体系规划过程的初步研究"，另一项研究的副标题则是"主要研究报告"。两个研究项目均受联邦职业教育研究所（BIBB）委托，由哥廷根大学社会学研究所(SOFI)进行，旨在加强对职业资格发展的质性和量化研究，而当时对这方面的认知水平还相当欠缺。在这项研究基础上，人们获得了很多有价值的知识，特别是有关职业教育体系设计的知识。

在两项研究所处的社会、经济和科学背景中，很重要的是那个特殊时代的社会状况：20 世纪 60 年代，德国劳动力十分匮乏，经济发展面临着巨大困难。那时盛行的一个观点是，在原材料不足的地区，提高劳动力职业资格水平是促进经济发展的最重要任务。这符合一种普遍认识，即随着技术的发展，技术本身的变化和职业资格方面的要求都将增加。

Blauner(1964)和 Touraine(1955/1975)发表的论文提出了通用资格(general qualification)的概念，他们试图为寻找技术发展与工作发展之间的"规律"建立科学的基础。原则上，这些学者界定出了三个技术和工作发展阶段。第一阶段是以手工业为特点的工业化阶段，那时的工人主体是有职业资格而相对独立的工匠，也就是早期的技术工人。这些工匠在其职业资格(即专业技能)基础上生产出相对独立和完整的产品。这些职业资格经由学徒阶段获取并完善，伴随他们整个职业生涯。由于专门化设备的开发和使用，工匠式生产模式后来瓦解了，工业化社会进入一个过渡阶段，其特点是：工人无需特殊职业资格而是被牢牢固定在一个节奏单调的机器上。于是出现了大批量生产模式，例如福特－泰勒模式。此时工人的普遍特点是无职业资格、依赖他人指导、也无自治权，工人作为"人—机体系"中一个组成部分进行重复性的计件工作。第三阶段，即工业化的"最后阶段"，是指自动化生产阶段。此时工人从原有工作中脱离出来，变成具有职业资格的、对生产过程进行监督和控制的技术专家。这里所展现的是一种新型的职业化工作。当然，也有学者推崇一种相反的、旧式的、无需专业职业资格的工作模式，其中著名的是盎格鲁—撒克逊工业社会学、管理社会学和组织社会学领域有关"工作过程讨论"中，Braverman(1977)提出的"垄断资本主义工作中的去职业资格化理论"。必须指出的是，在美国和英国，工业社会学和管理科学研究并不像德国那样界限明确，因此在德国工业社会学领域，Braverman 及其"工作过程讨论"都鲜为人知。

值得提醒的是，在上述普通社会学和工业社会学研究中，为什么职业资格对工作(组织)发展评价具有决定性的意义，因为工作职业资格的具体内容在以下方面起着决定性的作用。

➢ 一项工作能够在某种程度上以自决方式实施；

➢ 能独立调节劳动分工，从而保持个人的体力和精神劳动资产；

➢ 进一步提高技能，从质的角度提高工作能力，增强自己在劳动市场的竞争力；

➢ 在工作中通过积极发展个性，增强自信，提高社会认可度；

➢ 需要特定职业资格认证的工作比不需认证的工作收入高。

简言之，在我们所处的工作社会中有偿工作非常重要。从工人角度看，工作内涵是判定工作好坏的最重要的标准。值得提醒的还有，工业社会学研究发现，由于工业化对现代社会的重要意义，对工业发展、生产性工作和技术发展的分析是社会发展研究的重要部分（在 Brandt（1984）看来是至关重要的部分）。

与此同时，"生产性作业和劳动者意识"研究（Kern/Schumann 1970）提出了新的观点。这项研究在广泛的实证调研基础上发现，"普遍的高职业资格要求假设"并不成立。即使在自动化生产体系中，不仅需要具有高级职业资格的劳动力，也需要低级职业资格或无职业资格的劳动力。这些学者提出了一种伴随技术进步职业资格发展的"极化理论"，即随着自动化程度提高，出现了对职业资格要求高、低的两类工作。这项研究对当时的教育政策研究具有重要意义，尽管 Kern 和 Schumann 并没有提供扎实的定性或定量实证数据，因为当时工业社会学研究仍在采用快速评价方式，但是这项研究仍然是战后德国工业社会学研究中为数不多的经典之一。

9.4.2　研究方案与研究成果

由于受 Kern 和 Schumann 研究的影响，最终 SOFI 还是没有批准进一步开展有关技术发展和职业资格要求间关系的研究，也没有开展有关职业教育更深层次的实证调查。

9.4.2.1　预研究

可作为这些研究基础性工作的，第一是职业教育研究中采用的新的研究方法，其目的是厘清技术经济发展与职业资格要求之间的关系，研究主要发起者是德国劳动市场与职业研究所（LAB）、慕尼黑社会科学研究所（IST）以及马克思—普朗克教育研究所人力资源研究室。第二是对原联邦德国经济技术发展所做的概述。第三是根据研究目标对职业资格结构发展进行的实证分析，在此运用了多种方法，如统计（量化）方法（如职业群划分）和五项定性研究（特别是 Kern 和 Schumann 的研究，以及慕尼黑社会科学研究所对数控设备工作的研究）。基于这些研究成果，作者得出结论：职业资格要求的发展变化取决于技术和工作组织的发展。一方面，职业资格要求与工业生产技术密切相关；另一方面，职业资格要求也能在工作过程的合理化进程中形成。由此，作者认为，企业会通过工作组织方式相应地"中和"职业资格发展的不同趋势，研究认为："通过对生产技术和工作组织的适当设计，企业试图在现有职业资格潜能基础上提高生产力"（Baethge 等1974，82）。

该研究的主体性研究是针对以下核心观点的实证分析，由三部分组成。

➢ 对技术发展进行分析：目的是弄清人们在技术设计中，在多大程度上考虑了操作这些技术所需的职业资格要求。作者认为,技术的发展不是自然而然的,技术可以在关注职业资格要求的条件下被设计出来。

➢ 对技术应用的研究:目的是分析如何从质和量上改变人员构成,这里必须考虑生产成本变化问题。

➢ 对工作组织合理化过程的分析:研究问题是如何对工作活动进行划分。研究背景前文已有说明,即企业如何通过"中和反应"平衡职业资格要求的不同发展趋势。这就意味着:"在有些情况下,技术在开始时引发职业资格要求提高,但也存在这种可能,即在进行了相应的工作组织变化后,再次降低了对职业资格的要求"(Baethge 等1974,67)。

预研究提出了以下建议:主体研究应以"对专业技术人员群体有数量价值"的职业活动领域为重点,同时还应对职业教育开展研究,因为对生产系统的分析只涉及需求方面。此外,还应注意到培养技术工人对整个工作过程和工作质量的敏感性。

9.4.2.2 主体研究

在主体研究中,Mickler、Mohr 和 Kadritzke 设定了以下三个目标。

(1)通过一项涉及面广的分析,扩大之前有关职业资格要求发展的相对"零星"的认识。此项研究尽管是一个定性研究(个案研究),但比已有类似研究范围更广。

(2)通过这项研究,找到一种对职业资格要求进行分析的高质量的方法,对职业资格要求的分析结果应与以往的分析有显著不同。

(3)研究技术和工作组织设计如何对职业资格要求产生影响。研究针对两个核心问题:一是在工业生产中由技术和生产组织变化引发的职业资格要求的变化,重点是职业工作的变化;二是分析与职业资格相关的工作设计的原则和机制,以期"更好地评价经济技术变革中的职业资格发展潜能"。

这项研究定义为基础性研究,目的是为职业教育规划提供基本的信息。显然它试图根据 Baethge 的研究成果,集中解决工业生产中职业资格需求发展问题,职业教育并不是此项研究的内容。研究涉及 7 个行业,每个行业选定 2~3 家公司(总计15 家公司),并针对特定的工业生产领域进行。选择标准为:

➢ 该行业在量上具有重要的意义;

➢ 技术工人比例相对较高;

➢ 生产领域存在从手工艺到自动化的多种工作职责,已发生了实质性的技术与生产组织变革。这些公司重视技术和生产组织的重要作用,以便"将来能及时把握对整个行业来说尚处于萌芽阶段的发展变化"(Mickler 1981)。

在 Kern 和 Schumann 研究基础以及 Hacker(1986b)的行动理论基础上,本项研究开发了一项确定对职业资格要求的工具,正如研究所述:

"……开发了一个分类方案，能够对工作中最重要的职业资格内容进行定性分析和对比描述，并分析其与企业技术和组织变革之间的关系"（Mickler 1981，55）。

该分析工具由两部分组成，即"对任务的分析"和"对职业资格要求的分析"。在对任务的分析中，必须尽可能确切地描述任务，包括三个维度：工作的对象；工具；工作组织。这是构成工作和职业资格要求内容的主要内容（Mickler 等1977）。按照 Hacker 的观点，对职业资格要求进行分析时应区分三个等级水平，因此又增加了工作动机，由此产生了以下方面的职业资格要求：①对直接感官行为的要求；②对自觉的常规行为的要求；③智力要求，如对诊断性和计划性行为的要求；④对工作动机的要求。对此项研究成果在此不做赘述。

9.4.3 科学价值和批判性评述

德国工业社会学有关职业资格要求的研究几乎完全是通过 SOFI 的工作建立的。Mickler、Mohr 和 Kadritzke 在研究中开发了工业社会学范畴的职业资格要求分析工具。尽管有批评之声，但其成果还是被工业社会学界所普遍接受，包括在行业发展政策讨论中。但 SOFI 的研究，特别是 Kern 和 Schumann 的研究并没有对职业教育研究产生足够的影响，尽管 SOFI 的研究涉及了工业社会学和职业教育两个学科的焦点。在对这项研究进行评价时，一定要考虑这两个学科的交叉问题。

工业社会学的研究重点是工作和社会的发展。对工作的职业资格要求根植于每个国家的传统之中，亚当·斯密在有关劳动分工的论述中，曾将这一传统的核心定义为"国家财富"增长的基础，因为个性的发展，乃至整个社会的发展都依赖于此。在这方面，泰勒也起了重要作用。他的"科学企业管理"原则试图建立一种对大部分职业工人进行去资格化的体制，同时也促进了权力体系的合法化进程。这一体系（当时）看起来似乎是经济—技术理性化的客观产物。因此，从那时起，工业社会学研究就一直以泰勒的理论为基础。后来，工业社会学研究又发现：应当在尽量宽泛的工作范围中确定职业资格要求，这在前文提及的 Touraine、Blauner 和 Braverma 的研究，以及 Kern 和 Schumann 的研究中得到了证明。这些研究不仅仅是针对技术工人的（尽管他们主要研究生产领域，也忽略了职员的工作，但这是另一个话题了）。与此相比，本文讨论的工业生产研究和职业资格研究的范围仅限于对技术工人工作的研究。这是一种特定的职业形式，其数量在工业和经济领域占重要地位。工业生产研究和职业资格研究只是一种特定的研究，主要针对以培养技术工人为核心的德国职业教育体系。

然而，这两项研究并没有改变由 Mickler、Mohr 和 Kadritzke 在工业社会学领域中为职业资格要求分析开发的具有说服力的方案。如何从职业教育研究视角评价这项研究，将在后文中讨论。与其他 SOFI 的研究一样，这项研究同样具有丰富的实证内涵和坚实的工作基础。读者完全可以理解这些得出专门结论的缘由。然而，无论是工业生产研究还是职业资格研究(与其他 SOFI 研究一样)都有一些弱点，主要如下。

➢ 过分强调了技术和经济理性。研究忽略了各种主体不同的利益和权力资源，各利益主体均以技术和经济理性沉默的执行者面孔出现，对技术和工作设计没有任何意义。管理也只是一种由外部强加的简单执行机制。

➢ 在机械制造行业应特别研究从业人员对工作和技术设计的影响(关于这一点的相关研究对比 Manske 1994)。在这些研究中，一般还要关注企业内部的行动和实际权力结构问题。

➢ 以现在的观点看，这些局限在生产领域的研究有一个重要不足，就是在技术发展(如数控技术)过程中，生产性的职业活动有可能被划入计划部门。

我们再回到工业社会学职业资格研究的目的，以及其研究成果对职业教育研究的影响上来。工业社会学的研究问题是工作发展与社会发展之间的关系，因此非常关注全球范围内针对不同工作类型和在较大时间跨度内的职业资格要求的发展。这一点最终会在确定职业资格要求的方案中反映出来：为了能够比较不同工作和不同发展类型，必须找到合适的方法，以便从具体工作职责中梳理出具体的职业资格要求。为此，需要建立职业资格等级体系，这正是 Mickler 等试图实现的目标。据此可以夸张地说，对于工业社会学研究来说，工作职责分析不再有吸引力，就像前文所说的"极化理论"认为的那样。

在职业教育研究中，必须确定课程中具体的工作活动内涵。对此，目前研究产生了一些新的思路(Rauner 1997)。职业教育研究有很重要的设计性任务，而工业社会学研究只注重分析现状。尽管有这些区别，工业社会学的职业资格研究还是为职业教育研究做出了很大的贡献。因此，由 Mickler 等开发的分析工具也可以用来分析工作过程(Spöttl 在此基础上开发了专门的工具)。此外，由于相似的实证基础，内容丰富的工业社会学研究也有助于确定和分析工作的发展趋势。

9.5 培训与高绩效工作体系：一个协同增效的个案研究

Andy Smith

9.5.1 介绍

高绩效工作体系理念的起源，可以追溯到美国 20 世纪 80 年代后期一项著名的国际汽车工业研究。由麻省理工学院(MIT)支持的名为"国际汽车项目"(Womack 等 1990)的研究发现，精益生产模式在丰田汽车公司生产体系中得到了很好的发挥。在这个体系中，丰田公司通过采用一系列技巧和措施把成本和经营风险降到最低，如通过与主要零部件供应商建立密切的战略关系，使生产所需零部件及时运送到总装厂。麻省理工学院研究小组由此得出结论：精益生产体系是使效能达到最高水平的工作组织形式，汽车生产商如果不采用这种体系，最终就只能被淘汰。20 世纪 90 年代中期，美国研究人员对这种新型高绩效工作体系进行了大量研究(Cappelli/Rogovsky 1994；Osterman 1995)后发现，美国工商界高绩效工作体系涉及人员管理的主要因素有以下几个。

➢ 团队工作的推广；
➢ 质量圈(quality circle)的采用(虽然那时质量圈时代已处于衰败阶段)；
➢ 采用全面质量管理方法；
➢ 岗位轮换；
➢ 对全体员工进行范围广泛的培训；
➢ 针对个性能力而非专业技能进行招聘；
➢ 依据工作表现确定薪酬的制度；
➢ 减少管理者与工人之间的隔阂。

这些新型管理模式是伴随柔性生产方式(精益生产体系)的推广和对新技术的大量投入而产生的。近年来，高绩效工作体系成为很多研究项目的主题，对此有很多相似概念，如高绩效工作组织(Ashton/Sung 2002)、高卷入工作体系(Felstead/Gallie 2002)、高绩效雇用系统(Brown/Reich 1997)和高承诺工作体系(Wood 1999；Baird 2002)等。其中，高承诺工作体系强调了与人力资源管理之间的密切联系。由于高绩效工作体系还包含新的工作过程的发展和新技术的应用，因此其研究范围远远超出了单纯的人力资源管理，但是在高绩效工作体系中推广的人力资源管理方法，对该系统的成功运转非常重要。与高绩效工作体系相关联的人力资源管理方法，也是为最大限度提高员工对组织目标所做的承诺而设计的。因此，人力资源管理和高绩效工作体系的理念基本是一致的。
Belanger 等(2002)试图澄清与高绩效工作体系相关的容易混淆的以下三个概念。

生产管理：该维度更多地涉及灵活使用生产系统，重点强调质量管理。

工作组织：该维度涉及基于知识和认知的生产过程和运用，特别是团队工作的推广。

雇员关系：该维度包括充分利用雇员承诺服务于组织。通常在高绩效工作体系中，人力资源部经理肩负着通过薪酬制度有效利用工人的缄默技能达到目的的责任。

Belanger 等的分类理论还强调了高绩效工作体系的另一个重要方面，即为了达到最佳效果，高绩效工作体系的各项实践必须以"捆绑方式"实施。许多组织可能也采用了一项或两项高绩效实践措施，但对提高组织绩效真正起作用的还是"捆绑式"实践所引发的协同增效作用(Appelbaum 等 2000；Pil/McDuffie 1996)。团队工作依赖有效的团队能力培训和注重团队而非个人表现的薪酬制度。如果没有与之相应的支持性实践措施，单独一项高绩效实践措施可能收效甚微，甚至产生相反的效果。

9.5.2　高绩效工作体系的推广及其影响

有关高绩效工作体系推广的资料还不多。美国的 Osterman(1994/2000)在其报告中指出：美国41%的机构中有超过50%的职员参与到了自我管理性团队中；在将近60%的机构中，有一半以上的主要劳动者参与到了质量提高团队或质量圈中；50%的机构实施了全面质量管理(Osterman 2000)。1997 年，一项对加拿大工人的调查显示：44%的调查对象声称其企业正在采用及时供料系统(just-in-time)，50%的调查对象认为其企业采用了质量管理流程，62%的调查对象说其企业采用了团队工作方法，39%的调查对象说自己所在企业应用了多技能体制(multiskilling)(Godard 2004)。Appelbaum 等(2000)关于高绩效工作体系的实证研究重点考察了钢铁、服装和医用电子产品生产企业中高绩效工作体系实践对企业和个人所起的作用。研究发现，虽然不同生产部门采用的高绩效工作体系实践不同，但其影响都是积极的。澳大利亚 Smith 等(2003)对高绩效工作实践(或"新型管理实践")对雇主资助培训所产生的影响进行了研究并发现，66%的调查对象已实施了某种形式的团队工作，约50%的组织采用了全面质量管理。

除以上研究外，对于高绩效工作体系的推广程度还没有进行系统性的调查。普遍共识是：全面采用高绩效工作体系的情况还很少见(Butler 等 2004)。即在现代组织中，个别高绩效工作实践的推广已经相当普遍，但通过"捆绑式"工作实践系统化提高工作绩效的例子还较少。

针对高绩效工作体系实践影响研究已持续多年。由于这些研究经常把高绩效工作体系与人力资源管理(HRM)混为一谈，因此其研究结果令人相当困惑。由 Huselid 等做的经典研究发现(Huselid 1995；Huselid 等 1997；Becker/Huselid 1998)，采取了较多高绩效工作实践的组织往往表现出以下特征：人事变动率较低，员工人均销售量(生产力)较高，股东回报率较高，盈利水平较高。

研究结果表明，这已成为高绩效工作体系影响研究的标杆：高绩效工作体系对组织绩效具有重大的积极的影响。Ashton 等通过对该领域研究的回顾得出的结论几乎是无可争议的："首先，严谨的科学研究已经用多项指标充分证明了人力资源管理和绩效提高之间的关系，特别是在生产力和盈利能力方面。更确切地说，对这些实践及其相关技术所做的投入是有利可图的"(Ashton/Sung 2002，17)。

9.5.3 研究方法

本节介绍的研究案例是一项针对澳大利亚国家承认企业培训所产生影响的大型研究项目，它在国家职业教育研究中心(NCVER)支持下进行(Smith 等 2005)。该研究考察澳大利亚雇主接纳国家承认培训项目的程度，以及对培训包所确定的新职业资格的认可情况，主要采用了组织调研与个案研究相结合的方式。研究发现，越来越多的雇主特别是大型企业，不但正在采用国家承认的培训项目来构建自己的员工培训体系，而且也以此来重新引导整体人力资源管理战略。员工发展和培训已取代员工关系和其他人力资源经理关注的传统问题，成为目前人力资源管理战略的重要设计原则。从研究中可以清楚地看到，在澳大利亚的"先进"企业中，高质量培训特别是国家承认的培训，在高绩效工作体系发展中起着关键作用。

与传统的高绩效工作体系研究相比，该项研究的大部分工作是在高绩效工作体系中实施的，它参考了员工培训情况，但大部分内容却没有从员工发展角度来探讨问题。英美常见的调查研究都试图从包括培训在内的多个方面来评价高绩效工作体系的实施情况，主要集中在新的生产系统、工作组织和其他人力资源管理实践上，其中包括美国一些具有深远影响的研究，如 Osterman(1995/2000)和 Godard(2004)的研究，特别是 Appelbaum 及其同事(2000)的研究。该研究发现，对员工进行内容广泛的培训只是现代高绩效工作体系中的诸多因素之一。高绩效工作体系研究更多的是采用定性的个案研究方法。Brown(1999)等的研究也是如此，其研究重点是企业推行的大量高绩效工作实践而不是培训。因此，本项案例研究从培训和员工发展角度出发讨论高绩效工作体系问题，并从理论和实践两方面对新员工培训方法和高绩效工作体系实施之间的关系进行了探索。

9.5.4 新电信澳都斯股份有限公司(Optus)

新电信澳都斯股份有限公司(Optus)是澳大利亚第二大电信运营商。本案例重点研究 Optus 移动部呼叫中心、悉尼戈登(Gordon)呼叫中心，并对呼叫中心和 Optus 公司总部员工进行了采访，受访者包括学习与发展部总经理、Optus 学院负责人、组织发展部经理、Gordon 呼叫中心经理、新南威尔士州人力资源顾问、呼叫中心教练员/评定员以及 4 名客户服务代理。

Optus 的学习与发展部设在公司人力资源部，由人力资源总经理领导，其工作需向人力资源董事汇报。Optus 未加入工会组织，劳资关系在公司人力资源方面作用甚微，而学习与发展在公司人力资源管理中占据了核心地位。学习与发展部设有组织发展处，后者集中研究管理发展，是一个研发电子学习材料的小型多媒体开发团队。每个部门均设有一名学习与发展部经理，对该部门人力资源经理负责，同时也对学习与发展部总经理负有一定职责。学习与发展部规模很大，有近80名员工，其中多数为附属于公司各营业部的培训师，并对各自所属部门的学习与发展部经理负责。这也证明了学习与发展部在Optus中的重要作用。

9.5.5 Optus公司中国家承认的职业培训

Optus学习与发展部的主要组成部分是注册培训组织(RTO)，亦称为"Optus学院"，成立于1999年，负责整个公司的国家认证职业培训。在澳大利亚，通过国家认证职业培训后可以获得正式的职业资格，包括四个证书级别(一级最低，四级最高)，还有一个普通文凭和一个高级文凭。澳大利亚所有职业资格都通过一系列的"培训包"颁布，覆盖了所有的行业和职业领域，包括每个职业的能力标准和评价标准。设立Optus学院的目的是为各呼叫中心和部门的新员工提供基础培训。起初，成本因素在设立注册培训组织决策中起了重要作用。随着在岗培训模式的发展，公司逐渐意识到，可以迅速对大量新员工进行培训而不需要像传统培训那样在基础设施方面投入大量资金。无论对公司还是对部门，实践证明这一模式非常成功。

在学院提供的职业资格证书中，"电信三级认证资格"是最大的课程，其对象是所有刚加入Optus呼叫中心的客户服务代理。该课程首先是为期四周的脱岗入职培训，接下来是最长可达10个月的在岗培训。入职脱岗培训对所有新员工都是必需的，由学习与发展部组织。在入职培训中，新员工学习如何通过电话处理不同类型客户的询问并回答基本问题。在岗培训与公司绩效管理体系是一体化的，它对客户服务代理答复每项疑问所用时间和问题处理方式都设定了严格的标准，每个问题的平均解答时间为330秒。为检查质量，电话还常被监听。每个月组长分别与该组十几名组员进行一对一交流。组员表现被分为四个等级，从"表现差"到"值得高度表扬"。组长与每位组员讨论从质量保证部得到的反馈信息。通过对绩效的反馈，组长判定每个组员是否需要获得额外的培训。额外培训通过岗位指导方式实现，指导任务由每个小组的客户服务支持代理(CSSR)负责。该代理既是组内的高级客户代理，同时也担任培训师，他将自己最多40%的工作时间用于培训和指导活动。客户服务支持代理还要针对新产品和工作流程等知识对整个小组进行培训。这样，客户服务代理培训是在严格管理环境下与绩效管理系统密切结合的活动。

虽然客户服务代理培训是Optus学院组织的最大单项培训项目，但是企业开展的国家认证培训已延伸到其他部门。学习与发展部全部员工(约80人)都获得了"评估和岗位培训四级资格证书"。另一个国家认证培训的主要领域是针对小组长，他们都取得了"一线管理四级资格证书"。正如"电信三级认证资格"是客户服务代理进入"通途项目"（pathways program）的基础，"一线管理四级资格证书"是进入名为"明日领导者"的管理发展项目的基础。与"电信三级资格证书"一样，"一线管理四级资格证书"主要也是通过大量的在岗活动获取的，这些活动是为增加对呼叫中心客户服务代理的监控经验而专门设计的。

9.5.6 国家认证培训在 Optus 中扮演的角色

Optus 最初之所以决定建立注册培训组织并对其呼叫中心的客户服务代理们进行国家认证培训，是出于对大量新员工进行培训的需要，同时也是因为政府给该培训提供专项资金。建立注册培训组织，使得 Optus 能以低成本方式对大量员工进行培训，而且这些培训基本上都是在岗位上完成的。在建立注册培训组织之后，公司意识到，如果能更广泛地开展国家认证培训，并建立一个既能进行岗位培训又能颁发证书的注册培训组织，公司将从中获益更多。由于 Optus 能提供国家认证培训，因此在竞争日趋激烈的劳动力市场上成为求职者的首选，同时也为公司员工提供了一条清晰可见的生涯发展途径。

开展国家认证培训，Optus 将通过在岗培训满足技能要求，既可以为员工提供清晰的生涯发展途径，也可以与绩效管理系统建立起密切的联系。企业内开展的国家认证培训从一种经济合算的员工培训方法，逐步成为 Optus 人力资源战略的核心。由 Optus 界定的各项能力，在公司内部进一步提升了国家认证培训和培训包的战略意义，并以此支撑公司的绩效管理系统。公司确定了一项"成功轮廓"（success profile），由知识、行为、特性和经验 4 项标准组成。借此，公司可以为所有岗位设定"成功轮廓"，并弄清求职者的个人发展需求。在多数情况下，针对每一项标准都能采用相关培训包所要求的能力进行有效的描述。这些标准的设计过程既可以作为在职者绩效管理的内容，也可以作为求职者的发展计划，已成为 Optus 学习与发展部下设组织发展处的主要任务。

过去 Optus 的筒仓式部门结构阻碍了公司有效管理的发展，因为员工很难更换部门，无法获得升至高级管理职位所需要的经验。公司通过设计不同岗位群的"成功轮廓"，逐渐建立了新的管理发展方式，它允许公司在各部门间自由调动人员，使他们获得升职技能和经验。这些轮廓是根据在职人员焦点小组（focus groups）反馈的信息以及相应的培训包能力标准建立的。这样，培训包所规定的能力不仅成为一项工作"成功轮廓"的基础，也确保了个人能够获取工作技能或在工作中表现得更为出色的需求。

9.5.7 结论

Optus 的这个案例为我们提供了一个很好的例子，证明了培训如何引导先进人力资源管理方式的发展，以及培训在引进高绩效工作体系实践并促进其持续发展方面所起的作用。作为澳大利亚国家职业资格培训基础的培训包，因其良好的结构和普适性特点，可使 Optus 将其人力资源管理行为集中在发展活动而非员工关系上，后者乃是该国传统的人力资源管理模式。

Optus 还向我们展示了高绩效工作体系的不同方面。正如本节前文所述：团队工作的推广、基于客户服务时间和质量的高绩效标准、通过高绩效工作体系进行的定期反馈以及对员工技能发展的注重，都是高绩效工作体系的重要标志。在 Optus，支撑这些工作实践的就是国家认证培训。通过培训，雇员不但获得了公司所要求的标准技能，同时也顺利进入到绩效管理系统中，这个体系正是 Optus 高绩效工作体系的核心。认证培训不仅与公司的组织发展活动密切相连，而且还与管理发展密不可分。因此，培训成为 Optus 人力资源管理战略中最重要的元素，为公司实施高绩效工作体系奠定了基础。

9.6 工作与认同感：年轻人的人生观与兴趣取向研究

Andreas Witzel

9.6.1 研究背景及目的

20 世纪 80 年代，由 M. Baethge 及其同事开展的有关青年职业发展的质性研究，为建立"工作和有偿就业人生主观价值理论"做出了重要贡献。他们通过深入而全面的访谈建立了一种新的研究模式，描述了职业发展轨迹、工作取向、生活理念及其对个体行为与决策产生的影响，将建立认同感与人生观的发展联系起来。哥廷根社会学研究所(SOFI)受 Böckler 基金会、德国联邦青年以及工会联盟的委托进行了这项研究，成果于 1988 年由 Baethge、B. Hantsche、W. Pelull 和 U. Voskamp 等联名发表。

该研究对 20 世纪 80 代初公共舆论文化评价研究的成果提出了质疑，即工作对青年变得越来越不重要；"危机中的工作社会"论断和有关价值观变化的讨论，也为这种观点提供了支持。Gorz(1983) 和 Schaff(1985) 提出："如果工作消失，与工作相关的规范和职业道德对个人行为的影响将会减弱。"他们之所以提出这些假设，原因是制造业快速发展使个体工作时间缩短、工作过程简单化，普通员工提出了与高端人才同等的工作条件要求。有研究认为：在人的生命过程中，总体工作时间减少，工作对个体失去了原来的意义；闲暇时间增加，人们更加重视与休闲相关的价值观，如娱乐和休闲等(Opaschowski 1985)。

在当时的政治、经济背景下，Inglehart(1979)提出了从唯物主义价值观(身体健康、人身安全)向后唯物主义价值观(自我实现、智力与审美满足、政治参与和社会认可)转变的假设，从而引出了一种主观主义理论。当时便有学者对此提出质疑，认为其缺乏深入分析(Baethge 等 1988，20)。这些批评对同期很多有关青少年的研究成果也持否定态度(Fischer 等 1985；Heinz 等 1985)。

与 Inglehart 的价值观转变理论相反，有学者提出了青春期结构转变理论，其依据是：青年人面对的社会化模式、劳动市场、职业教育培训和企业劳动结构在不断发生着变化(Baethge 等 1988)。青年时代从"工作导向"向"教育导向"的转变，为年轻人提供了广阔的个人发展空间和一定程度的减负感。例如，推迟接触企业规范，会导致社会心理发展暂停，有意识地体验脱离父母管教后获得的自由并建立个性化的生活方式。

有学者还提出了社会化范式由"生产导向"向"消费导向"转变的理论。由于这种转变，内省的反思性行动比外在的环境导向性行动更为普遍。由于青年比过去更加脱离现实生活和工作环境，"他们尚未发展成熟的不稳定的人格，失去了传统的保护性和引导性支持"(Baethge 等 1988)。

由于培训位置短缺和失业率攀升，劳动市场变得越来越不稳定和不可预测，结果造成职业资格证书不断贬值，从学校向工作过渡出现了困难。这一方面使具有精湛技能的高素质员工获得了竞争优势；另一方面却使社会下层人员面临更加贫困的局面：工作条件恶劣、缺乏继续教育，甚至缺乏弥补的机会。

9.6.2 研究方案与方法

为了建立主观主义工作和有偿就业理论，本研究引入了哈贝马斯的"认同感"概念(Habermas 1973/1976；Krappmann 1969)，提出了基于能力的观点，即：尽管角色期望和生活条件并不稳固，但是个人的行动和交互能力却始终如一(Baethge 等 1988，28)。据此，个体在对生活进行规范化的设计和规划基础上调控自己的行动和互动，结论就是："他在生活中想得到什么，怎样得到，何时会感觉到拥有？"根据认同感发展理论，个体要不断对其个人身份和社会身份进行平衡，两种身份在应对外部环境的过程中共同发展。

与 20 世纪 70 年代重视质性研究方法的潮流一致，该研究采用了描述性和解释性方法。它认为量化研究和标准化方法存在着不足，特别是在传统的调查研究中，因为这些方法"很难获得有关个体的态度成因以及社会背景的信息，也忽略了所确定的观点的实现程度。量化研究的结论常常含义不清，因为在采用普通语言模式对观点进行评述的过程中，人们会将个体行为与'公德'相混淆"(Baethge 等 1988，30)。

研究采用"主题访谈法"对与具体行动和生活理念相关的"内在"取向构建过

程进行分析,事先确定了"谨慎询问"议题,并对访谈的长度、焦点和语言释义方式预留了调整空间。被访者成为一个开放性对话的参与方,这可以避免研究者事先决定话题方向。开放性原则与访谈提纲相结合,由此建立了一种"以问题为中心的访谈方法"(Witzel 1982/2000)。

研究样本由不同行业(如制造业、管理、社会工作与保健)、地区的168名年龄在19~25岁的雇员构成,其中一部分人没有职业资格并处于失业状态。由于假设工作经验和社会化背景会严重影响个人与工作的关系,因此该研究不包括中小学生、学徒和大学生。由于样本数量大,因此数据分析极富挑战。在此要解决好两个问题:一是对个案的描述不能太笼统;二是从较高层面对各种经验进行普适化处理,消除个人经验差异的影响。

项目运用历史描述法对以上两个问题进行处理。通过对年轻人给出的描述进行主题分析,对其所持观点和对工作任务重要性的主观认识进行深入分析,同时还对较简单的观点、社会经验和结构变量进行描述和分类。这种多层面分析方法有可能将"个案中发现的复杂行为取向与一般社会特征(性别、社会背景、教育程度)联系起来",这些都与行动理论的不确定性有关(Zinn 2001,60)。

对个体工作态度的分析从以下两个方面进行:①在现有工作经验基础上,他们对工作抱有何种期望;②对工作在人生中的意义的认识(兴趣和未来计划)。后者指"确定人生方向,得到每个人想要得到的并确认青年期的主要任务"(Baethge 等1988,37)。

下文对这项实证研究进行介绍,阐述年轻人如何处理自身与劳动市场的关系,以及工作和职业对其人生观的意义。

9.6.3　年轻人的职业轨迹以及有关其工作和劳动市场环境的讨论

研究针对从(普通)学校到职业教育,再从职业教育到有偿就业的过渡过程。为分析不同层面影响这一过程的危机,研究选定以下内容:参与者的工作态度、社会人口学特征以及他们是否成功实现了这两次过渡。"较容易地过渡到理想的学徒培训中"或"在尚未决定选择哪种职业的情况下,就顺利过渡到可接受的学徒体系中"(Baethge 等1988,61),是那些没有经历危机就跨过了第一道门槛的人的典型经历。相反,另一些人则为最终确定选择做出了一些临时性决定:暂时等待,或先从事一些无技能要求的熟练工种。

要越过第一道和第二道门槛(两个阶段)共需4~9年时间。这段职业经历被划分成两种积极的职业发展(占一半)、三种消极的职业发展(约占总数的2/5)和一种介于两者之间的一般职业发展模式(10%)。另一种危机模式则重点分析社会、教育和家庭因素的影响,其中,受教育程度低或没获得毕业证、来自社会底层的、在校期间有不良记录、具有攻击性和反叛心理以及对职业没有认真思考的学生较多地陷入了危机。根据归因理论推测，他们之所以失败，并不完全由于其自身原因，而是由于结构性障碍的外部因素。

针对不同职业生涯发展轨迹，研究还分析了年轻人如何习惯目前的工作和就业条件，这是本研究的重点，即在结构化数据基础上建立了4种职业取向类别。后来又把职业生涯发展的类型整合为5种类型。据此，对年轻人的描述重点是"对企业工作的期望和对这些期望的评价标准"。

第一类：具有持续性特征的青年技术工人的职业轨迹（50％）

此类代表了培训和劳动市场的"光明面"，占样本总量的一半，主要涉及保险公司和银行职员、企业办事员、管理人员、护士、机械制造技术工人、汽车维修工和手工业者。其共同特点是：他们都找到了与所学职业相符、工作任务复杂刺激、享有自主权的工作，有较好社会背景（家庭支持），受教育水平较高，对工作状况满意，认为对工作的期望得到满足，而且充分、积极地投入到了工作中。

这一类可以划分为以下5种具体情况。

（1）从对工作内容满足发展到长期的职业前景（占30％）。

案例特征描述：积极的现状满足感短暂，因为"在同一岗位上停留时间过长，工作就失去了吸引力而变得枯燥"。其他重要特征还包括对未来的好奇心、组织责任感、对自身能力与视野的拓展。物质上的考虑居于次要地位，相反，"自我发展空间"和"智力挑战"更为重要。地位和权力也不太重要。

（2）地位和认可度是工作动力——"事业狂"类型（小于10％）。

案例特征描述：最重要的目标是权力、影响力、认可度和声誉。多存在于有特殊社会和教育背景的男性银行职员中。

（3）已满足所有的职业期望——对工作有高度责任感（占40％）。

案例特征描述：关注持续性，工作态度较保守。工作期望基本得到了满足，能容忍工作的消极方面。

（4）尽量充分利用优良的社会环境（占10％）。

案例特征描述：融入自己的工作环境，"因为只有在工作中才感觉到融入了社会、得到了社会认可，并体验到自己与社会的互动要求得到了满足"。这种情况下往往与同事和领导关系良好，有"社会归属感"。此时，年轻人既不想更换岗位，也不愿意更换雇主。虽然工作中有不同的任务，但都没有大的挑战性，只是日常性的必要工作。收入、压力、地位和职业发展都显得不那么重要。

（5）寻求其他选择——少数幻想破灭的年轻人（占10％）。

案例特征描述：高期望幻灭；做过几次改变的尝试，并"顽固地坚持自己的要求和现有的处理方式"（Baethge等1988，79-108）。

第二类：间断的职业轨迹——利用"第二次机会"巩固就业前景（10％）

这是一类初次就业遇到困难或经历失业的年轻人，以及消极的职业发展个案，其特征是：职业途径选择过于个性化或曾经历过失业。此类青年往往从主体中学、实科中学毕业或肄业，学历水平低，接受培训只是一种临时性解决方案，找到的工作也往往与自身能力不相符。这些人的工作取向常常是妥协性的，目的是保住自己的饭碗。

这一类可以划分为以下两种具体情况。

（1）特别重视工作的稳定性：就业期望从技术工人降低到了熟练工层次。

（2）特别重视企业环境：在经历失业后找到新的起点（Baethge 等 1988，109-116）。

第三类：所从事工作的要求比实际水平低的技术工人——继续寻找与自身能力相符的工作，以避免社会落差和心理问题（12％）

此类人群多数为男性技术工人，如模具机械工。他们为自己的职业感到自豪，不愿接受与实际能力不相称的工作，只是为了避免失业才勉强接受这份工作。他们不关心研究成果和公众观点，坚信能找到适合自己能力的工作。

这一类的一些具体情况如下。

（1）"你就是这样，就像你的工作一样"——抱怨自己对工作的要求。

汽车制造业的模具工就是一个坚守高技能职业的典型例子。他们一方面期望从事符合自己能力的工作，另一方面又不考虑接受任何形式的继续培训，认为自己不适合理论性的学习。他们更重视"实践"，这与他们接受的教育类型相关，与那些有高等教育证书的"理论家"完全不同。Heinz 等（1985，138）对这种将理论和实践对立的观点描述为"个性化的结构效应"。

（2）为脱离能力要求低的工作而接受继续教育。

希望进入更富有挑战性和承担更大职责的工作岗位，往往伴以对升职的预期（Baethge 等 1988，116-131）。

第四类：受危机困扰的职业轨迹——各种离职、对抗和自作主张（28％）

其共同点是具有多种风险特征，如特殊学校学生、辍学、当地劳动市场条件恶劣、社会地位低下或家庭教育背景不好等。

这一类的一些具体情况如下。

（1）此类人员通常为年轻女性。她们已有工作，工作的重复性一般较强且繁重。此类工作的积极因素是，少数人因工作条件不好而试图寻找新的工作。通常有两种应对方式：一是熟练工或非技术工种选择辞职或变换工作；二是对抗过分单调的工作条件并寻找新的出路。

（2）那些无业青年也有两种不同应对办法：不被社会接受的青年以"小混混"身份进行抗议；处于希望与辞职之间的人，由于不具备足够资格常常接受劳动部门组织的职业培训（Baethge 等 1988，131-157）。

对从职业教育到就业岗位的不同过渡形式与年轻人认知和应对方式的关系研

究表明：青年对工作的期望并没有真正受挫。"新闻报道中当代青年的外部形象（由于失望的工作经历而重新界定原本较高的期望，愤怒地辞掉工作）并不是现实情况。相反，多数年轻人都在努力应对劳动市场的困难状况，坚持自己的期望，并通过更高层面的个人努力去实现"（Baethge 等 1998，159）。

根据这些研究成果，Baethge 及其团队又把对工作的处理方式分为 5 种类型。据此，多数年轻人属于以下类型。

➢ "为取得事业进展而进行改变活动"；
➢ "为摆脱不满意的工作环境而进行改变活动"；
➢ "尽量充分利用不满意的工作环境"；
➢ "勉强接受工作环境，但有辞职或隐退的倾向"；
➢ "因工作环境而感到痛苦"（占样本的 19%）。

进一步的研究表明，年轻人对工作的态度有了新的变化。他们强调工作的"目的性"并强调满足个人的兴趣要求（73%），而不把物质要求列为首位（27%）；42% 关注工作内容和工作中的自我实现，另有 24%（主要为女性）更关注工作中的沟通和社会性因素。有趣的是，研究者把具有事业心和地位取向的年轻人也纳入了这一类，认为这表现了非物质主义的价值观，其追求的是地位提升和社会认可度。除了社会沟通这一项外，以上三种人群既有相似之处，又有社会结构差异，如不同的社会背景、受教育程度和就业状况等。通常有较好社会和教育背景（如白领或公务员家庭）、较高学历和具有专门技术资质的年轻人更强调主观需求。

仅有 7% 的青年特别注重工作的物质因素，他们的工作条件一般比较单调乏味，这使得他们很难认同自己的工作。另有 20% 的青年尽管不会简单信奉物质性的价值观，但也把工作保障和收入高低视为重要因素。

总而言之，尽管劳动市场状况十分恶劣，但是年轻人对工作中自我实现等主观方面的重视程度还是超过了对物质生活方面的因素。

9.6.4　年轻人的工作与职业取向

研究从全新的视角分析对生活设计和规划的认同感，这种认同感调控着个体的行为和互动方式。然而，作者却没能指明不同认同感类型与工作和劳动市场环境之间的联系。

建立这种生活认同感，一直是青年在工作单位、休闲时间和家庭生活中关键的心理—社会发展性任务。年轻人生活理念的分类方式，从对访谈题目"生活中想要实现哪些目标"和"如何实现这些目标"的回答中可以看出。这一研究结果又一次反驳了本文开始时提及的观点，即年轻人已经失望地放弃了工作（Baethge 等 1988）。

所谓分类,是一种用于"理解数据和对数据进行表述的类别建构手段",青春期心理—社会发展任务理论为生活理念分类提供了理论基础。与上文相似,本部分阐述也分四个类别,每一类别又有各种具体情况。

➤ 以工作和职业作为认同感的主要内容(以工作为导向):31%的年轻人把工作作为认同感和生活观的核心内容,伴侣、家庭和休闲处于次要地位。

➤ 认为工作和私人生活同等重要的生活理念(平衡型):30%的年轻人在这两方面都有积极的兴趣而无主次之分。他们认为工作是有目的和意义的,比单纯的晋升更为重要。在私人生活中,他们注重伴侣、家庭生活、业余爱好和文化活动,认为这些甚至可以部分消除工作中不被认可的烦恼。

➤ 以家庭为中心、工作次之的生活理念,但同时也认为工作有意义(家庭导向型):对23%的年轻人而言,在建立认同感和自我定位方面,工作不如伴侣和家庭重要。

➤ 远离工作的休闲导向型生活理念:16%的年轻人采取快乐至上的生活观,重视生活中获得快乐,忽略责任和义务。他们至少在内心对工作有所排斥。

第一类"工作中心和职业导向型"的性别分布有些失衡(37%男性,25%女性)。案例说明,与"社会生活的其他方面"相比,女性对工作的兴趣与男性有很大不同,后者在很大程度上"将工作压力作为一种获得成功和实现理想的体验"。从现代观点(Krüger/Born 1991;Kühn 2004)来看这很奇怪,因为"哪里出现了兴趣冲突,年轻人往往能灵活地化解这些冲突"(Baethge 等1988,205)。

在"工作和私人生活同等重要"类型中,只在个人倾向和兴趣方面存在着轻微的性别差异。男性几乎将"私人生活"理解为享受生活和获得快乐,而女性常常将"私人生活"与伴侣和家庭联系在一起。在某些方面这种分类也有些模糊:"没有工作就没有钱,也没有享受"或"现在我比过去更需要通过工作来负担业余爱好的开销",这两种说法既可以归入休闲导向型,也可以将其解释为平衡型。

34%的女性和13%的男性明显属于家庭主导型,这是一种带有不对称伴侣概念的传统模式。女性将家庭称作"完整生命"的一部分,或"一个能补偿职业生活的领域"。持"休闲主导型生活理念"的男性比例为22%,是女性的两倍(11%)。对于这种差别,人们还没有找到进一步的解释。在很多时候,工作和家庭都被忽视了:"在以后的岁月里,最重要的事就是享受个人的自由"(Baethge 等1988,231)。

工作的主导作用及其对于生活理念形成的影响又一次证明,工作对年轻人认同感的形成相当重要。与对工作的期望类似,这也与社会人口学特征(社会背景、受教育程度、与工作相关的地位)有密切的联系。在拥有高等教育证书的年轻人中,有90%属于工作导向型;与之相对,受教育程度较低的员工往往具有更强的家庭和休闲观念。类似地,拥有较高资格和较高职业地位的雇员往往以工作和职业为导向，而无技能工人或熟练工则多属于家庭主导型。

考虑到不同类型的职业轨迹，研究得出结论：个性化的工作态度除了有积极方面外（如对获得有趣工作、有自我实现空间和充分运用个人技能的期望），其引发的排斥职业和社会的逆向潮流也不容忽视，而后者又因经济危机的影响愈演愈烈。具有危机特征职业轨迹的年轻人中，有一半持有工作和职业中心生活理念。

9.6.5　本研究对职业教育理论与实践的意义

Baethge 等（1988）的研究显然是想证明，即便是在经济危机中，对工作的高期望仍未改变。在当前职业教育和劳动市场背景下（这常被认为是全球化带来的经济结果），这促使人们开展一些后续的比较研究。研究出发点是年轻人对工作的主观态度与职业轨迹（顺利的、间断性和有危机的过程）和选择结果（如技术工人从事低于自己能力水平的工作），并对年轻人的行为方式和取向进行分类。针对工作期望的实证研究结果，对"工作是否仍然是社会化过程的中心内容"这一问题给出了肯定的回答。在后来的论文中，Baethge（1991）将这一研究成果与西方现代工业社会发展建立起联系。现代社会的发展，使工作过程成为一个不断强化的规范化的主观过程，即与工作的主观意义越来越重要，工作作为谋生手段退居到次要的地位。由于工作的意义集中在个人认同感方面，通过利益团体形成的社会政治融合模式正在失去存在的基础。

采用大样本研究的做法是合适的（Baethge 等 1988，392）。在文章发表的那个时代，科研界更多地采用质性研究方法，但是这常常会把注意力集中在少数个案分析上。为了总结出不同的类型，作者运用了大量数据。生动而细致的描述使人们有可能深刻认识年轻人的生活观和兴趣所在，这对解决教育和职业能力发展的理论和实践问题具有重要的意义。然而，对此研究成果也存在批评之声，即为什么在质性分析基础上得出有关取向和行为方式的量化分析结论（Lempert 2002，72）。要想使研究结果更有代表性，还需更多职业领域的样本（如建筑、纺织和食品行业）。另外，还要增加样本在整个群体中的比重。

不把个体与社会的关系定位于相互决定的模式，这也是一种创新。互动主义方法把行动者放在研究的中心位置，他们的职业和工作取向以及行为方式，始终与其工作经验有紧密的联系。虽然把职业轨迹作为对取向和行为方式进行分类的基础，但研究者并没有把群体的结构性特征与个体进行简单的归类，相反却对每一大类的各种具体情况进行了说明。例如，危险职业轨迹被细分为对抗性、不适应或更换职业；而正常职业轨迹也被进一步划分为失望或寻求其他工作机会。

研究者意识到，如果注意到对行动重要的或伴随行动的价值取向，那么工作取向和生活理念之间的行动实践，与职业轨迹的链接就非常重要了。因此，有必要继续开展相关的纵向研究，以了解工作和认同感的长期发展过程，尽管这非常复杂而艰难。后来，又开展了一些生活过程研究，但同时也暴露出了这些研究的弱点。有作者认为发现了个体取向与具体行动间的关系，但实际并非如此。例如，一项对女性生活理念的纵向研究表明，当谈到创建家庭和育儿假安排时，生活的规划和行动之间就出现了分歧（Born 等 1996）。年轻女性的生活规划取决于其个人的决策和行动情境，即转化为生活规划时的具体情况（Geissler/Oechsle 1996）。

此类研究的重要成果还包括：建立了向有偿就业过渡的分类模式，并说明了年轻人与这些过渡类型相关的工作取向。以后的十多年，陆续出现了一系列有关个体工作取向和行为模式的研究成果（Müller 1990；König 1993；Scherr 1995；Geissler/Oechsle 1996；Corsten 1998；Witzel/Kühn 2000）。时至今日，有关向有偿就业过渡的问题仍未完全解决。由于这涉及认同感与工作角色间的关系，或从更本质的角度看，它提出了个体与社会结构之间的关系，因此仍然是有价值的研究课题（Wahler 1997；Zinn 2001；Lempert 2002）。

9.7 借鉴双元制职业教育经验：中德合作研究与发展项目

赵志群 徐涵

9.7.1 项目的背景

本文讨论 20 世纪 90 年代中国职业教育研究与发展项目"借鉴德国双元制经验，促进中国职业教育改革的研究与试验"（以下简称"双元制"），它是由职业技术教育中心研究所以及辽宁和上海职业技术教育研究所合作完成的。

20 世纪 70 年代末期，中国开始实施改革开放政策，计划经济逐步向市场经济过渡，职业教育也进入了快速发展的阶段。然而，彼时的职业教育的质量却无法适应社会、经济和技术发展对人力资源的要求。为此，中国必须重新审视传统的职业教育模式，并在此基础之上进行改革，这里迫切需要先进经验和示范模式的指导。随着对外交流增多，中国教育界和经济界几乎同时对具有国际影响的德国双元制职业教育产生了浓厚的兴趣，并开始进行多种形式的学习借鉴、改革探索和典型试验。

1991 年，德国政府通过德国技术合作公司，支持中国政府建立了三个职业教育研究机构，即职业技术教育中心研究所以及上海和辽宁职业技术教育研究所。三个研究所的核心任务是"吸收国内外职业教育发展的经验"，……"进行研究和开发工作，包括实施典型试验"，并"向政府提供决策咨询服务"（SEK/HSSt/GTZ，1994）。因此，开展本项目研究，通过典型试验和对现有双元制试点项目的调查和分析，对中国职业教育的进一步发展提出有实证依据的意见和建议，成为三个研究所建所初期的共同任务。

本项目后来被批准为中国社会科学研究第九个五年规划（1996—2000）的国家级重点课题，其成果的出版物主要是两本书，即《面向未来的探索——双元制职业教育在中国的实践》和《历史与现状——德国双元制职业教育》（双元制课题组1998；职业技术教育中心研究所1998），前者获得了全国第二届优秀教育科学研究成果一等奖。

9.7.2　研究的主要问题与成果

本项目研究中国职业教育在从数量增长型向质量效益型转化过程中亟待解决的问题，如专业设置和课程开发如何与用人需求紧密结合；从社会效益的角度如何选择办学的基本模式；如何发挥企业在职业教育中的作用；如何提高教学质量，特别是提高毕业生的实际工作能力等。

项目通过"以国际合作方式借鉴国外经验"这一比较教育命题，从宏观办学体制和微观教学过程两个层面探究职业教育的基本规律。研究工作包括三个部分。

➤ 双元制职业教育原型的学习与分析：收集德国双元制职业教育的信息并进行分析，作为另外两个部分研究工作的基础。

➤ 典型试验：通过典型试验和对双元制试点单位的调查，获得双元制在中国实践中的实证数据，并进行相应的分析解释。

➤ 教学过程比较：以机械和电气技术类专业为主，对双元制职业教育与中国现行技工教育的教学过程进行比较，寻找职业教育教学的规律。

研究认为，双元制是德国历史发展的产物，有其特有的社会文化基础。由于中国和德国在文化传统、政治制度和经济体制上的差别，无法将双元制职教制度直接照搬到中国。然而中国可以借鉴双元制职业教育的许多经验，这主要表现在教育思想、管理制度以及教学模式三个层面。

（1）双元制教育思想的核心是"理论与实践结合，以实践为主；学校与企业合作，以企业为主"，它集中体现在教育过程中的教育与生产劳动结合、学习与职业实践结合、理论学习与实践训练结合以及适应社会要求与个性发展结合四个方面。

（2）双元制采用分级和分工决策的管理形式，具有完备的信息网络、清晰的法定程序和有效的决策咨询机构。在统计数据基础上，通过信息引导、及时监控和协商以及直接投资建立跨企业培训中心等手段，对职教运行进行引导和调控；

建立培训和劳动市场信息网，通过《职教年度报告》向社会提供政策和市场供求信息，为青少年提供多样化的职业指导，使企业和个人对职业教育的决策建立在良好的信息基础之上。

(3)企业在培训中的主体地位是其高质量的保证。双元制职业教育的专业设置以职业分析为基础，具有"宽基础、复合型"的特点；课程模式以职业能力为导向，与职业实践、职业资格、企业需求和学生的职业发展紧密相关；以学生为中心的教学过程突出强调实践和尊重人的职业学习规律。

9.7.3 典型试验

项目涉及的典型试验包括三种类型。

➢ 从1983年开始，中国与德国在技术合作的框架内建立了30余个冠以双元制模式的企业培训中心或职业学校，进行双元制职教模式的典型试验。

➢ 在三个职业教育研究所指导下的试验(包括苏州、无锡等六个城市在教育部和地方政府支持下开展的区域性试验)。

➢ 有很多职业学校自发地学习德国经验，探索引进其经验的可能性。

其中，中德技术合作项目一般都有德国专家现场直接进行指导工作，而自主进行试验的学校在地域分布上又过于广泛，无法进行紧密的交流。因此，项目中的典型试验重点集中在三个职教研究所直接指导实施的典型试验，仅辽宁职教研究所就在机械、电气、农业及金融财经等领域内的13所中等职业学校的10个专业进行了典型试验，涉及1200名学生。其成果表现在以下四个方面。

(1)确立了以职业能力为导向的培养目标。计划经济体制下，中国职教模式培养的技术工人知识面狭窄，技能单一，转岗适应能力差。通过典型试验与企业合作，共同确立了试点专业以职业能力为导向的新的培养目标，拓宽了专业学习面，增强学生的适应能力，并强化环保意识和关键能力的培养。

(2)设置了以职业活动为核心的综合课程。传统职业教育围绕理论知识，按照学科系统设置课程。典型试验打破原有的学科体系，精减了课程门类，围绕职业活动设置综合课程，确立了"职业基础培训、专业培训和职业岗位培训"的新的三段式课程结构，取代原有的"文化课、专业基础课和专业课"老的三段式结构。

(3)按照基础性、广泛性、实用性和先进性原则，改革教学内容。中国传统职业教育理论教学内容偏多偏深，各科目之间缺乏协调，知识老化。典型试验开发的教学计划按照企业生产实际和发展需要，提供了范围较广的知识技能，降低理论知识深度，注意到了工作过程在职业学习中的重要意义，这些成为中国后来更大范围内进行课程改革的基础(赵志群 2004)。

(4)探索了以学生为中心的教学组织形式与方法。试验学校成立了新的教学组织机构，采取更加灵活的教学组织形式和多样化的教学方式方法，如农业类专业根据农时季节安排教学，并尝试引入以学生为中心的教学方法，对以讲授法为核心的传统的正面教学方式进行改革（徐涵2001）。

项目对27所职业学校两届毕业生共计2340人进行了跟踪调查。结果表明，由于双元制模式培养的学生具有知识面宽、技能全面、职业道德修养好和实践动手能力强等优点，能较快地适应工作要求，受到企业好评（双元制课题组1998）。

9.7.4　中国推广双元制经验的困难

研究结果表明，即便是不完全引进双元制职业教育管理制度，在中国推广双元制教学方面的其他经验也有困难。

（1）师资队伍难以适应。表现在教师习惯传授式的理论教学，缺乏运用灵活组织教学的经验，难以接受打破学科体系的课程模式；教师职业实践经验和能力欠缺。

（2）强化实践教学须加大实训比例。在普遍缺乏企业支持情况下，解决教学设备设施投入问题成为一个巨大挑战，包括建立可行的产教结合和资源共享的模式。

（3）由于可供选择的媒体品种和数量有限，教学中普遍缺乏多样化的教学辅助材料和媒介（双元制课题组1998）。

9.7.5　研究方法

项目研究方法设计的核心指导思想是：通过文献分析、教育考察和中外合作研讨，同时从教育体制与教学过程两个层面进行分析；在进行中德比较的同时，还学习其他发达国家（如加拿大和澳大利亚等）的经验；在综合比较的同时，还对一些具体的专题进行比较，如教师培养途径等（杨黎明1998）。整个研究活动持续近10年，其过程大致可分为三个阶段。

（1）双元制模式原型学习和分析。通过管理者和研究人员对德国职业教育实地考察以及相关文献学习，对双元制模式的内涵和可借鉴的经验进行分析，为开展典型试验奠定基础。

（2）典型试验。三个职教研究所直接指导的职业学校及其相关企业进行的改革试验，目的是探索德国经验在中国实施的可行性及相关的实施条件。人们主要把精力放在项目建立、运转、协调和具体政策制定等技术性工作上，带有较强的照搬色彩。

（3）经验总结与推广。通过对典型试验的总结分析，提炼出具有普遍意义的经验以便在更大范围内推广。这是将德国经验本土化的过程，核心是结合中国国情选择可迁移的内容和变通的形式，通过掌握实质、运用规律和变换模式来制订自己的改革发展方案。作为本阶段的重要标志，20 世纪 90 年代后期国家颁布的一系列职业教育法规和文件中就吸纳了德国很多有益的经验。

由于参加项目工作的人员分布广泛，包括数十个中德职教合作机构、六个试点城市和一批积极投身职教改革的学校企业，因此研究与改革、理论学习与实践探索始终同步进行并相互促进。在项目进行过程中，其阶段性成果就已经多方面地指导了政府和学校的改革实践，并在后来的职教改革发展中起到了重要作用，典型例子如项目进行期间开始编制的中国《职业教育报告》。

9.7.6 总结

"借鉴德国双元制经验，促进中国职业教育改革的研究与试验"项目是中国现代史上一次最大规模的有组织的学习外国经验，对职业教育体系进行全面反思和改革的行动，它对中国职业教育发展的影响超出了一般研究项目的范围，项目的实践意义也远高于它的科学意义。

（1）对中国职业教育较低的社会地位进行了反思。在本项目之后，人们对职业教育的认识开始挣脱儒家传统的束缚，认识到职业教育是经济发展中完成人力资源开发这一战略任务的主要手段，同时也是为实现个人生存发展提供的另一种类型的教育（与普通教育相比）。人们开始相信，社会对职业教育重要性的认识将随社会进步和经济发展逐步提高，这对改善 20 世纪末中国职业教育由于在同普通教育的竞争中处于不利地位而普遍产生和蔓延的悲观气氛起到了重要的作用。

（2）人们认识到，能否发挥企业的作用是职业教育发展水平的重要标志。职业教育应当有跨界思考，在制定职业教育政策时应当超越教育领域自身，多从经济和社会发展等更宽的角度考虑问题；应当创造政策条件，吸引企业参与到职业教育过程中来并发挥更大的作用，包括学校组织管理、课程开发、经费投入、发展政策咨询和教育评估等。这些都体现在了后来中国政府的相关政策和文件中（教育部、劳动部等 2003）。

（3）通过项目活动，职业教育的管理者和教学人员开始理性地批判和思考几千年来形成的基于中国文化的教和学的传统，接受外来思想的积极性大为增强。这为下一步的教育教学改革奠定了良好的思想基础。从此，在中国引进国际先进教育教学模式（如学习领域课程、行动导向教学方法和专门的职业资格证书等）所遇到的困难多是技术实施方面的，而少有理念和思想准备方面的。

（4）由于发展中国家的经验所限，项目在研究方法设计上缺乏足够的理论支持和系统化的思考，对德国原型研究的深度也不够。但是，项目所尝试和总结出的学习借鉴国外先进经验的程序，即"掌握经验的实质和可迁移的内容——研究借鉴的条件与环境等主客观因素——创造条件，找出变通办法并开展试验——总结经验，推广试验成果"，可能对发展中国家通过对外交流与合作，学习借鉴发达国家先进职业教育经验具有一定的普遍意义（双元制课题组1998）。

最后，"双元制项目"也对职业教育国际间跨文化的技术交流与合作提供了有价值的经验。这就是，发展中国家在其职业教育体系的现代化进程中，应当学习发达国家的先进经验。但是这种学习不是全面照搬和"引进"某一发达国家的现成体制，因为发展中国家一般不具备参照国家（referenzmodell）的体制和结构特征。发展中国家在跨文化职业教育合作中的重点，应当是引进发达国家相应的工具（instrumente），如学习参照国在制定法律法规时思考和解决问题的方式方法，而不是引进现成的法律条文；学习参照国课程开发的方法，而不是引进现成的课程计划。因此，未来职业教育国际间跨文化的技术交流的重点是能力建设，而不再是某种先进模式的迁移。

9.8 评估：知识、技能与竞争力

Ewart Keep Ken Mayhew

9.8.1 简介

《牛津经济政策评论》（1988年秋季版）专门研究了教育培训问题，引起社会各界广泛关注并且在全英职业教育培训讨论中产生了巨大的影响。特别是D. Finegold和D. Soskice首次提出"低技能—低质量均衡"的观点，标志着有关技能和知识对发达经济体竞争力作用的讨论进入了一个新的阶段。在过去十年间，职业教育培训的学术思考和分析已经取得了实质性突破和进展。该期杂志指出了相关领域研究的新进展，如技能形成和维系过程以及技能、知识、竞争力和经济绩效间的关系等，同时还评论了政策制定是否跟得上快速发展趋势。

9.8.2 1988年版期刊对英国职业教育培训实践和政策回应的看法

Keep/Mayhew（1988）描述了英国决策者对职业教育培训的一种长期的"循环担忧"状态。20世纪70年代末，一些评论又开始重提英国职业教育的传统问题。与其国际竞争者对比，英国在很多方面存在不足，如青少年辍学率太高，其中很多不但没有正式资格，甚至不具备基本读写和计算能力；学徒体系效能低下，内容单一且处于衰败阶段，未经学徒期的年轻人几乎不受任何正式培训就参加工作；成人培训严重缺失。20世纪80—90年代，保守党发起了"供给方革命"，试图弥补职业教育的不足，但是都只强调技能供给，而没有提出技能需求中可能存在的缺失,而这正是 Finegold 和 Soskice 假设中所强调的。英国政府后来对教育体制进行了大量改革,其中最突出的就是引入准市场机制。由于消费者选择范围加大、信息更加丰富,使得机构间竞争加剧,从而提高了效率和质量。随着准市场机制的建立,产生了很多旨在避免市场失效的规则、监督和检查机制,中央政府对教育内容和教育过程的监控显著增强,如引入国家课程体系等。人们更加关注在全日制教育阶段就开始培养未来工作所需的能力,如引入国家通用职业能力资格(GNVQs)并设立多个等级,为传统学术途径提供职业选择。此外,还要求普通中等教育最后一年的学生参加工读实践。

那么这些政策的结果如何?显然政府、企业和工会都充分意识到教育培训对国家经济发展的重要作用,获取各种资格证书的人数增加,这对全日制教育而言具有进步意义。但是由于教学内容减少,学生在升入大学时缺乏某些学科基础知识,认知能力的发展可能还不如从前。在基于工作的培训方面,由于资格导向体系的建立,职业资格获取量明显增加,但这是否意味着培训数量和质量的提高还值得怀疑。Felstead 等(1997)指出,尽管参加培训的工人数增加,但人均受训时间却减少了。如果用受训人数乘以受训时间来确定培训总量,那么总数并没有变化。

证据表明,该政策对年轻人提供的工作导向培训的改进也十分有限。虽然花费大量公用经费,但通过青年培训方案(YTS)和其后续项目青年培训(YT)为未经学徒期而直接就业的年轻人提供高质量培训的实践,基本上并没有取得预期效果。这些项目只是为失业者提供了重返岗位的方案,而非实质性的技能提高策略。企业承认的国家职业资格(NVQs)多数停留在一级、二级,对由行业主导、国家培训机构设计的国家通用职业能力资格(GNVQs)的内容批评不断。国际比较结果不佳:英国仍落后于其主要竞争者,特别是在中级技能层面,从历史延续的角度看,情况更是如此。因此,没有充足证据表明,该政策在弥补 20 世纪 70年代后期发现的差距方面取得了重要进展。

一些评论争辩说,可能需求不足的假设并不真实。应该区分"招聘困难"和"技能短缺"两种问题,即招聘阶段的"技能差距"和企业现有员工存在的实际问题。许多明显的技能短缺正面临更为广泛的招聘困难。对整个经济而言,实际的技能短缺和明显的技能差距与需求假设是一致的。问题是,既然采取了这么多行动,对问题的认识也有了显著提高,为什么成果甚微?

9.8.3 职业教育培训政策存在的潜在问题

20 世纪 80 年代后期,对英国职业教育缺陷的传统评判都只注重"供给方"的问题,主要包括两个方面:一是全日制教育没能对大量青少年提供适当的教育,二是没有足够的工作导向的培训,普遍解释是由于市场失效所致。有人认为,社会投资回报比私人投资对雇主的回报要高，因为雇主不能确定其出资培训的工人是否会另谋它职，因此提供的培训总量不能达到理想的数量。工人之所以不愿意自己出资来消除这种差距，是因为资本市场失效、信息缺乏和对风险的规避。一系列市场失效引发了工作导向培训的偏见，全日制教育的失败则被归咎于多种因素，包括对教育支出、课程大纲和课程内容采取的行政手段和专业决策。有时从劳动市场和社会保障体系发出的信号产生了某种"不正当"的动机，如鼓励人们不再学习，或是选择了"错误"的大学专业。

市场和行政失效是职业教育培训危机的核心问题，但这绝非英国所特有的，只是与竞争国相比，英国在处理和防范这些失效问题方面做的不够好。解决这个问题不是件简单的事，但对其程度界定却相对容易。

Finegold/Soskice 的低技能与低质量均衡理论认为，潜在的问题远比现在更复杂，其中需求方也相当重要。出于种种原因，许多雇主不想或不需要有技术工人。早期的研究尽管也注意到这一点，但只是关注了雇主对技能所持态度的"文化解释"。Finegold/Soskice 超越文化解释，对系统失效进行了分析。由于雇主理性应对政府的大量鼓励措施以及对技能的固有态度，因此职业教育问题的根源可能并非市场和行政失效，而是更为复杂的系统失效。

对此问题，有文章(M. Stevens 和 C. Greenhalg)主要研究了市场和行政失效，另有五篇文章（分别由 P. Culpepper、D. Finegold、F. Green 等、M. Sako 和 R. Wensley 撰写）则着重于对更广泛的系统失效进行分析。

Green 等指出，大家认为技能和知识只是支撑高水平经济效益的诸多因素之一。Finegold 在对加利福尼亚高技能生态系统(HSEs)的评论中也用不同方式提出了相似观点，认为高技能是高附加值生产的重要条件，单凭它不足以取得成功。高技能必须与环境、文化和结构因素相结合，才能培育和支撑高效能、高附加值的产业和部门。

研究还强调了技能供给机制的文化特性及其在生产、产业关系、内部公司网络、产业资本、公司治理和政治体系中所处的位置。Green 等、Culpepper、Finegold 和 Sako 的论文的一个共同主题是，职业教育最佳实践模式和知识技能创新，在多大程度上只适用于特定的国家或地域而难以被复制到其他环境。尽管世界经济正趋于全球化，但不同国家的技能供给体系仍然不同。这些体系是否可以融为一体，以及这种融合是否会产生理想的效果，还都有待观察。

英国有关技能的讨论有一种倾向，就是将重点放在了水平较低、任务针对性强的技能以及狭义的实用知识(Green 1998)。如 Coffield (1997) 所言，英国的资格标准（特别是国家职业资格）和课程对理论知识的认识有严重问题。与此相同，实际上技能的含义却大大改变，从过去强调专业技术知识变为强调灵活的人际关系，而人际关系能力很多内容可被理解为个性、特性或属性，而不是传统意义上的技能。对人际关系能力的注重,反映出英国就业结构的变化和制造业的衰退。这可能迎合了服务行业的需要,但却很难满足高科技行业的需求。

9.8.4 对市场和行政失效的政策应对

感谢 M. Stevens 的思想,她推动了外部效应方面的研究,她的一个重要贡献是在专业技能和一般技能之外又提出了"可转移"技能的概念。劳动市场竞争不激烈时,提供培训的公司能将薪水定在低于边际产品价值水平上从而抵消其开支。而一般技能是不可能做到这一点的,因此公司不会在该方面投资。如果技能可转移,雇主就愿意承担一部分培训费用,但可能存在投资不足的情况,因为员工有可能跳槽到其他单位,后者由于不必支付培训费用而能提供更高工资。这种现象可能导致对一些特殊技能的过度投资。雇主将其作为降低流动性和挽留员工的策略,目的是补偿其培训投入并从可迁移技能中获利。重要的是,在不存在资本市场缺陷的情况下,劳动市场缺陷导致了培训量降低,这对整个劳动市场是有用的,因为"(工人)需求降低比(雇主)供给的提高重要,因为受训工人无论在哪里工作,只要薪水降低,他们就有损失;提供培训的公司,只有在留住工人的情况下才能够获利"。

然而,当资本市场存在缺陷而工人无法自己承担培训费用时,劳动力短缺或许还能提高培训服务的数量。Stevens 的理论贡献是,引发了对市场失效进行适当政策反映的清晰而具体的思考。她的一项结论是:英国古老的拨款/征收体系和法国现行体系不是处理"偷猎外部效应",而是克服资本市场缺陷的方法。她还强调从理论上解释培训产生外部经济效果的实际困难,因此英国在这个涉及面较广的问题上长期存在混乱看法是很自然的。

对劳动市场和资本市场两方面的缺陷,Stevens 的政策启发是:对个人提供公共贷款,但作用不会太大;决策者本质上有两种选择,即"从公共税收中出资补贴"和规范"公司培训活动"。Greenhalgh 提出,由于两国有不同的政策立场,因此法国对培训的供应比英国要高。她还划分了四种"广义的"政策干预形式:放宽信贷市场对工人的限制,建立或完善私人财产权及技能,组建培训供应者团体,对培训投资进行公共补贴。与英国相比,法国对后两点很重视,而英国仅关注前两项,而这对解决培训市场失效并非是理想途径。

9.8.5 日益发展的系统失效之争

"低技能与低附加值均衡"观点及其不同的表现形式已经成为学术界的共识。Finegold 认为,这种极端的对比有点绝对,应该找到一个中间位置,尽管极端的对比有利于分析问题。低技能与低附加值均衡对职业教育有重要的影响,如果企业继续沿用福特生产方法来生产低附加值产品,那么无论是个人或公共经费,都没有必要提高技术供给。基于这样一种观点，Soskice(1993)建议放弃工作导向培训的路线，因为如果雇主无法利用受过培训的工人，加大培训投入就是不合理的，政府用于鼓励加大培训投入的津贴不是被浪费就是被误用。他建议通过全日制教育体系跳出低技能陷阱，但这与政府的意愿相背。80年代末90年代初，高中和高等教育人数显著增加，这在改变雇主所面临的境况方面有两种作用：第一，从整体上看，劳动力对工作内容和职业目标的渴望度增强，从而"迫使"雇主完善工作内容和设计；第二，可用劳动力能力更强的简单事实，使雇主对产品和生产战略有更多的选择。这两点或许是正确的，但是否就足以使我们摆脱那些低技能均衡，似乎有待考证。关于低技能陷阱产生的后果也进一步明确，这在政府《竞争力白皮书》中得到了很好的表述："英国产业只能通过利用那些其竞争者难以效仿的能力，才能与别人展开竞争。而英国特有的能力不是原材料、土地或者廉价劳动力，而是我们的知识、技能和创造性……这样才能有助于形成高生产力业务流程和高价值的产品与服务"（DTI 1998）。英国低技术产品和服务会与发达国家，甚至发展中国家竞争，后者也可以采用同样技术通过福特生产方式实现规模经济并提高生产力。低技术产品的竞争就是价格和劳动力成本的竞争。采取高技术产品战略的公司不会依赖价格和成本竞争，而是产品本身的特性以及根据不断变化的客户需求提供的新产品，为实现"用户导向"进行竞争。他们的产品是高附加值的，因此也能支付较高的工资。

关于可能的低技能／低附加值均衡，及其在公司产品战略和相关生产过程中的成因，我们有过很多思考。全球化之争也引发了关于经济分工结局的诸多思考，但仍有一些漏洞，关于如何能避开这种平衡的思考还很有限。但是一些文章对这一观点做出了贡献，如Finegold对加利福尼亚案例的分析，Green等讨论了与英国完全不同的三个经济体政府的作用——韩国、新加坡和中国台湾对技能供需具有"协调功能"。政府有两点理由履行这项职责：首先是政府机构在为人力资本长期战略投资提供信息方面比私营机构更优越，其次与这三个经济体的社会特点有关，"平等主义和社会压力提高了对教育的需求……为经济输送了大批人才。因此，政府要发挥教育功能就容易得多。它只需为实现经济目标而指导和控制技能的形成，无须诱使那些不情愿走入教室的人离开家庭或工作场所。"

Green等在产品战略方面提供了一些宝贵的见解，而我们认为，产品战略正是问题的关键所在。当然，所有政策借鉴方面的问题都一样，从其他国家和文化中学到的东西必须谨慎吸收。以上亚洲国家和地区所愿意推行的一种实际上等同于集中产业政策的做法，在现今英国的环境下是很难实行的。

几乎可以肯定，这种系统失效的复杂性正是政策制定者在处理该问题时缺乏长远眼光的主要原因。他们不愿着手处理此类棘手问题，也就不难理解了。这个问题之所以缺乏政策关注，还有另一个更令人担忧的原因是，虽然我们所描述的系统失效已成为共识,但要充分说明英国生产低附加值产品和服务的做法发展到了什么程度,还缺乏足够的证据。我们所掌握的证据有以下几个方面。

回到 15 年前,受 S. Prais(1995)工作的启发,研究人员进行了一系列双边个案对比研究。采取的多数形式为:选择一个定义明确的产品,将生产这一产品的英国企业与具有可比性国家的企业进行对比,如德国。研究者尽量确保所选企业的成立年限和规模相似。研究结果对一系列产品包括厨房家具和园艺工具等进行了描述,发现这些产品的英国版比外国对应企业的版本附加值低。

要从这类案例研究中得到大量推论显然有很多困难,如研究费用高、难以推广,且都只是在某个时间点进行,因此有经济学家曾尝试定期收集一些更容易集中的证据。这种尝试体现在产业技术研究资助项目(NEDO)发表的论文中,后来又有 Oulton(1996)和 Buxton 等人(1998)做了类似工作。各项研究采用的方法自然不同,但基本上都将特定的英国产品在对外贸易中的长期价格与其他国家类似产品进行对比,这是基于"价格代表附加值"的原理。研究成果并不完整且模棱两可,但似乎支持了同一种假设,即英国的高附加值产品有限。

其他证据就更加间接。例如有证据认为,由于采用国家职业资格(NVQs)的企业太少,或即便企业采用了 NVQs 也只限于一级和二级。二级相当于 GCSEs,而一级在多数欧洲国家根本不被认可。实际上,许多雇主并未将 NVQs 用于新开发的培训项目来提高员工技能,相反却把它当成一个检测表来使用。当新员工获得了所要求的各项能力时,就从这个列表中逐项进行勾除。另一项具有提示性意义的证据指出,培训质量低下是由于短期课程和项目居多。所有这些都与雇主的培训意识增强,却又理性地瞄准低水平培训以迎合其低技能需要的情况相吻合。

能证明英国企业比外国对应企业附加值低很多的证据还不完整,这种不完整性会使某些怀疑论者忽视或转移这一问题。得出这种论断的依据标准是相对的,我们对其他国家的了解也相当有限。世界并非静止,标准也随时变化,这使收集和评估证据的工作变得无比艰难。即便对常被引用为高技能/高附加值经济范例的德国,也有人认为其优势正面临着威胁(Culpepper 1999)。正如 Finegold 证实的那样,美国有些行业已经找到了一条通往极高附加值的发展路线,但仍然无法肯定它在整个美国经济中的重要程度。

技术的不断发展又为这一问题增加了难度。在不久的将来,完全有可能用福特式生产(即低技能生产)方法生产高规格产品。此外,随着分析的深入,对英国技能和经济表现讨论中的许多观点也在发展,或者说不再像今天我们想象的那么绝对。如 Finegold 和 Wensley 在各自的文章中强调了产品市场战略模式和经营选择模式的复杂性。虽然有关技能和组织效能整体讨论的所有猜想都建立在简化的两极模型上,即若非高技能、高附加值战略,则为低技能、低附加值模式,但事实状况可能要远远比这复杂,并存在细微差别。

尽管有这么多不确定因素，人们仍能清晰地看到，重要行业对广义高附加值产品及服务的提供，是实现国家经济发展和提高收入的关键。由于英国的生产者已经或将要卷入国际竞争中，因此他们必须生产较高附加值的产品。关于区域竞争的情况也很复杂。这不但使低附加值产品生产者将工厂设在低工资国家的现象，还（由于信息技术发展）会逐渐涉及一些非贸易性业务，这些业务曾一度被认为是不会受到影响的。即使在非贸易性行业和地区定位稳固的部门，如果生产的是低附加值产品，那么竞争也会压低劳动力成本。其他行业越是处于这一领域的低端，就越会驱使这些行业朝着相同方向发展。

9.8.6　竞争力白皮书

1998 年出版的《竞争力白皮书》（DTI 1998）标志着英国产业政策和竞争力政策取得了重大进步。它首次提出，国家在竞争方面具有权力授予（或政权的）作用，特别是在处理日渐衰落的基础研究和一向薄弱的研究与发展（R&D）工作方面。它同时还提出，发展高技能经济远非解决简单的技能供给问题，而是处理重要的结构性问题，如企业网络的重要性、产品创新和产业集群的作用。这种新方法和对知识经济的看重，源于 Finegold 讨论的硅谷高科技集群受到的启发。

尽管《竞争力白皮书》的看法更广泛、更系统，但对技能问题的处理仍存在不足，并有陷入英国决策传统认识模式的危险。传统的认识是：推进有技能的、受过教育的人员供给，自然会促发经济转型并提高生产力和竞争力。

这存在许多问题，首先，其观点是（DTI 1998）一方面知识经济是新事物；另一方面它必须适用于所有经济部门，而不仅仅是那些与知识有明显联系的行业（如信息技术、医药、软件和咨询服务）。作者还借助"所有行业的组织都需要广泛应用隐性知识"这一观点，支持以上论述。难点在于"某种程度上是新事物"这一隐含信息。中世纪的陶器匠也需要大量的隐性知识。唯一新增因素是竞争的加剧，但有人又争辩说，这一点可以通过加强工作组织程序化，设计能使隐性知识有效利用的工作方式来抵消（这一点在下文中继续讨论）。

其次，政策制定者必须承认，《竞争力白皮书》采用的方法似乎将两种类型完全不同的知识整合起来了。

➢　抽象的、建立在理论基础上的高水平知识。Reich 将数据分析师所需知识作为这类知识的典型代表，因为他们推动着知识经济的发展。这类知识的形成通常需要完成正规教育、获得学术资格，并接受过强化的专业培养（Finegold 1999）。

➢　隐性知识。这种知识对服务行业尤其重要。与 Reich 所列类别中的"人际服务"一致。对这类工人而言，许多"技能"建立在个人特点和心理特质基础上，而不是理论技能和知识的获取。在相关资格范围内,它们似乎与低等级职业资格(NVQs)相一致。

《竞争力白皮书》描述的不同形式、不同种类知识的整合趋势,对"技能"含义的认识更加混乱,这种混乱在过去的 15 ~ 20 年不断加剧。过去,当国家决策者谈及"技能"时(通常与制造业相关),指的是教育资格、"硬"技能和知识、各种形式的手工技巧和空间感知。近来,"技能"一词的含义显著扩大,反映就业正朝着服务行业转移。在原有基础上,技能还包含了一些其他的核心或关键技能,如读写能力、运算能力、问题处理能力、使用信息技术的能力和团队合作能力。许多雇主进一步进行扩展,似乎还要用"技能"一词涵盖个人特性和心理特质,"激励技能"就是其中一例,即为适应环境并保持积极情绪的能力,即便有时面临的就业条件并不理想。

逐渐有人意识到:在某些服务行业,雇主不再追求技术能力,转而注重某些外表方面,以及拥有这些(外表)优势的人在工作环境中采用的特别行为形式,以及提供服务的专门方式、运用自身优势的能力和意愿。Nickson 等(1998)对其称为"审美劳动力"的人群进行了一项研究,研究对象是格拉斯哥时尚酒吧、大饭店和零售网点的雇员。研究表明:在这些通常被认为是高质量、高附加值的服务行业,时尚的发型、良好的衣着品位、悦耳的口音和适当的行为举止,可能都是获得工作所需的"技能"。Nickson 等的研究涉及的劳动市场,可被视作"知识经济的另外一面"。这些俱乐部和时尚衣饰店,是知识型工人经常消费的场所,他们在此接受的是一批以个人优势为技能的员工的服务。在英国,这些个人的优势可能与"阶级背景"有很大关联(1998)。

"技能"范畴的扩大,以及包含在这一概念下的知识、能力、特性和身体特征的总和,为政策制定者提出了很多重要问题。至少值得考虑的是:第一,试图建立全国职业教育培训(资格)体系的决策者必须承认一个事实——体系所涉及技能的范畴从类型和等级上都已经明显扩大。对技能有不同的需求,它们之间甚至可能存在分歧;而类似"提高技能"的总括性术语的理论价值和实践价值有可能变得很有限,除非能对这些技能做出具体而明确的界定。

第二个问题是,如果我们离开了专业知识和技术,要设计出满足"软技能"需要的全国性职业教育体系、培训项目和资格制度,就变得异常困难。许多贴着"技能"标签的属性,似乎只是一种人格特征或态度,通过传统职业教育提高和改善这些属性的空间很小。还有一个问题是,为确保不合标准员工积极参加教育培训,或对其加强管理的措施,是否会引发一些道德问题和政治问题。最后,为迎合对"审美劳动力"的需求,职业教育的提供者似乎还需要考虑开设演讲、行为举止和个人打扮修饰方面的课程,而不只是考虑学位、GCSEs 或者 NVQs。

《竞争力白皮书》和国家的职业教育政策都坚持这样一个观点:就业增长集

中在劳动市场的上层，即对高技能需求正趋于旺盛。这是否代表了对英国劳动市场的现实分析，并不清楚。前文提到的 Reich 是"用知识经济提高发达国家经济竞争力"观点的创始人，他把职业划分成三种类型。

➢ 高水平的数据分析师，即 Finegold 讨论的、最确切的知识工人类型；

➢ 队伍不断缩小的日常生产工人，如汽车制造工人、底层监督人员和数据输入人员；

➢ 提供人际服务的群体，如服务员、宾馆接待员、保安、售货员和美发师等。

所有这些群体都需要技能，但是每个群体的技能要求很可能不同。在设计和发展一个有效的职业教育体系时，如果能对这三大群体的相对发展程度有一定把握，并对其实际技能需求进行详细分析，可能会比"提高技能水平"的总括性要求更加有用。

如果这种分类有一定参考意义，那么它对于职业教育政策就有重要的启示。这意味着，长时间的职业教育培训和高学历，对人际服务行业似乎并不那么重要。Reich 认为，劳动者中只有少部分人会成为数据分析员。美国劳动统计局的数据表明，真正可以被称为数据分析师的人仅占 7%（Henwood 1996）。这就提出一个问题：是否有必要扩大义务教育后的教育？苏格兰接受高等教育的人数已经达到45%，但在苏格兰未来的劳动力中，会需要 45% 的人都成为数据分析人员吗？

《竞争力白皮书》也试图将生产高技术产品的工作（如信息技术设备）与高技能的知识型工人队伍结合起来，但情况并非总是这样。焊接集成电路板的工人就不需要学位，他们只需关注细节、集中精力并有娴熟的手工技巧。这些企业的高级技能集中在研发、设计和管理部门。在其他行业，这种极端分化甚至更明显。在大部分服务行业，核心组织能力，即那些使组织具有竞争优势的技能和知识体系（Prahalad/Hamel 1990）更加集中。在许多大型连锁企业，技能集中在总公司采购、物流和营销部门。分店经理和基层员工是决定权极小、只能实施由一小撮高级专家制订的详细计划的小人物。这又一次提出普遍技能提高，特别是实施正式职业教育和技能资格，到底有什么价值的问题。

这进一步提出了一个工作组织和设计问题。企业顾问频繁使用的如"激励自主"等词令无法掩盖一个事实，即在大部分服务行业，甚至在一些生产行业（Ackroyd/Procter 1998），有时还存在泰勒式的生产方式。许多企业把工人的决定权降到最低，要求他们在僵化的组织程序中进行监控严格的重复工作，而不会为生产出高附加值产品授予职工决策权（Thompson/Warhurst 1998）。一些服务企业也试图将僵化的互动方式强加于一线职员和客户。这说明对隐性知识价值的重视还很有限。管理层更倾向于提供持续一致的低附加值服务，而不是个性化的高附加值服务（Dench 等 1998）。伦敦大学经济政治学院（LSE）经济效能中心一项对制造业工作满意度的研究表明:"对许多人来说,工作内容贫乏、单调、没什么技术要求……现行工作设计管理方法都是阻碍生产的"(Patterson/West 1998,5)。这表明,经合组织(OECD)倡导的"高效能工作场所"模式在英国进展速度很慢,也很有限。

当前英国职业教育政策似乎根本没有涉及这个问题。职业教育政策和体系设计(如国家教育培训目标)的重点是推进资格证书和正式化技能知识供给。这样做的危险是:它们似乎提供了一种实现目标(如提高经济竞争力和生产力,提高社会融合度)的捷径,而无须面对企业选择商业方式的复杂困难。

最后一个困难是如何推广加利福尼亚案例的经验。正如上文所说,职业教育比较研究强调,成功的职业教育体系具有特定的社会背景,很难被移植到其他环境中。虽然加州的高科技集群创造出了与自身不成比例的 GDP,但它不能代表这个国家的就业主体。加州也非整个美国经济的典型,它是个高薪、高技能就业集中地区,而美国其他地区的状况仍令人失望。正如 Cappelli 等(1997)指出的,尽管在 20 世纪后期发生了巨大的变化,但 OECD 的高效能、高技能、高信任工作场所模式并未在美国多数组织中实现,主要原因是它削弱了员工的责任感和动力,阻碍了技能的提高。

尽管困难重重,但《竞争力白皮书》代表了英国产业政策的一个新转折。在过去 20 年里,政府的职责似乎局限在规划和仅从供给方角度采取有限的措施。现在,一种全新的议事日程开始形成,它吸收了广泛的、多学科的研究成果。如《竞争力白皮书》强调的企业网络就反映了经济社会研究会"契约与竞争"研究项目的工作成果(Arrighetti 等 1997;Deakin/Michie 1997;Lane 1997)。虽然《竞争力白皮书》对技能的处理存在问题,但至少它将这一问题置于更广的视角之中,从长期来看,有可能对传统的职业教育政策提出重大挑战。

9.8.7 政策进展与研究——寻求新的方向

本文传递的信息是:可能我们无法轻易找到走出英国职业教育培训困境的捷径。作为学者应有的态度,随时接受大家对我们所提解决方案的质疑。我们认为:有效的政策,必须建立在对当前环境下交错复杂的相互关系的充分认识基础上。这一点,在我们发现自己可能遭遇到系统性失效时,就显得尤为重要。系统性失效,是不可能通过简单、直接、狭隘的办法轻易解决的。

比如,国家技能专责小组(National Skills Task Force)在其报告中指出:"认为目前雇主和个人对技能的需求与国家经济需求毗连是错误的……个人和雇主的需求取决于目前他们所面对的激励体系、他们掌握的有关教育培训机会的信息,以及他们的经济利益。这不一定就反映出国家对经济发展和稳定的需求扩大了(1998,33)。"

国家职业教育体系的利益相关人士正通过适当的、合乎逻辑的方式,在现有传统、态度和激励的框架内采取行动(Jervis 1997)。不幸的是,从社会整体角度看,其结果可能并不很理想。对于国家职业教育政策来说,这是个相当重大的问题。在教育培训中采取自愿性原则的国家,主要调节杠杆是"规劝"。改变现有激励体系的工作,注定会很复杂。

这里涉及大量的利益群体(在英国往往组织不力)。试图引发根本性改变的政策干预,必须是广泛的,需要不同的决策者、公共和个人机构的参与,并以协调的方式实施。这种政策形成方法在英国尚属罕见,常见的是不协调的、断裂式的渐进主义方式。近期政府所做的一项尝试,是通过一个中央政策机构来处理社会剥夺和贫困问题。这表明,政府试图引领一种纯战略性的、多机构参与的行动,传递出一种应对系统失效时所需的"协调性思考"(Jervis 1997)。

科学研究是否能协助完成这一任务呢? Schön(1987)倡导的方法有很多优点,值得推荐。他指出:如果研究者需要应对重要,但却散乱、令人困惑、似乎不可能解决的实际问题,就必须从一个全新角度着手。最重要的就是面对"确定问题的问题"。"我们不是通过解决技术问题,才将问题情境转化为结构良好的问题,而是通过确定和设计问题,使技术问题的解决成为可能"。这里的目标是构造出"一个结构良好的问题"。

要在职业教育领域设计出更好的方法,这也许是个忠告。在英国的职业教育中,"确定和设计"问题的过程往往是不完整的。人们往往只说明个人问题,而没有参考这个问题的其他因素,这就限制了研究为制定统一政策提供支撑的可能。正如 Jervis(1997,4)指出的:在国家体系中,"各个部分之间相互协调的重要性,至少等同于每个部分各自的重要性"。然而多数研究在提出建议时,却只着眼于单个组分,而不注重它们是怎样共同运作的。研究采用的过分狭隘的方法,还助长了一种已经十分严重的倾向,即决策者在发起一项倡议和方案时,必然会带有一些细微的、零星的弱点。整个倡议和方案往往都由于这些未能预见的零星弱点,而以失败告终,例如 YTS(青年培训计划)的惨淡结局。

我们认为,研究人员应在"确定和设计"上投入更多的时间和努力,目的是形成更高水平的问题。学术界也应该更加重视对现有研究成果的整理和综合运用,这样才能更清楚地认识自己知识方面的差距。目前,由于组织和学科方面的差异,英国的职业教育研究似乎呈断裂状态,也缺乏发展完善的、可用来交流和综合各种想法的机制,尤其是跨学科领域的机制和论坛。正如 ESRC 的《英国职业教育研究概述》所评论的:"我们所见到的研究模式,通常是一些平行的隧道,各自都不知道其同事在忙些什么。除非,或者说直到能将研究更好地整合,并采取一种全面的研究方法。否则,即使我们的局部知识会增加,对英国职业教育整体所面临的深层次问题,充其量也只能有一种碎片化的理解"(Brown/Keep 1998,106;Huddleston/Unwin 1997)。

我们没有低估综合性研究方法对决策者和研究人员的挑战,但正如文中所指出的那样,如果在这个方向没有进展,那么可预测的重大研究进展会相当有限。

9.9 学会烹饪:工作场所学徒知识与技能形成的分析

Susan James

9.9.1 简介

在《共和国》杂志中,Plato(Lodge 1947)提出了一种教育理论,它不针对教育机构中的学习,而是强调在职业中学习的重要性。Dewey(1944,309)是"做中学"的倡导者,他指出:"在职业中学习,比任何其他方法都能更好地将学习与相关因素结合起来……唯一适当的职业培训方式是在职业中培训。"在众多的职业中,人们很早就学会了如何在有经验的人的指导下,通过工作成为教师、医生、律师、工匠、教会领袖和哲学家。正如 Zuboff 所说的:"学习不是发生在进入工作场所前,或遥远的教室的一项孤立行为,'学习'与'生产性'行为是同一回事。学习不需要在生产活动之外付出时间;学习是生产活动的中心"(1988,395,引自 Hodkinson 2005,12)。

近年来,人们开始关注工作场所的学习,试图弄清知识技能是如何在这些环境中形成的,相关文献涉及面很广而且增加迅速(Billett 1995/1996/2002;Boud/Garrick 1999;Eraut 2001/2002/2003;Eraut 等 1998;Fuller/Unwin 2003a/2003b;Fuller 等 2005;Hodkinson 2005)。正如 Billett(2001,2)指出的:"对工作场所学习有两个根深蒂固的矛盾看法。一方面,工作场所提供了工作所需的职业知识,这是真实工作经验的价值;另一方面,工作场所的'非正式'学习环境特征,使学习经验的建构过程不再连贯,而且也缺乏指导环节,其学习结果是零散的、具体和有情境针对性的。"

产生这种矛盾的原因是研究对象本身的性质。大量在工作场所进行的学习和通过日常实践形成的知识技能,是含蓄而隐晦的(Eraut 2000a/2000b/2001)、很难把握的现象。

然而,最难把握的往往也是最具吸引力的。针对工作场所学习的著名研究项目是 Lave(1993)对西非裁缝的研究。她发现,裁缝通过参与工作实践,逐步从新手成为实践共同体的成员,从而习得手艺。其他类似研究还有 Billett(1995/2001)对美发师知识技能形成过程的研究,Scribner(1999)对乳制品工人知识的社会建构过程的研究以及 Hutchins(1993)关于导航员职业学习的研究。所有研究都采用了非参与式观察与访谈相结合的方法。如 Felstead 等（2005）的案例研究重点分析"工作中学习"的理解与能力的细小而重要的变化。

这些研究没有做到的，是如何通过深入分析（丰富而生动的）数据去了解学到了什么知识，以及是怎样学到这些知识的。本节介绍一篇针对该领域研究的博士论文，目的是弄清工作场所的各项元素是如何促进知识技能形成的（Billett 2001），从而对"工作场所学习"这一复杂现象进行更深入的理解。

9.9.2 关于本项研究

工作场所的生产环境中有很多学习机会。本研究的目的是找出这些机会，弄清工作场所的各项元素是如何为学习提供可能的（Billett 2001）。为此，我们重点研究一批接受厨师培训的年轻人，分析他们如何通过学徒实践形成知识技能，进而成为合格的厨师。给出的数据用以回答以下问题。

（1）成为厨师需要哪种知识技能，如何在工作场所中通过国家职业资格（NVQ）评定？

（2）如何在厨房活动系统中形成知识和技能？

（3）厨房的实践活动如何促进或阻碍学习？

（4）学徒和更有经验的共同参与者的个体发展如何影响工作场所中知识和技能的建构，以及 NVQ 的评价过程？

9.9.3 场所

为了解工作场所中知识技能的形成过程，选择一些厨房案例作为研究场所。不同的厨房在文化、历史、社会、结构和组织等方面有不同的特点。表 9-1 是本研究所选场所的概况。

表 9-1　厨房概况

	The Hutch	Chives	Gastronomique	Sebs
目标	提供符合制度标准的食品	提供符合制度标准的食品	使用地方配料，提供高水平大餐	提供符合制度标准的食品
收入来源	预算提供	预算提供	视盈利状况而定	预算提供
员工	＊学徒 1 名（NVQ 二级） ＊厨师长 1 名 ＊副厨师长 2 名 ＊厨师助理 2 名 ＊杂务工 4 名	＊学徒 8 名（所处学徒阶段不同；NVQ 二级） ＊厨师长 1 名 ＊副厨师长 1 名 ＊面点师 2 名 ＊厨师助理 4 名 ＊杂务工 6 名	＊学徒 1 名（NVQ 二级） ＊厨师长 1 名 ＊副厨师长 1 名 ＊厨师助理 4 名 ＊杂务工 3 名	＊学徒 1 名（NVQ 二级） ＊厨师长 1 名 ＊副厨师长 1 名 ＊厨师助理 2 名 ＊杂务工 2 名

续表

	The Hutch	Chives	Gastronomique	Sebs
厨房规模	中型厨房	大型厨房（规模与医院厨房相当）	小型餐馆厨房	中型厨房
培训提供者	PTP	PTP，连同饭店自设的学徒项目	继续教育学院 F. E. College	继续教育学院 F. E. College

9.9.4 参与式观察法

学习发生在工作场所。职业文化的传承取决于为使企业生存而不断学习工作知识的个人。我们不知道该学习过程是如何实现的。要了解学徒知识技能的建构过程，必须将工作场所作为一个整体去理解，了解学徒在这个场所中的地位、任务及参与的会话交流。

起初，我们采用非参与式观察法观察工作场所、了解厨房及其工人间的关系，以此来收集数据。但一个星期后，我们发现这种工作日观察的可靠性很有问题。有外人在厨房里会让工作人员感到不自在（Ruhlman 1997/2001）。厨房是个充满紧张气氛的地方，这种压抑感觉往往通过骂人、恶作剧或大喊大叫得到缓解（Bourdain 2000/2001）。起初三天，员工并没有显露这种发泄紧张情绪的迹象。但是很显然，有外人在场，特别是还在做记录，这使员工越发紧张和痛苦并影响了他们的工作。因为通常进入厨房做记录的人不是卫生监察员，就是某种考评者。

从第二个星期开始，研究采用了参与式观察法，厨房气氛发生了显著改变。虽然与前一周相比，获得数据不那么具体（因为无法准确记录谈话内容），却更准确地反映了厨房员工的日常经历。这样得到的数据能更准确表述厨房及其员工的状况，其细节的缺失可以通过数据的有效性得到补偿。共同参与完成工作任务的做法，有助于与学徒的深入交谈，也能收集到采用非参与式观察无法得到的隐性数据（Robson 1993）。通过参与式观察可以了解整个操作系统；通过半结构式访谈可以了解厨师和学徒如何看待自己的作用。这样可以对现象进行很好的解释，使其变得清晰易懂（Alasuutari 1995，147）。

9.9.5 数据分析

9.9.5.1 分析策略与方法

研究采用民族志方法，数据可用来做大量生动的描述（Burgess 1984；Hammersley/Atkinson 1995）。通过这些数据可以分析岗位学习和岗外学习的活动体系和互动方式，从而了解学徒生活的全貌。为准确记录学徒的世界（Schütz 1954），每期厨房观察结束后，我们都把收集的数据与研究问题和理论框架进行比较，从而发展出了一种新的研究方法。在半结构化的访谈法中，通过观察和提问，每个数据都影响和设计着之后的数据。这一数据收集分析过程与 Burgess 等（1994）的方法类似。他们在沃里克郡中学进行案例研究中提出了一个名为"成就记录"（Records of Achievement）的策略。"不能简单将数据分析与研究的其他环节分开。相反，数据分析对提出问题的方式、场所选择和数据收集方式的影响很大。"

虽然 Burgess 等研究的是学校发展项目，但是他们采用的数据收集方法与本研究是一致的。如图 9-1 所示，数据集 X 产生于 Chives 的现场调查。在收集 Gastronomique 数据之前的数月中，我们参考研究问题分析了从 Chives 获得的数据。当发现某些问题尚未得到答案，或者还需要更多数据才能充分回答时，在之后的厨房调查中就会再次关注这些方面，从而得到了数据集 Y。"随着分析过程的发展和改变，关于'重要问题'以及现场记录所含内容的认识，也在发生着改变"（Hammersley/Atkinson 1995，180）。同样，在 Gastronomique 进行完调查后，又会继续分析所得的数据，其分析结果又影响在 Sebs 的数据收集，从而产生数据集 Z。

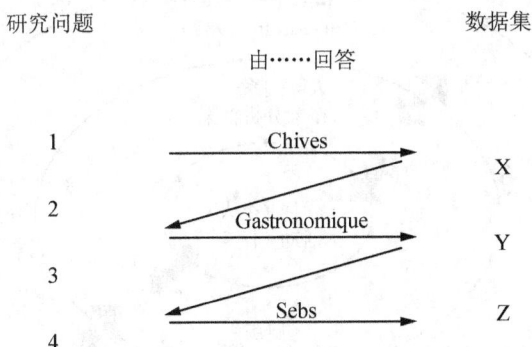

图 9-1　研究问题对数据集的影响

本节的其余部分解释了数据分析策略设计中运用的理论和经验。数据分析过程划分为三个阶段：①共同体层面的分析；②人际层面的分析；③个人层面的分析。每个阶段的分析都是相互联系的，三个阶段之间有时也会重叠。

分析针对三个"分析单位"进行：①活动（Engeström 1987），这在下文将继续讨论；②概念性分析框架（CAF）（Moore 1981）；③个体（Rogoff 等 2002；Engeström 1987）。

在研究学徒的发展过程时，运用多种理念分析数据，强调"不同层面背景中的互动关系"，将注意力集中在"了解更广阔层面的背景中的活动设计，以及活动之间的影响"（Sellman 等 2002，892）。Rogoff 等用该方法对一个女童子军项目进行了分析："要研究每个人、她们的合作伙伴和社区做出的贡献，可重点分析其中任何一项，同时还要关注分析的其他方面"（2002，267）。

通过研究集体活动、人际互动和个人的活动，展现出了一组由多个分析焦点构成的关联性视角(Rogoff 1995)，强调不同时间活动的不同方面(Sellman 等 2002，891)。然而，Rogoff 指出："……研究者还是很难理解合作伙伴和文化对认识方式形成的影响。这里似乎被一种非此即彼的观念所支配，即发展的原因来自个人或外部世界……但是社会文化引起了分析单位的变化，就演变成了整个社会文化活动……只有将社会文化活动作为分析单位，才能理解如何通过个人努力、伙伴式参与以及文化传统来进行认识"(2002，268-269)。

本研究中，Cole(1998)和 Sellman 等(2002)的工作就是用来克服这种非此即彼观念的。Cole 用一个三环图阐明了"文化可以通过环境中各层面的相互交织形式呈现出来"；Sellman 等对 Cole 的图做了改动，以此描述学生被排除在外时，环境各个层面的状况。本项研究也对该图进行了修改，目的是说明集体活动、人际关系和个人之间的联系、餐饮业中文化历史因素的影响、厨房特征以及在厨房学习中发生的活动和任务。图 9-2 描绘了三个分析阶段。

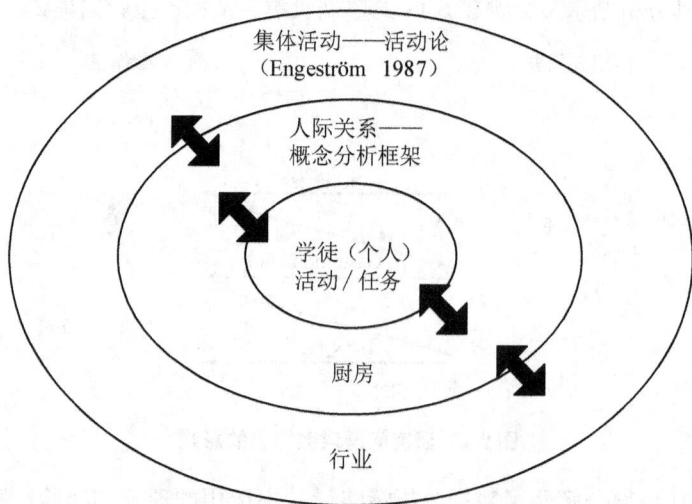

图 9-2　三个阶段和三个分析焦点

下文描述了三个分析单位，并解释了分析的三个阶段。

9.9.5.2　分析单位

我们之所以决定采用现有的理论，即活动理论和 CAF，而没有采用扎根论方法(Glasser/Strauss 1967)，是源于对研究问题的理解。鉴于数据收集方法和时间所限，采用现有理论和 CAF 是适合的(Robson 1993；Hammersley/Atkinson 1995)。当然也不能完全照搬 CAF，因为厨房的实际情况比理论要复杂得多。Rogoff 等很好地解释了三个分析焦点："个人分析强调活动中个体做出的贡献和变化；人际分析强调人际间交流协作做出的贡献，无论以面对面方式还是远距离方式；团体分析的重点是动态文化实践和机构传统对活动的贡献(2002，270)。"

采用多个分析单位，我们既可以把重点放在一个单位上，同时又能利用其他单位的基本信息弄清原始数据的意思。例如，分析的对象可能是某个学徒(个人)承担的任务，但同时也可以兼顾其他厨师(人际间)通过指导或工作流程产生的影响。Rogoff 等(2002，270)将这称为"初级焦点和次级焦点"。

9.9.5.3　活动理论

活动理论(Engestrom 1987)关注的是一个活动系统，如一间厨房。Sellman 等(2002)指出："活动代表一个分析单位，即活动系统(Cole 1996，40)，由此分析置身于社会体系历史文化实践中的个人。"活动理论为对一个活动系统进行分析提供了系统化的概念，这里如劳动分工、共同体、规则、器械／工具／人工制品，以及(学徒)在活动系统中的客体和主体地位等。图9-3 是对活动理论的描述。

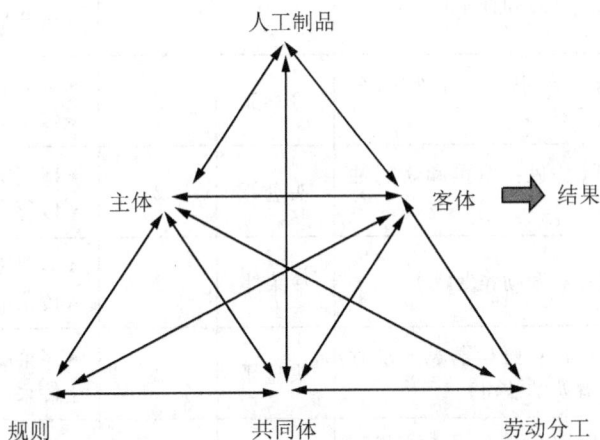

人工制品

主体　　　　客体　➡　结果

规则　　　共同体　　　劳动分工

图9-3　活动理论三角图

然而，这些分类并不能完全解决厨房的复杂性问题。如"劳动分工"显然不是一个单一类别，它是空间、步调、常规、等级和工作流程的结合。通过采用CAF，增强了活动理论的解释力。它把厨房摆在显要位置，关注如厨房的组织结构对活动产生的整体化的影响。但是当孤立应用活动理论和 CAF 时都不会关注到这些。表9-2 将 Gastronomique 的菜单分解为多个部分和细节，厨师只涉及若干菜品的准备工作。活动理论强调分工，CAF 则进一步分解了菜单条目，从而可以解释烹制这一菜肴时每个厨师的作用。因此，通过将数据排列为三角形(Denzin 1988)，第二个分析焦点提供了更为精细的数据检验。

表 9-2　菜单分解

菜单项目		厨房部门	厨师参与人数	参与厨师
开胃食品	＊蒜味蔻斯提尼（佐以：腌制凤尾鱼和红洋葱）	冷菜部	2	＊冷菜厨师或学徒 ＊传菜员
	＊托斯卡面包（佐以：香油蒜和羊奶干酪）	冷菜部	2	＊冷菜厨师或学徒 ＊传菜员
第一道菜	＊生菜制凯撒色拉	冷菜部	2	＊冷菜厨师或学徒 ＊传菜员
	＊香烤瑶柱海鲜王（佐以：四季豆、韭菜、红葱和香醋）	头盘部	3	＊冷菜厨师或学徒 ＊蔬菜厨师 ＊传菜员
	＊烤醋腌茄子（佐以：羊奶干酪、罗勒和大蒜）	冷菜部	2	＊冷菜厨师或学徒 ＊传菜员
	＊烤肥肝（佐以：煎蛋和烤奶油面包）	头盘部	2	＊蔬菜厨师 ＊传菜员
	＊洋里番茄和罗勒荞麦咸饼	冷菜部	2	＊冷菜厨师或学徒 ＊传菜员
	＊洋蓟（佐以：野生蘑菇、水煮蛋和细香葱奶油沙司）	头盘部	2	＊蔬菜厨师 ＊传菜员
主菜	＊牛肉汉堡（佐以：熏肉、蓝纹乳酪、牛油果墨西哥酱和自制薯片）	烧烤部	3	＊学徒 ＊烧烤厨师 ＊传菜员
	＊鲑鱼片（佐以：朝鲜蓟泥和烤婆罗门参）	烧烤部	2	＊烧烤厨师 ＊传菜员
	＊烤苏格兰巴克鲁牛排（佐以：香草牛油汁和自制薯片）	烧烤部	3	＊学徒 ＊烧烤厨师 ＊传菜员
	＊烤绿头鸭（佐以：紫甘蓝、香草烤土豆和橙橘沙司）	烧烤部	2	＊烧烤厨师 ＊传菜员
	＊干烧青椒（佐以：西红柿、蒸粗麦粉和法式刺山柑酱）	冷菜部	3	＊冷菜厨师或学徒 ＊传菜员
	＊意式烩饭（佐以：菠菜、焦糖洋葱、柠檬和烤松子）	头盘部	2	＊蔬菜厨师 ＊传菜员

续表

	菜单项目	厨房部门	厨师参与人数	参与厨师
主菜	*烤大比目鱼排（佐以：柠檬和百里香黄油）	烧烤部	3	*学徒 *烧烤厨师 *传菜员
饭后甜品	*梅干和阿尔马涅克酒蒸黄金糕（佐以：香草冰淇淋蛋糕）	面点部	3	*副厨师长 *学徒 *传菜员
	*冰镇摩卡咖啡和太妃糖甜点（佐以：金枣果酱）	面点部	3	*副厨师长 *学徒 *传菜员
	*卡布其诺奶油巧克力锅（佐以：开心果饼干）	面点部	3	*副厨师长 *学徒 *传菜员
	*奇异果烤腌肉串（佐以：香槟果冻）	面点部	3	*副厨师长 *学徒 *传菜员
	*洋奶酪葱饼（佐以：酱拌野生箭生菜）	冷菜部	2	*冷菜厨师或学徒 *传菜员
	*各色可选冰淇淋和冰果汁	面点部	3	*副厨师长 *学徒 *传菜员

9.9.5.4 概念分析框架（CAF）

图 9-2 将被分析的层面和阶段描述为若干相互影响的环。外环的活动对人际关系的影响，对理解学徒在工作场中所形成知识技能很重要，因为活动理论强调团体活动，而 CAF 是用来分析构成这一共同体的人际间关系的。在分析的第一阶段应用了活动理论后，CAF 又使更深层次的第二阶段分析成为可能，同时提供了一个新的焦点，使关于厨房及内部员工活动的更多细节浮出水面，这一点已在上一部分阐明。

CAF 的基础是 Moore(1981)的研究成果。他在体验学校开展的研究试图"发展出一种系统化确定体验教育教学法和课程的方法"(Moore 1981，ii)，目的是"审视多种体验，并从教育学角度找出分析方法"。Moore 提出了"一个用以分析非教室环境下的社会教育组织的概念框架"，在此框架内重点研究以下四个领域，这四个领域正是本研究数据分析的基础。

➤ 组织及其活动的逻辑特征、技术特征和实用性特征；

> ➢ 把任务划分为三个阶段进行分析，即确定、实施和验收；
> ➢ 参与者的特征；
> ➢ 工作场所的组织分析。

本研究对 Moore(1981)的分析框架进行了完善，使收集的数据更加贴切和详尽。例如，Moore 的分析框架虽然考虑了参与者的特征，但却停留在一个基本层面，只是引用并简单讨论了"社会知识积累"(Berger/Luckman 1966)。尽管原有的分析框架也包含了参与者的个性、动机和身体素质等个性特征，但在数据收集阶段还是发现学徒身上的另一些特征的重要性，如先前的经验以及学徒对自己厨师身份的表现。这些方面对学徒能否抓住眼前机会来建构自己的知识和技能，显然有着重要的影响。因此，新的分析框架考虑了这些因素，即强调了厨房内的人际关系。

9.9.5.5 个人

虽然共同体和人际关系影响着个人的知识和技能的形成，但是仅从这两个方面无法决定个人学习的内容和方式。事实上，始终是由个人来决定到底要吸收哪些信息，哪些信息是重要或不重要的(Wertsch 1998；Billett 2002)。个体带着原有的知识、经验、动机和倾向参与到环境中，这会影响学习的过程(Prawat 1989；Billett 1996)。原有知识和经验既可能是前一天获得的，也可能是自己个性化的历史发展阶段，这些都将影响学习过程。

正如 Billett(2001, 37)所说："个人如何参与到工作场所的活动中，与从那些活动中学到的知识可能会不一致，这是由于每个人在工作中的思考和行动的基础不同。个人的学习不是简单通过实践经验来'吸收'知识，它受到带入情境中的原有知识的影响。这些个人影响是个人历史的产物。实际的学习过程，即赋予事物意义的过程，是一个互动的过程。在此过程中，学习者转变了对于知识源的看法。"

为了解个体是如何获得和使用这些资源，并将其作为知识和技能建构过程的一部分，必须把个体作为一个独立的分析单位。下面，我们把三个分析单位作为分析焦点，对研究策略进行更详细的讨论。

9.9.6 分析阶段

首先，按照活动理论(Engeström 1987)，通过参与式观察和半结构化访谈法收集数据，进行共同体层面的分析。第二阶段引入改良后的概念分析框架(CAF)，进行人际层面的分析。第三阶段分析学徒在厨房中的发展，这是个人层面的分析(Rogoff 1995)。

第一阶段：共同体层面的分析

采用参与式观察，有可能在开始收集数据时同步进行分析。当分别置身于三个厨房中时，可以发现很多细节，单纯通过外部观察是做不到的。这些细节如活动体系的结构和组织，包括等级、节奏、常规、空间、工作流程和劳动分工等。正如前文所讲，确定数据和熟悉数据，在每次田野研究收集数据的第一天就开始了(Pendry 1996)。融入三个厨房，不仅可以熟悉数据，而且可以对厨房进行生动的描述。活动理论为获得数据提供了指导，即提供了一种对厨房进行思考的方式。

一开始，对在第一个厨房(Chives)收集的数据只是按照 CAF 分类方式进行编码，采用的是 Atlas. ti 质性分析软件，还没有按照活动理论进行分析。虽然 CAF 提供了一种对数据进行思考的方法，但很难对工作场所进行可靠的描述。因此，在为期一个月的 Chives 厨房工作中，尽管编码和分析很具体，但仍然不足以把握厨房发生的事，未能对收集到的数据进行合理的处理。例如，厨房工作并不只是提供菜单上的菜肴那么简单，这还要考虑其他很多因素，如时间安排和厨师间的配合。采用活动理论启发和指导第一阶段的分析，提供了一个从宏观层面对厨房进行思考的方法，同时也促进了 CAF 第二阶段，即微观阶段的应用。在第一阶段分析中，活动理论三角图提供了一种思考方法，即分析发生了哪些活动，活动是怎样发生的，涉及什么人和事。这是对数据的概念化组织。可采用 Atlas. ti 软件进行编码。

通过第一阶段的分析，可以发现工作场所中促进或阻碍学徒的经验性学习的问题，如组织结构因素，厨师长扮演的角色和他的个人发展经历，对学徒过程的追溯，在厨房学习与职业院校学习的区别。

第二阶段：人际层面的分析

即采用 CAF 对数据进行编码和进一步分析。活动理论三角概念分类，可以帮助我们更好地利用 CAF。例如，在第一阶段分析中如果用到了"劳动分工"概念，这个广义编码在第二阶段就强调了任务中的数据。之后可对来自 CAF 的数据进行编码，编码时强调谁确定了这项任务、如何制定这项任务、实施任务过程中涉及了哪些内容、谁来处理任务(以形成性和总结性方式)以及采取怎样的形式进行处理。

第二阶段的编码包含对数据的大量解读，从而确保编码能够准确表达、把握数据。第二阶段还对第一阶段的分析进行修正。应用 CAF 对数据进行的编码与第一阶段强调的内容不同。如在对组织氛围和思想体系(OEI)进行编码时，第一阶段强调厨房特有的劳动分工和规则，如果想弄清学徒是如何融入组织氛围中以及如何习得组织的思想，关注的就不再是团体的分工和规则了。从不同方向审视数据，有助于全面把握事实。

第二阶段的分析比最初预期的更深。通过任务分析单和对现场笔记的深入解读，可以深入了解学习的情节，学习过程的支持和发生模式也变得清晰。不仅学徒的发展轨迹清晰可见，而且为知识和技能的形成提供支持的机制也变得非常清晰。因为，按照 CAF 开发的任务分析既确定了学徒完成的任务，也为探索这些任务提供了可能。我们由此也认识了如何推动学习，从而弄清了学习的机制。

第三阶段：个人层面的分析

在分析的第一和第二阶段已经确定了主体(即个体)——学徒。在第二阶段的编码和分析后，第三阶段是对编码记录再次进行解释，从而认识那些尚未被发现的、与个人相关的常规和异常状况。第三阶段数据解释的重点是"个人对活动做出的贡献和在活动中的变化"(Rogoff 等 2002，270)。依据三个厨房层面分析的结果，建立了一套关于厨师和学徒的分类，同时区分了它对学徒学习产生的不同影响以及不同的学习过程。在第三阶段，经常要参考第一和第二阶段的分析，因为我们的目的不仅是了解个体的发展，也要弄清个体在厨房的更大范围中所扮演的角色(Rogoff 1995；Rogoff 等 2002)。

9.9.7 结论

本项研究考察的现象和选择的研究场所非常复杂。学徒在厨房中学习知识和技能的过程是发展性的。学徒在进入工作场所时根本没有，或者只有很少厨师知识和技能。在成长为厨师的道路上，知识和技能的形成是通过参与厨房工作和参与完成工作场所任务实现的。因此，采用多种理论、从多个层面，即按照"理论三角剖析法"(Denzin 1988)进行数据分析具有重要的意义。对这一学习过程分析得出的结果对了解学徒发展轨迹提供了帮助，而多层面分析是本项研究的一个独特优势："当利用一个理论无法深入研究时，可利用其他理论解释那些尚未解释的事实。对任何一个田野问题的解释，都可应用不同的理论，每种理论产生出不同的数据，每种理论都受其所看问题的角度的限制"(Bensman/Vidich 1960，165-166，引自 Hammersley/Atkinson 1995，214)。

应用多焦点的分析方式，有助于将理论基础与研究设计进行更好的结合，同时又保证结构的灵活性。本研究具有民族志的特性，田野研究通过丰富而详细的描述，使成果的分析表达能与民族志哲学相一致。在分别描述三间厨房学徒在工作中建构知识和技能的过程时，研究采用了一种更为叙事的方式。近年来，人们对工作场所中学习的关注度提高了(Hawke 1998；Billett 2001)，并进行了很多前期研究，如对教育培训与经济效益间关系的研究、对提高整体劳动力技能需求的感知(Wolf 2002；Finegold/Soskice 1988/1990；Keep/Mayhew 1988)、对全球化和竞争力的研究(Brown 等 2001)、对从教向学转变并强调个人承担学习责任的研究(Billett 2002；Forrester 等 1995；Carnoy 1999)等。本研究采用多元方法得出的精细的分析结果，可以帮助研究管理行业和教育共同体获得更多的信息。

9.10 职业教育的迁移性、灵活性与流动性 ——COST 行动 A11 项目

Frank Achtenhagen　*Susanne Weber*

9.10.1 起源——研究问题

COST 是"欧洲科学技术研究领域合作"的首字母缩写，是一个欧洲国家出资进行的国际合作研究计划。它通过创建科学网络，促进研究和技术活动的国际合作。"A11 行动"项目针对社会科学领域，由 COST 提供协调工作的财政支持，如组织工作坊、会议、短期科研任务和出版等。

在此，"行动"是一个协调多国研究项目的网络，一般至少有 5 个成员国，"A11 行动"由 17 个国家的研究人员组成。每项 COST 行动都有一个总目标和一套定义清晰的子目标体系，这些目标通过"行动"中的合作来实现。

"A11 行动"是按照"德国研究基金"（Deutsche Forschungsgemeinschaft）下设"职业教育培训研究专家委员会"的议案设立的。委员会主席 Achtenhagen 在职业教育领域进行了一项可行性研究（Achtenhagen 等 1995）。"A11 行动"于 1997 年启动，2002 年 6 月在瑞典哥德堡召开最后一次会议后宣告结束。

在有关"发展大趋势"及其对经济、政治和社会的影响，以及提高劳动者素质和消除失业（特别是青年失业）方面的研究中，COST"A11 行动"集合了发达国家出现的所有的新研究方法。

科学的研究行动一般会涉及广阔的研究领域、采用灵活的混合式方法、具有明确的研究方案和理论基础。决定职业教育发展的因素集中在教学方面，而不在像多数国家关注的组织和机构方面。社会科学一些相关学科的研究成果，可以为职业教育发展做出直接的贡献。

"A11 行动"的目标是加深对职业教育的灵活性、可迁移性和流动性等方面的认识。尽管这些目标已经被世界各国所接受，但是大家对此了解还是不多，对这些发展趋势对劳动市场和个人生活产生的影响也缺乏认识。

由于各国职业教育体系不同，对教学效果的研究只能在不同的制度条件下进行，这反而有助于更深入地理解职业教育的目标和作用。研究采用多种实证方法的重要目的，是开发有助于整合不同研究理念和成果的理论。由于职业教育研究涉及多个学科领域，如普通教育和成人教育、课程研究与开发、社会学、心理学、教学论和专业学科等，这一点显得尤为重要。

9.10.2　研究方案及其方法设计

"A11 行动"研究有 5 个议题，即职业教育的背景与投入，职业学习过程，复杂教学组织与环境的设计，职业教育的基础条件，职业教育的结果：评价与考核。

1. 职业教育的背景与投入(主席：英国 Lorna Unwin，芬兰 Antti Kauppi)

由于上文所述的"发展大趋势"改变了工作条件，人们需要通过新的方式为参与工作生涯做好准备。以下列出了一些必须解决的问题。

➢　工作生涯中的问题和需要如何反映在不同工作岗位和职业学校的教学过程中？

➢　如何通过职业教育来改善工作条件，并定义新的工作？

➢　如何反映新的资格要求，包括工作场所的关键能力、领域特定角色的相关知识、通用的问题解决能力和团队工作能力？

➢　对于没有接受过足够正规教育的年轻人，应如何防止其长久处于失业状态？

2. 职业学习过程(主席：芬兰 Yrjö Engeström，Terttu Tuomi-Gröhn)

➢　对不同场所学习机会的描述和分析，包括工作岗位、学习角和职业学校；

➢　从学习过程到工作实践的迁移，以及由工作实践到学习的迁移；

➢　不同场所(工作场所和学习场所)学习过程与培训之间的交互；

➢　领域特定知识的利用与通用问题解决技术(如调整学习过程以适应新任务的能力)之间的相互影响；

➢　促进学习的转化：对变化了的情境进行有效处理、适当改变工作条件以及在不同环境下的("跨境")行动。

3. 复杂教学组织与环境的设计(主席：德国 Peter Sloane，荷兰 Regina Mulder)

➢　针对教学方式和多媒体设备，以及个人学习模式和合作学习模式的要求，设计复杂教学组织与环境的方法；

➢　职业教育课程单元中，系列复杂教学组织与环境的设计；

➢　工作过程中复杂教学组织与环境的设计；

➢　在复杂的教学组织与环境中，有效利用多媒体和远程开放教育课程研究；

➢　按照不同环境和文化，在复杂教学组织和环境中进行模拟教学的研究；

➢　在复杂教学组织中，采用自我导向和目的导向学习的可能性研究。

4. 职业教育的基础条件(主席：荷兰 Wim Nijhof，Loek Nieuwenhuis)

➢　界定开展行动导向教学的有利和不利因素，包括雇主、企业、工会和教学模式等；

➢ 根据生产过程要求，特别考虑复杂教学组织和环境的有效应用，确定专、兼职教师的培训需求；

➢ 教师和实训教师根据自己的专业和教学能力重新设计自我形象。

5. 职业教育的结果：评价与考核（主席：德国 Klaus Beck，英国 Frank Coffield）

➢ 考虑个性因素及其与职业教育之间的相互影响来设计评估过程；

➢ 开发能评判认知发展水平（如解决复杂问题）、情绪、动机、社会行为（如交流与合作）和道德判断力的评估程序；

➢ 根据欧盟的标准，确定职业教育结果的职业等级；

➢ 对接受非正规职业教育的年轻人的学习成果的描述；

➢ 针对（企业行业内、企业行业间的）流动性，对职业教育做出中长期评价；

➢ 开发实践性强的，可靠而有效的评估程序（适合大规模测评）；

➢ 比较不同复杂教学组织与环境的学习效果。

每个研究小组的活动都是按照《谅解备忘录》并根据各自专长设计的，在此综合考虑了各国的研究水平、研究方法、项目合作与成果交流以及出版等问题。整个行动计划的负责人是德国的 F. Achtenhagen 和英国的 F. Coffield。

9.10.3 研究过程

项目的可行性研究发现了一种清晰的规律，即具有高度可迁移性的学习，是高流动性最好的保障，而灵活的职业教育体系能够确保教育培训、学习和工作的数量和质量。

在"A11 行动"的起始阶段，很难确定哪些国家的哪些研究人员可以胜任这一任务，也很难说服他们进行合作。在这方面，认识的提高以及相应工作网络的发展也是本行动的主要成就。

问题是：为什么把"行动"重点放在教学和工作过程上？可行性研究的《谅解备忘录》指出，过去的职业教育研究多数围绕制度性的、组织机构和政策性的问题，微观层面的问题微不足道，这在欧洲职业培训与发展中心（CEDEFOP）题为"欧洲培训"的综合研究中得到了体现。该研究报告由三本厚书构成，包括 55 名研究人员撰写的 34 篇文章。按照乐观估计，其中只有 1.5 篇文章涉及教学过程，仅有 2 人在"行动"中长期工作，1/3 的研究人员数年前离开了"行动"的工作（Descy/Tessaring 2001）。

"行动"之所以特别关注教学过程，是基于一种强烈的信念：职业学校中进行的职业教育要想独立于企业存在并获得社会认可，就必须通过自己的成功来证明，它们的教学设计（包括课程、教学方法和媒介）能够比企业培训提供更好的学习成果。他们认为,工作场所的学习不比学校学习更好、更有效。这一观点也有相关研究成果支持,即所谓的可靠学习经历并不一定比职业学校学习的效果更好。只有关注学习经历的真实性,工作场所的学习才具有积极意义(Achtenhagen/Weber 2003)。

研究还提出了"惰性"或"隐性"知识问题,因此我们也需对"去情境化"或"迁移性"问题进行研究,这反映在第二组和第三组的课题。这里的重要成果是,Engestrom的活动理论法超越了传统的"迁移"概念,强调发展性迁移和扩展性学习,为工作场所和学校学习过程的完善提供新的可能。这些成果不仅对职业教育有重要的意义,而且在更广的范围内得到了应用(Tuomi-Gröhn/Engeström 2003;Achtenhagen/Grubb 2001)。

在有关职业教育立交桥的讨论中应特别关注一点,即职业教育必须得到传统(学术)教育体系和高等教育机构的认可(Raffe 2002)。有关职业教育专业失去职业教育特点,变得越来越普通教育化的例子随处可见,这是一个"殖民化"的过程。通过对职业教育教学特征的加强(如课程与教学论法的研究及发展)的强调,可以完全证明:职业教育的目标和内容与学术性教育机构相比具有同等的水平。学术教育的目标和内容来自古希腊的"通识教育"理论。可以肯定的是,学术科目没有覆盖我们日常生活的重要领域,如经济、技术、法律、医药和教育。职业教育研究工作应当设计出合理的教学步骤,以此为基础实现普通教育与职业教育体系之间的等值,消除由于立交桥的建立而带来的不良后果。

"A11 行动"遇到的一个主要问题是对"流动性"的认识。可行性研究对这一概念做了一个操作性的解释:"流动性是有效满足劳动市场需求的潜力(包括在职业和企业内,以及不同的职业和企业之间)。"A11 行动"在这一方面上并未取得显著进展,尽管 Coffield 认为,流动性问题已逐步升级为所有欧洲国家政治议程中的头等大事(2002)。这里的原因是,不同职业教育水平导致的流动性与移民问题交织在了一起。特别是对那些非移民国家的人们,灵活性措施的作用并没有得到充分体现。

由于"A11 行动"计划覆盖了众多研究问题,因此项目成果也是多方面的。下面是一些主要成果,但未说明它们彼此间的联系。

(1)通过发展活动理论建立新的"迁移"概念,主要是解决"惰性知识"问题,即在职业教育中获得的,但不能在工作中使用的知识。开发的理论模式在不同的工作场所和专业中得到应用,这超越了传统的"迁移"概念,对职业教育改革提供了重要启发(Tuomi-Gröhn/Engeström 2003),但对"发展性迁移"的实证研究尚处于起步阶段。我们还需要进一步研究,特别是描述和分析在较长时间范围内,不同活动体系如何实现交互并为拓展性学习创造机会。这些研究需要探索物质世界与个人学习轨迹、机构发展轨迹以及不同活动体系之间的关系。通过变换描述层面，我们能更好地理解集体性转型，以及在集体性转型过程中个人是如何进行学习的。

（2）复杂教学环境的建构、实施和评价：主要目的是开发新的方法，以克服传统职业教育课程、培训计划、指导和训练过程简单的线性化结构。新的复杂教学组织与环境应符合工作场所中日益增强的复杂任务的要求。这些复杂教学环境的开发涉及多个学科，也同样经过了评估（Kremer/Sloane 2001；Mulder/Sloane 2004）。研究证明：复杂教学环境对提高职业教育质量是强有力的工具，这对战略性知识的发展也有重要的意义。本研究成果具有很高的水平，这对 Raffe（2002）提及的"殖民化"影响也是一个重要论证。

（3）在终身学习理念指导下，评价有关工作场所学习的理论：研究给出了细化模型和推广等方面的案例，成就动机和元认知也有非常重要的意义。这项研究主要是理论研究，还有待（协同的）实证研究的证明。

（4）职业教育微观、中观和宏观层面上的评价和考核程序：通过和谐程序，将不同层面得出的结果进行结合。开展这些研究的原因是：①职业教育领域的评价和考核的水平严重落后；②对不同层面间的关系处理不当，需要发展出新的方法。通过对各国最佳实践范例的确定和描述，能够从不同文化中汲取共识并促进"转移"（Beck 1999；Breuer/Beck 2002；Ecclestone 2002）。

（5）"行动"以实例描述了职业教育的政策、管理和机构方面的条件：职业教育领域在多数国家被视为"未知领域"。各国出版的描述性研究都显示，作者对职业教育政策制定所依据的文化、政治和历史背景的信息严重不足（Nieuwenhuis/Nijhof 2001）。

（6）"行动"证明了，职业教育依赖所在的文化背景：这反映在按照活动理论进行的教学研究中（Brown/Keep 2000）。

（7）对"灵活性"概念进行更严格的表述和评价：包括投入的灵活性（如更强的响应性、灵活的资格和认证结构）；过程的灵活性（方法、地点、速度或研究顺序的灵活性，或个性化路径）和成果的灵活性（如可迁移性技能、关键能力、员工流动性）。这一点还应放在职业教育立交桥这个大背景中来看。在此，本研究也与一些大型政策项目有关，如 OECD 的"真正实现过渡：从职前教育到职业生涯"项目（Steiner 等 2000；Nijhof 等 2002）。

（8）在职业学校课程和企业培训计划开发方面取得的成果。

（9）讨论并提出了职业教育教师和企业培训师的培养培训规划和建议。

以上是本领域课题的直接成果。此外，对促进职业教育研究还提出了有价值的构架和建议。

（10）"行动"确认了职业教育研究领域有能力的研究人员和研究机构，这是欧洲职业教育研究发展迈出的重要一步。

(11)"行动"确定不同学科对解决职业教育问题所做的贡献,这对开展跨学科研究的项目来说是一个必要条件,这也更加符合工作场所问题的复杂性要求。

(12)"行动"明确了不同文化为解决共同的职业教育问题所做出的贡献,这对欧洲职业教育研究的发展是重要的。

(13)"行动"是第一个由来自不同国家的研究人员共同开展的研究项目,通过"行动"收集和出版了大量知识,并定义了新的、创新性的研究主题。

(14)"行动"促进了青年研究人员的发展,主要措施包括学习访问、举办论坛和接受资深研究人员的指导等。

(15)"行动"帮助研究人员与其他国家职业教育领域的政治家、决策者和行政官员建立了联系。

(16)从整个欧洲的角度看,最重要的成果可能是知识增长、友谊与信任的发展,即建立了职业教育研究人员的工作网络。例如,各国开展合作研究项目,举办国际会议,交换研究人员以及共同编辑大型出版物等。

"行动"共出版了 15 册书籍以及数百篇论文和报告(Achtenhagen/Thång 2002; Achtenhagen/John 2003)。

9.10.4 科学与实践意义

最后我们做一下展望,并为未来的研究和开发工作提供一些启示。

(1)在教学(培训)—学习(工作)过程的研究上需要投入更多的努力。

(2)所有对"迁移"问题进行的研究都取得了显著进展,特别是不同国家开展的比较研究,其中包括双边和多边合作项目。

(3)职业教育的"灵活性"问题(立交桥)研究已经建立了相当清晰的结构。

(4)职业教育的"流动性"问题尚未解决。这个问题过于复杂,因此本"行动"研究未能有效解决这一问题。如果能开发出更好的学习策略,对解决这一问题会有所裨益。

我们用以下概括来归结本项研究。

➢ 所有课题组都是由不同学科人员构成的(如心理学、社会学、教育学和经济学)。成员依据不同的国家背景知识和研究视角(如"量"和"质"的)为研究做出了贡献。建立了新的工作网络。1997 年,作为相应专业代表走到一起;2002 年,以私人朋友关系解散。参与者现在都能轻松地与其他欧盟国家的专家取得联系。

➢ 许多同事指出,COST 为其研究工作提供了一种国际视角,这是之前所没有的。

➢ 马克斯·韦伯曾写道:比较对于社会科学至关重要。如果一个人只了解自己的系统,就不会真正理解这个系统的优势和不足。国际范围内的探讨有助于研究者完善其观念,学会从不同角度思考、关注被忽略的课题,并评估自己所属系统的位置。

➢ 定期会议有助于克服国家的陈规，以及个人在专业方面的刻板观念。这些会议促使他们容忍和接纳不同的研究范式和不同形式的争论与讨论。COST 会议促进了各个国家职业教育研究者实践共同体的发展。这些人原来很分散，数量又少，且很少有机会聚会。研究者形成新的联合体开展评估和咨询工作，为其他项目提供数据和信息，并开始制定新的研究提案——这是 COST 所有成果中最为重要的一个，即引发新的研究。

➢ 研究者、政策制定者和教师之间的对话对各方都有益。如政策制定者和研究人员之间建立联系，有助于了解不同人员的工作议程、时间表、价值观和局限性。

对职业教育的中心研究课题还有待进一步探讨。一条可能的路径或许是，在欧洲范围内开展职业教育的国际学生评价项目（职业教育 – PISA）的合作（Baethge 等 2006）。

10 职业教育研究方法论

10.0 引言：方法论问题

Georg Hans Neuweg   Peter Putz

当前，还不存在专门的职业教育研究方法。这句话作为本章开头可能会让人感到意外，因为本章恰好要对职业教育研究进行方法论层面的反思。事实上，由于职业教育研究内容涉及范围宽泛，而且多以跨学科和多学科方式进行（参见10.4），职业教育研究必然涉及社会科学的所有研究方法。

一方面，这是由职业教育研究的科学目标的多样性决定的，因为除了知识性目标外，职业教育研究还有开发和设计性的目标（参见 10.1、10.4、11.2）。职业教育研究所追求的理论性、实用性和规范性的目标，是对职业和与职业有关的教育、培训和社会化过程及其决定因素进行的描述、分析、解释、说明、批判或设计；另一方面，职业教育研究涉及多方面内容，例如元理论层面的自我反思、职业教育的社会情境分析、职业人类学和教育学反思，以及在现代社会中作为一种特殊组织形式的职业角色定位。职业教育研究通过国际比较对教育教学活动进行分析，在职业教育理论、职业资格研究、行动和工作场所分析、专业化研究等理论的帮助下，在课程研究、专业教学论和职业教学论领域对职业教学的目标进行澄清和界定。它包括借助专长研究、能力研究和教育心理学的成果，形成对教学方法和教学过程设计的建议。换言之，职业教育研究涉及学习环境、学习目标、教学方法和教学媒体等问题，其研究内容还包括针对宏观层面的职业教育体系、中观层面的职业教育与培训机构和课程，以及微观层面的职业学习过程。随着目标明确的职业教育的开展，职业社会化和工作场所社会化问题也逐渐引起了人们的关注。人们试图确定对人格发展具有促进、制约或干扰作用的因素，并理解工作经验和个性发展之间的关系，包括工作和职业的人性化。另外，非正式学习问题也逐渐进入人们的研究视野。最后，在人类学和社会哲学文献中，职业教育研究都有意或无意地把人类和社会模式作为出发点，这不可避免地把标准化量表问题引入到了职业教育的研究范围中。

从本书可以看出，职业教育研究运用了几乎所有的人文科学和实证研究方法，现在也有很多介绍职业教育常用研究方法的出版物。科学、哲学已经为这些标准化方法提供了很好的方法论基础。本书第5章主要讨论与职业教育研究有紧密联系的研究方法，探寻研究领域和研究方法之间的关系。

第10.1节讨论的是，职业教育研究方法与研究内容的关联度。出于成本的考虑，职业教育研究一般应尽量采用标准化研究方法。然而，由于职业教育的独特性，标准化研究方法在职业教育研究中也是有局限的。职业工作和教学过程研究是职业教育研究的主要领域，尽管那些与具体职业内容无关的跨职业能力也很重要，但是每个职业毕竟都有自己的专门领域，它是在特定经济和工业文化中存在的社会实体（参见10.1）。事实上，"专业化人员"（professional）之所以专业，是因为他能精确把握该领域的知识。从理论上讲，弄清楚某个职业应具备的知识技能和获得能力的途径，对抽象的职业来说都不是难题，但是对每一个具体的职业领域来说，始终是一个难题。

因此，本章阐述了职业教育研究方法论的一个重要问题：为了尽可能接近工作内容和职业工作所包含的知识与技术，研究方法与研究领域的具体情境如何结合才合适？研究者应怎样熟悉相关职业领域？熟悉到何种程度才能进行有价值的研究？作为一个观察者、访谈者或教学设计者，他必须对所研究的职业领域有多少了解，才能使某个职业具体化，而不再是一个泛泛意义上的职业？在研究开始之前，他是否要像 Garfinkel 主张的进行"工作研究"（studies of work）的前提那样（参见11.1.8），首先要胜任相应职业领域的工作？

这类问题与研究方法的内容相关性（与研究方法的独立性观点相反）并没有直接的关系，但说明了研究者应是领域专家（与"领域无差别"的观点相反）。确切地说，所有想研究复印机维修技术员培养的人，可能不需要掌握某种特殊的维修方法，但必须是复印机维修技术员。这体现了人类学研究方法的核心观点：隐藏在背景中的研究方法（不是更"专门化"或内容相关性更高）越多，对研究对象的认识就越清晰。然而，可能不仅研究过程要求研究者熟悉该领域，而且要想开发合适的研究方法，也必须满足类似的要求。换句话说，即"方法的内容相关性离不开特定领域的专门知识"。

人们越来越清晰地认识到，研究方法与研究内容相关性的高低，以及所需领域内专业知识的多少，与职业知识的性质有关。那么在何种典型情境中，职业教育研究者无须再考虑他们是否熟悉相关领域？职业知识有两种极端的存在形式：

> 第一种临界情况是只有行为，职业知识完全存在于可被观察的行为中，其行为模式是稳定不变的。这时，不必解析行为中所隐含的信息。对外部观察者来说，如果他正在观察工人的具体操作活动，实际上已经看到了与所研究的职业和职业知识有关的全部东西。

> 第二种情况是，职业知识由一系列高度复杂的因素组成，而且通过大量甚至无限多的、与情境相关的具体行动方式表现出来。分析职业知识，并不是根据对对象的熟悉程度来进行任务解析；如果人们能把职业知识以整体化的方式自觉应用到职业实践中，他不需要相关背景知识，就能用一系列有条件的行动规范（"如果……就……"）和特定程序来解释职业知识。这里的前提条件，是职业知识的充分去情境化。

显然，以上这两种情况仅适用一部分职业知识。首先，按照 Ryle 的观点（1949，44），职业中关于"知道—怎样"（know-how）的知识事实上从来就不是"单向的刺激与反射"的关系，掌握这些知识总要"以某种方式超越自己的绩效"。其次，所有人只能用隐性语义表达其对职业、工作目标和工作过程知识的理解。最后，在具体职业中，专家通过能做什么和如何做，来表现他们所具备的、特有的和无法言传的信息。由于这些无法言传的职业知识在很大程度上是隐性认识（参见 10.5），因此专业知识在帮助职业教育研究者"超越自身绩效"方面的贡献很有限，这要求研究者必须会反思。他只有在了解职业及其典型工作任务之后，才能做到这点。

很明显，不涉及具体职业领域能力的单纯观察和访谈是无法实现研究目标的，或至少不是在所有情况下。Ryle（1949，53）在对"知道—怎样"和"知道—什么"（know-what）的知识之间的差异进行了深入分析后，得出了这一结论："了解某种智力绩效所需的知识，在某种程度上需要具备那些绩效中所体现的能力。如能够对散文、试验技术或刺绣作品进行评论的人，首先要会写作、试验或缝纫。……再如，如果想理解别人开的玩笑，人们至少要对开玩笑的幽默方式有一定理解"（转引自 Neuweg 1998；Neuweg 2000a）。

如果职业教育研究者想要对职业的内容进行研究，他的处境就像人类学者研究外国文化时的处境，困难重重而且很难对方法进行细致的研究。人类学者具备很多知识，但起决定作用的是他本人何时了解外国文化以及了解的程度。他只有在经历该文化的社会化过程之后，才能掌握它们。这样的结果是，他对该文化不再陌生，也不再只是一个研究者。

这里就出现了一个两难困境，即如何处理研究过程中"接近"与"疏远"的关系（参见 10.3）。对研究者来说，他越接近研究对象，就能越快得到研究对象的认同，也就越容易对职业和职业知识进行深入的了解。在极端情况下，一方面他本人既是某个职业领域的专家，又是相应实践共同体的成员（参见10.2）。然而，随着与研究对象距离的缩短，他可能会在从事以下工作时遇到困难。

➤ 帮助专业人员解释某种知识，或更准确地说，是促使专业人员进行解释；

➤ 运用第三者分析，将某种知识展现成为一个主观互动的研究客体；

➤ 像新手一样思考（新手还无法像专家那样行事），这是设计职业学习方式的一个基本要求。

在极端情况下，一方面研究者由于过于接近研究对象，会面临伯格曼所称的人类学研究方法的风险，即对研究对象产生了怀疑（参见11.1.8）；另一方面，距离研究对象越远，研究者就越能像一个感兴趣的外行那样提出问题，这会促使专业人员详细解释他们的默会知识。职业知识陈述得越通俗易懂，人们就越不能理解职业实践的本质。

以上这段自相矛盾的文字所隐含的困境可以更确切地表达为：对构成职业实践的实践活动只能由一些特定人群确定，但这些人并不能对这些实践活动进行自我证明。有时，这些实践活动对他们来说甚至是无法理解的。这似乎需要在内外部视角之间做出选择：内部视角是"理解了，但没注意到"，外部视角是"注意到了，但不理解"（Garfinkel 1967a）。领域内的专家知道所有答案，却几乎提不出任何问题；而不针对特定目标的研究者有很多问题，他们要么无法从沉默的老师傅那里得到答案，要么无法理解这些答案。

需要指出的是，要想解决有关职业领域专门知识的问题，职业教育研究者不仅要成为职业教育研究专家，还要熟悉相关的研究领域，如自然科学、技术、社会科学、经济学或法律。这是因为，在学科教学中获得的技术知识并不能对实践提供直接的帮助，在职业领域中建立的思维模式和知识结构，如工作过程知识，常常是跨学科和多学科的（如隐性知识）。一门学科并不等于一个职业。

关于职业教育研究的基本方法的问题，被以下假设推到了矛盾的顶峰："职业知识的结构与所用研究方法"互为条件。在特定职业领域的工作模式、职业文化以及研究方法中存在的实践知识，通常只有通过特定的研究方法和研究过程，才能被人们所"知道"。这是由于该研究"结果"在最坏情况下是方法论的复制品。显然，要想选择恰当的研究方法，人们首先要掌握该领域专门知识和"知道—怎样"（know-how）的知识。然而，人只有通过恰当的方法，才能获得职业知识。例如，人们要想知道专业人员的行为是否符合规范要求，仅仅了解了规范还不行，因为这些规范只有在人们面临行为合理化的压力时才会显现（参见10.5）。只有对完成典型工作任务的行为控制模式做出有根据的假设，才能确定恰当的研究方法。然而，如果没有合适的方法获得经验知识，也就无法做出假设。

对上面这个"先有鸡还是先有蛋"的问题并没有确定答案，因为如果不事先界定范围，"知道—什么"和"知道—怎样"的知识都包含"明确的和含蓄的""去情境的和情境化的""通俗的和深奥的"部分。这可以通过学习某些领域的特定概念进行阐释。建构主义学习理论认为，所有的认识过程就像语言一样，明晰定义并不能帮助我们对所学内容形成基本理解，因为每次应用都在不断丰富着和改变着语义。真正的概念只有在"情境"中才能获得(Brown 等 1989，32)。这意味着，人们只能以尽量接近现实的方式学习，即现场学习。所有的概念都始终处于一个被建构的过程之中，相应的，每个领域需要不同的研究方法和程度不等的领域知识。如对一位精神病医生来说，几十年他在不同情境中、针对不同病人使用"抑郁症"概念时，该词的语义在不断发生变化；对营销人员来说，"独特的销售建议"概念的含义同样也在不断变化；但对统计学家来说，"算术平均值"的语义却不会发生变化。我们可以理解为什么通过职业实践，"抑郁症"和"独特的销售建议"的含义可以得到拓展；但是我们不清楚，对少数例子所做的标准解释，为什么不足以帮助人们充分理解概念的含义。

总之，内容相关问题和专门知识可以引发很多讨论，如：

➤ 和其他研究问题不同，这里的困难主要是一个职业的具体内容往往超出了研究人员的能力范围。

➤ 在其他条件相同情况下，中观和微观层次的职业教育研究要求更深入了解研究对象。

➤ 一方面，在分析职业成熟度时，研究者需要具备一定的专业能力，而且这些专业能力是必不可少的；另一方面，在研究职业发展问题以及教与学的理论和实践问题时，研究者又必须能够像新手一样从外部开始思考。

➤ 不同职业领域的内部特性和所需专门知识的水平各不相同，除了工作内容和知识外，职业绩效的可测量程度，不同类型知识的比例(如隐性知识，显性—实践性知识，显性—科学知识)，以及各种行为控制模式的比例(如常规的，按规则办事，主观设计的，凭直觉即兴工作，创造性的)等都发挥着作用。

职业教育的基本原理研究与具体的职业教育研究具有同样重要的意义。职业教育基本原理研究能够刻画职业教育的总体特征，具体的职业教育研究因职业(或职业领域)不同而不同，在很大程度上采用某一职业领域所特有的、与内容相关的研究方法(参见 10.1)，这是人文主义的研究、社会学和职业科学的研究。这里对研究方法的挑战，不是去发现新方法，而是去选择适合的研究方法，是研究者确定正确的职业能力发展措施。在适当时候，可组织具有不同职业领域专门知识的研究者，根据所涉及的不同职业领域，组成同学科或跨学科的研究组织。

10.1　与研究对象的关系：职业的工作过程与教育过程

Felix Rauner

10.1.1　关于研究方法中与研究对象的距离问题

在自然科学的影响下，人文和社会科学发展起了诸如观察和试验等研究方法。然而，这些方法如今受到越来越多的质疑，作为社会学研究领域，对职业教育研究的方法也不可避免地存在争议。G. Kleining 认为，如果研究方法的标准是"是否与研究对象相对应"，那么所有未采用专门方法得出的数据都被视为不够科学而不被接受，这会降低社会科学在认知方面的解释力。与研究对象相关的社会实证研究方法不断细化，可能会造成"人文科学和社会科学的善意化"（Kleining 1995c，13）。鉴于自然科学研究方法发展史，他呼吁要回归传统方法，降低研究方法与研究对象的关联度。

H. Garfinkel 的观点正好相反。他提出的"工作研究"（studies of work）方案涉及职业教育研究的核心领域，因而受到职业教育研究的广泛关注。他认为，研究方法的选择具有重要的作用，要用"是否符合研究对象的需要"作为选择研究方法的标准。尽管如此，人们还是很难"证明所选方法的合理性"，因此需要"找到并发展唯一的、适合研究对象的研究方法"。当对某种方法存有疑问时，有可能与研究对象不适合时，就必须放弃。U. Flick 也研究过质性研究的方法论问题，认为"与研究对象相适应"是质性研究方法的重要特点。"对每一种研究方法都可以追溯是针对哪个研究对象发展起来的。缘由通常是，现有的方法无法满足某一特定研究对象的要求"（Flick 等 2000，22）。

职业教育研究需要解决的问题是，能否根据与研究对象的关系，找到合理或强制性标准，从而选择针对特定研究对象的研究方法，或者还是按照 Kleining 的观点，继承和采纳一致的研究方法。

职业教育研究的基本对象是以职业方式组织的工作任务和工作过程，它直接影响着各种职业教育和培训体系中对教育培训过程的组织和设计方式。职业教育的研究对象是实践者在具体情境下的行动，其行动的背景是认知来源，而不是干扰。

J. Heritage 曾对 Garfinkel 的工作研究进行了分析，其结论是：传统的职业研究（studies of occupations）已经走入死胡同，因为"这些研究无法解释为什么这些职业如此重要"（Heritage 1984，298）。他引用了 Garfinkel 经常引用的一份法庭陈述分析的例子，即"职业研究"是根据录音记录进行的。这位社会学家提议，用 R. F. Bales 对交互过程进行分析的指标进行职业科学研究。结果表明："用 Bales 交互过程分析指标进行分析，我们可以了解哪些因素促使陪审团成为一个共同体。但我更想知道的是，陪审团是如何成为一个共同体的"（Heritage 1984，299）。

Garfinkel 认为，采用社会学研究方法对职业进行研究的局限性表现在，采用这些方法无法弄清职业实践者是如何完成其工作任务的。"在专业文献中，这些关于职业特征的描述是完全缺失的"（Heritage 1984，299）。

Heritage 证明了社会学研究及其方法在职业科学研究中的局限性，即没有给相应的方法指导："没有可行的流程描述如何利用社会学研究方案，来解释发生的职业行为"（Heritage 1984，301）。

Garfinkel 曾强烈批评传统分析方法脱离具体研究对象的缺陷，希望找到与研究对象相符合的研究方法。他呼吁更多具有跨学科综合背景的专业研究者投身到职业教育研究中（Garfinkel 1967a/1986）。社会学在解释"职业工作"时遇到了很大的困难，即"它虽然提出了问题，却不能提供有效的方法解决，由此引申出的方法论问题再次成为一个社会学研究对象"。他曾经试图寻找组成职业活动的具体内容，但只有克服了方法论的局限，通过多个与职业活动相关的研究领域的共同合作，才有可能实现这一目标（Stratmann 1975b；Müllges 1975；Rauner 2002d）。

10.1.2　职业教育研究中的"分析"与"设计"

职业教育研究中的分析活动，与所有层面的职业教育开发性任务都有关，从工作和学生个体的微观层面，到就业体系和职业教育体系的宏观层面，由此提出了对职业工作和职业教育的内容进行"分析"和"设计"的课题。职业教育研究中进行的分析，与其他社会科学的实证分析非常相似，因此自然烙有很深的社会科学研究方法的痕迹，如之前在职业教育研究中的研究热点——职业资格研究（Grünewald 等 1979）。学术界和行政部门对这一领域的兴趣不高，可能是由于部分研究成果与制定职教政策的相关度较小的原因（Dybowski 等 1993）。

多数职业教育研究项目的目标是职业教育规划的现代化、制定和修订新的职业和职业领域（课程开发）、开发和测试新型教学媒体和资源、新型教学方法的开发与实验。事实上，这些开发性和设计导向任务，只有与具体的职业科学和教学论联系起来，才有可能完成。

10.1.2.1　作为"工作与教育过程的内容和工具"的"技术"

在职业教育中，以设备、机器零部件和工艺流程等形式存在的技术，是教学过程中与工作相关的内容。通常，技术应用学习是在工作过程中通过使用工具、用户互动实现的，它或多或少要与用户的能力相匹配。在传统的技术发展过程中，所谓的用户培训就是设法使其满足新技术带来的新资格要求。在 20 世纪 80 年代，机床工业的技术创新引发了"与内容相关的研究方法"的发展。F. Böhle 和 H. Martin 在研究项目"计算机辅助的经验导向性工作"（CeA）中发现，切削机械工在加工生产中能够针对不同的材料、刀具、机床和加工任务，依靠声音感知复杂的工况。因此，人们在现代数控机床上安装了能够反映轴承工况的声音传感器、红外传感器等信号传输设施，用于重新感知在切削过程中失去或减弱的信号，这是经验学习的基本要求（Martin 1995b；Böhle 1995）。不同专业的工程师、劳动科学研究者、自然科学家和职教研究者共同参与了这一研究项目，从内容和方法上共同完成了这一复杂的研究开发任务。

德国联邦职业教育研究所（BIBB）开发的教学媒体设备是职业教育研究开发的另一个典型例子，它间接运用了很多相关学科的研究方法（Gutschmidt 等 1974；Laur-Ernst 1981a）。在媒体研究与开发中，多学科合作分析与设计的基础是参与者的相互理解，而不是某一种特殊的研究方法。

10.1.2.2 作为"职业教育研究对象"的"工作内容与工作组织"

随着职业教育工作导向发展，工作任务分析具有越来越重要的意义。德国文教部长联席会议决定（KMK 1999），职教课程必须采用学习领域的模式，在此基础上确定相应的教学目标和教学内容。这要求以某一职业和能力发展具有重要意义的典型工作情境为导向。按照这种理念，职业教育研究的任务是，为职业教育建立教育教学发展理论基础（Bremer 2001）。由 R. J. Havinghurst 提出的发展性任务理论（developmental tasks）已于 20 世纪 70 年代引入教育研究中（Blankertz 1983b；Gruschka 1985）。类似的"范例性工作情境"方案，也由 P. Benner 按照"从初学者到专家"的模式，用在护理专业的课程开发中。这种研究方案和研究方法证明，职业能力发展研究对"主观导向"提出了更强烈的要求。

在职业能力发展评价和测量技术研究方面，人们开发了确定"职业"的典型工作任务的方法（Haasler 2003）。另一个与内容有关的研究方法讨论，是在职业教育的技术创新研究中产生的，即通过工作设计、工作组织、含有学习机会的工作过程设计建立开放的职业教育结构和体系。

在汽车技术领域的课程开发中，人们研究了如何把"故障诊断"和"汽车电子技术"整合形成一个新的职业。有关汽车后市场的国际比较研究证明，尽管全球汽车技术的发展具有客观性和统一性的特征，但汽车服务业的职业资格需求并没有统一的模式。对欧洲（Rauner 等 1995）、美国（Spöttl 等 1997）和日本（Moritz 等 1997）等国家汽车后市场的行业研究以及相关领域的工作任务和工作过程分析表明，不论是汽车服务业的资格要求、职业任务还是专业，都不可能从客观的汽车技术中推导出来。在此，职业资格要求和专业设置，都是不同的企业、组织理念和传统的反映。

在美国,大型的综合性、多品牌经销商占主导地位,德国占主导地位的是品牌连锁店和少数个体汽车修理厂。而在日本,每个单独品牌下会有很多不同的销售渠道,不但对汽车维修企业工作过程的组织和设计产生深远的影响,也影响着从业人员的职业资格要求。

过去,人们普遍认为,职业任务和资格要求是由工作内容决定的,而汽车维修行业的实际情况却证明并非如此。人们对传统认识"工作任务改变、技术与经济发展与资格需求之间有相互依赖关系"也提出了质疑,因为这是典型的"技术(和经济)决定论"的观点(Lutz 1988)。

职业的"轮廓描述"和职业资格与不同的工业文化有紧密的联系(Ruth 1995;Rasmussen/Rauner 1996)。在这一研究领域,已经发展起了很多研究和开发方法。这意味着,在方法设计中,职业学习既可以是因变量,也可以是自变量;在选择和开发方法时,必须考虑世界各国不同的工业文化特征。

10.1.2.3 培训与教育内容

在职业教育和培训中,内容特点表现在两个方面,一方面反映了通过实证分析得出的资格要求;另一方面反映了经过形式化处理的教育和培训目标。然而,这两方面的要求之间却有一定的矛盾:资格要求的基准点是当前职业工作世界中的客观要求,而教育目标则超越了目前状况和现实,特别是在设计导向型职业教育中。当然,教育目标只有与职业实际建立起联系,才有可能产生实质性的影响。职业资格要求不仅仅是由客观世界确定的,因为它与企业的生产组织方式以及不同的工业文化有关。因此,资格要求与教育过程和工作过程的设计之间,可以是相互影响的。

现代技术的快速发展,导致计算机(C)、网络(N)和媒体(M)技术融合成为一种新型的综合技术,即 CNM 技术。CNM 技术由于其强大的功能和影响力,现已成为职业教育的一个独立变量。E. Staudt 提出了新的人力资源开发战略,他利用 CNM 技术的可塑性,使技术去适应雇员的资格水平和能力发展状况,由此也成为组织发展的一个维度,即通过提高"人机整合的指导质量",实现"以潜力为导向的人力资源开发"(Staudt 1999)。

这对于与内容相关的研究方法则意味着,技术发展在某种程度上必须按照企业员工的潜能去设计和升级,例如软件开发行业。在这些研究中,传统的资格研究方法失去了其价值,资格发展成为组织发展的一个维度。在此,技术变化和适应潜力的重要性,远高于雇员的个体潜能。

10.1.3 对"与内容相关的研究和开发方法"的启示

职业教育研究按照职业和职业领域可以划分为以下研究内容。

> ➢ 针对职业工作过程中的个性发展和发展规律的人类科学研究；

> ➢ 社会研究工作，因为职业工作和职业学习存在于教育体系和就业体系的社会过程中；

> ➢ 专业与职业的科学研究，因为职业工作世界是通过不同的典型工作任务表现出其特征的，这些工作任务是根据教育和从业资格的要求设计的。

职业教育研究遵循行动引导和设计导向的科学研究传统。在设计培训过程、制订培训和教学计划、开发教学媒体和进行教学设计时，就产生了职业教育研究。例如，为提高计算机辅助诊断系统的指导质量或改善一个办公软件而进行的"社会—技术"研究项目，需要其研究者具备专门的诊断能力、丰富的工作过程知识以及教学分析和设计能力。在研究和开发项目中，要想选择和开发合适的研究方法，这类能力是必需的。

职业教育研究需要高水平的、与职业和工作过程相关的能力，特别是在微观和中观层面进行的研究中。对职业工作和职业教育进行分析与设计，需要不同的研究和开发方法。如对机械制造领域的研究与管理或服务领域相比，用的方法是不一样的。职业教育研究要按照不同行业、职业群和职业领域选择不同的方法，才能实现其开发和设计的目的。在不同的职业中，工作内容和工作过程知识与相关专业学科之间的关系差别很大。根据隐性知识、实践知识和专业理论知识的范围和质量，可以对不同的职业进行划分。这些表现在不同职业的智力和能力轮廓中，正如在不同的职业工作中表现的那样（Gardner 2002）。这也表现在职业教育过程和职业教育的专业设置上。有一些职业需要较高的理论知识水平作为学习的先决条件，而另一些职业却不需要。因此，职业教育学习者的普通文化基础可以有很大的不同。这对在不同职业领域中开展职业教育研究时如何选择方法有深远的影响。

与研究内容相关的研究方法的另一个特点表现在"职业标准的开发过程"。例如，在电子技术和航空电子设备两个领域中的资格研究和专家智能研究中，对工作任务和工作过程的分析就采用不同的工具。在前一个案例中，界定职业工作的核心指标是"电气技术"，它广泛应用在众多的工业领域，如化工、食品和钢铁等领域；在后一个案例中，应用的环境和工作情境是通过飞机或直升机界定的。对这两个职业来讲，界定"职业的典型工作任务"的参照物有本质的不同。在航空电子设备领域，对工作过程的分析方法要考虑航空技术的背景，包括研究者的专业能力。在电子技术的案例中，则要考虑不同经济部门的影响。这就是职业教育研究的专业相关性，意味着研究人员要有不同的专业能力。K. Ehrlich 的研究表明，在确定电气技术职业的工作内容时开发的分析工具，在分析电子技术和工业电工的工作时会有很大的困难。一般研究者都有一些电工基础，他们观察和分析相关的不同职业的工作过程和目标时，总是透过他们的有色眼镜，致使开发的其他两种职业的课程出现严重偏差(Ehrlich 1998)。

在职业教育研究实践中,不同的领域采用不同的与内容相关的研究方法的愿望一直难以实现,因为存在太多的职业领域。在过去的 20 年里,人们在职业教育研究领域建立了专业领域研究网络、研究项目,开展了职业领域内部和跨职业领域的职业教育对话。例如,德国于 20 世纪 80 年代发起的高校职业教育会议(Hochschultage BeruflicheBildung)和联邦职业教育研究所的职教大会等,对不同领域职业教育研究地位的稳固做出了重大的贡献。

10.2   在实践共同体中的情境学习

Christoph Clases   Theo Wehner

实践领域的发展历程和社会结构,是人们完整学习内容的隐性部分,无论是在职业学校、非正式团体、部门、公司还是其他网络中都是如此,这就是学习过程的情境性原则。本文从理论的解释力和设计潜力两方面讨论情境学习理论(Lave/Wenger 1991),主要研究内容如下。

(1)实践共同体作为学习场所的意义,即将新手参与不断发展的社会实践作为研究学习过程的一个对象。

(2)应用情境学习方案,解释在工作中的个性化学习结构,并分析组织发展的问题。

(3)研究通过系统分析设计的方案,在具体职业实践中的设计空间和局限性。

本文主要从以上三个方面,对"在实践共同体中的情境学习方案"进行批判性的反思。

10.2.1   情境学习理论的定义和分类

情境学习理论是在人类学研究背景中发展起来的理论(Lave/Wenger 1991),它不但为"实践共同体"概念的建立奠定了基础,而且建立起了学习与知识管理的桥梁(Wenger 等 2002;Clases 2003),并设计了跨企业的学习领域(Enders/Wehner 1996)。

如果能简述一下与情境学习方案相反的立场,就能更容易理解莱夫(Lave)和温格(Wenger)的思想(1991)。过去,教与学的理论认为,可以将知识从其所处的环境中提取出来而不损害其质量。这样,学习过程忽略了知识形成的条件。学习者面对的学习内容,与其在实践共同体中的具体形成过程没有关系,即学习是去情境化的。莱夫和温格对忽视学习过程的情境性提出了批判,这种批判反映了现象学对学习的要求，即：

> ➢ 学习是自主的活动，而不是偶发现象；
> ➢ 学习不能局限在学校的课程计划和教学规范上；
> ➢ 不应当只是把学习作为一个局部现象并分析其孤立的因素，还要研究复杂的、持续和有效的学习过程。

从行为主义的无知，发展到对学习过程中的认知、动机或意志性因素的全面考虑，这标志着教育学也像心理学一样，在认知方面发生了重大变化。尽管米勒等已经开始研究"符号处理范式"对心理学研究的指导意义，其著名的 TOTE (Test-Operate-Test-Exit)理论仍被认为具有新行为主义特征(Miller 等 1960)。在认知科学和人工智能研究中，纽厄尔和西蒙的"物理符号系统假设"取得了重大突破(Newell/Simon 1972)。研究发现，不只是人类，机器也可以从事认知性的工作，可以通过规则控制的机制(句法)表达和操作物理元素(即符号)。从功能角度看，每一个认知系统都可以作为表征机器。认知理论使思想和学习世界发生了巨大的变化。然而，认知主义结果主要表现在实用层面，即在社会环境中的实践学习，它忽略了思考和学习过程的特征，也产生了典型的、概念上的困境。

人类的思考、学习和解决问题的过程的"情境性"理念，建立在对传统认知观的批判基础上。过去，人们只是在不同场合使用情境这一概念，并没有建立起情境理论。米德首先提出情境的概念，并应用在人工智能研究中(Mead 1934)。其他相关的文献还有 Rogoff 1990；Greeno/Moore 1993；Clancey 1993；Clases 等 1996；Kirshner/Whitson 1997 等。类似的有关社会实践对学习过程建构作用的理论还有 Hutchins"分布式认知"(distributed cognition)理念(1995)和 Resnick 等的系列文章如《社会分享认知》等(1991)。

莱夫和温格在 1991 年从人类学角度考证了大量影响情境学习过程的社会变量。他们分析了一个初学者发展成为实践共同体成员的过程，提出了一种全新的分析视角，即在实践共同体中分析学习过程的功能：一方面，在一个实践领域的特定传统下制造"连续性"，即对原有事物的再生产(reproduction)；另一方面，它又引发了"不连续性"，即创新，从而导致现有组织方式的进一步发展。实践共同体作为学习场所(place)的理论如下所述。

10.2.2　实践共同体的概念：在再生产与创新之间

初学者在某一特定背景下，例如在一个职业领域或职业环境中，会发展成为一个专家，这个学习过程在本质上是一个社会过程。因此，企业的新员工很少能通过正规的工艺描述，或者按照计划进行的培训中学到工作所需的知识。事实上，通过培训课程学到的只是一些浅显的、被编码的显性知识。真正的学习是通过积极的尝试再生产等专门的行动单元，从而了解企业的实践要求。依靠"能够再生产这些行动单元的实践共同体"，说明了学习发生的真实情境，即知识的产生、传递和改进的情境。

"同属于一个实践共同体的人们，同时也分布在各自的组织机构中。在他们的单位里，他们形成了自己的组织；在他们的团队里，他们共同完成项目任务；在他们的网络中，他们建立起相互的联系。在实践共同体中，他们发展起了能让他们完成任务的知识"（Wenger 1998b）。

实践共同体并不是指参与者的身体，也不意味着这个群体具有清晰可见的社会边界。在实践共同体中的成员不一定有共同的目标，如一般的兴趣小组。界定实践共同体也不完全根据正式的组织因素，它是历史发展以及不同的行动和表达模式的结果，而且只有一部分能够通过形式化的规则反映出来，这主要是共同体的参与者在合作实践中反复沟通的结果。

实践共同体的特征还表现在：所有的参与者共同参与对一个活动系统的再生产和传承。实践共同体的"契约"（engagement）既包括使用的技术，即行动工具，也包括正式的和非正式的组织结构，即协调工具。行动工具和协调工具是实践共同体历史和传统的载体。它呈现给学习者的，是对其实践的情境化的、可情境化的以及客观化的要素，例如用来规范完成工作任务的岗位过程描述和操作手册。其他例子包括工作组织方式、工作岗位的社会关系模型或行动程序等。媒体和工具是知识的载体，它们无法解释自己，但需要人们的解释。因此，在实践共同体的背景下就产生了"解释模式"，它对共同体中的个体具有导向功能。我们可以把这一模式称为"区域性解释模式"，它用来解释一个典型的实践共同体模式的形成过程。

实践共同体的再造和连续性的实现，是通过区域性解释模式以及完成重要的行动步骤实现的。在此，实践共同体中的学习过程就显示出了其特殊的功能。新手在学习过程的初期尽管处在边缘的位置，但是他必须合法地参与到再生产的过程中，为再生产做出贡献，才能成为实践共同体的真正成员。

在任何实践共同体的再生产过程中，参与者都会有不同观点、目标和表现方式。如果发生了破裂和变更，再生产就不可能发生。传统上，形成了再生产周期之后，就形成了生产能力和革新周期。

10.2.3　情境学习作为合法的参与

从实践共同体中的情境学习角度看，仅仅把学习过程纳入特定的内容和社会背景中还是不够的。学习是社会实践基本的、常常是"默许"的一部分。不是社会背景指导学习者的行为，而是学习者对实践共同体中的社会情境进行感知、重新定义和情感上的评估。

如果职业实践也是这样一种学习实践，那么原则上它也是一种个人对重要的社会活动的参与。获得专家智能(expertise)是参与社会(工作)生活的前提。学习内容也是根据实践共同体的需要来界定的。加入实践共同体中的主观愿望，也促使个人去获得必要的技能和技巧。

莱夫和温格(1991)提出了"合法的边缘参与"理论，据此可分析学习过程中的不同情境。这一理论的每一部分不能被分开讨论，它们相互依赖，互为条件。在情境学习理论中，学习者具有以下特征。

➢ 在一定程度上参与到实践共同体中，并在实践中逐渐参与到每个行动阶段中；

➢ 有具体的合法进入方式；

➢ 在实践领域中占据着不同的边缘位置，与共同体的核心活动保持一定的距离。

1. 关于"合法性"的概念

在实践共同体中的学习特点，是现在学习者不同的合法性形式。学习者进入某一实践领域的过程，总是与某种社会性的"入场资格"有关。这不是指一种允许学习者合法参与的、形式上的制度，而是指学习者被合法接受的形式。因此，合法性是与学习主体相关的一种专门的安排。合法性的具体形式不仅是情境学习的一个必备条件，而且是决定学习情境的因素。合法性对学习者获取共同体的知识深度有重要的影响。在企业实践中，有许多做法有可能排除和孤立学习者，成为学习的障碍，从而限制潜在的学习机会。实践共同体定义了不同类型的合法性形式，如允许参加大会发言和小组讨论，在一定程度上承担对实践共同体的成功有关键作用的任务，具有在内部网站上获取信息的权利；查看会议纪要和各种文件；允许个人灵活主动地联系不同机构的专家；对了解与学习活动有联系的其他部门的情况提供系统化的支持(如通过实习)；等等。合法性同时也与学习场所有关，它不但对学习者的情境性产生影响，也会导致不同的学习过程。

2. 关于"边缘"的概念

边缘的意义是积极的，是"无关"或"不重要"的反义词。边缘不是指实践共同体的边缘。学习者的边缘性是指其在实践共同体内的位置，是学习者在实践共同体中将自己的观念情境化的各种场所。这里也指实践领域中存在的一种行动压力边缘形式，它使学习者与实践在认知和感性上保持一个距离。学习者合法地、边缘化地参与，对实践共同体来说具有重要的意义，因为它为反思、建立新观点及创新思想提供了空间。

3. 关于"参与"的概念

尽管学习者在实践共同体的核心过程中处于边缘地位，但是他们还是参与到了共同体的结构中。每一个实践共同体为了确保自己的再生产，都要启动学习过程。不同的学习启动方式，导致学习者在共同体的社会实践中的不同参与形式，这反过来又影响了组织的发展。合法的边缘位置使学习者不仅处在观察者的地位，而且可以进入共同体的文化以及与之有关的区域性解释模式。在学习过程中，参与者的观点有可能发生冲突，这恰恰是建设性的学习内容。通过处理不同行动理念之间的冲突，学习过程成为一种动态的参与过程。按照区域性解释模式进行的个体学习过程，与组织创新有紧密的联系。如果初学者在"幼稚"的实践中能够脱离常规或提出建设性想法，就有可能引发创新。由此，也可以重新验证那些熟悉、可靠和熟练的常规。

10.2.4 从分析到干预：企业的设计领域

关于企业学习过程外部条件的创建，我们指出了三个可以设计的领域(Endres/Wehner 1996)，确定设计领域基础是情境学习理论。这三个领域是：企业内或企业间的轮岗或旁听(Hospitation)，从事跨岗位作业的职员，企业间的车间合作群体。这里的轮岗或旁听的意思是，在有限的时间内，潜在的合作伙伴之间的、有限制的交流，其过程必须由在空间上有独立结构的组织协调进行。这里的目标不仅限于了解协调方式，还应该了解潜在的合作者，从而识别和检查出来工作过程中潜在的问题。它还有助于建立信任、建立与情景相关的画面和校正现有的观点。

在通常情况下，企业协调不好的问题无法在日常事务中自然解决，只能通过故障排除。因此，有跨岗位作业任务的人可以分析、追踪和缓解在小组、团队或部门之间产生的矛盾，并为消除这些矛盾做出贡献。通过跨境作业，员工还可以拓展他们的社会能力和专业能力，特别是如果他们得到组织授权，能在部门之外追踪、主持和最后解决问题时。与轮岗或旁听不同，跨岗位作业者并没有被固定在一个部门中，而是进入了问题领域。他们不仅是为了了解协调的方式，而是要直接影响它们。跨岗位作业者是以个案和解决问题为导向的，可以获得更多的个人见解。他们可以帮助建立控制程序，不仅用于纠正个别故障，还有助于更好地协调实践共同体内部及实践共同体之间的关系。

跨企业的车间群体，可以被理解为是"协同建设论坛"(Wehner 等 1996)。它总结了轮岗和跨岗位作业的经验，在现有合作基础上，通过对已知干扰源的系统化处理，直接改善现有的合作关系。与跨岗位作业的功能不同，这些车间群体关注的不仅仅是一个个具体的案例，他们更多地关心典型的案例，希望由此能够反映出一般化的能力。在车间群体中会不断地达成新协议，从而拓展已有的合作关系，因此是一种"扩张式"的合作形式(Wehner 等 1996)。表 10-1 给出了设计领域的基本情况。

表 10-1 设计领域概述

	轮岗或旁听	跨岗位作业者	车间群体
起始情境	潜在的问题	当前的干扰	系统的干扰源
预设目标	关于当前协调结构的知识	通过合作处理解决个案	开发综合解决方案
认知效果	直观能力，提高了的预期范围	与任务相关的解决问题的能力	解决问题的能力
对组织的影响	增加工作流程的透明度	在团队、小组或部门之间建立调控系统	建立参与式的新型合作形式

在以上三个设计领域中，情境学习的起因是来自实践共同体中所预计的、现实的或一般化的干扰或故障。可通过交流合作来处理这些问题，前提是有处理此类问题的经验。其结果是参与者提高了合作能力、加深了工作过程了解、扩大了预测范围。战略目标是提高对合作协调结构预测的准确性，并在不同的情境中提高合作能力。

10.2.5　情境学习与职业教育研究展望

在讨论设计领域时，我们假定每个领域中的学习都有独特的形式。学习形式的首要特点是，它既不是抽象的，也不是举例说明，而是在互动情境中实际发生的事情，因此被称为情境学习。这与指导性学习不同。后者的学习目标和学习手段都是由教师提前设计好的，教师通过各种方式传授知识。

可以按照在实践共同体中的情境学习理论，对职业教育研究的前景进行展望。职业传记、教育环境或职业教育课程研究的对象，总是可以从一种不受认知限制的角度，通过（技术的或社会）问题的解决能力来认识。无论是企业、学校、培训中心还是行会协会等举办的职业，都应当考虑，在教育实践中有多少超越了以个人为中心的做法。这意味着，不仅是知识，而且要考虑职业教育专业所追求的能力和技能目标。对职业教育的方法和环境进行研究，必须考虑实践共同体。这意味着，应当分析职业教育每一个专业的发展进程，从而确定特定的合法性形式、参与的可能性以及边缘位置的功能。在纵向发展研究中，人们一直都在进行职业教育传记研究。可以对个体和组织的能力发展产生影响的因素进行研究。因此，可以对不同的职业教育模式进行比较研究，如比较课程中界定的知识和实践共同体中的职业实践中确实使用的知识之间的差别，包括重点、难题和突出的问题，如可在实践共同体中共享的可行做法、参考模型、标准、方法手段、成功故事、卓越案例和文件等，以及如何使用？对一个初学者来讲，在什么背景条件下、何种程度的实践边缘是合适的？如果终身学习理念是正确的话，那么专家智能的发展就成为一个重要的研究对象。实践共同体如何在情境学习过程中跟着最优秀的成员而变化？如何继续发展他们的专家智能？

尽管学习在生活进程中"以感知为背景"不断发生着变化，其最终又会以学到的知识形式再次呈现在我们面前。如果按照情境学习理论重新解释学习过程，我们有可能会重新认识学习过程。

10.3　职业教育研究中的"接近"与"疏远"

Lars Heinemann

10.3.1　引言：接近，疏远，与研究对象的关系

不管是在职业教育还是在其他领域的研究中，与研究对象间保持疏远还是接近的关系，在研究方法论中都十分重要。研究者的立场和行为方式会对研究对象产生影响，接近或者疏远研究对象，能够通过特定的方式影响研究的过程和结果。

一般而言，研究者与研究对象保持接近的态度（如了解技术工人的职业知识），可以容易熟悉研究对象，有利于确定重要的知识形态和学习过程并对其进行详细描述。这里的风险是，研究者容易在专业讨论中想当然地认同一些议题，从而可能忽略一些重要细节和差别。因此，"接近"可能导致失去对整体的把握。

如果采用疏远的态度，即研究者把自己界定为不了解研究对象的人，则会导致另一种风险。因为重要的知识形态、职业教育研究中的交流和学习过程等，与职业工作内容有密切的联系，"疏远"会导致研究者无意识地忽略这些知识的载体，只从外部对"中立"的研究对象进行观察，从而可能忽略一些重要的事实。"接近和疏远"在不同研究领域有不同程度的表现，如在人类学、行为理论研究或专业访谈中。这些方式反过来又会影响研究者的主观设想和行为模式。例如，研究者在专业访谈中如果对专业工作内容有一定程度的了解，即这种与专业的"接近"，会对专业访谈结果产生很多负面影响。

不同的研究目标和研究过程对"接近和疏远"的程度要求不一。如在详细的案例分析中，研究者需要从主观上处理大量的实证数据，只有对该领域有一定了解，才能建立起有说服力的假设。这已经不是简单的接近和疏远的关系，而是好与不好的研究的问题了。

不同社会科学领域的研究对质性研究方法中的接近和疏远关系进行了大量的讨论，如 Flick（1995b）的社会学研究、Hameyer（1995）的教育学研究和 Geertz

(1988)的人类学研究等。讨论重点大多是对研究对象(尽量真实)的观察与研究者的主观性之间的关系，属于感知范畴。在职业教育研究中还要考虑另外两个方面：首先，在针对职业领域内的特有问题的研究中，如有关典型工作过程和工作能力等，研究者在专业上应接近他的研究对象。在这个层面上的疏远会限制对问题的解释能力，因此需要开发解决这一领域的"接近和疏远"问题的具体研究方法。其次，在一些职业教育科研项目如德国的典型试验中，科学研究必须放弃疏远的态度，进行深入研究。

本文讨论在职业教育研究中如何从研究方法上处理接近与疏远的关系。本文关注的另外一个与此相关的具体问题是，在研究过程中的"价值观中立"问题。

10.3.2　研究中的疏远态度：人类学方法中的漠视，行为理论与理解

社会学研究的理想理念是，研究者在研究过程中不可见，从而保证所获得的数据不受外部因素的影响。这种最初由自然科学提出的追求绝对理想的方法，作为一种不切实际的方法论构想，正在丰富的质性研究实践中逐渐得到修正。即使是在自然科学的方法论讨论中，这种理念也引起了争议。首先是针对研究发展，传统认为研究的进展可通过假设来证明(即在特定条件下，假设必须能由不同的客体证明，从而可以忽略研究者活动的不可控因素)，这在20世纪60年代已经被Kuhn(1970)和Feyerabend(1985)在对批判理性主义的自我批评中否定了。有关自然科学研究方法的最新研究显示，一些科学研究工作(如分析乳酸菌发酵)并没有实现方法论上的绝对理想，而在很大程度上运用了上文所提及的"讲故事"方式(Latour 1999)。当研究对象是涉及多个领域的物质生产，而不涉及科学的意识形态时，研究者就会关注其研究成果是否得到周围人的认同，为接受主流话语体系而做相应的改变(Foucault 2001)。

尽管这种疏远的方法论有很多问题，但依然有其存在的合理性。1927—1932年，Mayo在研究中使用人类学模型描述当时的工作组织形式(Dingley 1997)。这种方法的优点是，没有把工作者、岗位及其相关的东西放在一个陌生的环境中，而把整个工作过程、协作和合作当成一个整体化的研究对象。这个方法和类似方法(如民族志法、工作研究和行为研究等)的优势在于，工作和工作的具体组织形式不再被视为理所当然。作为有意识的"局外人"，研究者可以从其背景知识中脱身出来，并有可能了解工作组织和能力发展的细节，而工作者本人却并没有意识到，因为这些只是在其背景中作为一种未被关注的理所当然(参见Goffman于1961年进行的精神病学研究)。

民族志研究和"工作研究"共同的方法论要求是：研究者必须和研究对象保持一定距离。这样研究者在研究过程中就可以避免受到已有知识的影响，从而发现真正新的或独特的事物。

施乐(Xerox)公司研究部主任 Brown(1999)描述了这种研究方法优缺点。当时他奉命建立一个专家系统,目的是减轻维修保养计算机的负担。他聘请了一些人类学家记录实践专家的工作过程。结果显示,这些实践专家在"讲故事":他们只是在既有经验的基础上发展自己的主观理论。鉴于此,他认为与其以计算机技术为基础建立专家系统,还不如为这些维修专家提供无线电话,以方便他们之间的交流。

在这个有些像奇闻轶事的故事中,人类学家正式采用了专业化的疏远态度,确认了一种典型的隐性知识的交流方式,从而改革质量管理方式,使隐性知识更好地线性化和传播。这种方法的明显优势是,对工作对象的分析工作不是由本领域的职业科学家完成,而是由"这样一些人,他们本身就是从事这一职业,能够比其他人更好地描述和界定那些组成其职业的典型工作任务"(Bremer 等 2001,220)。

当然,这个过程不一定需要人类学家。例如,典型试验 TUBI 在开发企业诊断专家系统 Diadosys 时就吸收了技术工人参与,通过对其职业工作进行分析,由计算机专家开发,并得到相关职业领域知识的支持(Fischer 2001a)。

类似的研究方法可以在 Engeström 发展起来的活动理论(activity theory)研究中找到,这些研究首先在斯堪的纳维亚国家进行,现在越来越多的盎格鲁—撒克逊国家也开展这些方面的研究(Engeström 1987;Engeström/Middleton 1996;Kerosuo/Engeström 2003)分析。维果茨基(Vygotsky 1986)首先通过引入"分享"(shared)和"边界对象"(boundary objects)概念建立了一个模型,即专业人员应通过协作和交流方式完成工作任务,从而建构起理论。

这里提出了一个从业人员在实践共同体中的主观理论建构问题,从而在一个组织机构或行动关系(如电脑程序设计、实验室或医院工作、客机乘务等)中更好地描述交流关系。

这些研究方法有很大的差别,是由不同的研究目的(以人类学方法为例)决定的,即研究目的不是明确主观理论对从业者和工作过程的功能(即意义建构和协作方式),而是对不同意义和组织层面的行为模式和工作过程进行描述(Geertz 1973)。然而,这些方法也有共同之处,如研究者不刻意与研究对象保持距离,而是根据研究进程的需要选择接近或疏远的态度,从而完成对研究对象尽可能详实的描述。我们完全不排除接近的研究方式,但它已经没有太大的意义。因为这里采取了一种新的视角,即把"工作"作为一种社会现象进行分析,这样可以忽略在工作社会关系中具体工作内容对思考和行为方式的影响。

以上谈到的研究方法的共同优点是,虽然研究者一方面使用大量典型的定性与定量研究方法接近研究对象;另一方面也兼顾了必要的疏远态度。从上述例子可以看出,这种行为方式之所以能取得成果的关键,是将"内容"(如护理人员之间或者技术员之间的交流)转换成了"形式",即无法通过专家系统进行一般化处理的交流内容的形式,或者一个实践共同体的组织形式。也就是说,这些方法之所以有效,是因为忽视了官方规定的交流及模式;参与者对这些知识与学习方式进行显性化和可用化处理。

因此,专业化的疏远态度是一种研究中可采用的重要态度,如在有关学习型组织等继续教育领域的研究中。然而,在涉及非常具体的专业问题时,如工作与技术流程、从业人员个人的主观理论或集体的职业认同感等,这种方法就显示出了其局限性。如果研究内容是专家智能本身及其获取方法,就必须接近研究对象。

10.3.3　在特定领域研究中的接近

职业教育研究与职业内容有紧密的联系,因此在方法论上应当对研究对象采取接近的态度。职业教育研究领域不仅仅是按照一般文化规则建构,而是受到职业工作、社会实践共同体成员的行为模式和主观意见以及技术(工作对象和工具)的影响。以上各个方面和它们之间的相互关系,即它们在不同就业体系中的组织形式,是重要的研究课题。

职业教育的研究领域受到工作、技术与教育之间相互关系的影响。工作过程中的组织形式不是随意的,而是按照利益最大化原则在历史的发展进程中逐渐形成的,这些也反映在每个职业的职业描述上。因此,"……教育和职业培训不仅有统一的指导思想,而且每个领域(如职业)也都有其特点"(Rauner 2004b,81)。

尽管疏远的研究方式在人类学研究中发挥了很大的作用,但是并不能对在文化中起决定作用的因素进行解释,不利于认识的深入。在职业教育研究中,疏远的研究方式无法涉及"职业工作"的具体内容,只有在特定的条件下才有应用价值,即研究任务仅仅是描述工作形式或工作者的主观理论。即便这样,这种方式也还是不够的,因为要想理解工作者的谈话内容,需要大量的专业知识背景。这也是为什么加芬克尔要求研究者掌握必要的专业知识的原因,因为是否具备专业知识同样影响研究方式(Garfinkel 1986)。

这个问题在寻找研究的切入点的时候就已经表现出来了:"教育领域中研究的切入点不是任意的,它与职业和就业体系的复杂组织结构有关。这对典型实验研究则意味着,为了接近研究对象,研究者必须找到与研究对象的交流方式,不论典型实验有哪些具体的方法论要求"(Sloane 1992,15)。

职业教育研究对象的特殊结构要求研究采用介入式的方式,而介入的具体形式则由教育、工作与技术之间的相互关系决定。职业教育的研究方法必须采用同一的方式对这三者间的关系进行反思,这个反思贯穿在整个研究过程中,从研究规划的制定一直到研究结果的表述。这就意味着,即便是通常的访谈和问卷调查法，也转变成为另一种性质的专业访谈法。

如果研究的重点是对从业人员的实践知识的开发，那么就需要接近工作内容。这意味着，工作研究中不能仅仅是观察和对各种行为的列表。由于职业工作是历史发展的结果，而职业教育研究的一个任务是把工作过程转换成相应的课程（如学习领域课程），这就需要在其整体化的情境中对工作过程进行描述，因此"不可避免地要对职业工作和技术工人的工作过程知识进行分析"（Fischer 2001，82）。

研究过程要保持多远的专业距离，研究者需要多少专业知识，这显然是在不同研究项目中有不同答案的经验性问题，没有统一的答案。贝克针对汽车维修工的职业科学研究方法写道："这种研究策略的重要特点是对技术工人保持接近的态度，因为这决定着研究者是否被接受。……如果研究者本身就是一名技术工人，经历过相同的社会化过程，这对研究十分有益"（Becker 2003，60）。这说明，在研究的不同阶段，出于不同的原因，对不同形式的疏远与接近有着不同的要求。研究中的实用主义因素，如进入研究领域的方式、得到访谈对象的认可等，与获得深入认识的原因并不一样。对于那些实用主义原因，接近研究内容以及具有相同的社会经历不重要。相反，如果想通过面谈和专业访谈获得成果，就必须接近专业内容。而研究者是否与技术工人具备相似的社会经历，属于经验性问题。

在职业教育研究中，与专业内容保持接近的态度并不一定总比疏远更高级。研究工作应当对不同方式的优缺点进行反思（有时是必需的），从而利用其优势。其他社会科学和职业教育研究中运用的大量方法也为此提供了案例。

10.3.4　应对接近与疏远

上文表明，在职业教育研究领域中，接近和疏远并不是两个根本对立的极端。优先选择何种方式，是由研究对象和研究阶段决定的。举例来讲，在课程设计中的工作过程研究阶段，应当首先采取疏远的态度，当需要了解这些知识时，则采取专业接近态度。接下来要将这些知识进行抽象化处理，并将其融入学习任务和课程中时，则再次需要运用疏远的研究方式。

这意味着，解决研究的接近和疏远问题不能依靠极端的方式，比如一种方式解决特定的一类问题，也不能简单采取折中方式。只有不断反思，才能有效解决研究过程中遇到的问题。在人类学研究方法体系之外，还有另外途径可以提高研究结果的有效性。当没有其他选择时，研究者应当采取自我反思的方式，当然这种做法有一定的局限性。人类学在建构自我反思的问题上进行了大量的研究，对解决接近和疏远的方法论难题提供了有益的借鉴（Devereux 1981）

在职业教育研究中，为了保证问卷调查结果的交流效度，常采用多种质性研究方法再次通过调查对象进行质量保证。在此，利用结构化的工具进行访谈和小组讨论(Flick1995b，102)。在研究过程中，研究者还可以采用一种监督机制来有效解决这个难题。如 Rauner(1998b，27)对具有不同深度专业背景的研究人员所进行的访谈进行了研究，发现专业访谈应当由两位具有不同深度专业背景的研究者合作进行。

最后，针对大型研究发展项目，如典型试验等，还可以引进系统化的评估手段解决这个难题。采用系统化的评估方法，不仅能为参与项目的实践者提供有关项目的进展情况、遇到的问题和机遇等方面的信息，而且还为研究者提供机会，去完善和修改在访谈中获得的结果和评判(Deitmer 等2004)。

以上引入反思机制的研究案例表明，选择接近还是疏远的态度，并不是一个研究方法论的意识形态问题，而需要在不同情境中具体问题具体对待。如何处理接近与疏远的关系，取决于研究对象。发展相应的研究策略，恰恰是职业教育研究的重要任务。

10.3.5　职业教育研究中的接近和疏远，以及价值判断

韦伯(Weber 1998，最初在1922年)认为，研究者应当对事实描述和从中可能做出的价值判断进行严格的区分，这一观点已得到了广泛的认同和贯彻。这里最重要的，不是指研究者的价值观会无意识地影响认知过程，而是从认识论的角度讲，价值判断要比事实判断更重要，单凭术语和标准化的概念很难对事实进行准确的描述。

批评这一观点的人，如实证主义研究者阿多诺在1961年提出，应维护社会学领域的基本概念，尽管它们本身包含一些价值判断因素，因为其自身还有标准化的成分。如果试图从中抽象出来，会对科学研究造成不可避免的损害，使社会科学发展成"社会技艺"(Adorno 1981，139)。

这恰好体现了社会概念，即个体作为社会成员，必须学会与他人合作，不论这种观点从整体上讲是否适合社会学原则。然而，通过以上讨论可以断定，在职业教育研究中的确存在这样的关系。职业教育研究涉及的基本概念，如工作、技术、教育以及它们之间的相互影响，也不能进行抽象化的研究。因此，要想对"教育过程"进行研究，就必须对"教育"和"职业"概念的本身进行研究，还必须对"在工作和技术中的发展过程"进行直接或间接的评价。例如，从业者在工作中是否有足够的设计空间。这也从另一方面证明了作为职业研究中最重要的工具之一，典型试验在方法论上的合理性。

在这一背景下，Sloane(1995，34)通过援引典型试验例子提出了另一种看法，即同时与疏远而"理性"的观察方法以及介入式的"传教士"态度划清界限。这针对的仅仅是研究者的态度问题，而不是价值判断本身。

关键是，职业教育研究中的价值判断不是来源于外部，并不受到研究者的世界观影响，而是产生于自身。例如，在一个实际研究项目中，研究者是按照泰勒主义的科学管理原则选择研究方法，还是按照扁平化管理和设计导向原则选择研究方法（Rauner 2004a，82），这并没有一个普适性的答案，而是由职业教育研究内容做出决定。

10.4 设计导向的研究与跨学科性

Gerald Heiddeger

10.4.1 定义

传统上，设计与研究并没有联系。设计主要是一种实际行为，它能唤起人们对艺术行为的联想，如人们可能会想到经典雕塑的"美丽形态"。从本书目录可以看出，"设计导向"已成为职业教育研究中一个重要的指导思想，尽管人们对设计导向还没有建立起结构完整的研究方法体系（Heiddeger 1991），而更多的是在特定领域和主题下就如何理解设计导向这一问题进行探讨。

如果人们按照哲学家 Schmied-Kowarzik（1974）的设想，将职业教育研究纳入施莱尔马赫（Schleiermacher 1983/1984）所谓的"实践科学"——教育学传统中，它（大体上）是一门通过对实践进行分析从而改进实践的科学。这样，设计导向对职业教育来说是一个普遍的调控原则。从康德（I. Kant）三个批判的整体性理论看，真、善、美有内在的相互联系。职业教育研究为求其内容之"真"而努力，同时通过合适的形式和条件的支持，以达到"善"的职业教育实践。当所有元素都能很好协调、共同作用时，按照主观主义的观点，就有了一个"美"的形态（Brater 1984）。为此，人们需要确定设计产生的前提。设计与启蒙是相互影响的辩证关系。正因为要创造新事物，所以"设计"概念接受了启蒙的批判传统。

这样，"启蒙就是设计"（Lutz 1988，22）的论断是成立的。据此，社会学分析就"成为社会实践的一个自然的、生产性的和有能力的合作者"（Fricke 1997b）。按照这个（职业）教育学理念，当教育在发展过程中遇到不同的选择时，人们就要参考建立在社会科学研究基础上的专家意见。在行动导向（Heidegger 等 1991）为将来提供不同的行动条件时，尤其是在勾画未来愿景时，设计导向称为有决定意义的方法论特征。因为，只有当人们有不同的选择机会时，才会产生设计的可能性。

为了创造"善"的形象，设计导向的研究需要道德取向，它主要来自于"交际行为"(Habermas 1981)，甚至超越了交际行为(Kohlberg 1995)，源于对道德原则的证明(Kant 1791)。在设计导向研究中，"美"不仅仅意味着有理性依据的论证，还应从一开始就尽量包括参与者或相关人员的愿望(完全是感性的)(Rauner 1995a；Fischer 2001b)。因此，设计导向的研究是以跨学科方式进行的，因为单一学科不能体现以上提到的所有方面，对此下文将有详细讨论。设计导向的职业教育研究的任务是，在所有与职业教育相关的领域中强化"教育性"因素，包括职业教育过程对学习者的个性培养以及职业生涯中的个性发展。

10.4.2 设计导向的跨学科极性

有人怀疑"学科交叉"可能只是一个口号，因为它有可能使研究失去其本来在单一学科中的解释能力，而每个学科的历史形成过程都是有充分依据的(Kocka 1987；Ropohl 2001；Wietek 2003)。为了避免出现这些问题，如今人们更多采用"跨学科"的方法(Thompson Klein 2001)。这样不但保留了各学科的原有核心内容，还可以实现同其他学科的合作(Käbisch 等 2001；与之相反的观点见 Moran 2002)。

如果把学科交叉理解为"多学科"的话，研究通常在一个学科的范围内进行，只是把结果并列放在一起提交。这样，尽管可以通过不同视角看待这些结论，但是在进行设计时，人们还是需要找到不同观点的融合方式(Bruun 2000)。为了正确应对这一困境，施莱尔马赫针对"实践科学"提出了"极性交叉"理论(Schmied-Kowarzik 1974，2)。据此，每门科学的知识空间里都有对立的极性(Heidegger 1987)。这样，每个观点都可以有内部的联系，并对其关系进行准确的描述。

但是这种"极性辩证法"并不能替代研究者完成任务，最终他们还是要自己决定设计的目标和方法。设计导向的研究可以帮助他们熟悉那些"被科学证明了的"、经常有很多分歧的观点。同时，行为者不受"专家政体"的限制，而是有自由选择的机会，这也是"设计理论"为什么能吸引相关人员参与的原因(Rauner 1988)。下文将深入分析四个最重要的"极"。正如施莱尔马赫所说的，它们因为相互交叉而密切联系。

1. 行动与思想

在宏观(如教育制度)、中观(如教育机构)和微观(如教与学)层面上的教育行动需要教育指导思想的引导。系统化的教育指导思想是人文和社会科学在(职业)教育科学研究中获得的对各种社会"事实"的呈现。然而，教育思想常常无法对教育行动提供清晰的、可操作的指导，因此还需要明确的行动理论，即"人类行为学"理论，或"行为启发学"的指导，因为它受"社会双重应急"规则的限制。在职业教育研究领域中，"设计"活动需要遵循调控的原则，从而最终实现所追求的"善"和"美"。在"两极辩证性原则"的对立中，这可以理解为社会和人文科学中与"真"概念相关的批判。两者共同代表了行动和思考的伦理原则。

培养行动能力已经成为职业教育的重要目标，尽管行动和思想本来应当是一个整体，但是目前的教育学理论还是把它们区别开来。在此，Robinson（1972）提出的"处理生活情境的能力"与"理解世界的能力"相对立的理论，具有很大的影响力。此外，Roth（1976）认为需要提高行动能力，但是只有通过行动中的批判，才能实现成熟。这种"设计"和"批判"的辩证思想，长期以来深刻地影响着职业教育学理论的发展。在此，"隐性知识"（Polanyi 1985）或更确切地说是"隐性知晓"（tacit knowing）（Neuweg 2001）可以归结到"行动"这一极。能将行动经验转化为专家智能（Dreyfus/Dreyfus 1987）的技能属于这一极（Fischer 2000；Eraut 2000）。这样一来，与科学知识（"know that"和"know why"）相比，这一极拥有了自己的基础。

2. 个体与社会

在德国理想主义传统中，洪堡首先将"教化"作为一个将人类从内心不公正的自我克制中解放出来的概念（Blankertz 1985/1982b），但是教化的重点致力于社会解放，因此 Heydorn（1979）认为教化与统治是对立的（Heydorn 1972；Koneffke 1986）。在目前的社会中，职业教育要教育青年人学会不能仅根据自己的意志决定未来的工作情境，应当放低那些理想化的要求，当然也不是完全放弃。设计导向意味着要尽可能给"相关人员"提供更多参与决策的机会。这一要求在本书各章中都有所表现，而且这一要求适合几乎所有领域。事实上，是否能参与到实践相关的所有领域中，也是检测在多大程度上遵循了设计导向思想的重要指标。同时不应忘记，社会权力关系（Lange 1988）和企业领导关系能对参与进行限制，这是"统治社会学"的观点（Braverman 1974）。个体与社会相互影响中的矛盾，一方面表现为参与的矛盾；另一方面表现为为了确保统治而造成的矛盾，如在现代社会中弱势群体融入社会的过程就是典型的例子。弱势群体"既是参与的对立面，也是保证力量"（Baethge/Baethge-Kinsky 1995，144）。

3. 理性与愿望

自文艺复兴运动以来，科学受到了理性的制约，人类科学将情感也纳入了自己的研究领域。教育学中，社会化理论（Hurrelmann 1995）具有重要的意义。"社会结构和个性的联结"强调跨学科的观点。Roth（1976）从"现实主义"的角度，将人的个性发展描述为"自我能力"或个人能力（Prandini 2001，186/277）。在职业教育学中，Rogers 的人本主义心理学（1942）对马斯洛需要层次理论的研究具有很大的影响，它主要对动机的结构进行了深入研究。"全面的职业教育"强调"情感与伦理"的共同学习。对于职业的社会化研究（Heinz 1995；Lempert 1998）来说，在构成个人身份的分析框架中（Ciompi 1999）处理情感问题非常重要。但是，职业教育理论研究中的设计导向原则可以超越这一点（Derbolav 1978），因为它可能要考虑如何在职业教育工作中公正地对待人的情感意识。正如本文开头已经指出的，在理性之外，还要给予个人和集体的意愿同样的价值理性。这里的辩证性表现在，愿望必须接受理性的批判，同时理性的目标和方法也要回答，它们能在多大程度上满足情感的需要。

4. 结构与决策过程

传统上，社会科学和人文科学的任务是揭示社会和个体进化的客观规律，在各种结构中找出其发展的起因、动力和未来发展的方向。

作为目的，这一点在社会学关于资格发展的讨论（Baethge/Baethge-Kinsky 1995）以及决定论关于技术经济发展逻辑的命题中尤其引人注意，而且自 1986 年来 Rauner 和很多人都抨击过这一点。同时，它也理所当然地适用于社会化理论甚至个性化理论（Piaget 1976）。

职业教育研究的多数领域在很大程度上也是按照这一范例进行的。设计作为研究方法的指导思想，对这一范式和人类自由的原则做了比较。1943 年，萨特（Sartre 1987）对自由原则存在主义的极端表述在哲学界引起了一场震动。即使在一种非常精简的形式中，设计导向也不能放弃这个概念。正如上文所说，设计在概念上已经把"能够在不同选项间做出自由选择"作为自己的前提。然而，"自由决定过程"和"发展的结构预先规定"之间的辩证关系意味着，在不同的选项之间作出选择时受到由预设规定条件的限制。反过来，预设规定只有通过自由决定的行动共同作用才能实现。这样设计的政治重要性又再次引人注意。不论是自由决定过程的辩证法，还是发展方式的结构抉择，再一次把设计的政治意义推到了前台（Oehlke 2001a）。

10.4.3　发展史

在与职业教育相关的研究领域，"工作的人性化"研究在 20 世纪 70 年代最先清晰地提出"设计"的概念。之前的基础是在工会或与工会相关的工人教育范围内的批判性启蒙运动，如"企业专题圈"（Themenkreis Betrieb）的小册子（Brock 等 1969）。这些材料主要是受 Negts 的《社会学想象与案例性学习》一书的影响（Negts 1968），它在题目中就已经提到了设计导向的重要方面。要想理解社会和企业中针对现状作出的各种选择是需要想象力的，同时还需要对社会影响的（"社会学"）理解，这一点恰恰经常在企业的具体工作实际中被忽视，而且常常被认为只是一个权力问题。最后，案例性的研究学习也意味着不局限于抽象的分析，而且要想象可实现的改变。

德国于 1972 年颁布的《企业宪法法》要求企业必须按照劳动科学规律提供工作条件。这一法律的实施，使这一领域的深入研究变得必不可少（Pöhler 1979），同时也促成了 1974 年《工作生活的人性化研究》（HdA）行动方案的诞生（Oehlke

2001a）。这至少要求通过参与式的研究对传统的"自上而下"的研究进行补充，而这需要员工具备相应的能力，并促进他们参与到设计中来（Fricke 等 1981）。专家建议书《工作和技术作为一项政治性的设计任务》的出版，一方面使设计导向成为一项重要的政治议题；另一方面强调了工作内容和组织形式与技术的紧密联系（Flicke 等 1982）。Rosenbrock 提出了"在技术的发展中设计是可行的"的重要观点（1984）。通过个案研究他证明了，通过不同的技术发展模式，可以实现工作生活的人性化，并促进更加社会化的技术设计。根据这些理念，1989 年实施了《工作与技术研究发展计划》，后来又开展了"创新的工作设计——专业工作的未来"项目研究（Oehlker 2001a）。

20 世纪 80 年代，Rauner（1986/1988b）把设计导向作为一种方法论原则引入了职业教育研究（Heidegger 1978）。按照这种理念，职业教育研究应当遵循新的教育思想，即"应使人们有能力参与到工作和技术的设计中去"。从此，设计导向作为跨学科的研究方法在职业教育研究的各个领域扮演着十分重要的角色，包括职业教育课程开发、职业教育教学法、职业科学研究到职业生涯的设计（Henderich 2002；Tippelt 1995）等。这从一开始就体现在国际研究中，特别是在不同条件下的"工业文化"研究（Cooley 1988；Deitmer/Ruth 2001）领域。

10.4.4　设计导向职业教育研究的领域

在以下三个研究领域中，设计导向都起着明确的重要指导作用（Fischer 等 2001）。

10.4.4.1　人性化的工作设计

工作内容的设计与工作组织的设计有密切的联系，后者在很大程度上决定了工作任务分工（Martin 1995a）。这种关系的发展是在工业社会学研究中被发现的，特别是在资本主义条件下的企业合理化策略的背景下（Baethge/Baethge-Kinsky 1995）。这些研究与技术革新对生产过程及其影响的分析研究有密切的联系。传统上，人们认为经济和技术的发展决定着合理化策略，而现在这种认识必须要改变了。工作分工和资格要求有着紧密的联系，虽然前者不能完全决定后者（Lutz 1979），但这对职业教育研究有着重要的意义，即使设计性工作只能影响所有岗位的 1/3 和比例更小的培训生，但他们属于最重要的群体。事实上，工业生产领域对这些研究很感兴趣。

在 20 世纪 80 年代初，人们发现，即使在资本主义生产关系条件下，要想提高生产效率，也存在着不同的相互竞争的模式。一方面，始终存在不断加剧的担忧，即随着计算机运算能力的提高和软件（如专家系统）的改进，会实现计算机辅助的泰勒模式（Lutz 1988）；另一方面，也存在一种很强的"主体导向的合理化过程"的趋势（Baethge/Baethge-Kinsky 1995，149），如在工业生产领域中的"新型

生产方案"（Kern/Schumann 1984）和商业领域的"系统合理化"方案（Baethge/
Oberbeck 1986）。此外，市场关系、顾客导向及灵活性也变得越来越重要。

因此，从设计方面影响技术应用和工作组织的可能性变得清晰可见，这同时
也成为一项现实任务。在企业和社会层面的劳资谈判过程中，雇员对高质量的工
作内容、能力发展和交际合作等的"后物质主义"利益的关注是一个决定性因素。
因此，在职业教育中应当促进设计能力的发展，这为一直没有实现的"以主体为
中心"提供了可能。

10.4.4.2　社会（可承受的）技术设计

在职业教育研究的框架中，首先是对工作组织和工作内容的设计起着重要的
作用。这里的决定性转折发生在 20 世纪 80 年代初期（Fischer 2001b）。随着"从
对影响的讨论到对设计的讨论"的转变，之前人们都是按照经济和技术决定论来
思考问题，从那以后就不仅强调技术应用的社会可设计性，还强调技术的形成甚
至技术发展的社会可设计性（Rauner 1986）。历史研究（Kuby 1980；Noble 1979）
发现，过去技术的"进步"也只是有限度地受到所有"技术—逻辑"的必然性的影
响，即使在经济力量至上的观点中也是这样。这些探究同时还发现了文化因素的
影响，即"技术的表现象征意义（Gerds 1988）。"对工作和技术的设计"研究发展
很快，并超出了只是针对工作岗位进行研究的范围。劳耐尔（Rauner 1986，137）
开发出了"设计技术领域"模型，将"技术领域及其应用"与"技术设计的社会领
域"结合起来，后者包括工作岗位、个人的生活世界、自然科学和人文科学、政
治利益团体和国家机构等。在每一个领域中，每个人都有特定的看问题的视角，
而个人的观点与社会团体观点经常会发生矛盾（Schachtner 1997）。因此，必须为
社会化的技术设计建立一个可达成谅解的理解过程。为此，职业教育特别是技术
类的职业教育也应当有一定的设计空间。

不久前，有关生态学的讨论也有非常重要的意义（Ullrich 1977）。尽管其讨论
的强度目前有所减弱，但是农业中的基因技术设计和医学中的生物技术设计一直
是讨论的中心。Volmerg/Senghaa-Knobloch（1992，30）提出，要建立一个"有专业
基础的非专业人士对话"，从而提供一个形成"对技术发展的后果共同负责的态
度"的机会（Senghaas-Knobloch 2001，75）。同时，新的研究领域"技术伦理"
（Zimmerli 1998；Hastedt 1991；Decker 2001）对技术设计也变得越来越重要。

10.4.4.3　设计导向的职业教育

关于人性化的工作设计和社会化的技术设计的研究，为职业教育提供了重要
的机会，去寻找影响未来职业工作的边界条件。在职业教育学领域，设计导向成
为研究方法的核心。当劳耐尔提出"使人们有能力参与到工作和技术的设计中"
的职业教育指导思想时（Rauner 1988b），职业教育在很大程度上已经实现了行动
导向教育，虽然其经常被认为只是一种假设（Päzold 1992）。

但是，Roths（1976）的设想，即将人类通过批判性思维变得成熟的行动能力作为一个基本的教育目标，即便是在"完整的行动模式"中也没有给予足够的关注（Lauer-Ernst 1984）。尽管在现代职业教育学对行动能力的定义中，独立计划、实施和控制工作任务都处于中心地位，但是在极端的情况下，行动导向仍然有被当作培养适应能力的方法的危险（参见 Paezold/Walzik 2002）。在此，"设计"意味着行动的"恰当"和"规范"。应当相应地继续推进行动导向的教学论研究（Heidegger 1996）。如果要理解教学设计和教学方法实施的关系（Jank/Meyer 2002），就必须研究教育目标的界定并进行反思（Heidack 2001）。

教育目标不能只是针对企业的生产目标，甚至都不能将企业的生产目标作为标准。按照波尔蒂等（Bourdieu/Passeron 1971）的观点，教育必须是相对独立，这样才能完成自己的社会任务（Lutz 1979；Arnold/Lipsmeyer 1995）。因此，职业教育必须超越单纯的职业培训，除了提升职业适应能力，即 Roth 的"专业能力、社会能力和自我能力"外，还要促进职业成熟和自我反省。如何能比过去做得更好，这正是职业教育教学论研究的任务。就如刚才提到的那样，设计导向意味着教与学要超越过去单纯的解释，学生带着想象力去发现新的解决方案，还要尽可能检验这些方案（Heidegger 等 1997；Adolph 2001；KMK 1991b）。

此外，将职业教育教学论与其他的设计领域建立联系，也是职业教育研究的任务，这在本书的有关章节中也有描述，如"职业工作和能力发展""职业教育的规划与发展"和"职业发展"等。对不同职业领域的科学研究来说，设计导向对企业人力资源开发领域中的任务分配和实施，也是一项重要的指导方针。

10.5　隐性知识：职业教育研究的一个主题

Georg Hans Neuweg

隐性知识是人们在直觉、判断、预感、思维、决策或行动等行为过程中形成的，通过主体和外部观察者不能或不能完全明确化（描述、客观化、正式化和技术化等）的知识。隐性知识不针对固定的模式，而是灵活的过程模式。它与 know how 和程序性知识也不同，因为除了专业能力和技能外，人们还应对其目前的处境及发展有一定认知，即大体把握周围环境的结构性特征，但并不用言语准确表达具体的内容。

波兰尼（M. Polanyi）用"隐性直觉"（tacit knowing）的概念表明他感兴趣的不是心理结构状态而是过程，不是知识而是能力。他的研究集中在感知、决策、行动倾向和相应的行动调控方式，即关注知识与能力的关系，特别是显性知识与职业实践能力脱节的问题。

这种脱节关系与惰性知识有关（Gruber/Renkl 2000），隐藏在与行动有关的显性知识中，但不能或者不能完全在相应的决策和行动能力中表现出来。在德语中，惰性知识属于认知的范畴，是对知识和技能两个概念的整合。然而，目前人们还无法在知识与技能之间，以及在经验性知识与能力结构之间进行明确的划分。"隐性"在很大程度上是用来区别陈述性知识和程序性知识、经验性知识的内部结构与行动学习的界限，这些讨论与英语国家不同（Imel 2003），那里的职业教育研究更关心理论与实践的关系问题。

由于涉及范围过于宽泛，对隐性知识的研究、接受与传播遇到了很大困难。对这一问题的研究既没有统一的起点和方法论，也没有一致的问题和解决机制，因而无法确定研究环境。隐性知识研究涉及的研究领域包括哲学和认识论（Polanyi 1964/1966/1969）、普通语言哲学（Ryle 1949；Kemmerling 1975；Wittgenstein 1953；Schneider 1993）、认知科学和人工智能（Fodor 1981；Searle 1983；Suchman 1987；Dreyfus 1972；Dreyfus/Dreyfus 1986）、理论心理学（Nisbett/Wilson 1977）、实验心理学（Reber 1989/1993；Berry 1997；Neuweg 2000b；对此的批判 Haider 2000）、科学社会学（Fleck 1935；Kuhn 1970）、知识社会学（Collins/Kusch 1998；Collins 2001）、文化社会学（Bourdieu 1990/1992）、工业与劳动社会学（Böhle/Schulze 1997）、工业心理学（Volpert 1994/2003；Hacker 1998）、专长研究（Schön 1983/1987；Benner 1984；Wahl 1991；Bromme 1992/1996；Büssing/Herbig 2003a）、技术教育学和职业教育与培训（Eraut 1994/2000；Fischer 2000；Neuweg 2001）、商业经济学（Ortmann 2003）以及知识管理领域（Nonaka/Takeuchi 1995；Baumard 1999；对此的批判 Neuweg 2007）的组织理论（Ortmann 2003）和决策理论（Franck 1992）。

在这个言语体系中，大体勾勒出了职业教育研究关于理论和实践的复杂关系，它同时又被认为是一种隐性认知（Neuweg 2001/2005），其核心假设如下。

➢ （职业实践性）能力不是或不仅仅是知识的应用；

➢ 对有职业经验的人而言，直觉在感知和行动模式中发挥着核心作用；

➢ 有能力者不能或不能完全用言语表达自己的"知识基础"；

➢ 对外部观察者而言，只能有限度地识别智能型实践；

➢ 重要能力的获得不是通过语言传授，而是通过经验和实例，必须在实践共同体模式中实现。

相应的，人们对隐性知识的兴趣主要集中于直觉、不可言明、不能形式化及经验相关的方面。

10.5.1　直觉

在智能化实践中，除了可言明的知识外还有一些生成性原则，这个假设给行动理论和职业教育理论带来了严峻的挑战，因为传统上人们一直认为，知觉（intuitive）行动是自动化和常规化的过程，其特点是不灵活和无意识。而上述假设认为，高质量的职业工作是对行动模式、"事先计划好的事实"以及知识应用进行不断的反思。Neuweg（2000b）对将行动看作是思考和实践的双重组合的观点提出了批评。即使是那些有丰富经验的专家，也很难用言语表达行动中具有引导性或伴随性的心理过程和心理结构。这表明，把行动看作知识应用的"大师"是不恰当的。

在对专家或经验引导的行动的现象学重建中产生了一些不同但相互联系的理论，如即兴直觉（Volpert 1994/2003），直觉（Dreyfus/Dreyfus 1987），艺术性行动（Brater 1984）、主观性行动（Böhle/Milkau 1988；Böhle/Schulze 1997）或情境性行动（Suhuman 1987），习惯性行为（Bourdieu 1992），行动中知觉（Schön 1983）或波兰尼的"隐性直觉"。与自动化的反应相比，按照上述方案进行的有直觉性质的行动调控是灵活的，但不是完全无意识的；行动者关注的是情境或任务，而不是自己的认知。这种行动的计划性不强，更多的是由外部环境控制。当行动者的能力水平与外界的要求相当，且其行动模式不断获得外部的肯定时，这种行动模式就会被认为具有"连贯"（flow）的性质而得以延续（Csikszentmihalyi 1982）。

人的经验和能力水平与外部要求的匹配程度，是决定行动模式的最重要的因素。随着经验的增长，人们有计划性的行动会被直觉的和相对无意识的行动取代（Dreyfus/Dreyfus 1987 年提出的能力发展阶段模型）。这种直觉有时可能会被外界因素阻碍，尤其是当情境和行动之间的相互作用受到干扰时（Volpert 1994/2003）。必须重新反思过去已有的准反思性行动，但并不退回到脱离情境的抽象知识层面上。专家更多的是在行动的基础上进行思考（Schoen 于 1983 年和 1987年提出的"在行动中反思"的理念和"现场试验调查"实验），并根据行动以及行动中蕴含的知识进行定位（Dreyfus/Dreyfus 1987，62）。

就目标对象而言，除了外部条件如行动的压力和思考空间外，关键还要考虑到环境的动态性和不可预见性。由于外部环境变化的不可预测性，研究者关注的重点从计划层面转移到行动层面。另外，心理学实验结果表明，人类解决问题的直觉模式一般出现在高度复杂的情境中，而且在这种情境中更容易成功（Neuweg 2000a）。

10.5.2 不可言明

从研究方法的角度讲，传统上认为通过访谈能够挖掘出专家行动的知识基础，而隐性知识理念概念对这一观点提出了质疑。首先，专家的言语和行动之间存在着明显的断裂，在这个过程中，绩效成为衡量能力的唯一有效的指标，因而也是各种能力诊断措施的关键（Neuweg 2002b）。因为"有经验的专家知道的要比能讲出来的多"（Polanyi 1985，14），访谈的目的是验证采访者主观臆断的知识，采访者会通过多种方式努力实现自己的意图，如利用采访中合法的舆论压力迫使被访者妥协，甚至歪曲事实，使专家"说比他们知道的更多的东西"（Nisbett/Wilson 1977）。直接后果是，过分高估了意识对行动的调控能力，特别是高估了抽象知识所起的作用，其程度与被访者理性思维能力有关。口头行为可靠性研究的基本结论是一致的，即应避免让被访者推测心理过程和结构，而不是简单的回忆（Ericsson/Simon 1980）。

如果将专家的行动调节理解为制定策略和应用知识的过程，则违背了上述原则。按照德莱福斯的能力发展阶段模型（Dreyfus/Dreyfus 1987），在从由规则引导的行动向直觉行动的过渡过程中，直觉不是对规则的无意识行为，而是质的积累过程。而访谈这种方法恰好会掩盖专家智能的本质，因为专家需要将那些刚刚放弃的规则知识进行内化处理（Dreyfus 1982）。类似地，Suchman（1987）也认为，通过言语方式将与情境相关的行动进行合理化的做法，是无法了解在此情境下的活动特性和发展动态的。

当研究者试图引导受试者用言语表达其与行动动机相关的认知情况时，会很容易发现，引导行动的知识，与其事后对行动的解释往往是不一致的。有人对此提出反对意见，认为对研究对象进行内省的做法，会不断改变研究对象的本身，在极端情况下甚至会使研究对象消失，因为在这个过程中认知模式变化了。另外，因反思或内省引起的绩效中断，恰恰能为研究在正常情况下认知和行动中的隐性知识提供线索（Baumeister 1984；Masters 1992；Wilson/Schooler 1991；Schooler 等 1993）。

在此可以通过心理学研究确定信息加工的过程和结构，从而揭示受试者自己无法解释的问题，并通过生成性原则对这些行为进行重构。研究发现，这些原则不适合主观理论的研究（Groeben 等 1988），而适合行为预测研究，在理想状态下甚至可以通过计算机模拟。持这一观点的重要代表是福多尔（Fodor）。他写道：

"如果 X 是知道如何做但不能解释其行为的人，S 是行为结果，对 S 的解释可视为对问题'X 是怎么做的？'的回答。如果通过 S 所特有的行为结果对 X 的行为进行理想的模拟，那么就隐性地回答了'X 是如何做的？'的问题。在此，S 就是对隐性知识的表述"（Fodor 1981，75）。

这里的挑战是，如何以第三者的视角从理论上解释受试者的能力的内部结构，如行动归因理论（Rlye 1949）所讲的，而非仅停留在对外部行为的分析上。此类研究取得重大进展的原因，是人的能力的技术化和信息化，如专家系统的应用。

对职业教育研究而言，人们感兴趣的不是怎样从理论上去模拟特定的能力，而是怎样去教它们。反对者认为：第一，并非所有书本上的对行为进行预测的规则，都是生成性规律，都能帮助学生获得相应的能力。以学骑自行车为例，可以通过物理学知识解释怎样掌握平衡能力的问题，但是却无法利用这一规律获得骑自行车的能力。第二，对隐性知识进行重构虽然经常是"无意识的"，但在教学上常常还是作为一种命题来表述。将经验作为"知识"来描述，在教学法上讲，与把学习作为知识的传授过程，以及将能力获得作为显性知识潜移默化的过程类似(Anderson 1987；Hacker 1998)。这里不仅忽略了很多隐性学习形式，而且还忽略了隐性知识怎样未经言语的反思而外化成为显性知识的过程。

从科学理论的视角来看，观察者不应该将受试者的行为视为"无意识的知觉"(Neuweg 2001，90；Gadenne 2000)。人们对通过"隐性知识"进行行为建构的思想提出了质疑，认为这不仅没有解释行为本身，相反却因为引入新的概念使得对行为的认识更为复杂化。该观点认为，一个人的行为总是建立在或多或少对规则了解的基础上，或在无意识中受其影响。观察者以这些规则为基础，对行为进行描述或预测，由此得出的结论无法进行验证，并且犯了瑞尔(Ryle 1949)提到过的类别错误。

10.5.3 不能形式化

如果当事人无法用语言传达其行为活动中涉及的本能、直觉以及不可用语言传达的因素，那么第三者，即观察者能否用言语对此做出解释，就更值得讨论了。这场争论涉及的问题对教学设计也是很重要的。一些当事人无法用语言表述的东西可以被外界验证和分析，从而得出这种非形式化知识的获取途径。这些隐性知识无法通过语言明确描述，但以一种未经言语的方式存在，"通过语言描述无法对细节进行处理，因为不存在适合它的描述性语言"(Polanyi 1964，53)。

通过主体因素、外部要求和各种知识论证模型等理论，都可以说明隐性知识不可形式化。

主体因素指与人的感知和能力相关的身体基础，例如通常所说的"感觉"。经验知识所涉及的特殊心理状态是不能用规则来描述的。还有观点认为，这种知识是很多个案的联合体。专家能够识别出特定的情境及其相应的能力要求，而无须确定其典型的特征(Dreyfus 1982；Dreyfus/Dreufus 1987)。由于特定的情境中包含着特殊的形态特点和细微差别，而对情境的解释总包含着情境性因素，因此不能通过抽象而孤立的元素和规则，来解释基于经验的情境。

外部要求理论认为，行动要求的特点决定了隐性知识不能通过外显形式来表达。例如，徐恩(Schön 1983)认为实践领域有五大特点，即复杂性、不确定性、不稳定性、独特性和价值冲突，这决定了不能把专业化的行动仅仅视为知识的运用。Collins/Kusch（1998）把研究的注意力从"经验的不可替代性""指令式的社会化"等因素转向"多形态行动"。有效实现多形态行动的前提是，参与的实践共同体理解其具体的背景，而不是通过机械的模仿或是对规则的传授。

历史上，有多种知识论证模型，如亚里士多德的实践智慧（Aristotle 2000）、康德的理性批判（Kant 1787/1791）、维特根斯坦原则等，它们都承认抽象规则与具体情境的差距，即人们无法在具体情境下对规则进行合理化或创造性的解释，也无法通过规则追溯知识形成的源头（Dreyfus 1972；Ortmann 2003）。

这些观点的共同点在于，专家的感知、思维和行动都是基于情境和针对具体情境的，因此不可能用规则解释所有的具体情境（Neuweg 2002b）。专家与那些只能按照规则行事的新手之间最重要的区别，在于他们对同一问题的不同视角，即人们如何识别不同的情境？在该情境中应采取怎样的行动？他们的答案迥然不同。在此，还可以进一步追问：组织学习和知识管理中常见的任务，即将隐性知识进行显性化处理，在多大程度上可能会无意识地造成组织的僵化和官僚主义？

10.5.4 经验相关

在职业教育发展初期，人们就已经认识到通过口头知识传授实现学习是有局限性的。按照凯兴斯坦纳（Kerschensteiner 1907）的观点，虽然工匠知道怎么制作家具，但人不能靠背诵学徒期间所学的知识就可以变成工匠，因为起决定作用的不是书本知识和记忆，而是在这个过程中逐渐发展起来的经验。这种劳动成果的副产品，只能非常有限地被知识替代，因而也很难通过言语来传授。

在德语国家，人们逐渐关注了对经验性知识的研究（Böhle 2003），隐性知识的理念更是促进了这一研究的发展。教学论研究的重点，已从类似课堂教学情境中的学习，转变为类似功能领域的学习，即专家文化中的社会化过程学习；从对知识的描述，转变为对知识的精通；从通过非人性化的媒体储存知识，转变为专家和受众面对面的交流；从抽象知识的传授，转变为完成复杂而真实的任务以及范例性教学。

波兰尼认为隐性知识是个体的知识，由此告诫人们注意教学过程的局限："我们必须依赖自己的感觉获得纯熟的技艺，除了自己，没有人可以帮我们做到这一点，包括老师"（Polanyi 1969，126）。

另一方面，从隐性知识的角度来看，相关理论可以针对情境性学习、隐性学习、非正式或附带性学习的意义、作用机制和设计空间等为我们提供很多启发（Neuweg 2000b；Neuweg 2001，245）。在人的能力形成过程中，个体的行动经验不可或缺,这为工作现场的学习提供了理论基础,也从根本上要求我们重新审视年长工人的经验性知识。在隐性知识的学习中,知识的承载者和接受者之间的个人接触很重要,这又引发了人们对学徒模式的兴趣(Gamble 2001)。在此,学习不是盲目的模仿,而是有共鸣的理解(Ortmann 2003,146;Volpert 2003)。

除此之外,隐性知识也强调和证明了主要教学论原则的合理性。除了事物和语言要同时出现以外(Neuweg 2001),例如传授抽象知识时,还需要案例和多种情景,从而建立"灵活的模式"(Volpert 1994),反复练习也有重要的意义(Allen 2000;Bollnow 1991)。按照隐性知觉的理念,尽管人们并不了解如何从教学促进获得经验与对经验进行相互作用,却提高了对能力发展的非正式方式的兴趣(Coffield 2000;Dohmen 2001),并把对能力的认可与能力产生的途径分割开来。例如,对隐性学习的实验心理学研究表明,即使没有教学设计,也没有意识地去探究规则,也能形成复杂的刺激结构(Reber 1993)。对非正式学习的潜在价值低估的原因,是实践者们习惯用同一种思维方式和范式,按照规则行事并反馈违背规则的信息,而不必对这些导向性的原则进行更改。这种知识无法进行制度化或学校化的传播;引入这种知识领域的社会化过程,需要人们有相应的实践和生活方式(Collins/Kusch 1998;Fleck 1935;Kuhn 1970;Polanyi 1964;Lave/Wenger 1991)。

需要注意的是,对职业教育研究有价值的、合适的行动理论、知识理论和学习理论,既要考虑职业能力和职业学习的协商因素和直觉因素,也要考虑其显性和隐性方面,不但考虑技能,而且要考虑教育维度。为了实现这些目标:

➤ 要确定显性知识,即那些非情境性的、隐性的、非正式的,甚至偶然形成的知识。为了节省时间,它不是很详尽,这主要是因为,在很多领域中很多隐性知识并没有成为程序性知识不可缺少的基础,致使编码知识的传授仍是代际之间和人与人之间进行知识传递的极好手段。

➤ 反思、深入理解概念、掌握原则和规则,有时对能力的去情境化和灵活利用,也是不可缺少的。

➤ 顺利而保险的行动条件,同时也可能会是发生错误的条件,隐性知识在某种程度上也隐藏了需要自省的"隐性的盲目"(Neuweg 2001,344)。

➤ 职业知识绝对不只是"解释行动的知识"(know how),在多数情况下包括"反思行动的知识"(know why),而这些知识只能通过传统的学校或学院教学来获取。

➤ 对隐性知识的研究主要集中在实践能力的维度,而很少在教育和文化的维度,这会造成忽视显性知识的风险。而只有掌握了显性的知识,人们才会成熟,才能在日益复杂的世界里做出负责任的决定。

按照这些观点来审视凯兴斯坦纳的思想，就会发现，他早已描绘出当前有关"隐性"讨论的价值核心。他认为，"创造离不开一定程度的知识，今天无法仅仅通过个体经验这一条途径获得这些知识……因此必须使经验知识和书本知识联姻"（Kerschensteiner 1907，48）。

在以后的隐性知识的研究中，要为经验知识和书本知识的合适联姻奠定基础，但是也要注意在多大程度上支持这种非正式学习，这有可能造成教育体系的去机构化，也可能会减少国家的教育培训费用，但已经不是完整意义上的教育了。

11 职业教育的研究方法

11.1 访谈与观察研究法

11.1.0 访谈与观察研究法概述

Winfried Hacker

在职业教育科学研究中，并没有唯一正确的研究方法。在研究中，一般会综合使用多种方法。但是如果只是任意拼凑一些方法，而不对每种方法进行反思，其效果也不会好。必须在一定理论基础上选择和组合方法，并按照一定的顺序加以应用。

观察法与访谈法是按照这一方案组合使用频率最高的研究方法。这两种方法之所以有效，是因为人们比较容易将其有目的地应用在相关研究中（见下文的四步法）。在选择不同研究方法组成研究方案时，应遵循以下原则。

（1）有因果关系的情境性方法：选用何种方法，应全面考虑所要开展的工作在能力上有哪些要求，这些要求的决定因素有哪些。一些任务的要求由组织的、技术的和集体/团体的要求来决定。因此，单独描述一个待完成任务的要求是不可能的，组织特征常常影响具体任务的要求（Argote 等 2003；Greeno/MMAP 1998），如参与工作设计等。

（2）假设—演绎性方法：开展职业教育研究时，必须逐步缩小研究主题的范围，这个过程一般通过以下步骤实现，即设计一个假设，并逐步精确地去检验。

(3)系统性方法：由于观察法和访谈法常与所研究的问题有关，这两种方法在研究中既不是起点也不是终点，而是以活动为中心的"假设—演绎四步法"的组成部分(Hacker 1995)。

这主要是因为观察法和访谈法(包括问卷)一开始就需要大量信息，如观察什么对象，使用什么标准，提出什么问题和为什么要提这些问题，从而确定专家或新手已经获得的技能中与课程有关的因素。

然而，尽管在使用观察法和访谈法之后，往往会跟随着准实验研究方法或事后事实设计，但这还不足以回答职业教育应该传授什么知识的问题。这里需要更多经过严谨的实验设计的研究。因此，只有通过文献分析、设计干预实验后，观察和访谈才算结束，即观察法和访谈法是系统研究方法的组成步骤。

"观察"与"访谈"是若干具体研究方法的总称，其中有些方法将在本书后文会有解释，有些方法在研究中还要重复运用。由于研究对象的能力结构不同，因此基于观察的研究方法也有多种形式。观察法在职业教育研究中主要适用于以下两方面的研究主题。

(1)以条件为中心的任务分析，分析完成任务的组织和技术要求，目的是了解需要传授(任务分析)的心理需求(能力)。在此，观察法通常与文献分析和访谈法结合使用。本章 P. Röben 有关任务分析的文章为此做出了特殊的贡献。这种任务分析方法与本章 J. R. Bergmann 讨论的"工作研究"方法不同，后者是建立在社会学研究基础之上的方法。

(2)以学科为中心的方法，对人们完成某项任务的过程和行动进行分析(如初学者和专家)，目的是确定专家智能以及初学者的能力缺陷，参见 R. Haasler 等的文章。

无论是结构性还是参与式(行动研究)观察，其效度都与观察前的准备工作有很大关系。重要的是，要有一个定义明确的维度或类别引导观察，必要时还需要专门的工具，如列出的指标在某种程度上可实现自动记录。

同样，由于询问目的的不同，访谈法也有多种表现形式，包括双元访谈(如访谈者—被访者、专家—受训者)和群体访谈、口头或书面问答，以及不同形式的提问方式(如开放问题和多重选择题等)。访谈技巧的效度在很大程度上取决于访谈方法与研究问题的契合程度和知识类型(如显性知识与隐性知识、程序性知识与陈述性知识、偶发性知识与语义学知识等)，见本章 W. Hacker 的文章(Hacker 2005)。因此，必须根据过去的研究成果和(有充分理论基础的)研究假设选择合适的访谈技巧。访谈技巧类型、实践专家研讨会、访谈类型等问题参见本章 Becker、Hacker、Niethammer 和 Spöttl 的文章。

观察法与访谈法都可以借助录音设备(包括录像设备)进行；可对观察到的

现象和获得的回答进行分类。本章 F. Rauner 的文章讨论了录音技术在职业教育研究中的应用。

众所周知，所有研究方法和技巧的效用取决于它们能否被纳入整个研究过程中。这就是"研究设计"讨论的问题（Campbell/Stanley 1963），观察法和访谈法的有效性问题本身并不存在，它们取决于研究设计。因此，研究设计问题不仅仅存在于实验研究中。

根据假设，有时需要为观察和访谈设计几个"组"，如一个控制组（没有人为干涉）和一个或几个实验组（加以各种人为干涉）。例如，如果要开发使初学者变为专家的培训课程，必须对专家和初学者的能力差别进行界定。观察（工作分析）和随后的访谈被整合到一个准实验的"控制与实验组"（控制针对初学者，实验针对专家）。在此，专家组成为一个实验组，因为他们已经被人为"干预"成了专家。在田野研究中，这种为比较目的进行的准实验设计是一种有效的战略（Hacker 1995）。

其他运用观察法和访谈法开展的研究甚至可能需要设计一个前测/后测控制实验组（Hacker/Skell 1993）。假如研究者对初学者和专家接受同一种培训所获得效果的区别感兴趣，那么这种设计就是正确的。

最后，本节阐述了观察法和访谈法对研究的不同贡献，但方法不能取代研究的本身。最有效的方法是"在观察中进行访谈"，正如职业心理学研究中所做的那样。在观察中进行工作分析，通过情境性的问答，那些正在进行的工作活动、隐性的调节思维过程及其表达，就会一一浮现出来（推理过程和心智模式参见 Hacker 1995）。

11.1.1　专业访谈

Manuela Niethammer

11.1.1.1　访谈的定义与分类

访谈这一术语源于英美，20 世纪传入德语区。英语"访谈"的词源是"entrevue"，即安排会议的意思（Lamnek 1989，35）。访谈在参与者有意识、有目的的谈话环境中进行。访谈者在特定目标下与被访者进行交流和测试，整个过程是事先安排好的，具有一定的系统性，并成为认知过程的重要组成部分（Atteslander/Kopp 1987；Rauner 2001b）。

在实证社会科学研究中，访谈逐渐发展成一种收集资料的重要方法，并广泛应用于定量和定性研究中（Hopf 1995；Flick 1995b）。Lamnek 把访谈法称为一种

"完美方式"(1989，35)；Flick 对访谈在德国和美国的不同应用情况进行比较分析后认为：在德国学术界，访谈法处于主导地位，美国则主要采用参与式观察法。

与观察法相比，访谈的优点是可以根据不同应用领域进行修正和微调。在多数情况下，可根据访谈主题对访谈法进一步区分，即访谈法的实际应用过程(根据采访者和被访者的自由度)不完全相同(Flick 1995，146)。与观察法相比，访谈的优点如下。

➢ 组织简单易行；

➢ 获取的数据客观真实，较少受到个人主观因素的影响，容易被人们接受，具有更高的参考价值；

➢ 对数据的评价根据访谈情境和记录进行，社会学家通过多种评价方法能够获得更为广泛的经验(Lamnek 1989，35)。

1. 专业访谈与研究对象的关系

在职业学研究中，工作过程分析是职业资格研究的重要组成部分，而专业访谈是一种在工作过程分析中收集资料的科学方法(Drescher 等 1995)。工作过程研究的关注点是工作内容、工作过程以及决定工作内容的各种要素(如技术、经济、社会和生态因素等)，通过采访相关工作领域的代表性人物获得数据(Rauner 2001，249)。通过访谈，人们可以从客观和主观两个角度反思工作内容。客观导向的工作研究是通过调查对客观的工作内容进行反思。采访对象主要是相关工作领域的专家，由他们对本工作领域涉及的根本问题进行评价(专业访谈)。在主观导向的工作研究中，技术工人是研究的中心，即"职业背景中的专家"。在此，工作内容本身并不重要，重要的是专家的主观视角及其专业知识(专家访谈)。随着对技术工人自我感知的关注度的提高，对专家知识的分析逐渐成为社会科学研究的重要内容(Meuser/Nagel 1991；Flick 1995b)。

专业访谈和专家访谈之间并没有严格的区别，因为专业访谈也会涉及受访者的主观意见。两种情况涉及的都不是所谓的"门外汉的主观想法"，即从经济、政治、生态和社会等多方面探讨决定工作内容的要素，而是资深专家所进行的反思。这意味着，被访者必须具备高超的专业能力。这种关注专家的方法并不排除对不同能力水平的代表人物进行访谈，如学徒、技师和工程师等。这说明：在现实职业世界中，并不存在具备一个职业领域全部知识和经验的专家。专家在某个工作领域行动中所体现出的职业能力，取决于经济、生态和技术背景。如果将他们对工作现实的反思放到整个社会大背景中，专家也会变成门外汉。

专业访谈和专家访谈的采访对象都以资深专家为主，这与"问题导向的访谈"不同(Witzel 1985),后者是社会科学研究的重要研究方法。"问题导向的访谈"用于分析针对某一社会或个人问题的主观解释,选择访谈对象时,并不关心他是否具备反思和解决所研究问题的专门资格。

在职业导向的工作研究中采用专业访谈法,研究的问题与具体职业有关,属于实践共同体的一部分,这要求访谈者必须掌握该领域的"内容和理论"(Hopf 1995)。访谈对象决定访谈者需要具备哪些能力,如采访化工领域的工作者时,访谈者必须掌握基本化工知识而不是电子技术知识。他掌握的知识深度与广度应与该工作领域所要求的工作内容相匹配。此外,他还必须具备融入实践共同体的能力。一般,门外汉无法得到一个行业的核心知识,因为被访者不会把具体工作内容告诉不熟悉其专业知识的人,认为其不可能理解这些内容(Rauner 2001b)。

专业访谈是在一定社会环境中有意识建构的交流形式,访谈者应具备相关主题的社会背景知识。

2. 根据访谈实施过程的分类

对访谈法进行分类,是社会科学研究的一个重要研究问题。Mayring 根据访谈的开放性、结构性以及研究范式等特征对其进行分类(见表 11-1 和表 11-2)。

表 11-1　按照访谈实施过程的分类

访谈的类型	分类标准	详细说明
开放性访谈(对比封闭式访谈)	受访者的自由程度	受访者自由回答或不回答,他自己确定谈话议题的重要内容
非标准化或半标准化访谈(对比标准化访谈)	受访者的自由程度	访谈者没有事先确定的问题清单(半标准化访谈则有一个提问主线),可以根据当时的访谈情境自由选择主题并提出问题
非结构性访谈(对比结构性访谈)	访谈者的自由程度	访谈者不需建构研究主题的结构,结构由研究的主题确定 (至今仍被忽视的是,访谈提纲在某种程度上只是一个事先确定的访谈框架,但是采访者可以自由组织,不一定发挥其作用)

据此,专业访谈分为开放性、非标准化和非结构性访谈。由于专业访谈的关注点是工作内容,这就决定了专业访谈主要采用半标准化方法。

表 11-2　社会学中量化与质性研究范式的区别(Flick 1995b，56)

社会科学的量化研究范式	社会科学的质性研究范式
—— 研究过程是以建模为目标的线性发展过程 —— 研究人员事先对所有可以预想到的条件和关系建立模型(其基础是：能够有效获取理论知识，或可以从理论角度验证这些知识)	—— 研究过程是以建立证明某一研究对象的理论为目的的循环过程 —— 通过研究对象建立起研究主题的结构，之后再建立研究主题的理论结构
—— 提出假设，并按照其进行研究(通过不同的变量分析复杂关系，孤立看待每个变量并对其进行独立的检验) —— 研究对象具有典型性和代表性 —— 理论和方法优先于研究对象，由此不断检验，并适当修改理论	—— 不通过减少变量降低研究的复杂性，而是通过考虑背景进行深入分析；对理论建构的推迟，意味着放弃假设 —— 根据与主题的相关性选择研究对象 —— 数据和研究领域优先于理论假设；理论不决定数据收集的过程，而是在特定领域的研究过程中不断被发现，研究过程包括抽样、编码和理论建构等阶段

11.1.1.2　专业访谈的方案及其应用

不同的数据收集方法，要求对研究方法进行反思，这是整个复杂研究过程的组成部分。为了设计研究过程，应把以评价某一理论为目的、基于过程的假设，与以发展某一理论为目标建立假设的研究区分开。采用专业访谈的职业学工作分析，是整个研究范式的组成部分。Flick 曾对质性研究范式与量化研究范式进行比较，从而更好地说明上述差异(1995b，56)。

根据以上标准，人们很难对职业学工作分析中采用的专业访谈进行分类，原因是专业访谈结合了两种研究范式，即兼有质性和量化研究因素，研究过程既是线性的，又是循环的：在数据调研开始之前，须分析所选研究领域的各个方面，如将工作的重要内容按照一定逻辑顺序进行结构化处理。建立这种客观的逻辑关系意味着提出假设：它为研究者编写访谈提纲提供了一个参照系，也为访谈中的数据收集提供了一个简单的认知结构。

然而，这并不是按照假设开展研究，因为如果将复杂的工作世界简化成一个个检索单元，将显示原来整体化的工作世界，研究者也无法把握和理解研究对象。因此，这样的研究无法反映工作世界的真实情况，既不适合研究对象，也无助于研究者。

这些预先设计好的分类方法一般不会直接应用于受访者。研究者一般更倾向于将受访者提供的内容进行分类，并与预先设定的研究模型进行比较。当被访者的回答超出预设的分类方法或与之相违背时，研究者必须对新类型进行编码和抽象化处理，还应从专业方面验证所收集资料的正确性。

职业教育研究的相关度，决定了研究者所调查工作世界的"片段"和研究对象。这一特点说明了，研究者通过专业访谈收集所需数据，兼顾了质性研究和量化研究范式。这也说明为什么相关讨论与分类如此重要，其作用是避免不成熟或片面的归类。

下文说明，采用专业访谈进行职业学研究的过程可划分为几个步骤，这些步骤之间是如何相互联系、彼此依赖的。

专业访谈的过程如下。

1. 分析问题

➢ 阐述研究问题，并将其与某一个具体工作领域建立联系；

➢ 从职业学的视角，分析工作的客观方面，并建立结构(建立研究对象的逻辑结构，与形成假设的过程类似)。

对具体工作任务的反思，能为职业和工作内容分析提供理想的参照点。任务完成过程有特定的顺序，这个顺序按照主观和客观因素建立，它们处于比工作任务高一个层面的系统中(Niethammer 2003)。对这个系统层面的研究，是职业学工作分析的研究对象，如跨企业的立法与企业的重组方案等。每一个层面都为研究工作内容提供了独特的视角，从而发现问题的实质。有必要为不同层面的研究建立不同的结构模型，如通过"人员—流程矩阵"研究职业工作组织，通过过程链和对企业完成复杂合同的过程进行结构化分析或建构。

分析工作任务中的具体内容必须通过两个视角进行，即工作活动的视角和整个工作系统的视角。通过工作过程模型，能够对工作任务的内容进行结构性逻辑分析。要想反映工作系统中的内容，需要建立结构模型。通过这个结构模型，可以使工作对象及其变化过程变得清晰，就像物理操作与化学反应一样。工作手段和工作方法的关系也同样变得清晰。

专业访谈中，研究者不一定对完成任务的一个完整片段感兴趣，他可以只关注某一个层面的问题，如设备层面的问题。相应的，研究一开始就应对问题进行界定。对问题进行分析的结果就是研究假设，它是研究者制作访谈提纲的基础。

2. (在问题分析基础上)制作访谈提纲

专业访谈按照之前设定的访谈提纲进行，提纲的结构由职业工作的要素决定。

3. 专业访谈的实施(收集和处理数据)

可能的话，首次访谈可以安排成对访谈提纲的检验和对访谈者的训练。访谈提纲不是一个僵硬的计划，其过程也不一定是线性的。专业访谈实施过程和访谈提纲的使用经验都可以用来优化访谈提纲。访谈者提出的问题和要求，是为了激发受访者从不同角度分析自己的工作，应考虑到被访者的交流水平。被访者可以公开表达意见，没有特殊的规定。

研究者可以通过笔记和录音方式记录数据。进行专业访谈时，适当的文字记录是有好处的，因为通过过程或结构模型可以在数据收集和处理之间建立起联系（Mayring 1990，62）。过程模型或结构模型展示了与访谈主题相关的事实及其相互之间的关系，这可以与资料收集的过程同时产生。由于访谈的关注点是专业内容，因此进行专业访谈时一般不要求对文字进行逐字逐句的记录（即完全转换为文本形式）。

借助访谈前的问题分析，访谈者可以检验被访者能够识别和解释哪些客观方面，并评价他们的反思所达到的抽象化水平。将收集到的信息与假设有意识地进行比较，就能够确定哪些是"遗留问题"。对此进一步"追加提问"，访谈者能够发现它们未被提及的原因是被访者偶然忘记了，还是被访者认为与主题无关（Lamnek 1989，78）。

Rauner 根据访谈的目的，把"追加提问"分成四种类型。

➢ 解释性追加提问（访谈者反馈答案，目的是为了巩固先前的访谈内容）；

➢ 强调专业的追加提问（访谈者针对前面与主题相关的回答提出问题）；

➢ 强调社会情境的追加提问（访谈者针对工作的组织、社会和能力等方面的背景提出问题）；

➢ 对情感和经验性内容的言语表达的追加提问（访谈者反馈，被访者在答复中直接或间接用言语反映出职业工作背景下的情感和经验性内容）（Rauner 2001，254）。

Rauner 通过一项比较研究，证明了访谈过程中研究者的职业能力对访谈结果的影响。访谈者在追加提问中使用的措词不仅是对问题的回应，而且与其专业背景有关。从某种程度上说，这可以通过分析先前问题来解决。因为工作内容的结构是客观的、有逻辑性的，这为数据分类与检验提供了方向与参考。因此，应重视专业访谈的准备工作。

进行访谈时，必须保证其情境条件，这也反映了质性研究的特点。Lamneck 归纳了以下必要的情境条件。

➢ 访谈之前要使受访者了解访谈的意义、目的和对象，但不是事先决定好谈话过程；

➢ 保证绝对的保密性和匿名性；

➢ 要避免使用科学术语，必须考虑到被访者能力和语言水平，最好使用通俗语言阐述主题；

➢ 尽管访谈应该尽量在与日常工作一致的环境中进行，但访谈者还应考虑到：本次采访情境是特殊而少见的，无法从根本上消除访谈参与者之间的不对等性，应努力弥补这些不对等；

➢ 访谈者须制造一种（对他人观点）不进行评判的氛围，并表现得饶有兴致；

➢ 根据方法论原则，与内容相关的访谈过程设计会受访谈对象的影响，他决定着内容和过程的结构(Lamnek 1989，103)。

4. 关于数据的评价

能够反映工作内容的过程模型与结构模型，伴随着专业访谈，或者在访谈中由访谈者和被访者共同开发出来。那些在先前分析问题时没有发现而又被访者提出的问题，对建立和细化研究假设以及建立有关工作的理论提供了启发。

访谈后应对结果再一次进行评价(一般在数天之后)，必要时对其进行合理修正。其间，访谈者可以对数据进一步处理，这有助于解决遗留问题。对被访者而言，可以利用这个机会找到访谈情境与现实工作的差距，并在具体工作中反思和检验自己的表述。

11.1.1.3 专业访谈的适用范围和评价方法

专业访谈适用于理论要求很高的职业研究，由此获取的信息主要用于专业建设，即在宏观层面作为职业开发或课程标准开发的工具，在微观层面用于设计职业教育的学习任务。

对访谈所确定的数据进行评估时，需要参照工作世界的内容，关键是调查分析工作领域中所涉及的技术理论知识。在进行数据处理时，必须建立模型(包括过程模型和结构模型)，可以使研究结果更精确、更直观，并有助于将成果应用于教育设计中。

借助专业访谈，可以确定访谈者所意识到和描述出来的工作内容。通过这种交流情境，被访者有可能发现工作中的相互关联，并为形成复杂的认知结构提供了条件(Mayring 1990，47)。

11.1.2 行动导向的专业访谈

Matthias Becker

11.1.2.1 职业教育研究中行动导向的专业访谈

尽管专业访谈法在研究方法中占据重要的地位，但它在职业教育研究中还很少见。首先，在社会科学中，面谈是一种广泛使用的研究方法。人们认为访谈只是面谈的一种形式，有书面或口头形式，也分为标准化或开放性的访谈。书面或口头调查既可以是标准化的，也可以是开放性的。最为熟知的标准化书面调查形式是问卷调查，它有固定问题和预先设定好的答案范围，而开放性的口头调查形式则被称为访谈。

在职业教育研究中，专业访谈常被用于记录专家知识，因此也常称为"专家访谈"(Deeke 1995)，或因为其对话的形式被称为"专家谈话"(Rauner 1998b)。

本文认为，"专业访谈"是一种特殊的专家访谈，目的是确定专家智能的内容及其影响和意义，这与其他学科的调查方法不同。

专业访谈是对"某个领域专家"的采访，访谈聚焦于谈话内容的意义。职业教育研究中专业访谈的目的是"收集对专业工作重要内容方面的详尽资料以及相关的能力和资格要求"（Drescher 1996，9），系统、探索性地实施访谈能达到这个目标。

开展行动导向专业访谈的场所不仅是能够展现专家知识的地点，而且也是他的影响力显现的地点，即在工作场所和工作过程中。

在教育学研究中，Meuser/Nagel 提出，专业访谈是关于"确定实践中积累的专家知识，是对知道'如何做'的那些确定规则和常规的人的评价，依据这些规则形成了社会系统"（1997，481）。职业教育研究关注职业工作的内容，其研究方法能够帮助人们描述出研究对象。这里不是再现一种社会系统，而是发现"工作实践中的知识与技能特征，它们在工作情境中由技术工人通过针对工作对象的行动、姿势和语言反映出来"（Becker 2003，48），这便是行动导向专业访谈的中心。

职业教育研究的目的是获得对工作过程和必要的职业能力的深入理解，因此访谈方法尤其适用于描述和设计工作导向课程的内容。

11.1.2.2　行动导向专业访谈的起源和发展史

作为职业教育研究的一种方法，行动导向的专业访谈源自 20 世纪 50 年代的工作分析和职业分析。Riedel 开发了一种半结构化的工作分析程序，用于评价某一工作的"核心绩效"和"边缘绩效"。首先，他通过问卷调查，断言"分析者与专家紧密合作是获得工作要求精确定义的唯一可能"（1957，21）。书面访谈能获得的结果太少，因此不足以确定职业工作的特征。为了寻求深入研究问题的方法，需要在"研究者与专家之间实施精心设计的对话"。后来，Riedel 又开发了一个访谈提纲，用于引导"谈话从次要问题转到主要问题"。该提纲由四个部分组成。

> ➢ 界定任务；
> ➢ 描述工作特征；
> ➢ 详细的外部工艺流程；
> ➢ 内部的先决条件。

Riedel 重视研究者和被访者之间的互动，强调"有效的分析除了要观察所研究的工作，还要求研究者与专家之间持续对话"（1957，24）。这种谈话不同于日常对话，核心内容不是社会背景而是客观的工作要求，它需要满足一系列条件，即：

> ➢ 有一个与调查目标相适应的提问指南（即 Riedel 的访谈提纲）；
> ➢ 研究者有能力开展访谈，能确定必要深度的专业工作内容；

➢ 满足一系列外部条件要求，从而保证有效地找到某一职业的典型工作任务。

由此可见，第一条说明行动导向的专业访谈是半结构化的。借助指导性问题，可以保证谈话有目的地获得研究问题的答案；第二条突出了研究者的作用，他必须具备相关知识、了解被访者的工作，才能"从调查中得到满意的结果"（Molle 1965，30）；第三条强调了工作过程的影响，真实的能力要求只能在工作过程中确定。由于人们常常忽视最后一条要求，把访谈安排在非工作场所的其他环境中进行，致使研究者很难进入真实的工作环境，严重影响了专业访谈的效果。例如，如果谈话在仿真环境下进行，则无法反映真实的专业工作。

行动导向的专业访谈通常在研究项目或典型试验中进行，进行一些调整以适应具体研究问题的要求。尽管如此，人们仍然很少把它看作一种职业科学的系统研究方法（Becker 2003；Rauner 2001b），而经常（误）认为它是从社会科学和劳动社会学研究中借用来的方法。行动导向专业访谈肯定遵循并借用一些在其他研究领域同样有效的原则。例如，社会学研究中的焦点访谈法（Hopf 2000）十分重视访谈提纲，而工作研究中的访谈则是情境性的，因此需要"反思性的背景感受和针对日常言论和行动的指标"（Bergmann J. 2000，127）。这里的研究对象完全不同，研究目的也不一样，后者的目的是深入理解一种职业所需的能力。

根据这些特点，行动导向专业访谈被用于确定网络生产条件下电气设备维修所需的能力（Drescher 1996），确定化工行业技术引进过程中职业工作的要求（Niethammer 1995a，82，情境对话中的知识分析），以及汽车维修服务领域的众多研究项目（Becker 2003；Schreier 2001a；Becker 等 2002）。

11.1.2.3 定义性的要素："情境"

专业访谈需要一个语境。情境与对象的一致性，是通过访谈所处的环境、谈话进行方式、被访者同访谈者之间关系以及谈话内容等因素共同实现的。只要符合下列条件，访谈就是情境性的。

➢ 对被访者而言，整个谈话的环境是"自然的"；

➢ 谈话进行的方式符合被访者"实践共同体"的交流方式；

➢ 访谈者与被访者的关系平等，访谈者乐于接受被访者的专家经验，对其感兴趣并予以重视；

➢ 访谈者与被访者都能够依据各自的意义结构，对访谈内容进行讨论和分析。

如果不具备以上特征，访谈就是去情境化的。为了获得内容可靠的言语资料，行动导向的专业访谈坚持情境导向原则。

工作岗位和环境承载了专业工作的主要意义。在此，采用的工具和方法、工作对象（顾客、订单、技术、资料和现象）、工作过程的组织、所意识到的对专业工作和技术的主观和客观要求等，构成了访谈的自然环境。

如果采用其他领域的术语、交流常规和对话结构对某一领域技术工人和其他专家进行访谈，就会把访谈简化为一种日常会话。甜点师傅、模具工、社会学家和信息技术人员尽管能就日常话题进行交流，然而就谈话双方的专业领域而言，这些谈话都没有专业深度。即使研究者受过"系统的方法训练"，上述观点也是成立的。Rauner 通过分析研究者的访谈过程对这一现象进行了深入研究，并确立了四种深入提问类型（2001b）。

（1）解释性的深入提问：为保证访谈顺利进行，访谈者用自己的语言重述被访者陈述过的观点。

（2）强调专业性的深入提问：为了深入理解专业内容之间的联系，访谈者对被访者回答中的专业事实进行注解。

（3）强调社会情境的深入提问：鼓励被访者进行陈述并作进一步解释。

（4）对情感体验的言语表述进行的深入提问：以情感经历为访谈主题（Rauner 2001，253）。

研究结果显示，专业上内行的访谈者比外行更倾向于使用专业的强调性询问，这可以不断提高答案的专业深度。外行或半专业化的访谈者（相对被访者的专业化程度而言）则会选择解释性询问和社会情境的强调式询问，因为访谈者无法理解被访者的回答，或者被访者也感觉到了这一点而只陈述一些不复杂的内容和问题。这样谈话就只停留在"工作内容的表面"。Hacker 也得出了相似的结论，发现知识诊断的前提是"行动知识是与情境相关的"（1996，13）。因此，分析知识的方法必须实现情境相关性。他引入了一系列工作研究，并证明了情境性访谈比非情境性调查能获得更多的信息。

但是，如果内行的访谈者与被访者属于同一实践共同体，他们就有可能涉及一些不言而喻的问题，尽管这些问题可能与职业教育研究的主题密切相关。这就是为什么 Rauner 建议要监管对某些研究问题的安排。为确保研究过程得到更好的控制，研究队伍也应该包括职业教育专家与外行（1998b）。

访谈者和被访者之间的关系至关重要。只有在被访者接受访谈者的情况下，才能进行有深度的专业访谈。访谈的条件随着研究者在技术工人工作环境中表现的恰当程度逐渐改善，这也包括访谈者使用实践共同体的专业语言（Becker 2003）。如果被访者觉得访谈者有傲慢的态度，会阻止谈话深入进行。Spöttl 在其研究中反复强调这一点，并指出访谈者应在访谈过程中有节制地表现自己的专业能力（2000b）。对被访者及其职业知识的重视，是建立信任的必要条件，这可让被访者在访谈过程中有越来越强的谈话意愿。因此，研究者的专业能力首先是用来建立相互信任的访谈氛围，研究者应该（对被访者的回答）充满好奇。而他知道"如何做"的专业能力则应该帮助他逐渐深入了解事实的真相，这也可能使访谈过程变为一般的解决问题过程或实验阶段(Moritz 1996)。Hacker 也持类似观点,认为在研究过程中,如果能通过调查专家的知识建立工作和问题导向的情境,即对话情境,那么接受访谈的专家也能获取一定知识(1996)。

11.1.2.4 实施方案与应用

采用行动导向的专业访谈,最重要的是有助于发现技术专家与背景相关的能力。行动导向的专业访谈只有与工作过程中的观察紧密结合才会有效。在工作环境和工作过程之外进行的专业访谈无法涉及情境中的行动,因此在去情境化的环境中只能探讨显性知识。在访谈中,只有从技术工人的角度来感受工作时,并将其纳入访谈中,对精湛技能至关重要的实践知识才能成为访谈对象。因此,工作观察是进行谈话的一个重要基础。行动导向的专业访谈需要较长的时间来完成。根据笔者的经验,至少需要 3~4 小时分析重要的工作过程及其内在联系,分析职业工作任务所需的能力要求则大约需要 8 小时,而把握解决职业问题的知识和技能的特征则需要数天时间。

在开展行动导向的专业访谈时,应注意以下几点。

➤ 起点是确定的研究问题或假设,目的是确立访谈提纲的重点。

➤ 行动导向的专业访谈是工作过程研究的方法(Becker 2004),采用它时需要相应的研究设计。

➤ 访谈通常是在个案分析的框架内进行的,必须与其他研究方法(工作观察、任务分析、工作任务清单、订单分析、订单过程陪同和企业参观)协调使用。

➤ 在访谈之前,研究者必须先通过企业参观或其他类似的方法熟悉工作环境。研究者与被访者应该互相熟悉对方,并就访谈的目的达成一致。

➤ 访谈在完成工作任务的过程中进行。在此环境中,逐一讨论访谈提纲所列的主要问题,这些问题与当前的工作任务有关。应鼓励被访者说出所有的想法(Duncker 1966)。

随着工作行动的开展,研究者通过询问弄清不清晰或不理解的事情,使主观感知和解释客观化(情境导向的客观化过程,参见 Becker 2003)。访谈提纲可参照德国联邦职业教育研究所(BIBB)的相关研究(Spöttl 等 2003)。

访谈在涉及多人、多专家的工作过程时会有所变通,即团体访谈。在分析复杂的职业问题时推荐使用这种方法。

建议记录整个访谈过程。访谈者除了支持被访者外,还要确保维持一个无拘束的谈话氛围(Hermanns 2000)。在此,借助访谈提纲有目的地记录内容即可,不必一字不漏地记录整个访谈过程。访谈者须在访谈后及时进行整理和评价,从而确保谈话的"现场性"。如果被访者拒绝使用录音,更有必要根据回忆做好"记录"。

11. 1. 2. 5　批判

作为一种质性研究方法，开放性访谈因为与经典的质性研究方法的评判标准（客观性、适用性、信度和效度）有较大差距而备受批评。至今仍未解决的问题是，如何将这些标准变得有可操作性。尽管如此，确保行动导向专业访谈的质量仍很重要，也是可行的。建议在进行研究设计时，通过行业分析、个案分析和实践专家研讨会等仔细审视访谈的结果，并对其进行必要的修正。这种互补的三角验证课题可以提高结果的有效性。此外，谨慎地进行方法设计（情境导向的客观化过程，见前文）也有助于确保内容的有效性。然而，为行动导向的专业访谈确定评价标准，仍然是未来一项重要的任务。

采用行动导向访谈要考虑的另一方面是投入问题。它对研究者的专业能力和方法论知识有很高的要求。因此，只有在需要对工作过程知识进行深入了解时，才需要采用行动导向的专业访谈。如果只需要浅显地分析一些工作任务，如某一行业或职业的典型工作任务的范围，采用其他方法，如以数据库为基础的任务分析等，可能效率更高，因为这些方法甚至有量化分析的可能。但是，在分析完成复杂工作任务时所需要的引导行动的知识和职业能力时，必须采用行动导向的专业访谈。

11. 1. 3　职业学研究中的任务分析

Peter Röben

11. 1. 3. 1　名词解释

以开发职业教育课程为目的的职业工作分析，不但必须以真实的工作过程为基础，而且要考虑这些工作所处的组织（企业）和社会特征。只有通过工作过程分析，才有可能深入个性化的工作层面（Boreham 等 2002；Röben 2004b；Rogalski 2004）。为了把握个性化工作的内容，必须对整个工作过程的背景进行反思，包括动态和静态的劳动组织（生产流程和企业组织结构）背景，以及社会对工作的影响（条例、法律、标准等）。因此，工作分析必须区分"工作的实施条件"（情境特征）和"工作内容"（内容特征）（Hacker 1995，23；Norros/Nuutinen 2002，29）。

本文聚焦于工作任务，它是现代职业工作的基本结构，包含现代职业工作条件下的简单工作过程的方方面面。这意味着，要研究"客观的工作条件"与"主观的工作方式和内容"之间的关系。

"在一定条件下，如果一个主体从思想上预计可以实现一个目标，并意识到达到这一目标的必要性，任务就产生了。在任务实施过程中，个体一开始就监控自己的行为，并以不断展开的方式期待着目标的实现。从这个意义上讲，任务就是逐渐展开的目标"（Seidel 1976，54，引自 Fischer 1995b，126）。

对实现目标的必要性的认识，说明主体意识到了当前状况的不足。人们努力达到最终状态的方式，即目标的展开，是从思想层面对如何有效利用各种资源（达到目标）的概述。任务的两个方面，即"意识到当前状态的不足"与"理性规划可利用资源"，以一种相比"工具"和"工作环境"更少受到技术和组织流程变化影响的方式，成为构成职业工作的结构要素。这就意味着，对职业工作进行实证分析的重点，是那些经验性的工作结构，它受到所谓知识半衰期的影响不大。与工作中快速发展的技术不同，利用技术手段所期望实现的目标，不会轻易发生变化。

11.1.3.2　任务分析的起源

德国职业学中的任务分析是随着资格研究的发展而兴起的，为开发职业描述和课程服务。从20世纪60年代开始，人们对专家简单咨询后进行职业描述的方法提出了质疑（Pfeuffer 1972，6），从而促进了工作分析方法的发展，如对工作详细的实证研究（Kirchner/Rohmert 1973；Ferner 1973；Molle 1965；Ferner 等 1979；Pornschlegel 1967）。20世纪六七十年代实施的工作分析的基础都是职业资格研究（Ferner 1973；Löns 1975；Pfeuffer 1975），其中一部分是以岗位分析为导向的任务分析，即把一个职业分解为彼此界限清晰的一系列特征的组合，包括技能和与之有明确归属关系的"如何做"的知识。

这种工作分析方法从心理学的工作分析法衍生而来，即"职位分析问卷法"（Position Analysis Questionaire，PAQ）。采用职位分析问卷法的两个前提条件是：①工作任务和工作行为之间有固定的对应关系，同样的职业要求通常导致同一种行为；②人类的劳动可以分解为基本单元或工作元素，通过专家判断能够对这些工作元素进行理解和分析（Fischbach/Nullmeier 1983）。

对这种方法可能导致的重大错误，Fischbach 和 Nullmeier 曾用"键盘使用"例子做了说明，即钢琴家、秘书和计算机程序设计员都要使用键盘。然而，分析"操作键盘"这一可观察的行为，不能脱离被观察者正在进行的工作任务。行为主义任务分析的基本理念是，通过自然科学和行为科学手段使一切事物都具有可测性。分析者往往会忽略智力因素（行为主义的不可测量因素），专注于可测量的具体操作行为，其结果恰恰是工作中不重要的内容，如为了达到编曲、写文件或编写软件等目的的操作活动（Fischbach/Nullmeier 1983）。

从职业学的工作任务分析角度看，这种拓扑或集合论方法破坏了最为重要的学习情境。Riedel 比较了岗位分析和工作分析的异同（Riedel 1962）。Molle 认为："在对工作人员进行观察时……研究者应该认识到工作人员产生工作行为的思维是什么（如深思、决定、评估、联系等），这一点特别重要，但是这在岗位分析中却常常被忽视"(1965，43)。

相关研究把技术工人的知识分为两种，即显性知识和隐性知识。如有关导线类型、电路图、接线图的知识等这些"可以独立传授的与工作相关的能力和技能"，在远离工作的教学车间可以传授。如在"金工基础课"上，金工被简化为独立的技能，包括锉、车、铣、刨、磨和测量等(Pfeuffer 1972)。

从20世纪70年代开始，行为主义的任务分析方法受到工业心理学行动调控理论的批评。按照行为主义理论对钢琴家、秘书和程序设计员进行同样的活动分析是不合理的，尽管完成这三种任务的"行为活动"相同，如操作键盘，其结果是忽视了更高层次的行动调控。

任务的概念包含两个层面的含义，即主观层面和客观层面，两个层面对工作分析都有重要的意义。按照Seidel的观点，主观层面非常重要，因此任务首先是一种责任和职权。任务的客观性表现在：任务是一种工作指令。社会和企业劳动分工将具体任务作为一种工作指令，指派给每一个岗位的工作者，这在岗位描述或任务分配中会有明确说明(Hägele 2001)。

11.1.3.3 不同学科背景下任务分析的形式和方法

按照工业心理学的观点，企业组织把"工作"分派给个人，对这个人而言，这就是工作任务，它是心理学中工作分析的中心议题(Hacker 1986a，61)。

由于具有主、客观双面性，工作任务反映了企业技术要求和组织管理要求之间的有效对接，也代表了工作个体的能力和资格(Dunckel/Volpert 1997)。在订单生产(MTO)方式(劳动科学中一种重要的社会技术设计方法)中，人们甚至认为，工作任务把社会和技术这两个子系统联系在了一起，因此具有重要的意义(Ulich 2001)。

从企业的订单到工作任务的转变，意味着技术工人把外部要求进行了内化，并使其成为自己的工作目标。Hacker认为，工作任务被工作者进行了主观解释，或者说进行"重新定义"(Hacker 1986a，61)。将工作所处的关联和背景纳入职业工作任务中，成为工作媒体中的学习高潮。

从结构方面看，"任务"与"问题"有些相似。要区分这两个概念首先应当明确一点：对于任务而言，行动者在开始时就已经对初始状况、预期结果和工作步骤(也可指方法)等有所认识；而对于问题，行动者在开始时并不知道其特征，也不知道解决问题的方法。当然，处理问题是技术工人日常工作中的一部分。原则上，问题确实可能在完成某一项任务的过程中出现，但通常并不是任务的当然组成部分。

工业心理学的任务分析方法按照行动调控理论，检测任务的结构和排序(如在办公室与行政部门的纵向任务分析与横向任务分析、工作世界中的调节障碍分析(RHIA)、任务清单(task inventory)法，以及确定工作监管要求的方法等，见

Dunckel 1999）。有关工作任务设计的科学尝试可以追溯到 20 世纪初，在此基础上，工业心理学开发的完整的工作任务标准结构是理想的任务范式（Hellpach 1922；Rice 1958；Emery 1959；Tomaszewski 1981；Hacker 1986a；Volpert 1987c；Fischer 1995）。

Ulich 对"完整的工作任务"总结出以下特征。

（1）有独立的、能与上位目标相融合的目标；

（2）有独立的准备行动，即拥有承担计划功能的意识；

（3）为妥善实现目标选择方法，包括选择必要的互动方式；

（4）执行工作流程的反馈功能，在必要时纠正个体行动；

（5）监控反馈结果，并有机会检验个体行动结果是否达到了预定目标（Ulich 2001，201）。

11.1.3.4 问题及发展前景

按照职业学研究的定义，任务不仅包括"职业的工作任务"（即典型工作任务），而且还包括工人的（简单操作）任务。对学习领域课程而言，简单的"任务"概念对指导课程开发是不行的，它没有提供有价值的、符合课程要求的工作任务选择的标准。因此，在课程开发中有必要进一步明确工作任务这一概念。典型试点项目"与工作、经营过程相关的附带高等专科学校入学资格的双元合作式教育"（GAB）开发了一种新的工作任务分析方法（Bremer 2004b），并对其合理性进行了检验，这一方法的基础是"实践专家研讨会"（Expert Worker Workshop，EX-WOWO）。据此，每个职业的工作由 15 ~ 20 个典型工作任务组成（Bremer 等 2001；Rauner 2004c）。这不仅可以明确完成任务的要求、范围和层次，而且提供了确定工作内容的标准（方法详细描述见 Kleiner 等 2002；基于课程的工作任务分析见 Rauner 1999a）。

除了确定任务的外部结构，职业学研究还发展了职业典型工作任务的概念，厘清了工作要求的内容。可见，职业学工作任务的内涵比工业心理学要丰富得多，因为它与职业的结构紧密相连，而且建立在课程开发基础上。

11.1.3.5 任务分析的方法

为了满足所谓核心职业（core occupations）课程开发的要求，必须进行实证研究，如选择能够充分代表某个核心职业各工作领域的数名专家技术工人，在实践专家研讨会上确定工作任务的内容。

这种研讨会是一种参与式的任务分析方法，基础是每一位参与研讨的实践专家的个人经验，并将之作为个性化的"职业传记"。然后，找出参与者职业发展过程中每个重要阶段的重要工作任务，分析其对参与者职业发展的重要性。在这一步，引入了用来描述自己的工作"任务"的概念。

在下一阶段，参与者列出自己从事过的任务清单（实践专家研讨会术语：工作任务案例）。在小组讨论中，参与者在这些个性化的任务清单基础上确定一个"代表性任务"列表，即对该职业来说具有代表意义的、特定的工作情境。在实践专家研讨会的全体讨论会上，大家最终讨论确立一个能够正确描述所有参与者状况的典型工作任务清单（Kleiner 等 2002，31）。

实践专家研讨会这种任务分析方法充分利用了技术工人的工作过程知识，而不需要对其进行明确的阐述，因为参与者所列任务清单上的任务包含了以"行动知识"方式存在的工作过程知识。由于区分出了重要的和不重要的任务与工作情境，参与者利用了在企业工作情境中获得的知识，这些知识对研讨会主持人而言是很难获得的。研讨会主持人利用全体讨论和分组讨论方式引导研讨会的进行，他的任务是引导参与者阐述自己的观点、陈述理由并完善，使研讨会具备获得实证数据的功能。

在对新手、熟练者和实践专家三个不同发展阶段的任务进行评价时，还要利用参与者的"经验性知识"，因为多数参与者根据自己的经验了解不同任务的要求，或者通过对本领域新手的观察了解这些要求。这些知识逐渐成为每个工作领域的实践共同体的规则，是每一个新手得到工作任务时需要掌握的。在职业学任务分析中，利用这些程序确定和评价"从新手到专家"职业发展道路上的任务（Kleiner 等 2002）。

来自企业的实践专家能把这些工作任务归入 1～4 个大家所熟知的学习层次，即①定向和概括性的知识；②关联性知识；③具体和原理性知识；④建立在经验基础上的学科系统化知识。这种方法与心理学的"结构化手工分拣技术"类似。区分学习层次的目的不是把研讨会参与者培养成教学专家，而是给他们一个认知结构，帮助他们把所确定的任务进行合理的排序。

还有一种方法可以巩固研讨会取得的结果。参与者收到以矩阵形式呈现的问卷，问卷第一栏有系列提示语句，如"执行任务时往往伴随着高度的时间和成本压力"。这些经过专门设计的提示语句，可以帮助人们将每一任务归类到不同的学习层次中。

问卷其他栏目以研讨会上确定的任务名称显示，由参与者分别填写（详见Kleiner 等 2002）。对每一项典型工作任务，用 +（符合）、－（不符合）或 0（无法判断）明确表示。这样，每一项任务都可以归入 4 个等级中。

此外，实践专家研讨会上进行的任务分析还须通过后续步骤加以补充，在课程开发过程中加以扩展，并在典型工作任务基础上设计学习与工作任务。不论是课程设计还是工作任务分析，都应当按照职业能力发展的逻辑规律设计职业教育教学过程（Rauner 1999a；Bremer 等 2001）。

11.1.3.6 实证研究结果案例

在典型实验项目 GAB 中，通过实践专家研讨会得到了不同职业的典型工作任务，如工业电工、模具工（Rauner/Haasler 2001）和工业机械工（Rauner/Bremer 2001）等。迄今为止，典型工作任务分析法已经广泛应用于职业教育课程开发和学习领域的设计，在欧洲有关研究项目和德国继续教育中也运用了这一方法。在实践专家研讨会上获得的与主体无关的、去情境化的成果，可以重新与情境建立联系，教师可以由此确定企业生产部门中存在的职业典型工作任务。

11.1.4 实践专家研讨会

Georg Spöttl

11.1.4.1 概念界定：实践专家研讨会

为了填补多年的研究空白，职业教育科学研究取得了两大共识，即必须加快进行"技术工人知识技能的确认"和"相关领域的资格开发"两方面的研究（Fenger 1968，335）。作为一种实证研究工具，实践专家研讨会对填补这项空白起到了重要的作用。

实践专家研讨会的目标是，对在职业教育、工作与技术层面进行的职业教育科学讨论做出贡献，建立资格研究同职业教育之间的可靠联系，提高改善资格研究的质量。其他研究方法如应用广泛的质性社会科学研究方法，追求的目标和职业教育不同（Büchter 1999，12）。职业教育研究方法目的是识别包含在实际工作任务中的知识和技能。"如果我们能够成功获得这类知识，将对课程研究和课程开发产生革命性的影响"（Spöttl 2000b，207）。

获得这种知识的关键是技术工人和他们在工作过程中面临的挑战。这意味着，要探讨某一职业所需要的全部内容，而且时刻考虑能力的发展过程。

早在20世纪80年代，B. Norton就已经强调技术工人参与"他们"职业的开发过程具有重要的意义："技术工人比其他任何人都能更准确地描述、定义他们的工作/职业"（Norton 1997，1）。这一论断建立在他运用自己开发并完善的工具"DACUM工作分析方法"时获得的经验基础上（Samuelson 等 1987；Norton 1997）。DACUM工作分析方法的起源可以追溯到1964年，加拿大第一次开始运用这种方法（Collin 1999）。在20世纪90年代初的欧洲职业教育研究中，汽车行业提出了两个问题（Rauner/Spöttl 1995a），即如何确定技术工人的知识和技能？如何把某一职业所特有的关联性转化为课程设计目标（Rauner/Spöttl 1995b）？这些挑战促成了一个新的职业学研究理念的诞生，即把实践专家研讨会作为一种方法论工具，由此找到"哪些工作任务是初学者一开始要解决的，哪些工作任务是具备多年工作经验才能有效解决或掌握的。分析所有工作任务，可以揭示事物以某种方式存在而不以其他方式存在的原因"（Spöttl 2000b，214；Rauner 1997）。

Kleiner 在其博士论文中把实践专家研讨会进一步发展成为职业学资格研究的专业方法论工具(2004)。

11.1.4.2　职业教育科学研究背景下的方法起源

在实践专家研讨会上，实践专家通过自身的成长经历表明，"他们的职业、职业能力和目前的工作任务给予了他们经验和知识背景，这些经验和知识背景正好适合确定目前和将来工作的关联性"(Bremer 等2001，218)。

事实上，实践专家研讨会在职业教育研究中已经发挥了重要作用。1994 年进行的"欧洲汽车机电一体化职业描述"调查显示，采用问卷法或访谈法对汽车维修工进行调查得到的结果存在很多疑问(Rauner/Spöttl 1995a)。由此，参与的研究人员(包括笔者)得出结论：目标群体在回答开放或封闭式问卷的问题时，充其量能对资格缺陷和特殊挑战给出一些提示。对此，可以从几方面进行解释：首先，系统的诊断技术可能再也无法在维修车间实施，这就是问题描述变得越来越困难的原因。"现代技术是一种系统化的技术，要求使用术语来描述系统。这些名词都是经过理性处理的，如以全面的理论方式而不仅仅以公式的形式呈现，更不能以感知的形式呈现"(Gronwald 1993a)。

显然，由于内容太复杂，不能够完全用问卷法或标准化访谈来描述技术。另外一个问题是：在调查中，调查问卷的问题一般是按照社会科学原则设计的，无法对工作和技术发展面临的挑战细节进行充分分析，更无法解构职业工作中的知识和技能。技术工人的工作内容是具体的，不能采取一般系统结构或社会技术系统分析工具对其进行研究，即使采用大量质性访谈也没有获得成功(Hopf 2003)。根据人类学理论，采用灵活的研究策略进行参与式观察需要适应情境。这也说明，"研究者必须有能力在研究过程中保持有条不紊，并确保认知兴趣与情境要求之间的平衡"(Lüders 2003)。

Becker 等对这种方法提出了质疑(Becker/Isermann 1997；Becker 2003)。他们认为，只有研究者熟悉具体工作内容和工具后，即研究者能以技术工人身份进入某一职业领域(如汽车维修)时，才能分析具体的工作内容及其复杂性。人类学从另一方面进行假设："研究实践受到社会环境和情境的影响很大，如参与的主体、生活方式和生活条件"(Lüders 2003，393)。这进一步说明了研究者必须兼具"双重角色"：一方面必须深入到工作情境中；另一方面必须始终关注参与者的兴趣。

在研究中，大家公认的是，现有的社会学工作分析和访谈方法不可能完全挖掘技术工人内化的行动机制、知识和技能以及所获得的经验知识。这促使人们开始寻找新的研究方法，打开通向某一职业领域技术工人知识技能的大门，为技术工人培养的课程开发确立工作过程导向的学习内容(Spöttl 2000b；Rauner/Kleiner 2004，123)。最具有前景的方法是所谓的"行动导向的专家访谈"(见前文)和实践专家研讨会。前者用于直接的工作观察和反思工作情境；后者则提供实际资料、确定培养技术工人所需的行动知识和技能，目的是理解专家的行动，理解专家的主观假设与客观的"如果……那么……"之间的行动关系(如果我这样做，就会造成这些后果，其原因是……)。

现代社会要求技术工人具备良好的行动结构，他们在工作情境中的工作过程知识与内容，以及工作现场中客观的"默会知识"，促进了实践专家研讨会的发展。

11.1.4.3 实践专家研讨会的"情境"

借助实践专家研讨会，可以确立符合职业能力发展规律的、某一职业所特有的工作关联性特征(Dreyfus/Dreyfus 1987；Benner 1997)，从而确立基于能力发展的课程结构。描述工作任务及其关联性要求，需要对组成特定职业的客观事实和情境进行分析，即确定：

> ➢ 技术工人的工作对象；
> ➢ 工作的组织形式、方法和工具；
> ➢ 对工作和技术的要求。

可以通过确定对能力发展非常重要的工作任务来达成这一目标，由此产生了两种不同的开发程序。Bremer(2001)和 Rauner/Kleiner(2004)提出的程序仅关注研讨会本身，他们把集体讨论作为一个鉴别过程(Kleiner 2004)。由于那些已经鉴定的任务建立在参与者职业生涯发展(职业传记)基础上，所以至今仍然对每一名技术工人都很重要。随后，通过集体讨论和全体大会确定典型工作任务，将其结构化处理并简化成职业描述，成为 Havighurst(1972)所定义的"发展性任务"(developmental task)。另一种是由 Spöttl(2000b)和 Becker/Spöttl(2001a)提出，目的是通过工作现场的工作过程研究来确定工作任务。由于这种方法把基于经验的实践知识和理论知识统一起来，因此能更好地得出"典型的工作任务"，即 Benner 所称的典型案例(Benner 1997，31)。与前一种方法相比，研究者在此深深地融入了目标群体的"实际生活"。在实践专家研讨会中，为了奠定职业描述和课程开发的基础，需要对所确定的工作任务进行重组、评价和结构化处理，这对形成精准的课程结构奠定了很好的基础。

实践专家研讨会成功的基础，是专家型技术工人有能力分析已确认的工作过程，他们可以用"典型工作任务"一词对工作任务进行详细说明，也可以在考虑能力发展的情况下组合工作任务并使之结构化。典型工作任务应满足以下要求。

> ➢ 代表各自职业的特点，是关联性的工作而不是抽象的活动、技能或行动；
> ➢ 具有学习价值的完整工作过程，从而能促进职业能力的发展；
> ➢ 确保系统性的职业学习，从而获得职业行动能力；
> ➢ 能够考虑到未来的职业发展(Rauner/Kleiner 2004，118)。

实践专家研讨会的最终目的是解构职业技术工作中的知识和技能，是特定领域资格研究的重要方法。通过实践专家研讨会，可以按照从新手到专家的能力发展水平，描述存在于企业经营和工作过程中的典型工作任务，从而为课程体系开发奠定基础（Kleiner 2004）。与劳动心理学的工作研究不同，这种方法不对工作者个体的任务或职责加以分析，而是分析完成工作任务的整个行动过程。

11.1.4.4　方法的应用

下面对基于工作过程的工作分析流程进行更详细的描述。

为期一天的实践专家研讨会应由 7 ～ 9 位实践专家（即专家工人）参与，要求如下。

➢　在专业和个人经历方面代表一个不断发展的职业；

➢　能够对目前的技术工作进行批判性的、透彻的描述、评价和系统化描述，并为职业发展提供新的思路；

➢　针对不断变化的工作任务反思其接受的职业教育。

多数专家应该活跃在各自的技术工作领域，并成功地从事本职工作。少数专家可以来自与本领域工作间接相关的领域，如培训师、技术员或技师等。组织研讨会的研究者中，至少应有一人具有相关职业知识和足够的职业背景，这两个条件缺一不可。不具备职业教育知识，无法深入到职业教育内部的问题，观察不到重要的职业教育的关联性。如果缺乏清晰的职业背景，研究者就无法完全理解技术工人的语言和工作内容。第二个研究者应该至少具备上述两种能力中的一种，当然最好全都具备，而且应该同时是一位经验丰富的主持人。研究者和与会者应该绞尽脑汁，共同推进研讨会的顺利进行。不应预设"理论"规则，也应避免预设不同模板的开场白和演讲。重要的是，研究者要借助情境导向问题，利用技术工人的行话激发讨论、陈述和解释专业问题。研究者不应在研讨会中充当主角，实践专家才是沟通交流的主角。他们的责任是将工作任务与内容进行结构化处理。研究者的任务是激发他们发言的热情，总结并反馈。只有实践专家才是任务逻辑顺序的构建者，研究者必须准确无误地提供记录的工具和材料，并适时变换环节、补充材料。当然，研究者与实践专家的行为和言语只有处于同等水平，才能真实反映企业的工作关联、工作内容和工作任务，实践专家研讨会的结果才能准确反映实际。

11.1.4.5　实践专家研讨会的过程（Spöttl 2000b，216）

➢　解释研讨会的目标和方法；

➢　介绍包括研究者在内的与会者（最好采用参与式方法）；

➢　对先前通过工作过程研究确立的工作任务进行鉴定、选择和系统化解释，重要的是：工作任务必须反映工作的关联性，对职业具有重要的意义（可采用多种方法）；

> ➤ 根据能力发展的逻辑规律，对工作任务进行准确描述、归类和结构化处理；

> ➤ 评价工作任务对特定职业的重要性。

最终，须确定某一职业的所有关联的典型工作任务以及它们的资格要求。建议研讨过程中始终考虑工作任务对职业的重要性。

研讨会成功的重要条件是创设自信的、鼓励创新的氛围。只有这样，与会实践专家才会将其全部经验和能力投入到分析过程中。为此，还应采取多种方式调动实践专家的积极性。

实践专家研讨会的下一步任务是对工作任务进行评价、衡量和最终分组。应把这些工作任务以清单方式罗列出来，清单需要回答以下问题。

> ➤ 日常工作中，工作任务是如何发起的？

> ➤ 高效、高质量地完成这些任务的难度有多大？

根据评估结果，对工作任务进行排序，并比较准确地把工作任务按照以下指标分为四组（Spöttl 1995，70）。

> ➤ 定向和概括性知识；

> ➤ 关联性知识；

> ➤ 具体功能性知识；

> ➤ 深入系统的学科知识。

可根据任务难度和专家的主观判断，将工作任务按照教学逻辑顺序归入四个阶段。有些工作任务横跨多个工作领域，为了确定职业教育的课程数量和内容，专家需要根据教学逻辑决定它们的归属。

11.1.4.6 适用范围及批评

借助实践专家研讨会，可以根据现代职业标准对工作任务进行分类、结构化处理和评价。这种方法与 DACUM 方法获得的结果相比完全不同，后者建立在美国对工作的理解基础上，对工作任务的结构化几乎不产生任何影响。需要指出的是：作为课程开发的基础性工作，职业典型工作任务理论虽然已经建立，但仍然处于初始阶段。迄今为止，一些定义和概念说法不一。这里最重要的是，通过相应的专业教学论研究，确保实现符合教育学理论和教育目标要求的、以工作过程为导向的职业教育。

11.1.5 知识诊断

Winfried Hacker

11.1.5.1 知识、数据与信息

如何定义知识并进一步划分，不同的人有不同见解，主要是由不同的划分原

则和多种层次的考虑造成的，即组织层面、集体层面和个人层面（Ryle 1969）。另外，知识本身是一种能力资源，是理性的引导行动，是有目的、有意识的行为的结果（Tuomi 1999），也能生成新知识。

认知心理学的观点是，知识是个体记忆中了解、处理和储存信息的结果。知识规定了行动，行动发展了知识。然而，数据和信息存在于个体的记忆之外。数据是一个个没有经过有目的地整合的既定事实，当数据之间的关系得以确立，意义得到建构，不确定性减少之后，信息就产生了。人类通过对数据和信息集合进行选择、联结和评估，并形成长期记忆后，就产生了知识（Davenport/Prusak 1998）。知识、信息和数据的循环关系见文献 Clases（2003）。

11.1.5.2　知识的类型

由于目的不同，对如何进一步划分知识存在不同的建议，并且这些建议是以独立形式呈现的。

根据内容把知识分为静态和动态（Klix 1988）两种类型是很普遍的，这和区分陈述性知识、程序性知识（Anderson 1995a）或"学到什么知识""学会如何学习"相类似。

根据知识的"意识的可理解性"及将其言语化的可能性，运用概念或符号可以用语言描述显性知识，但行动中有效的隐性知识不能（或不再能）用语言阐述。这种区别有多种表述，有时隐性知识又被称为经验性知识或默会知识（Böhle/Rose 1992；Büssing/Herbig 2003b；Eraut 2000）。显性知识和隐性知识彼此并不排斥或对立，它们之间有着广泛的联系。

隐性知识一开始既不是从言语中发展出来的，也不是从正规显性知识形成过程中发展起来的（思维自动化、技能发展）。相反，将隐性知识的显性化是一个很困难的知识诊断过程（参见以下各节）。

显性知识是关于事实与过程的知识，它可以是关于个体自身的知识，也可以是关于别人的知识，即元知识和交易性知识（Wegner 1986）。就事实和过程而言，现有文献中对隐性知识的元认知讨论很少。比如，陈述性元知识可能是关于使用者知识来源的可靠性的知识；程序性知识是关于个体掌握技能程度的知识。

按照传播方式，知识也分为多种类型，如个体知识、社会知识或公共知识。

也可以根据知识的存在形式对其进行分类。存在于个体记忆中的陈述性内容，也可能不明显地存在于引导行动中。这类似于上述显性知识与隐性知识的区别。

11.1.5.3　诊断，诊断知识，引导行动知识的诊断

对知识概念的不同理解，决定了对"知识诊断"解释也是多样的。

一般来说，诊断意味着鉴定一个事务的特征，特点是通过特定的认知过程。因此，知识诊断是"确定和整理优秀专家在其工作中与任务相关的知识"的一种

具体的方法，目的是在教育培训中将这些知识传授给新手或一般的雇员。

与活动相关的知识可以有效地提高工作绩效，因此对于职业教育有重要的意义。与活动相关的知识有一些特点：它包含上述知识类型中的多种，而且会以多种方式进行。作为引导行动的知识，它与其他心智条件也有关系（详见 Hacker 1992/1996/2005）：并不是所有的知识都能规范行为。真正能够引导行为的知识，实际上只是与伴随行动的知识以及反思行动的知识有区别。引导行动的知识，首先是与陈述性知识相结合的程序性知识（过程与事实的结合）；其次，引导行动的知识有目标性（意图与知识的结合）。心理学上的目标，是预期某一行动可产生的结果，与经个人努力、有目的地完成某个动作的结合。以上可以用一个概念来表示，即"工作方法"，藉此能够保证成功地完成工作任务。

引导行动的知识结构，是一个"目标—条件—措施"单元（GCM）。GCM 是"如果 - 那么"（If-Then-patterns）模式的发展，也是认知心理学的生产规则。即如果一个人在追求某个目标，并意识到实现这一目标的条件已经具备，那么他必须采取达成这一目标的措施。他至少应该具备关于目标的特征、实现目标的条件、合理的方法和途径这三方面的知识。这些知识必须从个体记忆中唤醒或找到，甚至能够获得。要想采取合适的行动，特别是在复杂体系的工作中，必须掌握以下知识：例如，是什么原因造成目前这种状况？采用什么技术过程？需要哪些工具和合作伙伴？以及行动结果和可能产生的副作用，等等。

引导行动知识中的很多内容是不全面的，或者从来没有从教师或教科书中学到，只能由学习者自己掌握，这些知识经常被称作经验性知识，主要是隐性的。

最后，引导行动的知识也可以实现"物质化"，例如固定在操作说明书、文件或组织流程中。相反，固定的信息也可以转化为引导行动的知识进入人类的记忆中。

11.1.5.4 引导行动的知识的诊断方法

上文的阐述解释了为什么知识诊断不能简单采用基于问题的方法（如访谈法或问卷法），而需要一种完全不同的方法模式（Tergan 1988）。这种模式包括文献分析、客观性分析（如通过分析组织流程，建立引导行动的知识）、田野实验和多种询问技术（Hacker 等 1995；Kluwe 1988）。这种模式不是若干方法的随意组合，而是基于方法论的、有策略的、针对规范行为知识的不同层面的组合。知识诊断的目的不仅为了将其应用到行动中，而后生产言语化知识，还将程序性的隐性知识转化为陈述性的显性知识，是一个合作式的重构过程。知识诊断本身就是完成任务和解决问题的过程，这即使对专家来说也是一个学习过程。因此，有人谴责知识诊断，认为这可能意味着知识剥夺，是很可笑的。

11.1.5.5 概述知识诊断的方法

表 11-3 总结了诊断知识的方法。到底要采用哪种方法，通常根据实际情况

来权衡和组合。与解决一个微积分问题相比，挤奶所需的知识方法肯定不同。我们需要对大量形式多样的方法进行分类，鉴于有的方法很复杂，分类有部分重叠是不可避免的。

表 11-3　主要知识诊断方法及其分类

活动中心的方法	学科中心的方法
－ 分析工作要求(岗位要求) ◆ 分析任务和工作条件 ◆ 分析工作活动(结合观察和访谈) － 根据选定的知识的某些方面进行(准)实验干预	－ 二元法 ◆ 说出对工作的所有看法(由一个访谈者记录) ◆ 叙事性故事描述(Orr 1986) ◆ 借助不同辅助设施进行访谈(口头)，如网格技术(Scheer/Catina 1993) ◆ 问卷(书面) ◆ 非言语性描绘(如概述)过程知识或目标知识 ◆ 根据具体任务的相关性知识进行分类、完善 ◆ 更正预先假设的引导行动知识 － 小组法 ◆ 围绕一项任务中的行动引导知识开展小组访谈和小组讨论 ◆ 对预先假设的行动引导知识进行小组讨论，目的是对其进行分类、完善和更正

最初，可以把活动中心和学科中心的方法区分开，学科中心的方法又可以分为二元法(如访谈者－雇员)和小组法。后来，通过发散的启发过程，人们根据知识修正程度对学科中心的方法又进行了分类。在混合使用几种方法的情况下，表 11-3 所示方法的顺序为其应用提供了参考。

要想有效地运用学科中心的方法，事先必须清楚高水平的表现主要源于哪一种个体条件，如知识、经验、推理或性格特质。这种假定从活动中心的方法获得了信息，特别是从逐步的、多层次的方法对任务要求的心理学分析中获得信息(Hacker 1995)。

学科中心方法中的"二元法"为有效的"小组法"提供了可靠的基础。最终，在这两种方法中，应从修正知识最少、范围较窄的一种开始。借助这种方法，知识诊断将会证实或证伪预先的假设，而对专家的限制很少，只是通过问题类型和指定任务加以限制。此后，基于已经推导出的知识，就可以运用更广泛或更限定性的过程。

上述系列方法有以下优点。

(1)逐步地产生、检验假设这一顺序，使知识启发过程中获得的知识有可能被证实有效。

(2)假如后续研究不能确立新的知识片段或高水平表现的条件，那么连续应用不同方法使结束某一程序变得可能。

（3）高水平研究先决条件的本质是模型多样化，一系列不同方法能考虑这种多样化。

（4）假如能保证小组的每一个成员平等交流，那么整合小组法有助于提升启发知识的动力，这样学习就变得有效了。

下文只讨论严格意义上以访谈为基础的方法。至于其他方法则必须考察其原始材料，即分类并完善对话—共识法呈现的主体知识的技术（Scheele/Groeben 1988）、网格技术（Scheer/Catina 1993）或叙事技巧。

与有声思维法不同，访谈是一种需要概念驱动的方法，研究者至少要有对所需知识的大体想法。所以，访谈通常也是一种干预，可能有助于鉴定引导行动知识，结果也可能相反。

表11-4 是对访谈类型进行的归纳。

表11-4　知识诊断的访谈技术类型

口头访谈	问卷法
◆借助或不借助明确的单个任务进行采访 ◆在任务完成过程中或完成后进行采访 ◆概念驱动、结构性的访谈与不基于相关知识概念假设之上的采访 ◆系统"浏览"、系统"阅读"（如阅读一项任务指南）或"传授"（模仿培训者－受训者对话）等一系列步骤 ◆借助或不借助工具进行采访，如对整体工作或任务进行系统分解，以及采用特定的问答技巧 在实际应用中，可能会联合使用以上方法	一般来说，问卷法比口头访谈更受概念驱动、结构性更强： ◆参照或不参照具体任务的问卷 ◆有几种（标准）回答格式的问卷（如开放性或多选题）

确定引导行动的知识需要组合一系列不同访谈技术，其目的是表现不同类型的知识，如显性知识和隐性知识。有时完成一项工作任务时的认知过程有助于解读隐性知识，例如，教师对受训者的辅导性对话，使隐性知识外化，即概念化。在此，采访者扮演着培训教师的角色。

与具体任务或原理有关的访谈比无特定"情境性"任务的访谈更有效。当"浏览""阅读"或"传授"技术时，这种特点更加明显。

访谈应从非标准化的访谈技术开始。首先，假如被访者一开始就对其工作环境进行描述，非标准化技术更适应这种程序。其次，有必要确立专家知识，即不受访谈者在此类知识基础上的修正或选择的影响。采访中的非标准化阶段既不应强加科学方法，也不应强加访谈者关于被访者的粗浅认识（Ericson/Simon 1993）。这种小范围的访谈，专家（被访者）应描述他们的工作内容及其原因、以何种顺序进行工作、需记住并考虑哪些工作步骤，以及他们能够胜任工作的原因。描述个体在完成一项工作任务之后的活动也许能揭示个体的默会知识。"默会知识是取得某项成功的必备知识，它通常不是经过深思熟虑获得的，也不是用言语表达出来的。这是一种典型的工作中或在使用时才能获得的知识"（Sternberg 1995，321；Berliner 1994；Schön 1983）。

在自由的、非标准化的访谈之后，有必要使用概念驱动的、标准化的、预先设计好的访谈技巧。此时，诊断知识应运用各种水平的程序。第一步，要求被访者将其任务分解成子任务。这些子任务是下一步分析的单元，研究者必须具备必要的知识、经验和技能才能对其进行分析。引领这种访谈的是对预先假定的知识特征的猜测，这会影响到最终的诊断。因此，这些假设应局限于对规范工作心理特征的大致描述。使用询问技巧（谁、什么、为什么等）的目的在于获得一般语义关系（因果关系、结果关系、条件关系等），在这些推测的基础上，上述关系必须填充到所有成功行动的具体知识中去。

访谈开始之前，可以让被访者就其工作进行一个自我分析，甚至基于访谈目的提供一些分析工具，如合理的清单，这样对访谈非常有帮助。

在工作过程进行中还是之后进行采访的依据，是被分析的工作过程的类型，不是所有的任务都能因为访谈而中断。

知识诊断中，值得一提的访谈类型是系统性地在认知结构中（虚拟）"体验"相关任务和技术体系。这一方法对确立任务结果中的关键部分、操作的必要顺序和规范行动的经验等，具有决定意义。这种技术有以下几种应用方式。

（1）不借助任何外部协助，系统性地进行心理模拟。

（2）系统性地解读。专家与访谈者（在这里扮演培训师的角色）共同解读与任务相关的指引、手册和工具，这些解读是基于专家自身经验的。

（3）在具体情境下系统性地传授。专家再一次指导访谈者，但这里的指导发生在有工作对象和工具的工作场所。专家模拟一个培训过程，而不是真正完成某项任务。因此，专家可能调动了记忆中的工作场景，以及模拟证实某项操作的正确性。由于不受完成实际任务的限制，专家没有双重压力，因此他能够回答访谈者（培训师）提出的更复杂的问题。

其中，第一种方式也适用于小组知识诊断中。

将隐性知识或默会知识外化为言语行为（言语化），需要一个根据反馈开展的重复分析过程（Chi 等 1988；Schön 1983）。调查者将基于任务的观察结果进行分类，并将这些数据呈现给雇员（工作分析），为下一步解读做准备。为了更正、修正或完善收集来的信息，调查者寻找对记录行为的解释，以及为假设的默会知识提供替代方案。

众所周知，问卷法的最大优点是可以同时采访不同的被访者，而且不需花费太多。这个优点的前提一是必须保证能够回收足够多的问卷，二是假设在一个类似工作情境下存在足够多的专家。另外，关于知识基础的问题越复杂，就越需要事先掌握更基本的信息,其目的是生成实际中确实有效的问题系统。

11.1.5.6　进一步研究的要求

如何确定与组织技术专家的引导行动知识,从而培养未来的技术专家,这个问题至今只解决了一部分。

首先,应该认真分析究竟哪些具体知识片段和经验、哪些技能和态度以及哪些行动的先决条件(如推理、记忆力、"能力")决定了能否出色完成指定任务。在"软技能"和"硬技能"上争论不休显得毫无意义。

下一个问题与如何有效结合各种知识诊断方法,并在应用时如何排序有关。对于不同类型的知识,方法的有效性不同,采用不同方法的次序也不一样(如条件知识、因果知识、程序知识和工具知识)(Hacker/Jilge 1993;Hacker 1996)。

更为基础的问题是,应该确定诊断知识的基本方式。简单地说,即知识诊断究竟是为了利用人工智能实现生产过程自动化以培养廉价工人,忽略、甚至是消除雇员的知识和经验,还是在个体平等交换经验的过程中实现共同学习?

另一个未解决的问题是,知识诊断是否限制了已经应用于现有岗位中知识的启发功能。知识诊断还有助于确定未来完成新任务中的必备知识,而这种知识目前还不存在。

最后一点,如何优化不同类型的引出知识,使其在呈现方式上能够被用户迅速掌握,这还有待更多的研究,特别是利用计算机媒体呈现程序性知识时,这个问题尤为重要。

11.1.6　职业能力测评

Bernd Haasler　John Erpenbeck

11.1.6.1　解读职业能力

本节探讨职业教育研究语境中的"能力",关注的焦点是个体独立、熟练地完成某项任务所需的技术和能力。为便于研究和实践,本节还探讨了如何评价这些技术和能力。

职业能力需要通过科学的方法来描述、评价和测量,而科学地描述、评价和测量的前提是就职业能力的本质和定义达成共识。然而,至今在学术界还没有一个对"职业能力"的统一定义,其分类和应用也不尽相同,有的甚至是互相矛盾的(Weinert 2001),由此导致实践中"职业能力"的应用面临着极大的困难。从现有"职业能力"研究看,学者大都倾向用自己的方法对能力进行定义和分类,并遵循其各自的研究传统。

埃尔彭贝克等(Erpenbeck/von Rosenstiel 2003a)总结了对"职业能力"的分类,

将"能力"定义为"自组织行动的统筹"。这个定义清晰地区分了能力和资格。资格这一概念假定了客观存在一系列具体的实际能力和知识，认为获取资格证书就表明具备了相应的能力和知识。而能力则是指个体能在不确定的情况下创造性地解决问题。

对"自组织行动的统筹"这一能力定义的进一步分析发现，能力是一种适应复杂系统要求的自我统筹，对个体而言尤其如此。从进化论的角度，"能力"是指个体能对复杂情境（路径）进行反思，并由此找到创造性地解决问题的方法。因此，能力不是个体行动的前提条件，而仅仅反映了一种行动的潜力，这种潜力具有自组织性、开放性、灵活性和创造性的特点，不同的个体因行动潜力不同，对同样的问题会有不同的解决方案。因此，行动具有开放性（Kappelhoff 2004）。

从普适化的元能力视角来看，能力有助于建构个体的自我组织能力（Bergmann 等 2006；Erpenbeck 等 2006）。通过考察个体的努力程度及他们的活动频率（自我实现能力）、个体性格（个性能力）、具体目标和过程（技术/项目和方法能力）和其他能力（社会能力），有助于更进一步分析自我组织能力的基本形式。自我实现能力、个性能力、技术/项目和方法能力、社会能力等可以理解为基本能力。目前，在能力研究中有纵向研究"子能力"的趋势，因此建议根据上述分类方式，对一切可能出现的"子能力"进行纵向分类（Heyse 2007），而不是一味不断横向扩展能力这一术语（就像 20 世纪 70 年代对"关键能力"概念一样）。

对于多数教育家而言，"能力"一开始就受到了特别的关注；在建构主义者确立自我组织理论之后，认知主义者也逐渐接受了"能力"这一术语，并利用它为自己的目标服务。例如，过去的"阅读和计算技能"现在变为"阅读和计算能力"，甚至很多过去被称为"才能""知识"或"资格"的东西现在都用"能力"来表述。"能力"这一术语使用范围迅速扩大的原因，是大家认为所有类型的绩效都可以用能力概念来解释。在认知主义者视野中，能力是与情境相关的、以经验为基础的行为方式，其功能是使个体能在特殊而具体的环境中做出反应。这种意义上的"行为方式"反映了特殊的工作情境和环境，以及具有情境特殊性的学习和行动要求。这样的能力是基于学习和经验的，因此通过规范化的教育和培训就可以形成所谓的"能力"（Klieme/Leutner 2006）。

然而，通过进一步分析可以发现，认知主义者对能力定义是有问题的。首先，就其基本假设而言，"能力"一词能够适用所有类型的认知行为，这显然不符合实际。其次，该定义又有狭隘性，它认为能力是在某个特殊领域中得到证实的能力，忽视了能力的基本特性，即在不同领域的可迁移性。比如，销售人员可以把他的社会能力（如交流技巧）应用在教学中。正是由于认知主义与建构主义对可迁移性的不同理解，导致认知主义者在"能力"定义上反对建构主义的自我组织概念。因此，在职业教育研究中，认知主义的能力理解与建构主义有原则性的区别,前者主张从技术、方法、社会和个体能力的维度探讨基本能力(Klieme等2003,22)。

由此可见,将能力理解为个体的自我组织的潜能而不是描述技能、态度、行为或知识以及类似内容(Röben 2001),这彻底颠覆了认知主义的观点。

11.1.6.2 职业能力的评价方法

对于职业能力及其发展的研究方法和工具有许多,仅在2003年版的《能力测评手册》中就呈现了44种国际通用的能力分析和评价方法,其中多数用于人力资源开发、员工招聘和胜任特征分析,大部分是商家提供和销售的商品(Schuler 2000)。此外,还有很多在线能力评价工具(Ridder 等2004)。

工作心理学和职业教育作为两个不同的研究领域,其能力评价的手段也不同。这导致二者对能力的理解有所区别:一方面它们对"完整的工作行动模式"理解不同(Hacker 1992/1996/2005;Volpert 1987a/2005);另一方面,它们对专业能力、方法能力、社会能力和个性能力的划分也不同(Roth 1971;Reetz 1999)。因此,对不同维度的能力是单独进行分析,还是将其作为一个整体来研究,目前还无法确定。在一个主要分析关键能力(Rychen/Salganik 2001)的出版物上,有学者如 Maag Merki(2004)对此也进行过全面的实证研究。

瑞典劳动心理学家开发了一种能力评价的工具——ICA,目的是评价基于一线工作经验的能力(Lantz/Friedrich 2003)。然而在评价职业能力方面,ICA 却有一定局限性,因为这种评价方法在很大程度上分析的是独立于真实工作过程之外的能力(Kern/Schumann 1970)。迄今为止,ICA 还无法适应以职业或领域为导向的理念。B. Bergmann 关于职业场景或工作场所的能力评价方案(2003)也未区分职业领域或专业。在 Hacker(2005)、Ulich(1998)研究的基础上,Bergmann 推断,工作人员作为相关工作领域的"专家",能够明确任务、目标和结果。她认为,工作任务的性质对工作人员的熟练程度和职业能力发展有重要的影响。这与职业教育研究中一个被广泛讨论的观点一致,即在有学习价值的工作过程中学习(Rauner 2004b)。她最近的研究又进一步划分了以下几种基于工作的知识。

➢ 实践知识或隐性知识(Benner 1995;Haasler 2004);

➢ 工作过程知识(Boreham 等2002);

➢ 行动导向的反思知识(Hacker 1996)。

尽管 ICA 深入分析了上述工作知识概念,但仍没有在职业能力、能力发展概念的基础上开发出有效的能力评价工具,这可能是受到"能力评价必须通过测量方法"观点的误导。可以预测,利用"测量方法"进行能力评价,几乎不会对企业和实际工作过程产生任何影响,而且劳民伤财。而通过质性方法(如能力档案袋)、传记法(能力发展历程)、模拟法或工作样本等方法对能力进行评价却能取得更好的效果。我们认为,把质性方法与量化方法相结合(即混合法)的能力评价方法，将成为最有价值的能力评价手段。

从上述例子可以看出，职业能力评价方法既要有理论依据，又要有实证根据。开发职业能力的评价工具，首先要解决如何诊断职业学校和企业的职业学习的质量问题，为课程开发提供实证依据。遗憾的是，目前人们还没有开发出这种以质量为中心的能力评价工具，因为按照相关学科（如劳动科学或人类工程学）知识开发的评价工具，一般既不涉及职业教育研究的问题，也不会揭示影响学习效果的深层次原因，从而导致了这些评价工具在指导职业教育的实证研究（如校企合作）时产生偏差。

假如将观察到的个体行为、态度和技能间接归结于个体的能力，那么采用什么方法和手段对能力进行描述和评价是当前面临的重大难题。Erpenbeck/von Rosenstiel（2003a）强调，正因为能力是一种不能直接观察的"内在财富"，直接进行能力评价才会如此困难。况且，如果没有理论的支持，这种评价也是没有意义的。一些对专家智能或绩效（performance）的实证研究表明，只能间接地在具体情境、任务或工作行动中对能力进行评价（Röben 2001，44）。更重要的是，能力不仅仅是一种个性特征。个性特征（如内向或外向）在不断变化的现实条件下能保持相对的稳定，但能力是灵活的，在不同工作环境和行为要求下，个体的经验会发生变化，能力也会随之改变。

由此可见，对职业能力的评价只能通过对工作人员的日常工作实践与环境的研究实现。研究者必须在工作场所对工作人员如何处理每天工作任务这一现象进行细致的观察，或者在模拟工作实践的试验环境下进行观察，目标都是为了让个体面对真实的工作任务，使其完成任务的结果能反映其工作能力和知识。这种以工作任务为导向的方式，使职业能力的评价与真实的工作要求结合起来。它的另一个优点是，其评价结果能够迅速应用在职业教育实践中，并有助于确定职业培训的方案和课程。

那些跨专业的、具有普适性的职业能力评价方法的最大缺陷，在于忽视了对与工作相关行为的考量和分析。下文将介绍几种职业能力评价方法，它们不是狭义的测量工具，也不按照标准化方式进行测量。它们以前文提到的理念为基础，与职业教育研究的问题有关。

长期以来，职业教育研究主要通过确定和分析显性的技术知识，来建立资格体系、专家系统和知识心理学知识体系，容易忽视与工作过程相关的知识。直到最近，人们才把工作过程知识作为确立职业学习和工作绩效的一个重要维度（Fischer 2000）。

目前对职业教育结果的评价，主要是通过对去情境化的案例性任务和多重选择测试实现，二者均不能提供有关个体习得的职业能力水平的准确信息。这反映了学术化的学习结构的要求，但不能反映真实工作的复杂实践的要求。为了准确评价个体是否具备能完成日常工作任务的职业能力，必须开发出与真实工作要求、工作过程紧密相关的、科学的评价方法和手段。此外，相应的实践共同体，如同事、助手和管理者等，在分析和鉴定个体的职业能力水平时也扮演着重要角色。

11.1.6.3　卡塞尔能力分类模型

德国卡塞尔大学的弗里林和同事开发的能力分类工具（Kasseler-Kompetenz-Raster，KKR）广泛用在多种实际工作环境中（Frieling 等 2000）。KKR 的目的是评价员工的职业行动能力，从而激励他们最好地完成工作任务。按照这种方法，将企业里一个或几个相关部门的 4~5 名雇员集中起来，共同完成一项典型任务，其间用录音笔记录这些雇员的讨论。按照 KKR 分类体系中 50 种类型，对被评价者的讨论和交流进行逐字转录与评估。分类标准分别反映了被评价者的专业能力、方法能力、社会能力和个性能力。同时，被评价者还要完成一张问卷，内容包括企业和员工的灵活性、员工自我职业能力的分析、个性特征、团队工作情况以及公司的创新潜力等。被评价者的行为和态度也是能力评价的组成部分。问卷所需的部分信息通过被评价者在小组讨论中的语言反映（Kauffeld 等 2003）。

当然，KKR 也有不足之处。第一，小组讨论获得的结果无法普适化。第二，这种方法一般针对预先设计好的工作任务，并不能真正激发员工的创造性和合作能力来完成一项复杂的新任务。人们在日常解决问题时体现的常规职业能力大多不能用这种方法评价。第三，这种方法通过被评价者在小组讨论中的言语表达来评价职业能力（问卷结果和访谈录音用于评价背景变量），从而限制了评价的维度，因为交流技巧是否能够反映以及在多大程度上反映专业能力和解决问题能力是值得怀疑的。第四，该方法最显著的特点是从多个层面（个人、小组和组织）对职业能力进行综合评价，然而要从每个层面单独得出结论，它的可靠性则不足。

11.1.6.4　案例性任务和情境问题

Schaper（2003/2005）开发了一个通过案例性任务和情境问题，评价与工作行为和工作知识相关的岗位能力和职业能力发展的方法。这一方法的特点是整合了学习过程和工作过程，并用于"双元制"的培训生，其主要目标是分析不同学习环境对学习能力的影响因素以及学习能力的变化规律。答案通过对典型工作任务和学习情境的分析得到。所谓的案例化任务，是"有助于观察和确立工作态度的标准化任务"（Schaper 2003，187），它反映真实的工作任务和问题。"真实"，意味着在真实的工作条件下评判个体的工作行为和结果。情境问答则作为典型工作任务的补充，通过集中提问，被评价者解释在解决问题或完成任务的过程中所做的每一个决定。

案例性任务法用于分析三种维度的能力，即专业能力、方法能力和社会能力，其基础是教师所做的典型工作任务分析。整个过程需要 90 分钟。在这段时间内，指导者对被评价者实施一对一的观察与分析，一方面指导者记录下对被评价者的观察情况；另一方面用预先设计好的分类框架记录被评价者的陈述。由于被评价者在工作中存在利益冲突，单就工作任务本身不能完全反映被评价者的团队合作能力和问题解决能力。由此，需要将案例性任务法与情境问卷结合，才能全面反映被评价者的能力。然而，这一方法仍然存在局限：第一，如 KKR 一样，它获得的结果难以普适化，只能在有限程度上迁移到其他职业情境中；第二，任务如何分类、如何根据不同能力维度评价工作表现，仍然很不清晰。尽管案例性任务法中的常规任务被普遍应用于双元制职业培训的评价，但这种基于常规任务和标准化工作样本得出的结论仍然不如情境性任务准确和有效。

11.1.6.5　评价任务

Rothe 等的实证研究结果支持以下评价方式：个体在完成自己工作领域中的典型任务时接受评价。具体而言，就是为被评价者提供尽可能与真实工作过程和要求相一致的任务，它是根据具体领域中的问题原型设计的。因此，具有典型意义的解决方式能够抽象化，并应用于同一领域的相似任务中（Rothe/Schindler 1996）。

Gruschka 在"发展性任务"概念（Havighurst 1972）的基础上开发了具有领域特殊性意义的评价任务（Gruschka 1985），这种评价方法最初在学前教育教师培养中采用。Bremer 领导的工作小组也曾经在工业技术领域的职业教育中设计了这种任务（Bremer 2004a；Bremer/Haasler 2004/2006）。

原则上说，职业的评价任务是将一种个体从未接触过、解决过的问题呈现在面前（不是为检测研究对象的学习能力而采取的"投入—产出测量法"）。被评价者解决（或未成功解决）问题的方式，可以揭示并证明其实践导向的问题解决策略。任务的表述方式必须避免一切形式的帮助或引导：一方面能够通过完成任务的途径确定被评价者满足了一定的能力要求；另一方面又具有开放性，鼓励被评价者的自我组织行为，不只有一种解决方案，以证明其实际能力。

确定、描述具体领域特殊性意义的评价任务（代表着一个职业的典型任务），需要深入了解专业工作的要求，以及完成某一职业领域常见典型工作任务的实践能力（专家智能）。为了能以恰当的方式对被评价者的多种解决方式进行解读，有必要具备被评价者的相关背景知识（如课程、工作环境、培训的组织形式）。

对职业教育的深入实证研究发现，成功的技术工人具备三种特殊的策略，帮助其通过新的工作经验来提高其专业化程度（Bremer 2004a，112）：

➢ 职业学习策略（与其个人能力密切相关）；

➢ 特殊的工作策略（与其专业能力、方法能力和自我实现能力密切相关）；

➢ 专业合作的策略（与其个人能力和社会能力的发展以及沟通能力密切相关）。

上述策略体现在专业工作的结果、方法、过程和组织形式间的相互作用中，完成任务评价获得了大量的信息。一般通过解释学方法，对各种形式的解决方案进行解读，再根据上述三种策略进行综合与分类。因此，通过对一个职业任务的解决方法、结果、过程等的评价，不仅有助于发展受训者的职业能力，提高职业培训的效率，还为受训者在学习期间理解职业、增强自我认知提供了宝贵的信息。

11.1.6.6　工业类职业的任务评价法

下面举例说明任务评价方案。德国一家大型汽车公司学徒职业能力发展评价的实证研究耗时 3.5 年(Bremer/Haasler 2006)，培训生(模具制造工)在三年半的不同时间点接受 4 个任务的评价：第一个时间点为第一学年末，评价任务是制作空白骰子(边长 30cm)，包括骰子上的数字，两组订货的数量分别为 1000 个和 50000 个骰子。技术工人认为这是模具制造领域的一个标准问题。对初学者来说，他可以成功地完成这个任务，但是对专家工人来讲，他们完成这个任务的过程则显示出另外一些特点。例如，必须在四小时内从理论上深入分析这个问题，并通过草图描述和证明不同的解决案。此项任务在企业的培训车间进行，培训生可以利用书本、书桌、计算器和画图工具。

下面用两种典型的解决方案解释任务评价方法(Haasler/Baldauf-Bergmann 2003)，一种是非专业化的解决方案(例一)，培训生建议按照手工生产过程标记空白骰子上的数字(图 11-1)。这说明，通过 12 个月培训，培训生仍然对模具制造过程中的典型任务没有概念；另一种是专业化的解决方案(例二)。

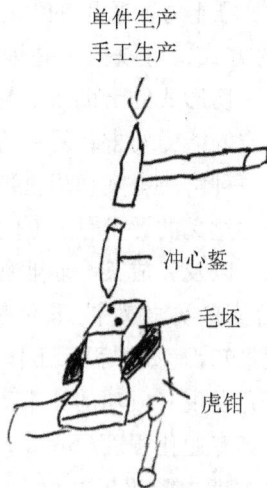

单件生产
手工生产

冲心錾

毛坯

虎钳

图 11-1　手工生产解决方案："工匠"

在案例一中，培训生建议"直接"处理材料，这是一种手工过程解决方案，它恰恰没有呈现出来使用专用工具"间接"生产产品的模具制造工职业特点。这种解决方案反映了培训生在培训车间获得的经验，提供了一个将点刻到骰子上去的可行模式。然而他没有意识到，职业分工的本质就是完成产品的一个部分，模具工的特点是不生产最终产品。由此可见，培训生提出的这个解决方案与职业描述不一致，该方案也只有在生产一个骰子这样的单件生产任务时才奏效，而不能用于大规模生产。在德国金属加工领域职业教育的第一学年，基本训练主要在培训车间和实验室进行。培训生接受的是普适化的教育，而没有针对具体的领域。这样的培训无法帮助培训生理解职业实践层面的专业问题。也就是说，在完成"评价任务"时，培训生利用的是在去情境化的基础培训中获得的知识，完全没有考虑其实用价值，其解决方案没有满足大规模生产所要求的实用价值。靠"手工"生产成千上万的产品，即把实训车间里学习和工作策略迁移到真实的工作情境中，对完成任务毫无帮助。评价任务解决方案应当有创造性思维，这是"真正"能力的本质。

培训生可以从各种"模具工"的解决策略中，选择设计从借助简单工具一直到采用复杂设备的解决方案(如图 11-2 的冲压模具)。

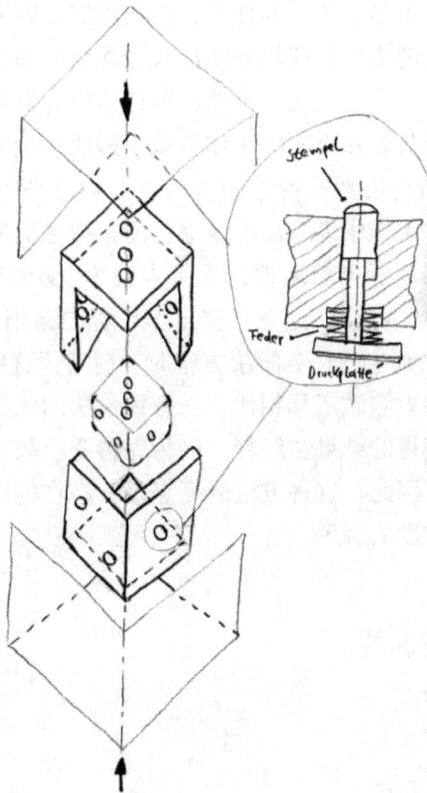

图 11-2　大规模生产解决方案："模具工"

图 11-2 提供的解决方案使制作骰子上 21 个数点小坑任务集中在一个生产阶段完成。尽管这个生产工艺方案由一个仅仅接受了一年培训的培训生提出，但从职业工作的角度讲，它已经达到了实践专家的水平。对于这种解决方案的评价，草图绘制或是否能在实践中顺利实施等细节都不是关键，方案所呈现的"模具工"解决问题的思维才是对具体的专业能力和对将要从事的职业的认知水平的最好证明。培训生提出这种解决方案，表明他已经能够从专业角度提出解决实际问题的方案。

培训第一学年的评价任务，用于重点评价培训生采用的学习和工作策略。在对解决方案进行解读时，没有考虑培训生的专业化合作能力。这个职业学习和能力发展的重要方面，将通过后两个学年的评价任务进行考察(Wenger 1998b)。那时，参与评价的不仅包括研究者，而且教师和企业员工也成为重要的评价主体。评判的标准是看解决方案是否能够被企业的员工所接受。

11.1.6.7 结论

对本文介绍的通过任务评价分析职业学习状况的方法，也需要进行反思。在任务评价法中，完成测评任务所具备的能力，应当反映该职业领域重要的实践价值。因此，测评任务不是一般性的任务，应当能够反映职业需求，且具有充分的开放度，从而保证其解决方案能够反映出职业能力的高低。对于简单的任务，这种标准在解释学上不会产生歧义。当然，要评价研究对象是否能从理论上透视和解决问题，以及是否具备在真实的工作情境中解决复杂问题的行动能力，是否可以由此得出可靠的结论仍然有待进一步考察。对任务评价法也有质疑之声。例如，技术工人在日常工作中表现出了专家智能，但他们未必是可用语言或图画表现的专家，因此不能理所当然地把技术工人视为"交流专家"。他们阐述自己工作和学习策略的能力，可能会比在真实工作环境中运用这些策略的能力低(Hacker 1996)。在解读培训生的任务解决方案时，应考虑这些问题。

与其他现有的能力测试工具相比，任务评价法的优点是与真实的工作过程联系紧密。这种方法获得的结果和解释，能为完善职业教育课程和学习环境提供重要指导意见和建议。因此，这种方法的亮点是其潜在的深远影响，它超越了对个体能力发展阶段和维度的测评。

11.1.7 情境影片

Felix Rauner

11.1.7.1 概念界定

情境影片是有重点压缩电影文献的一种形式。研究项目的性质决定了分析和开发目标，由此也决定了重点压缩的指标。在质性研究中，情境影片是一种交流媒体，能在无法用言语表达的情况下实现特殊的研究目标。通过录像技术可制作逼真的纪录片，如报道企业培训的重点。此类纪录片在组织发展项目中发挥了关键作用（Müller 1995）。一般企业的组织发展过程会涉及多种人群，他们以不同的方式影响着组织发展项目的实施，这取决于各种参与者的素质，包括管理者、组织发展专家和技术工人等。情境影片有以下五个重要特征。

1. 特殊定位的视角和视角转换

情境影片使"客观"捕捉情境成为可能，它可以从不同视角进行捕捉，如从管理、过程规划或者车间等不同视角呈现一个企业的热点问题。企业的实际情况成为电影文件的内容。情境影片不仅能对程序性研究的过程进行主观描述（Lewin 1963；Endres/Wehner 1996），还因为使用了媒体支持的交流和重构技术，丰富了现有的理解和交流形式。将隐性知识提升到主观理论水平，是个人行动反思的最复杂形式（Hirschhorn/Gilmore 1992）。通过采用"对话—共识"（Scheele/Groeben 1988）这一实证研究中公认的真实性标准，情境影片考虑了参与者和利益相关者的现有知识，为开发多种设计创新空间提供了可能。

2. 行为浓缩与编剧

对用影片记录的行为（原始材料）进行浓缩，是影片制作过程的一部分。企业情境戏剧化，是分析和开发的重要内容。浓缩要保证文件的客观性，通过将行动情境改编为剧本的方式，可以明显降低参与者对其工作和学习情境解释时的难度。

3. 反思性文档

情境影片研究方法的基础不是中性地看待企业和职业现实，而将其视为一个社会化建构过程。例如，参与综合性生产过程和仅仅做一些辅助性工作的车工，其工作环境和工作体验有很大不同，尽管他们两个都是同一工作场景的一部分。这就是参与者的工作现实与文字记录常常不同的原因。情境的意义、解释和评价来自行动者和研究者间的交流。情境影片不包括教导性的评论或问题解决方案。就这一点来说，情境影片与教育影片有很大不同，这也是情境影片特别适合质性研究的原因。人类文化学研究已经广泛使用了这一方式（Petermann 1984）。

4. 典型性

影片拍摄的情境呈现了在特定社会环境（如上例中的企业和职业环境）中典型的、尚无解决方案的热点问题。选择情境拍摄的标准是其对研究的重要性，以 W. Beyer 和 F. Eicker 等制作的情境影片为例，该片反映的是职业教育理论教师和实践教师之间的合作，而这种合作近年来的问题越来越大（Beyer 等 1980）。在制作影片之前，已对各州实践课教师培养、培训项目及其需求进行了分析。

5. 设计空间

作为组织结构研究和职业教育研究的方法，情境影片是典型的设计导向方法（Rauner 1995a；Heidegger 等 1991）。W. Petermann 探讨了影片的"权威性"问题，这也是针对所有纪录影片的。他认为，影片的画面反映了制作者的观点，即图像"为自己说话"。针对画面的评论也同样重要，即使有些画面仅仅是作为评论的一个例证。这与"开放性影片"不同，后者仅仅是通过专门化的制作呈现科学假设（1995，230）。引发和促进参与者的对话，是影片作为一个研究工具面临的主要挑战。

11.1.7.2　情境影片作为职业教育研究方法的起源

"情境影片"这一术语是由 A. Heimbucher 和 J. Zimmer 在一个学前教育研究项目中创造的（Heimbucher/Zimmer 1975）。教师为幼儿设计不同的"职业活动"情境，从而促进儿童情境相关的发展。影片制作者、科学家和幼儿园教师通过紧密合作，开发出了情境影片这一媒体，并促进了学前教育学的发展。情境影片摄制的情境来自幼教的日常活动情境，而不是教育教学情境。但是在实践层面，要想实现这一思想并不容易，因为很难获得满足要求的情境。情境影片提供了一个准真实性情境，从而为幼儿教师采取有教育意义的行动提供了基础。可以假定，这种方式为孩子们提供了一个准真实性情境。

在对理论课教师和实践课教师的分工研究（Rauner 等 1980）和"工作与技术设计"研究中，采用情境影片方法对技术、工作和职业教育思想进行分析和开发（Beyer 等 1980；Müller 1995；Fischer 等 1995）。

11.1.7.3　情境影片作为参与式组织发展的媒体

随着基于互联网和信息技术的生产技术的广泛应用，在生产组织发展过程中，工作设计和组织的设计空间具有重要的意义，从而成为"工作与技术"研究的中心（Noack 等 1990）。这些研究成果引出了"培养参与设计工作世界"的职业教育指导思想（Rauner 1995a），它对于企业生产过程的设计和组织具有极为重要的意义（Dybowski 等 1995c）。传统上，把知道怎样做（know-how）从工程科学研究领域迁移到计算机辅助生产过程中的行动者层面，是通过教育培训项目实现的。在"工作与技术"研究项目培训中，通过采用"参与者导向的设计性学习"实现了学习范式的根本性变化：培训学员自己开发计算机辅助生产技术的设计潜力和功能，并将其发展成为针对特殊使用者的解决方案和组织发展过程。在此，情境影片成为一个关键的媒体。培训中使用的主要教学材料，是在采用不同生产模式的两个企业真实工作情境中拍摄的录像片。企业 A 是一个传统机械加工公司，该厂的生产计划、CNC 编程、师傅办公室和 CNC 生产车间都是独立设置的。通过整合方案将计算机辅助设计（CAD）、产品准备（CAM）和生产（CNC）联系起来。这个生产过程通过两个情境影片记录下来：第一个是车间的视角，第二个是生产准备的角度。第三个影片反映一个相似的企业，但是采用了车间导向的生产组织方案。在此，生产准备、CNC 编程与 CAD 开发都在车间进行。在车间里，技术工人、技师和技术员共同对整个生产过程负责，包括计划、实施以及设计方案的完善。

情境影片记录了企业里的两个冲突点：第一个冲突是在企业 A 的工作分配，一方面是编程和生产准备；另一方面是车间的加工工人。这种等级分工作制度只有在以下情况下才能顺利运行，即加工工人能够非正式地修正已编好的 CNC 程序中的很多错误。通常他们不会把这些修正内容自动通知给生产准备和编程部门。相反，他们会充分利用这个机会证明生产规划者的"无能"。形式上的责任和实际职责之间的矛盾，成为企业的热点问题，并产生影响企业竞争力的危机。通过情境影片，有关各方意识到了潜在的冲突，并开始讨论这个问题。第二个冲突发生在影片制作过程中的领导和具体责任人中。在看了影片的初稿后，企业领导和被录像的中层管理者等都认为很多镜头是无法接受的，要求删掉。可以看出，通过这两部影片，企业领导第一次面对了企业的现实。企业管理人员和部门领导面对企业实际表现出来的惊奇程度，着实让研究者吃了一惊。在研究者主持的一系列学术讨论中，管理人员理解了这些问题：

➢ 接受了影片记录的情境这一企业现实；

➢ 认可了参与者在影片中的台词的合法性；

➢ 一致同意需要做出一些改变，并开展一项组织发展项目；

➢ 一致认可和接受了应当吸收专家和所有利益涉及方的代表参与组织发展项目，尤其是车间生产人员（Müller 1995）。

接受影片的过程引发了企业管理人员的学习过程，并最终导致企业组织结构的巨大变化。

事实上，在研究过程开始以后，研究者才意识到拍摄情境影片是企业组织发展项目中最重要的媒体。这一发现在"计算机辅助生产过程中的维修工作与专家系统"研究项目中得到了系统化的推广。在此，情境影片用来分析参与式维护工作的设计过程。在标题为"每台机器都有自己的奇想"的影片中，详细记录了维修和生产技术工人在处理故障中的工作方式。技术工人在工作中解释自己的做法，在工作过程中也让研究者参与他们的讨论。影片反映的案例是发展过程分析的重要材料，藉此可以分析和评价支持系统的功能性（Fischer 等 1995）。通过情境影片这个媒体，技术工人也能够与研究者一起讨论在遇到干扰时的工作内容和维修任务。由此可以记录经验性知识，并为机床加工软件的开发提供标准。

11.1.7.4　情境影片的方法设计

从方法上，要区分情境影片的制作，将其作为组织发展的研究开发媒体以及将其作为在自我导向学习过程中获得设计能力的媒体之间的不同之处。在拍摄情境影片时没有剧本,取而代之的是对将要拍摄情境的描述、有关新技术使用时的设计空间、职业组织设计活动或职业教育过程。按照这些描述,由影片"参与演员"代表与影片制作者和科学家合作制作反映其利益、意见、观点、经验和偏见的影片。参与影片摄制项目的研究者必须有相关学科和实践背景知识,才能既作为专业对话伙伴,也可以作为不直接卷入冲突的中立专家和调节者。在准备阶段,影片摄制组要知道影片将要摄录情境的主要参与者的个性、观点和利益所在。在此阶段,摄制组也要对会引发问题的社会、技术、组织和经济因素有一个最初认识。在拍摄影片时,摄制团队采用参与式观察法。在现代录像技术下,只需要短时间的适应,参与者的行为几乎不会被录像过程干扰。制作好的情境影片意味着要在"正确的瞬间"摄录"正确"的事件,以此展示专业环境中的热点问题,并演示组织发展中的戏剧化过程。在观看影片时,图像必须能为自己说话。要达到这种效果,摄制组既要有相关的专业能力,又要有一定的艺术能力。人们目前进行一个方法论的讨论,是把专家培养成摄制人员,还是让摄影师学习新的专业知识更合适。

在拍摄情境影片时,至少应录制所需时间十倍以上的资料。影片不是用压缩方式描述原始的和未经处理的、远处观察到的素材,而是展示正被质疑的事件,它允许参与制片的研究者通过提问进行干预。

应按照以下四个步骤对录制的原始材料进行分析。

(1)摄影师和科学家对录制的素材进行浓缩,得到一个初始版本。

(2)按照真实性和原创性标准,影片中的行动者对这一初始版本进行剪辑(内容效度)。

(3)与机构领导讨论,影片得到他们的批准后公布。

(4)制作阅读材料。不能通过教育性和指令性文章对影片摄录情境涉及人员造成影响。通过手册材料,应当从内容和方法上提高人员参与组织发展过程的积极性。

迄今为止的经验表明,只有充分发挥影片摄影师的艺术才能、研究者的科学能力和企业参与人员的实践能力时,作为观察、分析和开发媒体的情境影片才能充分发挥出功能,特别是当影片制作能够系统地整合到组织发展过程中时。这个观点得到了 Fischer 等研究者的支持。他们在对维修工作进行分析并开发工作导向软件时,制作了一部情境影片。该影片展示了在存在故障的情况下,维修和生产工人进行故障诊断和排除的方式(1995)。

11.1.7.5 情境影片在视听辅助研究工具中的地位

在课程开发和教育科学领域中开展的媒体研究中,情境影片产生于对传统教学理论的批判。教学影片普遍采用了传授式的教学方法。在职业教育研究中,教学影片的制作与 20 世纪 70 年代开始出现的教学理论的矛盾日益突出,如实验导向和行动导向的学习、设计导向教学以及自我控制的学习等。从 20 世纪 80 年代开始，以促进企业创新为目标的"工作与技术"研究项目自始至终采用参与式和跨学科的研究理念。因为，为了促进经验和能力水平不同的参与者之间的交流，开发能够促进交流的媒体具有重要的意义。"以人为本的计算机集成制造（CIM）系统"（ESPRIT）项目，最先采用了大规模的跨学科、参与式的实证研究方式（Corbett 等 1991）。在企业设计与组织发展过程中，又开发了"滚动发展方案"。后来在职业教育研究中，Kayser/Müller（1993）和 Fischer 等（1995）在摄制情境影片时采用了这个方案。

在实证的社会科学研究中，影片作为一个观察、分析和评价的媒体，已经有多年的应用。Ellgring 指出，在社会实证研究中存在着使用视听支持系统的悠久传统（Ellgring 1991，203）。他强调了 A. Gesell 的"电影分析"。早在 20 世纪 20 和 30 年代，Gesell 就在婴儿和学步小孩发展的纵向研究中采用制作影片的方法（1935）。影片制作在文化人类学和人类民族学研究中也受到了关注（Eibl-Eibes-feldt 1984）。Ellgring 指出，由于影片制作的 6 个重要特征，使其特别适合成为一种用于观察的媒体。

➢ 提供一种记录主要行为现象的方式。没有其他媒体可以通过综合方式记录一些难以表述的情境。

➢ 秘密录像：由于道德方面的原因，科学家对这种方法存在争议。

➢ 客观性：因为影片也适合用于传递主观性，这成为方法论研讨的中心。然而，只有影片客观描绘了情境时，才可以用来讨论和分析。

➢ 行为评价：情境影片可以降低对相关行动者非言语交流和行为模式进行解释的难度。

➢ 客观效果：通过比较相关行动者的言论和行为模式实现该效果。

➢ 录像剪辑：可以按照不同研究和分析要求评价摄制的原始素材并进行剪辑。

在精神分析解释学中，摄制故事片具有一定的作用。这些影片摄录的互动实践可以看成一出生动的"戏"。König 认为，有效的理解只能通过阅读者（或观看者）在情感上投入到文本（或影片）才能实现。这个观点符合弗洛伊德的精神分析理论（2000）。最后，视觉社会学的核心也是使用图像和影片媒体（Denzin 2000），对视觉和视听材料进行解释，是其方法论和研究工具的核心。

11.1.7.6 结束语

影片作为一种媒体在职业教育研究中有广泛应用，特别是情境影片，这在一些研究和项目开发实践中已经显示出来。从研究方法上说，在实证社会研究中可以使用影片这一媒体（Ellgring 1995；Scherer/Ekman 1982；Harper 1994）。

职业教育和工作过程学习在企业组织发展中具有重要的意义。"职业教育与学习"与"技术与组织"的发展之间相互影响。传统上讲,这是劳动科学、工程科学和经济学的研究领域。"工作与技术"研究是跨学科的研究课题。在此,人们创立了一整套涉及范围广泛的综合性研究方法并进行实施,这里也包括职业教育研究方法。从这方面来讲,情境影片可以作为跨学科的媒体,从而实现不同学科背景人员之间的相互理解。因此,在职业教育研究中,电影材料在研究方法上还有很多潜力可以挖掘,这里仅仅是一个开始。

11.1.8　工作研究

Jörg R. Bergmann

在过去的 25 年至 30 年里,英美社会学研究领域出现了一种新的研究方法,它与传统的职业社会学和社会学研究不同,被称为"工作研究"(studies of work)。对于很多观察者来说,这种起源于民俗方法学(ethnomethodology)的项目研究方法似乎有些高深莫测(Garfinkel 1986)。尽管推广迟缓,但数年后它还是逐渐被德语国家所接受(Rauner 1998b,23)。该方法不能被大家轻易接受的原因是理论基础深且复杂,研究主题令社会学界困惑,而且其研究方法和实践结果也往往比较激进。本文从历史发展角度系统描述"工作研究"方法,其主要研究课题将通过一些实证研究加以描述和说明。最后讨论工作研究方法的发展潜力和前景。

11.1.8.1　基本观点和概念

工作研究的目的是通过详细确定、描述与分析真实的工作过程确定工作所需知识与技能的实践情境,研究重点是工作活动的内容、时间和组织方式。工作研究的特点是不预设标准化或者理想化的工作景象,而关注完全真实的工作过程;工作研究的对象是在高水平职业实践过程中自动形成、并保证成功完成某一特定工作的知识;工作研究的目的是分析对特定类型工作有典型意义的能力(Lynch等 1985),这些能力是经验丰富的实践者积累的财富,但很难要求他们通过回忆或访谈进行清晰的描述,因此也无法体现在教科书中。在劳动科学和职业学研究中,人们也已经意识到这些实践能力和隐性知识的重要性,并被认为与工作研究有关(Rauner 2004a)。

支持从民俗方法学角度对工作进行研究的人认为,完成工作任务的过程不能用循规蹈矩的行动来"解释"。对于规章制度、工作指令和标准等,行动者只能在进入具体的情境中才能真正理解,并将其转换成情境(Heritage 1984;Sharrock/Anderson 1986)。Garfinkel 指出,行动具有"索引"(indexical)的特点,因为它总是与特定情境有关。由于这种"索引性特点",教科书中对工作规章的描述提供的只是一个有关理想化工作过程的模型,这与真实情境中的工作行为有很大的差距，这就是通常人们所说的理论与实践的差别。

学习任何一种技能，不论是驾驶汽车、弹钢琴还是完成一项数学证明，都必须超越理论讲授而上升为一种实践活动。在此，专业人员要有能力鉴别和处理具体情境中的偶发事件，对工作过程做出决策；他要学着处理无法预计结果的事务，并在"某种程度"上保证行动的恰当性和有效性。这里的"某种程度"已经超越了传统的劳动科学和社会学的研究范围，恰恰成为工作研究的主要目标，即用人类行为学方式探讨工作的特点和逻辑，以及隐含在实践任务中的行为细节。从某种意义上讲，工作研究与职业学中的工作过程知识研究有密切的联系（Niethammer/Storz 2002；Becker 2004）。

这里的主要困难是，我们既不能用预先给定的分类标准来识别，也不能用外部的变量或者激励因素来决定。工作活动在发展过程中形成了一套秩序，即"自赋意义"（natural accountability）。也就是说，工作的可理解性、可描述性和赋予的意义，是通过被人为意识的方式而实现的，而不是科学描述和分析的结果（Garfinkel 2002）。因此，工作行为中产生的秩序和意义的内源性实践，是工作研究的核心内容。

11.1.8.2 起源与发展

作为一种系统化的研究方法，工作研究起源于20世纪60年代美国社会学家H. Garfinkel(1967a)开展的民俗方法学研究项目。其假设是：在社会交往中，行动者会追求自己所见所为的意义架构。民俗方法学的研究目标是通过行动过程中社会规则的运行方式来确认和分析有关的原理与机制。Garfinkel 在 Schütz(1971)研究工作的基础上建立了社会科学的现象学研究基础。他们批评 T. Parsons 的结构功能主义研究范式，认为它忽视了行动者获取、解释、迁移和决策等活动的关联性，或者将其与科学推理简单等同起来。Garfinkel 认为，解决社会秩序问题，只能在建构日常生活意义的过程中进行。研究应聚焦于行动者如何在日常活动中将文化价值和规范融入情境，通过与他人协调进而对实践产生影响。虽然名称上可能引起误解，但不能把民俗方法学理解为一种科学方法论。民俗方法学是一套情境化的技术和方法，表示行动者在日常生活中共同建立有意义的社会秩序和理性。20世纪70年代早期出现的一种新研究方法——"会话分析"也起源于 Garfinkel 的项目，并受到 Goffman(1971)互动规律研究的深刻影响（Bergmann 2004；Sacks 1992）。会话分析探求言语和非言语互动领域中产生情境性规则的机制，展示行动者如何在互动情形下产生具有自赋意义的行动和事件。

会话分析研究很快在国际上传播开来并得到认同。在民俗方法学发展的早期，还实施了很多与当地生产实践、工作过程与专业任务有关的研究项目，其中一个是 Zimmerman(1969)对公共社会服务机构工作实践基础所做的研究。然而，促使工作研究发展的决定性因素，却是 Garfinkel 和其他民俗方法学研究者建立的另一个研究领域：科学家的工作。

按照民俗方法学的观点，科学不是通过方法论和教科书的模型建立的，它来自科学家的情境性实践，即科学家在实践中发现自己的社会规则及其合理性。从这个角度上讲，科学失去了物质性、纯理想性和不易捉摸的特点，变成了可协商的社会成果(Lynch 等 1985)。为了详细回答实践科学家在协同工作中产生的所属学科的特征(客观性、一致性和标准化等)，有必要采用如同人类学家研究部落社会一样的方式来研究科学工作，即近距离、参与式观察和搜集各种数据材料。20 世纪 70 年代晚期按照这种方法进行了几项研究，这就是著名的"实验室研究"，它们对科学社会学产生了巨大的影响(综述见 Knorr-Cetina 1995；研究案例参见 Lynch 1985)。这些实验室研究几乎都是按照"分形社会学"(fractal sociology)理念在微观层面进行的精细化重建，例如以某个车间谈话为基础，探讨照片的放大和加色，或者不同版本的科学手稿。在此，作为连续性的工作，"科学"这个组织不断地被建立了起来。

自 20 世纪 80 年代以来，民俗方法学工作研究在另一些领域也得到了广泛的认可，即那些涉及计划、开发以及信息技术的应用和影响的学科。在此，Suchman(1987)的研究具有重要的意义。当时，她在 Xerox Palo Alto 研究中心工作(PARC)。按照 Garfinkel 的理论，她通过细致的观察和录像，发现了在开发人机交互系统时，如果不考虑人行为的情境性和即时性特征会出现的问题。正因为这项研究，认知科学和人工智能研究改变了过去刻板的行动模式，使认知过程的设计更加贴近交流的过程，并在正式行动时考虑其情境性和突发性特征(Engeström/Middleton 1996)。

如今，工作研究的影响在技术社会学领域清晰可见(Button 1993；Heath/Luff 2000)，特别是在人机交互(HCI)研究和"计算机支持的协同工作"(CSCW)研究里。在 CSCW 研究和软件开发过程中，人们意识到工作活动和计算机交互活动不可避免地具有情境性特征，它无论如何都不会严格遵从系统开发者的思路和指示。其结果是，追求"可用性"的系统设计者必须具备系统运行和系统使用者所处环境的知识。要想获得这些知识，关注"需求"和"参与式设计"的系统设计者不得不采用人种志观察法去真实的工作环境进行观察。按照工作研究的理念，并引进多种其他相关理论(如活动理论、行动者网络理论和分布认知研究等)，"工作场所研究"现在甚至发展成为了独立的学科领域(Luff 等 2000；Knoblauch/Heath 1999；Heath/Button 2002)。这正是社会科学家与信息科学家对情境性的工作实践与信息新技术相互影响的研究取得的成果。

11.1.8.3 研究对象和案例

按照工作研究的基本观点，行动者不断采用各种技术和方法，使其行动变得可辨认、可理解、可描述和可解释。行动者努力证明的首先是社会事实的真实性特征，而不是客观事件形态的客观性特征。对现实的意义建构本质上是个反射的过程：通过自身传达的意思确认和解释行动，使行动富有意义，而所确定的意义通过行动得到证实。

工作研究的这个理念不再区别"描述和说明"与"客观和事实"之间的不同，认为当地的社会规则与行动者的实践是不可分割的，这种对意义产生过程的认识非常激进。据此，社会目标的意义和现实不是（孤立的）实践的结果，而是一个在感性物质活动中自我实现的整体（Goodwin 1996；Goodwin/Goodwin 1997）。这个思想受到 M. Merleau-Ponty 身体现象学研究的深远影响。据此，工作研究不再局限于分析工作过程言语和非言语过程，这与会话分析不同，尽管后者近来也主要在制度化的专业背景中进行，如在法庭、医院和学校等（Drew/Heritage 1992）。工作研究考虑工作活动中发生的一切事情，不仅包括工作者的言语交流，也包括工具的技术处理、设备操作和空间组织，以及工作过程中产生的视听与书面文件。

一个特别有启发的案例来自 Garfinkel 的研究，对象是 1969 年发现可见脉冲星的天文学家团队的工作过程及结果。根据科学家工作讨论录音材料、长期日志和最后发表的论文，作者分析了天文学家在天文台的"发现工作"。这里的研究问题是：如 Cocke 和 Disney（参与的天文学家）晚上的工作所示，用眼睛发现的脉冲星由什么组成（Garfinkel 等 1981）？作者将其称为"独立的伽利略脉冲星"的事物分解成行动，并将它转换成由具体工作实践的整体构成的文化目标（Suchman 等 1999）。另一项研究（Heath 等 1999）关注的是一个伦敦地铁司机的独立非社会工作情境。基于对正常进行的民族志观察、录音和录像，作者证实了驾驶员的实践智能和社会敏感性是保证乘客安全和可靠运送的必要条件。若干正式程序和特殊任务限制了驾驶员的工作活动范围和决定权。但是研究发现，正式规定本身无法保证防止事故发生，驾驶员是依靠社会化的交互组织，驾驶列车和提供乘车服务。

过去几年，在工作研究的框架内进行了许多关于职业工作环境的研究，重点对作为职业活动基础的特定实践能力进行描述和确认。通常认为，一节讲解清晰的数学课，会在任何理想化的条件下生成。从民俗方法学的视角看，这只不过是数学家用粉笔在黑板上工作的情境化行动过程（Livingston 1986）。

11.1.8.4 方法

按照民俗方法学，工作研究的对象通常是传统社会学中（工作与职业领域）不可质疑的资源和条件。D. Sudnow 介绍了一个通过民俗方法用钢琴即兴演奏爵士乐的案例。他批评音乐社会学对爵士音乐家的角色、收入、工作情境等进行了大量研究，却没有提及创造音乐工作的本身。这种"缺少的东西"（Garfinkel 1967a）就是工作研究的内容。由于不能预先决定工作实践的要素构成，因此从方法论上不可能简单地利用数据及现有理论去设计流程。如果社会对象能够通过编码和统计等被有条不紊地转换处理时，就已经丢失了民俗方法学基础，因为这已经排除它赖以生存的情境性实践。而且这些实践是无法通过访谈就能调查到的，正如 Garfinkel 总结的，它们"能被看到却不一定会被注意到"。

我们经常在开始研究之前就确定研究的流程、规则和方法，民俗方法论对此有较大的异议。这里潜在的理念是，方法不能比研究目标更重要。一旦方法限制研究目标的达成，则必须放弃这种方法。Garfinkel（2002，175）通过深入研究指出：民俗方法学研究方法的理想是"唯一充分满足要求"。这意味着，为了能进行调查，研究者必须熟悉其研究领域的意义和规则产生机制。这也意味着，对一个领域进行调查的方法必须可见，或者可以发现，就像是该研究领域的一部分，例如田野调查。在理想状况下，调查方法应该是唯一能满足目标要求的——由于只有在已获得与目标相关的知识或在研究者成为研究领域的一部分后，才能下这种定论，因此方法正式化是不可能的（Livingston 1986；Burns 2000；Stoy 2001）。

工作研究者不能预先决定，工作过程中"活规则"的哪些结构特征是可观察的，也不能预先确定实践者的情境能力如何变得显性化，因此他们首先需要进入调查领域，并尽量准确记录工作过程的时空过程、物质形态和文件踪迹（书面材料、图表等）。民俗方法学强调当地的实践，工作是一种可以理解的现象。因此，通过民俗方法学研究获得的典型代表"数据"是受到关注且能保存下来的实践。民俗方法学也因此成为一种"注册"保存模式（Bergmann 1985），以原始形式将社会事件保存下来，而不必顾忌行为的期望值与合理性。它关心对自然发生的社会交互现象进行录音和录像，也关心建立速记规则，从而对谈话进行书面确定。但是民俗方法学的工作研究并没有开发出标准化的方法对此进行分析。在此，可采用访谈分析的方法（Bergmann 2004），包括以下两种方式：①当工作活动开始，注意到具体的任务群，注意到日常工作中具体问题的解决过程、特定的工作模式时，采用与实践者的工作相关的陈述；②寻找"干扰因素"或"故障制造者"，它们可能在特定的工作中出现，这为研究者提供了观察产生和应用规则所需能力的机会。

根据研究目标和数据的复杂性，工作研究中采用了多种方法，并借用了很多其他学科的研究方法（如民族志、访谈分析和文本分析）。工作研究的关键不是采用特殊的方法，而是使用一般理论进行思考的能力（如思考行动的索引特性，关注"可解释性"等），它使具有识别特征的工作活动实践具有可访问性与可视性。

11.1.8.5 前景

毫无疑问，工作研究的发展对劳动和职业社会学来说是一种刺激。传统的劳动社会学几乎不能把工作活动的实践作为研究对象，也不敢放弃对类型学的兴趣而全神贯注工作的细节(Barley/Kunda 2001)。在 Garfinkel 的纲领性文本中，他坚持"社会存在的个体性"，并将其作为民俗方法学研究的重要特征。他认为，任何事件都只是作为单一而独特现象存在的社会性事件。当人们利用通用概念以及建立在这些概念基础之上的假设和理论来描述时，这种独特的社会性就会被排除掉(Garfinkel 2002；Lynch 1993)。与此同时，劳动社会学和职业学研究成功地接受了民俗方法学的启发，研究内容和方法取得了很大的创新。

但是，坚持社会对象的个体性特征这个科学研究的重要特点，也将一种风险带给了工作研究。按照这种方法原则开展的研究，有时会反对任何普适化的努力。而通过越来越多的对个案的详细的重复描述，最终会导致研究的重复。这样，个体性导向发展成为科学的不可知论，使任何对普适化规律的探索陷于瘫痪。如果这样发展下去，工作研究就会成为对社会科学研究模式的空洞和徒劳的刺激。

然而，Garfinkel 提醒到：考虑社会对象的个体性特征很有意义，特别是在研究专业工作实践时。对职业活动的科学研究常常会忽视具体的、自我反思的和形成研究对象的过程。由于对科学性的强调，常忽视了实践技能和专业工作的情境性要求。科学家常常以具备某种知识而自傲的神态面对"实践者"，而实践者只能对那些利用外来概念分析其工作的"无知的科学家"摇摇头。就这一点上说，工作研究的潜力是很大的，它有助于根据自身的内部逻辑研究工作过程。

然而，按照工作过程的内部逻辑进行深入分析，是对自己的研究对象永远保持一定距离的研究者所做不到的。因此，正如 Garfinkel(2002)指出的，民俗方法学要综合应用，它应该发展成为一个综合学科或综合性研究领域。在此，来自不同职业的人可以共同参与工作过程分析。在计算机辅助协同工作研究领域，工作研究已经接受了实践的检验。如果人们在其他领域也能藉此成功获取构成实践能力的基础性和具体化的职业知识，就会发现工作研究具有无法估量的价值，并将产生一种革命性的冲击：对科学家来说是这样，对于实践者来说亦如此。

11.2　实验与开发

11.2.0　实验与开发概述

Peter Röben

11.2.0.1　概念与重要观点界定

实验和开发在科学界有明确的内涵。在自然科学领域，实验是获得知识与认识的重要工具,而开发则是工程科学的核心特征。这两类科学的成功发展引起了人们对其研究方法的深层关注。

然而,人们还没有认识到自然科学和工程科学的实验与开发方法,能够也应该在职业教育中发挥重要的作用。首先,我们有必要探究这些方法在社会科学和人文学科,特别是教育理论和职业教育理论研究中的适用性。G. Straka 对这些方法的应用正是这种尝试的表现。

实验室实验与田野实验相比,存在的最大问题是内外部效度之间的矛盾。实验室实验可以在较大程度上控制变量,从而保证了外部效度。但是与自然科学相比,其结果迁移到外部世界时会引起更大的问题。然而,即使是在自然科学领域,实验室发现的结果也不能完全保证适用于真实世界。不过,如果我们在实验室中将所研究变量从无关变量中分离出来,那么发现的自然规律一般是有效的。这同样适用于实验室之外,例如我们在真空实验室进行的自由落体实验,物体在真实世界环境中的下落与在实验室控制条件下不同。通过排除无关变量(例如空气),另一个影响因素(地球引力)的作用是确定的。在进一步的研究过程中,同样也可以确定其自身无关变量的影响。自然科学通过对具体因素进行控制的方式,获得了大量可证实的知识,确定了其范围和影响以及其影响因素。这些规律同样适用于生产领域(如工具、产品、机器、建筑和设备等),工程科学把自然科学证实获得的知识应用于自身的发展和成长。

正如自然科学和工程科学有根本区别,人文科学和社会科学之间亦然。这种区别表现在定律和规则的特点上——自然科学和工程科学的定律是客观的,而社会规则是人为确定,而且是可以改变的。例如,很多人曾经尝试发明永动机。1775 年,法国科学院宣布不接受任何有关永动机的课题申请,这比 19 世纪中期发现能量守恒定律要早得多。以社会规则为例,财产法一直在持续变化中。这种法律仅仅适用于政府赋予的权利范围之内。

社会规则的检验离不开研究。社会团体采用自然科学的观点,有时会导向错误的结果,Hawthorne 实验(参见 Wikipedia)就是一个很好的例子。Straka 等的文章描述了 6 种其他影响因素,它们是社会实验中的无关变量,却能影响结果的准确性,将自己限制在实验室中进行实验也不能避免这些问题。如果失去了外部效度,人们也会质疑其内部效度。

社会科学和人文学科要发展各自领域的研究方法,从而保证研究的效度。一种方法是质性实验,它与自然科学中的量化实验明显不同。质性实验包括对现象的调查、对话和本质重构,这里还要考虑研究和研究者的关系。

德国职业教育研究采用较多的大规模实验,即 P. Sloane 文章所介绍的典型试验。研究者在典型试验中的角色取决于他的学术理解,如果是非干预性的伴随研究,其目的是实现理想的研究,项目结果不取决于研究者的活动。他只是作为中立的观察者观察和记录项目发生的事情。在干预性伴随研究中，研究者的目的是促进典型试验目标的实现，甚至投身到这一过程中。这时，研究者在伴随性研究中有自己的目的，这与理想的科学研究不同。研究者与项目参与者有不同的兴趣，因此必须通过协商确定典型试验中的活动。

每个典型试验的发展过程看似是自然的实验状态，事实上并不是自然状态下的结果，特别是在不同政策条件下的职业教育体系。例如，实现职业教育与普通教育等值是一个标准化目标，这个目标是该领域典型实验的内在目标。只有进行特定的、旨在促进该目标实现的项目设计，才是实验本质。

11.2.0.2 起源与历史发展

人文和社会科学研究中引起广泛关注的著名实验，是斯金纳（1904—1990）进行的"斯金纳箱实验"。在对老鼠、狗和鸽子的研究中获得的"学习规律"，被认为具有广泛的效度，因为其与自然科学实验等同。这些"规律"通过20世纪60年代和70年代流行的学习方法（例如程序学习，其基本概念构成了计算机程序学习的理论基础）得到广泛的应用和传播。

历史上其他与职业教育有关的人文社会科学实验还有 Stanford 的监狱实验（1971）、Milgram 验证"德国人的囧异性"假设的实验（1963），以及 W. Köhler（1887—1967）使用大量猿猴作为工具进行的实验，都与格式塔心理学有关，并且对实验学习产生了重要影响。

在早期的工作和工业社会学研究中，Hawthorne 在美国伊利诺伊西方电气厂进行的实验（1924—1932）具有重要的意义。从企业代表和工会代表就结果的解释内容展开讨论起，就出现了这种人类联合方式。德国也有类似研究，如"工作世界的人道化"研究（1974—1989）和"工作与技术"研究（1989—1996）。

自然科学实验与人文社会科学实验的不同点在于，后者的解释受到解释者自身价值判断的影响。将道德标准运用到地球万有引力定律中是荒谬的，因为对这个定律来说没有任何选择性。然而，如果研究员工的工作和学习条件时对影响因素漠不关心，是不对的，因为在特定条件下做出的决定和采取的行动是可以选择的。职业教育研究的一项教育性任务，就是支持人们有意识地做出（正确）选择，在技术领域同样如此。

德国在以改善工作条件为目标的"工作世界的人道化"研究项目中发现，工作条件正在变得非人性化。在很多无法通过精确测量进行评估的光照、声音和温度等条件下，始终存在着很多技能要求低的工作。对于不得不忍受这种工作条件的人来说，意味着什么？职业教育研究在很大程度上是一种教育科学研究，与普通教育科学具有一些共同点。教育科学研究的特点是：不仅产生指导实践行动的知识，而且还有构成这些要素的统一标准。事实上，赫尔巴特（1776—1841）早就认识到了这些。劳耐尔（F. Rauner）深入研究了这个观点对职业教育研究的启示以及它与职业教育体系的关系。他采用的一个关键概念就是"开发"。例如,职业教育研究的重要目标包括对课程、职业描述、教育过程以及能有效促进学习的组织方式的"开发"。在此,需要特别关注不同学科之间的融合,这贯穿于职业教育开发过程的所有环节。职业教育体系非常复杂,如果准确呈现出它的每个细节会非常困难。例如,德国的培训职业有 346 个,而实际上人们从事的社会职业却是数以千计的。在此,职业教育研究的任务是为大量的知识和行动领域开发(确定)出该领域应具备的能力。

11.2.0.3　主要的研究领域和主题

实验与开发在职业教育研究中有广阔的发展空间。它不但与心理学、社会学以及经典的学习理论有关,而且涉及能力和个性发展、教育测量、课程开发、学习媒体设计、学习与工作场所以及职业教育教师角色等众多领域。在此,应特别注意内容的多样性问题。开展职业教育研究时所处的情境非常重要,这些情境涉及现实社会为达到生产目的而使用、再生产、管理和分配的全部知识,以及使用这些知识的领域,如农业、金属加工或卫生管理,等等。

B. Clematide 对职业教育的研究者角色作了重要评论。他观察了参与式课程开发的过程后发现,为了得到最佳开发结果,所请的实践专家与开发工作的发起者之间有很大的相互影响。在这种情境下,要深入分析开发过程中小组成员各自的学习情况。实践者在变化的实践中学到的内容很少,但研究者的学习却有所拓展,并且在其理论和新发现的基础上,将学到的东西展现在相关文献中。然而,每个研究者个体获得的知识并不能代表实践共同体的知识。只有他们在实践性项目中公开使用和发表,并将其置于现有理论框架内,才能得到认可。介于实践共同体和科学共同体之间的研究者,会发现自己在"接近"与"疏远"之间保持着微妙的平衡。接近实践共同体,对于事物本质的理解是必要的。然而也必须与实践共同体保持一定距离,因为在此收集的数据必须由理论研究者在其他不同情境下进行验证。

11.2.0.4　观点

参与式开发受到了量化研究者的批评。在他们眼中,即便是成功的参与式开发,也只不过是对有限范围内的单一事件的高度概括。然而,职业教育研究结果却反驳了这种批评:可以在根据单一事件得出概括性结果的基础上,通过采用不同的方法(如未来创造研讨会,对话协商,叙述性方法,价值感获得,学习型组织),在科学共同体中广泛交流对参与式开发的因变量(受影响的)和自变量(不受影响的)的理解。

11.2.1 实验室实验与准实验

Gerade A. Straka   Katja Meyer-Siever   Johannes Rosendahl

11.2.1.1 历史背景

"我们认为对照实验始终是最有效的方法,它能帮助研究者分析事物的因果关系。在其他研究方法的可行性尚未成熟之前,对照实验是当仁不让的标准"(Aronson 等 1990,17)。

在德国 19 世纪后期的教育学研究中,实验法实现了突破。Klauer(1973b)认为这源于两件事:一是 1849 年 Mills 提出的问题,即怎样用实证归纳法证明因果关系。他就此做出的系统性回答至今仍有重要的意义。二是 1879 年 W. Wundt 在莱比锡成立世界上第一家实验心理学研究所。尽管他的实验研究主要在心理学领域进行,但他的学生将这些方法扩展应用到了教育学研究中。其中最值得一提的是 Lay 于 1920 年出版的《实验教学论》、Meumann 于 1907 年出版的《实验教育学入门讲义》和 Fischer 于 1913 年完成的《关于实验在教育学研究中的作用》。教育学研究的实验法在他们的引领下进入了鼎盛时期,直至第一次世界大战爆发。

在德国,人们对实验法的热情在 20 世纪 30 年代逐渐被失望情绪所取代。因为人文教育学的出现,就连那些倡导实验法的人也开始与其保持距离,这进一步促进了失望情绪的蔓延。他们认为实验法既浪费时间又模棱两可,重做实验也很难得出一致的结论。此外,许多人文科学家批评教育学研究中实验法的局限性,因为它在伦理方面有时不太合理,而且不能适应教育实践的复杂情况。

第二次世界大战后,德国教育学者重新寻求与传统人文科学的衔接,契机是 1962 年 H. Roth 在哥廷根的就职演讲中号召推动教育学研究范式的变化。从此,研究方法开始了方向性转变,而且转变是循序渐进的(Klauer 1973a)。纵览职业教育研究的构成,我们发现,无论是实证研究方法还是实验研究方法,至今都没有得到大范围的推广。或许在将来,受 TIMSS 和 PISA 等国际性量化研究的启发,这些研究方法会在职业教育研究中获得生机。

11.2.1.2 概念说明与分类

"实验"这一术语包含了澄清、精确和控制等意思,专业文献有不同的释义,这在著名学者的定义中可以找到。

➤ 冯特认为,"实验是一种由观察者施加任意影响从而产生某种现象的观察"(Wundt 1913,25),后来除"可变性"和"可重复性"指标外,冯特又补充了"任意影响"指标。

➤ "实验是在某种状况下对特定现象的观察,在这种状况下,被试被随机分配到实验者确定的条件下,或实验者在重复观察中随机安排实验条件的顺序……"(Bredenkamp 1980，1)。

➢ "如果在不同条件(X_1，X_2，…，X_k)下对相同事物进行系统性的观察，发现被试和实验条件的关联，或者说，如果在 X_1，X_2，…，X_k 条件下能够系统性观察到被试的特定归属情况，这个关于自变量 X 的分析研究 U_u 就是一个实验"(Hager 1987，71)。

尽管有所差异，从上述定义中还是可以得出有关实验的主要特征，即：

(1)有目的、有计划确定的实验条件；

(2)至少在一个自变量下的系统性变化；

(3)至少系统性地控制一个因变量；

(4)控制干扰变量；

(5)可重复。

由以上可知，"实验"是指在实验室人工条件下进行的过程，这个过程被称作"实验室实验"，它意味着要在严格控制的条件下进行工作。与之不同的是"田野实验"，它在"自然条件"下进行，但同样也是研究自变量(X)对因变量(Y)的影响，其基本特征也是可控实验条件下的变化。这说明，一些条件是可以控制(通过消除、随机分配、配对或使变量保持恒定)的，另一些条件可由实验者改变(Klauer 1973a)。田野实验与实验室实验的区别是，在实验室实验中能实现对潜在干扰条件的控制(Gadenne 1976)，而在田野实验中这种"控制"只有一定程度的可能。

Campbell 和 Stanley(1963)根据内外部效度把当时尚在讨论的干扰因素进行系统化总结。若确定因变量的改变是由自变量变化引起，而不是由与因变量混在一起的干扰变量引发的，这种研究就是内部有效的。若研究结果可套用到其他人、其他状况以及对变量的操纵，这种研究就是外部有效的。

人们通常认为田野实验的外部效度较高，内部效度较低，而实验室实验的内部效度较高，外部效度较低。但是这种评价也根据具体情况而不同(Bracht/Glass 1968；Campbell/Stanley 1963)，Campbell/Stanley(1963)确定了威胁内部效度的以下 8 种干扰因素。

(1)实验期间发生的情况：在第一次和第二次测量期间额外出现的情况；

(2)被试的成熟(年龄增长、饥饿、疲劳等因素)；

(3)测试：第一次实验操作对第二次操作的观测值的影响，即 Klauer(1973a)所称的练习效应和前测效应；

(4)测量工具：不同的测量工具、不同的观察者或分析人员都可能引起测量或测量结果的变化；

(5)统计回归：所选小组因其极端特征造成的结果；

(6)被试选择：选择被试的不同方法；

(7)被试亡失：被试缺席；

(8)受试选择和成熟的相互作用，这在特定的准实验小组中可能会与实验变量产生的影响相混淆，或者说，错误地认为是变量的影响导致的。

外部效度则受以下干扰因素的影响（Bracht/Glass 1968；Klauer 1973a）。

(1)测试的反应作用或相互作用：因前测增加了被试的敏感性或回答的倾向性，从而对测试结果造成影响；

(2)抽样的代表性差异和实验变量间的相互作用；

(3)对实验情境的反应作用：将实验变量的影响套用到其他实验条件下的情境中进行一般化处理；

(4)多重处理的干扰：先前研究或实验的效应，提高了寻找结果的原因的难度，也提高了将结果套用到只有一个自变量的情境而进行一般化处理的难度；

(5)霍桑效应（Hawthorne-effect）/安慰剂效应：被试知道自己是实验对象，可能导致其行为改变，若被试不知道则该情况不会出现；

(6)新事物效应/新奇效应：被试对新情境（实验情境）的兴奋或异常表现，可能会影响部分研究结果；

(7)实验者效应：被试的表现在无意之中可能会受到实验者的某种特征、行为方式或仅仅是在场的影响。

准实验（quasi-experiment）属于上述干扰因素不能控制的研究。原则上，准实验与田野实验面临相同的问题，不过与田野实验相比，准实验对潜在干扰因素的控制更为困难。与实验最本质的区别是，被试的随机分配性原则在实验条件下无法实现，且该原则在教育领域及从伦理角度看常常不合理。由于这种研究方法在社会科学领域占主导地位，所以应对它特别关注（Campbell/Stanley 1963；Cook/Campbell 1976；Kerlinger 1964）。

在方法论上，事后回溯实验（Ex-post-facto-experiment）与实验截然不同。在这种实验里，自变量（X）已实现，且回溯分析自变量对因变量的影响 Kerlinger 1964）。在事后回溯实验中，自变量绝不能通过实验者改变，通过随机分配控制潜在干扰条件是不可能的。

11.2.1.3 研究计划的标准

通过不同的研究安排和实验计划，可以控制干扰因素，并确保内部效度。

"实验计划（design）是一种标准化的、符合惯例的可用的结构表（schema），由此，按照事理逻辑建立、控制和评估对自变量（UV）和因变量（AV）的实证研究"（Sarris 1992，4）。

在可能的情况下，将采用德国国家研究项目"商业类职业教育的教与学过程"（1994—1999）中的例子（Beck/Krumm 2001）。这里不涉及详细的统计分析实验计划（Bortz 1999；Fischer 1935/1972；Winer 1962/1991）。

1. 实验研究设计

"真正"的实验计划有多个小组,因为至少要有一个控制组和一个实验组进行比较。被试被随机分配(随机化)到某个组,要确保实验组和控制组在开始时是一致的,小组之间的结果差异只能从措施(T)上去寻找原因。

(1)后测控制组设计。

$$R \quad T_E \quad O_1$$
$$R \quad T_K \quad O_1$$

R:随机分配(随机化);

T_E:实验组的措施;

T_K:控制组的措施;

O_1:测量(观察)。

由于方法简单且经济,控制组设计受到重视。这里的前测是不必要的,因为一般通过随机分配的方式,可以确定各组具有相同的开始条件。它的另一个优点是避免了前测效应(敏感性)。

如果在这种实验设计中平均数出现了显著的统计差异,可以寻找措施(T)的效应。Ebner 和 Aprea(2001)曾经对用图表传递经济学知识的方式对学生掌握和运用知识的效果进行了研究。143 名接受第二年培训并即将走上工作岗位的银行职员随机(R)分成一个控制组和一个实验组。实验组接受了一个短暂的制图培训,然后被要求根据手头一篇文章制作一份网络图(T_E),而控制组只拿到这篇文章和一份网络图案例(T_K)。这里的研究问题是:成绩差异是否与课堂教学方法有关。

把培训生随机分配到对照组和实验组,可让实验期间出现的成熟、测试、仪器使用、统计回归、被试的选择和缺失引起的干扰因素、各个变量之间的相互作用等保持恒定,并由此被控制。由此,可以确保实验结果的内部效度。外部效度如霍桑效应、新事物效应和实验者效应等可能继续存在。被试选择没有代表性,因为这些培训生不是从全部"即将走上工作岗位的银行职员"中抽样的。

(2)前测后测控制组设计。

$$R \quad O_0 \quad T_E \quad O_1$$
$$R \quad O_0 \quad T_K \quad O_1$$

这个设计方案有与前一方案相同的优点,特别是随机分配被试会提高内部效度。用此方案还可规定起始值,并用重要的控制变量检查小组的一致性。同时,因两个组处境相同,可排除实验期间出现的干扰因素。不过,实验者效应和排序效应,以及由于长时间实验导致的实验对象缺席等,都会影响内部效度。前测则引起实验对象的敏感性,从而影响外部效度。此外,如果实验组和控制组不具代表性,会有被试选择和实验措施相互影响的风险。

为了进行更广泛的条件分析，并控制实验者效应、安慰剂效应或新事物效应，可以扩展两个组的设计方案，比如采用 2×2 因素设计，即在每一个措施上采用两种方式（$= 2 \times 2$）。通过这种方式研究内部效度时，就有可能比较 4 种实验条件产生的效果。

在一项通过例题学习商业计算的研究课题（Stark 等 2001）中，研究人员探究两种不同的例题和学习行为（$T_{A/B}$）对知识掌握程度的影响。一种是统一（或类似的）例题，都是关于有价证券的；另一种是多样化（不同的）例题，还涉及信贷和企业参股。两种措施的任务结构都是相同的（$T_{A/B}$）。学习行为也有两种，一种是有声思考的方式（即学生脑子里想到什么马上口头说出来），一种是独立学习。通过随机分配，保证小组的结构均衡，这可以通过分析学生的初始知识水平（O_0）得到证实。研究结束后分析两种学习方法的效果。

除上面介绍的研究设计外，还有许多其他实验方案，有的甚至十分复杂（如Winer 1962 /1991）。研究的前提一般都是随机选择研究对象。然而，在职业教育领域，由于小组（或班级）不是随机组成的，所以很难实现这一点。因此，运用准实验方法，或扩展非实验设计，是一种妥协战略。

2. 准实验研究设计

该方法的一个案例是 Sembill 等（2001）的研究。它研究自主学习如何促进解决问题能力的发展和提高学习积极性。两个班按相同的性别和年龄结构平行分配，接受调查比较。实验班在某些阶段进行自主学习（T_E），控制班则按照"传统的"方法接受课堂教学（T_K）。上课期间，收集两个班级的学习过程数据，学生每隔 5 分钟提交他们对自己当时的认知、情感和动机的评价。研究设计结构如下。

$$P \quad O_0 \quad T_E/O_p \quad O_1 \quad T_E/O_p \quad O_2 \quad T_E/O_p \quad O_3$$
$$P \quad O_0 \quad T_K/O_p \quad O_1 \quad T_K/O_p \quad O_2 \quad T_K/O_p \quad O_3$$

P：对照；

O_p：在措施中的过程性数据的收集。

这是一个准实验的田野研究。通过在多个时刻收集过程数据，可清晰地呈现出重要参数的发展变化过程（积极的进展）。通过对照手段，以及在第一次收集数据时用测试验证实验组和控制组的均质性，可以在自主学习小组解决问题能力提高与实验组开放式的自主学习氛围之间建立联系。这里的干扰因素是新事物或霍桑效应，但持续 29 周的试验可以消除此干扰。

11.2.1.4 发展

"真实"实验的虚拟性（Sarris 1992）和相对费时的实验设计，促使 Blalock 等方法论学者思考，怎样运用准实验和非实验设计研究因果关系（Blalock 1964）。在相关方法论的讨论中（特别是在社会科学领域，实验并不总是行得通）总结出了一些对策并付诸实施，从而提高了非实验项目的内外部效度。这些方法包括收集纵向追踪研究数据以及对其他选择性假设和策略的验证等，如大样本条件下的结果交叉验证(Burke 2001)。

还可以注意多元统计分析的发展，如因子分析、回归分析、路径分析以及结构方程模型(LISREL)等(Backhaus 等 2003)。特别是后者，它使同时研究多个变量的影响成为可能，且能顾及职业教育的错综复杂性。通过这种方法，可以建立起研究的结构模型，例如在一项针对商业职校学生专业能力影响因素的田野调查中的模型，如图 11-3 所示。

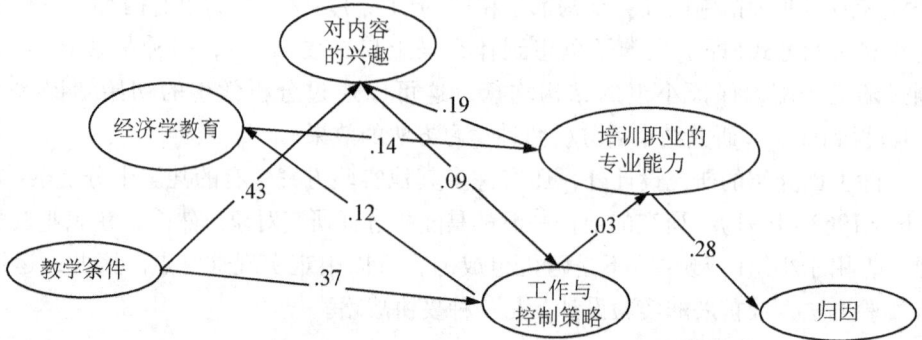

图 11-3　(实证的)结构模型(Straka/Lenz 2003，63)

建模过程显示，与原来设想不同的是，"教学条件"并不直接对专业能力发生作用。不过与兴趣研究和学习策略研究(Beck/Krumm 2001)结果一致的是，"对内容的兴趣"和"工作与控制策略"(＝调节效应)对专业能力产生不同强度的作用，后者是造成学生学习成绩差异的原因(归因)。国民经济学课程中建立的"经济学教育"模型对企业管理方面的"专业能力"的培养是有效的。这还可以证明，研究对象很少与经济知识建立起联系。

评估手段进一步发展成了综合性的多因子分析方法，而且可通过相应软件简化操作。这样不仅可以更好地控制潜在的干扰因素，还可以排除其他假设。例如，图 11-3 中的系数表示净效应，因为通过统计排除了干扰因素的影响。不过通常这种对潜在干扰条件的控制方式不能达到随机分配的效果(Straka 1974)。从统计学角度讲，方法论的发展已经导致事后回溯实验与田野实验之间的界限变得模糊。

有关方法论研究的发展一方面提供了有效的方法，从而以此解释职业教育中错综复杂的作用链；另一方面，它要求首先对调查结果有一个系统整理，从而建立与之相适应的综合性假设模型，并通过数据证明其效度。就此而言，Popper"观察始终是理论指导下的观察"的说法(1989，31)，才真正有助于职业教育的研究。

11.2.2 定性实验

Franz Stuber

11.2.2.1 术语的澄清

实验是获得科学知识的一种重要手段。在实验中，人们通过设置专门条件，在不受外界干扰的情况下，系统观察所关注的现象并得出结论。实验结论可以是解释性的，也可以是基于发现提出的新假设。

实验因其研究领域不同而有所不同。自然科学实验关注在自然规律支配下对各种关系的解释。技术实验的关注点则是对调查资料重新组合后的应用，因此技术实验常常带有社会科学的性质。自然科学和技术发展史是一幅彼此联系的画面。典型例子如 1752 年富兰克林著名的风筝实验，他将风筝系在铜线上获得大气层电流的证据，从而解释了闪电现象，所获得的知识同时成为应用技术发明的基础，如避雷针。

在自然科学中，定性实验和定量实验的区别并不大：实验建立的组织结构通常是一种量化关系，而定量实验的结果通常又解释了一种自然现象。

然而，在社会科学中，定性实验作为一种独立的研究方法具有重要的意义，是一种特殊的实验活动。社会科学中的实验研究聚焦于社会关系和认知活动。与那些研究或死或生的自然科学不同，对社会科学的实验研究有另外的要求，这从广泛使用的"社会实验"概念中就可以看出。它通常含有批判性目的，涉及含有一定政治动机的社会(权利)关系的变化。

在社会学实验过程中，首先要针对社会现象和心理现象有目的地制造和改变一些条件，从而探讨个体的需求和兴趣及其作用形式；其次，要考察这些变化对研究对象生活和工作的直接干预结果。即便是在技术实验中，如果在某种程度上有目的地将自然规律与工作和生活过程变化相结合，那么社会科学实验方法也是适用的。

作为独立的研究方法，定性实验属于社会学和教育学研究中定性实证研究方法的一种。在定性实验中，对社会现状采取一种特定的干预，以弄清相关的目的、结果或意识。定性实验作为定性研究的一种，不对假设的正确与否进行验证，而是针对研究目标对相关理论进行提炼，从多个角度反映研究过程和参与者的反思。与典型实验研究方法不同的是，定性实验主要是针对社会现实的微观分析。

11.2.2.2 方法的起源

作为一种研究方法，定性实验有多种起源。心理学的实验研究在 20 世纪初期兴起，定性实验也创立于这个时期(Mach 1980)。随着认知、思维和格式塔心理学以及动物心理学的建立和发展,定性实验逐渐成为重要的研究方法。例如,我们经常引用的 Marienthal 研究,就是针对奥地利一个村庄失业状况的主观效应调查,调查者根据定性实验标准改变了当地的社会环境(Jahoda 等 1960)。

学术界目前仍然延续着 20 世纪初建立起来的研究传统。K. Lewin 采用定性实验研究教育风格对儿童小组行为的影响,同时 J. Piaget 也在自己孩子身上进行了学习心理学实验(Kleining 1986;Vollmers 1992)。

在传统的教育研究中,定性和定量实验的区别并不明显。早期的研究主要讨论实验法是否适合教育研究。A. Fischer 作为这些研究的代表,认为:"实验是有局限性的,它取决于研究对象、学生和实验技术水平。就像所有的价值观和规则确定方法一样,教育目标的确定也无法采用实验法。……我们要考虑这些局限,但是没有必要悲观。今天的实验条件可能不成熟,但明天有可能会成熟,这也正是我们工作的希望"(Fischer 1913,56)。

在没有区别定量和定性方法的情况下,Fischer 在教育科学中赋予了实验教育学重要的地位,认为实验过程对规范化教育学并不适合。实践证明,作为专门的方法,(定量)实验法适合在教学论研究中比较不同教学方法的学习效果(Klauer 1973b)。但是自 20 世纪中期以来,由于行为主义心理学和认知教育学的发展,定性实验法在很大程度上被边缘化了。

定性实验的启发如下所述。

德国对定性实验的"重新发现"和讨论可以追溯到 20 世纪 80 年代,这应当特别感谢 G. Kleining。他在自己开展的启发性研究中对定性实验进行了讨论,"定性研究的实验是依据科学原理在一个(社会)目标下为其结构调查而进行的干预。它是一种探究和启发式的实验"(Kleining 1986,724)。"它不是从现有知识和假说出发,而是以发现为目标。它不利用变量,而是探究和揭示其结构。定性研究的本质是相关性,它在很大程度上不能被测量,因为其包含的不仅是一个过程,而且还有否定、矛盾、不稳定的从属、逆相关和断层。不应控制实验的条件,可重复性不是定性实验的必要条件"(Kleining 1986,725)。

与主流社会学实证研究中的认识不同,Kleining 反对在社会科学中过分使用解释性方法,而主张采用开发性的研究策略,并认为基本的开发式方法是观察和实验。启发性方法的典型案例是自然和技术科学研究中采用的方法。"定性的启发性方法试图提高心理学和社会学理论研究中探究和发现的质量"(Kleining/Witt 2000,6)。

Kleining 为定性实验研究过程的实施确定了四个原则(Kleining 1986/2004)。

(1)研究者的开放性:当与新发现相矛盾时,研究者要不断修改预想;

(2)研究过程的开放性:有关研究目的的暂时发现会形成一个围绕研究目标的体系,这个体系在研究过程中会不断变化;

（3）从研究视角和方法角度尽量建立多种结构，尽量从多个方面了解研究对象；

（4）对全新的发现，要对其共同点进行深入的研究。

11.2.2.3　定性实验的案例

仅有少数定性实验完全符合定性的启发性规则。Kleining 和 Witt 的报告成功运用定性实验来测试内省方法，"两个定性实验关于突然报警，两个关于电视通信，两个关于艺术电影的接受程度，其他一些则是情绪的多样性……在这些实验中，一系列因素呈现出了系统的变化，这符合有关结构变化视角的第三项规则的目标"（Kleining/Witt 2000，15）。作者证明，这些实验和他们的内省分析是研究个体接受和处理干扰方式的合适工具。

另一个定性实验案例是由"Passau Madonna"之辩提供的。在 20 世纪 90 年代早期，社会科学家 A. Mintzel 对本来与宗教无关的 Passau 大学校徽提出质疑。在此，作为天主教祭祀象征的"胜利女神"被描述为打败一条龙的圣母像和十字架的组合。研究结果要求改变大学行政部门、天主教会和保守势力的关系（Mintzel 1991；Kleining 1999）。

Kleining 通过文学原著分析，进一步说明了定性实验的应用。塞万提斯所著《堂吉诃德》第一章不同章节的具体变化，可用来呈现不同现实水平上的故事进展（Kleining 2004）。

定性实验的技术开发如下所述。

Schulze 和 Haasis（2003）描述了戴姆勒－克莱斯勒公司在信息技术辅助下的计划和组织系统开发和实施案例。他们的出发点是一个相互矛盾的观点，一方面，信息技术为生产和工艺创新提供了巨大的潜能；另一方面，在工作过程中引入这些技术也会频繁导致无法预见的问题，因此对与信息技术有关的工作计划的放弃率一直保持在 50% 以上。最近几年，在相关开发和实施实践中，通过采用参与式和基于原型的策略来应对这一状况。

按照 Schulze 和 Haasis 的观点，这里应用的流程模型缺乏合适的开发标准："建议由跨学科人员构成信息开发和实施小组。在最初的评价和头脑风暴阶段，无论如何他们都要建立一个'合适的'剧本和'合适的'原型，并且对其逐渐完善。工作应向哪个方向发展，也是开放的"（Schulze/Haasis 2003，135）。

他们认为这很容易产生"狭窄视角"，从而在开发过程中无法充分发掘解决空间。为了弥补这个缺陷，作者提倡采用定性实验："这样不再是对于原型的'武断'修改，而是系统地根据研究目标进行大规模的变化"（Schulze/Haasis 2003，137）。

不幸的是，作者这里展示的应用剧情仅仅是一种想法上的实验，在真实开发和实施条件下的试验还没有进行。

11.2.2.4 定性实验的概念

实验法通常根据计划进行干预,例如定性实验会进行针对社会结构的干预。在此,研究者需要通过策略性对话,在主体和客体之间进行有效的调节。

在 Kleining 的研究基础上,B. Vollmers 把定性实验划分成三种类型。

(1)在实验安排中,现象学调查的目的是自发产生的直觉变化。"调查目的是尽可能准确概括多样化的现象,从而得出系列理论知识"(Vollmers 1992,245)。

(2)在对话中,问题必须与所要达成的目标一致,通过持续询问洞察问题的"症结"(Vollmers 1992,247)。

(3)起源的重构,把研究者和实验目标的关系融入实验中,调查的焦点是通过主体与客体的关系建构目标。

这种解析性的划分也能解释实验过程中三种类型的重叠现象。对于整个研究过程的组织,Kleining 提供了六种技术,并称其为实验"工具"。

➤ 分离与分割,包括对行为和团体的分割,或使之重新清晰化。研究者根据目标的变化建立与之相适应的变化。

➤ 合并,是按不同于原来的组成方式将工具、人员和团体等组合起来,例如"男人和女人,德国人和外国人,儿童和老人组合为单独的工作小组,将会发生什么?结果揭示了那些被组合在一起的要素的特性"(Kleining 1999,146)。

➤ 伴随着缩减和削弱,把局部和单个功能从实验组织中分离出来,目的是发挥其对目标同一性的作用。

➤ 附加作用/强化,试图通过(不断增强)对事务或行动的支持,从而得出结论。

➤ 用代替方法,通过取代实验组织中的要素,探索实现功能上的可比性。

➤ 通过转化,了解变化后的事物的特性。"实验可能产生一些完全不同的东西,即使相同或某些方面非常相似,也表现出了不同,这是我们达到的目标,它使我们获得了有关研究对象特征的信息"(Kleining 1986,738)。

11.2.2.5 适用范围和发展前景

1. 适用范围

定性实验将会在职业教育研究中延续其隐性存在。实证(职业)教育研究的主要方式是检验提出的假设,实验研究受心理学研究方法的影响更大,而与职业学习和工作过程几乎没有什么关系。

从这个角度看,G. Kleining 理论的最大价值在于,把定性实验作为一种探究性方法,并在方法上更精确。定性实验丰富了目标导向研究方法,并在自然科学和社会科学研究方法相结合方面提供了新的启示。

在社会实证研究框架内,对定量实验原则的强烈抨击是可以理解的,但是我们必须直接面对这种方法在职业教育研究中的应用。Kleining 反对对"基于现有知识"和"针对新知识"的研究方法进行区别(1986，725)，这一点值得怀疑。实验活动的基本特征，是将其自身从"尝试和错误"的流程中脱离出来。即使是在社会条件下的实验研究，其基础也是这种目标假设。如果没有关于目标的先前知识，就无法确定实验标准。

同样，可以比较某一关系的定性和定量特征。例如，对特定企业信息源与故障诊断之间关系的认识，对了解专家所具备的能力具有重要的意义。为了深入理解这种关系而忽略不可测量的定量数据，却是我们不认可的。

另外，对传统的实验要求——可控性和可重复性，实验研究的具体要求是一致的，这也是职业教育研究的要求。

2. 发展前景

本文描述的实验技术在多大程度上可应用于职业教育研究，目前仍然是一个无法回答的问题。针对这些定性实验，还需要具体验证性的重复"实验"。

前文已经提到，技术和劳动力开发领域似乎最便于实施。在此，综合性定性实验预示着一个可预料的操作型创新的平稳实施。这里的综合性意味着相关创新的目标是明晰的，同时在对话过程中所有的参与者都是平等的。

定性实验方法同样可以用于对工作过程中具体知识领域的开发。专家活动的系统性变化，可以帮助我们确定有关活动的绩效、策略和（隐性）技能的重要性和相关性。

这还会进一步导致职业教育教学方法的变化。实验性学习作为一种探究性学习的基本方法，在技术和商业类专业的职业教育中具有重要意义。利用定性实验作为"工具"指导学习，可以帮助学生理解科学技术与社会作用的关系，并在学习过程中探究技术和组织发展。

利用这种方式可以实现职业教育实验学习的关键目标，即把握职业的现实(Eicker/Rauner 1996)和促进学生积极学习(Acksteiner 2001)。此外，在学习过程中将定性实验与商业模拟活动和剧情描述等方法相结合，同样可以呈现出很好的效果。

总之，定性实验的应用与开发对职业教育研究具有重要的潜在价值，该领域的活跃分子会在定性实验研究中为取得经验和建议发挥积极的促进作用。

11.2.3　职业教育的典型试验研究

Peter F. E. Sloane

11.2.3.1　引言：关于典型试验

本文讨论在德国典型试验(Modellversuch)研究基础上发展起来的职业教育项

目研究。按照盎格鲁文化的理解,典型试验是"Design Based Research",它在研究小组的科学伴随下由企业和学校实施,并得到政府的财政支持,是在组织框架内实施的研究项目。本文介绍试验性的研究设计,首先对现实生活背景中的研究进行概述(第二节),之后举例说明典型试验中的研究方法(第三节),同时对不同研究方案进行评论(第四节)。由于在社会科学研究中参与者经常需要界入不同的生活背景,本文最后评述这种跨界行为(第五节)。

11.2.3.2 现实生活背景中的研究

"研究"是针对一个具体主题获取知识的方式,职业教育研究主要针对教育的某个方面,具体取决于研究者的兴趣及其界定的主题。至少可以通过两种方式对"职业教育"进行去情境化处理:①基于学习过程的个体发展过程;②个体发展过程赖以生存的社会系统。这两方面在德国教学论研究中是一个整体,即教学论不仅包括职业教育的方法,而且包括对学与教的过程的一般化描述,目的是对教学过程和机制进行调控。研究的具体内容有:①职业教育的组织制度;②教学设计;③教和学的目标以及课程;④教师;⑤作为教与学主体的学习者。

为了把握职业教育的整体性和复杂性,必须清楚,职业教育这个社会系统不是一个中性的研究对象,而是具有"制度与政策性特征"和"反思性特征"的实践。

1. 制度与政策性实践

职业教育受制度和政策的调控,其中的制度由社会团体协商制定,并由其负责实施和监督。社会团体多种多样,包括行会、工会、宗教和政治团体等,反映了现代社会的多元特征。这意味着,对实践进行调查的研究者,必须同实践的管理者达成一致,由此产生了此类研究的一些特性,本文将在稍后介绍。

2. 反思性实践

对实践的研究既不是中性的观察过程,也不是一个系统化过程。研究是观察者对这个社会系统的反思,它不仅发生在研究的起始阶段,也发生在研究过程当中,甚至发生在研究结束和成果发布以后。

11.2.3.3 职业教育研究的基本理念

1. "研究的逻辑"

"研究的逻辑"是研究工作的规则。研究范式用来规范研究项目的实施方式,定义哪些是允许的,哪些不允许。这种规则由研究者的社会共同体,即所谓的科学共同体制定。此外,全社会对研究者的工作也有共同的利益诉求。在一个制度化的社会中,研究者和公共参与者之间彼此相互影响。韦伯(M. Weber)将研究的合法性划分为内部合法性和外部合法性。

➤ 内部合法性:研究者对研究方法的标准达成一致非常重要,有必要明确研究方法,并在科学共同体内进行讨论。当然,其中也存在着被共同体中绝大多数人接受,但实际应用很少的重要研究方法。

➤ 外部合法性：研究与社会相联系。即使研究者在研究工作中持有中立立场，也必须考虑他们与社会的多种联系，至少其工作应当被社会所接受。

通过研究来解决问题，是现代社会达成的一般性共识。从社会的角度看，这意味着研究是实现社会发展的重要工具。从研究者和科学共同体角度看，有必要开发出与社会相和谐的一般性规则，特别是公共参与的规则。

2. 理想的研究方法

不同的研究项目有不同实现研究内部和外部合法性的方式，笔者认为存在三种理想的研究方法，即理性研究方法、理性实践方法和反思性实践方法。

（1）理性研究方法。这是实证研究的范式。理性与研究者的工作方式相对应：他们提出假设，然后在现实生活中证明它们，其结果是确定的知识（Albert 1982），特别是那些我们还不知道的知识。Popper（1969b）认为，研究者甚至会创造一些假设，并对其进行论证。例如，在职业教育中，有很多尚无价值的概念和方案，应当通过实证方法将其转变为可验证的方案。研究者通过对职业教育方案进行评价，从而产生确定的知识。

（2）理性实践方法。社会研究中除了实证方式外，还有批判理论（critical theory）提出并倡导的批判方式。在此，研究工作和科学聚焦在自身工作的社会背景上（Marcuse 1967；Adorno 1970）。研究者为改变社会和为所有人的美好未来而工作（Horkheimer/Marcuse 1937）。理性实践方法遵循启发实践的理念，并以此解释社会结构（Lakatos 1974）。

（3）反思性实践方法。反思性实践方法的核心，是假设实践可以对自己进行反思。这与实证研究并不矛盾，因为它并不排除通过理性方法对数据进行收集和实证分析。然而，它会在一定程度上改变唯理性的观点，让研究客体具备以理性方式行动的能力。

这种方法是自我概念发挥作用的认识模式，意味着"观察中的目标行为和观察者的行为采用单一的解释模式"（Little 1972，97）。换句话说，每一个参与者都是自我反思型的，因此会对研究项目中发生的事情产生知识。从这一点来说，它与主观性理论是一致的（Scheele/Groeben 1988）。

理性研究方法和理性实践方法，均看到了实证研究项目与批判性改革项目之间的矛盾。这就提出了一个重要问题：研究是否应该干预社会过程？研究结果不是对社会结构和交互作用所作的一幅简单图画。研究工作的"本真"减少了理性研究和理性实践的差异，因此我们应当讨论图画的质量是否重要，或者图画的主题是否发生了变化。反思性实践方法不是这个观点，它对研究者与研究主题间关系有着更深入的考虑。研究项目是研究者和社会其他行动者共同参与和合作的结果。

11.2.3.4 研究项目

开展项目研究，有三种理想而典型的科学伴随研究方法，即疏远性（distanced)研究、干预性(intervening)研究和反思性(responsive)研究。三个定性词汇(疏远性、干预性和反思性)均描述研究者的习惯,而习惯的基础是研究方案设计。

1. 疏远性的科学伴随研究

疏远性研究采用实证分析法、现象学研究方法和文献研究方法。实证分析法的目的是发展解释性理论(Lakatos 1974),通过研究项目中的访谈和观察来证明理论。科学伴随的研究者归纳出的法则性(nomological)知识,可能会成为项目的技术基础(Popper 1987;Albert 1972)。出于这一目的,可采用准试验方法如课堂观察。在此,研究者和学生可作为"中性"的观察对象。

疏远性研究中最主要的方法是访谈,如了解不同参与者的态度等。在此,收集参与者的主观感受,经系统化处理后将其写到研究报告中。

在研究项目中,另外一种贯穿整个项目过程的疏远性研究方法是对文献资料的整理和解释。因此,研究是一种有组织的对领域内日常经验的反思工作(Soeffner 1983)。这是一种现象学研究方法,可以解释分析文献的影响。

研究者通过项目访谈和观察等,会生成大量的文本资料。Terhart(1981,771)认为,应对这些文本资料进行验证,即交流性验证。

➤ 当解释者和被解释者就一种解释取得一致意见时,就确定了通过解释所获得的观点,即验证是通过交流实现的(交流性验证)。将这一观点迁移到研究项目实践中,意味着科学伴随的研究者、研究项目承担者和项目实践者就文本资料的内容达成了一致。

➤ 第二种交流性验证方式,是解释者所在的共同体与研究者取得一致的过程。在这种情况下,存在于研究成果文本中的关于研究项目的事实,是一般性理论的具体案例(Gadamer 1972,291)。解释者认为文本材料是一般性理论的个案。在研究项目中,研究者通过使用理论来解释文本材料。

2. 干预性的科学伴随研究

行动研究是干预性研究的一般性方法论基础。在项目研究中,"组织发展"已经成为一种专门的研究方法。行动研究的特点表现在:

➤ 社会现实通过研究者发生变化(Klüver/Krüger 1972,76);

➤ 启动变化过程,并对这一过程进行记录(Pieper 1972,100);

➤ 研究者的学习过程(Heinze 1987,36);

➤ 整体化的变化过程(Heinze 1987,29)。

以这些观点为基础,典型试验研究还有以下特点:研究者认为自己的领域是不断变化的实践(Fuchs 1970),获得和发展结论是一个过程,研究者对实践和在实践中界定的问题负责。

典型试验中常采用的研究方法有观察、模拟、对研究领域的反思以及研究者和研究对象的共同协商分析等（Haag 1972；Eichner/Schmidt 1974）。对其实践的设计（Klafki 1973/1984）是科学反思的一个组成部分。研究意味着启动反思性学习过程（Klafki 1973），讨论和行动是这个过程的关键要素。

Moser（1983/1977）认为，讨论过程的参与者及其对日常经验的总结很重要。讨论是颠覆性的，解释和辩论模式在讨论过程中发展起来，导致彻底的反思性实践。参与者对行动达成一致意见，产生通用性知识，从而再次引导参与者的行动（König 1983）。

这样一来，研究与实践（领域）之间的区别变得模糊了。科学伴随的研究者、研究项目负责人和研究领域的实践者（教师、培训师和管理者等）对其行动进行反思，特别希望在研究项目中更加合理地组织活动，从而实现"理性的进步"（Zimmer 1995a）。确切地说，这些参与者（教师、经理和培训师等）对自身进行研究，即实践是关于自身的研究。参与者在其日常生活中进行了一系列试验，并分析这些试验的成功之处（Altrichter/Posch 1998）。

行动研究强调参与者的学习过程。从另一方面来说，这一研究方法更加关注组织的设计，其主要目的是员工在组织中的融合（Frese 1988）。这种方法是一种干预性策略，一般最初通过咨询的方式引发（Wohlgemuth 1982）。这是一种"开放性过程"。在此过程中，参与者与其咨询顾问者在行动的计划、实施和评价方面达成一致意见（Euler/Sloane 1989；French/Bell 1982；Wollnik 1986）。特别是在企业的典型试验研究项目中，科学伴随的研究者在组织发展中常以顾问身份参与，他们负责问题的分析和诊断。

有关组织发展的行动研究和研究方法强调典型试验责任人和实践参与者之间的交流过程，有时会有外部人员参与。这里的核心目标是获得理性，然而目前并不清楚谁来界定这些"获得"。

3. 反思性的科学伴随研究

疏远性和干预性伴随研究的兴趣点和关注点的参考是各自的理论（理性研究项目）或者组织结构（理性实践方案）。反思性科学伴随研究建立在上述两种研究方案的综合基础上：它记录研究项目中的各种行动，并像疏远性研究一样进行分析，同时又指导研究项目承担者或实践者（即反思者）。这里有一系列可能的、不同的具体行动方案。下面介绍两种方案："反思性评价方法"和"理论与实践交流方法"。

反思性评价包括两个阶段：对研究项目中的行动进行评价；在评价基础上提出建议。这种评价应针对研究项目参与者的利益，公开而又精确（Ehrlich 1995），不仅仅是对有关资料记录进行的实证分析，而且也是从社会角度进行的分析（Beywl 1988）。这是评价的目标所决定的：支持人类的独立性（Weitz 1995；Beywl 1988）。因此，对项目的研究应考虑所有参与者的利益（Pätzold 1995；Huschke-Rhein 1987；Dehnbostel 1995b)。

按照理论与实践交流法(Sloane 1985b/1985a/1992/1995；Euler 1994；Kremer 1997)，研究项目中的成员和团体都追求各自的目标。科学伴随的研究者、研究项目承担者和研究领域的实践者有不同的兴趣和理性观点。如果他们在有关观点、行动、组织安排和发展等方面有共同的兴趣，通常只是特例。

在研究与实践交流法中，反思产生于研究项目的分工：人们相互提供服务，大家达成一致目标，确定统一的任务进度表等。研究项目承担者和实践领域的实践者按照统一的目标改进自己的工作，而科学伴随的研究者的目的是获得知识。因此，大家在相互交流中实现了不同的利益。

4. 典型试验(Design-Based Research)

典型试验是在创新研究大背景下发展起来的(Reinmann-Rothmeier 2003；Reinmann 2005)，即建立在经验基础之上的研究项目很少能在实践中引发合适的变化。典型试验的信念是：创新是在实践发展中产生的，科学发展并不能促进人们产生实践变革的意愿。对实践领域的创新个案进行研究分析，可以提供有关实践结构的科学知识，如勾画出创新过程的核心变量(Gomez 等 2003；Reinmann 2005)。在典型试验中，实践者(教师、学习者、学生、培训师等)称为主体，从而反思他们的行动。"反思性实践"是其理论基础(Brown 等 1992)。

典型试验是以设计为导向的，这意味着，实践者可以选择采用的技术、方法从而设计自己的实践变化(Baumgartner/Payr 1999)。这些行动体现在对问题的具体分析，以及制定决策的过程等方面，这完全由实践者在真实的实践情境中进行。这一"设计过程"可以作为科学分析的基础，并导致各领域科学理论的发展，从而开发出适用于不同情境的设计方法论(Edelson 2002；Reinmann 2005)。

在典型试验项目中，参与者不是客体被外人评价，而是项目中的反思性参与者，甚至是"合作设计者和分析者"(Barab/Squire 2004，3)。

典型试验遵循人本主义对实践行动的基本理解，即设计意味着创造。它推崇整体化的研究方案，例如 Reinmann(2005，63)实施的方案。这种研究方法的核心假设是，科学研究能够对存在于实践行动过程的知识进行普适化处理。典型试验的目的，不是通过科学伴随研究中的评价来控制行动过程(Edelson 2002)，而是获得针对实践工作方式的深层次认识，即"典型试验聚焦于对真实世界中的实践的整体化理解"(Barab/Squire 2004，3)。

11.2.3.5 跨越边界线——在生活背景中的研究

迄今为止，我们一直都假定在典型试验中，科学伴随的研究者、研究项目承担者和实践参与者之间的界限是清楚的。然而在真实的实践中，不同参与者之间的界限通常并不很清楚。例如，对于科学伴随的研究人员而言，他们没有必要提出"科学的"预言，因为实践参与者同样也认为自己的工作是"科学的"，并寻求与研究人员的合作。行动研究的理念，淡化了研究者、研究承担者和实践领域参与者之间的界限。为了强化实践，需要所有参与者共同努力，从而理性地实现共同的科研目标。

下面讨论研究开发项目，重点关注项目的研究内容。在典型试验中，研究工作不仅是从事科学伴随的研究人员的事情，这意味着需要对科学和研究进行重新定义，这必然会用到生活领域的模型。

是否拥有科学态度，或者能否作为一个研究者，是由科学家共同体按照其成员的工作方法标准来判断的。这是一个专业道德问题，它涉及以下方面。

➤ 希望研究抱着什么样的态度？这涉及前文提到的研究类型，即疏远性研究、干预性研究和反思性研究。

➤ 希望追求什么研究目标？即认知兴趣和认知"性质"问题：与疏远性研究的目标不同（强化理论），行动研究的目标是获得实践的理性。

➤ 项目研究会接受哪些方法？科学共同体按照其特定的信仰认可研究方法。

研究者跨越了两种无法调和的世界的界限，即理论研究和日常生活（这里指典型试验项目的领域）（Kirsch 1997）。研究者在项目中必须面临两种完全不同的工作情景，它分属于不同的世界，即"科学"和"研究项目的领域"，其特点如下。

➤ 每一个世界都对其成员有特定的能力要求；

➤ 每一个世界都有决定其行动的独特文化和方式；

➤ 每一个世界都有其独特的制度体系。

对于科学伴随的研究者来说，在典型试验研究项目中发挥作用，意味着他要在某一段时间放弃一种世界而转入另一种世界，即从"研究"转入"日常生活"。与此同时，实践者同样也要停止实践，进入"研究"领域。

当研究者"致力于"研究项目时，会与相关人员一起制定协议，对具体问题提供专业知识，等等。研究者的行动是反思性的，如对问题提供解决方案、解释某些观点、论证事件等。他与实践者进行讨论，为其解释问题，这已经不单是对研究项目中的事件进行疏远性观察了。通过对行动研究项目的部分参与，他成功进入并融入了新的生活领域。

在研究项目中，工作在不同的生活领域转换，这需要研究者具备很好的适应能力——既需要专业能力，也要乐于遵守组织的规则制度。

按照典型试验方案，研究项目中的科研工作需要回到科学世界，即研究者必须在研究项目中离开日常生活，重新进入科学世界，以便对实践领域的生活进行报道。这样，研究项目的经验可以为新的科学理论提供基础。除对研究者的个人能力有要求外，重要的一点是，科学界的规范和机制确定了研究的框架。

与此同时，两种生活领域的转换同样也是视角的转换。研究者是双面观察者：一方面脱离日常生活去观察科学世界；另一方面脱离科学世界去观察日常生活。因此，研究者是特殊的生活领域顾问。他通过实践、叙述和思辨来补充和丰富科学知识，同时通过理论知识来解释日常生活。这种双面职责，使得科学伴随的研究者最终扮演一个调停者的角色。

图11-4 说明了调停者在两种生活领域中的转换，以及通过转换产生的两面角色。这种转换不仅需要研究者由研究世界转向日常生活世界，对研究项目的其他参与者同样也有这种转换要求，如实践者。

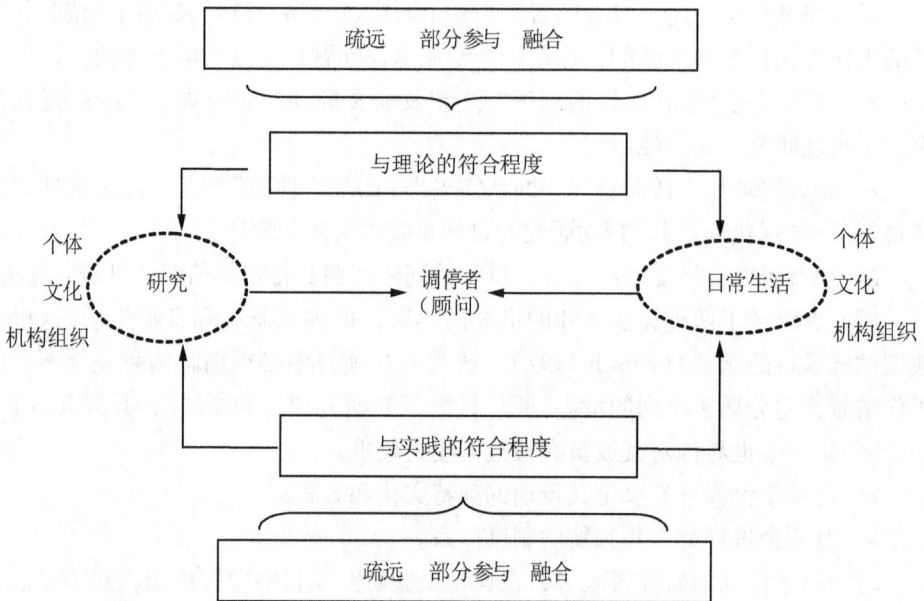

图 11-4　典型试验研究项目的生活领域模型

一个典型的例子是，实践领域的参与者(如教师)正在写博士论文，需要暂时离开原来领域"进入"研究世界。这要求他不仅提升个人的能力，还要"学习"科学界和相关组织的文化。在此，必须正确把握理论参与度，具体可以参见前文提到的有关疏远、部分参与以及研究与生活相融合的内容。如此一来，他成为通过实践经验完善科学世界的调停者，同时也在理论的帮助下解释日常生活。

11.2.4　参与式开发

Bruno Clematide

11.2.4.1　概念澄清

参与式开发的基础是研究者和实践者之间的良好协作，而研究者和实践者的筛选，则取决于研究和干预的主题。例如，针对地方职业教育问题的多方对话就是参与式开发的典型案例。此处的参与者包括雇主协会和工会代表，他们以问答形式提供当地职业教育的有关情况。研究者不但具备产业发展方面的理论知识，对职业教育体系也有整体认识。另一个案例是对工作场所和教育培训机构间最佳合作方式的开发。在此，参与式开发的基础是雇员、企业经理、培训机构教师，以及有学习理论背景且能洞察工作场所如何阻碍或促进学习的研究者之间的有效协调。

实现有效协调的条件是从研究者和实践者两个视角提出不同的专家意见，而且这两种意见具有等同的价值。参与式开发的目的是了解实践者的学习和发展经历，并为研究共同体建立价值体系提供数据和理论基础。

1. 参与式开发学习的三种类型

参与式开发学习可分为三种类型：一是在研究者和实践者交互过程中的学习，二是实践者之间的学习，三是研究者之间的学习。

在类型一（研究者和实践者合作学习）中，研究者的任务是：①提供有关职业教育培训的最新知识。②承担方法上的指导，引进适合研究者和实践者合作学习的方法，促进学习过程并保证遵循活动规则。在此，认可实践者和研究者贡献的等值性非常重要。③对合作学习会议过程进行文字记录。

很多学习发生在实践者与研究者的合作学习会议中。实践者在重新开始工作时会发现，他们在合作学习会议中所反思的东西会转变成新的工作或合作方式。事实上，这种转变就是一种具体的学习过程（Eraut 2004）。

参与活动的研究者自身也发生了学习行为：那些共同反思的东西是在研究者和实践者合作学习所获经验的基础上得到的，他们通过合作产生新知识。研究者通过处理数据、建构理论以及把所获知识与现有理论进行联系三种途径学习专业能力（Nielsen/Nielsen 2006）。

2. 相关概念

在斯堪的纳维亚国家，行动研究法对参与式职业教育研究有很大影响，这类方法对提高观察力和促进工作生涯发展做出了很大贡献。瑞典提出了交互式研究法的理念（Svensson/Nielsen 2006），与行动研究有同等重要的地位，它可以作为一种重要的研究方法来替代和补充行动研究，从而对整个社会科学研究产生影响。

11.2.4.2　参与式开发的起源

参与式开发有多种参与方式和工具。Nielsen 和 Nielsen（2006）对斯堪的纳维亚国家开展的行动研究和交互式研究进行了深入的比较分析，将其分为两种方法：一种是注重实效的方法，以受哈贝马斯影响的对话传统为代表；另一种是批判理论方法，以 Horkheimer 和 Adorno 批判乌托邦行动的研究项目为代表，人力资源管理的组织学习理论对参与式开发也有重要的影响。

许多工具可以作为参与式开发的工具,如联合反思会议、未来研讨会、叙述性工具、对话会和有价值的询问等。然而仔细观察这些方法、工具时会发现,选择哪种参与工具,取决于所设想的干预期望达到的程度。

早在几十年前,人们就对行动研究者进行了分类。角色不同的研究者具有一个共同理念,即由研究者和相关人员共同参与改进过程,研究者并没有从"现实生活"中分离出去。一些行动研究者在设计研究方案时会优先考虑实现哪些具体的变化,其出版成果很少会关注科学共同体的相关理论讨论;另一些行动研究者则遵循双重策略,即科学共同体会同时关注对"变化本身"和"变化过程"的反思。采用双重策略的目标是,超越具体实践,去反思这些实践过程,并使领域的其他研究者理解这些反思。

方法的选择同样取决于参与式开发的具体内容,下面介绍几种不同的方法。

1. 未来创造性研讨会(future creating workshop)

"未来创造性研讨会"是起源于批判的乌托邦研究传统的一种参与式开发方法(Jungk/Müllert 1981)。与对话会议相比,未来研讨会方法关注社会权利的分层结构,并试图克服现有权利关系的束缚。研究者和从业人员合作的目的,在于跨越现有工作组织方式的障碍,通过制定详细议程来创造集体社会学所憧憬的权利关系。从学习角度讲,扩展性学习(Engeström 1987)是这一过程的主要部分。未来研讨会分为三个阶段,即批判、理想和实现。研究者的角色是推进者,保证遵守民主规则,并支持讨论的过程和结果的顺利实现。但是这种基本研究方法在职业教育研究中并不多见,因为职业教育项目的开发通常需要凝聚更多方面的共识。

2. 对话会议(dialogue conferences)

在过去的二十多年里,对话会议大量采用注重务实的参与式开发方式(Gustavsen 1992),通常持续两天。其间,所有参与者共同界定问题,希望开发出工人或学习者能尽快执行的行动计划。对话会议的理论基础是哈贝马斯的理念,即在会议上建立一种脱离权利的关系——会议参与者的角色定位与其工作职位无关。研究者在对话会议中的重要作用,是保证参与者摆脱地位的影响,以及作为过程促进者"确保"每一个参与者都有机会表达自己的观点。在挪威和瑞典,几乎所有改进工作或生活的大型项目都是按照这种理念进行的。这种完善工作或生活的活动多数是直接的学习活动,经常在一个企业内部进行。

3. 叙事法

作为一种重要的职业教育研究参与式方法和工具,叙事法具有重要的价值。许多人在研究某一职业领域的默会知识时,会利用叙事法来实现默会知识的可视性和可表达性。例如,为了保留随着员工退休而丧失的大量默会知识,企业会在老雇员退休前精心安排与年轻同事的研讨会，这是一个典型的例子（Clematide 2005）。

4. 有价值的询问（appreciative inquiry）

近十多年来，人们在系统论和询问开发过程理论基础上，进行了大量的参与式开发（Lang 等 1990；Cooperrider 1990）。在此过程中采用的很多过程导向的工具，例如反思团队和相互采访（mutual interview）等，都有系统论理论根源，这些方法也应用于很多工作场所学习和职业教育院校的教学实践项目开发中。

5. 学习组织

在职业教育的参与式开发研究中，同样可以找到按照学习型组织理论（Senge 1990）组织的活动踪迹。对于学习型组织建设，圣吉提出一套几乎标准化的原则，以满足现代企业灵活性和快速变化的要求，并且为旨在发展学习型组织的开发项目提供灵感。在以职业教育培训完善为组织学习目的的参与式开发项目中，圣吉的原则仍然是其灵感的来源，尽管它已经因纯粹的管理导向而受到批判。

11.2.4.3　参与式开发的概念和适应性

在具体的参与式开发项目中，采取哪种方法主要取决于研究者的学科背景。在职业教育参与式开发过程中，并没有普遍适用的最好方法。实践者和研究者在会议中采用的方法共性是以过程为导向。通常最直接的效果就是学习过程本身，以及作为学习过程结果的工作方式或教学方式的转变，而不是一种类似新课程的具体产品。

为了使直接参与个体或团体之外的人也受益于参与式方法，需要研究者对过程进行记录并进行理论反思。在"接近与距离"之间保持平衡，对研究者来说是一种挑战。要理解实践者之间的机制和关系，"接近"是必要的，而要提供反思的空间和建构理论，"距离"也是必要的。

在职业教育研究中，常见的参与式开发是由国家研究与开发计划支持的短期项目。例如，丹麦教育局每年推出一系列研究与开发项目，参与计划的技术项目和商业学院可以得到财政支持，而且项目实施过程中通常也会得到职业教育研究者的支持。这些项目的特点是：研究者对项目主题的当前发展水平进行初步研究。在一个有参与院校老师参加的联合研讨会中，研究者的这些最佳实践以案例方式呈现出来。研究者和教师共同制定一个工作议程，包括教师对新方案的试验周期，而研究者则促进教师对新经验的反思；双方就下一周期的试验调整计划达成一致意见；教师再次试验，研究者观察新的实践；大家在总结会上得出结论，并由研究者记录。在每年的研究与开发总结会上，研究者和教师共同交流参与式开发的经验，最后由研究者发表科学性论文。

11.2.4.4　实际案例

在有关学习实验室的研究中，丹麦 Roskilde 大学中心、丹麦教育大学、Aalborg 大学和 Kubix 咨询公司的研究者组成了一个研究小组，他们都是工作场所学习研究会的成员，任务是研究工人的能力学习与发展过程，包括在工作中、在正规教育体制以及在工作和正规教育相互作用中发展的能力。事实证明，这项研究试图满足参与式开发的要求。

在此，研究者遵循的工作原则是：首先召开一个具有共同理论反思的联合研讨会；其次，每个研究者引进一个由其负责的具体参与式开发项目。这样一来，在团体活动和具体项目之间存在着一种双向关系：一方面，该团体为负责具体项目的研究者提供了讨论伙伴；另一方面，每个具体项目的经验也会为研究团体进行理论反思打造基础。这种工作形式对实现"接近与距离"间的平衡具有很大帮助。在参与式开发中，这种平衡非常重要。

按照上文提到的参与式开发原则，研究者和实践者的协作可通过以下例子说明（Elsborg 2005）。

Elsborg 描述了作为一个研究者是如何促进三个建筑工地项目开发的。约 10 名公立技术学院教师和 140 名建筑工人参加了这个项目，研究者根据具体任务界定参与的人群和培训时间。每一个开发项目包含 20～40 个熟练程度不同的工人，项目周期为 5 个月，事先没有对具体变化过程进行界定。这些变化过程将在与项目参与者的合作中得到发展，目的是培养参与者的能力。

每周，建筑工人和相关教师在"反思室"会谈一次，共计一小时。这是工作职责的一部分，因此参与反思的教师和建筑工人都是有报酬的。他们的交流形式为对话，其间会不断确定目标和完善计划，并进行评价。对话主题是工人根据其工作条件确定的，包括工作的物理环境和社会环境以及后勤等。有关合作和决策方式以及跨职业和跨级别交流的问题，始终是讨论的焦点。这意味着，工作中的日常学习也是反思的主题。

获得反思性的理论知识是参与式开发的出发点。职业教育研究和工作场所研究发现（Schön 1984；Boud 1985；Høyrup 2004），可以通过工作中的反思来提供培训，个人和组织为此都具有巨大的发展潜力。

集体性的反思活动可成为目标导向的工作场所开发的一部分，即通过开展集体性实践创造和支持工作场所的学习。这里的实践是指通过有远见和建设性的反思，来质疑目前行动的价值、结构和文化。对于建筑工人来说，这种将工作中的集体性反思转变为知识的可能性是非常重要的，这也正是开发项目的出发点。因为，作为劳动市场的一个群体，建筑工人在工作中得到的学习机会相当少而且这个群体没有接受过有关自我反思的学术培训。

每周项目例会的内容是参与者共同开发和认可一些基本价值，主要是通过好的计划和对他人工作的尊重，来实现好的信息沟通、相互合作、工序优化和工作满意度。

如果在反思性会上工人提出更多知识学习的需求，这些传统的教学工作由技术学院教师完成。教学内容常常由建筑工人完成设计，如管理方法和交流合作技巧等。培训还提供了对行业和社会发展进行讨论和反思的机会，这超越了个体和制度化学习的水平。

项目开发基于这样一个假设：如果变化过程运用了参与者的知识和理解力，我们就可以通过参与者独自开发找到问题的解决方案。因此，项目没有预先制订的计划，但是提出了强制性合作的要求。每个人都有机会就特定情境表述自己的观点，这些观点会被认真地对待。通过这种方式，参与者能积极参与到相关的建设性对话，并贯彻执行有关决定。

为了促进个体能力的发展，项目研究者提出每个参与者都是学习过程中足智多谋的人。通过推动技术工人、非技术工人和管理者之间的平等对话，促进能力的发展。有关工作条件对话的基础，是参与者的实践经验。

项目制订培训计划的目的，是通过主题化和精心安排工作场所学习，使线上学习可视化（Clematide 2005），从而支持每天发生在线下的非正式学习。这样就可以帮助参与者解释本领域的知识，从而形成个人和集体反思的基础。建筑工人在最后总结评估中明确指出，如果这种方式能对工作组织产生实际影响的话，他们希望将来也能提升个人能力和任职资格。

这个例子说明了参与式开发如何利用领域实践进行反思，如何调动工人的积极性来改变工作状况，以及如何通过具体实践（具体的工作场所）将理论推广到社会实践中。

11.2.4.5　批判和前景

参与式开发也存在一些局限性，因而经常受到社会批判，其中最重要的批判如下。

1. 在实践领域的影响范围有限

参与式开发的实施范围，通常不会越过具体项目直接涉及参与者的范围。在许多由国家支持的参与式开发项目中，如前面提到的丹麦案例，直接涉及人员学到了很多，并且开发了新的实践。但是，这些新的实践通常仍然处于封闭状态，不能够影响到其他实践。因此，职业教育体系很少受到参与式开发项目的影响，即使是很有前景的项目也不例外。

2. 缺乏普遍性

与职业教育实践的最新变化类似，参与式开发存在着无法促进科学知识发展的风险。这里原因可能有两个：首先，一些参与式开发项目会明确指出其目的仅仅是开发新的实践领域。衡量成功与否或能否接受财政支持的标准，经常只看实践是否发生了变化，而不是一般化的理论建设成果。其次，参与式开发者通常很难对如何将孤立的变化转化为职业教育体系的整体性变化进行充分反思。

要改变这种状况，应当同时解决一些阻碍因素问题。例如，如果参与式开发项目是为了促进制度化学习和工作场所学习的综合发展，那么就要解决培训机构和企业对新学习方式的适应性问题，并在推广项目成果之前，解决好培训机构内的组织学习问题。

3. 案例的孤立性

参与式开发面临的另一个问题是，由于案例是一个个孤立的项目，很难促进参与式开发项目涉及主题的理论建构和经验推广。每一个参与式研究在很大程度上都是独特的，因此很难进行横向比较(Westlander 2006)。目前，斯堪的纳维亚国家行动研究的缺点是，由于研究案例过于特殊，很难在更加普适化的水平上进行(横向)比较。

4. 有效性问题

定量研究者对所有的定性研究都提出了批判，这同样适用于对参与式研究和行动研究的批判。如 Sørensen(1992)等批评家认为，行动研究缺少有效性。但是这种批判在职业教育研究共同体中不如在其他主流社会科学中那样广泛。作为一种研究方法，参与式开发不得不在每一个独立案例中证明自身的有效性。参与式开发会关注开发活动的关键问题，但是会忽略那些没有按照预期发展的东西。正如 Eikeland(2006)所说的，参与式开发没有揭示和说明人们实际上做了什么，而是将其掩盖起来，从而使其看起来比实际更美好、更有创新性，这是参与式开发的一个严重问题。保证有效性的重要原则，是使参与式开发的过程可视化、无遮掩和可理解。

当然，我们必须正确对待这些批评，参与式开发对研究共同体和职业教育实践来说都是一种很有前景的方式。参与式开发作为一种研究方法，可以促进新的理论知识的形成，并同时影响实践。

11.2.5　跨学科的开发

Felix Rauner

11.2.5.1　概念解释

职业教育研究的一个重点是职业教育方案开发。作为实践导向的科学，处理好研究与开发的关系非常重要(Herbart 1806；Weniger 1953；Herrmann 1995；Benner 1995；Schmied-Kowarzik 1980)。事实上，"职业教育研究"这个术语通常也含有开发方法的意思。例如，根据 1969 年颁布的《联邦职业教育法》的规定，德国联邦职业教育研究所(BIBB)的研究任务包括职业教育媒体和教育体系的开发。这里的"开发"是针对复杂实践采取的一种系统化的行动方式。

科学研究过程是一个"生产知识"的过程。教育学在其学术化进程中形成了许多分支学科，甚至发展成分工很细的二级学科，这使得我们对实践性知识进行研究时必须采用跨学科的组织形式。这种跨学科性意味着对"教育科学"的细化趋势进行根本性的批判。将一个学科分解成大量的知识片段，无论针对具体知识，还是将其作为一个整体看待，都无法很好地解释教育学的观点，因为教育过程是整体化的。H. Heid 从辩证法角度解释学科性和跨学科性之间的矛盾："对教育学问题的科学回答，应从认知和人类学观点进行，而不是在高度抽象层面将其解释为专门的和孤立的学术活动"（Heid 1995，177）。

在研究实践中，制定综合性和跨学科教育政策的要求，与建立学术体系和学科研究范式的需求存在很大矛盾。不同学科开展的研究工作越来越专业，这对跨学科研究提出了要求。人们认为，在具体学科中进行的研究最终会导致社会实践问题的异化（Heid 1995，187），因此有必要促进跨学科研究的发展，但这并不一定导致跨学科研究方法的产生。

综上所述，强调开发的跨学科职业教育研究有两个特点。一方面，人们在人文科学和社会学科研究成果基础上开发教育过程，更加关注主观性和社会性之间的矛盾；另一方面，在设计教育内容时，自然会考虑工程科学、职业学和教学论规律。

职业教育研究的发展，要求对相关概念做出清晰的定义。职业学研究采用其他学科现有的对"开发方案"和"开发方法"的定义。例如，在教育学研究和护理学研究中，"开发"这一概念具有明显的推理特征，开发过程的对象是受教育者和被护理者的活动。在技术类职业的教学计划开发中，则更加关注最佳的实用性行动方式。"完整的行动"教学理念起源于分层的连续开发方式，它广泛应用于传统的工程设计中。行动调节理论是工业心理学和劳动科学的基础理论（Hacker 1986b）。由于该理论的巨大影响，"行动"成为职业教育研究的重要内容。这种开发的概念，对信息技术项目开发也提供了启发。例如，在软件开发过程中就引入了参与式和过程导向的开发方法，并获得了极大成功，即用交流式行动取代目的导向的行动。在职业教育研究中，这种螺旋式的开发也证明了交流式、交互式和参与式设计和开发方法的合理性。

11.2.5.2 开发任务

作为职业教育研究的重要内容和形式，开发的任务包括职业教育体系和就业体系中的专业设置、培训项目以及教与学的过程等的开发。职业教育体系的开发任务包括以下几个方面。

➢ 在职业资格研究和社会对话的基础上的职业开发；

➢ 职业教育法律法规的开发制定（Kell 2005）；

➢ 职业教育体系的制度框架的开发，需满足透明性、灵活性和适应性等要求；

➢ 建立职业教育与整个教育体系的关系，包括普通教育和职业教育的沟通机制（Bildungskommission 2003）；

➢ 从学校到工作世界迁移的设计，即职业教育到就业体系的第一个门槛。

以体系开发为重点的职业教育研究的一个重要领域，是职业教育（国际）发展合作项目，这也包括欧洲一体化进程中的政府合作项目。

不同国家对选择开发方法的目标和标准有不同理解，这与各国教育研究的学术传统有关。例如，在教育经济学和人力资源管理领域，"投资回报"是选择研究开发方法的重要标准，而劳动市场经济学研究设计方法的选择标准，则起源于整体化的经济核算。在就业市场研究中，在社会政策指导下的分析和规划方式是主流标准。在职业教育研究中，降低青年失业率、将边缘群体融入就业体系中、提高就业能力和社会认同感，始终是各种开发方法追求的重要标准。

职业教育中的系统性开发，强调普通能力开发与职业能力开发相结合以及教育体系的纵向和横向流动，这超越了企业对职业资格的单方面需求，适用于具有明显学历教育特征的职业教育体系的国家。

职业教育体系开发不仅是一个国家的重要创新内容，也是其就业政策、社会与教育政策的重要组成部分。职业教育政策实施需要多部门协调，欧洲委员会建立的"人力资源开发小组"以及在联邦、州和地方层面建立的职业教育委员会，在研究和开发中运用了跨学科的方法。

11.2.5.3 开发培训计划

一般情况下，职业教育课程开发包括确定专业（培训职业）、开发职业教育培训课程和相关考试要求，它是在现有教育体系框架内进行的。课程开发是一个由职业教育研究者伴随和促进的过程，其指导思想是跨学科性的（Kell 2003）。同样，确定"培训职业"也是跨学科的，只要工作是按照职业方式组织的，就要满足特定的职业和跨职业标准（Heidegger/Rauner 1996），这需要开展本职业领域的职业资格研究（Rauner 2004d）。职业教育课程开发是跨学科研究，是一种分析性研究，如活动分析和任务分析。例如，欧洲"汽车机电一体化维修工"课程开发是综合性、跨学科达·芬奇研究项目的一部分（Rauner/Spöttl 2002；Moritz 等 1997；Spöttl 等 1997）。这种多领域、国际综合比较研究项目在欧盟、日本和美国居于领先地位，它为欧洲职业教育课程开发标准的确立提供了基础。作为该项目重要成果的研究和开发实践，综合了大量不同领域的研究方法，成功融合了不同国家的研究传统。但是，对这些实践的科学性反思目前还远未完成。

11.2.5.4 教学过程设计作为跨学科的开发任务

传统上，多门科学都在研究教与学的过程设计，重点是确定教与学的过程设计时采用的一般原则和标准（Renkl 2002）。教学过程设计利用教育心理学、实验教育学、知识心理学和民族方法学的研究成果，这些学科都有自己独特的实验研究方法，可以从不同角度分析教与学的过程。职业教育教学中采用的项目教学法和实验教学法也有开发功能，要想充分实现这一功能，应努力做到以下几点。

➢ 开发实验和行动导向的学习过程（Hass 1979；Eicker 1983；Rauner 1992；颜明忠 2003）；

➢ 开发职业导向的教学方案，类似文教部长联席会提出的学习领域课程建议（KMK 1999；Przygodda/Bauer 2004；Lipsmeier 等 2000；Gerds/Zöller 2001；Rauner 1999a）；

➢ 开发按照能力发展结构组织的职业教育计划（Benner 1997；Rauner 1999）。

在职业教育研究领域，对典型试验和教学活动的科学伴随，通常也包含开发任务。例如，BLK 典型试验计划的一个重要项目"在双元职业教育中的新学习理念"的目的，就是开发学习领域课程。通常，当典型试验的科学伴随具有较强的专业能力和教学能力时，这些能力发展也会成为科学伴随的中心。事实证明，在职业教育的开发成果中，很难区分哪些是教师做出的实践贡献，哪些是职业教育研究者做出的科学贡献。多数有科研人员参与的案例研究确保了跨学科理念的实现。在此，科研人员一般也把自己看作多学科的代表，如职业教学论、专业科学、职业与劳动教育学等。

11.2.5.5 职业教育和生产组织的开发

20 世纪 90 年代初，人们开始研究生产组织开发和职业教育之间的关系（Dybowski 等 1993），而在此之前，它们通常被认为是两个独立的领域。对两个领域的关系和相互影响进行分析和设计变得越来越紧迫，不仅仅是因为国际上日益严峻的外部竞争环境的变化，还因为人们开始意识到人力资源开发对生产组织开发起着关键作用。

"这种开发揭示了为什么生产组织创新、技术创新和职业教育的相互作用会成为人力资源管理的重要议题。在此关注的中心是，如何有效利用灵活、开放的模块化信息技术，使具体的技术和组织解决方案符合技术使用者的能力水平。恰当的职业教育教学方案，能促使职业教育的参与者为组织发展做出贡献，促进参与各方做出必要的承诺，并共同推进教育和产业的发展"（Dybowski 等 1993，5）。

在这种情境下，要想完成分析和开发任务，传统的学科导向的研究方法的潜力已经很小。而工业社会学在此领域采用分析方法后得到了重要启发："在对实证捕获的开发过程进行社会性解释时，考虑了预先设计"（Dybowski 等 1993，142）。事实上，在很早以前，组织与工业心理学研究就开始重视能够促进员工个性发展的工作环境设计（Emery/Emery 1974）。其结果是，研究和开发的兴趣点集中在与个人相关的评价和设计标准。工业心理学和劳动科学为工作设计提供了三种开发方案，即社会技术体系设计、促进创新的工作设计和促进个性发展的工作设计。在这些研究方案中，研究和开发的关键是开发与人相关的评价和设计方案，从而分析工作中可以提高雇员绩效、幸福感和促进能力发展的因素。在职业教育研究中，承担生产组织方式开发任务的情况目前还比较少见，主要是因为完成这些任务需要很深的相关学科背景（Luczak 1998；Ulich 1994）。

相关经济学研究面临的困难是，由于其学科定位是提高生产组织的经济效益，因此无法为解决员工的能力结构问题提供合适的办法。目前，应用于收益评价的扩展性程序（extended procedures）引发了对创新更为广泛的理解。人们更加重视把"工作"因素作为提高经济效益的关键元素，即从经济学角度解决人事管理和工作设计问题（Heeg/Meyer-Dohm 1994）。

工程科学研究既无法揭示职业资格和生产组织发展之间的复杂关系，也没有为其研究提供明确的框架。工程科学的实用主义开发方法在其创立时期就已经遇到了挑战，仅通过控制复杂程度并尽量降低不可预见的副作用以实现其目标，这在现代技术条件下的大项目中很难实现。目前，新发展起来的管理方法明显优于传统工程科学方法。有关技术起源及其内涵的研究，强化了工程学科研究的跨学科发展趋势。

1994 年，BIBB 和 ITB 联合举办的专家会议确定和描述了以下 6 个研究和开发领域。

（1）企业生产组织开发与职业教育国际比较；
（2）组织发展、技术设计和职业培训；
（3）企业创新与培训策略；
（4）典型试验与企业组织发展；
（5）在学习、技术和促进学习的工作设计的复杂关系中开发媒体和培训方案；
（6）开展学习型组织建设的教育专家培养（Dybowski 等 1995c）。

11.2.5.6 科学方法论的内涵

只有当研究、开发和认知兴趣的交集足够大，且参与者可以对研究和开发方案达成一致意见时，才能按照相关科学研究的特点开展以开发为导向的职业教育研究，在此要确保职业工作的内容与类型、职业资格的发展和职业学习过程设计三个方面之间的协调。课程开发是跨学科开发的典型案例。自从就业导向成为职业教育重要指导思想以后，职业教育研究的主要任务就是通过分析职业行动领域和学习领域来开发工作导向的课程（Lipsmeier 等 2000；Gerds/Zöller 2001）。为了达到这个目标，必须按照职业和专业领域来分类组织职业资格研究。职业资格研究和开发方法的主要基础是专家智能研究及其相关研究成果（Röben 2004a）。劳动科学在工作过程的分析和设计方面已经有悠久的传统，这也是职业教育研究和职业研究的重要起源（Hacker 1992/1996）。职业教育和劳动科学的认知兴趣完全不同：前者主要从内容视角考察工作过程，同时关注学习、教育和能力的建构，后者则聚焦于分析员工的工作量、健康风险和人性化的工作。

与专家智能研究一样，职业教育研究的目标也是探究工作和学习过程中知识和能力的建构（Franke 2001）。专家智能研究表明，专门知识存在于具体领域要求的能力里。但专家智能研究的认知兴趣是确定支配专门技术开发的原则，以及能力由哪些知识技能构成，如何促进能力的发展，等等。至于具体的知识和技能，如技术工人已经获得和将要获得的知识技能，即职业教育课程的基础，对其来说并不重要。职业教育研究则恰恰相反，它聚焦于确定各个专业所必须使用的知识技能。这一特点决定了它在课程开发中的重要性。这里的跨学科特性体现在，在职业教育研究中获得的结论对工业与认知心理学研究同样具有重要的作用（Beck/Hild 1996）。

课程研究结果显示，当理论、科学方法以及人文和社会科学发现与一个具体领域的科学成功结合时，所得到的结果就会对其领域的科学研究产生显著的促进作用。例如，美国加州大学护理学教授 P. Benner 与认知科学和哲学家 H. Dreyfus 等共同开发的用于护士教育（Benner 1997）、教师教育（Gruschka 1985）以及"商业和工作过程导向的职业教育"项目开发的示范项目，就是典型的例子（Bremer/Jagla 2000）。

在以跨学科开发为导向的职业教育研究中存在着方法缺陷，人们已经开始对此进行反思，但是跨学科的开发实践，特别是在课程和多媒体开发领域，却对此几乎没有影响。这也符合科学研究和开发的基本经验，即就方法的反思水平而言，分析类的学科要远远高于开发导向的学科，如工程科学就是这样。虽然工程科学有很先进的方法和工具，但是对研究方法论进行的研究和反思却很少。

开发导向的跨学科职业教育研究已经获得了丰富的实践经验。职业教育研究面临的挑战是，为了建立科学的开发方法论，需要对研究实践进行更广泛的方法论反思。

11.3　教育评价、质量发展与保障

11.3.0　引言：评价、质量发展与保障

Jürgen van Buer　Eugenie A. Samier

11.3.0.1　背景回顾

第一次国际学生测评项目（PISA）的测评结果震惊了德国（Baumert 等 2001；Prenzel/Baumert 2004）。实证研究结果表明，与欧洲其他国家相比，德国教育体

系长期以来在价值取向上只重视满足社会需求，在一定程度上导致了学生能力、态度和价值观发展的问题，这对持续保障个体的职业发展以及社会和经济发展都是不利的。

1. 投入导向的正规质量保障存在问题

直到 20 世纪 90 年代后期，德国对职业教育质量保障的认识仍然是政府的相关规定，即通过职业资格证书保证教师的专业能力水平，从而保障教育教学活动的质量。因此，预备教师的第一次和第二次国家考试成绩对于公立教育机构教师选聘的影响非常大，是包括职业学校在内的所有公立学校师资选拔工作的必要条件。在其他职业教育机构，如开展学徒培训的企业和相关培训机构中，由于有不同的法律基础，入职要求不像公立学校那样严格。但是，企业实训教师的职业资格考试也和职业学校教师类似，是一种单一投入导向的质量控制方式（Küper/Stein 2006）。这类资格培训由行业协会提供，考试也由它们负责。

2. 教育教学活动的结构与投入导向质量保障的关系

人们之所以采用投入导向的质量保障措施，是基于对教育活动的结构性理解。在德国，主要沿用 20 世纪 20 年代之前的教育理论（Spranger 1921；Weniger 1953；Litt 1960；有关职业教育参见 Kerschensteiner 1954）。从 1949 年至 20 世纪 50 年代，作为教学理论基础的教学论也支持投入导向的质量保障过程（Klafki 1959）。到 70 年代，德国教育研究出现了一个所谓的"实证研究拐点"，90 年代又出现了"第二个实证研究拐点"，这些理念至今仍然具有重要影响作用（Klafki 1991）。其基本理念是：教育活动的特点是教育代理人对受教育儿童或年轻人负有义务，因此需要开展常规而系统的质量控制。具有讽刺意义的是，这并没有引发大家采取一个统一的政策措施。在德国，这始终是一个重要的讨论议题，但是由于国内外学习绩效实证研究成果的出现，这些讨论已经显得不再重要。大家已经接受了采用高区分度的正规化模型开展质量保障活动的观点。

3. 投入导向质量保障的两个主要问题

在投入导向质量保障体系中，有两个非常重要的问题很少被提起，更没有相关的实证研究证明：一是资格证书在多大程度上能有效地描述出我们所需要的能力，这既包括质量"输入方"教育机构和教师的资格证书，也包括"产出方"学生的资格证书；二是这种资格证书如何能够长时间保持教育教学活动的质量，保证教师在日常教学工作解决资源、提高效率和有效解决问题（Klieme/Avenarius 2003）。

20 世纪 70 年代中期，德国对综合中学进行的大规模实证研究表明，在系统层面上对教育进行不同程度结构化干预是有效的（Bronfenbrenner 1981），其干预效果在一些组织中（中观层面）甚至会特别好（Fend 1986；Steffens 2007）。但是，德国教育体系的管理调节在整体上采用投入导向模式，因此其工作基础并没有发生很大变化（Weiß/Bellmann 2007），即州政府按照法律义务向学校提供充足的资源支撑。这种教育管理的基本思想直到 90 年代都没有发生变化，主要进行经验性的、区域性或局部性的自上而下的适度管理（Zlatkin-Troitschanskaia 2006；Wittmann 2007）。这个原则适用于很多领域，既包括国家和地方教育政策制定，也包括教育机构内部的质量控制和管理，以及日常教学质量管理实践。

另外，还有一些其他因素对职业教育产生过很大的影响。历史上，职业教育一直都不是教育政策讨论的焦点，直至 1969 年《职业教育法》颁布以后，人们开始致力于对培训职业及其课程的建构。目前，研究讨论的重点是 20 世纪 90 年代引入的学习领域课程，以及在《欧洲资格框架》下开发的《德国国家资格框架》（Baethge 等 2006）。目前有关质量控制工作方面的新政策、措施如"学校计划"（Holtappels 2004；Buer/Köller 2007）、系统化的校外审查（Bos/Dedering 2007）和外部评估（Artelt 2007）等，得到了多数职业学校管理人员的认同。尽管有人主张把职业学校建成能力中心，多数人还是认为职业学校作为公立学校，也应当与其他机构一样同等对待（BLK 2002；BLK 2006）。

在 20 世纪末的德国，政府的教育政策没有发生显著的变化，但是商业、工业和贸易领域却发生了迅速而广泛的剧烈变革。技术的全面、快速变化，使沟通、物流的形式更加灵活，从而促进了市场全球化发展，包括产品、服务和资金市场的全球化。产品生命周期缩短，对企业的经营理念和生产组织产生了很大的冲击，出现了很多创新的管理方法，如精益生产、全面质量管理、绩效管理和高承诺组织结构等（Staehle 1999；Doppler/Lauterburg 2002）。这些发展趋势，使企业对人力资本的评价和定位发生了变化，对员工的要求也发生了改变。很多企业采取了新的应对策略，如员工评估、更为有效的继续教育、长期工和季节性员工弹性均衡等，而且更加关注员工就业前的（学校）职业教育。

新的发展趋势，要求每个国家的教育体系和机构具有相应的适应能力，特别是在职业教育中。在德国，政府和相关机构共同制定法律法规，促使职业学校和培训企业进行广泛的合作与深入协调，以保障职业教育的"产出"质量（Kuhlee 2003/2006；Euler 2004b）。教育机构的差别主要表现在培训课程的专业性、持久性和灵活性，职业学校的学习环境、企业培训环境以及它们之间的匹配程度。

近年来，对职业学校的质量压力越来越大，企业要求教育部门要保证能够培养少年儿童的基本能力（Klieme/Avenarius 2003）。这意味着，除专业教育外，职业教育还要承担额外的教育责任，即保证年轻人能够满足持续发展基本标准的要求。如果学生在毕业时没有达到这个标准，就会产生一个风险群体（Konsortium Bildungsberichterstattung 2006）。在义务教育质量保障方面，国际学生评价项目（PISA）和国际数学与科学测试项目（TIMSS）是两个具有很高价值的参考标准（Baumert 等 2006）。

在德国的几个州，一些实证研究让我们看到了更多的地区性差异（Lehmann/

Peek 2000)。在汉堡，ULME II 研究项目对 LAU 项目的研究对象进行了更深入的分析。结果表明，学校课程提供的知识会对 16 岁以下的学生产生深刻的影响（Lehmann 等 2006）。但是，有关企业培训是否具有类似的影响以及程度有多大，目前尚无实证研究结果（Baethge 等 2006）。

现有的研究对以下两个问题还缺乏足够的回应：第一，如何为职业教育目标的理论术语如"职业化"或"就业能力"确定一个操作性的定义，并在此基础上开发出一个测试工具（如职业教育的 PISA）来反映培训职业的内容效度（Baethge 等 2006）？现有研究要么是空白，要么只是实现一部分，这是因为它们仍然是知识导向或知识结构导向型的，解决的也只是"纸笔情境"下的问题。事实上，学校的考试情境最多只能部分迁移到校外的真实情境中。第二，职业教育的哪个学习场所（学校 vs 企业）的学习对个体的职业化、就业能力做出了贡献？

事实上，在教育政策讨论中，研究普通教育的学者也注意到了这个问题，他们还面临着普通学校的结构和体制改革问题。与职业教育研究相比，普通教育研究的基础更好，其教学论研究也更为深入（Peek/Neumann 2003；Klieme 等 2005）。但是，高等职业教育和职业继续教育的教学论讨论更少。在这方面，Tippelt 与 Hoh 的研究结论是，确实存在着职业教育研究要追赶普通教育的强烈需求。至少在德国的职业教育体系中，目前尚没有能够与普通教育 TIMSS 和 PISA 相类似的有关产出质量的实证研究，并提供类似的深度分析结果，但这可能在未来几年内会实现。

11.3.0.2 质量保障：介于报告、资源优化和经济理性间的综合性策略

如上所述，20 世纪后期德国的质量控制和管理的概念比较保守，在很大程度上依赖管理，因此德国的教育体系形成了以下情形：既没有现成的质量管理模型和方案，也没有致力于将教育机构和质量管理体系进行整合实践。由于没有满足公众对有关教育质量的实证数据了解需求，很多大企业试验开发了多种类型的质量管理理念和报告。此外，解决教育系统经费问题（BLK 2004；Weiß/Bellmann 2007；Dohmen/Reschke 2003）也要求教育机构及其员工采取更有效的资源节约措施，因此效果和效率问题变得更加重要。以下是职业教育体系内一些重要的相关概念。

（1）通过外部评价加强产出质量控制：一方面通过对测量结果与核心标准（Köller 2007）的比较；另一方面按照过程控制理念进行系统性的学校督导（Bos/Dedering 2007）。

（2）通过对优劣势的分析，加强具体组织内部的评价，促使每个组织有明确的质量管理和控制规划或者质量发展框架（Buer/Hallmann 2007）。

（3）提高高层管理人员的领导力（Dubs 2005）。

（4）为了增强市场透明度，应使每个员工都可获取有关组织质量报告和工作

绩效的信息（Peek 2007）。

（5）在教育机构中对员工发展进行系统化的动态抽样调查，即提升教师的能力，根据教育、课程和教学研究以及学科和职业领域发展的最新成果做出适应性调整。学校的教育质量管理和监控方案变得越来越重要（Buer/Seeber 2004；Buer 2005）。它根据科学的绩效评估系统，定期或不定期地收集教育机构有关强势和弱势的信息（Becker/Buchen 2006）。对人力资本的测量，即管理系统中的软件部分，如平衡记分卡（banlanced-scorecard），成为确保竞争力的关键要素。

（6）学校在扩大自主权的同时，也面临着如何证实效力提高的问题（Füssel 2007）。学者 Heid（2007）等指出：教育机构也要撰写质量报告，特别是那些公立学校。此外，提高效率也是所有教育思想和实践活动的基本要求。市场的透明度不仅是经济领域的特点，在职业教育特别是职业继续教育也是必不可少的（Galiläer 2005）。此外，很多学者提到的教育产业化已经不再是一种可能的预见，而是已经发生的事物。在教育产业化中，一些学校和培训机构直接采用市场机制下的收益来界定"产出"。因此，满足个体成长和社会发展需求之间的平衡，可能会对个体不利。

迄今为止，国有企业和公共机构对（职业）继续教育的需求最大，尤其是那些符合条件的风险群体和失业者。作为需求方，他们在德国的第三产业中几乎处于垄断地位（Galiläer 2005）。这也会导致产生特定的质量保障模型，在一定程度上引起质量保障的标准化，从而会给公共部门增加一项重要的责任（Sauter 2000）。由于法律基础的缺失，在第三产业中还没有系统化的质量保障和发展定义，也没有相关的质量管理与控制工具（Nuissl/Pehl 2004，20）。ISO EN 9000 系列标准是一个高效的、被广泛接受的模型。然而，尽管这种模型的效果很好，但是当它应用于教育和培训领域时，所反映出来的过程和产出特征也很微弱。因此，在德国，人们还在不断地开发相关的质量保障模型。在继续教育领域，现有正在讨论的模式有"欧洲质量管理基金会模型"（EFQM 1999—2003）、"阶段模型"（phase model）（Stark 2000）、"专业化行动循环"（professional cycle of action）（Weinberg 2000）、"职业教育质量之家"（house of vocational education quality）（Arnold 2006）。根据这种情况，可以说：目前的教育质量保障工作既有"暴风骤雨"，又会"沉默寡言"。此外，很多关于质量控制工具的效率和控制方式的研究结果是含糊不清或自相矛盾的（Zlatkin-Troitschanskaia 2006），特别是质量保障方案从教育系统层面迁移到具体的教育机构层面或者在整合过程中，其影响必须关注教育机构的日常工作质量。

11.3.0.3 总结与展望

为了提高对有限资金的利用效率和效益，必须优先考虑教育工作中的质量保障和发展。这不仅适用于继续教育的各个方面，自从 PISA 报告出版以后，它也适用于宏观教育体系和学校层面。可供选择的质量控制与管理工具数量众多，但都是从其他社会子系统中借用过来的，而且主要出自经济领域，需要花费很大努力来校正，因此只能在一定程度上适用。至于在微观层面，在多大程度上使用这些手段而不至于造成更多的投入，以及将权利下放到院校层面是否就一定会提升教育质量、完善培训过程以及增加学习者的收获，迄今还没有实证研究来回答这些问题。重要的是，人们可以就这些工具的内容和方法设计提出很多细节，随之也产生了大量的问题，尤其是在数据的质量保证和深入挖掘分析方面，正如本章后面内容从不同视角展示的那样。

目前，在普通教育和职业教育系统化质量控制措施的实施方面，已经建立了一个欧洲主导性方针。后者主要由课程开发机构和相关管理机构提供，并考虑到了学习者的个性化需求。不管是学术机构还是非学术机构，都在一定程度上加大了质量控制与管理投入。

本节从不同视角讨论一系列相关复杂问题的解决办法。除了过去的研究结果和公认的模型外，还介绍了一些尚未解决的问题及可能的解决方案。

11.3.1 评价研究

Gerald Heidegger

11.3.1.1 定义

1. 评价与评价研究

职业教育评价一般包含三个层面：宏观层面对职业教育体系的评价；中观层面对职业院校、企业培训部和其他培训机构的评价；微观层面对课程、学习过程和（个体与群体）学习结果的评价。按照 Schleiermacher（1983/1984）和 Schmied-Kowarzik（1974）的理解，职业教育学是一门"实践的科学"，包括分析、促进和评价真实的实践（Shadish 等 1991）。据此，评价的内容不仅包括职业教育的方法和内容，还包括职业教育实践的目标（Klafik 1991），包括其理论基础以及实践与评价的合理性。这就降低了强调外部控制的"技术统治论"的影响并激发了创新，即通过评价使实践变得更有意义。从这个角度讲，评价发生在职业教育的每时每刻，尽管有时程度较低，也不一定需要外界激发。这种"自我评价"过程如今变得越来越重要。狭义的评价是一个"系统化"过程，它也可以是自我评价。评价一般采用严谨的方法，尽管这些方法是"软"的定性方法。为了建立科学的方法论，必须利用社会科学与人类学知识。通过科学方法确定评价方案逐渐被认为是"评价研究"。

首先，应当区别职业教育研究和评价研究。在美国早期的评价研究中，Cronbach/Suppes（1969，20）将评价研究分为"决策导向"和"结论导向"。所谓决策导向，是指研究者要表达的信息是在需求导向研究背景下得出的结论；在结论导向研究中，研究者表达的则是其感兴趣的假设（Wottawa/Thierau 2003，36）。尽管决策导向研究和结论导向研究的划界与职业教育研究本身并无直接关系（因为二者都认为"教育是一门实践科学"），但评价研究更接近决策导向研究（Chen 1990）。两者在概念上的区别是，前者（决策导向的研究）将研究者置于调查研究之外。学者争论激烈的核心问题是这种观点在多大程度上是适当的，其提出的根据是评价研究的两种范式，即"传统方法"和"解释性方法"。

Helmke 等提出了一个简洁而又内涵丰富的定义（Burkhard/Eikenbusch 2000）："评价应包括以下特征：①系统的评价，包括对过程或结果产出，一个项目或单个措施；②与事先制定的标准、准则、预期或假设做比较；③目标是完善方案或措施"（Helmke 2003，152）。

考虑到评价与质量管理的紧密联系，我们不仅要考虑方案和措施，还要考虑整个机构的全部活动。因此，元评价也变得日益重要，它包含三方面的含义：①对相似方案或措施评价结果的对比（Wottawa/Thierau 2003，138）；②对评价过程的评价，因为评价过程也可以改善（Helmke 2003，152）；③对质量管理体系的评价，质量管理在很大程度上建立在评价基础上（Ditton 2000）。

2. 开发的三种途径

作为科学活动的一个领域，系统性的评价源于美国的定性研究。在 20 世纪 60 年代约翰逊政府时期，在社会政策规划项目中开始使用日益盛行的客观性方法进行评价（Abramson 1979）。

在经合组织（OECD）成员国，人们开发了很多方法去评判一种干预产生的效果（Mitter/Weishaupt 1977），其中包括教育领域（Lange 1983）。在原联邦德国"教育综合改革项目"（Bildungsgesamtplan，BLK 1973）中建立了一种研究范式，应用于职业教育领域并且一直坚持到现在，即要求每个典型实验都要有科学伴随研究。按照科学标准，科学伴随研究方法已经有了很大的扩展和细化，并形成了一个新的研究领域——评价研究。

除了在社会事业、公共健康、经济、劳动市场和职业教育（Holling/Gediga 1999）等政策领域开发的针对效果的评价方法外，还有 OECD 研究建立的旨在比较不同国家教育体系效果和效益的评价方法，常被称为"体系监控"（MBWFK 2003，3）或"评价研究"。文献中，这类研究案例一般深受实证心理学研究的影响（Bortz/Döring 2003；Wottawa/Thierau 2003），即评价研究与干预的实施紧密相关（Rossi/Freemann 1993，5）。对教学质量的判断与测量（Helmke 2003，151）通常也称为"评价"，国际比较研究通常更关注普通教育，这里最著名的例子就是 PISA（Baumert 等 2001）。欧盟已经迈出了职业教育国际比较研究的第一步（EC Structural Funds 1999）。哥本哈根宣言发表后，技术工作小组为职业教育开发了一套质量保证体系,包括评价。职业教育的模式(包括体系、内容和方法)比普通教育丰富,因此开展职业教育国际比较研究也变得更为困难。

与 OECD 的比较研究一样,职业教育的比较研究也备受批评(Haenisch 1998),因为它只评价结果(或产出),而且一般是根据外部备受争议的评价指标进行的。采用这种评价方式需要排除正规教育产生的阻力(Willis 1979)。此外,事实还证明,类似 PISA 试图"测量"职业能力的国际比较测评常常忽视了职业教育体系的关键参数,例如德国双元制职业教育中的社会地位、社会化过程的影响(Lempert 1998)或劳动市场结构等(Heidegger/Rauner 1997a)。

第三种方法是企业管理方法在教育领域的迁移应用,特别是工业生产领域的质量管理方法,包括 ISO 9000 系列标准等。这种根据经济标准建立起来的成本效益分析方法已经深入社会的方方面面,尽管它与教育理念、特别是传统的洪堡教育思想(非功利性目标)格格不入。质量保证、教育质量监控和标杆学习已经逐渐成为职业教育研究的重要组成部分。由于时间限制,评价研究这一术语常在没有明确定义的情况下被广泛使用,对干预的评判也仅限于效果评判。如果学校获得了更大的自主权,质量管理的意义就会更大,对评价的界定反而不那么重要了(Steiner/Landwehr 2003)。

由于理论基础过于繁杂,很难确定评价研究的概念,但一致的看法是:评价(研究)应当是支持性、计划性和决策性的,包括自我评价。这也确定了评价是以实践为导向的(包括对职业教育目标的评价),按照"教育是一种实践科学"的观点更是这样。应通过评价与目标相关的结果改善人类的活动。在此,理想方式是通过反馈的循环。在"解释性方法"中也应评价目标本身,而且最好由行动者自己进行评价,这样可以削弱评价与实用主义哲学之间的典型联系。

11.3.1.2 评价研究的范式

评价研究有多种理论根据,这反映在方法论的多样性和不同的目标理念上,也反映了人类学的各种观点。评价方法可以概括为两大类,即"传统方法"和"解释性方法"(Bundesamt für Gesundheit(Schweiz) 1979,72-75)。

有一个发展趋势就是所谓的"第四代评价",它与授权评价(Empowerment Evaluation)有密切的联系(Fettermann 等 1996;Patton 1990)。教育研究应体现出以上范式,尽管乍看起来它们是对立的,但是也有相同之处。哈贝马斯(Habermas 1969)早就提出,用这种方式可以减少"关于价值判断的争论"(即 M. 韦伯所谓的 Werturteilsstreit),后来又被称为"关于实证主义的争论"。Bortz/Döring(2003,298)也强调方法论的两极不应被看成是完全互斥的,按照方法论(与定量和定性方法相对应)原则,应将系统的"三角互证"(Mayring 1990)看为一种必备准则。讨论不同范式已经超出了方法论的讨论范畴。

关于这些相互矛盾的辩证联系,Heidegger(1987)认为,与流行的"相对主义"不同，应对相互矛盾的观点之间严格划分明确的界限。

在职业教育领域，人们对"传统评价方法"有一个大致认识，即它是关于科学研究的理论，涉及实证主义(A. Comte)、实用主义、逻辑经验主义、批判理性主义和行为主义等不同理论(Westermann 2000)。尽管这些理论有很大差别，却反映了人文科学和社会科学学术研究的主流，因此逐渐形成了"传统方法"的概念。"解释性方法"来源于解释学的"理解"(W. Dilthey)，其基础是现象学、符号互动主义和民俗方法学理论(Bortz/Döring 2003，300)。目前，它与"温和"的建构主义相结合，按照"扎根理论"(grounded theory)(Glaser/Strauss 1967)的说法，试图从系统化经验中建构理论，因此德国人认为它是"精神科学"的例子(与英国模式中的"人文学科"相似)。相比较而言，"传统方法"更注意检验那些预先设定的假设。它基于人类学观点，认为人的行为可以用一些与自然科学相似的科学定律("准定律")来解释。特别是在评价研究中，当研究是根据"客户"(这些客户不属于本文讨论的范畴)的"需要"操作时，就要强调价值的中立性(Wottawa/Thierau 2003，32)。"解释性方法"则强调价值的不可分割性和对"事实"的感知，强调研究者本身参与到研究过程中，与被调查者建立平等的关系，并有意识地与被调查者保持距离，从而保证研究结果的客观性(Lamnek 1993)。

11.3.1.3　概念澄清

评价研究已经发展成一个成熟的研究领域，特别是在美国，并确定了从事这一职业的"职业描述"。培养"评价专业人员"的教育与实证分析心理学有密切的联系(Habermas 1969)。考虑到评价研究方法的多样性，这里只列出一些核心概念。

1. 投入—过程—产出—结果

评价可以调查以下几个方面的内容。

(1)可获得哪些人员、课程、设备等资源(投入)，也称作"结构性评价"。

(2)其过程在多大程度上与预先定义的内部或外部标准相符(可基于其他相似的程序)。

(3)对预期的(学习)效果(即产出)的达成度。特别是在教育机构质量管理活动的框架内，评价的重点是"影响"的评价(Seeber 2000a)。成功的学习可促使学习者在未来的(职业)生活中取得好成绩，这些只是在未来才能确定的影响，即out come。从方法论上说，很难对影响进行测量。影响的来源是学习者自己发展起来的能力(Bergmann 等2000)。与盎格鲁—撒克逊文化中的术语"内部倾向"(internal disposition)相比，这种说法还有待考虑。对测评工作来说，这显然是很大的难题。

2. 质量指标

在实证社会科学研究中，一般有三个传统质量指标，这也适用于评价研究。

（1）客观性：不同评价人员达到相同评价结果的程度。这个目标对"传统方法"来说是决定性的，它能通过定量研究方法得到最佳体现。定性方法或多或少地存在主观性，但这在"解释性方法"中被认为非常有效。

（2）信度：用来表明评价的"准确"度，可通过重复评价达到相同结果的程度来表示。多数被评价的"事实"（如课程或教师）都是人为的，作为被评价对象它们在很短时间内常常会发生变化。在德国，人们在"解释性"方法中通过"深度解释"方法来规避以上难题。

（3）效度：这个指标说明被评价的特征是否真的是人们想要了解的。人类的思想、活动和行为有高度的复杂性，这决定了保证评价研究的效度会存在很大困难。受心理学启发，定量评价研究已开发出多种方法（Bortz/Döring 2003），以确保评价结果的真实性。但是定性方法也无法完全避免效度的问题，甚至没有开发出精心的方法工具（Oevermann 等 1979），因为这种方法也有局限性。

在职业教育研究中，还需要对很多概念进行澄清，如内部效度和外部效度（Cook/Shadish 1994；Patry 1991b）。内部效度是评价因变量的变化在多大程度上是由自变量引起的，这要求对自变量和因变量做清晰的划分。严格意义上说，这只有在实验室条件下才能实现，但这仍不能保证其外部效度。所谓外部效度，是（实验）结果可以迁移到其他情境中的程度。在职业教育研究中，"准实验"的田野调查研究非常普遍。严格来讲，"田野研究"应当在受研究者影响越小越好的"自然"环境中进行。

3. 形成性评价与总结性评价

评价既可以针对干预的结果，也可以针对日常过程。例如，对整个职业教育期间的教学进行评价属于"总结性评价"。评价也可以有规律地伴随着这个"过程"进行，并给行为者经常性的"反馈"，其任务是对这些过程提供持续化的支持，并由此实现整个机构的发展。这种评价方式可以促进整个过程和机构的形成和发展，因此被称为"形成性评价"（Scriven 1980）。在典型实验和质量管理研究中，形成性评价的优势很明显，它可以帮助完善程序。但是，在质量管理和国际比较研究中，如果有规律地进行间隔性的总结性评价，同样也可以改善程序。

4. 评价过程的质量标准

美国在 1975 年建立了"教育评价标准委员会"，成员包括科学家和教师协会代表、校长和监控专家等（Mertens 2000）。该委员会已出版了《课程评价标准》（1994）、《教师评价标准》（1988）和《学生评价标准》（2003）等多种标准（Shadish 等 1995）。2002 年建立的德国评价协会（DeGEval）也支持类似的标准。据此，评价有 4 个基本特征：有效性、可行性、公正性和精确性（Shadish 等 1995，1）。它们各自包括 3～9 个指标，如有效性包括价值的透明度，公正性包括评价的完整性和公平性等。

11.3.1.4　外部评价与内部评价

无论是在文献研究还是田野调研中，作为一种系统性的方法，由他人进行的（外部）评价最近盛行起来。所谓外部评价，是由外部评价专家对"评价对象"的成就做出判断，但他本身不属于被调查的领域。通常，外部评价比较关注需求性研究，如 OECD 的比较研究和职业教育典型实验。从宏观层面上讲，比较研究只能通过外部评价研究的形式进行。对于典型实验来说，是否需要强调其客观性，目前还存在不同的意见；对质量管理框架内的评价也是如此。

当然，在制订评价计划和评价过程中也需要被评价者参与，这在中观和微观层面的评价中很普遍。如果评价方案没有相关人员参与制订，那么很有可能会忽视重要的背景条件和行为取向。允许与被评价对象相关的人员参与到评价中的研究方法，被称为"参与式评价研究"（Cousins 1996）。它的优点是可以提高效度，但是通过提高参与度也可能降低评价的客观性（Shaw 1999）。为了避免这种情况，评价者与"田野"过程保持一定的距离。

若想缩短这种距离是可能的，通过"行动研究"更能够大大缩短这种距离（Stangl 2004）。按照 Lewin 50 年前建立起来的组织理论，行动与研究者互相交织，从而确认、理解和改变问题情境。行动研究将参与和交流联系起来，是研究者与被研究者相互学习、共同反思的过程，其结构就像一种对话（Reason/Bradbury 2001）。研究者这种自觉的偏见（conscious bias），增强了评价研究中"解释性方法"范式的解放性特征。但是，研究者和积极参与者之间仍然可以保持平衡（Heidegger 等 1993；Heidegger 1997a）。如果不是通过外部调查，而是对自我的情况、活动和结果进行评价，相关人员的独立性就更大了，这就是所谓的"内部"评价或自我评价。这是一种很好的通过评价实现学习的方式，有其充分的科学依据（Sloane 1999）。这些活动通常与"解释性方法"相关，目的是实现"授权评价"（Fettermann 等 1996；Chemlinsky/Shadish 1997）。

这种（不完全的）自我评价方法对质量管理也很重要，特别是在社会组织中（Stahl 1998b，33），如职业学校、企业培训部门和继续教育机构（Will 等 1987b）。

在此，社会工作领域起着先锋作用。对这个领域的质量标准、成功与失败的判定仍然存在争论（Beywl/Bestvater 1998，34）。另外，在社会工作中，干预的影响往往在一段时间后才会出现，因此很难被识别（Kähler 1999）。这些特征可能会导致外部评价误入歧途（这在一定程度上也适用于职业教育）。König（2000，33）为社会组织的管理制订了一个分级管理计划。在此，质量管理被放置在最高级别，而评价的质量保证处于中等级别，而自我评价有利于平衡这种金字塔式的分级结构。这样，如果不进行外部控制，行为者（同时也是参与者）和评价者就可以同时接受质量管理的观点。所有这些特征也适合职业教育机构，一些条件是可以迁移的，例如，(精练、简明、真实的)评价活动能很容易被整合在正常工作过程中(Beywl/Bestvater 1998，39)；对于计划的控制、评价的实现和结果应用都由内部评价者进行，而且评价是自愿的(Beywl/Bestvater 1998，39；Kähler 1999，93)。这种自我评价的目的在于创新。因为行为者一旦开始了整个过程，就表明采用了"行动导向的"创新策略，因此有很好的实现前景。

11.3.1.5 比较的指标

1. 对照组比较

从实证和分析导向的"传统方法"角度来看，采用实验方法进行的评价体现了科学的严谨性。这特别适合针对特定时间和内容的干预评价，如针对一门新课程。为了评价这种"处理"造成的影响，研究者通常要求对照组成员照常接受原来的课程教育，从而可以"控制"干扰因素。两个组包括成员是随机选择的，如果存在差异，就会通过对比前测与后测体现出来，但并不能保证这些差异与"处理"存在因果关系，即使出现了统计上的显著性差异，因为与课程形式无关的变量(如教师的个性特点或组内学习者的状况)也可能是引发差异的原因。因此，这些"干扰变量"很难被控制，Luhmann/Schorr(1979)称之为教育的"技术缺陷"。

Helmke(2003)总结了关于评价方法的不同陈述，如系统性评价或教师判断等(Patry 1991b)。在职业教育研究中，特别是在教学研究中，人们很喜欢"准实验"研究方法。在这种研究设计里，样本组是"自然"形成的，如被调查对象可能是职业学校中的现有班级。这个方法的优点是增强了研究与相关领域的联系，如能更了解学校的组织结构等。如果能实现预期的结果，那么结果也很容易推广到其他班级或学校中去。

2. 标准导向

是否要保留那些"传统方法"？这需要通过比较才能确定。如果不是内容限制和时间干预尚存争议，所谓的标准(standards)已经成为正确比较的指标(criteria)了。这里最著名的例子就是在PISA，它为满足这种调查的需要专门制定了标准。这种标准通常通过传统的测评点体现，特别是统一组织的测试。如德国双元制结业考试中的理论部分，所有的测评点都由所谓的"PAL条目"做出了清楚的定义，而大部分实践考试也是根据统一规则组织进行的。

职业教育的国际化发展目标和国际职业教育研究，也提出了标准化的要求(Gonon 1998)。如欧盟认为，通过开发共同标准，有可能比较不同国家不同水平学习者和雇员的职业能力。在职业教育研究中，这类评价研究不断发展，并得到了欧盟委员会的支持。各成员国职业教育体系的巨大差别，使得职业教育评价与普通教育相比，更加强调产出(Rudorf 2001；Lipsmeier 2001)。由此产生了以下问题：谁来确定评价标准，这些标准所反映的目标是什么？如何协调标准中的目标、内容、方法？如何照顾到各个国家的文化与社会差异？

11.3.1.6　职业学校中的质量管理与评价

近年来，职业学校的质量管理与评价研究变得越来越重要（KMK 2003）。尽管还存在一些争议，但总的来说，社会管理干预度降低了，学校自主权也提高了，这也是"教育改革"的一个阶段性目标。对职业学校来说，与地方产业合作、关注当地社会环境状况非常重要。目前，一些国家的学校是自主的，而另一些国家的法律则在不断完善（如德国一些职业学校正向"地区职业教育中心"发展）。

这意味着，政府对这些机构运行质量的发展负有重要的责任，尤其是针对职业教育的"（在严谨意义上的）教育性"特征问题时。应当维护所有利益相关者，包括学生、教师、学生父母、公司和政府的合法利益。按照"新公共管理"思想（Dubs 1996c），职业教育引入了"欧洲质量管理基金会"（EFQM）管理模式，它与传统的 ISO 标准类似。人们对这些来自工业领域的管理模型和质量管理手段在（职业）学校中的适用性仍然存在质疑，因此在引进这种质量管理体系时，通常还会将自我评价和外部评价结合起来。实践证明，瑞士的"Q2E"（"通过评价与发展提高质量"）模型非常有效。由于该模型建立在当前最新研究成果基础上（Gonon 等 2001），它着眼于系统性评价，并在推广过程中不断完善，因此它可以看作是评价研究的重要发展。

"Q2E"模型的基本理念是，学校的自我评价体系是一个"整体化"的机制。通过独立设计，大家对本机构的使命形成共同的愿景，从而帮助相关人员参与评价活动，之后引入了能够支持共同学习的反馈过程，尽管这些工具都是事先确定好的（Landwehr 2003）。

与他人进行的外部评价不同，这种以发展为导向的自我评价被称为"初级评价"。对质量管理体系进行评价的基础是初级评价，因此外部评价可称为元评价。这样，一方面可以通过提高自我评价的效度提高学校的创新潜力；另一方面也可以向外展示内部的工作成果。明确发展方向和确认责任是评价的两种相互矛盾的基本功能。

在德国的某些州，类似的评价模型正处于试验阶段。在进行一次试测后，人们计划实施一个外部的"小组评价"（evaluation in the team，EVIT）。与"Q2E"相似，这需要花费五六年时间（MBWFK 2003，4）。

11.3.1.7　创造性干预的迁移："迁移评价"

职业教育评价研究不仅关注质量管理范畴中的评价标准，而且还关注对有计划创新的评价。乍一看，这种创新评价在范围和时间上与占主导地位的、基于心理学理论的评价类似，但是心理学评价没有涉及迁移与推广等概念。但是，职业教育研究的最终结果，都必须迁移到其他情境中去。对典型试验研究来说，这种迁移性更为重要。典型试验的创新成果是在非日常工作条件下产生的，如果其成果与这种人为条件的关联性很大，就很难迁移到其他情境中，那么整个典型试验项目的效果就会遭到质疑。

在北威州一项特别的典型试验中，科学家正试图扩大评价研究的范围。他们认为，不应该仅仅支持创新过程(形成性评价)和评价结果(总结性评价)，而是从一开始就应该研究哪些特征能够支持或阻碍创新成果的迁移。这种以迁移为导向的研究，被称为"迁移型评价"(Heidegger 1997a)。但是，迁移并不意味着将典型试验的结果直接运用到其他情境中，因为在不同的社会系统中实现创新的条件不同。在迁移过程中，我们要注意"下一个"使用者对试验结果的适应性，针对自己的目标和具体情况。也就是说，必须将试验结果转化为一种新的形式。

在典型试验的发展过程中，社会行动者(social actors)始终处于利益的中心。对这些行动者，应该通过评价鼓励他们对现有的条件、可能性和限制因素进行反思，使其明确观点和目标，从而获得预期的创新。应该确定一个"神经痛"(neuralgic)领域，由此决定这些创新活动是继续发展还是改弦更张。所谓"神经痛"领域，是那些在整个创新实践中相互影响，能够彼此促进或阻碍的领域。如果把创新限制在一定领域，那么其他相关领域的发展也会受到抑制，因为那会打破现有的平衡，这与认知发展的过程也是相似的(Piaget 1976/1980)。只有当各个领域的创新相互支持时才能越过门槛，并走向一个新的平衡。因此在"神经痛"领域中，迁移评价就是要研究那些帮助或阻碍我们跨越门槛的行动的可能性和局限性。

11.3.2　参与式质量保障

Philipp Gonon

直至20世纪90年代，"质量"与"保障"在教育科学中几乎还是个未知概念。随着操作层面"控制过程"的发展，质量保障成为优质培训的一部分，进而发展成一个管理概念。质量保障与企业"质量圈会议"理念是一致的，这早在20世纪70年代就讨论过。同时，质量保障逐步成为教育系统中所有领域的一个综合性因素，因此有必要对其进行研究。

职业教育的质量保障涵盖多种层次和问题领域，无论是微观层面的教学互动关系，还是宏观层面的国家教育体系，教育的各个方面都可以从质量保障的角度来考虑。H. Blankertz试图确定语法学校与职业教育之间的系统化区别，以此来克服以"教育质量"为指示语言的实用主义教育的局限性(Blankertz 1983b，809)。质量保障自90年代建立以后，就与系统化的机构管理过程紧密联系，与企业、教育和社会机构相联系(Köpp/Neumann 2003)。在教育环境中，教师与学习者的参与机会问题，迄今并未引起很大的关注。

11.3.2.1　术语

1. 参与

参与不仅仅是简单的参加，而是在设计一个安排或过程中与他人的合作管理，这里的关键是参与问题解决与制定策略的过程。参与的程度取决于特定的环境，特别是在职业教育，参与决策特别关键，因为教师与学生，雇主与员工之间的关系通常是不对称的。由于每个人的权利、知识、技能和行动自由度不同，人们需要去辨别哪些是值得肯定的，哪些是需要保留、加强的，哪些是需要缩小甚至消除的。参与式概念的基础是差异最小化，即提出存在差异的理由，避免一个人做出决策和承担责任。参与的主要要求是公平和平等，甚至是正义（Rawls 2003）。这个要求不仅仅局限在公共政治领域，甚至可以扩展到经济领域（Kuper 2004）、科学研究和教育领域。

2. 质量与质量保障

质量这个概念具有悠久的历史，它一直带有"本质的""区别的"和"内在的"特征。最近，评价也成为质量的一个特征。自 20 世纪 90 年代起，质量也被认为是"市场导向和用户导向型"教育的一个关键概念（Arnold 2001，270）。因此，质量因素不仅是内生的，而且逐渐转变为从外部环境提出的要求（Heid 2000）。这种新的发展，特别是质量保障的概念性变化意味着重心的转移，而不是对质量的全新解释。新的重点是顾客满意度，特别是过程导向与创新（Gonon 等 1999）。在质量保障体系中，通过对质量进行评价，形成符合绩效标准和目标要求的新指标。因此，教育机构有责任建立一个综合性的质量管理系统（Brackmann 2003）。

正如 Harvey 和 Green 所说，新的质量概念并没有改变对质量的传统理解。在精英大学的精神中，质量扮演着重要的角色，这是一种排他性，也是对自己权利的深刻认识。精英意味着超越高标准，这与传统教育体系中对质量的理解相同（Harvey/Green 2000），但是质量可以与标准保持一致。质量保障的组成可以很完善，要与需求者与教育机构的需求相一致。

3. 参与式质量保障

无论是在有关质量的课程还是教育文献中，"参与式质量保障"这个词组都不是一个专门术语。教育百科全书中并没有"参与"和"质量保障"这些词条，它们在文献中也很少能成为关键词。德文版的《教育大百科全书》认为，参与式与教育的民主化讨论有关，经常被作为"合作"的同义词使用。两个词都被用来指教师、学生和家长的有关倾听、咨询、建议、知情和积极参与的权利（Rost 1995）。

但是在成人教育和继续教育中，参与的概念则显得尤为重要。Siebert 认为，传统意义上的成人教育是自愿参与的，学习者的参与是课堂讨论的必要条件。再合理的教育目标与方法，如果没有讨论和参与都是有问题的，尤其是那些以参与和问题为导向的课程。即便是参与的机会很少，特别是当参与活动并不是特别有效的时候，参与尽管不是最重要的需求，却可以奠定科学的基础（Siebert 1995）。在成人教育中，参与和学生的积极投入有很大的关系，这也是社会参与的目的（Gnahs 1997）。因此，参与是一个教育原则（Siebert 1994），参与式学习是社会化和社会进程的一部分(Lenhart/Maier 1994),也是企业技术发展的一部分(Dobis-chat 1994)。

以上对于质量保障也同样适用,因为所有相关方的投入和参与程度,是质量保障的重要组成部分。这种对质量保障的理解,基础是所有员工都应当建设性地参与解决问题,而不是委托个别专家或管理人员对质量控制负责。在未来的教育中,以学习者为导向的质量概念将会逐渐明朗起来。

11.3.2.2 质量,质量圈会议,质量保障与职业教育

1. 传统质量

质量在职业教育中起着重要作用。传统的学徒培训、合作式的教育培训以及行业组织的各种活动,目的都是赋予学习者高质量的知识、技能、职业道德和生活方式(Wissell 1929)。高质量的职业教育不仅仅是为了保持职业的专业化水平和行业的发展,而且能够促进整个社会经济的繁荣和发展(Porter 1991)。特别是在德语国家,大家普遍认为经济发展与产品的高质量,与"双元制"职业教育体系有相关,这也是其竞争力的一个方面(Bierhoff/Prais 1997)。传统的质量保障主要是指职业教育的相关法律法规和教学文件,包括对教师和企业实训教师的规定。这些为人所熟知的说法逐渐与质量建立起了联系,例如欧盟国家新修订的《高等工程教育质量宪章》(Rudorf 2001)和《作为教师专业化的核心的教学论》中的质量保障措施(Lisop 1998)。

2. 质量圈会议与职业教育

20世纪90年代,质量圈会议的概念引起了大家的注意,被认为是企业较低级别员工人力资源和组织发展的有效工具。在此,具有不同职业资格的员工小组可以有效地解决实践中的问题。质量圈会议使员工参与决策成为可能,提高了他们的创造性,并使工作环境更加舒适。事实证明,在大型企业中,这种方法已经获得了成功。

员工在工作世界中的参与,不仅仅为工作质量和企业竞争力的提高做出了贡献,也成为欧洲公司竞争力的基本要素(Biagi 2002)。尽管如此,在这方面始终存在一个问题,就是制度性较差。除了持续性不足外,也造成了参与者水平参差不齐这一问题。对于质量圈会议的普遍批评是:这可以作为一个民主倡导,而非一种短期措施,即企业还是行动太少。这在企业的现代化进程中是一个危险的信号(Greifenstein 等 1993)。

3. "新质量"与职业教育

即使不在这里讨论,第二种对质量的理解也已经产生了。由于教育资金短缺,质量保障的重要性更加凸显。由于资源使用期限的缩短,教育系统和所有教育措施都要适应社会和经济环境的要求。质量不能再像传统理解那样,仅仅是一种"内部"准则。"追求质量"已经成为一种外部的预期和教育改革创新的压力(Informelle Gruppe Der Arbeitgebervereinigungen 2000）。

从 20 世纪 90 年代起，质量讨论显示出了"相对质量"的特性，以满足追究者与顾客的需要。通过相对质量，可以更好地关注追究者的需要。在此，系统化的质量保障变得尤为重要。质量成为一项管理任务。质量管理的观点被认为是质量的一个全新维度，它更加关注教育机构的能力，而不仅仅是教学质量（Berghe 1998）。

4. 职业教育的国际化与质量保障

和其他领域一样，职业教育的国际化发展也会对质量带来一些新的问题。在此，比较性具有重要的意义（Gonon 1998）。尽管 OECD、UNESO 和 Eurostat 等机构已经记录了很多有关教育的数据，但是国际质量指标的开发还是一个新的现象（Berghe 1998，27）。例如，欧洲培训基金会（ETF）确定了职业教育与培训的指标，在"关键指标项目"的框架内，指出了欧盟成员国职业教育体系的问题和发展趋势（Berghe 1998，40）。此外，一个有关国家职业教育体系"效率"的指标体系，也可以作为职业教育质量的证据（Lipsmeier 2001）。参加质量保障活动的动机，是确认和比较不同的质量等级（Zimmer 1995b）。

1999 年出版的《通过地区性网络发展职业教育》的报告集中讨论职业教育的创新（Seyfried 等 1999）。"改善职业教育质量"的关键要看当地工作网络的发展，因为地方的参与者有可能确定共同的发展目标并实现它（Seyfried 等 1999，64）。

11.3.2.3　职业教育质量保障的议题和领域

质量保障开始在职业教育领域引发更多的关注。在做出一些重要决定，特别是涉及资源配置和重要改革措施时，应通过较强的干预来保障质量。

1. 质量保障

关于质量保障问题的构想是多样化的。如职业环境教育建立在信息中心的基础上，是一种质量保障（Gesellschaft für Berufliche Umweltbildung 1996），而保障女性在职业教育与培训中的机会均等（Jungkunz 1997），也是质量保障。尽管如此，职业教育质量保障最重要的两个领域仍然是职业继续教育和职业学校。

2. 职业继续教育

最先开始关注质量保障的是企业内部的继续教育，现在质量管理已变得"普遍化"起来（Severing 1999b，154）。在"最初的 ISO 热潮"过后，企业内继续教育引进了更加多样化的质量管理方式（Stahl 1998b）。一项对欧洲企业的调查显示，包括自我测评等方式在内的参与式质量保障方法是必要的（Stahl 1998a）。按照成人教育学对质量的理解，这与"专业化发展和伴随性道德"有关"（Giesecke 1997，42），其重点是开展"对话式的质量发展"（Meisel/Küchler 1999）。

3. 职业学校

关于质量保障的讨论不但存在于职业学校和中等教育（Stamm 1998），也存在于职业教育的教师教育中（Seeber 2000c）。在职业学校中，质量被认为是一项管理任务。质量保障措施常常只是一种测验，因此是一种学校自主权范围内的问题。巴伐利亚州、莱法州和石荷州的职业学校进行的大范围试验，均采用了 ISO 和 EFQM 的质量保障方式(ISB München 2003)。

在职业学校中，质量保障通常被认为是针对系统运行体系的优缺点(Hügli 1998；Behrens/Esser 2003)。现在，则开始强调提供教师参与"与教学直接相关的质量发展过程"的机会(Tenberg 2003b，141)。因此，简单地对质量进行描述是不可能的，必须更加关注质量的发展(Gonon 2003)。

4. 关于质量保障的讨论

关于质量的争论基本上是围绕着质量保障系统的运行展开的。无论是在职业学校还是在继续教育中，人们都在考虑能够替代"通常"的质量保障系统的方式。在引入质量保障体系时，有的机构会全面进入，但有的机构只接受特定的部分。也有机构会将不同的质量保障体系结合起来，或者把不同体系的部分要素结合起来使用。另外，一些咨询机构和部门也为特定的使用者提供了质量保障体系(Gonon 等 1999)。

5. 质量的参与性

无论是在职业继续教育还是职业学校的质量讨论中，都存在基于"团队发展"的方案和方法。在此，职业学校的教师作为一个团队，承担了组织改革和创新的任务(Nicklis 2000)。团队发展是质量管理过程中一个重要指标。传统的职业教育环境一直被认为是独行者的天下，因为缺乏建构性而受到批判，提高反思能力、采用社会交流式的行为方式具有重要的意义(Faßhauer 2000)。

在继续教育中，存在着对"积极参与的学习者"的讨论(Kemper 1998)。质量圈会议也被认为是一种质量发展的措施(Nötzold 2002)。

参与式方法很少被认为是一个质量话题。即使在很多质量指导手册上(Brater/Maurus 1998；Gonon 等 2002)，也只有当开发质量发展项目时，才会关注到这个方面(Steiner/Landwehr 2003)。

11.3.2.4 职业教育质量保障的研究现状

关于质量保障的技术文献通常都有应用与实践的特点，大部分是总结、指南以及实践指导书籍(Schöni 等 1997)。记录的数据和文献在每一个质量评价体系中起着很大的作用。这种情况下也需要科学的评价方法。但是，质量保障体系关注的首先并不是推广超越实践的科学知识。因此，这种研究方法只是伴随性的研究。

这同样适用于质量圈会议，它是一种在较低水平实证基础上对自我报告的数据的总结(Sembill 1999)。Antoni 关于参与式小组工作的调查发现，质量圈会议的理论基础很弱，只不过是一种经验性做法(1990)。因此在他的四个案例研究中，并没有在企业操作层面提出可行的参与式方案(Sembill 1999，204)。

有关质量保障实践的研究很少，且主要关注机构和学习者的组织发展与专业化发展。所有研究均表明，提高参与度是必须的（Posch 2002），特别是对特定领域和功能所要求的质量指标进行调查时更是如此（Faulstich 1991）。

11.3.2.5　参与式质量保障的展望

参与式质量保障还不是一个明确的研究课题，也不是质量科学讨论的核心。质量改善工作的重点，是实现利益的平衡、合法化以及资源保护。这里需要的是研究方案和结果，借此证明参与式模型的确优于纯技术的、权威式的和官僚式的模型。这里的确有很多机会发现这些证据。在其他教育领域，这个问题的表述更为清晰。例如，社会教育学认为"参与是质量的一个特征"。在有关质量的讨论中，有关青少年的参与权利也是重要的议题，特别是从过程质量和输出质量的角度（Blandow 等 1999）。然而，人们并不清楚"参与式"质量保障的教育学影响。教育研究的结论常常强调专家提出的技术标准（Blandow 等 1999，77），当然也关注合作开发者，即学习者自己对教育质量的贡献（Fend 1998）。从这个方面来看，自我组织也成为质量的关键因素（Eckmann 2000）。在职业教育课堂教学中，合作决策的缺失对教学质量有着直接的影响（Seeber/Squarra 2003）。

随着学校自主性的不断增强，职业教育机构逐渐发展成能力中心，以员工为导向的质量管理逐步引起大家的注意。一项员工导向的学校质量管理实证研究发现，员工反馈和教师间的讨论，对提高质量具有很大的潜力（Minelli/Walliser 1997）。所有官员和学校相关机构人员参与质量保障过程也非常重要（Wittmann 2003）。同样，典型实验的可接受度也明显取决于职业学校教师的参与度（Buer 2003）。在职业继续教育中，一个从1995年开始的乌托邦式的回顾，认为"参与统治"是质量讨论的结果（Gnahs 1995）。

作为质量管理，质量保障是一个指导性原则。从这个观点上讲，基于小组的参与式方法并不是全面的，如质量圈会议，它仍然是以泰勒模式和行为主义模式为指导的（Brandmeier 1993）。

正如前文所说，应以一切可能的方式来理解"顾客"的概念，由此提供参与的可能性。例如，如果采用使用者导向的质量观，教育机构的绩效就是教育质量的中心要素（Weymann 1995）。作为一种媒体，质量是用来展示给"顾客"的，校长和教师或者管理者和员工的绩效期望（Kuper 2002）需要参与式的质量观。

11.3.3　产出导向的质量保障

Sabine Kurz

20世纪90年代初，TIMMS、BIJU 和 PISA 等国际比较研究引发了有关教育质量和教育体系效率的热烈讨论。随后讨论集中到了加强产出控制，以达到质量保障范式的改变，即从投入控制为主的传统模式转向产出控制模式（Avenarius 等 2003；BMBF 2003a；Specht 2002）。通过有关指南和资源，投入控制关心的是质量提高本身，但不关注教育系统的事后分析。相反，教育对教学过程的产出控制则是根据成果进行的。这种范式改变的一个表现是通过教育标准的引入，明确表述了在教育过程中应获得的能力和技能要求（BMBF 2003b）。国际上有两种发展趋势支持这种转变，一是采用新的维度评价教育成果的质量。新维度重点关注环境资源的日益稀缺，以及这些资源使用的自主性、充分性和有效性（Heiner 1996），并引进了分散式控制模型（如教育预算、对教育水平认可协议等）；二是通过自治方式，如博洛尼亚或哥本哈根程序等，来测量教育的绩效，使所谓的"产出"具有可测量性和可比较性，这是在欧盟层面进行的一种初步尝试。欧盟成员国致力于实现"欧洲多样化但相互兼容的质量保障体系"（Amtsblatt der EU 2002），这需要"对学习成果，即在职业教育与培训中获得的能力进行比较，形成欧洲职业教育与培训的职业资格的基础"（EC 2003a，24）。

这一目标必然会引发质量测量方案的发展，可以作为界定系统输出的通用量化指标（Hutmacher 1998）。教育体系的质量概念是通过多层次分析确定的（Fend 2000/2001），它涉及宏观层面的教育体系、中观层面的具体教育机构和微观层面的教学过程质量。在这种背景下，可以在不同层面对质量方案进行分类。关注宏观和微观层面的质量是两种最主要的趋势：从宏观层面看，国际标准对国家政策决定的影响日益增大；从微观层面看，人们对自我评价方面的认同也逐渐提高，并成为关注的焦点。

11.3.3.1 方案设计

1. 产出导向

"产出"这一术语起源于制造业和计算机领域，代表产量、生产量或发行量。在教育领域，"产出"被理解为学习的结果或成果（Seeber 2000a）。在质量管理体系中，产出质量是三个经典维度中的一个。Donabedian（1982）将质量的三个维度定义为"结构质量、产出质量和结果质量"；Meier-Ziegler（1993）则谈到了"投入质量、实施质量和产出质量"（见图11-7）。教育领域的产出质量指的是教育过程中课程、非课程和跨课程活动的影响。

在教育领域，"产出"这一概念针对教育过程的短期影响，如成绩的确认，获得正式证书，技能发展，能力、价值观和解释模式的形成等（Avenarius 等 2003；Ditton 2000），"成果"这一概念则强调教育过程的长期影响。因此，产出与成果已经成为教育过程和教育体系中质量评价与发展的重要因素。

2. 质量保障

质量代表着一个产品或一项服务的优劣属性，主要表示事物较高的质量水平。Fend 认为，教育文献中质量的概念是"事物高级与低级之间的区别"（2000，

56）。事物质量的高低主要取决于其所处环境和人对这一事物的期望。Harvey/Green（2000）就教育领域的质量提出了 5 个指标，即特殊性、完美度、目标性、教育的经济价值和转化能力。

质量测量通常根据外部标准、自定标准或常规标准进行，这些标准指产品的完美程度或学习者的进步程度。显然，在质量保障过程中，质量测量的方式是多样的。依据不同学科特点，质量保障的内容也不尽相同。Garvin（1984）对与产品、过程、顾客和价值相关的方法进行了界定（Kamiske/Brauer 1999；Ott/Scheib 2002）。教育领域的质量保障活动还包括质量发展的内容，它也涉及实施质量测量的所有领域。质量保障通过计划、控制和检测既定的质量方针、教育培训方案和教育机构实现。质量保障与质量发展的整个系统被称为质量管理（Heiner 1996）。

3. 产出导向的质量保障

迄今为止，并没有关于产出导向质量保障的严格定义，无论是在有关质量管理的文献中，还是在教育研究领域，都没有对其做出系统性的解释。

在质量保障体系中，产出导向指根据既定标准和要求，对教育过程的影响和教育结果进行保障与检测，是质量保障和教育过程优化的关键因素。产出导向意味着对结果进行检验，从而得出对特定程序、机构和系统的结论。这样做一方面是为了明确优缺点；另一方面可以根据得出的数据改进教育过程。

不同质量保障技术手段的选用，是根据所检测项目的层面来确定的。在微观层面，为了促进个体教育过程的最优化，通常通过目标比较检测教与学过程的有效性；在宏观层面，则采用相关数据分析方法，一方面有助于记录成本效益分析中结果与绩效的关系；另一方面，数据分析为开展自我评价提供了基准。运用技术指标的主要目的是为了改进整个教育体系。

在职业教育与培训领域，目前有关质量的讨论主要涉及合作培训的方法（Altrichter 2000；Altrichter/Posch 1999；Temme 2002）、职业学校的教育内容和方法以及学徒培训。

在众多的职业教育质量保障体系中（Dubs 2003；Gonon 等 1999），发展较为完备的典范当属 ISO 9000 和 EFQM（欧洲质量管理基金会）。这两种质量保障体系的基础都是经济学背景，其理念是以顾客为导向，关注点是顾客的期望值。为了使这些程序有效地运行，首先要制定基于顾客满意理念的评价目标与标准。ISO标准通过建立《质量手册》来规定相关程序和运行规则，从而保证程序和产品符合既定的要求（Ott/Scheib 2002）。对于这一点，Arnold（1997b）的评价是："ISO确保了质量保障体系的规范性，但非质量的本身。"EFQM 模型（Wunderer 2001；Gietl 2001）则详细说明了结果标准和基于这些标准的评价。以上两种质量保障体系都包含产出及导向数据所确定的目标，同时也包括输入信息和过程变量。由于缺乏充分的实证研究,目前尚没有将这些方法成功运用于教育领域的足够证据(特别是职业学校和继续教育机构)。

11.3.3.2　与其他研究领域和质量保障方案的联系与区别

许多质量保障方案是在产品与服务的控制、保证和改善领域中发展起来的。尽管这些方案产生于不同的环境,但它们之间还是有一些共性。随着实践的发展,其内涵逐渐相似,导致不同领域相近概念的重复使用。例如,Witthau 就为"评价、质量保障和质量控制三者之间内涵界定不明"而感到遗憾(2000,152)。此外,在宏观层面,质量保障常常指对系统质量的监控。本文将仔细分析与比较这些概念之间的关系。

1. 产出导向的质量保障与评价

在教育领域,产出导向的质量保障与终结性评价非常相似,这两种方法的共同点是它们都试图在完成教育过程之后对结果进行测量和评价。目的有二:一是用汇总的数据解释结果的合理性和客观性,二是致力于改善评价过程,并为今后制订评价方案提供标准(Stockmann 2002)。尽管如此,质量保障和终结性评价依然存在着显著区别:

  ➢ 起源和方法论;

  ➢ 时间节点;

  ➢ 教育者;

  ➢ 内部、外部的实施。

虽然在企业领域存在很多种质量保障的方式,但质量评价主要应用于公共事业领域(作为一个评价过程的工具)。因此,从方法论上讲,质量保障与经济、商业的联系更为紧密,而评价则更多地依赖社会科学方法(Stockmann 2002;Bamberg 等 2000)。从时间节点来看,质量保障的内容包含质量评价,它体现了持续性,而评价通常在时间上有所限制。因此,评价可以被看成是质量保障的工具,质量保障则是"系统性的、持续的评价"(Ditton 2002)。

质量保障的可靠性和内容取决于决策者。他们决定所采用的质量保障体系的类型、范围、力度和预期的接受者,并以此来保证决策的持续性。在评价实践中,可根据不同的指导者和接受者来区分内外部评价。因此,对评价结果的决策有可能在机构外部做出。在这点上,内外部评价存在着相似性。评价常常由外部机构实施,但质量保障过程则是在系统内部进行的。在教育学文献中,对评价的概念没有严格的定义,图 11-5 说明了有关职责和角色的关系。

2. 产出导向的质量保障与教育控制

通常,教育控制是用微观经济数据来描述合作培训项目,进而用结果来指导整个培训过程。但是迄今为止,教育控制并没有与评价、执行控制或质量保障等概念区分开来。

谁来实施 \ 谁来负责	自我评价	外部评价
内部	用自己的方式进行评价自己的利益	
外部	由外部评估方式评价自己的利益	由外部评估者在外部开展和实施评价

图 11-5　自我内部评价(Keller 2004)

van Buer 也指出了这一概念的模糊性，他反对将教育控制视为教育系统外的部分，认为教育控制涉及教育的经济测量指标，这一观点有助于理解“把教育控制看作系统规划和最佳模型的基础”的理念。按照这一定义，教育控制是宏观层面进行质量管理的一个指导性工具(见图 11-6，Nisbet 1990)。在瑞士，教育控制成为教育体系的一个重要结构性因素(BBT 2003)，即把教育控制看作质量管理的组成部分。基于可测量的目标，通过动态比较，记录实际情况与目标状态的偏差，进而确定重要的影响因素，以此得出提升整个职业教育质量的措施(DBK 1999)。最后，教育控制还被认为是测量投入与产出的工具，用以明确教育的有效性与所占教育资源之间的相关性。

Witthaus(2000)认为，在职业教育发展与评价过程中，应充分利用教育性标准和经济标准进行教育控制。与学校教育中的质量保障相比，企业培训领域的教育控制具有一些特殊性。例如，将员工融入企业的组织发展中，会对确定培训项目目标以及培训的实施过程产生重要的影响。对这些培训项目的学习效果的测量，一般通过将行为变化与既定目标进行比较得出(Patry 2000)。以下内容是对产出、迁移和结果之间的差别进行的界定(Seeber 2000)。

“产出”指的是测量培训后的学习效果，可以通过口头表达、书面表述或实践考核方式确定。“迁移”指在日常工作中应用所学内容的过程。从某种程度上讲，无论是在学习情境中还是在工作环境中(Patry 2000；Mandl 等 1993)，能否将学习内容进行迁移转化取决于很多因素，这些影响因素的维度划分如下(Schüßler 2001)。

- 个人维度，指决定学习行为的个性、能力和动机；
- 情境维度，指伴随学习和迁移过程中的所有因素；
- 过程维度，指教学方法程序及应用于培训的课程和措施。

最后，“结果”这一术语指的是培训措施的长期影响，这在完成工作任务的过程中是显而易见的。Witthaus(2000)认为这一术语可在量化指标上表现为销售额的增长、时间节省或旷工的减少等"硬"指标,也可以是一些"软"指标,例如员工的动机、学习的基本意愿及日益增长的责任感等。这种关于培训结果的分类同样适用于产出导向的质量保障。

3. 产出导向的质量保障和系统监控

"系统监控"是以产出为导向的、在整个教育体系层面进行质量控制的过程。在教育研究中,它是一个"机构化的观察过程"(Specht 2002)。在这个过程中,系统性地选择质量指标体系进行"观察、分析、例证和评价"(Specht 2002,191)。系统监控方法的基础是教育体系比较、教育体系发展纵向研究以及相关的标杆。Haider(2002)认为,系统监控由以下四个要素组成。

➤ 国内与国际教育统计:包括资源、人口发展、教育参与率、教育流动、正规职业资格、劳动力市场等信息;

➤ 产出测量:教育结果测量、课程与跨课程教育水平测量的总和;

➤ 围绕教与学内容的重要事件的阶段性调查;

➤ 关于教育体系的阶段性调查。

典型的国际比较研究如 TIMSS 和 PISA,或者类似 OECD《教育观察》(Education at a glance)的定期出版的统计资料,它汇集了有关教育经费(投入)、其应用(过程)和结果(产出)等指标的诸多有益观点。

11.3.3.3 研究对象

可采用类似方式,按照产出导向原则建立质量方案,可以对教育过程、教育机构或者整个教育系统进行多层级分析。在此,可根据 Nisbet 的"评价图",通过四个维度区分与质量相关的基本概念和流程(1990),如图 11-6 所示。

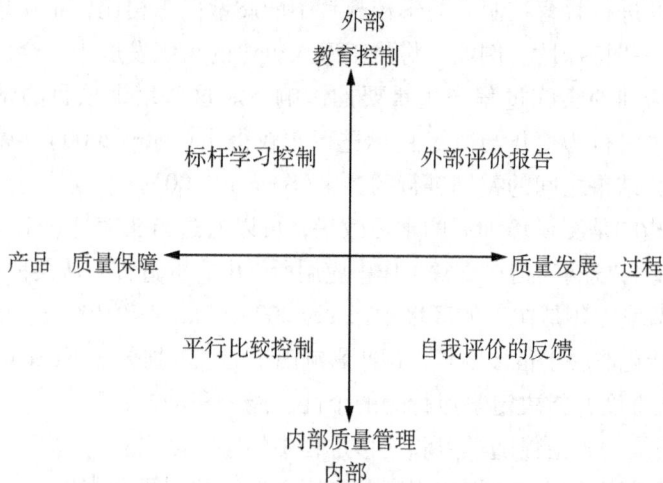

图 11-6 质量方案与流程的分类(Nisbet 1990)

"内部和外部维度"包括宏观层面的教育控制，中、微观层面的内部质量管理；"过程和产品维度"涵盖了质量保障与质量发展。四个象限展示的"活动领域"是教育体系中采用的不同质量管理方案和流程。

无论基于哪种层次的质量方案都是以产出为导向的，因此有必要构建一些共同的学习目标，所有这些目标构成产出导向的总目标。在此基础上，应制定培训结束后获得资格能力的最低标准。按照国际经合组织（OECD）的规定，标准是判断质量优劣和令人满意程度的一个资格门槛。标准可以理解为标杆、一般价值和最佳记录。总的来说，标准可以描述一系列能力要求，也可以界定产出的评价指标。Rheinberg（2001）描绘了三种判定标准。

➤ 社会性标准：侧重对个体间绩效表现差异的记录；

➤ 个性化标准：侧重追踪个体绩效发展的差异；

➤ 客观标准：对与绝对标准相关的个体绩效的评价（Ebbinghaus 2000）。

在德国，职业教育会同时采用内部（培训内容、课程等）和外部（学习结果、测验等）双重标准。尽管《职业教育法》要求行会必须实施质量保障与发展措施，但事实上，社会相关利益群体仍然能对如何确定企业职业教育内容的最低标准产生巨大的影响，这也同时指导着职业学校的课程标准制定。

目前，将指标体系和标杆研究作为职业教育质量评估标准，开始受到特别的关注。这一观点首先是由那些有较多绩效评价和测量经验，并对教育体系的有效性进行持续监控的国家提出的，如英国、法国、荷兰、瑞典和瑞士等（Döbert 2000）。

11.3.3.4 研究的历史与现状

第一套教育指标体系是国际经济与合作组织（OECD）于1973年开发的能力数据集。20世纪80年代中期的"教育指标项目（INES）"对这一数据进行了系统化整理。自90年代早期开始，每年出版的《教育观察》包含一项调查数据，即基于产出导向的学生绩效研究（Ackeren 2003）。尽管研究者对指标体系模型变量的权重、频率及概念理解不一致，但是在根据输出数据进行分类方面已经达成了共识（Herpen 1994）。

可以按照中心开发法建立指标体系（Fitz-Gibbon/Kochan 2000；Bottani/Tuijnman 1994；Darling-Hammond 1994），包括建模（指标具有描述系统的功能）、发现问题（指标具有早期预警功能）和目标定位（指标在教育政策中具有激励功能）。

各个国家对指标系统的应用程度有所不同。一些国家如加拿大、芬兰和英国等已经广泛应用了该指标体系，另一些国家则刚刚开始（BMBF 2003b，144）。

一些国家热衷于国内比较研究，因为这可以更深入地洞察本国教育体系的优缺点。因此，与国际比较研究相比，国内比较研究的发展更加迅速。

除了进行比较研究外，很多国家建立了专门机构来监督学校是否坚持执行了国家质量标准。迄今为止，在国际范围内尚没有公认的职业培训标准，这一方面是由不同国家文化传统的差异和职业培训内容的多样化造成的（Lauterbach 等 1995—2005）；另一方面也因为在以英语国家为主导的国际讨论中，职业教育没有受到应有重视的原因。但是，职业教育可以借鉴前文提到的开发方法与工具，由于职业教育的特殊地位及其内容的时效性，职业教育质量测量工具应具有更大的灵活性（Grollmann 等 2004）。

11.3.3.5　研究方法的特点与含义

如果关注学习过程的产出、迁移和结果之间的差异就会发现（Seeber 2000a），判断学习成功与否不但要关注培训课程的成功（产出），还要测量课程在工作过程中的影响（结果）。因此，首先应当确定目标和质量指标，才能确定培训课程是否达到了预期效果。这就需要有一个可行的工具提供有意义的数据，并在输入和反馈数据之间建立起联系。由于各种行动之间不是孤立的，因此确定真实工作环境中的培训课程效果是很难的，因为确定其影响因素非常困难。除了预期结果，培训课程也会产生意想不到但对评价产生重要影响的"边缘效度"。因此，必须保证对全部影响因子进行测量（Witthaus 2000）。Ditton（2000）指出，确定产出或结果的影响因素有很大的困难："整体来看，基于哪种水平、按照哪种程序、根据哪些评价标准和期望值、结论表述的信度和效度、质量和目标内容的达成情况等，都是不清晰的。"

迁移是一个过程，因此不可能仅仅用词语的方式来测量。相反，从一开始就要为在工作情境中实现这些目标和方法的迁移提供便利条件（Patry 2000）。

对能力的理解关系到对能力测量结果的确定，因此对能力概念的解读非常重要（Erpenbeck/Heyse 1999；Bergmann 等 2000）。在能力开发研究（综述见 Weinert 1999）和能力测量中，满足方法论的要求极为重要。在欧洲很多国家，人们都接受了英国对能力的理解，即能力是工作场所中获得的职业资格。但是坦白地讲，能力是能够自我组织开展的创造性行动，而不仅仅是书面知识的考试结果。后者通过问题方式进行测量，但这并不是合理的测量程序。程序应该具有合法性、可信性和持续性（更多内容参见 Käpplinger 2002），而不管其能力是否正式获得。

11.3.3.6　发展展望

在职业教育与培训中，产出导向作为质量保障的一个原则，首先在教育政策研究中被大量讨论，随后迁移到职业教育领域。除了英美国家外，在教育过程的长期影响方面，目前还没有系统的实证研究（Rank/Wakenhut 1998）。

Ditton 指出，对教育领域中质量保障概念阐述的缺失，不仅仅是由于实用主义的研究内容缺乏实效性，还由于质量保障所涉及目标的复杂性（2000，76）。他认为，有必要建立一个包含多种方式的综合理论，将不同学习方法、传授过程、学校组织和教育体系看作一个整体。

在这种情况下，职业研究有两个重要的领域：一是关于产出、迁移和结果的因果关系的研究，二是开发用来确定结果的工具。因为结果反映在行动中，人们对其只能进行间接的测量，即行动能力的水平。在职业教育与培训的质量保障中，对能力的探究和测量已变得越发重要，因为通过分析能力和习得的知识，可以分析投入控制的结果，从而满足未来的发展需求。

图 11-7 说明了基于产出水平的效率和基于结果水平的效力理念。只有得到反馈，才能依据反馈结果改善质量保障过程，也才能对各学校或职业教育体系进行灵活的干预。

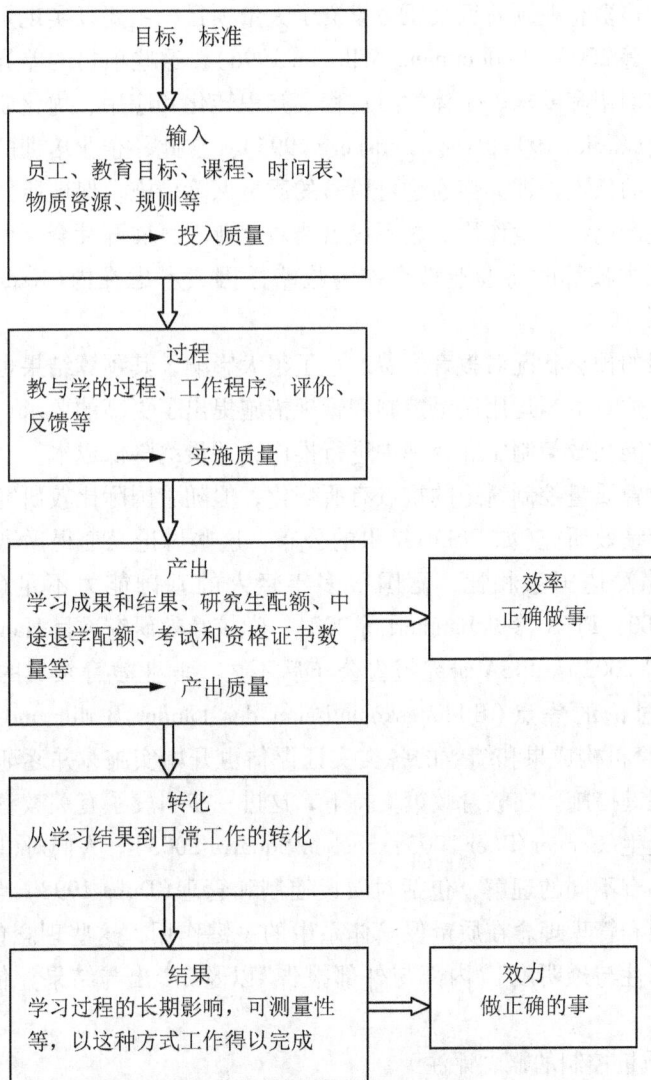

图 11-7 综合质量保障体系的维度

11.3.4 教育质量控制

Jürgen van Buer

11.3.4.1 背景与概念

1. 教育质量控制的背景与发展

从 20 世纪 80 年代开始，工商界的产品和服务成本压力极大增强。由于资本市场的变化，很多企业顶着巨大压力投资了大量项目，主要以实现短期收益目标为主（Kleinert 等 2000；Köddermann/Wilhelm 1996）。这些项目的差异很大，特别是在对回报的期望和要求、个体学习过程、知识转化和应用、优化职业绩效的能力和态度方面（Kailer 1994；von Landsberg 1995）。在此，企业培训的效益和效率问题成为讨论的焦点，即如何通过可检验的质量保障措施，保证所开展的培训活动对具体的生产过程产生作用。这不仅需要对职业教育展开社会层面讨论，而且还要在企业成本核算时将职业教育作为战略性因素考虑在内（Kailer 1994；von Landsberg 1995）。

公共部门的预算状况对教育经费产生了很大影响，其预算结果也影响着企业的员工培训，这对恰当运用质量控制和管理措施提出了更高的要求，因为只有通过实证检验才能在政策制定和管理中进行推广，并最终降低成本。

虽然对教育质量控制讨论的重点有所变化，但随着国际比较研究以及国家和地区学校教育绩效研究（如 PISA）结果的公布，这些讨论又变得激烈起来。研究表明，与其他发达国家相比，德国很多年轻人的基础能力不足（TIMSS 参见Baumert 等 2000；PISA 参见 Baumert 等 2001；学校绩效研究项目 Hamburg LAU 参见 Lehmann 等 2002）。PISA 研究报告公布后不久，职业教育领域的教育质量控制再次成为讨论的焦点（Bildungskommission der Länder Berlin und Brandenburg 2003）。对教育机构成果和绩效的各类实证评估也开始实施，并逐渐成为质量保障与发展的关键措施。在教育政策支持下，这进一步引发了有关教育质量标准规范的协议的诞生（Seeber/Buer 2003；Seeber/Squarra 2003）。人们对（职业）教育机构和资格证书有不同的理解，包括对质量控制和管理（Dubs 1998），这进一步加强了质量控制和管理理念在质量保障体系中的关键作用，这些理念包括如"目标和标准的解释性与透明度""内部与外部报告"以及"产出与结果评估"等（Ditton 2000）。

2. 教育质量控制的概念评注

"质量控制"和"教育质量控制"等不同术语的同时采用，一方面表现了术语本身的不确定性；另一方面也体现了解释同一现象的不同方法，这是术语使用不当造成的后果（Gnahs/Krekel 1999）。考虑到质量控制概念的管理学文献背景，可以对质量控制的概念做出以下评述：现有质量控制的概念和模型有很大差异，特别是其理论基础，以及质量控制研究的视角和方法（Weber 1998）。

如果说质量控制是实证社会科学领域的一门学科，那么对其更深刻的批判是：有关质量评价和控制目前仍然缺乏明确的术语基础，尽管人们开发了很多实用性工具。作为一门经验性科学，质量控制也没有足够的实证数据基础（Küpper 1997；Weber 1998）。

质量控制的这种发展状况也适用于教育领域。教育质量控制问题的起源不是科学研究，因此对教育质量控制的讨论也不符合现有的科学性标准，如有关数据的收集、分析和解释。这些问题导致现有质量控制模型更加强调实际应用，如强调投入效益等。为了能对所获得的数据进行分析并采取相应的管理措施，目前的模型又特别强调获得有效的数据快速性。

在这种实用主义思想指导下，质量控制往往涉及即时知识、应用模型构建的稳定性、知识生成的质量等问题（Seeber 2000a；van Buer 2000）。因此，质量控制必须包括以下三方面的内容，即集各种干预、控制与管理形式为一体的系统性评价；通过量化数据进行的评价；对所收集数据的测量方法（Wottowa/Thierau 1998；Balzer 等 1999）。尽管如此，仍需要注意以下问题：现有教育质量控制理念和模型的重点是提高对"质量"的主观判断能力，即对教育活动和资格证书的质量进行判断，尽管采用投入产出效益高的方式收集数据可以提高主观判断的合理性和提高投资效益，但是较少考虑由此可能产生的误差影响。

综上所述，教育质量控制是在职业教育培训过程中通过实施一系列控制措施提高效益与效率的活动（Krekel/Seusing 1999）。

3. 管理学与教育学有关质量控制的观点

总的来说，教育质量控制代表着一组模式和理念，介于两类不同但又相互关联的科学之间，这些理念是由社会情境中不同的社会行动决定的：一方面，强调个人决策与（在特定条件下）控制成本的最小化和价值的最大化（Elsner 2000），这是经济学和管理学的理念（Kirchgässner 1991；Simon 1993）；另一方面，注重（职业）教育以及职业能力和职业成熟度之间的关系（Heid 2003）。根据不同理念，教育质量控制采用不同的理论基础和方式（Seeber 2000）。

➢ 从经济学和管理学角度看，教育质量控制的重点是强调教育本身与可量化的绩效测量系统之间的紧密联系（Eichenberger 1992；Langthaler 2002）。但是它忽视因果关系，特别是教育结构要素的相互依赖关系，因此有可能导致对干预措施效果的错误判断（Witthaus 2000）。

➢ 从教育学的角度看，在职业教育与培训以及成人教育领域，质量控制最主要的是解决组织结构模型问题、继续教育的功能性问题，以及始终都不公正的评价机制问题（对职业教育和成人教育研究的总结见 Tippelt/Hoh 2001）。虽然人们已经开始讨论教育的经济学问题,但这些论证还不充分(Ebbinghaus 2000)。

根据采用的言语体系以及相关学科的不同方法,可以看出质量控制概念和模型的不同学科视角。但是职业教育与其他学科之间也存在着交叉,应首先确定不同视角的定义,然后再使其系统化。但是,尽管采用了多种跨学科方法的尝试,在教育质量控制方面的建模和实证检验方面的跨学科合作仍显不足(Seeber 2000b;Seeber/van Buer 2002)。

11.3.4.2 教育质量控制的定义——草案和模型预设

本文多次提到了质量控制这一术语在使用过程中的模糊性。由于在不同社会子系统和学科领域中的不同定位以及缺少跨学科合作,对教育质量控制进行科学的定义始终是个难题。不过我们仍然可以做出一个结论:目前对质量控制概念的定义基本集中在企业管理领域,而(如政府管理的教育机构的)系统化、制度化的质量保障的概念定义,与企业管理中的概念显然不同,后者需要注意人的因素。

按照 Wunderer/Sailer(1987)的观点,教育质量控制是一种管理手段,它利用可衡量的指标来获取教育数据,利用这些信息,通过差异比较建立系统模型,以此对教育过程进行规划和优化。教育质量控制的中心作用是获取信息,它涉及管理体系的规划、控制与制度间的协调等方面。

所有这些都引发了对信息的特点、质量和数量问题的关注,但是由于对模型和概念的认识依旧模糊,所以至今没有给出明确的答案。不过,有关管理学的研究文献显示出了以下趋势:按照经济学指标,也可以收集教育问题的量化数据,然后通过数学模型加以分析。有关输出和转化的教育学特征数据,如工作场所的能力发展和行为变化等,能部分被量化测定并解释,还可以通过定性数据,如实证或主观判断来衡量教育质量(Becker 1995;Gnahs/Krekel 2000;Kailer 等 2000)。由于建立教育质量模型的过程缺少跨学科合作,导致所采集的有关能力和知识增长方面的数据解释力不足。总体而言,对教育学输出、转化和结果效应的量化研究严重不足。

1. 教育质量控制的三个基本功能

目前,文献中对于教育质量控制的目标、作用和任务以及方法、手段等都没有明确界定,因此也没有功能明确、过程相关以及工具可行的相关系统化分类方法。尽管如此,大家仍然一致认为教育质量控制应该致力于提高并优化教育投资过程,并对已经实施的教育投资做出令人信服的调整。据此,可以把教育质量控制理解为一种策略,来消除所谓的"蒙混过关"现象(Binmore 1995),从而提高教育体系的效率。这个策略主要通过评估来实现。尽管质量控制的方法不同,但教育质量控制的三大功能仍然可归纳为协调功能、信息功能和管理功能(Horvath 1996)。

2. 教育质量控制的协调功能

协调功能涉及企业或教育机构的各个子系统，如计划、控制、信息和其他管理子系统（Küpper 1997）。从战略、战术和执行角度来看，教育规划的过程与组织机构的目标系统、措施系统以及结构和资源系统有关。这主要用于在职员工的发展，部分也用于新聘员工。

3. 教育质量控制的信息功能

信息功能指对有关教育问题的数据进行系统化收集、准备和分析，并合理划分为以价值观、事实为主的两类信息。与经济管理中的质量控制类似，与价值观有关的信息主要是通过借鉴外部报告、账目核算以及特性分析获取和分析（Bank 1997，221）。

从（职业）教育研究的角度看，这种有关投入和回报的数据不足以支持对教育培训过程进行有效的干预（Timmermann 2001）。要系统化地规划和监控这些措施的经济成果，需要对教育过程进行实证研究（van Buer 2000），包括评价控制、（起始和后续的）流程及其相互间的依赖关系。这推动了一体化教育质量控制模式的产生（Seeber/van Buer 2003）。

4. 教育质量控制的管理功能

教育质量控制的管理功能受信息功能和协调功能的影响，特别是当二者差异性较大时。教育质量控制的数据基础是对教育培训过程的系统性评价、工作过程中的能力、态度变化（Patry 2000）以及最优化的变化（Walden 2000）等，也用于未来的规划和设计（Eichenberger 1992）。

迄今为止，有关质量管理的讨论主要针对事实性目标，目的是利用经济学数据揭示和尽量减少内部存在的问题。这里对两个因素考虑较少：一是教育培训过程的特点；二是能力获得与能力要求的结构性变化以及教育过程改革的新趋势。

11.3.4.3　日常职业活动基础上的教育质量控制

当前，企业的成本意识不断加强，资本市场不断强化，导致企业更加关注短期收益。人力资本在企业中变得更加重要，这迫使企业接受快速而务实的目标，并主要依靠企业内部循环来实现。教育质量控制作为实现目标的重要措施变得更加重要。

然而，对企业进行教育质量控制情况的调查却向我们展示了另外一番景象：人们在进行结构性规划时，很少关注教育培训领域（Beicht/Krekel 1999）。值得注意的是，对目标实现情况的系统性测量，与基于日常工作的迁移控制一样难以实现，特别是当迁移在控制环中发挥重要作用时。迄今为止，这依然被描述为可投资的"空白领域"（Kailer 等 2000）。

在教育质量控制的全部要素中，能够获得的最精确的部分是继续教育的成本，在这方面小企业仍远远落后于大企业。效用测量以及对成本、效用和产量的控制同样也是空白领域。为何至今对教育质量的控制仍难以进行？回答往往是缺少资源，或是方法能力问题，或是相关实施工具的使用问题（Gnahs/Krekel 2000，220）。此外，也有很多教育管理的"最佳实践"案例（Küster 等 2000）。

11.3.4.4 教育培训的质量控制——一个重叠而发展的领域

教育质量控制的相关文献显示，现有各种规模的模型尚不具备足够的理论基础和实证依据，原因是其建模过程没有对跨学科性有足够的考虑。鉴于此，有必要将建模研究、模型分析与实证性教育研究和职业研究进行系统化的结合。作为一个科学研究领域，教育质量控制的未来发展会如何？我们认为：作为对学校教育绩效研究结果的反映，教育质量控制是在不同教育层面上对教育质量进行评估。当今社会更加注重学校自主权的扩大（Bildungskommission der Länder Berlin und Brandenburg 2003，235），以及对教育质量控制效果的自我管理，教育研究机构应当在这一领域进行更深入的实证研究。

11.3.5 职业教育中的标杆学习

Susan Seeber

11.3.5.1 范围

信息社会的飞速发展，使国内和国际劳动市场的竞争日益激烈，并呈现出前所未有的经济全球化局面，发展教育以把握未来成为必然的发展趋势。同时，这也成为整个教育系统为应对不断变化的社会和经济发展环境要求，确保教育质量所面临的最大挑战（Weiß 2000；里斯本策略参见 Presidency Conclusion 2000）。在国际化发展过程中，教育体系的绩效备受关注（Baethge 等 2003；Rychen/Salganik 2001），研究提高教育质量的新方法被提上日程（芬兰研究见 Räkköläinen/Ecclestone 2005；英国研究见 Whetton 等 1999）。鉴于教育资源的稀缺性和大众对教育培训期望值的提高，在其他领域发展起来的质量管理和优化模型的借鉴意义越来越大，包括对企业培训部门、私人和公共职业教育机构。质量管理、教育质量控制、评价和标杆学习（benchmarking），是提高教育效能、效率的典型理论方案与实践路径。

本文简要介绍如何通过标杆学习法提高教育的投资效能和效率。除相关概念和标杆学习（作为一种方法）的简要发展历程外，文章还探讨标杆学习在职业教育领域的应用潜力。

11.3.5.2 概念思考：标杆学习的一般特征与结构

1. 一般特征

如前文所述，作为开展质量管理和优化工作的一种方案，标杆学习不是通过科学研究建构起来的，而产生于企业实践的背景中。标杆学习的核心是帮助制定合理的决策，在以合理方式获得信息的基础上，对要采取的行动做出判断。

标杆学习的概念起源于北美的企业，本来是企业增强竞争力的一种管理手段。一般认为，标杆学习是某企业与该领域表现突出的其他公司进行比较，通过对产品质量、服务项目、内部流程和管理方法等方面进行持续的系统性监控而提高自己的竞争力（Puschmann 2002；Karlof 1999；Keehley 等 1996；Camp 1994）。

标杆学习的特点表现在以下几方面。

➤ 标杆学习是质量控制方案或全面质量管理计划的组成部分（Seeber 2000a）；

➤ 标杆学习包括测量、比较、评价和政策生成等内容；

➤ 标杆学习具有识别问题的解决办法和预示新问题的功能（Pieske 1995，14）。

标杆学习不仅意味着收集和分析数据，还包括确定和实现期望的目标与绩效。它还试图寻求卓越的创新方法和技术，即所谓的"最佳实践范例"。企业的标杆学习通常首先会在企业内部进行全面的绩效评估，然后再与其他企业进行比较。标杆学习是一系列的调查研究，即对各地区和部门相关产品、服务、结构、过程和方法的参数进行详细的分析。

2. 标杆学习的结构

标杆学习活动可以涉及整个组织，也可以仅仅涉及特定的部门。它可以在战略层面上应用，也可以只针对即时的变革过程。标杆学习的计划可以根据其对象、合作伙伴和绩效指标而有所不同（见图 11-8）。

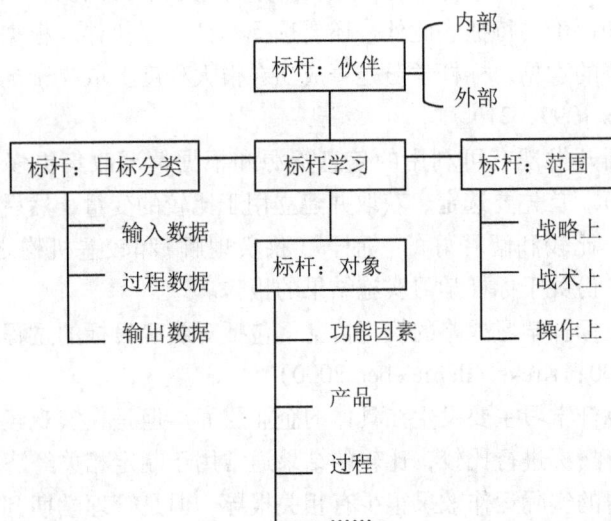

图 11-8   标杆学习的结构（**Pieske 1995，41；Karlof 1999**）

标杆学习的对象：内部标杆学习主要是研究企业或机构内部的产品或流程。这时，标杆学习的对象就是企业本身的部门或分支机构。外部标杆学习是与其他企业或机构的产品和流程进行比较，这种比较可以在特定地区的企业间进行(竞争性比较)，也可以与服务不同市场客户的企业进行比较(中立性比较)。

标杆学习的内容：从生产的角度考虑，企业的标杆学习内容是投入、流程或产品。在形式上，标杆比较的内容涉及组织的结构性特征(如部门、分支机构)和对生产流程的管理等。

标杆学习的目标分类：评价标杆学习的质量高低，取决于对标杆学习所比较的项目范畴的选择、界定和实现。开展标杆学习的出发点是经济效益的优化，因此无论在理论探讨还是在实践探索方面，标杆学习的重点都是成本效益控制，或经济指标及指标体系的使用。特别是在财务和产出层面，标杆学习把时间以及影响企业活动和流程效率的因素作为重要的变量(Tintelnot 1996，24；Horváth 1996，396)。

3. 标杆学习的过程

从公开发表的文件得知，标杆学习的实践都是以多阶段模型为基础的，如图 11-9 所示。

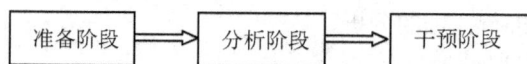

图 11-9　标杆学习流程的各阶段

在准备阶段，需要确定标杆学习的比较对象并组成学习团队，以界定标杆学习对象需要描述和评价的特征。此外，还要选择标杆学习伙伴。根据商业公司中标杆学习参与专家的意见，标杆学习是否成功在很大程度上取决于准备活动是否充分(Weber/Wertz 1999，21)。

分析阶段包括开发现有可利用的信息资源和根据情况收集更多的相关数据(Grundmann 2003)。首先要选定、获取并建立用于比较的变量，然后设计和开展一系列分析活动，比较和解释好的"标杆"(狭义理解)和较差机构之间的差异。此阶段还要撰写一份关于标杆学习实施结果的报告。

干预阶段关注标杆学习战略的执行情况，包括对明确目标的过程中各个步骤的监控(Brettel 2000；Krekel/Bardeleben 2000)。

经济领域的标杆学习主要发生在具体的企业层面。但是在宏观经济层面也可以对各项基础经济指标进行比较，比较的结果通常用于制定相关经济政策。

对于标杆学习的实际运作效果很少有相关报导，但是管理学期刊和相关网络还是可以提供一些资料的，这有助于我们找到合适的标杆学习伙伴和开展标杆学习研究。目前，标杆学习这一管理工具得到了越来越多的关注，特别是对那些不得不适应变化和竞争日益激烈的企业。

标杆学习旨在满足概念本身所包含的预期结果，它首先假定了一种包括多种信息系统的监测和调控方案。标杆学习方案需要不断开发，还要顺应战略实施带来的变化。

11.3.5.3　职业教育中的标杆学习

1. 教育标杆学习的层面

在教育领域，可以在两个层面上设计和实施标杆学习：首先是在系统层面，即基于国际或地区间的教育比较结果，这种比较的基础是成果指标和效能与效率分析（TIMSS 见 Mullis 等 2004；TIMSS 1999；Mullis 等 2001；PIRLS 参见 Mullis 等 2003；PISA 2003 参见 OECD 2004）；其次是在教育机构层面，即对教育机构之间的差异进行比较和评估。

在这两个层面，少有普及率高、成熟的标杆学习。除了经合组织（OECD）每年发表的教育发展指标和欧盟的教育成果（Commission of the European Communities 2005a）外，一些欧洲国家已经开始关注教育标杆学习和随之而来的国际间和机构间的比较。德国对标杆学习的兴趣骤然增加，有可能与其在国际比较研究中发现国内不足的事实有关（Baumert 等 2000；OECD 2004b）。同时，几个地区性研究也证明德国学校在几个重要学科的教学上满意度不高（Lehmann 等 2004；Helmke/Jäger 2002；职业教育参见 Lehmann 等 2005；Lehmann 等 2006）。标杆学习的国际比较目前集中在系统层面，而地区性研究则侧重于教育机构间的差异性比较。

职业教育作为教育体系的一部分，其比较研究的成果也很匮乏。在国际上，大部分职业教育比较研究的结构性数据和绩效数据之间没有任何关联（Werner 等 2003），德国的情况也大致如此。

2. 系统层面的标杆学习

国际教育测评通过多维视角考虑教育问题，为研究观测到的成果差异背后的原因提供了很好的基础。目前，国际性和地区性的测评主要集中在学校教育和学术教育，并引发了不同的标杆学习的定义。这为制定有效教育改革策略提供了必要不充分的条件。

同其他领域一样，在教育领域进行类似的比较分析也采用生产力理论，关注的也是效率问题。这种比较方式符合学校的效能范式，它广泛应用于英语国家和一些西欧国家中。在教育分析中，需要对投入、流程和产出（结果）变量进行区分（Reynolds/Teddlie 2000）。关于这些变量在学校质量研究中的应用参见 Stringfield/Slavin（1992）。

质量指标是从有关投入、流程和产出的变量中获得的，由此进行教育体系质量之间的比较和排序。从 Klein/Hüchtermann（2003）公布的一项分析比较结果可以看出，德国的教育体制有明显的优势和不足。除了 OECD 已确立的指标外，国际学习绩效研究项目(如 IEA、PISA)的数据也被建立成各种数据库。汇总这些数据，可以对德国教育制度的有效性做出全面的解读。

OECD 采用的各项职业教育指标表明，德国在职业教育领域展示了较高的水平，具体表现在高中后职业教育的比例、拥有职业资格证书的比例以及参加职业准备教育和职业继续教育的比例都较高，而青年失业率却较低。不足之处是这些年轻人在第一次和第二次职业培训之间的过渡较晚，低学历或没有学历的人几乎不参加职业继续教育，而且未来几年高素质人力资源供给会呈现递减的趋势(Werner 等 2003)。

然而，职业教育体系的结构和功能差异一直困扰着职业教育的国际比较研究，采用校企合作的"双元制"职业教育体系的国家更是这样，因为参与双元制的不同机构(学校、企业)具有不同的目标和管理规则。至少可以说，这种差异性大大增加了国际比较中数据收集和分析的难度。

里斯本战略从根本上改变了欧洲教育的合作政策，此后欧洲相关政策讨论都是建立在对教育系统绩效变化的系统性监测基础之上的。人们建立了各项指标和基准，用以评估目标的达成情况，进而确定政策的实施方式。要提高现有指标的质量和可比性，特别是在职业教育领域，还要考虑到方案的异质性、发展目标和职业教育机构的多样性等问题。另一个不足之处表现在，结构化信息的相对丰富，与特定教育培训体系有效信息的明显缺乏形成了鲜明的对比。此外，有关学员流动、劳动市场和职业生涯等方面的数据也相当匮乏(Baethge 2005)。

3. 系统层面标杆学习的实例

无论在经济视角还是教育视角下，"时间"这一投入要素都是衡量效率的一个关键性指标。教育成果的国际比较发现，学习时间可以用来区分不同国家的学习效率。人们在任何年级都可以观察到，不同国家之间的教育成果差距可以达到相当于 3 年以上的学校教育时间。德国不同州之间的成就指标(阅读理解、数学运算、科学)差距也很大，相当于两年半的学校教育(Baumert 等 1997)。比较两种教育体系，针对给定的产出指标，具有较高成果水平的教育体系被视为是效率高的。学校教育和职业教育的年限都会对投入变量——"成本"产生影响。这里讨论的"成本"变量包括直接投入和机会成本，这些是由个人还是企业承担，取决于不同的教育模式。国际比较研究可以带来很多收获。如对教育年限与参加工作时间的关系分析发现，德国学生毕业后进入职业生涯的年龄远大于其他国家(Werner 等 2003)。

以上案例表明，实施和完善国际比较指标体系，可以在教育成果和教育系统的有效性方面提供重要的数据。然而，在没有考虑教育的全部制约因素之前，这些信息还不适合作为政策基础来促进教育改革。一份被称为《德国教育标杆学习》的方案（Klös/Weiß 2003），是有关德国教育体制的比较性数据与独立制定的内部指标相结合的首次尝试，目的是表述并判断用于教育决策和改革的建议。

4. 独立机构层面上的标杆学习

标杆学习的核心思想是"向最好的榜样学习"。这一思想看似简单，实施起来却是一个异常复杂的过程，需要注意以下事项。

（1）收集教育成果的相关变量。

上文已说明，标杆学习假定存在一个控制、信息处理和质量管理的明确系统，因为明确具有可比性的成果框架，是所有标杆学习的必要条件（控制方案的构成要素参见 Seeber 2000b）。职业教育的机会来自多方面的因素，其特点是缺乏系统化收集、结构明确、可相互参考且记录清晰的信息，这些信息与投入、过程和产出理念有密切的关系（Gnahs/Krekel 2000；Achtenhagen 2005）。这一层次标杆学习的主要困难是确认有效度的标杆（包括目标和成果的特征），以及各种方案的实效和反映其投入效益关系的指标。可以肯定的是，仅仅借助经济学指标（Schulte 1995）对教育的实践、过程和政策进行管理和控制，是远远不够的（Oelkers 2003）。

（2）效率的指标体系的定义。

迄今为止，对职业教育培训的系统化管理始终是以投入要素为导向的，基本上不用投入和效益关系来分析教育支出，因此尚未形成用于评价教育过程的统一指标体系（Klein/Hüchtermann 2003）。换言之，这方面仍有许多问题需要解决。

（3）相关成果变量的局限性。

在教育管理和教育治理的投入与过程变量上，可控变量和不可控变量之间的区别很明显（Weiß 1982）。标杆学习的目的，是为政策制定者和管理者提供用于决策的信息和可比较的有效数据，它假定存在着影响和改变各项条件的方法，这反过来又进一步明确了标杆学习的目标及可参照的框架体系。

在这方面，不仅职业教育培训机构之间的差异很大，而且每所机构提供的不同的课程之间也存在着巨大的差异（Seeber 2000a）。

（4）采用标杆学习的潜在风险。

作为职业教育培训管理过程中的一种手段，标杆学习目的是帮助教育机构在市场中建立稳固的地位。通常，机构通过标杆学习能够降低财政赤字风险。然而，开展标杆学习也会有潜在的风险，即偏离标杆学习理念的企业因此会失去市场份额，或由于竞争对手采用了某个成功的流程而使原来的高绩效企业失去市场优势。这些风险尤其存在于商业化的职业教育培训机构中。

（5）标杆学习的复杂性和成本。

如前所述，许多现有教育成果的数据结构还不完整，数据质量低于教育测量学技术标准的要求，这体现了教育领域标杆学习的复杂性。因此，在标杆学习研究中，应对所选择的反应产出特点的观察项目进行限制。这也意味着，服务于合理决策的信息库还远不理想。因此，对任何在此基础上实施的标杆学习战略，都要同时进行系统化的控制。如果现有数据之间有不协调和不匹配的情况，就要加大收集数据、交叉验证和分析的投入。

11.3.5.4 职业教育标杆学习的现实意义

尽管标杆学习起源于工业生产，尤其在大企业得到了广泛的应用，但是在教育领域，人们对标杆学习的兴趣也与日俱增。标杆学习首先是一种教育管理工具，之后还可以延伸到系统层面（Klös/Weiß 2003）。从目前的发展趋势看，标杆学习主要应用于教育机构的流程管理中，即应用于教育质量控制（Bötel/Krekel 2000）和质量管理（Dubs 1998）。

在系统层面，可以将标杆学习看作管理教育体系的一种有效措施。在标杆学习过程中的前两个阶段，即准备和分析阶段，可以对问题进行界定和做连续性调查。在设计和实施教育体系改革措施时，还要进行额外的调查研究（Arbeitsgruppe Internationale Vergleichsstudie 2003）。

人们将来在多大程度上能接受教育标杆学习，目前还很难做出估计。这是因为，关于改善教育机会的讨论主要集中在质量管理、新公共管理、教育管理、评估与评价研究中。同时，与教育质量有关的数据又十分有限和零散。但是，我们对引进和完善用于评估教育体系和机构满足社会培训需要的效能和效率指标体系，推动职业教育领域改革充满着期待。

11.3.6 综合项目的评价

Ludger Deitmer

在许多社会领域如学校教育系统、公共卫生服务、劳动市场和就业政策等方面，公共财政支持的综合项目汇集了各种目标不同的子项目，承担着启动改革的任务，如推行新课程或健康教育等。综合项目的参与者（如教师和科学家等）使用外部人力和物质资源（如时间、场所和材料），努力为各种目标群体（如学生和病人）工作，以实现筹备、开发和试验改革的共同目标。如果取得成功，人们常会把这些成果迁移到其他机构中（Deitmer 2004a；Fischer/Przygodda 2002）。

在职业教育中，综合项目评价的目的是使改革过程更有效，提高产出并确保项目的有效性和可持续性。评价是项目管理的一个重要措施，它不仅有助于提升人员和物质的利用率，而且为综合项目各层面的活动提供更好的决策基础。相比一般的项目评价，综合项目的评价更复杂，既要采用更复杂的方法和设计，又有更多的主体和多维度（Fahrenkroog 等 2002）。

11.3.6.1 综合项目评价的定义

在早期对评价的定义中，Weiss(1974)强调理论与实践的互动关系，认为评价是采用不同研究方法检验社会干预的有效性。伴随着评价反馈循环，评价在理论与实践以及人与机构之间形成了一种联系。Wottawa/Thierau(1998)评论了评价的多种意图；Scriven(1991)认为评价是判断一项产品、程序和项目的价值服务。评价的主要目的是检查实际执行的措施，或者确定这些措施，或者改善它们。综合项目评价是通过运用一系列社会学方法，得出有意义的研究设计。社会学方法常被用来评价社会干预的建议、设计、执行和成效(Shadish 等 1991；Kromrey 1995, 109；Rossi 等 1999)。

按照项目实施的阶段，评价主要在以下方面进行。

➢ 规划阶段：在该阶段，对项目执行所需人员和经费资源进行审查。此类评价可以称为"前端评价"或"主动评价"(Hellstern/Wollmann 1984；Owen/Rogers 1999)，包括对申请者的遴选(Programmträger ITB/ISB 2004, 71)。

➢ 实施阶段：项目实施阶段的评价具有优化功能，也可以是"伴随研究"（或形成性评价），即收集与评价有关的过程信息和中期结果，从而对项目进行早期改进，可使用参与式或交互式评价方法，特别是在质量管理领域(Programmträger ITB/ISB 2004, 85；Deitmer 2004a, 114)。

➢ 总结和推广阶段：项目完成后需要对项目效果进行检验。此类评价对取得的成绩进行总结，故称之为总结性评价，采用事后分析的视角(Scriven 1991；Wottawa/Thierau 1998)。

与质量保障体系和教育质量控制不同，项目评价有临时性特征，因为项目总是在有限时间里运行；项目评价的对象是项目而不是机构。总之，项目评价的对象是绩效的持续改善，或者项目的有效性。

11.3.6.2 综合项目评价标准的设计

按照 Kromrey(1995)的观点，在评价的准备期间要确定项目评价的四个基本要素。

(1)说明评价的内容，特别是目标、项目要素以及子项目的形式。

(2)在评价设计中，确定收集数据的原则和方法。同时，确定怎样处理数据和由谁来处理。

(3)确认评价的参与者，特别是由评价策划者(如为项目提供资金者)确定有能力筹备、管理或执行评价的人员。项目评价的参与者或用户可以参与到评价过程中，项目参与者的贡献程度可以是"被采访者"，也可以是一个充分的合作者。这意味着，项目参与者在评价主持人的指导下进行自我评价。专业评价者的角色是评定评价结果的外部评价者，或者自我评价的推动者(Deitmer 等 2003, 130)。

(4)确定评价指标是评价设计的基础，并由此产生评价的"准绳"。指标可以在评价前确定，或者通过与项目参与者和利益相关者共同开发制定（Manske 等 2002）。

借助项目评价，评价人员获得了丰富的数据，对数据的系统化处理必须有充分依据，从而获得对项目的指导和建议，并确保评价结果的适用性或可行性（Kromrey 2001，110）。

为了确保评价的质量，教育评价标准联合委员会制定了评价标准，规定了项目评价的四项基本要求和原则，即效用、可行性、正当性和准确性（Widmer 等 1996）。

11.3.6.3　项目评价的用途

按照用途，评价可以分为三类（Will 等 1987a；Kromrey 2001；Stockmann 2002）。

第一类：项目的合法性评价。主要用于检验项目投入的措施和实现目标的效率和效益。它针对以数据为基础的产出，用投入—产出间的比较来考察投资回报，以及满足项目要求的程度。考察的问题有，项目是否值得在财政上投入，采取的措施是否有成本效益。另外一个方式是"目标实现率"检查，即检查目标是否以及在何种程度上达成。项目结果通常在最后分析，由外部评价者评价其应用效果。

第二类：拓宽知识基础的评价。这种评价运用科学方法（如通过制定和检验假设模型）检验社会干预的有效性，目的是科学研究。在此，需要控制相关外部条件并运用没有争议的方法。主要运用实证的社会研究方法，评价者必须作为一个外部的社会研究者。研究的典型问题是：项目实施的措施是否是目标达成的背后原因（案例见 Simmie 1997；Deitmer 2004a）。

第三类：适应发展和促进对话的评价。这种评价与其他评价有根本性的不同，主要效果是项目设计。作为开发流程的一个主要组成部分，它通过发展性的支持方式，加强创新过程的质量保障。

在美国，以参与为基础的评价方式已扩展成多种评价类型，如"授权评价""第四代评价"或"参与式评价"等（Guba/Lincoln 1989；Fettermann 等 1996；Patton 1997）。相对科学评价或外部评价（见第二类），此类评价的重要特点是"受影响的各方"的广泛参与。因此，评价是一个能够让不同参与者有组织地展示各种观点和（部分互相对立）矛盾的过程。评价者或评价小组作为主持人参与活动，支持参与者的讨论并促进项目的结构变化（实例见 Ehrlich 1995；Deitmer 等 1997）。

11.3.6.4　项目评价方法的发展

在综合项目评价过程中，采用实证社会研究的方式方法，重点不是"获取知识、普遍性原理和可迁移性的科学逻辑"，而是"获得一个实践项目活动成功的逻辑，常常作为国家行政或社会机构资助干预项目的组成部分"（Kromrey 1995，

315）。因此这种评价与基础科学研究不同，它是应用导向的，关注评价结果的应用性和实用性。评价是实践研究或行动研究的一种形式，同时要求评价人员的专业性，并遵守相应的科学原则。

综合项目的过程变化是一个社会过程，有利于质性、过程导向和伴随过程的评估设计，因此在一定程度上是开放的。目前，多数人认为评价要更多地反映利益相关者的观点和需求，而且将定性与定量方法有效地结合起来。

近20年来，对公共资金资助项目评价的理论和实践都发生了变化，要求所有直接受项目影响的人员和项目负责人都必须运用评价结果。Stockmann 认为："评价的质量不能用单一标准衡量。科学质量固然重要，但同时评价也必须是有用的。因为只有这样，评价才能对变革中的政治和社会进程产生影响"（2002，22）。

除了科学性质量标准外，实用性标准也得到了广泛的认可。这成为评价研究的一个重点。正如 Chemlinsky 总结的那样："我们很难说一种方法绝对比另一种方法更优秀，应考虑在实践中如何应用它，才能产生更多有说服力的结果"（1995，6）。

11.3.6.5 综合项目评价实践的发展：评价作为学习过程的媒体和发展平台

以下的评价方案为项目参与者和实施者提供帮助和指导，包括直接或间接参与项目活动的人员。这种评价方案符合行动导向的理念，因为评价者的角色变了。他们是合作伙伴，关注并直接参与到项目参与者和影响者的互动中。这也是 Kuhlmann（1998）支持的，即评价是一种促进自我组织式学习的媒体。

评价的质量指标不再主要是客观的、可靠性的和有效性的，而更强调沟通、干预、透明和相关性（Stockmann 2000，21；Deitmer 2004a，126），参与者需要对评价做出明确的判断。

评价包括定量和定性方法，结果通过对优、劣势的界定，对创新过程产生影响。

11.3.6.6 "双元制职业教育中的新学习方案"综合项目的评价方案

自 1997 年以来，项目评价在德国的典型试验研究中引起了极大的关注。如今，人们把学校职业教育和企业职业培训典型试验项目组合成规模更大的综合项目（Programmträger ITB/ISB 2004）。在"双元制职业教育中的新学习方案"这一综合项目中，评价的重点是典型试验如何促进目标的实现。综合项目评价被纳入正在开展的各子项目层面的活动中，因此是过程性的。这种干预有利于子项目的设计，它可以使项目变得更清晰、贡献变得可测量（Deitmer 2004a，159）。

这种项目评价方案是在 EE - Tool（Deitmer 等 2003）的基础上发展起来的，其目的如下。

（1）完善项目参与者的自我反思和项目管理战略。

（2）建立对项目绩效的共同理解。

（3）评价对综合项目目标的贡献。

（4）与项目的利益相关者进行沟通。

评价过程（见图11-10）由以下几部分组成：对采用的评价指标做初步阐述，在由项目参与者举办的研讨会上确定标准的权重并进行评价，外部评估小组对内部评价结果进行评价并在会议上反馈，以得出结果。在评价过程中，鼓励项目参与者开展基于指标的自我评价。讨论中，参与者的观点逐渐清晰，并引导得出下一步行动的计划。最后，这个过程被记录在项目管理报告中，包括新商定的详细目标（Deitmer 2004a）。

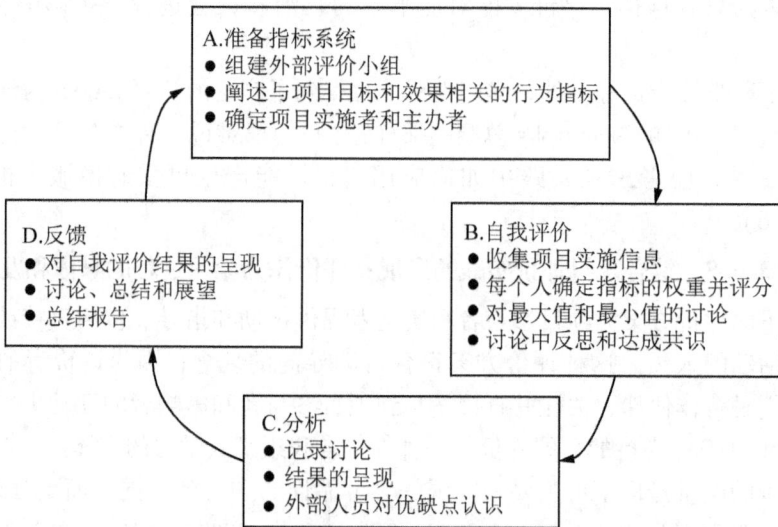

A.准备指标系统
● 组建外部评价小组
● 阐述与项目目标和效果相关的行为指标
● 确定项目实施者和主办者

D.反馈
● 对自我评价结果的呈现
● 讨论、总结和展望
● 总结报告

B.自我评价
● 收集项目实施信息
● 每个人确定指标的权重并评分
● 对最大值和最小值的讨论
● 讨论中反思和达成共识

C.分析
● 记录讨论
● 结果的呈现
● 外部人员对优缺点认识

图11-10　参与者导向的项目评价过程（EE）

对由200多名评价者参与评价的最终分析证实了以上评价过程的有效性。在40多场评价研讨会中，评价小组成功地识别出典型试验的关键点，利用参与者的自我评估能力使典型试验项目的优缺点变得更加清晰。一位与会者在评价研讨会结束时说："积极的结果是，我们确定了一个平衡量表——知道了我们现在身居何处，要去哪里，什么是接下来要做的"（Programmträger ITB/ISB 2004，98）。

11.3.6.7　前景

尽管在典型试验项目的科学伴随研究中累积了大量经验，然而在德国教育科研中，项目评价仍然是一个相当新的主题（Programmträger ITB/ISB 2004；Deitmer 2002）。

评价是人为完成的，即使是非常系统化和标准化的评价，也可能会有错误的数据。尤其是因为实施者的利益关系，项目评价常常会出现方法错误。有时，项目评价还被用于政治争斗中。这使得评价变得异常脆弱，致使人们排斥不满意的评价结果，而不是在行动中进行相应的改变。因此，评价既可以作为等级控制的工具，也可以作为创新型组织的反馈工具（Widmer 等 1996；Holzinger 2001）。

很多的项目评价不仅改进了目标绩效，而且完善了项目管理。正确的项目评价方法，应当融合不同的价值体系和项目参与者的利益。做到这一点是一个很大的挑战，这也是在与内容相关的研究方法中应妥善处理的"距离与接近"的开放性问题。

此外，评价项目、质量管理与质量保障不同，明确评价与质量管理（Stockmann 2002）间的联系也非常重要。当然，不同的项目评价认识也可以成为一种有效的学习媒介。如果项目评价活动可以促进学习，就能为提高公共资源管理的效率和促进教育创新做出更多的贡献。

11.3.7 知识管理

Michael Dick   Theo Wehner

11.3.7.1 定义

组织学习是一种组织发展理论，而知识管理的理论基础是组织结构理论。据此，知识是组织的特征和形成原则。知识管理包括构思、规划、战略运用、流程和工具，它用以组织知识的建构、定位和迁移，以确保组织绩效的发展。知识不属于个体，甚至都不是个体的"思想"，知识是建立在历史发展基础上的集合体。目前尚没有关于知识管理的标准定义。

早期，Spender/Grant（1996）和 Schreyögg/Conrad（1996）等从不同学科收集资料，后来人们又分别从宏观社会经济学和教育学角度（Drucker 1993；OECD 2000b）、从组织如何实施知识管理的角度（Davenport/Prusak 1998）以及从知识创新角度（Nonaka/Takeuchi 1995）写了一些容易理解的知识管理专著。近期对知识管理的综述如 Holsapple（2003）、Easterby-Smith（2003）、Tsoukas/Mylonopoulos（2003）、Dierkes 等（2001）和 Dick/Wehner（2003）等的工作和组织心理学研究成果。知识管理是一个跨学科课题，经济、信息和社会科学领域都在研究这个课题（Wehner/Clases 2002；Roehl 2000）。

管理学研究认为，对内部资源的关注会推动知识管理的发展。企业竞争力来自其独特的、别人无法效仿的核心竞争力。知识管理的核心任务是加强组织的知识基础，并对其进行持续的更新。所有的企业流程都与这一目的相符。信息科学的研究重点是调整信息来源和信息需求，包括对信息的归档、处理和查询，从而使信息出现在正确的时间和正确的地点，并且成为沟通与合作的平台与工具。社会学家呼吁重视知识现象的特点，在考虑知识组织、知识社会或知识化工作的视野下，研究知识现象的历史、社会经济和文化根源。心理学则提供了关于知识加工同认知、动机和情感过程相联系的基本知识。知识管理的教育目标是在组织内部和组织之间实施持续学习和变化过程。一般来说，知识管理涉及知识的专业化处理方式(具有深思熟虑、有效性、个性化和社区推动等特征)和知识向组织学习过程的迁移。

11.3.7.2　主题：知识

知识管理的主要问题是确定什么是必须要管理的，即知识。按照信息理论，首先要对数据、信息和知识进行区别(Krcmar 2003)。据此，知识是通过对数据和信息的组合与分析得到的，这样还将不断产生新的知识。知识的增长与分化及其多种呈现和分配的可能性，是信息超载的一个原因。因此，信息和数据不仅是知识的前提，而且是知识的结果。这就阐明了一个事实，即知识管理只能是基于数据和信息的，它将已"超载"的信息进一步扩展而不是削减。对社会科学来说，正确的模型是用数据、信息与知识的连续循环代替知识处理的等级体系(见图11-11)。

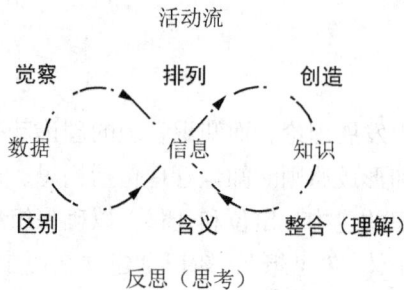

图11-11　数据、信息和知识之间的关系(Dick/Wehner 2002)

数据的获得取决于观察和编码的可能性。编码是按照一定标准对两种观察单位进行区分，如在大小、颜色、宽度和时间方面，数据允许有差别。然而信息需要额外的标准，它赋予数据含义，并对数据进行评价和排列。知识和信息的区别是什么？这一点正是导致意见分歧的地方。如 Willke(2001)认为，知识是通过将信息转化为经验背景而发展的。但是将数据处理为信息时，相应标准的获得也要以经验为基础，所以其他学者认为知识和信息之间是连续的：

"我们发现，将数据经信息成为知识理解为一个连续过程，而不是等级体系的做法，是实施知识管理最切实际的方案"(Mertins 等 2001a，10)。

符号、数据和信息之间的联系扩展至知识范畴，并不是没有问题的。知识可以被感知。主体与环境之间存在着直接的联系：一方面是主观确定性；另一方面是证明现象存在的证据。评估数据或信息是真还是假，不在于数据或资料本身，也不在于同其他信息的无限制结合。对信息是"真实"或"虚假"的主观确定，只有在与经验世界的联系中才能获得。知识以实证观察和经验为基础，信息则是与两者分离的。另一个基本概念区别是知识和经验间的差异。这可以追溯到实用知识的概念，并对英美的相关讨论产生了一定影响。据此，人类在经验之外是不存在知识的，知识就是人类的经验，它解释各种现象，并引向常规的行动。以下是Davenport/Prusak 对知识的定义。

"知识是体系化的经验、价值观、背景信息和专家见解的流动组合，它为评价与融合新经验和信息提供了一个框架。知识产生于并应用于知识者的思维中。在组织中，它不仅存在于文件和智囊中，而且深入到组织的日常事务、流程、实践和准则中"（Davenport/Prusak 1998，5）。

相对信息，我们可以确认知识的三个特征（Waibel 等 2004）。

（1）知识不是对实际生活现象的静态复制，而是一种动态结构，它帮助个人掌握行动要求。从实用意义上说，与认知表述相比较，知识更偏重于行动和经验。

（2）知识不仅局限于个人的记忆，而且受制于行动领域中的物质和社会条件。从这种情境性角度看，不能将知识简单作为不受环境影响的独立结构加以分析。

（3）个人知识是通过参与社会文化实践活动而发展的。学习意味着个人之间、个人与人工制品之间、个人与社会生活中的价值观、规则和机构间的互动。

简言之，知识是有意义的经验整合，它通过行动获得，经意义建构而为预期的行动和事件服务。

11.3.7.3 背景：知识社会与知识工作

知识管理是一个飞速发展的趋势，这可以从知识已成为许多学科的首要议题看出。在几代人的努力下，知识社会学和认知心理学已发展成熟。目前的发展状况是，一方面，以知识为基础的各种问题在实践中变得越来越重要，有更多尝试来解决发生在组织层面的共同问题；另一方面，人们将知识—工作—组织视为一个跨学科课题，没有任何一个学科可以完全独立解决其问题。

知识已成为工作、组织、社会和产品的重要特征，成为专业人员发展、传记、反思的中心。知识与社会实践之间的再生产关系变得日益密切。有意思的是，这一发展是同一项理论科学证明一起出现的，即科学得出的知识不再是绝对正确的，而是谬误的一种暂时状态。这为更加便于人们反思和解放实践打开了一条通道，但由于选择的复杂性，仍然可能造成一定困扰（Stehr 1994）。

在我们的社会中，知识在数量（表现为增加）、质量（变得更加令人怀疑）和结构上（对社会技术系统运转变得更加重要）发生了许多改变。耶鲁大学图书馆（Rider 1944）的书籍数量可以确认，后工业社会的知识增长是呈几何级的，这一点也可由 Physic Abstracts 的科学论文来证明（Price 1961，均引自 Bell 1973）。海量的知识迫使我们运用其他方式对其进行处理和理解。每个已解决的难题都包含很多悬而未决的问题，答案也带来同样的结果，即知识越多，问题越多。如何更好地处理大量的信息，是一个在知识管理中经常被提到的期望。

知识的逐步分化和专门化就是这种发展趋势的一部分，它使学科之间日渐疏远，且脱离日常生活世界。知识拥有者之间的沟通，成为控制和驾驭复杂技术系统的一个主要困难；如何将通用人才和专门人才进行整合，也成为目前的一项挑战。除此之外，知识管理的另一个动机是探索和设计文化与制度间合作的条件与可能性。

知识是工作的一种条件和对象（Schultze 2003；Willke 1998）。知识的创造、管理和应用，已成为工作的重要特征。这并不只在学术界，而且越来越多地出现在服务业和工业化生产领域。由于环境条件的快速变化，对工作过程的评估、修订和创新变得越来越重要。Wehner/Clases（2002）将其描述为对人和土地关系的一种稳步颠覆：原先将知识看作行动的基础，而现在，行动也被看作是知识的基础。

除了土地、工作和资本外，知识正成为一种重要的社会、经济和法律因素（Spinner 1994）。当知识成为一种结构性原则时，就已不再是领导与管理的额外任务，而是核心任务了。目前，已经建立起了以知识为基础的企业管理理论（Quinn 1992；Grant 1996；Tsoukas 1996）。然而，对知识工作中的各种角色、工具、工作分享及其组织方式的研究，目前还只是开始（Blackler 1995）。

11.3.7.4　知识管理的概念

1. 作为共同学习过程的知识管理

波兰尼等（Polanyi 1966；Ryle 1949）提出的"隐性知识"或"懂得如何做"（know-how）往往只针对个人。人们想象知识保持在思维或手中，需要进行提取并表达出来。在组织中，对绩效、最佳实践（best practice）或经验（lessons learned）的描述是个人的，但知识却存在于组织共同的结构、实践、规则和工具中，它已经脱离了知识的创造者，并以客观的方式维持和迁移。Collins（1993）将知识划分成大脑（embrained）知识、身体（embodied）知识、文化（encultured）知识、嵌入（bedded）知识和可编码（encoded）知识，即知识存在于大脑、身体、社会实践、生活文化、过程、常规、工具以及符号数字中。Geertz（1983）提出了"本地化知识"（local knowledge）的概念。从逻辑上讲，那些具有专业知识的共同体，或与这些知识相关的共同体，都是知识的载体。

文化人类学理论支持这种观点，它将学习描述为现实世界中以文化为基础的、共同组织的过程（Lave/Wenger 1991；Brown/Duguid 1996）。通过对任务和角色的分配，实践共同体根据其成员的地位和能力将其集合成一个整体。这个概念可以用来解释，如企业内专家小组在工作中彼此分离，但通过在线方式彼此沟通（Bogenrieder/Nooteboom 2004）。人们用"活动系统"模型描述实践共同体的复杂活动，Engeström（1987）称其为"人类行为分析的基本单位"。活动系统由"主体"
"对象"和"沟通主体与对象的媒体"（即工具）构成。把这三个要素置于某一共同
体中，便可以通过其规则和劳动分工，对这一共同体进行描述和分析。发展、进
步与创新，即共同体的结构变化与学习，可通过活动系统内部或活动系统之间的
互动完成。人们只能通过完善活动系统来理解和安排知识迁移和知识管理。必须
以一种典型的、社会的和文化的眼光，来看待作为共同体中心的个人。

2. 知识迁移

在职业教育中，作为提高质量、创新或缺陷管理的手段，工作计划和隐性知
识变得越来越重要。为了（部分）替代或重建从实践中抽象出来的系统性的学科
知识，对核心能力（Prahalad/Hamel 1990）、组织常规（Pentland/Rueter 1994）、本
地化知识（Waibel 等 2004）、工作过程知识、技能和专家智能（Ericsson 1996；
Sonnentag/Schmidt-Braße 1998）等的研究得到了很大发展。这里的基本理念是：必
须将规划性知识进行可视化和可交流化处理。从教育心理学角度看，这种迁移对
企业的教育工作和知识管理是一个巨大的挑战。

Nonaka/Takeuchi（1995）对隐性知识和显性知识进行了区分，这成为其"知识
生成"理论的基础。他们把这两种知识放在个人、团体、企业和企业间互动的层
面上考虑。知识在这些层面之间按照从低到高的顺序进行迁移，即从个人到集
体，最后生成知识。这里有四种知识迁移形式：①在社会化阶段，隐性知识以隐
性形态被悄然迁移和吸纳；②在外化阶段，隐性知识显性化；③通过结合，继续
保持和发展了显性知识；④通过内化，显性知识又成为隐性知识（见图 11-12）。

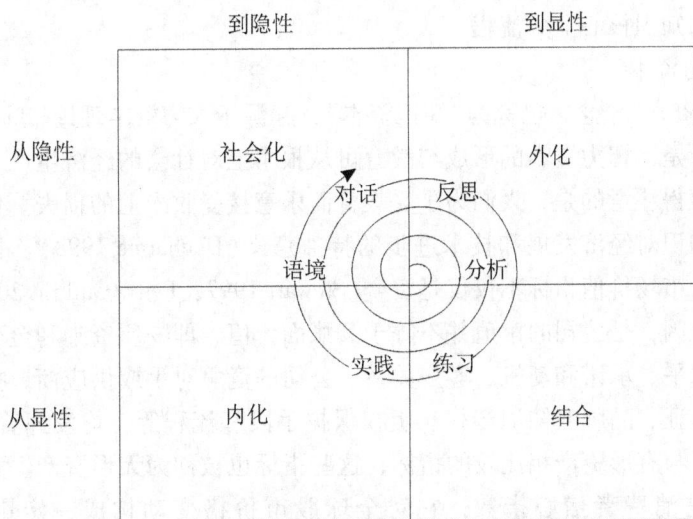

图 11-12　知识生成理论（Nonaka/Takeuchi 1995）

Dick/Wehner（2002）从三个层面描述这种迁移：①在行动层面，基于经验的

知识必须迁移为独立于相关情景的信息,反过来,这种信息必须是易懂的;②在表象层面,知识必须从一种形式迁移为另一种形式,如隐性的、显性的、言语的和视觉的;③在社会结构层面,文化能力必须单独获得,个人成就必须在文化上可用。

3. 知识管理的核心流程

根据 Probst 等(1997)的理论模型(尚未得到实证检验),知识的开发、习得、认同、保持、应用和分配组成一个知识目标和知识评价的周期。相关心理学研究成果是知识习得(Anderson 1981;Engeström 1999a)和知识表现(Anderson/Lebiere 1998;Klix/Hagendorf 1986),以及实用价值更高的知识的社会建构理论(Tsoukas/Mylonopoulos 2004)。

创造、记录、传播和应用知识同时也是以企业为导向(源于企业流程的再造)的知识管理的中心(Heisig 2001)。知识管理与企业的核心业务流程联系紧密,如产品开发、物流、项目控制或管理。同时,企业文化也是知识管理的一个应用领域(Mertins 等 2001a)。

Pawlowsky(1998)从组织学习流程中得出知识管理的一体化模型。由此,他对知识的认同、生成、传播、整合、改造以及应用等学习阶段做出了区分,使它们能以组织化形式参与到知识管理中。对 Pawlowsky 来说,知识管理是组织的核心竞争力经组织内外部交换关系获得的延伸。这就是为什么创新和学习能力必须从组织的所有功能和体制层面上推动才能奏效。在对若干行业的案例研究基础上,Clases/Wehner(2002)确定了促进感受性、启动、以知识为基础的合作以及知识保护的知识核心业务流程。

4. 智力资本

"智力资本"概念,也称为"知识资本",起源于人力资本理论(Becker 1964)。其中心理念是,智力资本的形成与教育可从根本上对社会的经济生产率和资本做出贡献。值得注意的是,人们为了受教育而乐意接受收入上的损失。创新理论同时也强调知识对经济发展和技术进步的特殊意义(Ducharme 1998)。目前的讨论试图指出,市场价值指标不仅仅是资金(Stewart 1997;Petty/Guthrie 2000)。

究其原因,是公司的市值并不等于其账面价值,即物质资本和金融资本。雇员的教育水平、承诺和动机、客户关系、公司的竞争对手或供应商、持有专利的数量、许可证、品牌或知识产权、版权保护手段和流程等,均发挥着重要作用。由于建立了与有形资产相比较的指标,这些指标也被称为无形资产。相关指标的一个案例是消费者信心指数,它对全球股市价格变动构成一定影响(Curtin 2002)。Roos 等(1997)公布了一项基于智力资本报告(由瑞典保险公司 Skandia(1994)在 20 世纪 90 年代初开发,是该公司的年度报告)的分类,对人力资本和结构资本做了区分(Edvinsson/Malone 1997;OECD 1999b)。Reinhardt(1998)将这种分类细化，将能力、意愿、灵活性作为人力资本的组成要素，关系、组织和创新作为结构资本的组成要素。对此的进一步应用是无形资产监视器（Intangible Asset Monotor）（Sveiby 2000）和平衡记分卡（Balanced Scorecard）（Kaplan/Norton 1996）。其中，平衡记分卡描绘了处于平衡中的程序性财政、客户和以员工为导向的标准，并对知识管理开放（Horváth 2001）。智力资本声明（Intellectual Capitl Statement）是建立在叙事基础的定性知识管理流程（Mouritsen 等 2002）。Heisig 等（2001）和 Reinhardt 等（2001）也对智力资本理论的概念和方法进行了研究。

11.3.7.5　实证研究状况

1. 调查

早期的调查试图证明知识管理的重要性并进行推广（Bullinger/Prieto 1998），然而我们很难找到充分实证依据。早期文献的关键词既没有用假设来表达，也没有发展成实证性概念。

但在此期间，并不能质疑知识管理在科学和实践中的意义（Schneider 2001）。文献研究发现，人们比较认可技术中心的观点，而忽略了社会以及文化等方面的因素（Katenkamp 等 2002；Scholl/Heisig 2003），现在则是更强调交流和人力资源。除了建立实践或知识共同体、网络化外，以项目为基础的组织（Sydow 等 2004）和外部关系组织（Wagner 2003）也摆上了日程。Weick（1969）把"sensemaking"作为知识管理的策略提出来，它与叙事有关，与传统的管理行动决策理论则没有联系（Boland/Yoo 2003）。

Scholl/Heisig（2003）在其德尔菲研究中谈到，知识管理中的"人力转移"被视作知识管理最重要的理论进展。除了融入业务流程，对知识管理技术和社会方面的调整也是最紧迫的挑战，这已经由一项涉及面广的国际研究证实。研究显示，知识管理及组织结构化因素之间有密切的联系。与宏观经济和其他环境因素相比，这些因素对知识管理的实施更为重要（Moffett 等 2003）。

根据对德国和欧洲 129 家大规模公司的调查显示（Heisig/Vorbeck 2001），知识管理对产品和服务开发、生产和销售，以及市场和客户分析与信息管理非常重要。迄今为止，企业最重要的成功因素是企业文化。如果对企业如何评价自己关于知识管理流程的知识进行考察，就会发现，只有 17.4% 的企业能清楚地解释隐性知识，但有 62.3% 的人熟悉关于知识对象的数据库。根据这一自我评价，33% 的成熟知识管理项目落实到日常业务流程上，75% 以上的企业正在开发或计划试点项目。1200 个公司收到问卷，但没有回答的问卷超过 1000 份。结论表明，知识管理仍然是比较新颖的事物，并没有得到广泛传播。

2. 案例研究

知识管理的实证数据收集大部分是通过案例研究进行的。一般来说，这些案例是指公司的知识管理项目，以及这些项目从初始问题经战略和执行到结论的发展过程。有时,案例也可以是对公司的介绍(Shell International 2001; Skandia 1998; Probst/Davenport 2001),其他案例则基于科学家与员工的访谈(Mertins 等 2001b; Schulze 2002)。这些案例通常被作为标杆,但往往又不能进行直接比较,因为各公司的初始条件、措施和影响大不一样。相反,它们可以被推荐作为最佳实践的案例。此外还有一些研究,即科学家亲自参与知识管理项目的实施,或者在项目滞留相当长的时间,对案例的处理与比较分析一同进行(Eppler/Sukowski 2000; Lüthy 等 2002)。此外,还可以发现整个行业以知识为基础的工作案例(Willke 2001; OECD 2000b)。从员工角度看,知识管理在组织的日常事务中面临的困难、出现的问题也是根本性的(Wehner/Dick 2001)。

3. 理论研究

跨学科的沟通很难转化为实证科学的研究方法。企业管理的贡献几乎完全是基于案例研究的,由于不同的背景条件,无法进行系统化的比较,但是少数社会科学理论可以延伸到知识管理领域中。与精神表征、复杂问题解决或人工智能有关的知识心理学研究中,工作多数缺乏与具体实际生活应用的联系。这就是工作影响较小的原因,而像程序性知识(Oswald/Gadenne 1984)、隐性知识(Broadbent 等 1986; Berry 1987)或惰性知识(Renkl 等 1996)等概念则得到了应用。

与知识的创造、应用和贡献有关的研究工作,起源于对专家智能的研究(Bromme 1992; Dreyfus/Dreyfus 1986; Hacker 1992; Scribner 1984)。对知识的传播和交换,专家与外行和生手的沟通很重要(Bromme 等 2003; Wehner/Waibel 1996; Dick/Wehner 2007)。

对工作系统中引发合作行为的条件与可能性的研究,也涉及知识的交换。合作伙伴之间在知识上的差异不应被视为一种障碍,而应在战略和执行层面得到提倡(Pleiss/Oesterreich 2003)。企业内部关系研究发现,合作与协调是工作分享组织共同的根本性结构特点(Wehner 等 2000)。

最后,一些民族志研究也在重建知识的创造与传播,并重建行动的具体领域(Suchman 1987; Orr 1996)。结果是,这方面的知识往往只在本地区有效,并成为封闭工作体系之外的一个障碍(Scribner 等 1991; Waibel 等 2004)。

11.3.7.6 实施工具

除了不断促进知识管理发展的信息技术外,其他领域的方法也被应用在知识管理中。如知识圈(knowledge circles)是源于参与性工程设计和质量管理的工具(Derboven 等 2002),而激发个人建构的凯利方格(Repertory Grid)原本是一种心理治疗方法(Jankowicz 2001),定性社会研究则主要用来解释主观和集体的经验值(Dick 2003; Kleiner/Roth 1997; Dick/Wehner 2007)。

知识管理的方法常常与企业核心业务流程一起描述(Eppler 1999),其重点仍是电子商务的应用,尽管有人指出,知识是信息和经验互动的结果,包括知识储存库、局域网、小组系统、文件管理、信息检索工具、工作流程管理、数据分析等（Hoffmann 2001，76）。Roehl（2000）总结的方法有角色扮演、对话、培训、使命陈述和质量圈等。他还对与个人及工作有关的工具、以问题解决为导向的工具以及工具的技术化和空间组织基础设施做了区分。Davenport/Prusak（1998）则更倾向于训练和指导。人们还对知识管理中的个人角色进行了分类，并在知识推广中有条不紊地发展这些角色（Peters/Dengler 2004）。

11.3.7.7　职业教育中的知识管理

最后要说明的是，知识管理对职业教育的重要性。由于就业越来越不稳定，员工们尤其想保障自己的就业能力并发展当前工作之外的竞争性能力。在企业内，经验性再生产和创新性适应之间的关系，已经转变为更加关心适应性的发展。临时项目是员工非常重要的学习机会，但是迄今为止未得到很好的利用（Scarbrough 等 2004；Sydow 等 2004）。此外，工作过程中的经验积累也是一个重要的学习过程，它能帮助员工克服在细致分工条件下的孤立工作状态，从而对跨部门的生产流程和工艺有全面的了解（Fischer/Rauner 2002；Fischer 2005）。总之，随着学习在工作行为中占的比例不断增加（Engeström 1999），学习和知识交流能力成为核心竞争力，这不仅需要补偿性办法，而且也需要预先传授。我们不但要将其作为个体的，也要作为组织共同的要求来理解，这一点非常重要。

参考文献

Abbott,A. (1988):The system of professions. Chicago:University of Chicago Press

Abbott,A. (1991):The order of professionalization. In:Work and Occupations Vol.18,(4).355-384

Abel,H. (1963): Das Berufsproblem im gewerblichen Ausbildungs-und Schulwesen Deutschlands (BRD). Braunschweig:Westermann

Abel,R./Brandes,H./Kissler,L. (1983): Berufsvorbereitende Maßnahmen für benachteiligte Jugendliche. Berlin:BIBB

Abicht,L./Bärwald,H./Bals,T. Eds. (2001):Gesundheit,Wellness,Wohlbefinden. Bielefeld:W. Bertelsmann

Abramson,T. (1979):Handbook of Vocational Education Evaluation. Beverly Hills:Sage

Achtenhagen,F. (1990): Vorwort. Berufsbildungsforschung an den Hochschulen der Bundesrepublik Deutschland. In: DFG: Denkschrift der Senatskommission für Berufsbildungsforschung. Weinheim: VCH. Acta Humaniora

Achtenhagen,F. (1995):Lehr-Lern-Forschung. In:Arnold,R./Lipsmeier,A. Eds. :Handbuch der Berufsbildung. Opladen:Leske + Budrich. 465-481

Achtenhagen, F. (1998): Kriterien zur Konstruktioneines,, handlungsorientierten Unterrichts ". In: Wirtschaft und Erziehung Vol.1,(98). 3-4

Achtenhagen,F. (2004):Prüfung von Leistungsindikatoren für die Berufsbildung sowie zur Ausdifferenzierung beruflicher Kompetenzprofile nach Wissensarten. In: BMBF: Expertisen zu den konzeptionellen Grundlagen für einen Nationalen Bildungsbericht. Berlin:BMBF. 11-32

Achtenhagen,F. (2005):Prüfung von Leistungsindikatoren für die Berufsbildung sowie zur Ausdifferenzierung beruflicher Kompetenzprofile nach Wissensarten. In:Baethge, M. u. a. Eds. : Expertisen zu den konzeptionellen Grundlagen für einen Nationalen Bildungsbericht. Bonn,Berlin:BMBF. 11-32

Achtenhagen, F./Fürstenau, B./Getsch, U. u. a. (1999):Mastery learning mit Hilfe eines multimedial repräsentierten Modellunternehmens in der Ausbildung von Industriekaufleuten. In:Sloane, P. u. a. Eds. :Lehren und lernen in der beruflichen Aus- und Weiterbildung. Opladen:Leske + Budrich. 111-124

Achtenhagen,F./Grubb, N. (2001): Vocational and Occupational Education. In:Richardson, V. Ed. : Handbook of Research on Teaching. Washington:AERA. 604-639

Achtenhagen,F./Ernst,J. G. Eds. (2003):Die Lehr-Lern-Perspektive. Bielefeld:W. Bertelsmann

Achtenhagen,F./Nijhof,W./Raffe,D. (1995):Feasibility Study:Research scope for vocational education in the framework of COST social sciences. Brussels:EC:Science,Research and Development

Achtenhagen,F./Thạng,P. -O. (2002):Transferability,Flexibility and Mobility as Targets of Vocational Education and Training. Proceedings of the Final Conference of the COST Action A11

Achtenhagen,F./Weber,S. (2003):Authentizität in der Gestaltung beruflicher Lernumgebungen. In:Bredow,A./Dobischat,R./Rottmann,J. Eds. :Berufs- und Wirtschaftspädagogik von A-Z. Baltmannsweiler:Schneider Hohengehren. 185-199

Ackeren,I. van (2003): Beispiele gegenwärtiger offizieller Indikatorensysteme. In: van Ackeren, I./Hovestadt,G. Eds. :Indikatorisierung der,Forum Bildung'. Universität Duisburg-Essen

Ackroyd,S./Procter,S. (1998):British Manufacturing Organisation and Workplace Industrial Relations. In:British Journal of Industrial Relations Vol.36,(2). 163ff

Acksteiner,F. (2001):Schüleraktiver Experimentalunterricht in der Berufsschule. Frankfurt/Main:Lang

Adams,G. B. (1992):Enthralled with modernity. In:Public Administration Review Vol.52,(4). 363-373

Adolph,G. (1975):Der didaktische Stellenwert von Experimenten in einem theoriebildenden, wissenschaftsorientierten, berufsqualifizierenden Unterricht. In: Rauner, F./Gewande, W. D./Weltner, K. Eds. :Experimentalunterricht in der beruflichen Bildung. Hannover:Schroedel. 55-65

Adolph, G. (1996): Handlungsorientierter Technikunterricht. In: Lipsmeier, A. / Rauner, F. Eds.: Beiträge zur Fachdidaktik Elektrotechnik. Stuttgart: Holland + Josenhans. 180-195

Adolph, G. (2001): Wissensaneignung durch Handeln und Gestalten. In: Fischer, M. / Heidegger, G. / Petersen, W. u. a. Eds. : Gestalten statt Anpassen in Arbeit, Technik und Beruf. Bielefeld: W. Bertelsmann. 171-188

Adolph, G. Ed. (1984): Fachtheorie verstehen. Wetzlar: Jungarbeiterinitiative an der Werner-von-Siemens-Schule

Adorno, T. W. (1970): Der Positivismusstreit in der deutschen Soziologie. Frankfurt/Main: Suhrkamp

Adorno, T. W. / Dahrendorf, R. / Pilot, H. u. a. (1981): Der Positivismusstreit in der deutschen Soziologie. Neuwied: Luchterhand

AERA (1999): Standards for educational and psychological testing. Washington, DC: AERA

Alasuutari, P. (1995): Researching Culture. London: Sage

Albert, H. (1972): Konstruktion und Kritik. Hamburg: Hoffmann und Campe

Albert, H. (1982): Die Wissenschaft und die Fehlbarkeit der Vernunft. Tübingen: Mohr

Aldrich, H. E. (1979): Organizations and Environments. New York: Prentice Hall

Alex, L. (1999): Stand der Überlegungen zur Früherkennung. In: Alex, L. / Bau, H. Eds. : Wandel beruflicher Anforderungen. Bielefeld: W. Bertelsmann. 5-12

Allan, D. G. (1990): The curriculum revolution: In: Journal of Nursing Education Vol. 29, (7). 312-316

Allen, R. (2000): Knowing How and Knowing That. In: Neuweg, G. H. Ed. : Wissen-Können-Reflexion. Innsbruck: Studien-Verlag. 45-63

Altrichter, H. (2000): Konfliktzonen beim Aufbauschulischer Qualitätssicherung und Qualitätsentwicklung. In: Helmke, A. u. a. Eds. : Qualität und Qualitätssicherung im Bildungsbereich. Weinheim, Basel: Beltz. 93-110

Altrichter, H. / Posch, P. (1998): Lehrer erforschen ihren Unterricht. Bad Heilbrunn: Klinkhardt

Altrichter, H. / Posch, P. Eds. (1999): Wege zur Schulqualität. Innsbruck, Wien: Studien-Verlag

Amato, C. H. / Amato, L. H. (2005): Enhancing student team effectiveness. In: Journal of Marketing Education Vol. 27, (1). 41-51

Amburgey, T. L. / Kelly, D. / Barnett, W. P. (1993): Resetting the Clock. In: Administrative Science Quarterly Vol. 38, 51-73

Amthor, R. -C. (2003): Die Geschichte in der Berufsausbildung der Sozialen Arbeit. Weinheim: Juventa

Amtsblatt der EU, Official Journal of the European Communities (2002): Mitteilungen des Rates: Detailliertes Arbeitsprogramm zur Umsetzung der Ziele der Systeme der allgemeinen und beruflichen Bildung in Europa

Anderson, J. R. (1987): Skill acquisition. In: Psychological Review Vol. 94, (2). 192-210

Anderson, J. R. (1995a): Learning and Memory. New York: Wiley

Anderson, J. R. (1995b): Cognitive Psychology and Its Implication. New York: Freeman

Anderson, J. R. (1996): Kognitive Psychologie. Heidelberg: Spektrum

Anderson, J. R. Ed. (1981): Cognitive skills and their acquisition. Hillsdale: Erlbaum

Anderson, John R. / Lebiere, Christian (1998): The atomic components of thought. Hillsdale: Erlbaum

Anderson, L. W. / Krathwohl, D. R. Eds. (2001): A taxonomy for learning, teaching, and assessing. New York: Longman

Andres, B. / Dippelhofer-Stiem, B. (1991): Die Kinderkrippe. Bielefeld: Kleine

Antoni, C. H. / Bungard, W. (2004): Arbeitsgruppen. In: Schuler, H. Ed. : Enzyklopädie der Psychologie, Band 4. Göttingen: Hogrefe. 129-192

Antoni, C. H. (1990): Qualitätszirkel als Modell partizipativer Gruppenarbeit. Bern: Huber

Appelbaum, E. / Bailey, T. / Berg, P. u. a. (2000): Manufacturing advantage. London: Cornell University Press

Apter, D. E. (1967): The Politics of Modernization. Phoenix: University of Chicago Press

Arbeitsgruppe Internationale Vergleichsstudie (2003): Vertiefender Vergleich der Schulsysteme ausgewählter PISA-Teilnehmerstaaten. Berlin: BMBF

Arends, E. / Ehrlich, K. / Meyer, R. u. a. (1998): Modellversuch KONSIL. In: Holz, H. / Rauner, F. / Walden, H. Eds. : Ansätze und Beispiele der Lernortkooperation. Bielefeld: W. Bertelsmann. 135-149

Argote, L. / McEvily, B. / Reagans, R. (2003): Introduction to the special issues on managing knowledge in organisations. In: Management Science Vol. 49, V-VIII

Argyris, C. (1985): Strategy, Change and Defensive Routines. Boston: Pitman

Argyris, C. (1993): Knowledge for Action. San Francisco: Jossey-Bass

Argyris, C. (2004): Reasons and Rationalizations. Oxford: Oxford University Press

Argyris, C. /Schön, D. A. (1974): Theory in practice. San Francisco: Jossey Bass

Argyris, C. /Schön, D. A. (1978): Organizational Learning. Reading, MA: Addison-Wesley

Argyris, C. /Schön, D. A. (1996): Organizational Learning II. Reading (Mass.): Addison-Wesley

Aristotle (2000): Nicomachean Ethics. Cambridge University Press

Armstrong, E. K. (2003): Applications of Role-Playing in Tourism Management Teaching. In: Journal of Hospitality, Leisure, Sport and Tourism Education Vol. 2, (1). 5-16

Arnold, P. (2001): Didaktik und Methodik telematischen Lehrens und Lernens. Münster: Waxmann

Arnold, P. (2003): Kooperatives Lernen im Internet. Münster: Waxmann

Arnold, P. /Kilian, L. /Thillosen, A. u. a. (2004): E-Learning. Nürnberg: BW Bildung und Wissen

Arnold, P. /Thillosen, A. /Kilian, L. (2003): Wie sichert man didaktische Qualitaet beim ELearning? In: Dehnbostel, P. /Dippl, Z. /Elster, F. Eds. : Perspektiven moderner Berufsbildung. Bielefeld: W. Bertelsmann. 33-47

Arnold, R. (1996a): Weiterbildung. München: Vahlen

Arnold, R. (1996b): Systemlernen und Berufsbildung. In: Geissler, H. Ed. : Arbeit, Lernen und Organisation. Weinheim: Deutscher Studienverlag. 371-383

Arnold, R. (1997a): Von der Weiterbildung zur Kompetenzentwicklung. In: AG QUEM: Kompetenzentwicklung 1997. Münster: Waxmann. 253-307

Arnold, R. (1998): Kompetenzentwicklung. In: ZBW. Vol. 94, 496-504

Arnold, R. (2001): Qualität. In: Arnold, R. /Nolda, S. /Nuissl, E. Eds. : Wörterbuch Erwachsenenpädagogik. Bad Heilbrunn: Klinkhardt. 270-271

Arnold, R. (2006): Angepasste Qualitätssicherung in der Berufsbildungszusammenarbeit. In: Markert, W. Ed. : Qualität des beruflichen Lernens in der Weiterbildung. Baltmannsweiler: Schneider Hohengehren. 4-12

Arnold, R. /Lipsmeier, A. (1995): Berufspädagogische Kategorien didaktischen Handelns. In: Arnold, R. / Lipsmeier, A. Eds. : Handbuch der Berufsbildung. Opladen: Leske + Budrich. 13-28

Arnold, R. /Müller, H. J. (1992): Medienvielfalt und berufliches Lernen. In: Berufsbildung Vol. 46, (18). 7-9

Arnold, R. /Steinbach, S. (1998): Auf dem Weg zur Kompetenzentwicklung? In: Werner Markert (Ed.): Berufs- und Erwachsenenbildung zwischen Markt und Subjektbildung. Baltmannsweiler: Schneider Hohengehren. 22-32

Aronson, E. /Ellsworth, P. C. /Carlsmith, J. M. et. al (1990): Methods of research in social psychology. New York: McGraw-Hill

Aronson, E. /Pines, A. M. /Kafry, D. (1983): Vom Überdruss zur Selbstentfaltung. Stuttgart: Klett-Cotta

Arrighetti, A. /Bachmann, R. /Deakin, S. (1997): Contract Law, Social Norms and Inter-Firm Co-operation. In: Cambridge Journal of Economics 21, (2)

Artelt, C. (2000a): Strategisches Lernen. Münster: Waxmann

Artelt, C. (2000b): Wie prädiktiv sind retrospektive Selbstberichte über den Gebrauch von Lernstrategien für strategisches Lernen? In: Zeitschrift für Pädagogische Psychologie 14, (2/3). 72-84

Artelt, C. (2006): Lernstrategien in der Schule. In: Mandl, H. /Friedrich, H. F. Eds. : Handbuch Lernstrategien. Göttingen: Hogrefe. 337-351

Artelt, C. (2007): Externe Evaluation und einzelschulische Entwicklung. In: van Buer, J. /Wagner, C. Eds. : Qualität von Schule. Frankfurt/Main et al. ; Lang. 131-140

Ashton, D. /Sung, J. (2002): Supporting workplacelearning for high performance working. Geneva: ILO

Astleitner, H. (2000): Designing emotionally sound instruction. In: Instructional Science Vol. 28, 169-198

Atkinson, R. K. /Derry, S. J. /Renkl, A. et. al (2000): Learning from Examples. In: Review of Educational Research Vol. 70, (2). 181-214

Atteslander, P. /Kopp, M. (1987): Befragungen. In: Roth, E. Ed. : Sozialwissenschaftliche Methoden. Wien: Oldenbourg. 146-174

Attwell, G. /Jennes, A. /Tomassini, M. (1997): Work-related knowledge and work process knowledge. In: Brown, A. Ed. : Promoting Vocational Education and Training. Tampere: Tampereen Yliopisto. 69-80

Austermann, A. (1996): Medienpädagogik. In: Lenzen, D. Ed. : Reinbek: Rowohlt. 1035-1045

Australian National Training Authority (2003): Training Package Development Handbook 2003. Brisbane

Ausubel, D. P. (1968): Educational psychology. New York: Holt, Rinehart & Winston

Avenarius, H. /Ditton, H. /Döbert, H. u. a. (2003): Bildungsbericht für Deutschland. Opladen: Leske + Budrich

Axtell, C. M. / Parker, S. K. (2003): Promoting role breadth self-efficacy through involvement, work redesign and training. In: Human Relations Vol. 56, 112-131

Baabe-Meijer, S. / Meyser, J. / Struve, K. Eds. (2004): Entwicklung gestalten. Bielefeld; W. Bertelsmann

Baabe-Meijer, S. / Meyser, J. / Struve, K. Eds. (2006): Innovation and soziale Integration. Bielefeld; W. Bertelsmann

Babbage, C. (1835): On the economy of machinery and manufacturers. London; Charles Knight

Bachl, W. (1986): Qualifizierung an Industrierobotern. Berlin u. a. ; Springer

Backhaus, K. / Erichson, B. / Plinke, W. u. a. (2003): Multivariate Analysemethoden. Berlin; Springer

Bader, R. (2000): Konstruieren von Lernfeldern. In: Bader, R. / Sloane, P. Eds. ; Lernen in Lernfeldern. Markt Schwaben; Eusl. 33-50

Baecker, D. (1998a): Organisation als System. Frankfurt/Main; Suhrkamp

Baethge, M. (1991): Arbeit, Vergesellschaftung, Identität. In: Soziale Welt Vol. 42, (1). 6-19

Baethge, M. (1994): Arbeit und Identität. In: Beck, U. / Beck-Gernsheim, E. Eds. ; Riskante Freiheiten. Frankfurt/Main; Edition Suhrkamp. 245-261

Baethge, M. (2001): Beruf. In: Kurtz, T. Ed. ; Aspekte des Berufs in der Moderne. Opladen; Leske + Budrich. 39-68

Baethge, M. (2005): Der europäische Berufsbildungsraum. www. sofi -goettingen. de/frames/publik/mitt33/Baethge-neu-pdf. 09. 02. 2006

Baethge, M. / Achtenhagen, F. / Arends, L. u. a. (2006): Berufsbildungs-PISA. Stuttgart; Steiner

Baethge, M. / Baethge-Kinsky, V. (1995): Ökonomie, Technik, Organisation. In: Arnold, R. / Lipsmeier, A. Eds. ; Handbuch der Berufsbildung. Opladen; Leske + Budrich. 142-156

Baethge, M. / Baethge-Kinsky, V. (1998): Jenseits von Beruf und Beruflichkeit? In: Mitteilungen aus der Arbeitsmarkt- und Berufsforschung Vol. 31, (3). 461-472

Baethge, M. / Baethge-Kinsky, V. (2002): Arbeit. In: AGQUEM; Kompetenzentwicklung 2002. Münster; Waxmann, 69-198

Baethge, M. / Baethge-Kinsky, V. / Kupka, P. (1998): Facharbeit-Auslaufmodell oder neue Perspektive? http://www. sofi -goettingen. de. 26. Mai1998

Baethge, M. / Buss, K. -P. / Lanfer, C. (2003): Konzeptionelle Grundlagen für einen Nationalen Berufsbildungsbericht. In: BMBF; Bildungsreform. Vol. 7. Berlin; BMBF

Baethge, M. / Gerstenberger, F. / Kern, H. u. a. (1974): Produktion und Qualifikation. Hannover; Schroedel

Baethge, M. / Gerstenberger, F. / Kern, H. u. a. (1976): Produktion und Qualifikation. Hannover; Schroedel

Baethge, M. / Hantsche, B. / Pellul, W. u. a. (1988): Jugend. Opladen; Leske + Budrich

Baethge, M. / Oberbeck, H. (1986): Zukunft der Angestellten. Frankfurt/Main; Campus

Baird, M. (2002): Changes, dangers, choice and voice. In: The Journal of Industrial Relations Vol. 44, (3). 359-375

Baitsch, C. (1998): Lernen im Prozess der Arbeit. In: AG QUEM; Kompetenzentwicklung 1998. Münster; Waxmann. 269-337

Baitsch, C. / Jutzi, K. / Delbrouck, I. u. a. (1998): Organisationales Lernen. In: Geissler, H. / Lehnhoff, A. / Petersen, J. Eds. ; Organisationslernen im interdisziplinären Dialog. Weinheim; Deutscher Studienverlag. 91-108

Bals, T. (1993): Berufsbildung der Gesundheitsfachberufe. Alsbach; Leuchtturm

Balzer, L. / Frey, A. / Nenninger, P. (1999): Was ist und wie funktioniert Evaluation? In: Empirische Pädagogik Vol. 4, 393-412

Balzer, L. / Frey, A. / Renold, U. u. a. (2002): Ergebnisse der Evaluation. Landau; Empirische Pädagogik

Bamberg, S. / Gumbl, H. / Schmidt, P. (2000): Rational Choice und theoriegeleitete Evaluation. Opladen; Leske + Budrich

Ban, A. W. van den/ Hawkins, H. S. (1996): Agricultural Extension. Oxford; Blackwell

Bandura, A. (1982): Self-efficacy mechanism in human agency. In: American Psychologist Vol. 37, 122-147

Bandura, A. (1997): Self-efficacy. New York; Freeman

Banister, E. / Schreiber, R. (1999): Teaching feminist group process within the nursing curriculum. In: Journal of Nursing Education Vol. 38, (2). 72-76

Bank, V. (1997): Controlling in der betrieblichen Weiterbildung. Köln; Botermann & Botermann

Bannwitz, A. / Rauner, F. Eds. (1993): Wissenschaft und Beruf. Bremen; Donat

Barab, S. A. / Squire, K. (2004): Design-Based Research. In: The Journal of the Learning Sciences Vol. 13, (1). 1-14

Barley, J. /Kunda, G. (2001): Bringing work back in. In: Organization Science Vol. 12, (1). 76-95

Bateson, G. (1973): Steps to an Ecology of Mind. New York: Ballantine Books

Battezzati, L. /Coulon, A. /Gray, D. et. al (2004): E-learning for teachers and trainers. Luxembourg

Baudisch, W. /Bojanowski, A. Eds. (2002): Berufliche Rehabilitation mit behinderten und benachteiligten Jugendlichen im Berufsbildungswerk. Münster: Lit

Bauer, H. G. /Böhle, F. /Munz, C. u. a. (2002): High-Tech-Gespür. Bielefeld: W. Bertelsmann

Bauermeister, L. /Howe, F. /Rauner, F. (2000): GoLo-gestaltungsorientierte Berufsbildung im Lernortver-bund. In: Cramer, G. /Schmidt, H. /Wittwer, W. Eds.: Ausbilder- Handbuch. Köln: Verlag Deutscher Wirtschaftsdienst. 1-18

Baum, T. (2002): Skills and training for the hospitality sector. In: Journal of Vocational Education and Training Vol. 54, (3). 343-364

Baumard, P. (1999): Tacit Knowledge in Organizations. London: Sage

Baumeister, R. F. (1984): Choking Under Pressure. In: Journal of Personality and Social Psychology Vol. 46, (3). 610-620

Baumert, J. /Bos, W. /Lehmann, R. H. Eds. (2000): TIMSS/III. Dritte internationale Mathematik- und Naturwissenschaftsstudie. Opladen: Leske + Budrich

Baumert, J. /Heyn, S. Köller, O. (1992): Das Kieler-Lernstrategien-Inventar (KSI). Kiel: Universität Kiel

Baumert, J. /Klieme, E. /Neubrand, M. u. a. (2000): Fähigkeit zum selbstregulierten Lernen als fächerübergreifende Kompetenz. http://www. mpibberlin. mpg. de/pisa/ccdt. pdf. 11. 08. 2007

Baumert, J. /Klieme, E. /Neubrand, M. u. a. (Eds.) (2001): PISA 2000. Opladen: Leske + Budrich

Baumert, J. /Lehmann, R. /Lehrke, M. u. a. (1997): TIMSS-Mathematischnaturwissen schaftlicher Unter-richt im internationalen Vergleich. Opladen

Baumert, J. /Stanat, P. /Watermann, R. Eds. (2006): Herkunftsbedingte Disparitäten im Bildungswesen. Wiesbaden: VS

Baumgartner, P. /Häfele, H. /Maier-Häfele, K. (2002): E-Learning Standards aus didaktischer Perspek-tive. In: Bachmann, G. /Haefeli, O. /Kindt, M. Eds.: Die Virtuelle Hochschule in der Konsolidierung-sphase. Münster: Waxmann. 277-286

Baumgartner, P. /Payr, S. (1999): Lernen mit Software. Innsbruck: Studien-Verlag

BBT(2003): BBT-Der Schritt zum Fortschritt. http://www. bbt. admin. ch/dasbbt/profi l/d/index. htm. Februar 2004

Beck, K. (1999): Evaluation and assessment of flexibility, mobility and transferability in European Coun-tries. Brussels: EC

Beck, K. (2000b): Teaching-Learning-Processes in Initial Business Education. Landau: Verlag Empirische Pädagogik

Beck, K. (2005): Ergebnisse und Desiderate zur Lehr-Lern-Forschung in der kaufmännischen Berufsaus-bildung. In: ZBW Vol. 101, (3). 458-462

Beck, K. Ed. (2000a): Lehr-Lernprozesse in der kaufmännischen Erstausbildung. Landau: Empirische Pädagogik

Beck, K. Ed. (2002): Teaching-Learning Processes in Vocational Education. In: ZBW Vol. 99, (2). 232-250

Beck, K. /Bienengräber, T. /Heinrichs, K. (1997): Die moralische Urteils- und Handlungskompetenz von kaufmännischen Lehrlingen. Mainz

Beck, K. /Dransfeld, A. /Minnameier, G. et. al (2002): Autonomy in heterogeneity? In: Beck, K. Ed.: Teaching-learning processes in vocational education. Frankfurt/Main: Lang. 87-119

Beck, K. /Heid, H. Eds. (1996): Lehr-Lern- Prozesse in der kaufmännischen Erstausbildung. ZBW, Beiheft 13. Stuttgart: Steiner

Beck, K. /Krumm, V. (1994): Economic literacy in German-speaking countries and the United States. Boston: Kluwer. 183-202

Beck, K. /Krumm, V. Eds. (2001): Lehren und Lernen in der beruflichen Erstausbildung. Opladen: Leske + Budrich

Beck, U. (1986): Die Risikogesellschaft. Frankfurt/Main: Suhrkamp

Beck, U. (1993): Nicht Autonomie, sondern Bastelbiographie. In: Zeitschrift Für Soziologie Jg. 22, (3/ 93). 178-187

Beck, U. (1996): Ohne Ich kein Wir. In: Die Zeit. 23. 8. 1996, 10-11

Beck, U. /Brater, M. (1977): Die soziale Konstitution der Berufe. Frankfurt/ Main: Campus

Beck, Ulrich/Brater, Michael/Daheim, Hansjürgen (1980): Soziologie der Arbeit und der Berufe. Reinbeck; Rowohlt

Becker, B. /Huselid, M. (1998): High performance work systems and firm performance. In: Personnel and Human Resources Management 16,53-101

Becker, F. /Buchen, H. (2006): Personal- und Leistungsbeurteilung. In: Buchen, H. /Rolff, H-G. Eds. : Professionswissen Schulleitung. Weinheim; Beltz. 586-645

Becker, G. (1964): Human Capital. New York; National Bureau of Economic Research

Becker, M. (1995). Bildungscontrolling. In: von Landsberg, G. /Weiß, R. Hg. Bildungscontrolling. Stuttgart; Schäffer-Poeschel. 57-80

Becker, M. (2003): Diagnosearbeit im Kfz-Handwerk als Mensch-Maschine-Problem. Bielefeld; W. Bertelsmann

Becker, M. (2004); Zur Ermittlung von Diagnosekompetenz von Kfz-Mechatronikern. In: Rauner, F. Ed. : Qualifikationsforschung und Curriculum. Bielefeld; W. Bertelsmann. 167-184

Becker, M. /Hitz, H. /Rauner, F. u. a. (2002): Aufgabenanalyse für die Neuordnung der Berufe im Kfz-Sektor. Bremen

Becker, M. /Isermann, K. (1997): Arbeiten und Lernen mit rechnergestützten Diagnosesystemen im Kfz-Handwerk. Bremen. Universität Bremen

Becker, M. /Spöttl, G. (2001a): Berufswissenschaftliche Kristallisationspunkte zur Erschließung von Arbeitsprozessen. In: Spöttl, G. Eds. : Arbeitsgestaltung-Flexibilisierung-Kompetenzentwicklung. Kassel; 399-404

Becker, M. /Spöttl, G. (2001b): Learn-Now. In: Petersen, W. /Rauner, F. /Stuber, F. Eds. : IT-gestützte Facharbeit. Baden-Baden; Nomos. 159-178

Becker, M. /Spöttl, G. (2006): Vocational Education Research and its Empirical Relevance for Curriculum Development. In: bwp@ ,BWP-online (www. bwpat. de) (Ausgabe 11). 1-23

Becker, M. /Spöttl, G. /Stolte, A. (2001): ADAPT Heritage. Bonn: Nationale Unterstützungsstelle der Bundesanstalt für Arbeit

Becker, W. /Meifort, B. (2004): Ordnungsbezogene Qualifikationsforschung als Grundlage für die Entwicklung beruflicher Bildungsgänge. In: Rauner, F. Ed. : Qualifikationsforschung und Curriculum. Bielefeld; W. Bertelsmann. 45-59

Becker, W. /Meifort, B. Eds. (1993): Professionalisierung gesundheits- und sozialpflegerischer Berufe. Berlin; BIBB

Becker, W. /Meifort, B. Eds. (1995); Pflegen als Beruf. Bielefeld; W. Bertelsmann

Becker, W. /Meifort, B. Eds. (2002); Gesundheitsberufe. Bielefeld; W. Bertelsmann

Becker, W. /Barbara M. Eds. ; Gesundheitsberufe. Bielefeld; W. Bertelsmann. 87-105

Beckett, D. /Hager, P. (2002); Life, Work and Learning. London; Routledge

Beher, K. /Knauer, D. /Rauschenbach, T. (1995): ErzieherInnen. Frankfurt/Main; Max-Träger-Stiftung

Beher, K. /Liebig, R. /Rauschenbach, T. (1998): Das Ehrenamt in empirischen Studien. Stuttgart; Kohlhammer

Behr, M. (1981); Die Entstehung der industriellen Lehrwerkstatt. Frankfurt/Main; Campus

Behrens, S. /Esser, C. (2003); Qualitätsmanagement in beruflichen Schulen. In: BWP Vol. 32, (1). 40-44

Beicht, U. /Krekel, E. (1999): Bedeutung des Bildungscontrollings in der betrieblichen Praxis. In: Krekel, E. /Seusing, B. Eds. ; Bildungscontrolling. Bielefeld; W. Bertelsmann. 35-53

Belanger, J. /Giles, A. /Murray, G. (2002); Workplace innovation and the role of institutions. In: Murray, G. /Belanger, J. /Giles, A. et. al Eds. ; Work and employment relations in the high commitment workplace. London; Continuum

Bell, D. (1973); The coming of post-industrial society. New York; Basic Books

Bendorf, M. (2002): Bedingungen und Mechanismen des Wissenstransfers. Wiesbaden; Deutscher Universitätsverlag

Benner, H. (1977): Der Ausbildungsberuf als berufspädagogisches und bildungsökonomisches Problem. Hannover; Schroedel

Benner, H. (1993); Medien. In: Berufsbildung in Wissenschaft und Praxis Vol. 22, (6). 11-16

Benner, H. (1996); Ordnung der staatlich anerkannten Ausbildungsberufe. Bielefeld; W. Bertelsmann

Benner, P. (1982); From novice to expert. In: American Journal of Nursing Vol. 82,402-407

Benner, P. (1984); From Novice to Expert. Menlo Park; Addison-Wesley

Benner, P. (1994); The role of articulation in understanding practice and experience as sources of knowledge in clinical nursing. In: Tully, J. Ed. ; Philosophy in an age of pluralism. New York; Cambridge University. 136-155

Benner,P. (19951; 19972) : Stufen zur Pflegekompetenz. Bern; Huber

Benner,P./Hooper-Kyriakidis, P./Stannard, D. (1999) : Clinical wisdom and interventions in critical care. Philadelphia; W. B. Saunders

Benner,P./Tanner,C./Chesla, C. (1992) : From beginner to expert. Advances in Nursing Science. 14 (3)

Benner,P./Tanner,C./Chesla,C. (1996) : Expertise in Nursing Practice. Springer

Benner,P./Tanner,C./Chesla,C. et. al (2000) : Pflegeexperten. Bern et al. ; Huber

Berben,T./Klüver,J./Milevczik,G. (2001) : Das Lernfeldkonzept und die Entwicklung der Schulorganisation dargestellt am Modellversuch Berufliche Qualifizierung 2000. In; Gerds,P./Zöller, A. Eds. ; Das Lernfeldkonzept der Kultusministerkonferenz. Bielefeld; W. Bertelsmann. 181- 205

Berger,P./Luckmann,T. (1966) : The Social Construction of Reality. Englewood Cliffs, NJ; Prentice-Hall

Berghe,W. (1998) : Indicators in perspective. Theassaloniki; CEDEFOP

Bergmann,B. (1996) : Lernen im Prozess der Arbeit. In; Berlin Arbeitsgemeinschaft Qualifikations-Entwicklungsmanagement Ed. ; Kompetenzentwicklung '96. Münster; Waxmann. 153-262

Bergmann,B. (2000) : Arbeitsimmanente Kompetenzentwicklung. In; Bergman, B./Fritsch, A./Göpfert, P. Eds. ; Kompetenzentwicklung und Berufsarbeit. Münster; Waxmann. 11-39

Bergmann,B. (2003) : Selbstkonzept beruflicher Kompetenz. In; Erpenbeck, J./von Rosenstiel, L. Eds. ; Handbuch Kompetenzmessung. Stuttgart; Schäffer-Poeschel. 229-260

Bergmann,B./Fritsch, A./Göpfert, P. u. a. (2000) : Kompetenzentwicklung und Berufsarbeit. Münster; Waxmann

Bergmann,G./Daub,J./Meurer, G. (2006) : Metakompetenzen und Kompetenzentwicklung. Teil II. Berlin; Arbeitsgemeinschaft. Betriebliche Weiterbildungsforschung e. V

Bergmann,J. (1985) : Flüchtigkeit und methodische Fixierung sozialer Wirklichkeit. In; Bonß, W./Hartmann, H. Eds. ; Entzauberte Wissenschaft. Göttingen; Schwartz. 299-320

Bergmann,J. (1991) : "Studies of Work". In; Flick, U. Ed. ; Handbuch qualitative Sozialforschung. München; Psychologie Verlagsunion

Bergmann,J. (2000, 2003) : Ethnomethodologie. In; Flick, U./Kardoff, E./Steinke, I. Eds. ; Qualitative Forschung. Reinbek; Rowohlt. 118-135

Bergmann,J. (2004) : Conversation Analysis. In; Flick, U./Kardoff, E./Steinke, I. Eds. ; A Companion to Qualitative Research. London; Sage. 296-302

Berliner,D. C. (1994) : Assessing the Skills of Expert Pedagogues. Madrid, Spain. Tempe

Bernien, M. (1997) : Anforderungen an eine qualitative und quantitative Darstellung der beruflichen Kompetenzentwicklung. In; AG QUEM; Kompetenzentwicklung 1997. Münster; Waxmann. 17-83

Bernstein,B. (1971) : On the classification and framing of educational knowledge. In; Young, M. Ed. ; Knowledge and Control. London; Collier Macmillan

Berry,D. (1987) : The problem of implicit knowledge. In; Expert Systems Vol. 4,144-151

Berry,D. Ed. (1997) : How Implicit Is Implicit Learning? Oxford University Press

Berthoin A./Dierkes, M. (2002) : Organisationslernen und Wissensmanagement. Berlin; Wissenschaftszentrum Berlin

Bevis,E. O./Murray,J. (1990) : The essence of the curriculum revolution. In; Journal of Nursing Education Vol. 29,(7). 326-331

Bevis, E. O./Watson,J. (1989) : Toward the caring curriculum. New York; National League for Nursing

Beyer,W./Eicker, F./Messing, W. u. a. (1980) : Dokumentation zur Lehrerarbeit in der Berufsschule. In; Rauner, F./Drechsel, R./Gronwald, D. u. a. Eds. ; Berufliche Bildung. Braunschweig; Vieweg. 298-304

Beywl,W. (1988) : Zur Weiterentwicklung der Evaluationsmethodologie. Frankfurt/Main; Lang

Beywl,W./Bestvater, H. (1998) : Selbst-Evaluation in pädagogischen und sozialen Arbeitsfeldern. In; Bundesvereinigung Kulturelle Jugendbildung; Qualitätssicherung durch Evaluation. Remscheid; Selbst-Verlag. 33-43

Biagi,M. (2002) : Quality of Work, Industrial Relations and Employee Invovlement in Europe. In; Biagi, M. Ed. ; Quality of Work, Industrial Relations and Employee Involvement in Europe. The Hague; Kluwer. 3-22

BIBB (1975) : Experimentalunterricht in der beruflichen Bildung. Hannover; Schroedel

BIBB (2003) : Neue und modernisierte Ausbildungsberufe. Bielefeld; W. Bertelsmann

BIBB (1999) : Eine neue Berufsausbildung in der Bauwirtschaft. Bielefeld; W. Bertelsmann

Bickmann,J./Enggruber, R. (2001) : Karriereverläufe von Jugendlichen im Anschluss an das Berufsvorbereitungsjahr. In; Enggruber, R. Ed. ; Berufliche Bildung benachteiligter Jugendlicher. Münster; Lit. 11-

62

Biemans,H./Nieuwenhuis,L./Poell,R. et. al (2004):Investigating competence-based VET in The Netherlands. In:Journal of Vocational Education and Training Vol.56,(4).523-538

Bienengräber,T. (2002):Vom Egozentrismus zum Universalismus. Wiesbaden:Deutscher Universitäts-Verlag

Bierhoff,H./Prais,S. (1997):From school to productive work. Cambridge:Cambridge University Press

Bieri,C./Forrer,E. (2005):Cool,kompetent und kein bisschen weise? Chur:Rüegger

Biermann,H./Bonz,B./Rützel,J. Eds. (1999):Beiträge zur Didaktik der Berufsausbildung Benachteiligter. Stuttgart:Holland + Josenhans

Biermann,H./Rützel,J. (1999):Didaktik der beruflichen Bildung Benachteiligter. In:Biermann,H./Bonz,B./Rützel,J. Eds.:Beiträge zur Didaktik der Berufsausbildung Benachteiligter. Stuttgart:Holland + Josenhans. 11-37

Bijker,W. (1995):Of Bicycles,Bakelites and Bulbs. Cambridge (MA):MIT Press

Bildungskommission der Länder Berlin und Brandenburg (2003):Bildung und Schule in Berlin und Brandenburg. Berlin:Wissenschaft &Technik

Billett,S. (1995):Structuring knowledge through authentic activities,Brisbane:Griffith University

Billett,S. (1996):Constructing Vocational Knowledge. In:Journal of Vocational Education and Training Vol.48,(2).141-154

Billett,S. (2001):Learning in the Workplace. Sydney:Allen & Unwin

Billett,S. (2002):Workplace Pedagogic Practices. In:British Journal of Educational Studies Vol.50,(4).457-481

Billett,S. (2003):Vocational Curriculum and Pedagogy. In:European Educational Research Journal Vol.2,(1).6-21

Billett,S. (2007):Exercising self through working life. In:Brown,A./Kirpal,S./Rauner,F. Eds.:Identities at Work. Dordrecht:Springer. 183-210

Binmore,K. (1995):Muddling through. Noisy equilibrium selection. London

Birenbaum,M./Breuer,K./Cascallar,E. et al. (2006):A learning integrated assessment system. In:Educational Research Review 1,(1).61-67

Bischoff,C. (1992):Frauen in der Krankenpflege. Frankfurt/Main:Campus

Blackler,F. (1995):Knowledge,Knowledge Work and Organizations. In:Organization Studies Vol.16,(6).1021-1046

Blalock,H. (1964):Causal inferences in nonexperimental research. Chapel Hill:The University of North Carolina

Blandow,J./Gintzel, U./Hansbauer, P. (1999):Partizipation als Qualitätsmerkmal in der Heimerziehung. Münster:Votum

Blankertz,H. (1960):Die Ungelernten als Problem der Berufsschule. In:Erziehung und Schule in Theorie und Praxis. Weinheim:Beltz. 269-278

Blankertz,H. (1982a):Die Sekundarstufe II. In:Blankertz,H./Derbolar,J./Kell,A. Eds.:Enzyklopädie Erziehungswissenschaft. Stuttgart:Klett-Cotta. 321-339

Blankertz,H. (1982b):Die Geschichte der Pädagogik. Wetzlar:Büchse der Pandora

Blankertz,H. (1983b):Berufsausbildung als Prüfstein für die pädagogische Qualität des öffentlichen Unterrichtswesens. In:ZBW Vol.11,803-810

Blankertz,H. (1985):Berufsbildung und Utilitarismus. Weinheim und München:Juventa (zuerst 1963)

Blankertz,H. Ed. (1983a):Lernen und Kompetenzentwicklung in der Sekundarstufe II. Soest:Soester Verlagskontor

Blaug,M. (1970):An introduction to the economics of education. London:Lane

Blauner,R. (1964):Alienation and Freedom. Chicago,London:University of Chicago Press

Blings,J./Spöttl,G. (2003):Eco-Recycler. Bonn:Nationale Agentur Bildung für Europa

BLK (2002):Kompetenzzentren in regionalen Berufsbildungsnetzwerken. In:Materialien zur Bildungsplanung und zur Forschungsförderung Heft 99,BLK

BLK (2004):BLK-Bildungsfinanzbericht 2002/2003. Die aktuelle Entwicklung. In:Materialien zur Bildungsplanung und zur Forschungsförderung Heft 116-1,BLK

BLK (2006):Berufsbildende Schulen als eigenständig agierende lernende Organisationen. In:Materialien zur Bildungsplanung und zur Forschungsförderung Heft 135,BLK

BLK (2006):SKOLA. Programmskizze. http://www. blk-bonn. de/modellversuche/selbst-gesteuertes-lernen. html

Bloy, W. (1973): Beziehungen zwischen den Arbeitstätigkeiten des Facharbeiters und dem methodischen Vorgehen im berufstheoretischen Unterricht. In: berufsbildung Vol. 27, (12). 550-556

Bloy, W. /Hahne, K. /Struve, K. Eds. (2000): Lern- und Handlungsfelder in der Bau-, Holz- und Gestaltungstechnik. Bielefeld: W. Bertelsmann

Bloy, W. /Hahne, K. /Struve, K. Eds. (2002): Bauen und Gestalten im neuen Jahrhundert. Bielefeld: W. Bertelsmann

Bloy, W. /Hahne, K. /Uhe, E. Eds. (1995): Fachtagung Bau- und Holztechnik. Neusäß: Kieser

Bloy, W. /Hahne, K. /Uhe, E. Eds. (2000): Fachtagung Bau/Holz/Farbe. Neusäß: Kieser

BMBF (2002a): Rahmenkonzept, Innovative Arbeitsgestaltung. Bonn

BMBF (1999): Jugendliche ohne Berufsausbildung. Eine BIBB/EMNID-Untersuchung. Bonn

BMBF (2002b): Berufliche Qualifizierung Jugendlicher mit besonderem Förderbedarf. Berlin

BMBF (2003a): Zur Entwicklung nationaler Bildungsstandards. Bonn: Sekretariat der Kultusministerkonferenz

BMBF (2003b): Indikatorisierung der Empfehlungen des Forum Bildung. Berlin: BMBF

BMBF (2005): Berufsbildungsbericht 2005. Bonn: BMBF

BMBW (1993): Berufsbildungsbericht 1993. Bonn: Eigendruck

BMBW (1991): Daten und Fakten über Jugendliche ohne abgeschlossene Berufsausbildung. Bonn: Eigendruck

BMWA (2005): Konjunkturbericht über die Lage der Bauwirtschaft im Jahr 2004. No. 1/2005. Berlin: BMWA

Bobbitt, F. (1918). TheCurriculum. Boston: Houghton Mifflin

Bodker, S. (1987): UTOPIAN Experience. In: Bjerknes, G. /Ehn, P. /Kyng, M. Eds. : Computers and Democracy. Aldershot: Avebury Books. 251-278

Boehm, B. (1988): A spiral model of software development and enhancement. In: IEEE Computer Vol. 21, (5). 61-72

Boekearts, M. (1997): Self-regulated learning. In: Learning and Instruction Vol. 7, (2). 161-186

Boekearts, M. (1999): Self-regulated learning: where we are today. In: International Journal of Educational Research Vol. 31, (1). Elsevier Science. 445-457

Boekearts, M. /Corno, L. (2005): Self-Regulation in the Classroom. In: Applied Psychology Vol. 54, (2). 199-231

Boekearts, M. /Maes, S. /Karoly, P. (2005): Self-regulation across domains of applied psychology. In: Applied Psychology Vol. 54, (2). 149-152

Boekearts, M. /Pintrich, P. /Zeidner, M. Eds. (2000): Handbook of self-regulation. San Diego: Academic Press

Bogenrieder, I. /Nooteboom, B. (2004): Learning Groups. In: Organization Studies Vol. 25, (2). 287-313

Böhle, F. (1992): Grenzen und Widersprüche der Verwissenschaftlichung von Produktionsprozessen. In: Malsch, T. /Mill, U. Eds. : ArBYTE-Modernisierung der Industriesoziologie? Berlin: edition sigma. 87-132

Böhle, F. (2003): Wissenschaft und Erfahrungswissen. In: Böschen, S. /Schulz-Schäffer, I. Eds. : Wissenschaft in der Wissensgesellschaft. Wiesbaden: Westdeutscher Verlag. 143-177

Böhle, F. /Milkau, B. (1988): Vom Handrad zum Bildschirm. Frankfurt/Main: Campus

Böhle, F. /Rose, H. (1992): Technik und Erfahrung. Frankfurt/Main: Campus

Böhle, F. /Schulze, H. (1997): Subjektivierendes Arbeitshandeln. In: Schachtner, C. Ed. : Technik und Subjektivität. Frankfurt/Main: Suhrkamp. 26-46

Böhner, M. /Straka, G. (2005): Bankwirtschaftliche Kompetenz. In: Berufs- und Wirtschaftspädagogik, Heft 8

Bojanowski, A. (1988): Berufsausbildung in der Jugendhilfe. Münster: Votum

Bojanowski, A. /Carstensen-Bretheuer, E. /Kipp, M. (1996): Jugendliche besser verstehen und ganzheitlich fördern. Frankfurt/Main: GAFB

Boland, R. /Yoo, Y. (2003): Sensemaking and Knowledge Management. In: Holsapple, C. Ed. : Handbook on Knowledge Management. Berlin: Springer. 381-392

Bolder, A. (2002): Arbeit, Qualifi kation und Kompetenz. In: Tippelt, R. Ed. : Handbuch Bildungsforschung. Opladen: Leske + Budrich. 651-674

Bolder, A. /Hendrich, W. (2000): Fremde Bildungswelten. Opladen: Leske + Budrich

Bollnow, F. (1991): Vom Geist des Übens. 3. Aufl . Stäfa: Rothenhäusler

Bolte, K. /Treutner, E. Eds. (1983): Subjektorientierte Arbeits- und Berufssoziologie. Frankfurt/Main:

Campus

Bonifer-Dörr,G. (1992):Arbeiten mit dem Förderplan. Bonn:BMBF

Bonz,B. Ed. (1999):Methoden der Berufsbildung. Stuttgart:Hirzel

Borch,H./Weißmann,H. Eds. (2002):IT-Berufe machen Karriere. Bielefeld:W. Bertelsmann

Boreham,N. (1989):Modelling medical decision making under uncertainty. In:British Journal of Educational Psychology Vol. 59,187-199

Boreham,N. (1994):The dangerous practice of thinking. In:Medical Education Vol. 28,172-179

Boreham,N. (1995a):Making sense of events in the workplace. Courcelle sur Yvette,France

Boreham,N. (1995b):Error analysis and expertnovice differences in medical diagnosis. In:Hoc,J. -M./ Hollnagel,E./Cacciabue,C. Eds. ;Expertise and Technology. Hove:Lawrence Erlbaum Associates. 91-103

Boreham,N. (2004a):A Theory of Collective Competence. In:British Journal of Educational Studies 52, (1).5-17

Boreham,N. (2004b):Orienting the work-based curriculum towards work process knowledge. In:Studies in Continuing Education Vol. 26,209-227

Boreham,N./Foster,R./Mawer,G. (1992):Strategies and knowledge in the control of the symptoms of a chronic illness. In:Le Travail Humain Vol. 55,15-34

Boreham,N./Morgan,C. (2004):A socio-cultural analysis of organizational learning. In:Oxford Review of Education 30,307-325

Boreham,N./Samurçay,R./Fischer,M. Eds. (2002):Work Process Knowledge. London:Routledge

Born,C./Krüger,H./Dagmar,L. -M. (1996):Der unentdeckte Wandel. Berlin:edition sigma

Bortz,J. (1999):Statistik für Sozialwissenschaftler. Berlin,Heidelberg:Springer

Bortz,J./Döring,N. (2003):Forschungsmethoden und Evaluation für Human- und Sozialwissenschaftler. Berlin:Springer

Bos,W./Dedering,K. et al. (2007):Schulinspektion in Deutschland. In:Buer, J./Wagner, C. Eds. ;Qualität von Schule. Frankfurt/Main et al. 241-258

Bosch,G./Klaus,Z. -R. (2000):Der Bauarbeitsmarkt. Frankfurt/Main:Campus

Boshuizen,H./Schmidt,H./Custers,E./Margje, van de W. (1995):Knowledge development an restructuring in the domain of medicine. In:Learning and Instruction Vol. 5,268-289

Bötel,C./Krekel,E. Eds.) (2000):Bedarfsanalyse,Nutzensbewertung und Benchmarking. Bielefeld:W. Bertelsmann

Bottani,N./Tuijnman,A. (1994):International Education Indicators. Paris:Centre for Educational Research an Innovation. 21-35

Böttcher,W./Köster,T. (1986):Sozialpädagogik und berufliche Bildung. München:DJI

Boud,D. (1985):Turning Experience into Learning. London:Kogan Page

Boud,D./Garrick,J. (1999):Understanding Learning at Work. London:Routledge

Bourauel,F. (1996):Problemlösung mit Hilfe von computerbasierten Expertensystemen am Beispiel BMW. In:Rauner,F./Spöttl,G. Eds. ;Auto,Service und Beruf in Europa. Bremen:Donat. 39-45

Bourdain,A. (2000):Kitchen Confidential. London:Bloomsbury Publishing Plc

Bourdain,A. (2001):A Cook's Tour. London:Bloomsbury

Bourdieu,P. (1988):Homo Academicus. Stanford,CA:University of Stanford Press

Bourdieu,P. (1990):The Logic of Practice. Stanford:Stanford University Press

Bourdieu,P. (1992):Die Kodifizierung. In:Pierre Bourdieu (Ed.):Rede und Antwort. Frankfurt/Main:Suhrkamp. 99-110

Bourdieu,P./Passeron,J. -C. (1971):Die Illusion der Chancengleichheit. Stuttgart:Klett-Cotta

Bracht,G./Glass, G. (1968):The external validity of experiments. In:American Educational Research Journal No 5

Brackmann,H. -J. (2003):Auf dem Weg zur kontinuierlichen Qualitätsverbesserung. In:Zeitschrift für Pädagogik 47. Beiheft,Beltz. 234-244

Brandmeier,M. (1993):Einfl ussfaktoren kontinuierlicher Arbeit in Kleingruppen. Karlsruhe:Universität

Brandt,G. (1984):Marx und die neuere deutsche Industriesoziologie. In:Leviathan Vol. 12,195-215

Brandt,M. (1996):Berufschancen von Absolventen der Schule für Lernbehinderte. In:Eberwein,H. Ed. ;Handbuch Lernen und Lern-Behinderungen. Weinheim,Basel:Beltz. 212-227

Brater,M. (1983):Das Projekt JUBA. Berlin:BIBB

Brater,M. (1984):Künstlerische Übungen in der Berufsausbildung. In:Projektgruppe Handlungslernen:Handlungslernen in der beruflichen Bildung. Wetzlar:Werner-von-Siemens-Schule. 62-86

Brater, M. / Anna, M. (1998): Der Weg zum Leitbild. München: Gesellschaft für Ausbildungsforschung und Berufsentwicklung

Bräu, K. / Schwerdt, U. Eds. (2005): Heterogenität als Chance. Münster: Lit

Braun, F. (2000): Übergangshilfen? In: Pohl, A. / Schneider, S. Eds. : Sackgassen-Umleitungen-Überholspuren. Tübingen: Neuling. 35-48

Braun, F. / Lex, T. / Rademacker, H. (1999): Probleme und Wege der beruflichen Integration von benachteiligten Jugendlichen und jungen Erwachsenen. München: DJI

Braverman, H. (1974): Labor and Monopoly Capital. New York: Monthly Review Press

Braverman, H. (1977): Die Arbeit im modernen Produktionsprozess. Frankfurt/Main: Campus

Bredenkamp, J. (1980): Theorie und Planung psychologischer Experimente. Darmstadt: Steinkopff

Bredow, A. (2003): Dienstleistungskompetenz als berufsdidaktische und berufsbildungspolitische Herausforderung. Universität Duisburg-Essen

Bremer, C. (2002): Online Materialien zur Standardisierungsdebatte. http://www. edulinks. de/artikelstan dar di sie rung. html. 12. 02. 2006

Bremer, R. (2001): Technik und Bildung. Bremen: ITB

Bremer, R. (2002): Berufliche Kompetenz und Identität als forschungslogischer Ausgangspunkt einer berufswissenschaftlichen Entwicklungshermeneutik. In: Fischer, M. / Rauner, F. Eds. : Lernfeld: Arbeitsprozess. Baden-Baden: Nomos

Bremer, R. (2004a): Zur Konzeption von Untersuchungen beruflicher Identität und fachlicher Kompetenz. In: Jenewein, K. / Knauth, P. / Röben, P. u. a. Eds. : Kompetenzentwicklung in Arbeitsprozessen. Baden-Baden: Nomos. 107-121

Bremer, R. (2004b): Developing a modern curriculum for the automobile industry. In: Fischer, M. / Boreham, N. / Nyhan, B. Eds. : European perspectives on learning at work. Luxembourg: CEDEFOP. 332-339

Bremer, R. / Haasler, B. (2004): Analyse der Entwicklung fachlicher Kompetenz und beruflicher Identität in der beruflichen Erstausbildung. In: Bildung im Medium beruflicher Arbeit. ZfPäd Vol. 50, (2). 162-181

Bremer, R. / Haasler, B. (2006): Berufliche Entwicklungsaufgaben als Instrument zur Bewertung von Lernverläufen. In: Böttcher, W. / Holtappels, G. / Brohm, M. Eds. : Evaluation im Bildungswesen. Weinheim: Juventa. 229-244

Bremer, R. / Jagla, H. -H. Eds. (2000): Berufsbildung in Geschäfts- und Arbeitsprozessen. Bremen: Donat

Bremer, R. / Rauner, F. / Röben, P. (2001): Experten-Facharbeiter-Workshops als Instrument der berufswissenschaftlichen Qualifikationsforschung. In: Eicker, F. / Petersen, W. Eds. : „ Mensch-Maschine-Interaktion". Baden- Baden: Nomos. 211-231

Brettel, M. (2000): Benchmarking in der Bildung. In: Bötel, C. / Krekel, E. Eds. : Bedarfsanalyse, Nutzenbewertung und Benchmarking. Bielefeld: W. Bertelsmann. 149-162

Brettschneider, V. / Gruber, H. / Kaiser, F. -J. u. a. (2000): Anleitung komplexer Problemlöse- und Entscheidungsprozesse zur Unterstützung des Erwerbs kaufmännischer Kompetenz. In: ZBW Vol. 96, 399-418

Breuer, K. / Beck, K. (2002): Are European Vocational Systems up to the Job? Frankfurt: Lang

Brewer, S. / Jozefowicz, J. (2006): Making economic principles personal. In: Journal of Economic Education Vol. 37, (2). 202-216

Bridgewood, A. / Hinckley, S. / Sims, D. et. al (1988): Perspectives on TVEI. London: Training Commission

Briggs, A. (1972): Report of the committee on Nursing. London: H. M. S. O

Brink, T. / Gergle, D. / Wood, S. (2002): Usability for the Web. San Francisco: Morgan Kaufmann

Brinkman, B. / Westendorp, A. / Wals, A. et. al (2007): Competencies for Rural Development Professionals in the Era of HIV/AIDS. In: A journal of comparative education Vol. 37, (4). 493-511

Brinkmann, E. (2004): Hauswirtschaftliche Berufe nach der Neuordnung. In: Fegebank, B. / Schanz, H. Eds. : Arbeit-Beruf-Bildung in den Berufsfeldern personenorientierter Dienstleistungen. Baltmannsweiler: Schneider Hohengehren. 171-185

Broadbent, D. / Fitzgerald, P. / Broadbent, M. (1986): Implicit and explicit knowledge in the control of complex systems. In: British Journal of Psychology Vol. 77, 33-50

Brock, A. / Hindrichs, W. / Hoffmann, R. u. a. (1969): Die Würde des Menschen in der Arbeitswelt. Frankfurt/Main: Europäische Verlagsanstalt

Brock, D. et al. Eds. (1989): Subjektivität im gesellschaftlichen Wandel. München: DJI

Brockhaus Ed. (1971, 1991, 1996): Die Enzyklopädie. Vol. 12. Leipzig: Brockhaus

Brödner, P. (1985): Fabrik 2000. Berlin: edition sigma

Brödner, P. (1990): The Shape of Future Technology. London: Springer

Brödner, P. (1998): Wettbewerbsfähige Produktion und Zukunft der Arbeit. In: Dehnbostel, P. / Erbe, H. - H. / Novak, H. Eds. : Berufliche Bildung im lernenden Unternehmen. Berlin: 33-48

Bromme, R. (1992): Der Lehrer als Experte. Bern: Huber

Bromme, R. (1996): Von den Schwierigkeiten der Suche nach dem Wissen hinter dem Können. In: Lippens, V. Ed. : Forschungsproblem Subjektive Theorien. Köln: Strauß. 131-182

Bromme, R. / Jucks, R. / Rambow, R. (2003): Wissenskommunikation über Fächergrenzen. In: Wirtschaftspsychologie Vol. 5, (3). 94-102

Bronfenbrenner, U. (1981): Die Ökologie der menschlichen Entwicklung. Stuttgart: Klett

Brookes, M. (2003): Evaluating the 'Student Experience'. In: Journal of Hospitality, Leisure, Sport and Tourism Education Vol. 2, (1). 17-26

Brophy, J. / Good, T. (1986): Teacher behavior and student achievement. In: Wittrock, M Ed. ; Handbook of research on teaching. New York: Macmillan. 328-377

Brosi, W. / Brandes, H. (2003): Berufsbildungsforschung. In: Cramer, G. / Schmidt, H. / Wittwer, W. Eds. : Ausbilder Handbuch. Köln: Deutscher Wirtschaftsdienst. 1-22, Kap. 10

Brötz, R. / Dorsch-Schweizer, M. / Haipeter, T. (2006): Berufsausbildung in der Bankbranche vor neuen Herausforderungen. Bielefeld: W. Bertelsmann

Brown, A. / Keep, E. (1998): Review of VET research in the UK. University of Newcastle

Brown, A. / Keep, E. (2000): Review of vocational education and training research in the UK. Luxembourg: EC

Brown, A. / Kirpal, S. / Rauner, F. Eds. (2007): Identities at Work. Dordrecht: Springer

Brown, A. (1992): Design experiments. In: The Journal of the Learning Sciences Vol. 2, 141-178

Brown, C. / Reich, M. (1997): Micro-macro linkages in high performance employment systems. In: Organizational Studies Vol. 18, (5). 765-781

Brown, J. (1999): Learning, Working and Playing in the Digital Age. http://serendip. brynmawr. edu/sci _edu/ seely brown/seelybrown4. html. 25. 06. 2007

Brown, J. / Collins, A. / Duguid, P. (1989): Situated Cognition and the Culture of Learning. In: Educational Researcher Vol. 18, (1). 32-42

Brown, J. / Duguid, P. (1996): Organizatio nal Learning and Communities-of-Practice. In: Cohen, M. / Sproull, L. Eds. : Organizational Learning. Thousand Oaks: Sage. 58-82

Brown, J. / Duguid, P. (2001): Knowledge and Organization. In: Organization Science Vol. 12, (2). 198-213

Bruchhäuser, H. -P. (2001): Wissenschaftsprinzip versus Situationsprinzip? In: ZBW Vol. 97, 312-345

Bruchhäuser, H. -P. (2003): Zur Rationalisierung curricularer Konstruktionsprinzipien. In: ZBW Vol. 99, 494- 508

Bruchhäuser, H. -P. (2006): Handelschulen in Preußen. Oldenburg: BIS

Bruns, W. (1990): Künstliche Intelligenz in der Technik. München: Hanser

Bruun, H. (2000): Epistemic Encounters. Göteborg University

Buch, M. / Frieling, E. (2001): Belastungsund Beanspruchungsoptimierung in Kindertagesstätten. Universität Kassel

Buch, M. / Frieling, E. (2004): Die Reichweite von Tätigkeits- und Arbeitsanalysen für die Qualifikations- und Curriculumsforschung. In: Rauner, F. Ed. : Qualifikationsforschung und Curriculum. Bielefeld: W. Bertelsmann. 135-149

Buchmann, U. / Huisinga, R. (2006): Educational Research into Qualifications as a Basis for Sustainable and Innovative Curriculum Development. In: bwp@ , Ausgabe 11. 1-18

Büchter, K. (1999): Zehn Regeln zur Ermittlung von Qualifikationsbedarf. In: Gewerkschaftliche Bildungspolitik Heft 3-4, (50 Jg.). 12-15

Buckles, S. / Siegfried, J. (2006): Using multiple- choice questions to evaluate in-depth learning of economics. In: Journal of Economic Education Vol. 37, (1). 48-57

Buckley, R. / Caple, J. (2000): The Theory and Practice of Training. London: Kogan Page Limited

Buer, J. (2003): Akzeptanz von Modellversuchen in beruflichen Schulen. In: Buer, J. / Zlatkin-Troitschanskaia, O. Eds. : Berufliche Bildung auf dem Prüfstand. Frankfurt/ Main: Lang. 83-117

Buer, J. (2005): Bildungscontrolling und Schulentwicklung. In: Unterrichtswissenschaft Jg. 4, (33). 290-313

Buer, J. / Hallmann, P. (2007): Schulprogramme. In: Buer, J. / Wagner, C. Eds. : Qualität von Schule. Frankfurt/Main: Lang. 241-344

Buer, Jürgen van/Köller, Michaela（2007）: Schulprogramm als zentrales Steuerungselement für die Qualitätsentwicklung von Schule und Unterricht. In: Buer, J./Wagner, C. Eds. : Qualität von Schule. Frankfurt/Main: Lang. 103-130

Buer, J./Nenniger, P.（1992）: Lehr-Lern- Forschung. In: Ingenkamp, K./Jäger, R./Petillon, H. u. a. Eds. : Empirische Pädagogik 1970-1990. Weinheim: Beltz. 407-470

Buer, J./Seeber, S.（2004）: Bildungscontrolling. In: Benedikt, H. -P./Backhaus, J. Eds. : PE-Controlling-Steuerung von Bildungsmaßnahmen. Stuttgart: Deutscher Sparkassenverlag. 79-104

Bullinger, H. -J./Abicht, L. Eds.（2003）: Berufe im Wandel. Bielefeld: W. Bertelsmann

Bullinger, H. -J./Prieto, J.（1998）: Wissensmanagement. In: Pawlowsky, P. Ed. : Wissensmanagement. Wiesbaden: Gabler. 87-118

Bundesamt für Gesundheit Schweiz（1979）: Leitfaden für die Planung von Projekt-und Programmevaluation. Bern: Eigenverlag

Bunk, G. Ed.（1990）: Idealität und Realität in der beruflichen Bildung. Wetzlar: Werner-von-Siemens-Schule

Bunk, G./Kaiser, M./Zedler, R.（1991）: Schlüsselqualifikation. In: Mitteilungen aus der Arbeitsmarkt-und Berufsforschung Vol. 24,（2）. 365-374

Bunzel, W./Schäfer, H./Bretheuer, K. -O.（1998）: Modellversuch, Arbeitsorientierte Berufsbildung " （ARBI）. In: Holz, H./Rauner, F./Walden, G. Eds. : Ansätze und Beispiele der Lernortkooperation. Bielefeld: W. Bertelsmann. 271-292

Burgess, R.（1984）: In The Field. London: Allen& Unwin

Burgess, R./Pole, C./Evans, K. et. al（1994）: Four studies from one or one study from four? In: Bryman, A./Burgess, R. Eds. : Analyzing Qualitative Data. London: Routledge. 129-145

Burke, J.（2001）: Toward a new classification of nonexperimental quantitative research. In: Educational Researcher. Vol. 30. American Educational Research Association. 3-13

Burkhard, C./Eikenbusch, G.（2000）: Praxishandbuch Evaluation in der Schule. Berlin: Cornelsen Scriptor

Burns, S.（2000）: Making settlement work. Dartmouth: Ashgate

Burrage, M./Torstendahl, R. Eds.（1990）: Professions in theory and history. London: Sage

Büssing, A./Herbig, B.（2003a）: Tacit Knowledge and Experience in Working. In: Psychology Science Vol. 45,（3）. 142-164

Büssing, A./Herbig, B.（2003b）: Implicit Knowledge and Experience in Work and Organizations. In: International Review of Industrial and Organizational Psychology Vol. 18,241-280

Butler, P./Felstead, A./Ashton, D. et al.（2004）: High performance management. University of Leicester

Buttler, F./Franke, H.（1992）: Arbeitswelt 2000. Frankfurt/Main: Fischer

Button, G. Ed.（1993）: Technology in working order. London: Routledge & Kegan Paul

Buxton, T./Chapman, P./Temple, P.（1998）: Britain's Economic Performance. London: Routledge

Bylinski, U.（2001）: Die Förderung von Selbstvertrauen als Qualitätsindikator zur Beurteilung von beruflichen Bildungsmaßnahmen. In: Enggruber, R. Ed. : Berufliche Bildung benachteiligter Jugendlicher. Münster: Lit. 87-164

Calchera, F./Weber, J.（1990）: Entwicklung und Förderung von Basiskompetenzen/Schlüsselqualifikationen. Berlin: BIBB

Camp, R.（1994）: Benchmarking. München: Hanser

Campbell, D./Stanley, J.（1963）: Experimental and Quasi-Experimental Designs for Research. Chicago: Rand McNally

Campion, M./Cheraskin, L./Stevens, M.（1994）: Career-related antecedents and outcomes of job rotation. In: Academy of Management Journal 37,1518-1542

Campion, M./McClelland, C.（1993）: Follow- up and extension of the interdisciplinary costs and benefits of enlarged jobs. In: Journal of Applied Psychology 78,339-351

Cangelosi, V./Dill, W.（1965）: Organizational Learning. In: Administrative Science Quarterly Vol. 10,（2）. 175-203

Cappelli, P./Bassi, L./Katz, H. et al.（1997）: Change at Work. New York: Oxford University Press

Cappelli, P./Rogovsky, N.（1994）: New work systems and skill requirements. In: International Labor Review Vol. 133,（2）. 205-220

Capstick, S./Fleming, H.（2002）: Peer Assisted Learning in an Undergraduate Hospitality Course. In: Journal of Hospitality, Leisure, Sport and Tourism Education Vol. 1,（1）. 69-75

Carnoy, M.（1999）: The great work dilemma. In: Esland, G./Ahier, J. Eds. : Education, Training and the

Future of Work. London: Routledge. 62-75

Carpenter, S. (1983): Technoaxiology. In: Durbin, P. / Rapp, F. Eds. : Philosophy and Technology. Dordrecht: D. Reidel. 115-136

Carper, B. (1978): Fundamental patterns of knowing in nursing. In: Advances in Nursing Science Vol. 1, (1). 13-23

Carrol, J. (1963): A model of school learning. In: Teacher's College Record Vol. 64, (8). Prentice Hall. 723-733

Carr-Saunders, A. / Wilson, P. (1933): The professions. London: Frank Cass

Cascio, W. (2003): Changes in workers, work and organizations. In: Borman, W. / Ilgen, D. / Klimoski, R. Eds. : Handbook of Psychology. Vol 12. Hoboken, NJ: Wiley. 401-422

Castelli, A. (2004): ICT practitioner skills and training. Luxembourg: CEDEFOP

Chaberny, A. / Schober, K. (1988): Risiko und Chance bei der Ausbildungs- und Berufswahl. In: Mertens, D. Ed. : Konzepte der Arbeitsmarkt- und Berufsforschung. Nürnberg: IAB. 659-687

Chelminsky, E. (1995): New dimensions in evaluation. In: World Bank: Evaluation and Development. Washington: OED

Chemlinsky, E. / Shadish, W. Eds. (1997): Evaluation for the 21st Century. London: Sage

Chen, H. (1990): Theory-Driven Evaluations. London: Sage

Cherns, A. (1976): The principles of socio-technical design. In: Human Relations 29, 783-792

Chi, M. / Glaser, R. / Farr, M. Eds. (1988): The nature of expertise. Hillsdale New Jersey: Lawrence Erlbaum Associates

Cho, W. (2002): Preparing hospitality managers for the 21st century. In: Journal of Hospitality & Tourism Research Vol. 26, (1). 23-37

Chomsky, N. (1969): Aspekte der Syntax. Frankfurt/Main: Suhrkamp

Christe, G. / Enggruber, R. / Fülbier, P. u. a. (2002): Studie zur Vorbereitung von Sozialpädagogen und Sozialpädagoginnen an Fachhochschulen für eine Tätigkeit in der Benachteiligtenförderung. Oldenburg: IAJ

Christopher, B. (1999): The Vocational Education and Training System in the Federal Republic of Germany. Thessaloniki: CEDEFOP

Ciompi, L. (1999): Die emotionalen Grundlagen des Denkens. Göttingen: Vandenhoeck & Ruprecht

Circé (2000): Vocational education and training in France. Luxembourg: Office for Official Publications of EC

Clancey, W. (1992): Representation of knowing. In: Defence of cognitive apprenticeship. Jornal of Artificial Intelligence in Education Vol. 3, 139-168

Clancey, W. (1993): Situated action. In: Cognitive Science Vol. 17, (1). 87-116

Clark, P. (2002): The curriculum internalization process in banking and finance school-to-work programs. In: JVER Vol. 27, (3)

Clases, C. (2003): Das Erinnern einer anderen Zukunft. Münster: Waxmann

Clases, C. / Endres, E. / Wehner, T. (1996): Situiertes Lernen zwischen Praxisgemeinschaften. In: Geissler, H. Ed. : Arbeit, Lernen und Organisation. Weinheim: Deutscher Studienverlag. 233-252

Clases, C. / Wehner, T. (2002): Handlungsfelder im Wissensmanagement. In: Lüthy, W. / Voit, E. / Wehner, T. Eds. : Wissensmanagement-Praxis. Zürich: vdf. 39-53

Clauß, T. (1993): Ausbildung und Erwerbstätigkeit in den Bauberufen. Berlin: BIBB

Clematide, B. (2005): Iscenesat laering. In: Vibeke A. / Bruno C. / Stehen H. Eds. : Arbejdspladsen som læringsmiljø. Roskilde Universitetsforlag. 35-52

Clement, U. (2002): Kompetenzentwicklung im internationalen Kontext. In: Clement, U. / Arnold, R. Eds. : Kompetenzentwicklung in der beruflichen Bildung. Opladen: Leske + Budrich. 29-54

Clement, U. (2003): Competency Based Education and Training. In: Arnold, R. Ed. : Berufspädagogik ohne Beruf. Opladen: Leske + Budrich. 129-157

Cloos, P. (2001): Ausbildung und beruflicher Habitus von ErzieherInnen. In: Hoffmann, H. Ed. : Studien zur Qualitätsentwicklung von Tageseinrichtungen. Neuwied, Berlin: Luchterhand. 97-130

Coffield, F. (1997): A tale of three little pigs. In: Evaluation and Research in Education Vol. 12, (1). 44-58

Coffield, F. Ed. (2000): The Necessity of Informal Learning. Bristol: Policy Press

Cohen, M. / Bacdayan, P. (1996): Organizational Routines Are Stored as Procedural Memory. In: Cohen, M. / Sproull, L. Eds. : Organizational Learning. Thousand Oaks: Sage. 403-429

Cohen, M. / Sproull, L. Eds. (1996): Organizational Learning. Thousand Oaks: Sage

Colby, A. /Kohlberg, L. (1987): Standard Issue Scoring Manual. Cambridge/Mass. : Cambridge University Press

Cole, M. (1996): Cultural Psychology. Cambridge, MA: Belknap Press

Cole, M. (1998): Cultural Psychology: A once and future discipline. Cambridge, MA: Havard University Press

Collin, J. (1999): Analyse von Berufen mit dem DACUM-Prozess. In: Panorama (Heft 1). 16-18

Collins, A. /Brown, J. /Newman, S. (1989): Cognitive apprenticeship. In: Resnick, L. Ed. : Knowing, learning and instruction. Hillsdale, N. J. : Erlbaum. 453-494

Collins, H. (1993): The structure of knowledge. In: Social Research Vol. 60, (1). 95-116

Collins, H. (2001): What is tacit knowledge? In: Schatzki, T. /Knorr-Cetina, K. /Savigny, E. Eds. : The Practice Turn in Contemporary Theory. London: Routledge. 107-119

Collins, H. /Kusch, M. (1998): The Shape of Actions. Cambridge: MIT Press

Commission of the EC (2005): Commission Staff Working Paper. Progress towards the Lisbon Objectives in Education and Training. Brussels

Conger, J. /Kanungo, R. (1988): The empowerment process. In: Academy of Management Review Vol. 13, 471-482

Conze, W. /Kocka, J. (1985): Bildungsbürgertum im 19. Jahrhundert. Teil I. Stuttgart: Klett-Cotta

Cook, T. /Campbell, D. (1976): The design and conduct of quasi-experiments and true experiments in field settings. In: Dunnette, M. Ed. : Handbook of industrial and organizational psychology. Chicago: Rand McNally

Cook, T. /Shadish, W. (1994): Social Experiments. In: Annual Review of Psychology. Vol. 45, 548-580

Cooley, M. (1988): Creativity, Skill and Human-Centred Systems. In: Göranzon, B. /Josefson, I. Eds. : Knowledge, Skill and Artificial Intelligence. Berlin: Springer. 127-137

Cooperrider, D. (1990): Positive Image, Positive Action. In: Srivista, S. /Cooperrider, D. Eds. : Appreciative Management and Leadership. San Francisco: Jossey-Bass Inc. 91-125

Corbett, M. /Rasmussen, B. /Rauner, F. (1991): Crossing the Border. London: Springer

Corcoran, P. /Wals, A. (2004): Higher education and the challenge of sustainability. Dordrecht: Kluwer

Corey, S. (1953): Action Research to Improve School Practices. New York: Teachers College Press

Cormack, D. (1991): The Critical Incident Technique. In: Cormack, D. Ed. : The Research Process in Nursing. Oxford: Blackwell. 242-250

Corno, L. (2001): Volitional Aspects of Self-Regulated Learning. In: Zimmerman, B. /Schunck, D. Eds. : Self-regulated learning and academic achievement. Mahwah: Erlbaum. 191-225

Corsten, M. (1998): Die Kultivierung beruflicher Handlungsstile. Frankfurt/Main: Campus

Cousins, J. (1996): Consequences of Researcher Involvement in Participatory Evaluation. In: Studies in Educational Evaluation Vol. 22, 3-27

Craig, S. /Gholson, B. /Driscoll, D. (2002): Animated Pedagogical Agents in Multimedia educational Environments. In: Journal of Educational Psychology Vol. 94, (2). 428-434

Cronbach, L. /Snow, R. Eds. (1977): Aptitudes and instructional methods. New York: Irvington

Cronbach, L. /Suppes, Patrick (1969): Research for Tomorrow's Schools. New York: Macmillan

Crook, C. (1994): Computers and the Collaborative Experience of Learning. London: Routledge

Crusius, R. /Wilke, M. (1979): Plädoyer für den Beruf. In: Aus Politik und Zeitgeschichte Vol. 48, 3-13

Csikszentmihalyi, M. (1982): Beyond Boredom and Anxiety. San Francisco: Jossey-Bass

Culpepper, P. (1999): The future of the highskill equilibrium in Germany. In: Oxford Review of Economic Policy Vol. 15, (1). 43-59

Curtin, R. (2002): Surveys of Consumers. www. sca. isr. umich. edu/ documents. php? c = s. 27. 04. 2004

Cyert, R. /March, J. (1963): A behavioral theory of the firm. Englewood Cliffs: Prentice Hall

Daft, R. /Weick, K. (1984): Toward a Model of Organizations as Interpretation Systems. In: Academy of Management Review Vol. 9, (2). 283-295

Daheim, H. (2001): Berufliche Arbeit im Übergang von der Industrie- in die Dienstleistungsgesellschaft. In: Kurtz, T. Ed. : Aspekte des Berufs in der Moderne. Opladen: Leske + Budrich. 21-38

Dale, A. /Egerton, M. (1997): Highly Educated Women. London: Department for Education and Employment

Daniel, M. /Striebel, D. (1993): Künstliche Intelligenz, Expertensysteme. Opladen: Westdeutscher Verlag

Darling-Hammond, L. (1994): Policy Uses and Indicators. In: Centre for Educational Research and Innovation: Making Education Count. Paris: 357-378

Darmann, I. (2000): Kommunikative Kompetenz in der Pflege. Stuttgart: Kohlhammer

Darmann,I. (2002):Anforderungen an das ethischmoralische Wissen in den Fachrichtungen Gesundheit und Pflege. In:Darmann,I./Wittneben,K. Eds. :Gesundheit und Pflege. Bielefeld:W. Bertelsmann. 63-74

DATSch (1937):Liste der anerkannten Lehrberufe in der Industrie. In:Technische Erziehung,12. Jhg

Dauenhauer,E. (1998):Berufspolitik. Münchweiler:Walthari

Davenport,T./Prusak,L. (1998):Working knowledge. Boston,Mass. :Harvard Business School Press

DBK(1999):Dokumentation Berufsbildung. Luzern

Deakin,S./Michie,J. (1997):Contracts,Cooperation,and Competition. Oxford:Oxford University Press

Deci,E./Koestner,R./Ryan,R. (2001):Extrinsic Rewards and Intrinsic Motivation in Education. In: Review of Educational Research 71,(1).1-27

Deci,E./Ryan,R. (1993):Die Selbstbestimmungstheorie der Motivation und ihre Bedeutung für die Pädagogik. In:Zeitschrift für Pädagogik Vol.39,(2).223-238

Decker,M. Ed. (2001):Interdisciplinarity in Technology Assessment. Berlin:Springer

Dedering,H. Ed. (1996):Handbuch zur arbeitsorientierten Bildung. München:Oldenbourg

Deeke,A. (1995):Experteninterviews. In:Brinkmann,C./Deeke,A./Völkel,B. Eds. :Experteninterviews in der Arbeitsmarktforschung. Nürnberg:IAB. 7-22

Dehnbostel,P. (1995a):Grundfragen zum Verhältnis von Modellversuchen und betrieblicher Organisationsentwicklung. In:Dybowski,G./Pütz,H./Rauner,F. Eds. :Berufsbildung und Organisationsentwicklung. Bremen:Donat. 223-239

Dehnbostel,P. (1995b):Neuorientierungen wissenschaftlicher Begleitforschung. In:Twardy,M./Benteler, P./Dehnbostel,P. Eds. :Modellversuchsforschung als Berufsbildungsforschung. Köln:Botermann & Botermann. 71-98

Dehnbostel,P. (2001a):Learning bays in German Manufacturing Companies. In:Advances in Developing Human Resources Vol.3,(4).471-479

Dehnbostel,P. (2002a):Dezentrales Lernen als vernetztes und reflexives Arbeiten im Prozess der Arbeit. In:Fischer,M./Rauner,F. Eds. :Lernfeld:Arbeitsprozess. Baden-Baden:Nomos. 341-354

Dehnbostel,P. (2002b):Bringing work-related learning back to authentic work contexts as a challenge for research. In:Kämäräinen,P./Attwell,G./Brown,B. Eds. :Transformation of learning in education and training. Luxembourg:EC. 190-202

Dehnbostel,P. (2003):Neue Konzepte zum Lernen im Prozess der Arbeit. In:Grundlagen der Weiterbildung. Vol.14,1.5-9

Dehnbostel,P./Holz,H./Novak,H. Eds. (1992):Lernen für die Zukunft durch verstärktes Lernen am Arbeitsplatz. Berlin:IFA

Dehnbostel,P./Holz,H./Novak,H. Eds. (1996):Neue Lernorte und Lernortkombinationen. Bielefeld: W. Bertelsmann

Dehnbostel,P./Molzberger,G. (2004):Decentralised learning. In:Fischer,M./Boreham,N./Nyhan,B. Eds. :European perspectives on learning at work. Luxembourg:CEDEFOP. 290-303

Dehnbostel,P./Molzberger,G./Overwien,B. (2005):New forms of learning and work organization in the IT industry. In:Bascia,N./Cumming,A./Datnow,A. Eds. :International Handbook of Educational Policy. Dordrecht:Springer. 1043-1064

Dehnbostel,P./Peters,S. Eds. (1991):Dezentrales und erfahrungsorientiertes Lernen im Betrieb. Alsbach:Leuchtturm

Dehnbostel,P./Walter-Lezius,H. -J. Eds. (1995):Didaktik moderner Berufsbildung. Bielefeld:W. Bertelsmann

Deitmer,L. (1985):Von der Politik der Technologiefolgenabschätzung zur Technikgestaltung. In:Diskurs. Bremer Beiträge zu Wissenschaft und Gesellschaft (10).178-201

Deitmer,L. (2002):Curriculumforschung im Modellversuchsprozess. In:Gerds,P./Fischer,M./Deitmer, L. Eds. :Was leistet die Berufsbildungsforschung für die Entwicklung neuer Lernkonzepte? Bielefeld: W. Bertelsmann. 207-220

Deitmer,L. (2004a):Management regionaler Innovationsnetzwerke. Baden-Baden:Nomos

Deitmer,L. (2004b):Ist die Berufsschule im Rahmen des dualen Systems reformierbar? In: Personalführung Heft 7,30-39

Deitmer,L./Davoine,E./Floren,H. et al. (2003):Final report:Improving the European Knowledge Base through formative and participative Evaluation of Science-Industry Liaisons and Public-Private Partnerships in R&D. Bremen:ITB

Deitmer,L./Endres,E./Manske,F. u. a. (1997):Das Bremer Programm Arbeit und Technik. Bremen:

ITB

Deitmer, L. /Fischer, M. /Gerds, P. u. a. (2004): Neue Lernkonzepte in der dualen Berufsausbildung. Bielefeld: W. Bertelsmann

Deitmer, L. /Heinemann, L. /Moon, Y. et al. (2004): Improving the European Knowledge Base Through Formative and Participative Evaluation of Scinece-Industry Liaisons and Public-Private Partnerships in R&D. www. itb. uni-bremen. de/projekte/covoseco/index. html. 25. 6. 2007

Deitmer, L. /Ruth, K. (2001): Innovation Research, Knowledge Development and Collaboration Learning in Cultural and Regional Context. In: Fischer, F. /Heidegger, G. /Petersen, W. u. a. Eds.): Gestalten statt Anpassen in Arbeit, Technik und Beruf. Bielefeld: W. Bertelsmann. 351-353

Delamare Le Deist, F. /Winterton, J. (2005): What is competence? In: Human Resource Development International Vol. 8, (1). 27-46

Dench, S. /Perryman, S. /Giles, L. (1998): Employers' Perceptions of Key Skills. Sussex: Institute for Employment Studies

Denzin, N. (1988): The Research Act. New York: McGraw-Hill

Denzin, N. (2000): Reading Film. In: Flick, U. /Ernst von Kardorff/Steinke, I. Eds. : Qualitative Forschung. Reinbek bei Hamburg: Rowohlt. 416-428

Derbolav, J. (1978): Metapraxeologische Überlegungen zur Praxeologie. In: Pädagogische Rundschau Vol. 7, 548-561

Derboven, W. /Dick, M. /Wehner, T. (1999): Erfahrungsorientierte Partizipation und Wissensentwicklung. Hamburg: TUHH

Derboven, W. /Dick, M. /Wehner, T. (2002): Die Transformation von Erfahrung und Wissen in Zirkeln. In: Fischer, M. /Rauner, F. Eds. : Lernfeld: Arbeitsprozess. Baden-Baden: Nomos. 369-391

Descy, P. /Tessaring, M. (2001): Training and learning for competence. Luxembourg: EC

Deutscher Bildungsrat (1974): Empfehlungen der Bildungskommission: Zur Neuordnung der Sekundarstufe II. Bonn: Deutscher Bildungsrat

Deutscher Bildungsrat/Bildungskommission (1972): Strukturplan für das Bildungswesen. Stuttgart: Klett-Cotta

Deutschmann, C. (2002): Postindustrielle Industriesoziologie. Weinheim: Juventa

Devereux, G. (1981): Basic Problems of Ethnopsychiatry. Chicago: University of Chicago Press

Dewey, John (1916a, 1944): Democracy and Education. New York: Free Press

DFG (1974): Erziehungswissenschaftliche Schwerpunktprogramme der Deutschen Forschungsgemeinschaft. In: Zeitschrift für Pädagogik Vol. 20, 967-972

DFG (1990): Berufsbildungsforschung an den Hochschulen der Bundesrepublik Deutschland. Weinheim: VCH. Acta Humaniora

Dick, M. (2003): Reflexionsmappen, Tutorien, Know-how-Landkarten. In: Wirtschaftspsychologie Vol. 5, (3). 139-141

Dick, M. /Wehner, T. (2002): Wissensmanagement zur Einführung. In: Lüthy, W. /Voit, E. /Wehner, T. Eds. : Wissensmanagement-Praxis. Zürich: vdf. 7-27

Dick, M. /Wehner, T. (2007): The Triad Conversation as a Method of Transforming Local Experience into Shared Knowledge. In: Gronau, N. Ed. : 4th Conference on Professional Knowledge Management. Berlin: GITO

Dick, M. /Wehner, T. Eds. (2003): Wissensmanagement. Wirtschaftspsychologie Themenheft. Vol. 5 (3)

Dick, R. /Wagner, U. (2002): Social identification among school teachers. In: European Journal of Work and Organizational Psychology Vol. 11, 129-149

Dick, W. (1991): An Instructional Designer's View of Constructivism. In: Educational Technology Vol. 31, (5). 41-44

Dick, W. /Carey, L. (1996): The systematic design of instruction. New York: Harper Collins

Dickie, M. (2006): Experimenting. In: Journal of Economic Education Vol. 37, (3). 267-288

Diekelmann, N. (2001): Narrative pedagogy. In: Advances in Nursing Science Vol. 23, 52-71

Dierkes, M. /Berthoin A. /Child, J. Eds. (2001): Handbook of Organizational Learning and Knowledge. New York: Oxford University Press

Dietrich, S. (1999): Selbstgesteuertes Lernen. In: Dietrich, S. /Fuchs-Brüninghoff, E. Eds. : Selbstgesteuertes Lernen. Frankfurt/Main: Deutsches Institut für Erwachsenenbildung. 14-23

Dietz, G. /Matt, E. /Schumann, K. u. a. (1997): „ Lehre tut viel. " Münster: Votum

Dijkstra, S. /Seel, N. /Schott, F. Eds. (1997): Instructional Design. Vol. 2. Mahwah: Erlbaum

Dillenbourg, P. Ed. (1999): Collaborative-Learning. Amsterdam: Pergamon

Dingley, J. (1997): Durkhelm, Mayo, morality and management. In: Journal of Business Ethics Vol. 16, (11). 1-18

Dippelhofer-Stiem, B. / Kahle, I. (1995): Die Erzieherin im evangelischen Kindergarten. Bielefeld: Kleine

Ditton, H. (2000): Qualitätskontrolle und Qualitätssicherung in Schule und Unterricht. In: Helmke, A. / Hornstein, W. / Terhart, E. Eds. : Qualität und Qualitätssicherung im Bildungswesen. Weinheim, Basel. 73-92

Ditton, H. (2002): Evaluation und Quality assurance. In: Tippelt, R. Ed. : Handbuch Bildungsforschung. Opladen: Leske + Budrich

Dittrich, J. (2001): Zu den Kontrasten in der Facharbeit in automatisierten Umgebungen. In: Petersen, W. / Rauner, F. / Stuber, F. Eds. : IT-gestützte Facharbeit. Baden-Baden: Nomos. 145-156

Dittrich, J. (2002): Arbeitsprozesswissen im Bereich der Gebaeudeautomation. In: Fischer, M. / Rauner, F. Eds. : Lernfeld: Arbeitsprozess. Baden-Baden: Nomos. 273-294

Döbert, H. (2000): Aktuelle Bildungsdiskussionen im europäischen und außereuropäischen Rahmen. http://bildungplus. forum-bildung. de. 23. 09. 2004

Dobischat, R. (1994): Arbeitnehmer und Personalentwicklung. In: Tippelt, R. Ed. : Handbuch Erwachsenenbildung. Opladen: Leske + Budrich. 589-597

Dochy, F. / Segers, M. / van den Bosche, P. (2003): Effects of problem-based learning. In: Learning and Instruction 13, 533-568

Dohmen, D. / Reschke, C. (2003): Bildungsfinanzierung in Berlin. Köln: FIBS

Dohmen, G. (2001): Das informelle Lernen. Bonn: BMBF

Donabedian, A. (1982): Explorations in Quality. Ann Harbor: Health Adm. Press

Donkin, R. (2010). The History of Work. Palgrave: Macmillan

Doppler, K. / Lauterburg, C. (2002): Change-Management. Frankfurt/Main: Campus

Dörig, R. (1994): Das Konzept der Schlüsselqualifikationen. Hallstadt: Rosch-Buch

Dörner, D. (19761/19792): Problemlösen als Informationsverarbeitung. Stuttgart: Kohlhammer

Dörner, D. (19961/20002): Die Logik des Misslingens. Reinbek bei Hamburg: Rowohlt

Dostal, W. (2008). Occupational Research. In: Rauner, F. / Maclean, R. Eds. Handbook of Technical and Vocational Education and Training. Dordrecht: Springer. 162-169

Dostal, W. (2002): Der Berufsbegriff in der Berufsforschung des IAB. In: Kleinhenz, G. Ed. : IAB-Kompendium Arbeitsmarkt- und Berufsforschung. Nürnberg: IAB. 463-474

Dostal, W. (2005): Berufsforschung. In: Rauner, F. Ed. : Handbuch Berufsbildungsforschung. Bielefeld: W. Bertelsmann. 105-112

Dostal, W. / Stooß, F. / Troll, L. (1998): Beruf. In: Mitteilungen aus der Arbeitsmarkt- und Berufsforschung Vol. 31, (3). 438-460

Drechsel, R. / Gerds, P. / Koerber, K. (1987): Bildung zwischen Utopie und Widerstand. In: Drechsel, R. / Gerds, P. / Koerber, K. Eds. : Ende der Aufklärung? University of Bremen. 15-78

Drescher, E. (1996): Was Facharbeiter können müssen. Bremen: Donat

Drescher, E. (2002): Arbeitsprozesswissen in der betrieblichen Instandhaltung. In: Fischer, M. / Rauner, F. Eds. : Lernfeld: Arbeitsprozess. Baden-Baden: Nomos. 255-272

Drescher, E. / Müller, W. / Petersen, W. Eds. (1995): Evaluation der industriellen Elektroberufe. Bremen: ITB

Drew, P. / Heritage, J. Eds. (1992): Talk at work. Cambridge: Cambridge University Press

Drexel, I. (1982): Belegschaftsstrukturen zwischen Veränderungsdruck und Beharrung. Frankfurt/Main: Campus

Drexel, I. (1998): Das lernende Unternehmen aus industriesoziologischer Sicht. In: Dehnbostel, P. / Erbe, H. -H. / Novak, H. Eds. : Berufliche Bildung im lernenden Unternehmen. Berlin: 49-62

Drexel, I. / Moebus, M. (2000): Vergleichende Berufsbildungsforschung mit bildungspolitischem Nutzen. In: CEDEFOP/DIPF: Vergleichende Berufsbildungsforschung in Europa. Frankfurt/Main: CEDEFOP. 431-450

Dreyfus, H. (1972): What Computers Can't Do. New York: Harper & Row

Dreyfus, H. / Dreyfus, S. (1977): Uses and abuses of multi-attribute and multi-aspect model of decision making. Berkeley: University of California

Dreyfus, H. / Dreyfus, S. (1979): The scope, limits, and training implications of three models of aircraft pilot emergency response behavior. Berkeley: University of California

Dreyfus, H. / Dreyfus, S. (1980): A five stage model of the mental activities involved in directed skill acquisition. Berkeley: University of California

Dreyfus, H. /Dreyfus, S. (1986): Mind over machine. Oxford: Blackwell

Dreyfus, H. /Dreyfus, S. (1987): Künstliche Intelligenz. Reinbek bei Hamburg: Rowohlt

Dreyfus, H. /Dreyfus, S. (1992): What artificial experts can and cannot do. In: AI & Society Vol. 6, (1). 18-26

Dreyfus, H. /Dreyfus, S. (1996): The relationship of theory and practice in the aquisition of skill. In: Tanner, C. /Chesla, C/Benner, P. Eds.: Expertise in Nursing Practice. New York: Springer

Dreyfus, H. /Dreyfus, S. (2000): Kompetenzerwerb im Wechselspiel von Theorie und Praxis. In: Benner, P. /Tanner, C. /Chesla, C. Eds.: Pflegeexperten. Bern: Huber. 45-67

Dreyfus, S. (1982): Formal Models vs. Human Situational Understanding. In: Office Technology and People Vol. 1, 133-165

Dröge, R. (1995): Sektorstudien und Systementwicklung. In: Werner H. /Greiner, W. -D. Eds.: Analyseinstrumente in der Berufsbildungszusammenarbeit. Berlin: Overall Verlag. 35-47

Drucker, P. (1993): Post-capitalist society. New York: Harper

DTI (1998): Our Competitive Future. London: Department of Trade and Industry

Dubs, R. (1995): Konstruktivismus. In: Zeitschrift für Pädagogik Vol. 41, (6). 889-903

Dubs, R. (1996a): Komplexe Lehr-Lern-Arrangements im Wirtschaftslehreunterricht. In: Beck, K. /Müller, W. /Deißinger, T. Eds.: Berufserziehung im Umbruch. Weinheim: Deutscher Studienverlag. 159-172

Dubs, R. (1996b): Schlüsselqualifikationen. In: Gonon, P. Ed.: Schlüsselqualifikationen kontrovers. Aarau: Sauerländer. 49-57

Dubs, R. (1996c): Schule, Schulentwicklung und New Public Management. Universität St. Gallen

Dubs, R. (1998): Qualitätsmanagement für Schulen. Universität St. Gallen

Dubs, R. (2003): Qualitysmanagementsystem für Schulen. Studien und Berichte des IWP. Vol. 13. St. Gallen: IWP-HSG

Dubs, R. (2005): Die Führung einer Schule. Stuttgart: Steiner

Ducharme, L. -M. (1998): Introduction: Main Theories and Concepts. Paris: OECD

Duden (2001): Duden-Fremdwörterbuch. Mannheim: Bibliographisches Institut

Duit, R. (1995): Zur Rolle der konstruktivistischen Sichtweise in der naturwissenschaftsdidaktischen Lehr- und Lernforschung. In: Zeitschrift für Pädagogik Vol. 41, 905-923

Dumpert, M. /Euler, D. /Hanka, B. u. a. (2003): Kundenorientierte Sozialkompetenzen als didaktische Herausforderungen. Bielefeld: W. Bertelsmann

Duncan, R. /Weiss, A. (1979): Implications for Organizational Design. In: Staw, B. Ed.: Research in Organizational Behavior. Vol. 1. Greenwich: JAI Press. 75-123

Dunckel, H. (1999): Handbuch psychologischer Arbeitsanalyseverfahren. Zürich: vdf

Dunckel, H. /Volpert, W. (1997): Konzepte der Arbeitsgestaltung. In: Luczak, H. /Volpert, W. Eds.: Handbuch Arbeitswissenschaft. Stuttgart: Schäffer-Poeschel. 791-795

Duncker, K. (1966): Zur Psychologie des produktiven Denkens. Berlin: Springer

Dunne, J. (1997): Back to the rough ground, practical judgment and the lure of technique. University of Notre Dame

Durkheim, E. (1992): Professional Ethics and Civic Morals. London: Routledge

Dybowski, G. (2002a): Geschäftsprozessorientierung. In: Dybowski, G. /Frackmann, M. /Lammers, W. Eds.: Prozess- und Organisationsmanagement in der Ausbildung. Bielefeld: W. Bertelsmann. 4-7

Dybowski, G. (2002b): Berufliches Arbeitsprozesswissen im lernenden Unternehmen. In: Fischer, M. /Rauner, F. Eds.: Lernfeld: Arbeitsprozess. Baden-Baden: Nomos. 355-368

Dybowski, G. /Haase, P. /Rauner, F. Eds. (1993): Berufliche Bildung und betriebliche Organisationsentwicklung. Bremen: Donat

Dybowski, G. /Pütz, H. /Rauner, F. (1995a): Berufsbildung und Berufsbildungsforschung als Innovation. In: Dybowski, G. /Pütz, H. /Rauner, F. Eds.: Berufsbildung und Organisationsentwicklung. Bremen: Donat. 10-34

Dybowski, G. /Pütz, H. /Rauner, F. (1995b): Betriebliche Organisationsentwicklung und berufliche Bildung. In: Dybowski, G. /Pütz, H. /Rauner, F. Eds.: Berufsbildung und Organisationsentwicklung. Bremen: Donat. 10-34

Dybowski, G. /Pütz, H. /Rauner, F. Eds. (1995c): Berufsbildung und Organisationsentwicklung. Bremen: Donat

Dybowski, G. /Töpfer, A. /Dehnbostel, P. u. a. (1999): Betriebliche Innovations- und Lernstrategien. Bielefeld: W. Bertelsmann

Easterby-Smith, M. Ed. (2003): The Blackwell handbook of organizational learning and knowledge management. Malden: Blackwell

Ebbinghaus, M. (2000): Controlling des Bildungserfolges. In: Seeber, S. / Krekel, E. / Buer, J. Eds. : Bildungscontrolling. Frankfurt/Main: Lang. 117-129

Ebner, H. (1996): Effekte organisierter Lernkultur. In: Diepold, P. Ed. : Dokumentation des 2. Forums Berufsbildungsforschung 1995 an der Humboldt Universität zu Berlin. Nürnberg. 351-357

Ebner, H. / Aprea, C. (2001): Die Bedeutung aktiver graphischer Repräsentation wirtschaftsberuflichen Wissens für dessen Aneignung und Anwendung. In: Beck, K. / Krumm, V. Eds. : Lehren und Lernen in der beruflichen Erstausbildung. Opladen: Leske + Budrich

EC (2002a): The European Social dialogue: a force for innovation and change. http://europa.eu/scadplus/leg/en/cha/c10716.htm

EC (2002b): The European ResearchArea: An Internal Knowledge Market. Brussels: EC

EC (2003a): Enhanced Cooperation in Vocational Education and training. EC

EC (2003b): The sectoral social dialogue. Brussels: EC

EC (2003c): Communication on Innovation policy: updating the Union's approach in the context of the Lisbon strategy. In: EC: Innovation & Technology Transfer. Innovation Directorate

EC (2003d): European Networks to promote the local and regional dimension of lifelong learning (The "R3L" Initiative). Brussels

EC Structural Funds (1999): Evaluating Socio-Economic Programmes. Luxemburg: EC

Ecclestone, K. (2002): Assessment in European Vocational systems. Frankfurt: Lang

Eckert, M. (1989): Lernen und Entwicklung in Maßnahmen. Opladen: Westdeutscher Verlag

Eckert, M. / Rost, C. / Böttcher, I. u. a. (2000): Die Berufsschule vor neuen Herausforderungen. Darmstadt: hiba-Verlag

Eckmann, B. (2000): Selbstorganisation und Qualität. In: Teuber, K. / Stiemert-Strecker, S. / Seckinger, M. Eds. : Qualität durch Partizipation und Empowerment. Tübingen: dgvt. 103-110

Edding, F. (1995): Bildungsökonomie. In: Lenzen, D. Ed. : Enzyklopädie Erziehungswissenschaft. Vol. 5. Stuttgart: Klett. 439-445

Edelwich, J. / Bridsky, A. (1984): Ausgebrannt. Salzburg: AVM

Edvinsson, L. / Malone, M. (1997): Intellectual capital. New York: Harper Collins

Edwards, R. / Nicoll, K. (2006): Expertise, competence and reflection in the rhetoric of professional development. In: British Educational Research Journal Vol. 32, (1). 115-131

Efklides, A. (2006): Metacognition and affect. In: Educational Research Review1, 3-14

Egger, P. (1994): Multiplikatoren entdecken Planspiele für die kaufmännische Aus- und Fortbildung. Wolfsburg

Ehrlich, K. (1995): Auf dem Weg zu einem neuen Konzept wissenschaftlicher Begleitung. In: BWP Vol. 24, (1). 32-37

Ehrlich, K. (1998): Arbeitsprozesswissen von Prozessleitelektroniker/innen und erste Vorüberlegungen für ein Curriculum. In: Pahl, J. -P. / Rauner, F. Eds. : Betrifft: Berufsfeldwissenschaften. Bremen: Donat. 123-138

Ehrlich, K. (2002): Arbeitsprozesswissen in der verfahrenstechnischen Produktion. In: Fischer, M. / Rauner, F. Eds. : Lernfeld: Arbeitsprozess. Baden-Baden: Nomos. 235-254

Eibl-Eibesfeldt, I. (1984): Die Biologie des menschlichen Verhaltens. München: Piper

Eichenberger, P. (1992): Betriebliche Bildungsarbeit. Wiesbaden: Deutscher Universitätsverlag

Eichner, K. / Schmidt, P. (1974): Aktionsforschung. In: Soziale Welt Vol. 25, (2). 148-168

Eicker, F. (1983): Experimentierendes Lernen. Bad Salzdetfurth: Franzbecker

Eicker, F. / Petersen, W. Eds. (2001): „Mensch-Maschine-Interaktion". Baden-Baden: Nomos

Eicker, F. / Rauner, F. (1996): Experimentelles Lernen im Elektrotechnik-Unterricht. In: Lipsmeier, A. / Rauner, F. Eds. : Beiträge zur Fachdidaktik Elektrotechnik. Stuttgart: Holland + Josenhans

Eigler, G. / Macke, G. / Nenniger, P. u. a. (1976): Mehrdimensionale Zielerreichung in Lehr-Lern-Prozessen. In: Zeitschrift für Pädagogik Vol. 22, 181-197

Eigler, G. / Straka, G. (1978): Mastery learning, Lernerfolg für jeden? München: Urban & Schwarzenberg

Eikeland, O. (2006): Validity of Action Research and Validity in Action Research. In: Nielsen, K. / Svensson, L. Eds. : Action Research and Interactive Research. Maastricht: Shaker Publishing. 193-240

Ellger-Rüttgardt, S. (1982): Berufsvorbereitende Maßnahmen für behinderte Jugendliche. In: Bleidieck, U. / Ellger-Rüttgardt, S. Eds. : Berufliche Bildung behinderter Jugendlicher. Stuttgart: Kohlhammer. 107-128

Ellgring,H. (1991); Audiovisuell unterstützte Beobachtung. In; Flick, U. /Kardorff, E. /Keupp, H. u. a. Eds. ; Handbuch qualitative Sozialforschung. München; Psychologie Verlagsunion. 203-208

Ellgring,H. (1995); Nonverbale Kommunikation. In; Rosenbusch, H. /Schober, O. Eds. ; Körpersprache in der schulischen Erziehung. Baltmannsweiler; Schneider Hohengehren. 9-53

Ellis, A. (2004). Exemplars of Curriculum Theory. Larchmont; Eye On Education

Ellis, S. (2004); International Data for TVET and Their Limitations. In; UNESCO/UNEVOC/BMBF; UNESCO International Experts Meeting, Bonn, 25. October 2004; 16-34

Elsborg, S. (2005); Facilitering af arbejdspladslaering. In; Andersen, V. /Clematide, B. /Høyrup, S. Eds. ; Arbejdspladsen som læringsmiljø. Roskilde; Learning Lab Denmark. Roskilde Universitetsforlag. 99-123

Elsenbast, V. /Krieg, E. /Scheilke, C. (1999); Innenansichten der Erzieherinnenausbildung. Münster; Comenius-Institut

Elsner, W. (2000); Individuum und gesellschaftliches Handeln. In; Bremer Diskussionspapier zur institutionellen Ökonomie und Sozialökonomie 35a

Emery, F. (1959); Characteristics of sociotechnical Systems. London; Tavistock Institute

Emery, F. /Emery, M. (1974); Participative Design. Canberra; Australian National University

Emery, F. /Thorsrud, E. (1982); Industrielle Demokratie. Bern; Huber

Endres, E. /Wehner, T. Eds. (1996); Zwischenbetriebliche Kooperation aus prozessualer Perspektive. Weinheim; Beltz

Engeström, Y. (1987); Learning by Expanding. Helsinki; Orienta-Konsultit Oy

Engeström, Y. (1999a); Innovative Learning in work teams. In; Engeström, Y. /Miettinen, R. /Punamaeki, R. -L. Eds. ; Perspectives on Activity Theory. Cambridge; Cambridge University Press. 377-404

Engeström, Y. (1999b); Lernen durch Expansion. Marburg; BdWi-Verlag

Engeström, Y. (2001); Expansive Learning at Work. In; Journal of Education and Work Vol. 14, (1). 133-155

Engeström, Y. (2004); The New Generation of Expertise. In; Rainbird, H. /Fuller, A. /Munro, A. Eds. ; Workplace Learning in Context. London; Routledge

Engeström, Y. /Middleton, D. Eds. (1996); Cognition and communication at work. Cambridge; Cambridge University Press

Enggruber, R. (1989); Organisationsentwicklung in der sozialpädagogisch orientierten Berufsausbildung. Köln

Entsorgung '00 (2000); Taschenbuch der Entsorgungswirtschaft. Bonn; Friedhelm Merz Verlag

Enyon, R. /Wall, D. (2002); Competencebased approaches. In; Journal of Further and Higher Education Vol. 26, (4). 317-325

Eppler, M. (1999); Conceptual Management Tools. St. Gallen. http://www. knowledgemedia. org/netacademy/publications. nsf/all_pk/1324

Eppler, M. /Sukowski, O. Eds. (2000); Fallstudien zum Wissensmanagement. St. Gallen; NetAcademy Press

Eraut, M. (1994); Developing Professional Knowledge and Competence. London; Falmer Press

Eraut, M. (2000); The Dangers of Managing with an Inadequate View of Knowledge. Sao Paulo; 3rd International Conference for Sociocultural Research

Eraut, M. (2001); Transfer of Learning between Education and Workplace Settings. Northampton; TLRP International Workshop, University College

Eraut, M. (2002); Developing Professional Knowledge and Competence. London; Routledge & Falmer

Eraut, M. (2004); Transfer of Knowledge between Education and Workplace Settings. In; Rainbird, H. /Fuller, A. /Munroe, A. Eds. ; Workplace Learning in Context. London; Routledge. 201-221

Eraut, M. (2000); Non-formal learning and tacit knowledge in professional work. In; British Journal of Educational Psychology Vol. 70, 113-136

Eraut, M. /Alderton, J. /Cole, G. et al. (1998); Development of knowledge and skills in employment. Brighton; Institute of Education, University of Sussex

Ericson, A. /Simon, A. (1993); Protocol-Analysis-Verbal Reports as Data. Massachusetts; MIT Press

Ericsson, A. Ed. (1996); The road to excellence. Mahwah; Erlbaum

Ericsson, A. /Charness, N. /Feltovich, P. et al. Eds. (2006); Cambridge handbook on expertise and expert performance. Cambridge, UK; Cambridge University Press

Ericsson, A. /Krampe, R. /Tesch-Roemer, C. (1993); The role of deliberate practice in the acquisition of expert performance. In; Psychological Review Vol. 100, (3). 363-406

Ericsson, A. /Simon, H. (1980); Verbal Reports as Data. In; Psychological Review Vol. 87, (3). 215-251

Ericsson, A. /Smith, J. Eds. (1991): Toward a general theory of expertise. Cambridge: Cambridge University Press

Erikson, E. (1959): Identity and the life cycle. New York: International Universities Press

Ermeling, J. (2001): Die Berufspädagogik im Modernisierungsprozess. Kassel: Gesamthochschule Kassel

Erpenbeck, J. (1996): Selbstgesteuertes, selbstorganisiertes Lernen. In: AG QUEM: Kompetenzentwicklung 1996. Münster: Waxmann. 309-316

Erpenbeck, J. /Heyse, V. (1999): Die Kompetenzbiographie. Münster: Waxmann

Erpenbeck, J. /Rosenstiel, L. (2003b): Einführung. In: Erpenbeck, J. /Rosenstiel, L. Eds. : Handbuch Kompetenzmessung. Stuttgart: Schäffer-Poeschel. IX-XL

Erpenbeck, J. /Rosenstiel, L. Eds. (2003a): Handbuch Kompetenzmessung. Stuttgart: Schäffer-Poeschel

Erpenbeck, J. /Scharnhorst, A. /Ebeling, W. u. a. (2006): Metakompetenzen und Kompetenzentwicklung. Teil I. Berlin: Arbeitsgemeinschaft Betriebliche Weiterbildungsforschung e. V

Ertl-Schmuck, R. (2000): Pflegedidaktik unter subjekttheoretischer Perspektive. Frankfurt/Main: Mabuse

Euler, D. (1994): Didaktik einer sozio-informationstechnischen Bildung. Köln: Botermann & Botermann

Euler, D. (2003a): Potentiale von Modellversuchsprogrammen für die Berufsbildungsforschung. In: ZBW Vol. 99, 201-212

Euler, D. (2003b): Lernortkooperation. In: Euler, D. Ed. : Handbuch der Lernortkooperation. Vol. 1. Bielefeld: 12-24

Euler, D. (2003c): Virtuelles Lernen in Schule und Beruf. In: Achtenhagen, F. /John, E. Eds. : Meilensteine der beruflichen Bildung. Bielefeld: W. Bertelsmann, 297-322

Euler, D. Ed. (2003d, 2004a, b): Handbuch der Lernortkooperation. Bielefeld: W. Bertelsmann

Euler, D. /Lang, M. /Pätzold, G. Eds. (2006): Selbstgesteuertes Lernen in der beruflichen Bildung. Stuttgart: Steiner

Euler, D. /Sloane, P. (1989): Aktuelles Stichwort. In: Kölner Zeitschrift für Wirtschaft und Pädagogik Vol. 4, (6). 123-141

Evetts, J. (2003): The sociological analysis of professionalism. International Sociology. Vol. 18

Evetts, J. /Mieg, H. /Felt, U. (2006): Professionalization, scientific expertise, and elitism. In: Ericsson, A. /Charness, N. /Feltovich, P. et al. Eds. : Cambridge handbook on expertise and expert performance. Cambridge University Press. 105-123

Ewers, M. (1998): Pflegewissenschaftliche Promotionsprogramme aus den USA, Kanada und Grossbritannien. Bielefeld: IPW

Fahrenkroog, G. /Polt, W. /Rojo, J. et al. (2002): RTD Evaluation Toolbox. Brussels: IPTS

FAS, Foras Aisenna Saothair (1997): Review of Apprenticeship in Ireland. Dublin

Faßhauer, U. (2000): Entwicklung und Evaluation von Prozessqualität. In: Rützel, J. Ed. : Entwicklung und Umsetzung von Qualitätsstandards in der Berufsbildung. Bielefeld: W. Bertelsmann. 89-99

Faulstich, P. (1991): Qualitätskriterien für die Erwachsenenbildung. In: ZBW 87, (7). 572-581

Fegebank, B. (1997): Entwicklung der Berufe im Berufsfeld Ernaehrung und Hauswirtschaft. In: Die berufsbildende Schule Vol. 49, (1). 12-16

Fegebank, B. (1998): Berufsfelddidaktik „ Ernährung und Hauswirtschaft ". In: Bonz, B. /Ott, B. Eds. : Fachdidaktik beruflichen Lernens. Stuttgart: Steiner. 151-173

Fegebank, B. (2001): Ernährung in Systemzusammenhängen. Baltmannsweiler: Schneider Hohengehren

Fegebank, B. (2002): Umweltbildung in den Berufsfeldern „ Ernährung und Hauswirtschaft " sowie „ Landwirtschaft, Forstwirtschaft und Gartenbau ". In: Bonz, B. /Nickolaus, R. /Schanz, H. Eds. : Umweltproblematik und Berufsbildung. Baltmannsweiler: Schneider Hohengehren. 209-223

Fegebank, B. (2004): Berufsfeldlehre-Ernährung und Hauswirtschaft. Baltmannsweiler: Schneider Hohengehren

Fegebank, B. /Händel, U. (1998): Hauswirtschaftliche Leistungen in Großhaushalten und einschlägigen Betrieben im Freistaat Sachsen. Dresden

Fegebank, B. /Händel, U. (2000): Qualifikationsanforderungen im Dienstleistungsbereich. In: Pahl, J.-P. /Rauner, F. /Spöttl, G. Eds. : Berufliches Arbeitsprozesswissen. Baden-Baden: Nomos. 425-433

Feinstein, H. /Parks, S. (2002): The use of simulation in hospitality as an analytic tool and instructional system. In: Journal of Hospitality & Tourism Research Vol. 26, (4). 396-421

Felber, H. Ed. (1996): Berufliche Chancen für benachteiligte Jugendliche? München: Deutsches Jugendinstitut (DJI)

Feld, J. (1981): Mädchen ohne Ausbildungsverhältnis als Problem der Berufsschule. Münster: Diss. Phil

Felstead, A. /Fuller, A. /Unwin, L. et al. (2005): Survey the scene. In: Journal of Education and Work Vol. 18, (4). 359-383

Felstead, A. /Gallie, D. (2002): For better or worse? In: SKOPE Research Paper 29, University of Warwick

Felstead, A. /Green, F. /Mayhew, K. (1997): Getting the Measure of Training. Leeds: Centre for Industrial Policy and Performance

Felstead, A. /Jewson, N. /Walters, S. (2004): Changing Places of Work. Basingstoke: Palgrave Macmillan

Fend, H. (1986): „Gute Schulen-Schlechte Schulen". In: Deutsche Schule Vol. 3, (78). 275-293

Fend, H. (1998): Qualität im Bildungswesen. Weinheim: Juventa

Fend, H. (2000): Qualität und Qualitätssicherung im Bildungswesen. In: Andreas Helmke/Walter Hornstein/Ewald Terhart (Eds.): Qualität und Qualitätssicherung im Bildungsbereich. Vol. 41. Weinheim, Basel: Beltz. 55-72

Fend, Helmut (2001): Qualität im Bildungswesen. 2. Aufl. Weinheim, München: Juventa

Fenger, H. (1968): Arbeitsmarktforschung-Berufsforschung-Bildungsforschung. In: Mitt (IAB), Heft 5, 327-337

Fenna, A. (2004): Australian public policy. 2nd Ed. Sydney: Pearson

Ferner, W. (1972): Die Analysentopologie. Hannover: Schroedel

Ferner, W. (1973): Die Analysentopologie. Vol. 4. Hannover: Jänecke

Ferner, W. /Gärtner, D. /Krischok, D. u. a. (1979): Leitfaden für die Durchführung von Fallstudien in Arbeitssituationen zur Ermittlung beruflicher Lerninhalte. Berlin: BIBB

Fettermann, D. /Kaftarian, S. /Wandersman, A. Eds. (1996): Empowerment Evaluation. New York: Sage

Feuerstein, T. (1991): Zielgruppenanalyse in der sozialpädagogisch orientierten Berufsausbildung. Wiesbaden

Feyerabend, P. (1985): Realism, Rationalism and Scientific Method. Cambridge: Cambridge University Press

Finegold, D. (1999): Creating self-sustaining, highskill ecosystems. In: Oxford Review of Economic Policy Vol. 15, (1). 60-81

Finegold, L. /Wagner, K. (2002): Institutional Determinants of Firms' Training Decisions. In: Industrial and Labor Relations Review Vol. 55, (4). 667-685

Finegold, L. /Wagner, K. /Mason, G. (2000): National Skill-Creation Systems and Career Paths for Service Workers. In: International Journal of Human Resource Management. 497-516

Finegold, D. /Soskice, D. (1988): The Failure of Training in Britain. In: Oxford Review of Economic Policy Vol. 4, (3). 21-53

Finegold, D. /Soskice, D. (1990): The Failure of Training in Britain. In: Gleeson, D. Ed. : Training and Its Alternatives. Milton Keynes: Open University Press

Fischbach, D. /Nullmeier, E. (1983): Nutzen von Arbeitsanalyseverfahren in Abhängigkeit von der theoretischen Konzeption. In: Dürholt, E. /Facaoaru, C. /Frieling, E. u. a Eds. : Qualitative Arbeitsanalyse. Frankfurt/Main: Campus. 59-77

Fischer, A. (1913): Über die Bedeutung des Experiments in der pädagogischen Forschung und die Idee einer exakten Pädagogik. In: Cited in Klauer, J. (1973): Das Experiment in der pädagogischen Forschung. Düsseldorf: Pädagogischer Verlag Schwann

Fischer, A. /Fuchs, W. /Zinnecker, J. (1985): Jugendliche und Erwachsene 85. Leverkusen: Leske + Budrich

Fischer, F. /Mandl, H. (2000): Being there or being where? München: Ludwig-Maximilians-University

Fischer, F. /Mandl, H. (2002): Lehren und Lernen mit neuen Medien. In: Tippelt, R. Ed. : Handbuch Bildungsforschung. Opladen: Leske + Budrich. 623-637

Fischer, G. (1999): Möglichkeiten und Grenzen Moderner Technologien zur Unterstützung des Selbstgesteuerten und Lebenslangen Lernens. In: Dohmen, G. Ed. : Weiterbildungsinstitutionen, Medien, Lernumwelten. Bonn: BMBF. 95-146

Fischer, M. (1995a): Organisationsentwicklung in Berufsschule und Betrieb. Bremen: ITB

Fischer, M. (1995b): Technikverständnis von Facharbeitern im Spannungsfeld von beruflicher Bildung und Arbeitserfahrung. Bremen: Donat

Fischer, M. (1996): Überlegungen zu einem arbeitspädagogischen und psychologischen Erfahrungsbegriff. In: ZBW 3, 227-244

Fischer, M. (2000): Von der Arbeitserfahrung zum Arbeitsprozesswissen. Opladen: Leske + Budrich

Fischer, M. (2001a): Die partizipative Gestaltung eines Arbeitsinformationssystems für die betriebliche

Instandhaltung. In: Eicker, F. /Petersen, W. Eds: „Mensch-Maschine-Interaktion". Baden-Baden: Nomos. 71-85

Fischer, M. (2001b): Der Wandel des wissenschaftlichen Technikverständnisses und seine Folgen für die Arbeit- und Technikforschung. In: Fischer, M. /Heidegger, G. /Petersen, W. u. a. Eds.: Gestalten statt Anpassen in Arbeit, Technik und Beruf. Bielefeld: W. Bertelsmann. 45-67

Fischer, M. (2003a): Grundprobleme didaktischen Handelns und die arbeitsorientierte Wende in der Berufsbildung. In: bwp@ ,Berufs- und Wirtschaftspädagogik-online (www. bwpat. de) (Ausgabe 4). 1-17

Fischer, M. (2003b): Organisationales Lernen und dessen Bedeutung für die berufliche Bildung: In: Faßhauer, U. /Ziehm, S. Eds.: Berufliche Bildung in der Wissensgesellschaft. Darmstadt: Wissenschaftliche Buchgesellschaft

Fischer, M. (2005): The Integration of Work Process Knowledge into Human Resources Development. In: Human Factors and Ergonomics in Manufacturing Vol. 15, (4). 369-384

Fischer, M. /Boreham, N. /Nyhan, B. Eds. (2004): European Perspectives on Learning at Work. Luxembourg: EC

Fischer, M. /Boreham, N. /Röben, P. (2004): Organisational learning in the European chemical industry. In: Fischer, M. /Boreham, N. /Nyhan. B. Eds.: European perspectives on learning at work. Luxembourg: EC. 115-128

Fischer, M. /Boreham, N. (2004): Work process knowledge. In: Fischer, M. /Boreham, N. /Nyham, B. Eds.: European perspectives on learning at work. Luxembourg: EC. 13-53

Fischer, M. /Gerds, P. (2002): Beiträge der Berufsbildungsforschung für die Entwicklung neuer Lernkonzepte. In: Gerds, P. /Fischer, M. /Deitmer, L. Eds.: Was leistet die Berufsbildungsforschung für die Entwicklung neuer Lernkonzepte? Bielefeld: W. Bertelsmann. 9-35

Fischer, M. /Jungeblut, R. /Römmermann, E. (1995): „Jede Maschine hat ihre eigenen Marotten! ".
Bremen: Donat

Fischer, M. /Przygodda, K. (2002): Transfer von Modellversuchsergebnissen aus Sicht des Programmträgers im BLK-Modellversuchsprogramm „Neue Lernkonzepte in der dualen Berufsausbildung". In: Beck, K. /Eckert, M. /Reinisch, H. Eds.: Didaktik beruflichen Lehrens und Lernens. Opladen: Leske + Budrich. 167-184

Fischer, M. /Rauner, F. (2002a): The implications of Work Process Knowledge for Vocational Education and Training. In: Boreham, N. /Samurçay, R. /Fischer, M. Eds.: Work Process Knowledge. London: Routledge. 160-170

Fischer, M. /Rauner, F. (Eds.) (2002b): Lernfeld: Arbeitsprozess. Baden-Baden: Nomos

Fischer, M. /Röben, P. (2001): Ways of Organisational Learning in the Chemical Industry and Their Impact on Vocational Education and Training. Bremen: ITB

Fischer, M. /Röben, P. (2002b): The work process knowledge of chemical laboratory assistants. In: Boreham, N. /Samurçay, R. /Fischer, M. Eds.: Work Process Knowledge. London: Routledge. 40-54

Fischer, M. /Röben, P. (2004): Arbeitsprozesswissen im Fokus von individuellem und organisationalem Lernen. In: ZfPäd, Vol. 50, (2). 182-201

Fischer, M. /Röben, P. Eds. (2002a): Cases of Organisational Learning in European Chemical Companies. Bremen: ITB

Fischer, M. /Stuber, F. /Uhlig-Schoenian, J. (2002): Arbeitsprozessbezogene Ausbildung und Folgerungen für die Organisationsentwicklung beruflicher Schulen. In: Dehnbostel, P. /Erbe, H. -H. /Novak, H. Eds.: Berufliche Bildung im lernenden Unternehmen. Berlin: edition sigma. 155-172

Fisher, R. (1935/1972): Design of experiments. Edinburgh: Oliver & Boyd Ltd

Fitz-Gibbon, T. /Kochan, S. (2000): School Effectiveness and Educational Indicators. In: Teddlie, C. /Reynolds, D. Eds.: The international handbook of School Effectiveness Research. London. 257-282

Flanders, N. (1970): Analyzing teacher behaviour. Reading, Mass.: Addison-Wesley

Flasse, M. /Stieler-Lorenz, B. (2000): Berufliche Weiterbildungsstatistik im Spannungsfeld zwischen Industrie- und Wissensgesellschaft. In: AG QUEM: Kompetenzentwicklung 2000. Münster: Waxmann. 185-224

Flavell, J. (1984): Annahmen zum Begriff Metakognition sowie zur Entwicklung von Metakognition. In: Weinert, F. /Kluwe, R. Eds.: Metakognition, Motivation und Lernen. Stuttgart: Kohlhammer. 23-31

Fleck, L. (1935): Entstehung und Entwicklung einer wissenschaftlichen Tatsache. Basel: Benno Schwabe & Co

Fleig, J. /Schneider, R. (1995): Erfahrung und Technik in der Produktion. Berlin: Springer

Flick,U. (1995a):Handbuch qualitative Sozialforschung. Weinheim:Beltz

Flick,U. (1995b):Qualitative Forschung. Reinbek bei Hamburg:Rowohlt

Flick,U./Kardorff,E./Steinke,I. Eds. (2000):Qualitative Forschung. Reinbek bei Hamburg:Rowohlt

Fodor,J. (1981):The Appeal to Tacit Knowledge in Psychological Explanations. In:Fodor,J. Ed. :Representations. Brighton:Harvester Press. 63-78

Forman,H. (2006):Participative case studies. In:Journal of Marketing Education Vol. 28,(2). 106-113

Forrester,K./Payne,J./Ward,K. (1995):Lifelong education and the workplace. In:International Journal of Lifelong Education Vol. 14,(4). 292-305

Foshay,W. (1969). Curriculum. In:Ebel,L. (ed.):Encyclopedia of Educational Research. New York:Macmillan

Foucault,M. (1979):Governmentality. In:Ideology and Consciousness Vol. 6,5-21

Foucault,M. (1980):Power/knowledge. Brighton:Harvester Press

Foucault,M. (2001):The Order of Things. London:Routledge

Fourastié,J. (1954):Die große Hoffnung des zwanzigsten Jahrhunderts. Köln-Deutz:Bund-Verlag

Fournier,V. (1999):The appeal to 'professionalism' as a disciplinary mechanism. In:Social Review Vol. 47,(2). 280-307

Franck,E. (1992):Körperliche Entscheidungen und ihre Konsequenzen für die Entscheidungstheorie. In:Die Betriebswirtschaft Vol. 52,(5). 631-647

Franke,G. (1999):Erfahrung- und Kompetenzentwicklung. In:Dehnbostel, P./Markert, P./Novak, H. Eds. :Erfahrungslernen in der beruflichen Bildung. Neusäß:Kieser. 54-70

Franke,G. Ed. (2001):Komplexität und Kompetenz. Bielefeld:W. Bertelsmann

Franke,G./Kleinschmitt,M. (1987):Der Lernort Arbeitsplatz. Berlin:Beuth

Freidson,E. (1983):The theory of professions. In:Dingwall,R./Lewis,P. Eds. :The sociology of the professions. London:Macmillan. 19-37

Freidson,E. (1986):Professional powers. Chicago:University of Chicago Press

Freidson,E. (1994):Professionalism reborn:Theory, prophecy and policy. Chicago:University of Chicago Press

Freidson,E. (2001):Professionalism:The third logic. Cambridge:Polity Press

Freire,P. (1970):Pedagogy of the Oppressed. Harmondsworth:Penguin

Freire,P. (1997):Pedagogy of the oppressed. New revised 20th-anniversary edition. New York:Continuum

French,W./Bell,Cecil. (1982):Organisationsentwicklung. Bern,Stuttgart:Haupt

Frese,E. (1988):Grundlagen der Organisation. Wiesbaden:Gabler

Frese,M./Zapf, D. (1994):Action as the core of work psychology. In:Triandis, H./Dunnette, M./Hough,L. Eds. :Handbook of industrial and organizational psychology. Palo Alto,CA:Consulting Psychologists Press. 271-340

Frey,A. (1999):Erzieherinnenausbildung gestern-heute-morgen. Landau:Verlag Empirische Pädagogik

Frey,A./Balzer,L./Renold,U. u. a. (2002):Reform der kaufmännischen Grundausbildung. Landau:Empirische Pädagogik

Frey, H. -P./Hausser, K. (1987): Entwicklungslinien sozialwissenschaftlicher Identitätsforschung. In:Frey,H. -P./Hausser,K. Eds. :Identität. Stuttgart:Enke. 3-26

Frick,S. (2000):Die Übungsfirma in der kaufmännischen Lehre. Schaan:GMG Juris Verlag

Fricke,W. (1997a):Evaluation of the German Work and Technology Programme from an Action Research Point of View. In:Alasoini, T./Kyllönen, M./Kasvio, A. Eds. :Workplace Innovations. Ministry of Labour. Helsinki:91-103

Fricke,W. (1997b):Die konstruktive Aufgabe der Sozialwissenschaften. In:Lange, L./Seng haas-Knobloch Eds. :Konstruktive Sozialwissenschaft. München:Oldenbourg. 13-26

Fricke, W. Ed. (1994):Arbeit und Technik-Programme in Bund und Ländern 1993. Bonn:Friedrich-Ebert-Stiftung

Fricke,W./Peter,G./Pöhler,W. (1982):Beteiligen,Mitgestalten,Mitbestimmen. Köln:Bundverlag

Friebel,H. Ed. (1983):Von der Schule in den Beruf. Opladen:Westdeutscher Verlag

Fried,Y./Ferris,G. (1987):The validity of the job characteristics model. In:Personnel Psychology 40, 287-322

Friede,C./Sonntag,K. Eds. (1993):Berufliche Kompetenz durch Training. Heidelberg:Sauer

Friedeburg,L./Oehler, C. (1995):Staatliche Bildungsplanung. In:Dieter Lenzen (Ed.):Enzyklopädie Erziehungswissenschaften. Vol. 5. Stuttgart:Klett. 259-279

Friedemann,H. -J./Schroeder,J. (2000):Von der Schule ins Abseits? Langenau-Ulm:Vaas

Friedman, T. (2005): The world is flat. New York: Farrar, Strauss and Giroux

Friedrich, H. / Mandl, H. (1992): Lernund Denkstrategien. In: Mandl, H. / Friedrich, H. Eds. : Lern- und Denkstrategien. Göttingen: Hogrefe. 3-54

Friedrich, H. / Mandl, H. (1997): Analyse und Förderung selbstgesteuerten Lernens. In: Weinert, F. / Mandl, H. Eds. : Psychologie der Erwachsenenbildung. Göttingen: Hogrefe. 237-293

Friedrich, H. / Mandl, H. (2006): Lernstrategien. In: Mandl, H. / Friedrich, H. Eds. : Handbuch Lernstrategien. Göttingen: Hogrefe. 1-23

Frieling, E. (1980): Verfahren und Nutzen der Klassifikation von Berufen. Stuttgart: Poeschel

Frieling, E. (1995a): Lernen und Arbeiten. In: Arnold, R. / Lipsmeier, A. Eds. : Handbuch der Berufsbildung. Opladen: Leske + Budrich. 261-270

Frieling, E. (1995b): Arbeit. In: Kardoff, E. / Keupp, H. / Rosenstiel L. u. a. Eds. : Handbuch Qualitative Sozialforschung. Weinheim: Beltz. 285-288

Frieling, E. / Kauffeld, S / Grote, S. (2000): Flexibilität und Kompetenz. Münster: Waxmann

Frieling, E. / Sonntag, K. (1999): Lehrbuch Arbeitspsychologie. Göttingen: Huber

Friese, M. (2000): Modernisierungen personenorientierter Dienstleistungen. Opladen: Leske + Budrich

Frommberger, D. (2004): Kaufmännische Berufsausbildung im europäischen Ländervergleich. Baden-Baden: Nomos

Fthenakis, W. / Oberhuemer, P. Eds. (2002): Ausbildungsqualität. Neuwied: Luchterhand

Fuchs, W. (1970): Empirische Sozialforschung als politische Aktion. In: Soziale Welt (21/22). 1-17

Fülbier, P. (2002): Quantitative Dimensionen der Jugendberufshilfe. In: Fülbier, P. / Münchmeier, R. Eds. : Handbuch Jugendsozialarbeit. Münster: Votum. 486-503

Fülbier, P. / Münchmeier, R. Eds. (2002): Handbuch Jugendsozialarbeit. Münster: Votum

Fuller, A. / Unwin, L. (1998): Reconceptualising Apprenticeship. In: Journal of Vocational Education and Training Vol. 50, (2). 153-173

Fuller, A. / Unwin, L. (2003): Creating a 'Modern Apprenticeship'. In: Journal of Education and Work Vol. 16, (1). 5-25

Fuller, A. / Hodkinson, H. / Hodkinson, P. et al. (2005): Learning as Peripheral Participation in Communities of Practice. In: British Educational Research Journal Vol. 31, (1). 49-68

Fuller, A. / Unwin, L. (2003): Learning as Apprentices in the Contemporary UK Workplace. In: Journal of Education and Work Vol. 16, (4). 407-426

Fulst-Blei, S. / Ebner, H. (2005): Niveaubestimmung von Berufsbildungsabschlüssen in der Europäischen Union. In: Wirtschaft und Erziehung (9). 303-307

Funkkolleg (1990): Funkkolleg Medien und Kommunikation. Weinheim: Beltz

Füssel, P. (2007): Erweiterte Autonomie der Einzelschule und externe Evaluation. In: Buer, J. / Wagner, C. Eds. : Qualität von Schule. Frankfurt/Main: Lang. 229-240

Gadamer, G. (1960/1975): Truth and method (G. Barden J. Cumming, Trans.). New York: Seabury

Gadamer, H. (1972): Wahrheit und Methode. Tübingen: Mohr

Gadenne, V. (1976): Die Gültigkeit psychologischer Untersuchungen. Stuttgart: Kohlhammer

Gadenne, V. (2000): Gibt es unbewusste Schlüsse? In: Neuweg, G. Ed. : Wissen-Können -Reflexion. Innsbruck: Studien-Verlag. 111-129

Gage, N. Ed. (1963): Handbook of research on teaching. Chicago: Rand McNally

Gagné, R. / Briggs, L. / Wager, W. (1979): Principles of Instructional Design. New York: Holt, Rinehart & Winston

Gagné, R. (1965, 1977): The conditions of learning. New York: Holt, Rinehart & Winston

Gagné, R. (1968): Learning hierarchies. In: Educational Psychologist 6. 1-9

Gagné, R. / Briggs, L. Eds. (1974): Principles of instructional design. New York: Holt, Rinehart & Winston

Gagné, R. / Briggs, L. / Wager, W. Eds. (1992): Principles of Instructional Design. New York: Holt, Rinehart & Winston

Gaiser, B. (2002): Die Gestaltung kooperativer telematischer Lernarrangements. Aachen: Shaker

Galiläer, L. (2005): Früherkennung von Qualifikationsentwicklungen bei einfacher Arbeit. In: BMBF: Berufsbildungsbericht 2005. Berlin. 286

Gall, L. (1995): Vom Stand zur Klasse. In: Historische Zeitschrift Band 261, (1). 1-21

Galperin, P. (1967): Die Psychologie des Denkens und die Lehre von der etappenweisen Ausbildung geistiger Handlungen. In: Budilowa, E. Ed. : Untersuchungen des Denkens in der sowjetischen Psychologie. Berlin: Volk und Wissen. 81-119

Galuske, M. (1993): Das Orientierungsdilemma. Bielefeld

Galuske, M. (1998): Abkehr von der „Heiligen Kuh"! In: Jugend, Beruf, Gesellschaft Vol. 1, 6-14

Gamble, J. (2001): Modelling the Invisible. In: Studies in Continuing Education Vol. 23, (2). 185-200

Ganguin, D. (1992): Die Struktur offener Fertigungssysteme in der Fertigung und ihre Voraussetzungen. In: Dybowski, G. /Haase, P. /Rauner, F. Eds.: Berufliche Bildung und betriebliche Organisationsentwicklung. Bremen: Donat. 16-33

Garbarino, J. /Bronfenbrenner, U. (1986): Die Sozialisation von moralischem Urteil und Verhalten aus interkultureller Sicht. In: Bertram, H. Ed.: Gesellschaftlicher Zwang und moralische Autonomie. Frankfurt/Main: Suhrkamp. 258-288

Gardner, H. (2002): Intelligenzen. Die Vielfalt des menschlichen Geistes. Stuttgart: Klett-Cotta

Garfinkel, H. /Lynch, M. /Livingston, E. (1981): The work of a discovering science construed with materials from the optically discovered pulsar. In: Philosophy of the Social Sciences Vol. 11, 131-158

Garfinkel, H. (1967): Studies in Ethnomethodology. Englewood Cliffs: Prentice Hall

Garfinkel, H. (1986): Ethnomethodological Studies of Work. London: Routledge & Kegan Paul

Garfinkel, H. (2002): Ethnomethodology's program. Lanham: Rowman & Littlefield

Garrick, J. (1998): Informal learning at the workplace. New York: Routledge

Garvin, D. (1984): What does Product Quality really mean? In: Sloan Management Review Herbst 1984, 25-43

Geertz, C. (1973): Thick Description. In: Geertz, C. Ed.: The Interpretation of Cultures. New York: Basic Books. 3-30

Geertz, C. (1983): Local knowledge. New York: Basic Books

Geertz, C. (1988): Works and Lives. Stanford: Stanford University Press

Geiser, G. (2001): Lernförderliche Gestaltung von technischen Systemen als Grundlage der Benutzerfreundlichkeit. In: Zeitschrift für Arbeitswissenschaft Vol. 55, (2). 130-139

Geissler, B. /Oechsle, M. (1996): Lebensplanung junger Frauen. Weinheim: Deutscher Studienverlag

Geißler, H. (1994): Grundlagen des Organisationslernens. Weinheim: Deutscher Studienverlag

Geißler, H. (1998): Organisationslernen. In: Dehnbostel, P. /Erbe, H. /Novak, H. Eds.: Berufliche Bildung im lernenden Unternehmen. Berlin: edition sigma

Georg, W. (1996a): Lernen im Prozess der Arbeit. In: Dedering, H. Ed.: Handbuch zur arbeitsorientierten Bildung. München: Oldenbourg. 637-659

Georg, W. (1996b): Kulturelle Tradition und berufliche Bildung. In: Greinert, W. -D. Ed.: 30 Jahre Berufsbildungshilfe. Berlin

Georg, W. /Kunze, A. (1981): Sozialgeschichte der Beruferziehung. München: Juventa

Gerds, P. (1988): Technikverständnis und Gestaltungsfähigkeit. Bremen: Universität

Gerds, P. (1992a): Zur Entwicklung der Berufsschule. In: Lernen & Lehren Vol. 7, (25/26). 146-150

Gerds, P. (1992b): Zum Verhältnis von Arbeit, Technik und Bildung in gestaltungsorientierter Perspektive. In: Dehnbostel, P. Ed.: Neue Technologien und berufliche Bildung. Berlin: BIBB. 33-46

Gerds, P. (1995a): Berufsschullehrerausbildung in den Bahnen des öffentlichen Dienstrechts. In: Dybowski, G. /Pütz, H. /Rauner, F. Eds.: Berufsbildung und Organisationsentwicklung. Bremen: Donat. 373-386

Gerds, P. (1995b): Selbstregulation statt Fremdkontrolle? In: ZBW Vol. 91, 16-27

Gerds, P. (2001): Der Lernfeldansatz. In: Gerds, P. /Zöller, A. Eds.: Der Lernfeldansatz der Kultusministerkonferenz. Bielefeld: W. Bertelsmann. 20-52

Gerds, P. (2002): Das handwerkliche Arbeitsprozesswissen erfahrener Facharbeiter im Maschinenund Werkzeugbau. In: Fischer, M. /Rauner, F. Eds.: Lernfeld: Arbeitsprozess. Baden-Baden: Nomos. 175-193

Gerds, P. /Bauer, W. (2003): Anforderungen und Eckpunkte einer zukunftsträchtigen Entwicklung des Personals gewerblich-technischer Schulen. In: Zöller, A. /Gerds, P. Eds.: Qualität sichern und steigern. Bielefeld: W. Bertelsmann. 333-356

Gerds, Peter/Zöller, Arnulf (2002): Qualität sichern und steigern. Bielefeld: W. Bertelsmann

Gerds, P. /Zöller, A. Eds. (2001): Der Lernfeldansatz der Kultusministerkonferenz. Bielefeld: W. Bertelsmann

Gerstenmaier, J. (1999): Denken benötigt Wissen. In: GdWZ 10, (2). 65-67

Gerstenmaier, J. (2004): Domänenspezifisches Wissen als Dimension beruflicher Entwicklung. In: Rauner, F. Ed.: Qualifikationsforschung und Curriculum. Bielefeld: W. Bertelsmann. 151-166

Gerstenmaier, J. /Mandl, H. (1995): Wissenserwerb unter konstruktivistischer Perspektive. In: ZfPäd Vol.

41, (6). 867-888

Gesell, A. (1935): Cinemanalysis. In: Journal of Genetic Psychology Vol. 47, 3-16

Gesellschaft für berufliche Umweltbildung (1996): Service, Transfer und Qualitätssicherung in der beruflichen Bildung. Bielefeld: W. Bertelsmann

Gessner, T. (2003): Berufsvorbereitende Maßnahmen als Sozialisationsinstanz. Münster: Lit

Gherardi, S. / Nicolini, D. (2001): The Sociological Foundations of Organizational Learning. In: Dierkes, M. / Antal, A. / Child, J. Eds. : Handbook of Organizational Learning and Knowledge. New York: Oxford University Press. 35-60

Gibbs, J. / Widaman, K. (1982): Social Intelligence. Englewood Cliffs: Prentice-Hall

Giddens, A. (1984): The constitution of society. Cambridge: Polity Press

Giddens, A. (1992): Die Konstruktion der Gesellschaft. Frankfurt/Main: Suhrkamp

Giesecke, W. (1997): Die Qualitätsdiskussion aus erwachsenenpädagogischer Sicht. In: Arnold, R. Ed. : Qualitätssicherung in der Erwachsenenbildung. Opladen: Leske + Budrich. 29-47

Giest-Warsewa, R. (2000): „Irgendwie könnt's schon besser sein. " In: Pohl, A. / Schneider, S. Eds. : Sackgassen-Umleitungen- Überholspuren. Tübingen: Neuling. 49-57

Gietl, G. (2001): Qualitätsmanagement. Gräfelfing: Resch

Gilbreth, F. (1911): Motion Study. New York: Van Nostrand

Glade, A. / Zierau, J. (1994): Qualifikationen durch Familientätigkeit. In: Salzmann, B. / Beckmann, P. / Engelbrech, G. Eds. : Demographie und familiale Aspekte von Arbeitsmarkt und Wohnungsbau. München: DJI. 185-203

Glaser, B. / Strauss, A. (1967): The discovery of grounded theory. Chicago: Aldine

Glendenning, D. (1995): DACUM ROOTS. In: Canadian Vocational Association (CVA): Occasional Paper Vol. 7

Gnahs, D. (1995): Die Qualitätsdiskussion aus der Sicht des Jahres 2025. In: Bardeleben, R. / Gnahs, D. / Krekel, E. u. a. Eds. : Weiterbildungsqualität. Bielefeld: W. Bertelsmann. 229-232

Gnahs, D. (1997): Vergleichende Analyse von Qualitätskonzepten in der Weiterbildung. Hannover: ies

Gnahs, D. / Krekel, E. (1999): Betriebliches Bildungscontrolling in Theorie und Praxis. In: Krekel, E. / Seusing, B. Eds. : Bildungscontrolling. Bielefeld: W. Bertelsmann. 13-33

Gnahs, D. / Krekel, E. (2000): Controllingansätze in der betrieblichen Weiterbildungspraxis. In: Seeber, S. / Krekel, E. / Buer, J. Eds. : Bildungscontrolling. Frankfurt/Main: Lang. 213-228

Godard, J. (2004): A critical assessment of the high performance work paradigm. In: British Journal of Industrial Relations Vol. 42, (2). 349-378

Goetschy, J. (2005): The European Social dialogue in the 1990s. In: Transfer Vol. 11, (3). 409-422

Goetz, T. / Hall, N. / Frenzel, A. et al. (2006): A hierarchical conceptualization of enjoyment in students. In: Learning and Instruction Vol. 16, 323-338

Goffman, E. (1961): Asylums. Essays on the Social Situation of Mental Patients and Other Inmates. Anchor

Goffman, E. (1971): Interaktionsrituale. Über Verhalten in direkter Kommunikation. Frankfurt/Main: Suhrkamp

Gögercin, S. (1998): Zielgruppen der Jugendsozialarbeit. In: Jugend, Beruf, Gesellschaft Vol. 49, 131-135

Gögercin, S. (1999): Jugendsozialarbeit. Freiburg: Lambertus

Göhrlich, H. (2001): Schwierige" Unterrichtssituationen im BVJ. In: ZBW Vol. 97, (4). 561-583

Göhrlich, H. (2002): „Schwierige" Unterrichtssituationen im BVJ, Teil II. In: ZBW, 98 Vol. 3, 433-460

Gomez, L. / Fishman, B / Pea, R (2003): Bridging theory and practice in learning environments research. In: International Journal of Educational Policy. Research and Practice Vol. 4, (1). 147-170

Gonon, P. (1998): Das internationale Argument in der Bildungsreform. Bern: Lang

Gonon, P. (2002): Arbeit, Beruf und Bildung. Bern: h. e. p

Gonon, P. (2003): Qualität als, Qualitätssicherung". In: Zöller, A. / Gerds, P. Eds. : Qualitätsichern und steigern. Bielefeld: W. Bertelsmann. 11-23

Gonon, P. / Hügli, E. / Landwehr, N. u. a. ($1999_1/2001_3$): Qualitätssysteme auf dem Prüfstand. Aarau: Sauerländer

Gonon, P. / Köhler, M. / Matthieu, A. u. a. (2002): Maximen zur Organiation ländlicher Erwachsenenbildung. Trier: Universität

Goode, W. (1957): Community within a community. In: American Sociological Review Vol. 22, 194-200

Goodland, J. (1984): A place called school. New York: McGraw-Hill

Goodwin, C. (1996): Transparent vision. In: Ochs, E. / Schegloff, E. / Thompson, S. Eds. : interaction and

Grammar. Cambridge：Cambridge University Press. 370-404

Goodwin，C. ∕Goodwin，M. (1997)：Seeing as a situated activity. In：Engeström，Y. ∕Middleton，D. Eds. ：Cognition and communication at work. Cambridge：Cambridge University Press. 61-95

Gorz，A. (1983)：Wege ins Paradies. Berlin：Rotbuch

Gottfredson，G. (1999)：John L. Holland's contribution to vocational psychology. In：Journal of Vocational Behavior Vol. 55，(1). 15-40

Grace，A. (2007)：Envisioning a critical social pedagogy of learning and work in a contemporary culture of cyclical lifelong learning. In：Studies in Continuing Education Vol. 29，(1). 85-103

Gradel，K. (2003)：Kritische Reflexion zum Lernfeldkonzept im Berufsschulunterricht. Dresden

Grant，R. (1996)：Toward a Knowledge-based Theory of the Firm. In：Strategic Management Journal Vol. 17，109-122

Greb，U. (2003)：Identitätskritik und Lehrerbildung. Frankfurt∕Main：Mabuse

Green，A. (1998)：Core Skills，Key Skills and General Culture. In：Evaluation and Research in Education Vol. 12，(1). 23-43

Greeno，J. ∕MMAP (1998)：The situativity of knowing，learning，and research. In：American Psychologist Vol. 53，(1). 5-26

Greeno，J. ∕Moore，J. (1993)：Situativity and Symbols. In：Cognitive Science Vol. 17，(1-6). 49-58

Greifenstein，R. ∕Jansen，P. ∕Kissler，L. (1993)：Gemanagte Partizipation. München：Rainer Hampp

Greinert，W. -D. (1995)：Geschichte der Berufsausbildung in Deutschland. In：Arnold，R. ∕Lipsmeier，A. Eds. ：Handbuch der Berufsbildung. Opladen：Leske + Budrich. 409-417

Greinert，W. -D. ∕Hanf，G. ∕Schmidt，H. u. a. Eds. (1987)：Berufsausbildung und Industrie. Berlin：BIBB

Greinert，W. -D. ∕Wiemann，G. Eds. (1992)：Produktionsschulprinzip und Berufsbildungshilfe. Baden-Baden

Griffin，R. (1991)：Effects of work design on employee perceptions，attitudes and behaviours. In：Academy of Management Journal Vol. 34，425-435

Grob，U. ∕Maag Merki，K. (2001)：Überfachliche Kompetenzen. Bern：Lang

Groeben，N. ∕Wahl，D. ∕Schlee，J. (1988)：Das Forschungsprogramm Subjektive Theorien. Tübingen：Francke

Grollmann，P. (2005a)：Prognose- und prospektive Berufsbildungsforschung. In：Rauner，F. Ed. ：Handbuch Berufsbildungsforschung. Bielefeld：W. Bertelsmann. 123-129

Grollmann，P. (2005b)：Berufspädagogen im internationalen Vergleich. Bielefeld：W. Bertelsmann

Grollmann，P. ∕Kurz，S. ∕Otten，M. (2004)：Qualitätssicherung. Bremen：ITB

Grollmann，P. ∕Spöttl，G. ∕Rauner，F. (2006)：Europäisierung Beruflicher Bildung. Hamburg：Lit

Gronwald，D. (1992)：Praxisorientierte Fortbildung von Handwerkern. Berlin：BIBB. 181-200

Gronwald，D. (1993)：Schlüsselqualifikationen für die Handwerksarbeit? In：Uthmann，J. Ed. ：Umsetzung neuer Qualifikationen in die Berufsbildungspraxis. Nürnberg：Bildung und Wissen. 117-125

Gronwald，D. ∕Martin，W. Eds. (1982)：Lernorientierte Einführung in die Elektrotechnik. Braunschweig：Viehweg

Gronwald，D. ∕Schmidt，D. (1996)：Geschichtliche Entwicklung der Elektrotechnik im gesellschaftlichen Kontext. In：Lipsmeier，A. ∕Rauner，F. Eds. ：Beiträge zur Fachdidaktik Elektrotechnik. Stuttgart：Holland + Josenhans. 22-39

Grotlüschen，A. (2003)：Widerständiges Lernen im Web. Münster：Waxmann

Gruber，H. ∕Renkl，A. (2000)：Die Kluft zwischen Wissen und Handeln. In：Neuweg，G. Ed. ：Wissen-Können-Reflexion. Innsbruck：Studien-Verlag. 155-174

Grundmann，R. (2003)：Betriebswirtschaftliche Grundkonzeption eines Benchmarking. In：Controlling Jhrg. 15，(2)

Grünewald，U. (1979)：Qualifikationsforschung und berufliche Bildung. Berlin：BIBB

Grünewald，U. ∕Degen，U. ∕Krick，H. (1979)：Qualifikationsforschung und berufliche Bildung. Berlin：BIBB

Gruschka，A. (1985)：Wie Schüler Erzieher werden. Wetzlar：Büchse der Pandora

Gruschka，A. ∕Michely-Weirich，H. ∕Hesse-Lenz，C. u. a. (1995)：Aus der Praxis lernen. Berlin：Cornelsen

Guba，E. ∕Lincoln，Y. (1989)：Fourth Generation Evaluation. Newbury Park：Sage

Gustavsen，B. (1992)：Dialogue and Development. Assen：Van Gorcum

Gutschmidt，F. ∕Kreigenfeld，C. ∕Laur，U. u. a. (1974)：Bildungstechnologie und Curriculum. Hannover：Schroedel

Gutschmidt, F. / Laur, U. (1978): Medien für die betriebliche Elektronik. In: BWP Vol. 7, (3). 18-20

Haag, F. (1972): Sozialforschung als Aktionsforschung. In: Haag, F. / Krüger, H. / Schwärzl, W. Eds. : Aktionsforschung. München: Juventa. 22-55

Haasler, B. (2003): Validierung beruflicher Arbeitsaufgaben. Bremen: ITB

Haasler, B. (2004): Hochtechnologie und Handarbeit. Bielefeld: W. Bertelsmann

Haasler, B. / Baldauf-Bergmann, K. (2003): Der Einfluss von Arbeitskontext und Praxisgemeinschaft auf das berufliche Lernen. In: Zeitschrift für Arbeitsforschung, Arbeitsgestaltung und Arbeitspolitik Heft 04/2003, Lucius. 307-320

Habel, W. / Karsten, M. -E. (1986): Zur Profilierung der Sozialpädagogischen Ausbildung. In: Rabe-Kleberg, U. / Krüger, H. / Derschau, D. Eds. ; Beruf oder Privatarbeit. München: DJI. 313-323

Habermas, J. (1969): Gegen einen positivistisch halbierten Rationalismus. In: Maus, H. / Fürstenberg, F. Eds. : Der Positivismusstreit in der deutschen Soziologie. Darmstadt: Luchterhand. 235-266

Habermas, J. (1973): Kultur und Kritik. Frankfurt/Main: Suhrkamp

Habermas, J. (1976): Zur Rekonstruktion des Historischen Materialismus. Frankfurt/Main: Suhrkamp

Habermas, J. (1981, 1995): Theorie des kommunikativen Handelns. Frankfurt/Main: Suhrkamp

Habermas, J. (1991): Erläuterungen zur Diskursethik. Frankfurt/Main: Suhrkamp

Hacker, W. (1973, 1978): Allgemeine Arbeits- und Ingenieurspsychologie. Bern: Huber

Hacker, W. (1986a): Arbeitspsychologie. Psychische Regulation von Arbeitstätigkeiten. Bern: Huber

Hacker, W. (1986b): Arbeitspsychologie. Psychologie von Arbeitstätigkeiten. Berlin: Deutscher Verlag der Wissenschaften

Hacker, W. (1992): Expertenkönnen. Göttingen, Stuttgart: Verlag für Angewandte Psychologie

Hacker, W. (1995): Arbeitstätigkeitsanalyse. Heidelberg: Asanger

Hacker, W. (1996): Diagnose von Expertenwissen. Berlin: Akademie-Verlag

Hacker, W. (1998, 2005): Allgemeine Arbeitspsychologie. Bern: Huber

Hacker, W. / Jilge, S. (1993): Vergleich verschiedener Methoden zur Ermittlung von Handlungswissen. In: Zeitschrift für Arbeits- und Organisationspsychologie N. F. Vol. 37, (2). 64-72

Hacker, W. / Rothe, H. J. / Wandke, H. Eds. (1995): Entwicklung und Einsatz wissensorientierter Unterstützungssysteme. Bremerhaven: Wirtschaftsverlag NW

Hacker, W. / Skell, W. (1993): Lernen in der Arbeit. Berlin, Bonn: BIBB

Hackman, R. / Oldham, G. (1976): Motivation Through the Design of Work. In: Organizational Behaviour of Human Performance Vol. 60, 250-279

Häder, M. (2000): Die Expertenauswahl bei Delphi-Befragung. Mannheim: GESIS

Haenisch, H. (1998): Warum TIMSS nicht geeignet ist, etwas über die Leistungsfähigkeit deutscher Schulen auszusagen. In: GGG aktuell (Gemeinnützige Gesellschaft Gesamtschule e. V.)

Hägele, T. (2001): Identifizierung und Strukturierung handwerklicher Arbeitsprozesse. In: Petersen, W. / Rauner, F. / Stuber, F. Eds. ; Baden-Baden: Nomos. 133-144

Hagenbuch, D. (2006): Service learning inputs and outcomes in a personal selling course. In: Journal of Marketing Education Vol. 28, (1). 26-34

Hager, P. (1995): Competency Standards. The Vocational Aspect of Education. 47(2), 141-151

Hager, P. (2004): The competence affair, or why vocational education and training urgently needs a new understanding of learning. In: Journal of Vocational Education and Training Vol. 56, (3). 409-433

Hager, W. (1987): Grundlagen einer Versuchsplanung zur Prüfung empirischer Hypothesen der Psychologie. In: Lüer, G. Ed. ; Allgemeine experimentelle Psychologie. Stuttgart: Fischer

Hahne, K. (1999): Weiterentwicklung des auftragsorientierten Lernens im Handwerk durch Lernortkooperation mit Auftragstypen-Leitfäden. In: Jenewein, J. Ed. ; Lernen und Arbeiten in der dualen Berufsbildung. Bremen: Donat. 201-226

Haider, G. (2002): System-Monitoring. In: Eder, F. Ed. ; Qualitätsentwicklung und Qualitätssicherung im österreichischen Schulwesen. Innsbruck: Studien-Verlag. 203-223

Haider, H. (2000): Implizites Wissen. In: Neuweg, G. Ed. ; Wissen -Können -Reflexion. Innsbruck: Studien-Verlag. 175-197

Haken, H. (1996): Synergetik und Sozialwissenschaften. In: Ethik und Sozialwissenschaften Vol. 7, (4). 587-594

Hall, R. (2003): Observations on a Year of Using the Wolverhampton On-Line Learning Framework (WOLF). In: Journal of Hospitality, Leisure, Sport and Tourism Education Vol. 1, (2). 65-70

Hameyer, U. (1995): Interventive Erziehungsforschung. In: Haft, H. / Kordes, H. Eds. ; Methoden der Erziehungs- und Bildungsforschung. Stuttgart: Klett. 145-181

Hamilton, D. (1999): The Pedagogic Paradox. In: Pedagogy, Curriculum and Society Vol. 7, (1). 135-152

Hammersley, M. / Atkinson, P. (1995): Ethnography: Principles in practice. London: Routledge

Hannan, M. / Freeman, J. (1984): Structural Inertia and Organizational Change. In: American Sociological Review Vol. 49, 149-164

Hansmann, K. -W. (1983): Kurzlehrbuch Prognoseverfahren. Wiesbaden: Gabler

Harper, D. (1994): On the Authority of the Image. In: Denzin, D. / Lincoln, Y. Eds. : Handbook of Qualitative Research. London: Sage. 403-412

Harrison, N. (1999): How to design self-directed and distance learning. New York: McGraw Hill

Harteis, C. (2000): Beschäftigte im Spannungsfeld ökonomischer und pädagogischer Prinzipien betrieblicher Personal- und Organisationsentwicklung. In: Harteis, C. / Heid, H. / Kraft, H. Eds. : Kompendium Weiterbildung. Opladen: Leske + Budrich. 209-217

Hartung, D. / Nuthmann, R. / Teichler, U. (1981). Bildung und Beschäftigung. München

Hartz, P. et al. (2002): Moderne Dienstleistungen am Arbeitsmarkt. Bericht der Kommission. Berlin

Harvey, L. / Green, D. (2000): Qualität definieren. Beiheft der Zeitschrift für Pädagogik. Vol. 41. 17-39

Hasebrook, J. / Herrmann, W. / Rudolph, D. (2003): Perspectives for European e-learning businesses. Luxembourg: EC

Hasper, M. / Hoffmann, G. / Schultz, I. u. a. (1996): Sachverständigengutachten im Rahmen des Forschungsprojektes „Umweltgerechte Berufsausbildung in den neuen Bundesländern". Berlin: BIBB

Hass, J. (1979): Experimentalunterricht in der Berufsschule. Diss. Hamburg

Hastedt, H. (1991): Aufklärung und Technik. Frankfurt / Main: Suhrkamp

Haunert, F. / Lang, R. (1994): Arbeit und Integration. Frankfurt / Main: Lang

Hausser, K. (1995): Identitätspsychologie. Berlin: Springer

Haveman, H. (1992): Between a rock and a hard place. In: Administrative Science Quarterly Vol. 37, 48-75

Havighurst, R. (1948, 1972): Developmental Tasks and Education. New York: David Mc Kay Company

Hawke, G. (1998): Learning, workplaces and public policy. Sydney: 1st Annual Conference of AVETRA

Hawkins, K. (1992): The uses of discretion. Oxford: Clarendon

Heath, C. / Button, G. (2002): Workplace studies. In: British Journal of Sociology Vol. 53, (2)

Heath, C. / Hindmarsh, J. / Luff, P. (1999): Interaction in isolation. In: Sociology Vol. 33, (3). 555-575

Heath, C. / Luff, P. (2000): Technology in action. Cambridge: Cambridge University Press

Heckhausen, H. (1989): Motivation und Handeln. Berlin: Springer

Hedderich, V. (2001): Fernunterricht und handlungsorientiertes Lernen. Bochum: Projekt-Verlag

Hedge, J. / Borman, W. / Lammlein, S. (2005): The aging workforce. Washington, DC: American Psychological Association

Heeg, F. -J. / Meyer-Dohm, P. Eds. (1994): Methoden der Organisationsgestaltung und Personalentwicklung. München: Hanser

Heermeyer, R. / Heuermann, H. / Howe, F. (1999): Gestaltungsorientierte Lern- und Arbeitsaufgaben. In: Jenewein, J. Ed. : Lernen und Arbeiten in der dualen Berufsbildung. Bremen: Donat. 157-171

Hegelheimer, A. (1979): Die Umsetzung neuer Ausbildungsordnungen in die betriebliche Praxis. Hannover: Schroedel

Heid, H. (1995): Die Interdisziplinarität der pädagogischen Fragestellung. In: Lenzen, D. / Mollenhauer, K. Eds. : Theorien und Grundbegriffe der Erziehung und Bildung. Stuttgart: Klett-Cotta. 177-192

Heid, H. (1999): Über die Vereinbarkeit individueller Bildungsbedürfnisse und betrieblicher Qualifikationsanforderungen. In: Zeitschrift für Pädagogik Vol. 45, (2). 231-244

Heid, H. (2000): Qualität. In: Helmke, A. / Hornstein, W. / Terhart, E. Eds. : Qualität und Qualitätssicherung im Bildungswesen. Beiheft der Zeitschrift für Pädagogik. Vol. 41. Weinheim, Basel: 41-51

Heid, H. (2003): Bildung im Spannungsfeld zwischen gesellschaftlichen Qualifikationsanforderungen und individuellen Entwicklungsbedürfnissen. In: ZBW 1, Steiner. 10-25

Heid, H. (2007): Qualität von Schule. Frankfurt / Main: Lang. 55-66

Heidack, C. Ed. (2001): Praxis der kooperativen Selbstqualifikation. München: Hampp

Heidegger, G. (1978): Kompetenzen zu verändernder Praxis als Kriterium für naturwissenschaftlichtechnologischen Unterricht. Gießen: DPG, Fachausschuss Didaktik der Physik

Heidegger, G. (1987): Dialektik und Bildung. Weinheim: Juventa

Heidegger, G. (1991): Integration of General and Vocational Education. In: Raivola, R. / Ropo, E. Eds. : Jatkuva koulutus ja elinikäinen oppiminen. Tampere: Tampereen Yliopisto

Heidegger, G. (1995): Betriebliche Organisationsentwicklung und berufliche Bildung im internationalen Vergleich. In: Dybowski, G. /Pütz, H. /Rauner, F. Eds. : Berufsbildung und Organisationsentwicklung. Bremen: Donat. 37-50

Heidegger, G. (1996): Von Schlüsselqualifikationen zu Schlüsselkompetenzen. In: Gonon, P. Ed. : Schlüsselqualifikationen kontrovers. Aarau: Sauerländer. 101-106

Heidegger, G. (1997a): Die gestaltungsorientierte Innovation unterstützen. In: Heidegger, G. /Adolph, G. /Laske, G. Eds. : Gestaltungsorientierte Innovation in der Berufsschule. Bremen: Donat. 256-281

Heidegger, G. (1997b): Bildungstheoretische Fundierung. In: Heidegger, G. /Adolph, G. /Laske, G. Eds. : Gestaltungsorientierte Innovation in der Berufsschule. Bremen: Donat. 19-45

Heidegger, G. /Adolph, G. /Laske, G. (1997): Gestaltungsorientierte Innovation in der Berufsschule. Bremen: Donat

Heidegger, G. /Drescher, E. /Gerds, P. u. a. (1993): Gestaltungsorientierter Unterricht. Soest: LSW

Heidegger, G. /Jacob, J. /Martin, W. u. a. (1989, 1991): Berufsbilder 2000. Opladen: Westdeutscher Verlag

Heidegger, G. /Rauner, F. (1996, 1997): Reformbedarf in der Beruflichen Bildung. Bremen, Düsseldorf

Heijden, K. (1996): Scenarios. The art of strategic conversation. Chichester: John Wiley & Sons

Heimann, P. /Otto, G. /Schulz, W. (1965): Unterricht, Analyse und Planung. Hannover: Schroedel

Heimbucher, A. /Zimmer, J. (1975): Situationsfilme im vorschulischen Curriculum. In: Geisler, W. /Kalb, P. Eds. : Fernsehvorschule. Weinheim: Beltz. 251 ff

Heinemann, L. (2008): Distance and Proximity in VET Research. In Rauner, F. /Maclean, R. (Ed.). Handbook of Technical and Vocational Education and Training Research. Dordrecht: Springer. 713-718

Heiner, M. Ed. (1996): Qualitätsentwicklung durch Evaluation. Freiburg im Breisgau: Lambertus

Heinich, R. /Molenda, M. /Russell, J. et al. (1999): Instructional media and technologies for learning. Upper Saddle River: Merrill-Prentice Hall

Heinrich, K. /Pardue, K. /Davison-Price, M. et al. (2004): How can I hope you? How can you help me? In: Nursing Education Perspectives Vol. 26, (1). 34-41

Heinz, W. (1995): Arbeit, Beruf und Lebenslauf. Weinheim: Juventa

Heinz, W. (2002a): Transition discontinuities and the biographical shaping of early work careers. In: Journal of Vocational Behavior Vol. 60, 220-240

Heinz, W. (2002b): Self-socialization and posttraditional society. In: Settersten, R. /Owens, T. Eds. : Advances in Life-Course Research. New York: Elsevier. 41-64

Heinz, W. /Krüger, H. /Rettke, U. u. a. (1985, 1987): Hauptsache eine Lehrstelle. Weinheim, Basel: Beltz

Heinz, W. /Taylor, A. (2005): Learning and work transition policies in a comparative perspective. In: Basica, N. et al. Ed. : International Handbook of Educational Policy. Dordrecht: Springer. 847-864

Heinz, W. /Witzel, A. (1995): Das Verantwortungsdilemma in der beruflichen Sozialisation. In: Hoff, E. -H. /Lappe, L. Eds. : Verantwortung im Arbeitsleben. Heidelberg: 99-113

Heinze, T. (1987): Qualitative Sozialforschung. Opladen: Westdeutscher Verlag

Heisig, P. (2001): Business Process Oriented Knowledge Management. In: Mertins, K. /Heisig, P. /Vorbeck, K. J. Eds. : Knowledge management. Berlin: Springer. 13-36

Heisig, P. /Vorbeck, J. (2001): Benchmarking Survey Results. In: Kai, K. /Heisig, P. /Vorbeck, J. Eds. : Knowledge management. Berlin: Springer. 97-123

Hellberg, I. /Saks, M. /Benoit, C. (1999): Professional identities in transition. Göteborg: Almquist& Wiksell

Hellpach, W. (1922): Sozialpsychologische Analyse des betriebstechnischen Tatbestandes „Gruppenfabrikation". In: Lang, R. /Hellpach, W. Eds. : Gruppenfabrikation. Berlin: Springer. 5-186

Hellstern, G. -M. /Wollmann, H. Eds. (1984): Handbuch zur Evaluierungsforschung. Opladen: Westdeutscher Verlag

Helmke, A. (2003): Unterrichtsqualität erfassen, bewerten, verbessern. Seelze: Kallmeyersche Verlagsbuchhandlung

Helmke, A. /Jäger, R. Eds. (2002): Das Projekt MARKUS. Landau: Verlag Empirische Pädagogik

Helmstädter, E (2000): Der tertiäre Sektor im volkswirtschaftlichen Zusammenhang. Gelsenkirchen: Institut Arbeit und Technik

Hennemann, C. (1997): Organisationales Lernen und die lernende Organisation. München: Hampp

Hennige, U. /Steinhilber, B. (2000): Chancengeminderte junge Frauen beim Übergang ins Erwerbsleben. In: Pohl, A. /Sabine, Ser (Eds.). : Sackgassen-Umleitungen-Überholspuren. Tübingen: Neuling. 59-82

Henninges, H. /Stooß, F, /Troll, L. (1976): Berufsforschung im IAB. In: Mitteilungen aus der Arbeitsmarkt-und Berufsforschung Vol. 9, (1). 1-18

Henwood, D. (1996): Work and its Future, Left Business Observer, 72, Internet edition

Heraty, N. / Morley, M. / McCarthy, A. (2001): Vocational Education and Training in the Republic of Ireland. In: Journal of Vocational Education and Training Vol. 52, (2). 177-198

Herbart, J. (1806): Allgemeine Pädagogik aus dem Zweck der Erziehung abgeleitet. Göttingen: Röwer

Herchenhahn, A. (2004): Neue Technologien im Tischlerhandwerk. In: Baabe-Meijer, S. / Meyser, J. / Struve, K. Eds.: Entwicklung gestalten. Bielefeld: W. Bertelsmann. 79-89

Heritage, J. (1984): Garfinkel and Ethnomethodology. Cambridge: Polity Press

Herkner, V. (2003): Deutscher Ausschuss für Technisches Schulwesen. Hamburg: Dr. Kovač

Hermanns, H. (2000): Interviewen als Tätigkeit. In: Flick, U. / Kardoff, E. / Steinke, I. Eds.: Qualitative Forschung. Reinbek: Rowohlt. 360-368

Herpen, M. (1994): Gegenwärtig begriffliche Modelle für Bildungsindikatoren. In: Mitter, W. / Schäfer, U. Eds.: Die internationalen Bildungsindikatoren der OECD. Frankfurt/Main: Lang. 29-57

Herrmann, U. (1995): Erziehung und Bildung in der Tradition geisteswissenschaftlicher Pädagogik. In: Lenzen, D. / Mollenhauer, K. Eds.: Theorien und Grundbegriffe der Erziehung und Bildung. Stuttgart: Klett-Cotta. 25-41

Herrmanns, M. (2002): Bibliographie Jugendsozialarbeit und Jugendberufshilfe 1900-2000. Köln

Hertog, F. / Schröder, P. (1989): Social research of technological change. Maastricht

Hesse, H. (1972): Berufe im Wandel. Stuttgart: Gustav Fischer

Hesse, H. -G. / Wottawa, H. (1997): Methodische Probleme der Unterrichtsforschung. In: Weinert, F. Ed.: Enzyklopädie der Psychologie. Band 3. Göttingen: Hogrefe. 37-69

Hetzer, S. (2004): Arbeits- und Zeitorganisation im Sozialmanagement. Osnabrück: Der Andere Verlag

Heydorn, H. -J. (1972): Zu einer Neufassung des Bildungsbegriffs. Frankfurt/Main: Suhrkamp

Heydorn, H. -J. (1979): Über den Widerspruch von Bildung und Herrschaft. Frankfurt/Main: Syndikat

Heyse, V. (2007): KODE ® X-Kompetenz-Explorer. In: Erpenbeck, J. / Rosenstiel, L. Eds.: Handbuch Kompetenzmessung. Stuttgart: Schäffer-Poeschel. 384-394

Hidi, S. (2006): A unique motivational variable. In: Educational Research Review 1, (2). 69-82

Hilgard, E. (1948): Theories of learning. New York: Appleton-Century-Crofts

Hiller, G. (1994): Ausbruch aus dem Bildungskeller. Langenau-Ulm: Vaas

Hiller, G. (1997): Schulisch wenig erfolgreiche Jugendliche aus Haupt- und Sonderschulen im Übergang ins Beschäftigungssystem. In: Stark, W. / Fitzner, T. / Schubert, C. Eds.: Lernschwächere Jugendliche im Übergang zum Beruf. Stuttgart: Klett. 39-60

Hirschhorn, L. / Gilmore, T. (1992): The New Boundaries of the "Boundaryless" Company. In: Harvard Business Review Vol. 3, 104-115

Hobbensiefken, G. (1980): Berufsforschung. Opladen: Leske + Budrich

Hochschild, A. (2002): Keine Zeit. Work-Life-Balance. Opladen: Leske + Budrich

Hochstadt, S. (2002): Die Zukunft der Qualifikation in der Bauwirtschaft. Diss. Universität Osnabrück

Hodkinson, P. (1998): Technicism, Teachers and Teaching Quality in Vocational Education and Training. In: Journal of Vocational Education and Training Vol. 50, (2). 193-207

Hodkinson, P. (2005): Research as a form of work. In: British Educational Research Journal Vol. 30, (1). 9-26

Hofbauer, H. / Stooß, F. (1977): Beruf und Berufsbildung. In: Albers, W. / Born, K. -E. / Dürr, E. Eds.: Handwörterbuch der Wirtschaftswissenschaft. Tübingen: Mohr. 468-478

Hofer, M. (1981): Informationsverarbeitung und Entscheidungsverhalten von Lehrern. München: Urban & Schwarzenberger

Hofer, M. / Niegemann, H. / Eckert, A. u. a. (1996): Pädagogische Hilfen für interaktive selbstgesteuerte Lernprozesse und Konstruktion eines neuen Verfahrens zur Wissensdiagnose. In: Beck, K. / Heid, H. Eds.: Lehr- Lernprozesse in der kaufmännischen Erstausbildung. Beiheft 13 zur ZBW. Stuttgart

Hoff, E. -H. (1994): Arbeit und Sozialisation. In: Schneewind, K. Ed.: Enzyklopädie der Psychologie. Vol. 1. Göttingen: Hogrefe. 525-552

Hoff, E. -H. / Lappe, L. / Lempert, W. Eds. (1985): Arbeitsbiographie und Persönlichkeitsentwicklung. Bern: Huber

Hoff, E. -H. (1990): Die doppelte Sozialisation Erwachsener. München: DJI

Hoff, E. -H. / Lempert, W. / Lappe, L. (1991): Persönlichkeitsentwicklung in Facharbeiterbiographien. Bern: Huber

Hoffmann, E. (1962): Zur Geschichte der Berufsausbildung in Deutschland. Bielefeld: W. Bertelsmann

Hoffmann, I. (2001): Knowledge Management Tools. In: Mertins, K. / Heisig, P. / Vorbeck, J. Eds. : Knowledge management. Berlin: Springer. 74-94

Hohenstein, A. / Wilbers, K. Eds. (2002): Handbuch E-Learning. Köln: Deutscher Wirtschaftsdienst

Höhn, E. (1974): Ungelernte in der Bundesrepublik. Kaiserslautern

Holland, J. / Daiger, D. / Power, P. (1980): My vocational situation. Palo Alto: Consulting Psychologists Press

Holle, H. -J. (2004): Energetisch optimiertes Bauen. In: Baabe-Meijer, S. / Meyser, J. / Struve, K. Eds. : Entwicklung gestalten. Bielefeld: W. Bertelsmann. 157-164

Holling, H. / Gediga, G. Eds. (1999): Evaluationsforschung. Göttingen: Hogrefe

Holsapple, C. Ed. (2003): Handbook on Knowledge Management. Berlin: Springer

Holtappels, H. -G. (2004): Schulprogramme-Instrumente der Schulentwicklung. Weinheim: Juventa

Holzinger, E. (2001): 6 Jahre Programmevaluation. http://www. austria. gv. at/ 2004/4/15/ holzin ger. pdf. 12. 10. 2004

Hopf, C. (1995): Befragungsverfahren. In: Flick, U. Ed. : Handbuch Qualitative Sozialforschung. Weinheim: Beltz. 177-182

Hopf, C. (2000): Qualitative Interviews. In: Flick, U. / Kardorff, E. / Steinke, I. Eds. : Qualitative Forschung. Reinbek b. Hamburg: Rowohlt. 349-359

Höpfner, H. -D. (1998): Das Konzept der Lernund Arbeitsaufgaben als Grundlage einer lernortintegrierenden Ausbildungsgestaltung in einem doppeltqualifi zierenden Bildungsgang. In: Jenewein, K. Ed. : Theorie und Praxis der Lernortkooperation in der gewerblich-technischen Berufsausbildung. Neusäß: Kieser. 103-123

Höpfner, H. -D. / Spöttl, G. / Windelband, L. (2007): Early Identification of Qualification Needs. Bielefeld: W. Bertelsmann

Horkheimer, M. / Marcuse, H. (1937): Philosophie und kritische Theorie. In: Zeitschrift für Sozialforschung Vol. 6, (3). 625-647

Horlebein, M. (1989): Quellen und Dokumente zur Geschichte der kaufmännischen Berufsbildung 1818-1948. Köln: Böhlau

Horn, W. (1996): Lehre der Elektrotechnik. In: Lipsmeier, A. / Rauner, F. Eds. : Beiträge zur Fachdidaktik Elektrotechnik. Stuttgart: Holland + Josenhans. 7-21

Horváth, P. (1996): Controlling. München: Vahlen

Horváth, P. (2001): Value based management and balanced scorecard in European companies. Universität Stuttgart

Howe, F. (1998): Historische Berufsfeldforschung am Beispiel der industriellen Elektroberufe. In: Pahl, J. -P. / Rauner, F. Eds. : Betrifft: Berufsfeldwissenschaften. Bremen: Donat. 51-80

Howe, F. (2000): Haben Berufsfelder Zukunft? In: Pahl, J. -P. / Rauner, F. / Spöttl G. Eds. : Berufliches Arbeitsprozesswissen. Baden-Baden: Nomos. 67-88

Howe, F. (2001a): Gestaltungsorientierte Lern- und Arbeitsaufgaben. In: Ebeling, U. / Gronwald, D. / Stuber, F. Eds. : Lern- und Arbeitsaufgaben als didaktisch-methodisches Konzept. Bielefeld: W. Bertelsmann. 126-146

Howe, F. (2001b): Die Genese der Elektroberufe. Dissertation. Universität Bremen

Howe, F. (2002): Berufsentwicklung im Elektroinstallateur-Handwerk. In: Lernen und Lehren Vol. 67, 100-108

Howe, F. (2004): Elektroberufe im Wandel. Hamburg: Dr. Kovaç

Howe, F. (2005): Historische Berufsfeldforschung. In: Rauner, F Ed. : Handbuch Berufsbildungsforschung. Bielefeld: W. Bertelsmann. 118-123

Howe, F. / Bauer, W. (2001): (Selbst-) Evaluation gestaltungsorientierter Lern- und Arbeitsaufgaben. In: Petersen, W. / Rauner, F. / Stuber, F. Eds. : IT-gestützte Facharbeit. Baden-Baden: Nomos. 385-405

Howe, F. / Heermeyer, R. / Heuermann, H. (1998): Der Modellversuch GoLo. In: Holz, H. / Rauner F, / Günter W. Eds. : Ansätze und Beispiele der Lernortkooperation. Bielefeld: W. Bertelsmann. 197-217

Howe, F. / Heermeyer, R. / Heuermann, Horst u. a. (2000): Lernund Arbeitsaufgaben für eine gestaltungsorientierte Berufsbildung. Bremen: ITB

Howe, Falk / Heermeyer, Reinhard / Heuermann, H. u. a. (2002): Lernund Arbeitsaufgaben für eine gestaltungsorientierte Berufsbildung. Konstanz: Christiani

Høyrup, S. (2004): Reflection in Learning at Work. In: Antonacopoulu, E. / Jarvis, P. / Andersen, V. et al. Eds. : Learning at Work. New York: Palgrave Macmillan. 85-101

Huang, R. (2005): Chinese International Students' Perceptions of the Problem-Based Learning Experience. In：Journal of Hospitality，Leisure，Sport and Tourism Education Vol. 4，(2). 36-43

Huber，G.（1996）：Organizational Learning. In：Cohen，M./Sproull，L. Eds. ；Organizational Learning. Thousand Oaks；Sage. 124-162

Huddleston，P./Unwin，L.（1997）：Stakeholder，Skills and Star-gazing. In：Stanton，G/Richardson，W. Eds. ；Qualifications for the Future. London；Further Education Development Agency

Huddleston，P./Unwin，L.（2007）：Teaching and Learning in Further Eduacation，London；Routledge

Hughes，E.（1965）：Professions. In：Lynn，K. Ed. ；The professions in America. Boston；Houghton Mifflin. 1-14

Hügli，E.（1998）：Die ISO-Norm für Schulen. Aarau；Sauerländer

Huisinga，R./Kell，A.（2005）：Berufsfeld Wirtschaft und Verwaltung. In：Rauner，F. Ed. ；Handbuch Berufsbildungsforschung. Bielefeld；W. Bertelsmann. 164-170

Hurrelmann，K.（1995₅/2002₈）：Einführung in die Sozialisationstheorie. Weinheim；Beltz

Hurrelmann，K./Ulich，D. Eds.（1991）：Neues Handbuch der Sozialisationsforschung. Weinheim；Beltz

Huschke-Rhein，R.（1987）：Qualitative Forschungsmethoden und Handlungsforschung. Köln；Rhein-Verlag

Huselid，M.（1995）：The impact of human resource management practices on turnover，productivity and financial performance. In：Academy of Management Journal Vol. 38，635-672

Huselid，M./Jackson，S./Schuler，R.（1997）：Technical and strategic human resource management effectiveness as determinants of firm performance. In：Academy of Management Journal Vol. 39，949-969

Hutchins，E.（1993）：Learning to navigate. In：Chaiklin，S./Lave，J. Eds. ；Understanding Practice. Toronto；Cambridge University Press. 35-63

Hutchins，E.（1995）：Cognition in the Wild. Cambridge，Mass. ；MIT Press

Hutmacher，W.（1998）：Strategien der Systemsteuerung. In：BMUK；Schulleitung und Schulaufsicht. Innsbruck；Studien-Verlag. 49-92

IGBAU（2003）：Gemeinsame Erklärung der Verbände der Bauwirtschaft und der Industriegewerkschaft Bauen-Agrar-Umwelt（IGBAU）zur Weiterbildung. Berlin

ILO（2012）：International Standard Classification of Occupations 2008（ISCO-08）. http：//www. ilo. org/ global/publications/ilo-bookstore/order-online/books/WCMS_172572/lang--en/inndex. htm. Accessed 28 May 2012

ILO（1990）：International Standard Classification of Occupations（ISCO-88）. Geneva；ILO

Imel，S.（2003）：Tacit Knowledge. In：ERIC Trends and Issues Alert No. 46

Informelle Gruppe der Arbeitgebervereinigungen（2000）：Auf der Suche nach Qualität in den Schulen. In：Berufsbildung. 32-44

Inglehart，R.（1979）：Wertewandel in den westlichen Gesellschaften. In：Klages，H./Kmieciak，P. Eds. ；Wertwandel und gesellschaftlicher Wandel. Frankfurt/Main；Campus

Institut für Entwicklungsplanung und Strukturforschung an der Universität Hannover（1994）：Situation und Verbleib von Schülerinnen und Schülern des Berufsvorbereitungsjahres in Niedersachsen. Hannover；Eigendruck

Irskens，B.（1996）：Fachberatung：Ein Frauenberuf in Bewegung. Frankfurt/Main；Suhrkamp

Jackson，P./Wall，T.（1991）：How does operator control enhance performance of advanced manufacturing technology? In：Ergonomics 34，1301- 1311

Jaeger，D.（1999）：Erfahrungswissen der Produktionsarbeiter als Innovationspotential. In：Brödner，P./ Helmstädter，E./Widmaier，B. Eds. ；Wissensteilung. München；Hampp. 193-220

Jahoda，M./Lazarsfeld，P./Zeisel，H.（1960）：Die Arbeitslosen von Marienthal. Allensbach；Verlag für Demoskopie

Jakobs，J./Martin，W.（1991）：Analyse von Zukunftsentwicklungen der Produktionstechnik. In：Heidegger，G. et al. Ed. ；Berufsbilder 2000. Opladen；Westdeutscher. 217-362

Jank，W./Meyer，H.（2002）：Didaktische Modelle. Frankfurt/Main；Cornelsen-Scriptor

Jankowicz，D.（2001）：Why does subjectivity make us nervous? In：Journal of Intellectual Capital Vol. 2，(1). 31-73

Janssen，J./Richter，W.（1983）：Arbeitsbedingungen der Bauarbeiter. Frankfurt/Main；Campus

Jellema，M./Kerstens，L./Wal，T.（2001）：Zu den Auswirkungen des Gesetzes zur Erwachsenenbildung und Berufsbildung in den Niederlanden. In：Frommberger，D./Reinisch，H./Santema，M. Eds. ；Berufliche Bildung zwischen Schule und Betrieb. Markt Schwaben；Eusl. 261-276

Jenewein，K.（1998）：Kompetenzentwicklung als Zieldimension beruflicher Bildung und Konsequenzen für die Didaktik der beruflichen Fachrichtung Elektrotechnik. Neusäß；Kieser. 128-149

Jenewein, K. (2000): Methoden beruflichen Lernens und Handelns in der Fachrichtung Elektrotechnik. In: Bernard, F. /Schröder, B. Eds. : Lehrerbildung im gesellschaftlichen Wandel. Frankfurt/Main: GAFB. 315-341

Jenewein, K. Ed. (1999): Lernen und Arbeiten in der dualen Berufsausbildung. Bremen: Donat

Jenewein, K. /Petersen, W. (2002): Gebäudesystemtechnik und Beruf. Bielefeld: W. Bertelsmann

Jenewein, K. /Petersen, W. (2003): Neuordnung der Elektroberufe. In: Lernen und Lehren (71). 99-102

Jenewein, K. /Schulte-Göcking, W. (1997): Auftragsorientierte Lern- und Arbeitsaufgaben. In: Die berufsbildende Schule Vol. 49, 229-235

Jervis, P. (1997): Re-assessing the Context of Manufacturing Success. London: Royal Society of Arts

Joas, H. (1991): Rollen- und Interaktionstheorien in der Sozialisationsforschung. In: Hurrelmann, K. /Ulich, D. Eds. : Neues Handbuch der Sozialisationsforschung. Weinheim: Beltz. 137-152

Johnson, T. (1967): Professions and power. London: Macmillan

Johnson, T. (1977): The professions in the class structure. In: Scase, R. Ed. : Industrial society. London: George Allen & Unwin. 93-108

Jonassen, D. (2001): Learning from, in, and with Multimedia. In: Dijkstra, S. /Jonassen, D. /Sembill, D. Eds. : Multimedia Learning. Frankfurt/Main: Lang. 41-67

Jonassen, D. /Peck, K. /Wilson, B. (1999): Learning with technology. Upper Saddle River: Merrill-Prentice Hall

Jungk, R. /Müllert, N. . (1981): Zukunftswerkstätten. Hamburg: Hoffmann und Campe

Jungkunz, R. (1997): Chancengleichheit. In: Qualitätssicherung und Chancengleichheit in der beruflichen Aus- und Weiterbildung. Berlin: BIBB. 31-40

Kähler, H. (1999): Berufliche Selbstevaluation. In: Soziale Arbeit Vol. 3, 93-99

Kahn, H. /Wiener, A. (1967): Toward the Year 2000. New York: Macmillan

Kaigo, T. Ed. (1968): Kowashi Inoue no Kyoiku Seisaku. Tokyo Daigaku Shuppankai

Kailer, N. (1994): Bildungsmanagement von Weiterbildungsträgern für kleine und mittlere Unternehmen. In: Geißler, H. /Bruch, T. vom/Jendrik Petersen (Eds.): Bildungsmanagement. Frankfurt/Main: Lang. 77-91

Kailer, N. /Eder, K. /Mayrhofer, J. (2000): Bildungscontrolling in österreichischen Unternehmen. In: Seeber, S/Krekel, E. /Buer, J. Eds. : Bildungscontrolling. Frankfurt/Main: Lang. 229-249

Kaiser, F. -J. /Siggemeier, M. /Brettschneider, V. (1995): Umweltbildung an kaufmännischen Schulen. Bad Heilbrunn: Klinkhardt

Kaiser, M. (1988): Berufliche Flexibilität. In: Mertens, D. Ed. : Konzepte der Arbeitsmarkt- und Berufsforschung. Nürnberg: IAB. 397-444

Kämäräinen, P. Ed. (2002): Key Qualifications in European Vocational Education. Thessaloniki: CEDEFOP

Kamiske, G. /Brauer, J. -P. (1999): Qualitätsmanagement von A bis Z. München: Hanser

Kang, S. /Wu, C. /Gould, R. (2005): An Exploratory Study. In: Journal of Hospitality, Leisure, Sport and Tourism Education Vol. 4, (2). 44-53

Kant, I. (1787): Kritik der reinen Vernunft. Kants Werke. Berlin: de Gruyter

Kant, I. (1791): Die Metaphysik der Sitten. Stuttgart: Reclam

Kaplan, R. /Norton, D. (1996): The balanced scorecard. Boston: Harvard Business School Press

Kappelhoff, P. (2004): Kompetenzentwicklung in Netzwerken. Universität Wuppertal. http://www. wiwi. uni-wuppertal. de/kappelhoff/papers/komplex_2004. pdf. 03. 01. 2007

Käpplinger, B. (2002): Anerkennung von Kompetenzen. http://www. die-bonn. de/esprid/dokumente/ doc-2002/kaepplinger02_01. pdf. Februar2004

Karasek, R. (1979): Job demands, job decisions latitude and mental strain. In: Administrative Science Quarterly 24, 285-308

Karlof, B. (1999): Benchmarking. New York: John Wiley & Sons

Karsten, M. -E. (1996): Professionalsierungsprozesse in der Fachberatung. In: Irskens, B. Ed. : Fachberatung. Frankfurt/Main: Suhrkamp

Karsten, M. -E. (2003): Sozialdidaktik. In: Schlüter, A. Ed. : Aktuelles und Querliegendes zur Didaktik und Curriculumentwicklung. Bielefeld: Janus Presse. 350-374

Karsten, M. -E. /Baier, F. /Hetzer, S. (2003): Bildung in Kindertagesstätten. Berlin: Verdi

Karsten, M. -E. /Meyer, C. /Hetzer, S. u. a. (1999a): Entwicklung des Qualifikations- und Arbeitskräftebedarfs in den personenbezogenen Dienstleistungsberufen. http://www. ifi sconsult. de/pdf/E9_3-930411-09-1. pdf. 17. 11. 2004

Karsten, M. -E. / Meyer, C. / Hetzer, S. (1999b): Entwicklung des Qualifikations- und Arbeitskräftebedarfs in den personenbezogenen Dienst eistungsberufen. Berlin: BBJ

Karsten, M. -E. / Rabe-Kleberg, U. (1979): Sozialisation im Kindergarten. Frankfurt/Main: päd. extra

Karsten, M. -E. / Zimmermann, A. (1999): Konzeptionelle, organisatorische und curriculare Neustrukturierung der schulberuflichen Ausbildung zur Erzieherin. Hannover: Ev. Fachschule für Sozialpädagogik

Katenkamp, O. / Grüneberg, U. / Niehaus, M. u. a. (2002): Einführung von Wissensmanagementsystemen in Wirtschaft und Wissenschaft. In: Arbeit Vol. 11, (3). 253-259

Katz, D. / Kahn, R. (1966): The social psychology of organizations. New York: Wiley

Kauffeld, S. (2002): Das Kasseler-Kompetenz-Raster zur Messung der beruflichen Handlungskompetenz. In: Frieling, E. / Kauffeld, S. / Grote, S. Eds.; Flexibilität und Kompetenz. Münster: Waxmann. 33-48

Kauffeld, S. / Grote, S. / Frieling, E. (2003): Das Kasseler-Kompetenz-Raster. In: Erpenbeck, J. / Rosenstiel, L. Eds.; Handbuch Kompetenzmessung. Stuttgart: Schäffer-Poeschel. 261-282

Kayser, R. / Müller, W. (1993): Der Situationsfilm als Medium der Organisationsentwicklung. In: Fischer, M. Ed.; Lehr- und Lernfeld Arbeitsorganisation. Bremen: ITB. 189-202

Keck, A. / Weymar, B. / Diepold, P. (1997): Lernen an kaufmännischen Arbeitsplätzen. Bielefeld: W. Bertelsmann

Keehley, P. / Medlin, S. / Longmire, L. u. a. (1996): Benchmarking for Best Practice in the Public Sector. San Francisco: Jossey Bass

Keep, E. / Mayhew, K. (1988): The Assessment. In: Oxford Review of Economic Policy Vol. 4, (3). i-xv

Kell, A. (2003): Qualifikationsforschung und Curriculumforschung als Bereiche interdisziplinärer Berufsbildungsforschung. In: Huisinga, R. / Buchmann, U. Eds.); Curriculum und Qualifikation. Frankfurt/Main: GAFB. 235-246

Kell, A. (2005): Organisationen und Institutionen der Berufsbildungsforschung. In: Rauner, F. Ed.; Handbuch Berufsbildungsforschung. Bielefeld: W. Bertelsmann. 55-61

Keller, B. (2005): Europeanisation at sectoral level. In: Transfer Vol. 11, (3). 397-408

Keller, H. (2004): Selbstevaluation der Schule. Dokumentation zum Vortrag

Kemmerling, A. (1975): Gilbert Ryle. Können und Wissen. In: Speck, J. Ed.; Grundprobleme der grossen Philosophen. Göttingen: Vandenhoeck & Ruprecht. 126-166

Kemper, M. (1998): Qualitätssicherung von Weiterbildung. In: Klein, R. / Reutter, G. Eds.; Lehren ohne Zukunft? Baltmannsweiler: Schneider. 142-152

Kerlinger, F. (1964): Foundations of behavioral research. New York: Holt, Rinehart & Winston

Kern, H. / Sabel, C. (1994): Verblasste Tugenden. In: Beckenbach, N. / Treeck, W. Eds.; Umbrüche gesellschaftlicher Arbeit. Göttingen: Schwartz. 605-625

Kern, H. / Schumann, M. (1970): Industriearbeit und Arbeiterbewusstsein. Frankfurt/Main: Europäische Verlagsanstalt

Kern, H. / Schumann, M. (1984): Das Ende der Arbeitsteilung? München: Beck

Kerosuo, H. / Engeström, Y. (2003): Boundary Crossing and Learning in Creation of New Work Practice. In: Journal of Workplace Learning 15, (7/8). 345-351

Kerres, M. (2001): Multimediale und telemediale Lernumgebungen. München: Oldenbourg

Kerschensteiner, G. (1907): Produktive Arbeit und ihr Erziehungswert. In: Kerschensteiner, G. Ed.; Grundfragen der Schulorganisation. Leipzig: Teubner. 46-77

Kersting, K. (2002): Berufsbildung zwischen Anspruch und Wirklichkeit. Bern: Huber

Keupp, H. (1997): Diskursarena Identität. In: Keupp, H. / Hoefer, R. Eds.; Identitätsarbeit heute. Frankfurt/Main: Suhrkamp. 11-39

Keupp, H. / Ahbe, T. / Gmuer, W. u. a. (1999): Identitätskonstruktionen. Reinbek bei Hamburg: Rowohlt

Kieser, A. / Beck, N. / Tainio, R. (2001): Rules and Organizational Learning: In: Dierkes, M. / Antal, A. / Child, J. Eds.; Handbook of Organizational Learning and Knowledge. New York: Oxford University Press. 598-623

Kim, K. -K. (1994): Economic literacy in the republic of Korea and the US. In: Walstad, W. Ed.; An international perspective on economic education. Boston: Kluwer. 203-219

Kipp, M. / Miller-Kipp, G. (1995): Erkundungen im Halbdunkel. Frankfurt/Main: GAFB

Kirchgässner, G. (1991): Homo Oeconomicus. Tübingen: Mohr

Kirchner, J. -H. / Rohmert, W. (1973): Problemanalyse zur Erarbeitung eines arbeitswissenschaftlichen Instrumentariums für Tätigkeitsanalysen. In: Kirchner, J. -H. / Rohmert, W. / Volpert, W. u. a. Eds.; Arbeitswissenschaftliche Studien zur Berufsbildungsforschung. Hannover: Gebrüder Jänecke. 9-45

Kirpal, S. (2004a): Work Identities in Europe. Bremen: ITB

Kirpal,S. (2004b):Researching work identities in a European context. In:Career Development International Vol. 9,(3). 199-221

Kirsch,W. (1997):Wegweiser zur Konstruktion einer evolutionären Theorie der strategischen Führung. München:LMU

Kirshner,D. /Whitson,J. Eds. (1997):Situated Cognition. Mahwah:Erlbaum

Kirwan,B. /Ainsworth,L. (1999):A guide to task analysis. London

Kivinen,O. Peltomaki,M. (1999):On the Job or in the Classroom? In:Journal of Education and Work Vol. 12,(1). 75-93

Klafki,W. (1959):Das pädagogische Problem des Elementaren und die Theorie der kategorialen Bildung. Weinheim:Beltz

Klafki,W. (1973):Handlungsforschung im Schulfeld. In:Zeitschrift für Pädagogik Vol. 19,(4). 77-94

Klafki,W. (1984):Handlungsforschung. In:Wulf, C. Ed. :Wörterbuch der Erziehung. München:Piper. 267-271

Klafki,W. (1991$_2$/1993$_3$):Neue Studien zur Bildungstheorie und Didaktik. Weinheim:Beltz

Klafki,W. (1998):Schlüsselqualifikationen/Allgemeinbildung. In:Braun, K. -H. /Krueger, H. -H. /Olbertz,J. -H. Eds. :Schule mit Zukunft. Opladen:Leske + Budrich. 145-192

Klauer,K. (1973a):Revision des Erziehungsbegriffs. Düsseldorf:Pädagogischer Verlag Schwann

Klauer,K. (1973b):Das Experiment in der pädagogischen Forschung. Düsseldorf:Schwann

Klauer,K. (1985):Framework for a Theory of Teaching. In:Teaching and Teacher Education 1,(1). 5-17

Klauer,K. /Fricke,R. /Herbig,M. (1972):Lehrzielorientierte Tests. Düsseldorf:Schwann

Klaus/Tessaring,Manfred (2003):Früherkennung von Qualifikationserfordernissen in Europa. Bielefeld:W. Bertelsmann

Klein,H. /Hüchtermann,M. (2003):Schulsystem. In:Klös, H. -P. /Weiß,R. Eds. :Bildungs-Benchmarking Deutschland. Köln:Deutscher Institutsverlag. 87-208

Kleiner,A. /Roth,G. (1997):How to Make Experience Your Company's Best Teacher. In:Harvard Business Review Vol. 75,(5). 172-177

Kleiner,M. (2004):Berufswissenschaftliche Qualifi kationsforschung im Kontext der Curriculumentwicklung. Universität Bremen

Kleiner,M. /Rauner,F. /Reinhold,M. u. a. (2002):Curriculum-Design I. Konstanz:Christiani

Kleinert, J. /Schimmelpfennig, A. /Schrader, K. (2000): Globalisierung, Strukturwandel und Beschäftigung. Tübingen:Mohr

Kleingarn,H. (1997):Change Management. Wiesbaden:Deutscher Universitäts-Verlag

Kleinhenz,G. Ed. (2002):IAB-Kompendium Arbeitsmarkt- und Berufsforschung. Nürnberg:IAB

Kleining,G. (1986):Das qualitative Experiment. In:Kölner Zeitschrift für Soziologie und Sozialpsychologie Vol. 38,724-750

Kleining,G. (1995a):Das qualitative Experiment. In:Flick, U. /Kardorff, E. /Keupp, H. u. a. Eds. :Handbuch qualitative Sozialforschung. Weinheim:Beltz. 263-266

Kleining,G. (1999):Qualitative Sozialforschung. Hagen:Fernuniversität Gesamthochschule

Kleining,G. (2004):The qualitative-heuristic Method of text analysis. In:Kiegelmann, M. /Gürtler, L. Eds. :Research Questions and Matching Methods of Analysis. Tübingen:Huber

Kleining, G. /Witt, H. (2000):Qualitativ-heuristische Forschung als Entdeckungsmethodologie für Psychologie und Sozialwissenschaften. In:Forum Qualitative Sozialforschung. Vol. 1 (1)

Klemm,K. (1991):Jugendliche ohne Ausbildung. In:Zeitschrift für Pädagogik Vol. 37,887-898

Klieme,E. /Artelt,C. /Stanat, P. (2001):Fächerübergreifende Kompetenzen. In:Weinert, F. Ed. :Leistungsmessungen in Schulen. Weinheim:Beltz. 203-218

Klieme,E. /Avenarius,H. et al. (2003):Zur Entwicklung nationaler Bildungsstandards. Berlin:BMBF

Klieme,E. /Avenarius, H. /Blum, W. u. a. (2003):Expertise zur Entwicklung nationaler Bildungsstandards. Bonn:BMBF

Klieme,E. /Avenarius, H. /Blum, W. u. a. (2003):Zur Entwicklung nationaler Bildungsstandards. http://www. dipf. de/publikationen/publikationen_volltexte. htm. 03. 01. 2007

Klieme, E. /Leutner, D. (2006):Kompetenzmodelle zur Erfassung individueller Lernergebnisse und zur Bilanzierung von Bildungsprozessen. http://www. kompetenz diagno stik. de/. 11. 08. 2007

Klieme, E. /Leutner, D. /Wirt,J. (2005):Problemlösekompetenzen von Schülerinnen und Schülern. Wiesbaden:Verlag für Sozialwissenschaften

Klinkhammer,H. (1999):Berufsbildung und Beschäftigung. In:Klinkhammer, H. Ed. :Berufsbildung im Wandel. Köln:Deutscher Institutsverlag. 7-19

Klix, F. (1988): Gedächtnis und Wissen. In: Heinz M. / Hans S. Eds. : Wissenspsychologie. München: Psychologie Verlagsunion, 19-54

Klix, F. / Hagendorf, H. (1986): Human memory and cognitive capabilities. 2 Bände. Amsterdam: North-Holland

Klös, H. -P. / Weiß, R. Eds. (2003): Bildungs-Benchmarking Deutschland. Köln: Deutscher Institutsverlag

Kluge, A. (2007): Experiential Learning Methods. In: Journal of Education Computing Research 32 (2007), (3). 323-349

Kluge, S. / Kelle, U. Eds. (2001): Methodeninnovation in der Lebenslaufforschung. Weinheim: Juventa

Klüver, J. / Krüger, H. (1972): Aktionsforschung in der soziologischen Theorie. In: Haag, F. / Krüger, F. / Schwärzl, W. Eds. : Aktionsforschung. München: Juventa. 76-99

Kluwe, R. (1988): Methoden der Psychologie zur Gewinnung von Daten über menschliches Wissen. In: Mandl, H. / Spada, H. Eds. : Wissenspsychologie. München: Psychologie Verlagsunion. 359-385

KMK (1991a): Rahmenvereinbarung über die Berufsschule. Beschluss der Kultusministerkonferenz vom 14. / 15. 3. 1991. In: ZBW 7, 590-593

KMK (1991b): Rahmenvereinbarung über die Berufsschule. Bonn

KMK (1996): Handreichungen für die Erarbeitung von Rahmenlehrplänen der Kultusministerkonferenz für den berufsbezogenen Unterricht in der Berufsschule und ihre Abstimmung mit Ausbildungsordnungen des Bundes für anerkannte Ausbildungsberufe. Bonn

KMK (1999, 2000a): Handreichungen für die Erarbeitung von Rahmenlehrplänen der KMK für den berufsbezogenen Unterricht in der Berufsschule und ihre Abstimmung mit Ausbildungsordnungen des Bundes für anerkannte Ausbildungsberufe. Bonn

KMK (2000b): Selbstgesteuertes Lernen in der Weiterbildung. Beschluss der KMK vom 14. 04. 2000. Bonn: KMK

KMK (2000c): Rahmenvereinbarung zur Ausbildung und Prüfung von Erziehern/Erzieherinnen. Bonn

KMK (2003): Entwicklung und Implementation von Bildungsstandards. Bonn

Knoblauch, H. / Heath, C. (1999): Technologie, Interaktion und Organisation. In: Schweizerische Zeitschrift fuer Soziologie Vol. 25, (2). 163-181

Knorr-Cetina, K. (1995): Laborstudien. In: Martinsen, R. Ed. : Das Auge der Wissenschaft. Baden-Baden: Nomos

Knowles, M. (1975): Self-directed learning. New York: Cambridge Book Company

Knutzen, S. (1999): Innovationsbarrieren im Handwerk. In: Lernen und Lehren (55). 34-42

Kock, A. / Sleegers, P. / Voeten, M. (2004): New Learning and the Classification of Learning Environments in Secondary Education. In: Review of Educational Research Vol. 74, (2). 141-170

Kocka, J. Ed. (1987): Interdisziplinarität. Frankfurt/Main: Suhrkamp

Köddermann, R. / Wilhelm, M. (1996): Umfang und Bestimmungsgründe einfließender und ausfließender Direktinvestitionen. München

Kohlberg, L. (1958): The development of modes of moral thinking and choice in the years from ten to sixteen. Chicago: University of Chicago Press

Kohlberg, L. / Althof, W. (1995/1996): Die Psychologie der Moralentwicklung. Frankfurt/Main: Suhrkamp

Kohlheyer, G. / Westhoff, G. / Schiemann, M. (1983): Berufsvorbereitung 1979/80, Heft 54. Berlin

Kohli, M. (1994): Institutionalisierung und Individualisierung der Erwerbsbiographie. In: Beck, U. / Beck-Gernsheim, E. Eds. : Riskante Freiheiten. Frankfurt/Main: Edition Suhrkamp. 219-244

Kohn, M. / Schooler, C. (1982): Job conditions and personality. In: American Sociological Review Vol. 87, 1257-1286

Kohn, M. / Schooler, C. (1983): Work and Personality. Norwood: Ablex

Kohn, M. / Slomczynski, K. (1990): Social structure and self-direction. Cambridge/Mass. : Basil Blackwell

Köller, O. (2007): Standards und Qualitätssicherung zur Outputsteuerung im System und in der Einzelinstitution. In: Buer, J. / Wagner, C. Eds. : Qualität von Schule. Frankfurt/Main: Lang. 93-103

Koneffke, G. (1986): Dennoch: Bildung als Prinzip. In: Widersprüche Vol. 21, 67-75

König, E. (1983): Methodenprobleme der Handlungsforschung. In: Zedler, P. / Moser, H. Eds. : Aspekte qualitativer Sozialforschung. Opladen: Leske + Budrich. 79-94

König, J. (1993): Brüche erleben lernen. Weinheim: Deutscher Studienverlag

König, J. (2000): Einführung in die Selbstevaluation. Freiburg: Lambertus

Konsortium Bildungsberichterstattung (2006): Bildung in Deutschland. Bielefeld: W. Bertelsmann

Köpp, C. / Neumann, S. (2003): Sozialpädagogische Qualität. Weinheim: Juventa

Korndörfer, V. (1985): Qualifikationsanforderungen und Qualifizierung beim Einsatz von Industrieroboter.

In：Sonntag，K. Ed. ：Neue Produktionstechniken und qualifizierte Arbeit. Köln：Bachem. 117-137

Körner，H. / Lusky，G. (1993)：Berufsfachkommissionen in der ehemaligen DDR. Berlin：AG QUEM

Kovzik，A. / Watts，M. (2001)：Reforming undergraduate instruction in Russia，Belarus，and Ukraine. In：Journal of Economic Education Vol. 32，(1). 78-92

Krafeld，F. -J. (1989)：Anders leben lernen. Weinheim：Beltz

Krafeld，F. -J. (1997)：Mit Desintegrationsrisiken leben lernen. In：Sozialmagazin Vol. 9，30-37

Krafeld，F. -J. (2000)：Die überflüssige Jugend der Arbeitsgesellschaft. Opladen：Leske + Budrich

Kraft，S. (1999)：Selbstgesteuertes Lernen. In：Zeitschrift für Pädagogik Vol. 45，(6). 833-845

Kranz，O. (2000)：Wie lernen Organisationen? Frankfurt/Main：Lang

Krapp，A. (2002)：Structural and dynamic aspects of interest development. In：Learning and Instruction 12，383-409

Krapp，A. (2005)：Basic needs and the development of interest and intrinsic motivational orientations. In：Learning and Instruction Vol. 15，381-395

Krappmann，L. (1969)：Soziologische Dimensionen der Identität. Stuttgart：Klett-Cotta

Krcmar，H. (2003)：Informationsmanagement. Berlin：Springer

Krekel，E. / Bardeleben，R. (2000)：Benchmarking in der betrieblichen Weiterbildung. In：Bötel，C. / Krekel，E. Eds. ：Bedarfsanalyse，Nutzenbewertung und Benchmarking. Bielefeld：W. Bertelsmann. 115-124

Krekel，E. / Seusing，B. Eds. (1999)：Bildungscontrolling. Bielefeld：W. Bertelsmann Verlag

Kremer，H. -H. / Sloane，P. (2001)：Konstruktion，Implementation und Evaluation komplexer Lehr-Lern-Arrangements. Paderborn：Eusl

Kremer，H. -H. (1997)：Medienentwicklung. Köln：Universität Köln

Kristensen，S. (2001)：Learning by Leaving. In：European Journal of Education Vol. 36，(4). 421-430

Krohs，E. (2003)：Merkmale der Erzieherinnenausbildung in der Wahrnehmung der ausgebildeten Erzieherinnen. Hagen：Springer

Kromrey，H. (1995)：Evaluation. In：Zeitschrift für Sozialisationsforschung und Erziehungssoziologie Vol. 15，(4). 313-335

Kromrey，H. (2001)：Evaluation. Stuttgart：Lucius & Lucius

Kron，F. (2004)：Grundwissen Didaktik. München，Basel：UTB für Wissenschaft

Krüger，A. (1999)：Zur Neugestaltung der Ausbildung von Erzieherinnen und Erziehern. Berlin：Freie Universität Berlin

Krüger，H. (1988)：Organisation und extra-funktionale Qualifi kation. Frankfurt/Main：Lang

Krüger，H. -H. / Lersch，R. (1993)：Lernen und Erfahrung. Opladen：Leske + Budrich

Krüger，H. (1991)：Lehrer mit fachpraktischer und fachtheoretischer Kompetenz. In：Rabe-Kleberg，U. et al. Ed. ：Dienstleistungsberufe in Krankenpflege，Altenpflege und Kindererziehung. Universität Bremen 11. / 12. 02. 1991

Krüger，H. (1992)：Frauen und Bildung. Bielefeld：Kleine

Krüger，H. (1999)：Personenbezogene Dienstleistungen. In：Bildung und Frauen Senatsverwaltung für berufliche Arbeit. Ed. ：Kompetenz，Dienstleistung，Personalentwicklung. Berlin

Krüger，H. (2003)：Übergänge und Mythen. In：Bolder，A. / Witzel，A. Eds. ：Berufsbiographien. Opladen：Leske + Budrich. 148-167

Krüger，H. / Born，C. (1991)：Unterbrochene Erwerbskarrieren und Berufsspezifik. In：Mayer，K. / Allmendinger，J. / Huinink，J. Eds. ：Vom Regen in die Traufe. Frankfurt/Main：Campus. 142-161

Krüger，H. / Dittrich，J. (1982)：Sozialdidaktik. In：Derschau，D. / Rabe-Kleberg，U. Eds. ：Qualifikationen für Erzieherarbeit. München：DJI. 325-342

Krüger，H. / Piechotta，G. / Remmers，H. Eds. (1996)：Innovation der Pflege durch Wissenschaft. Bremen：Altera

Kruse，W. (1985)：Neue Technologien，Arbeitsprozesswissen und soziotechnische Grundbildung. In：Gewerkschaftliche Bildungspolitik 5

Kruse，W. (1986)：Von der Notwendigkeit des Arbeitsprozess-Wissens. In：Schweitzer，J. Ed. ：Bildung für eine menschliche Zukunft. Weinheim：Juiventa. 88-193

Kruse，W. (1991)：Methodology Proposal for the Sectoral Surveys on Continuing Vocational Training Plans. Brüssel：FORCE

Kruse，W. (2002)：Moderne Produktions- und Dienstleistungskonzepte und Arbeitsprozesswissen. In：Fischer，M. / Rauner，F. Eds. ：Lernfeld：Arbeitsprozess. Baden-Baden：Nomos. 87-109

Kruse，W. / Kühnlein，G. / Müller，U. (1981)：Facharbeiter werden-Facharbeiter bleiben? Frankfurt/

Main: Campus

Kuby, T. (1980): Vom Handwerksinstrument zum Maschinensystem. Berlin: Technische Universität

Kuhlee, D. (2003): Berufliche Bildungssysteme zwischen Staat und Markt. In: Buer, J. / Zlatkin-Troitschanskaia, O. Eds. : Berufliche Bildung auf dem Prüfstand. Frankfurt/Main. 327-342

Kuhlee, D. (2006): Regulation in Vocational Education. In: Ertl, H. Ed. : Cross-national Attraction in Education. Oxford: Symposium Books. 77-103

Kuhlmann, S. (1998): Politikmoderation. Baden-Baden: Nomos

Kuhlmeier, W. (2003): Berufliche Fachdidaktiken zwischen Anspruch und Realität. Baltmannsweiler: Schneider Hohengehren

Kühn, T. (2004): Berufsbiografie und Familiengründung. Wiesbaden: VS Verlag für Sozialwissenschaften

Kuhn, T. (1962, 1970): The structure of scientific revolutions. Chicago: University of Chicago Press

Kulik, J. / Kulik, C. -L. (1987): Review of recent research literature on computer-based instruction. In: Contemporary Educational Psychology Vol. 12, (3). 222-230

Kuper, H. (2002): Stichwort: Qualität im Bildungssystem. In: Zeitschrift für Erziehungswissenschaft 5, (4). 533-551

Kuper, H. (2004): Betriebliche Weiterbildung und Öffentlichkeit. In: Gonon, P. / Stolz, S. Eds. : Betriebliche Weiterbildung. Bern: h. e. p. 195-212

Küper, W. / Stein, H. (2006): Die Ausbilder-Eignung Basiswissen für Prüfung und Praxis der Ausbilder/ innen. Hamburg: Feldhaus

Küpper, H. -U. (1997): Controlling: Konzeptionen, Aufgaben und Instrumente. Stuttgart: Schäffer-Poeschel

Kurtz, T. Ed. (2001): Aspekte des Berufs in der Moderne. Opladen: Leske + Budrich

Kurz-Milcke, E. / Gigerenzer, G. (2004): Experts in science and society. New York: Kluwer

Küster, A. / Liebchen, R. / Leuthold, D. (2000): Die betriebliche Bildung der Mercedes-Benz AG Werk Bremen. In: Seeber, S. / Krekel, E. / Buer, J. Eds. : Bildungscontrolling. Frankfurt/Main: Lang. 251-280

Kuwan, H. / Waschbüsch, E. (1998): Delphi-Befragung1996/1998 „Potentiale und Dimensionen der Wissensgesellschaft". München

Lakatos, I. (1974): Falsifikation und die Methodologie wissenschaftlicher Forschungsprogramme. In: Lakatos, I. / Musgrave, A. Eds. : Kritik und Erkenntnisfortschritt. Braunschweig: Vieweg. 89-189

Lamnek, S. (1989, 1993): Qualitative Sozialforschung. Vol. 2. München: Beltz

Landau, K. / Rohmert, W. (1987): Aufgabenbezogene Analyse von Arbeitstätigkeiten. In: Kleinbeck, U. / Rutenfranz, J. Eds. : Arbeitspsychologie. Göttingen: Hogrefe. 74-129

Landsberg, G. (1995): Bildungs-Controlling. In: Landsberg, G. / Weiß, R. Eds. : Bildungscontrolling. Stuttgart: Schäffer-Poeschel. 11-34

Landwehr, N. (2003): Grundlagen zum Aufbau einer Feedback-Kultur. Bern: h. e. p

Lane, C. (1997): The Social Regulation of Interfirm Relations in Britain and Germany. In: Cambridge Journal of Economics 21, (2)

Lang, M. (2004): Berufspädagogische Perspektiven netzbasierter Lernumgebungen in der betrieblichen Aus- und Weiterbildung. Bochum: Projekt-Verlag

Lang, M. / Pätzold, G. (2002): Multimedia in der Aus- und Weiterbildung. Köln: Deutscher Wirtschaftsdienst

Lang, P. / Little, M. / Cronen, V. (1990): The Systemic Professional Domains of Action and the Question of Neutrality. In: Human Systems Vol. 1, (1). 39-55

Lange, E. (1983): Zur Entwicklung und Methodik der Evaluationsforschung in der Bundesrepublik Deutschland. In: Zeitschrift für Soziologie Vol. 3, 253-270

Lange, H. (1988): Die soziale Gestaltung der Technik als forschungspolitisches Problem. In: Rauner, F. Ed. : „ Gestalten". Bonn: Neue Gesellschaft. 31-42

Langthaler, S. (2002): Mehrdimensionale Erfolgssteuerung in der Kommunalverwaltung. Linz: Trauner

Lans, T. / Wesselink, R. / Biemans, H. et al. (2004): Work-related lifelong learning for entrepreneurs in the agri-food sector. In: International Journal of Training and Development Vol. 8, (1). 73-89

Lans, T. / Wesselink, R. / Mulder, M. et al. (2003): Brainport. Wageningen: Wageningen University

Lantz, A. / Friedrich, P. (2003): ICA-Instrument for Competence Assessment. In: Erpenbeck, J. / Rosenstiel, L. Eds. : Handbuch Kompetenzmessung. Stuttgart: Schäffer-Poeschel. 81-96

Lappe, L. (1999): Berufliche Chancen Jugendlicher in der Bundesrepublik Deutschland. In: Aus Politik und Zeitgeschichte Vol. 26, 30-39

Larson, M. (1977): The rise of professionalism. Berkeley: University of California Press

Larsson, G. (1899): Sloyd-Theorie and Practice Illustrated. Boston

Lash,S. (1996): Reflexivität und ihre Doppelungen. In: Beck, U. /Giddens, A. /Lash, S. Eds. : Reflexive Modernisierung. Frankfurt/Main: Edition Suhrkamp. 195-286

Laske,G. Ed. (1998): Lernen und Innovation in Industriekulturen. Bremen: Donat

Latour,B. (1999): Pandora's Hope. Essays on the Reality of Science Studies. Harvard: Harvard University Press

Laur,U. (1978): Forschungsstrategien in Modellversuchen. In: Kleinschmidt, R. /Paulsen, B. /Rauner, F. u. a. Eds. : Modellversuche. Hannover: Schroedel. 30-40

Laur-Ernst,U. (1981a): Medienprojekte in der Berufsbildung. Hannover: Schroedel

Laur-Ernst,U. (1993): Bildungstechnologie zwischen Beharren und Innovation. In: Berufsbildung in Wissenschaft und Praxis Vol. 22, (6). 4-10

Laur-Ernst,U. Ed. (1990): Neue Fabrikstrukturen. Berlin: BIBB

Laur-Ernst,U. /Albert,K. /Gutschmidt,F. (1996): Komplexe Aufgaben gemeinsam lösen. Berlin: Beuth

Lauterbach,U. /Spöttl,G. /Fasshauer,U. u. a. Eds. (1995-2005): Internationales Handbuch der Berufsbildung. 3 Bände. Baden-Baden: Nomos

Lave,J. (1988): Cognition in Practice. Cambridge: Cambridge University Press

Lave,J. (1993a): The practice of learning. In: Chaiklin, S. /Lave, J. Eds. : Understanding practice. Toronto: Cambridge University Press. 3-34

Lave,J. (1993b): Situated learning in communities of practice. In: Resnick, L. /Levine, J. /Teasley, S. Eds. : Washington D. C. : American Psychological Association. 63-82

Lave,J. /Wenger,E. (1991): Situated Learning. New York: Cambridge University Press

Lay,W. (1920): Experimentelle Didaktik. Leipzig: Quelle & Meyer

Leal Filho,W. Ed. (2001): Environmental careers, environmental employment and environmental training. Frankfurt/Main: Lang

Lechler,P. (1982): Kommunikative Validierung. In: Huber, G. /Mandl, H. Eds. : Verbale Daten. Weinheim: Beltz. 243-258

Lee,G. /Cole,R. (2003): From a Firm-Based to a Community-Based Model of Knowledge Creation. In: Organization Science Vol. 14, (6). 633-649

Lehmann, B. (2002): Kompetenzvermittlung durch Fernstudium. In: Clement, U. /Arnold, R. Eds. : Kompetenzentwicklung in der beruflichen Bildung. Opladen: Leske + Budrich. 117-129

Lehmann,R. (2002): Aspekte der Lernausgangslage und der Lernentwicklung. Hamburg: Behörde für Bildung und Sport

Lehmann,R. /Hunger, S. /Ivanov, S. u. a. (2004): LAU 11. Aspekte der Lernausgangslage und Lernentwicklung, Klassenstufe 11. Hamburg

Lehmann,R. /Ivanov,S. /Hunger,S. u. a. (2005): ULME I. Untersuchung von Leistungen, Motivation und Einstellungen zu Beginn der beruflichen Ausbildung. Hamburg

Lehmann,R. /Peek, R. et al. (2000): Qua-SUM-Qualitätsuntersuchung an Schulen zum Unterricht in Mathematik. Potsdam: Ministerium für Bildung, Jugend und Sport des Landes Brandenburg

Lehmann,R. /Seeber,S. /Hunger,S. (2006): Untersuchung von Leistungen, Motivation und Einstellungen der Schülerinnen und Schüler in den Abschlussklassen der teilqualifizierenden Berufsfachschulen. Hamburg: Behörde für Bildung und Sport

Lehtinen,E. (2000): Information and communication technology in education. In: Watson, D. /Downes, T. Eds. : Communications and Networking in Education. Boston: Kluwer. 311-328

Lehtinen,E. /Lethi,S. /Salmi,S. (2003): The Challenge of ICT in Vocational Education. In: Achtenhagen, F. /John, E. Eds. : The Teaching-Learning-Perspective. Bielefeld: W. Bertelsmann. 259-296

Lehtinen,E. /Repo,S. (1996): Activity, social interaction and reflective abstraction. In: Vosniadou, S. / Corte, E. /Glaser, R. Eds. : International perspectives on the design of technology supported learning environments. Mahwah: Lawrence Erlbaum. 105-128

Lehtinen,E. /Rui,E. (1996): Computer supported complex learning. In: Machine Mediated Learning Vol. 5, (03. 04. 07). 149-175

Leidner,M. (2001): Wenn der Geselle den Lehrling ausbildet. Frankfurt/Main: Lang

Lempert,W. (1998,2002): Berufliche Sozialisation oder was Berufe aus Menschen machen. Baltmannsweiler: Schneider Hohengehren

Leney,T. /Ammerman,P. /Brandsma,J. et al. (2004): Achieving the Lisbon goal. London: QCA

Leney,T. /Coles, M. /Grollmann,P. et al. (2004): Scenarios Toolkit. Thessaloniki: EC

Lenhart,V. /Maier,M. (1994): Erwachsenenbildung und Alphabetisierung in Entwicklungsländern. In: Tippelt, R. Ed. : Handbuch Erwachsenenbildung/Weiterbildung. Opladen: Leske + Budrich. 482-498

Leontjew,A. (1979):Tätigkeit,Bewusstsein,Persönlichkeit. Berlin:Volk und Wissen

Leopold,C./Leutner,D. (2004):Selbstreguliertes Lernen und seine Förderung durch prozessorientiertes Training. In:Doll,J./Prenzel,M. Eds. :Bildungsqualität von Schule. Münster:Waxmann. 364-376

Leung,Y. -F. (2003):How Useful are Course Websites? In:Journal of Hospitality, Leisure, Sport and Tourism Education Vol.2,(2). 15-25

Lewin,K. (1963):Feldtheorie in den Sozialwissenschaften. Bern:Huber

Lex,T. (1997):Berufswege Jugendlicher zwischen Integration und Ausgrenzung. München:DJI

Lex, T. (2002): Individuelle Beeinträchtigungen und soziale Benachteiligung. In: Fülbier, P./ Münchmeier,R. Eds. :Handbuch Jugendsozialarbeit. Münster:Votum. 469-485

Liden,R./Wayne,S./Sparrowe,R. (2000):An examination of the mediating role of psychological empowerment on the relations between the job,interpersonal relationships,and work outcomes. In:Journal of Applied Psychology 85,407-416

Lievegoed,Bernardus Cornelis Johannes (1973):The developing organization. Assen:Van Gorcum

Lill,G./Sauerborn,J. (1995):Königin im eigenen Reich? Weinheim:Juventa

Lippegaus,P. (1994):Berufsausbildung benachteiligter Jugendlicher. Bonn:BMBWFT

Lipsmeier,A. (1995):Didaktik gewerblich-technischer Berufsausbildung. In Arnold, R./Lipsmeier, A. Ed. Handbuch der Berufsbildung. Opladen:Leske + Budrich. 230-244

Lipsmeier,A. (1996):Entstehung und Wandel elektrotechnischer Ausbildungsberufe unter besonderer Berücksichtigung des Elektromechanikers. In:Lipsmeier,A./Rauner,F. Eds. :Beiträge zur Fachdidaktik Elektrotechnik. Stuttgart:Holland + Josenhans. 40-52

Lipsmeier,A. (2001):Qualitäts- und Effizienzindikatoren für die berufliche Aus- und Weiterbildung in der internationalen Diskussion. In:Koch, T./Neumann, G./Stach, M. Eds. : Aspekte internationaler Berufspädagogik. Universität Gesamthochschule Kassel. 35-57

Lipsmeier, A./Pätzold, G./Busion, A. Eds. (2000): Lernfeldorientierung in Theorie und Praxis. ZBW. Stuttgart:Steiner

Lisop,I. (1998): Autonomie-Programmplanung-Qualitätssicherung. Frankfurt/Main:Verlag der Gesellschaft zur Förderung arbeitsorientierter Forschung und Bildung

Litt,T. (1960):Technisches Denken und menschliche Bildung. Heidelberg:Quelle & Meyer

Little,B. (1972):Psychological man as scientist,humanist and specialist. In:Journal of Experimental Research in Personality Vol.6,(2). 95-118

Littleton,K./Häkkinen, P. (1999): Learning together. In: Dillenbourg, P. Ed. : Collaborative learning. Amsterdam:Pergamon. 20-33

Livingston,E. (1986):The ethnomethodological foundations of mathematics. London:Routledge & Kegan Paul

Locatis,C./Park,O. (1992):Some Uneasy Inquiries Into ID Expert Systems. In:Educational Technology, Research and Development Vol.40,(3). 87-94

Lodge,R. (1947):Plato's Theory of Education. New York:Russell & Russell

Loebe,H./Severing,E. Eds. (2005):Prozessorientierung in der Ausbildung. Bielefeld:W. Bertelsmann

Lominé,L. (2002):Online Learning and Teaching in Hospitality,Leisure,Sport and Tourism. In:Journal of Hospitality,Leisure,Sport and Tourism Education Vol.1,(1). 43-49

Löns,R. (1975):Qualifikationsermittlung mit Hilfe von Arbeitsplatzuntersuchungen am Beispiel der Metallberufe. In:Frey,K. Ed. :Curriculum-Handbuch. München:Piper. 276-281

Lord,F. (1980):Applications of item response theory to practical testing problems. Hillsdale,NJ:Erlbaum

Luczak,H. (1998):Arbeitswissenschaft. Berlin:Springer

Lüders,C. (2003):Beobachten im Feld und Ethnographie. In:Flick, U./Kardorff, E./Steinke, I. Eds. : Qualitative Forschung. Reinbek:Rowohlt. 384-401

Luff, P./Hindmarsh, J./Heath, C. Eds. (2000): Workplace studies. Cambridge:Cambridge University Press

Luhmann,N. (1989):Ethik als Reflexionstheorie der Moral. In:Luhmann, N. Ed. :Gesellschaftsstruktur und Semantik. Frankfurt/ Main:Suhrkamp. 358-447

Luhmann,N. (2000):Organisation und Entscheidung. Opladen:Westdeutscher Verlag

Luhmann,N. (2002):Das Erziehungssystem der Gesellschaft. Frankfurt/Main:Suhrkamp

Luhmann,N/Schorr,K. (1979):Reflexionsprobleme im Erziehungssystem. Stuttgart:Klett

Lundvall,B. -? . (1992):National Systems of Innovation. London:Pinter

Lüscher,K. (1968):Der Prozess der beruflichen Sozialisation. Stuttgart:Enke

Lutgens, G./Mulder, M. (2002):Bridging the gap between theory and practice in Dutch vocational education. In：European Journal Vocational Training Vol. 25，34-38

Lüthy，W. / Voit，E. / Wehner，T. Eds. (2002)：Wissensmanagement-Praxis. Zürich：vdf

Lutz，B. (1979)：Die Interdependenz von Bildung und Beschäftigung und das Problem der Erklärung der Bildungsexpansion. In：Mathes，J. Ed.：Sozialer Wandel in Westeuropa. Berlin：Springer. 634-670

Lutz，B. (1988)：Zum Verhältnis von Analyse und Gestaltung in der sozialwissenschaftlichen Technikforschung. In：Rauner，F. Ed.：„ Gestalten". Bonn：Neue Gesellschaft. 15-23

Lynch，M. (1993)：Scientific practice and ordinary action. Cambridge：Cambridge University Press

Lynch，M. / Livingston，E. / Garfinkel，H. (1985)：Zeitliche Ordnung in der Arbeit des Labors. In：Bonß，W. / Hartmann，H. Eds.：Entzauberte Wissenschaft. Göttingen：Schwartz. 179-206

Maag Merki，K. (2001)：Expertise on key competencies. Bern：Bundesamt für Statistik/OECD

Maag Merki，K. (2004)：Überfachliche Kompetenzen als Ziele beruflicher Bildung im betrieblichen Alltag. In：Bildung im Medium beruflicher Arbeit. Sonderdruck. Zf-Päd，Vol. 50，(2). 202-223

Maag Merki，K. Ed. (2006)：Lernort Gymnasium. Bern：Haupt

Mach，E. (1980)：Erkenntnis und Irrtum. Darmstadt：Wissenschaftliche Buchgesellschaft

MacIntyre，A. (1981)：After virtue：A study in moral theory. Notre Dame：University of Notre Dame

Maclean，R. (2006)：Importance of Developing and Implementing an International Master Degree Standard for Teacher and Trainer Education in Technical and Vocational Education and Training. In：Bünning，F. / Zhao，Z. Eds.：TVET Teacher Education on the Threshold of Internationalisation. Bonn：InWEnt. 17-24

Maier，G. / Prange，C. / Rosenstiel，L. (2001)：Psychological Perspectives on Organizational Learning. In：Dierkes，M. / Antal，A. / Child，J. Eds.：Handbook of Organizational Learning and Knowledge. New York：Oxford University Press. 14-34

Malek，R. (1996)：Entwicklungsstand und Ansätze einer Gesamtkonzeption des Lern- und Arbeitsaufgabensystems für die Instandhaltungsausbildung. In：Pahl，J. -P. / Malek，R. Eds.：Instandhaltungsaufgaben analysieren. Dresden：VMS. 23-44

Malek，R. / Pahl，J. -P. (1998)：Kooperationsfördernde Lern- und Arbeitsaufgaben. In：Holz，H. / Rauner，F. / Walden，G. Eds.：Ansätze und Beispiele der Lernortkooperation. Bielefeld：W. Bertelsmann. 237-256

Malsch，T. (1984)：Erfahrungswissen versus Planungswissen. In：Jürgens，U. / Naschold，F. Eds.：Arbeitspolitik. Opladen：Westdeutscher Verlag

Malsch，T. (1987)：Die Informatisierung des betrieblichen Erfahrungswissens und der „ Imperialismus der instrumentellen Vernunft". In：Zeitschrift für Soziologie Vol. 16，(2). 77-91

Malsch，T. Ed. (1998)：Sozionik. Berlin：edition sigma

Malsch，T. / Seltz，R. Eds. (1987)：Die neuen Produktionskonzepte auf dem Prüfstand. Berlin：edition sigma

Mandl，H. / Fischer，F. Eds. (2000)：Wissen sichtbar machen. Göttingen：Hogrefe

Mandl，H. / Gruber，H. / Renkl，A. (1993)：Neue Lernkonzepte für die Hochschule. In：Das Hochschulwesen Vol. 41，126-130

Mandl，H. / Gruber，H. / Renkl，A. (1995)：Situiertes Lernen in multimedialen Lernumgebungen. In：Issing，L. / Klimsa，P. Eds.：Information und Lernen mit Multimedia. Weinheim：Beltz. 167-178

Mandl，H. / Gruber，H. / Renkl，A. (2002)：Situiertes Lernen in multimedialen Lernumgebungen. In：Issing，L. / Klimsa，P. Eds.：Information und Lernen mit Multimedia und Internet. Weinheim：Beltz. 139-148

Mannheim，K. (1982)：Structures of thinking (reprint 1999). London：Routledge

Manske，F. (1994)：Facharbeiter und Ingenieure im „ deutschen Produktionsmodell". In：WSI-Mitteilungen (7). 415-425

Manske，F. / Moon，Y. -G. / Ruth，K. u. a. (2002)：Ein prozess- und akteursorientiertes Evaluationsverfahren als Reflexionsmedium und Selbststeuerungsinstrument für Innovationsprozesse. In：Zeitschrift für Evaluation Vol. 1，(2). 245-263

Mao，L. (1984)：Brief Summery of the China Education History. Beijing：Education Scientific Press

March，J. / Olsen，J. (1975)：The Uncertainty of the Past. In：European Journal of Political Research Vol. 3，147-171

Marcia，J. (1980)：Identity in adolescence. In：Adelson，J. Ed.：Handbook of adolescent psychology. New York：Wiley. 158-187

Marcuse，H. (1967)：Der eindimensionale Mensch. Neuwied：Luchterhand

Marks，M. / Mirvis，P. / Hackett，E. et al. (1986)：Employee participation in a quality circle program. In：

Journal of Applied Psychology Vol. 71,61-69

Marsick, V. (2001): Informal Learning in the Workplace. In: Streumer, J. Ed. : Perspectives on Learning at the Workplace. Enschede: University of Twente. 3-12

Martin, H. (1995a): Berücksichtigung des Erfahrungswissens bei der Gestaltung und Einführung rechnergestützter Arbeit. In: Dybowski, G. /Pütz, H. /Rauner, F. Eds. ; Berufsbildung und Organisationsentwicklung. Bremen: Donat. 145-160

Martin, H. Ed. (1995b): CEA-Computergestützte erfahrungsgeleitete Arbeit. Berlin: Springer

Martin, W. /Pangalos, J. /Rauner, F. (2000): Die Entwicklung der Gewerblich-Technischen Wissenschaften im Spannungsverhältnis von Technozentrik und Arbeitsprozessorientierung. In: Pahl, J. -P. / Rauner, F. /Spöttl, G. Eds. ; Berufliches Arbeitsprozesswissen. Baden-Baden: Nomos. 13-30

Martin, W. /Rauner, F. (1988): Berufe 2000. In: Heidegger, G. /Gerds, P. /Weisenbach, K. Eds. ; Gestaltung von Arbeit und Technik. Fankfurt/Main: Campus. 227-262

Marwedel, P. /Kölsch, J. (2000): Situation, Anforderungen und Perspektiven einer Weiterbildung nach der Weiterbildung zum Geprüften Polier. Dortmunder Arbeitshefte Bauforschung (DAB). Heft 14

Marwedel, P. /Richter, W. (1996): Fachkraft oder Polier. In: BIBB: Berufliche Bildung-Kontinuität und Innovation. Berlin: W. Bertelsmann. 419-422

Masters, R. (1992): Knowledge, Nerves and Know-how. In: British Journal of Psychology Vol. 83, 343-358

Maturana, H. (1993): The Origin of the Theory of Autopoietic Systems. In: Fischer, H. Ed. : Autopoiesis. Heidelberg: Auer. 121-123

Maturana, H. /Varela, F. (1987): Der Baum der Erkenntnis. Bern: Scherz

Mayer, E. /Schumm, W. u. a (1981): Betriebliche Ausbildung und gesellschaftliches Bewußtsein. Frankfurt/Main: Campus

Mayer, R. (2001): Multimedia Learning. Cambridge: Cambridge University Press

Mayer, R. (2005): The Cambridge handbook of multimedia learning. Cambridge: Cambridge University Press

Mayes, T. (1994): Multimedia Interfaces and Their Role in Interactive Learning Systems. In: Edwards, A. /Holland, S. Eds. : Multimedia Interface Design in Education. Berlin: Springer. 1-22

Mayring, P. (1990): Einführung in die qualitative Sozialforschung. München: Psychologie Verlagsunion

MBWFK in Schleswig-Holstein (2003): Externe Evaluation im Team (EVIT). Kiel

McCormick, J. (1979): Job Analysis. Methods and Applications. New York: Ammercon

McCurley, S. /Lynch, R. (1989): Essential volunteer management. London: Arts Publishing

McGugan, S. /Margaret, Q. (2002): Asynchronous Computer Mediated Conferencing to Support Learning and Teaching. In: Journal of Hospitality, Leisure, Sport and Tourism Education Vol. 1, (1). 29-42

McGugan, S. /Peacock, S. (2005): Learning Technology and its Potential to Support Student Placements in Hospitality and Tourism Education. In: Journal of Hospitality, Leisure, Sport and Tourism Education Vol. 4, (1). 15-29

Mead, H. (1934): Mind, Self, and Society. Chicago: University of Chicago Press

Meerten, E. (1999): Analyse- und Entwicklungsschritte zur Gestaltung einer auftragsorientierten Ausbildung. In: Jenewein, K. Ed. : Lernen und Arbeiten in der dualen Berufsbildung. Bremen: Donat. 143-156

Meierhöfer, W. /Peter, D. /Rosenheck, M. (2000): Neue Arbeitsformen in der kaufmännischen Berufswelt. BBT

Meifort, B. Ed. (1991): Schlüsselqualifikationen für gesundheits- und sozialpflegerische Berufe. Alsbach: Leuchtturm

Meijer, J. /Elshout-Mohr, M. /Bernadette, H. -W. (2000): An Instrument for the Assessment of Cross-Curricular Skills. In: Educational Research and Evaluation Vol. 7, 79-107

Meisel, K. /Küchler, F. (1999): Dialogische Qualitätsentwicklung im Feld. In: Küchler, F. /Meisel, K. Eds. : Qualitätssicherung in der Weiterbildung II. Frankfurt/Main: DIE. 234-254

Merrill, D. /Li, Z. /Jones, M. (1990): Limitations of First Generation Instructional Design. In: Educational Technology Vol. 30, (1). 7-11

Mertel, S. (2002): Fachkommunikation in personenbezogenen sozialen Dienstleistungsberufen. Frankfurt/Main: Lang

Mertens, D. (1974): Schlüsselqualifikationen. In: Mitteilungen aus der Arbeitsmarkt- und Berufsforschung Vol. 7, (1). 36-43

Mertens, D. Ed. (1988): Konzepte der Arbeitsmarkt- und Berufsforschung. Nürnberg: IAB

Mertens, D. /Parmentier, K. (1988): Zwei Schwellen-acht Problembereiche. In: Mertens, D. Ed. : Konzepte der Arbeitsmarkt- und Berufsforschung. Nürnberg: IAB. 357-396

Mertens,D. (2000):Institutionalizing Evaluation in the USA. In:Stockmann, R. Ed. : Evaluationsforschung. Opladen:Leske + Budrich. 41-56

Mertins,K./Heisig,P./Vorbeck,J. Eds. (2001):Knowledge management. Berlin:Springer

Metzger,C. (1995):Wie lerne ich? Aarau:Sauerländer

Metzger,C. (1997):Self-Directed Learning in Continuing Education. In:Straka,G. Ed. :European Views of Self- Directed Learning. Münster:Waxmann. 6-25

Metzger, C. (2006): Lernstrategien funktionsgerecht evaluieren. In: Euler, D./Lang, M./Pätzold, G. Eds. :Selbstgesteuertes Lernen in der beruflichen Bildung. Stuttgart:Steiner. 155-172

Meumann,E. (1907/1908):Vorlesungen zur Einführung in die experimentelle Pädagogik. Leipzig:Engelmann

Meuser, M./Nagel, U. (1991): Expertinneninterviews. In: Garz, D./Kraimer, K. Eds. : Qualitativ-empirische Sozialforschung. Opladen:Westdeutscher Verlag. 441-468

Meyer,C. (2002):Das Berufsfeld Altenpflege:Professionalisierungen. Osnabrück:Der Andere Verlag

Meyer,H. (1987):Unterrichtsmethoden. Frankfurt/Main:Scriptor

Meyser,J. Ed. (2003):Kompetenz für die Baupraxis. Konstanz:Christiani

Meyser,J./Uhe,E. (2006):Handelnd Lernen in der Bauwirtschaft. Konstanz:Christiani

Mickler,O. (1981):Facharbeit im Wandel. Frankfurt/Main:Campus

Mickler,O. (2005): Qualifikationsforschung. In: Rauner, F. Ed. : Handbuch Berufsbildungsforschung. Bielefeld:W. Bertelsmann. 129-135

Mickler,O./Mohr,W./Kadritzke,U. (1977):Produktion und Qualifikation. Göttingen:SOFI

Midoro,V./Olimpo,G./Persico,D. et al. (1991):Multimedia Navigable Systems and Artificial Intelligence. In:Lewis,R./Otsuki,S. Eds. :Multimedia Navigable Systems and Artificial Intelligence. Amsterdam:North-Holland. 179-184

Mieg,H. (2008):Professionalisation. In Rauner, F./Maclean,R. Ed. Handbook of Technical and Vocational Education and Training. Dordrecht:Springer. 502-508

Mieg,H. (2000):University-based projects for local sustainable development. In:International Journal of Sustainability in Higher Education Vol.1,67-82

Mieg,H. (2001):The social psychology of expertise. Mahwah:Erlbaum

Mieg,H. (2002):The use of abstract knowledge in professional competition. In:Swiss Journal of Sociology Vol.28,(1). 27-45

Mieg,H. (2003):The science of professional knowledge & work. In:Svensson, L. Ed. :Conceptual and comparative studies of Continental and Anglo-American professions. Göteborg University. 43-54

Mieg,H. (2006):Social and sociological factors in the development of expertise. In:Ericsson, A./Charness,N./Feltovich,P. u. a. Eds. :Cambridge handbook on expertise and expert performance. Cambridge University Press. 743-760

Mieg,H./de Sombre,S. (2004):Wem vertrauen wir Umweltprobleme an? Bern:Schweizerischer Nationalfonds

Mieg,H./Pfadenhauer,M. Eds. (2003):Professional Performance. Konstanz:UVK

Mieg, H./Wehner, T. (2004): Frei-gemeinnützige Arbeit. In: Bungard, W./Koop, B./Liebig, C. Eds. : Psychologie und Wirtschaft leben. Heidelberg:Huethig. 457-463

Mieg,H./Woschnack, U. (2002): Die berufliche Identität von Umweltdienstleistern. Arbeitsgestaltung und Arbeitspolitik Vol.11,(3). 185-198

Miller,A./Galanter,E./Pribram,K. (1960):Plans and the Structure of Behavior. New York:Holt,Rinehart & Winston

Minelli,M./Walliser,F. (1997):Mitarbeiterorientiertes Qualitätsmanagement in einer Schweizer Schule. Bern:Universität

Minnameier,G. (2003):Wie verläuft die Kompetenzentwicklung. Mainz:Johannes Gutenberg-Universität Mainz

Mintrom,M. (2000):Policy entrepreneurs and school choice. Washington:Georgetown University Press

Mintzel,Alf (1991):Der Madonnen-Streit. Passau:Lehrstuhl für Soziologie

Mitteilungsblatt BAG 02/2003 (2003):Mitteilungsblatt der Bundesarbeitsgemeinschaft für Berufsbildung in den Fachrichtungen Bautechnik,Holztechnik sowie Farbtechnik und Raumgestaltung. Vol.5. ,Nr.2. Hamburg

Mitter,W./Weishaupt,H. (1977):Ansätze zur Analyse der wissenschaftlichen Begleitung bildungspolitischer Innovationen. Weinheim:Beltz

Moffett,S./McAdam,R./Parkinson,S. (2003):An empirical analysis of knowledge management applications. In:Journal of KnowledgeManagement Vol. 7,(3).6-26

Moldaschl,M./Voß,G. Eds. (2002):Subjektivierung von Arbeit. München:Hampp

Molle,F. (1951):Wörterbuch der Berufsbezeichnungen. Groß-Denkte:Verlag Wörterbuch der Berufsbezeichnungen

Molle,F. (1965):Leitfaden zur Berufsanalyse. Opladen:Westdeutscher Verlag

Molle,F. (1968):Handbuch der Berufskunde. Köln:Heymanns

Mollenhauer,K./Uhlendorff,U. (1992):Sozialpädagogische Diagnosen. Weinheim:Juventa

Moore,D. (1981):The Social Organisation of Educational Encounters in Nonschool Settings. Chicago:Centre of New Schools

Moore,G. (2004):From Sows,Cows and Plows to Cells,Gels and Dells. Wageningen University

Moore,W. (1969):Occupational socialization. In:Goslin,D. Ed. :Handbook of Socialization Theory and Research. Chicago:Rand McNally. 861-883

Moran,J. (2002):Interdisciplinarity. London:Routledge

Morgan,G. (1986):Images of organization. Newbury Park:Sage

Morgeson,F./Delaney-Klinger,K./Hemingway,M. (2005):The importance of job autonomy,cognitive ability and job-related skill for predicting role breadth and job performance. In:Journal of Applied Psychology Vol. 90,399-406

Moritz,E. (1996):Im Osten nichts Neues. Dissertation. Sottrum:artefact

Moritz,E./Rauner,F./Spöttl,G. (1997):Austauschen statt reparieren. Bremen:Donat

Mortimer,J. (2003):Working and Growing Up in America. Cambridge,Mass:Harvard University Press

Moser,H. (1977):Methoden der Aktionsforschung. München:Kösel

Moser,H. (1983):Zur methodologischen Problematik der Aktionsforschung. In:Zedler,P./Moser,H. Eds. :Aspekte qualitativer Sozialforschung. Opladen:Leske + Budrich. 51-78

Moser,K. (2004):The acquisition and transmission of knowledge and the role of metaphors. In:Fischer,M./Boreham,N./Nyhan,B. Eds. :European Perspectives on Learning at Work. Luxembourg:EC

Mouritsen,J./Bukh,N./Larsen,H. et al. (2002):Developing and managing knowledge through intellectual capital statements. In:Journal of Intellectual Capital Vol. 3,(1). 10-29

Mulder,M. (2002):Competentieontwikkeling in organisaties. Gravenhage:Elsevier Overheid

Mulder,M. (2004):Education,competence and performance. Wageningen:Wageningen University

Mulder,M. (2006):EU-level competence development projects in agri-food-environment. In:Journal of European Industrial Training Vol. 30,(2). 80-99

Mulder,M./Wesselink,R./Biemans,H. et al. (2003):Competentiegericht beroepsonderwijs. Houten:Wolters-Noordhoff

Mulder,R./Sloane,P. Eds. (2004):New Approaches to Vocational Education in Europe. Didcot:Symposium Books

Müller,D./Bruns,W. (2002):Software zur Förderung von Arbeitsprozesswissen. In:Fischer,M./Rauner,F. Eds. :Lernfeld:Arbeitsprozess. Baden-Baden:Nomos. 411-440

Müller,J. (1990):Arbeitsmethoden der Technikwissenschaften. Berlin:Springer

Müller,W. (1995):Der Situationsfilm. In:Dybowski,G./Pütz,H./Rauner,F. Eds. :Berufsbildung und Organisationsentwicklung. Bremen:Donat. 333-344

Müllges,U. (1975):Berufstatsachen und Erziehungsaufgabe. In:Zeitschrift für Berufsund Wirtschaftspädagogik. Vol. 71,(11). Steiner. 803-820

Mullis,I./Martin,M./Gonzalez,E. et al. (2003):PIRLS 2001 International Report. Chestnut Hill:Boston College

Mullis,I./Martin,M./Gonzalez,E. et al. (2004):International Mathematics Report. Chestnut Hill:Boston College

Mullis,I./Martin,M./Gonzalez,E. et al. (2001):TIMSS 1999 Mathematics Benchmarking Report,Eighth Grade. Chestnut Hill:Boston College

Münchmeier,R./Otto,H. -U./Rabe-Kleberg,U. (2002):Bildung und Lebenskompetenz. Opladen:Leske + Budrich

Münder,J./Spitzl,M./Kretschmer,S. (2000):Kooperation zur Förderung benachteiligter Jugendlicher. Heft 88. Bonn

Munhall,P. (1993):Unknowing. In:Nursing Outlook Vol. 41,125-128

Münk,D. (2002):Beruf und Kompetenz. In:Clement,U./Arnold,R. Eds. :Kompetenzentwicklung in der beruflichen Bildung. Opladen:Leske + Budrich. 203-228

Murphy,R. (1988):Social closure. Oxford:Clarendon

Musiol,M. (1998):„Gewohntes" und „verändertes"im pädagogischen Handeln von Erzieherinnen in den neuen Bundesländern und die Transformation in Kindertageseinrichtungen. Diss. Universität Halle-Wittenberg

Myatt,A./Waddell,C. (1994):The Canadian experience and the lasting impact of economic education. In:Walstad,W. Ed. :An international perspective on economic education. Boston:Kluwer. 157-167

Myrick,F. (2002):Preceptorship and critical thinking in nursing education. In:Journal of Nursing Education Vol. 41,(4). 154-164

NACE (2004):Statistische Systematik der Wirtschaftszweige in der europäischen Gemeinschaft. RAMON-Eurostats Classification Server,Rev. 1. 5

National Skills Task Force (1998):Towards a National Skills Agenda. Sudbury:Department for Education and Employment

Negt,O. (1968):Soziologische Phantasie und exemplarisches Lernen. Frankfurt/Main:Europäische Verlagsanstalt

Nelson,R./Winter,S. (1982):An Evolutionary Theory of Economic Change. Cambridge/Mass:Belknap Press

Netz,T. (1998):Erzieherinnen auf dem Weg zur Professionalität. Frankfurt/Main:Lang

Neumann,G./Stiehl,H. (1976):Unterricht als kommunikatives Handeln. Hannover:Schroedel

Neuss,A. (1995):Umwelterziehung in der kaufmännischen Ausbildung von Betrieben. Bielefeld:W. Bertelsmann

Neuweg,G./Putz,P. (2008). Methodological Aspects. In Rauner, F./Maclean, R. Ed. . Handbook of Technical and Vocational Education and Training Research. Dordrecht:Springer. 669-703

Neuweg,H. (1998):Wissen und Können. In:ZBW Vol. 94,(1). 1-22

Neuweg,H. (1999₁,2001₂; 2004a₄):Könnerschaft und implizites Wissen. Münster:Waxmann

Neuweg,H. (2000a):Können und Wissen. In:Neuweg, H. Ed. :Wissen-Können-Reflexion. Innsbruck:Studien-Verlag. 65-82

Neuweg,H. (2000b):Mehr lernen,als man sagen kann. In:Unterrichtswissenschaft Vol. 28,(3). 197-217

Neuweg,H. (2002b):Über die Explizierbarkeit flexibler Muster. In:Moldaschl, M. Ed. :Neue Arbeit-Neue Wissenschaft der Arbeit? Heidelberg:Asanger. 91-108

Neuweg,H. (2005):Der Tacit Knowing View. In:ZBW 101,(4). 556-573

Neuweg,H. (2007):Wissensexplikation in Organisationen. In:Moldaschl, M. Ed. :Verwertung immaterieller Ressourcen. München:Hampp. 399-433

Newell,A./Simon,H. (1972):Human problem solving. Englewood Cliffs:Prentice-Hall

Nicase,I./Bollens,J. (2000):Ausbildungs- und Beschäftigungschancen für benachteiligte Personen. München:DJI

Nicklis,H. (2000):Qualitätsstandards an berufsbildenden Schulen durch Organisations- und Teamentwicklung. In:Rützel, J. Ed. :Entwicklung und Umsetzung von Qualitätsstandards der Berufsbildung. Bielefeld:W. Bertelsmann

Nickson,D./Warhurst,C./Witz,A. et al. (1998):Aesthetic Labour in the Service Economy. Aberdeen

Nicolaus,M./Kasten,L. (1999):Praxis der Ausbildung mit Auftragstypen in der handwerklichen Berufsausbildung. In:Jenewein, K. Ed. :Lernen und Arbeiten in der dualen Berufsbildung. Bremen:Donat. 110-140

Niegemann,H. (2001):Lehr-Lern-Forschung. In:Rost, D. Ed. :Handwörterbuch Pädagogische Psychologie. Weinheim:Beltz. 387-393

Niegemann,H./Hessel,S./Hohscheit-Mauel,D. u. a. (2004):Kompendium E-Learning. Berlin:Springer

Niegemann,H./Treiber,B. (1982):Lehr stoffstrukturen,kognitive Strukturen,didaktische Strukturen. In:Treiber,B./Weinert, F. Eds. :Lehr-Lehn-Forschung. München:Urban & Schwarzenberg. 38-40

Nielsen,A./Nielsen,S. (2006):Methodologies in Action Research. In:Nielsen/Svensson,L. Eds. :Action Research and Interactive Research. Maastricht:Shaker. 63- 88

Niethammer,M. (1995a):Facharbeiterbeteiligung bei der Technikeinführung in der chemischen Industrie. Frankfurt/Main:Lang

Niethammer,M. (1995b):Beteiligung von Facharbeitern bei der Technikeinführung in der chemischen Industrie. Frankfurt/Main:Lang

Niethammer,M. (2003):Facharbeit im Berufsfeld Chemie als Gegenstand berufswissenschaftlicher Arbeitsanalyse. In:Rauner, F./Fischer,M. Eds. :Qualifikationsforschung und Curriculum. Bielefeld:W. Bertelsmann. 258-284

Niethammer,M./Storz,P. (2002):Arbeitsprozesswissen in der Chemiearbeit. In:Fischer, M. /Rauner,F.

Eds. ;Lernfeld;Arbeitsprozess. Baden-Baden;Nomos. 113-146

Nieuwenhuis,L./Nijhof,W. (2001);The dynamics of VET and HRD systems. Enschede;Twente University Press

Nijhof,W./Heikkinen,A./Nieuwenhuis,L. Eds. (2002);Shaping Flexibility in Vocational Education and Training. Dordrecht;Kluwer

Nisbet,J. (1990);Rapporteur's Report. In;Council of Europe/Scottish Council for Research of Education;Methods,Uses and Benefits. Amsterdam;Swets and Zeitlinger. 1-9

Nisbett,R./Wilson,T. (1977);Telling More Than We Can Know. In;Psychological Review Vol.84,(3). 231-259

NLI (1994);Benachteiligter Jugendliche in berufsbildenden Schulen. Hildesheim;NLI

Noble,D. (1979);Maschinen gegen Menschen. In;Produktion,Ökologie,Gesellschaft Vol.1,45-52

Nölker,H./Schoenfeldt,E. (1980);Vocational Training. Grafenau 1/Württ;Expert verlag

Nolte,H./Röhrs, H.-J./Stratmann, K. (1973); Die Jungarbeiter als Problem der Berufsschule. In; Neuordnung des beruflichen Schulwesens NW. Vol.22,141-205

Nonaka,I./Takeuchi,H. (1995);The Knowledge Creating Company. Oxford;Oxford University Press

Nonaka,I./Takeuchi,H. (1997);Die Organisation des Wissens. Frankfurt/Main;Campus

NordKvelle,Y. (2003);Didactics;from classical rhetoric to kitchen-Latin. In;Pedagogy,Culture and Society Vol.11,(3). 315-330

Norros,L./Nuutinen,M. (2002);The concept of the core task and the analysis of working practices. In; Boreham,N./Samurçay,R./Fischer,M. Eds. ;Work Process Knowledge. London;Routledge. 25-39

Norton,R. (1997);DACUM Handbook. Columbus,Ohio;State University

Nötzold,W. (2002);Werkbuch Qualitätsentwicklung. Bielefeld;W. Bertelsmann

Nüesch,C. (2001);Selbständiges Lernen und Lernstrategieeinsatz. Paderborn;Eusl

Nuissl,E./Pehl,K. (2004);Porträt Weiterbildung Deutschland. Bielefeld;W. Bertelsmann

Nyhan,B./Cressey,P./Tomassini,M. et al. (2003);Facing up to the learning organization challenge. Luxembourg;EC

O'Connor,L. (2004);Modularisation and Apprenticeship at the Department of Civil,Structural and Environmental Engineering. Cork;Cork Institute of Technology

O'Connor,L. (2006);Meeting the Skills Needs of a Bouyant Economy. In;Journal of Vocational Education and Training Vol.59,(1). 31-44

O'Neil,H./Herl,H. (1998);Reliability and Validity of a trait measure of self-regulation. San Diego;Academic Press

OECD (1999a);Classifying Educational Programmes. Paris;OECD

OECD (1999b);Guidelines and instructions for OECD Symposium. Amsterdam. http;//www. oecd. org/ dsti/sti/industry/indcomp/act/Ams-conf/symposium. htm. 30.01.2000

OECD (1999c);Training of Adult Workers in OECD Countries. In;Employment Outlook 134-175

OECD (2000a);Measuring Student Knowledge and Skills. The PISA 2000 assessment of reading,mathematical and scientific literacy. Paris;OECD

OECD (2000b);Knowledge management in the learning society. Paris

OECD (2000c);From Initial Education to Working Life. Work. http;//www. mszs. si /eurydice/pub/ oecd/in2work. pdf. 13.06.2008

OECD (2004);Learning for tomorrow's world. First results from PISA 2003. Paris;OECD

Oehlke,P. (2001a);Von der Humanisierung der Arbeit zur innovativen Arbeitsgestaltung. In;Fischer, M./Heidegger,G./Petersen,W. u. a. Eds. ;Gestalten statt Anpassen in Arbeit,Technik und Beruf. Bielefeld;W. Bertelsmann. 79-112

Oehlke,P. (2001b);The development of labour process policies in the Federal Republic of Germany. In; Concepts and Transformation Vol.6,(2). 109-140

Oelke,U./Menke,M. (2002);Gemeinsame Pflegeausbildung. Bern;Huber

Oelkers,J. (2003);Wie man Schule entwickelt. Weinheim;Beltz

Oene,P./Mulder,M./Veldhuis-Diermanse,E. et al. (2003);School policy making through electronically supported discussion involving teachers and managers. In;European Journal Vocational Training Vol. 29,25-35

Oermann,M. (2006);Lectures for active learning in nursing education. In;Young,L./Paterson,B. Eds. ; Teaching nursing. Philadelphia;Lippincott Williams & Wilkins. 279-294

Oevermann,U. (1996);Theoretische Skizze einer revidierten Theorie professionalisierten Handelns. In; Combe,A./Helsper,W. Eds. ;Pädagogische Professionalität. Frankfurt/Main;Suhrkamp. 70-182

Oevermann,U. (2001):A revised theoretical model of professionalisation. Frankfurt/Main

Oevermann,U. (2002):Klinische Soziologie auf der Basis der Methodologie der objektiven Hermeneutik. www. ihsk. de/ManifestWord. doc,24. 3. 2004

Oevermann,U. /Allert,T. /Konau, E. u. a. (1979):Die Methodologie einer,, objektiven Hermeneutik" und ihre allgemeine forschungslogische Bedeutung in den Sozialwissenschaften. In:Soeffner,H. Ed. :Interpretative Verfahren in den Sozial- und Textwissenschaften. Stuttgart:Metzler. 352-434

Okumus,F. /Yagci,O. (2005):Tourism higher education in Turkey. In:Journal of Teaching in Travel and Tourism Vol. 5,(02/Feb). 67-93

Oltersdorf,U. /Preuß,T. Eds. (1996):Haushalte an der Schwelle zum nächsten Jahrtausend. Frankfurt/Main:Campus

Opaschowski,H. . (1985):Die neue Freizeitarbeitsethik. In:Altvater, E. /Baethge, M. /Bäcker, G. Eds. :Arbeit 2000. Hamburg:VSA

Orlikowski,W. (2002):Knowing in Practice. In:Organization Science Vol. 13,(3). 249- 273

Orr,J. (1986):Narratives at Work. In:Proceedings of the 1986 Conference on Computer Supported Cooperative Work 62-72

Orr,J. (1996):Talking about Machines. Ithaca:ILR Press

Ortmann, G. /Sydow, J. /Türk, K. Eds. (2000):Theorien der Organisation. Wiesbaden: Westdeutscher Verlag

Ortmann,G. (2003):Regel und Ausnahme. Frankfurt/Main:Suhrkamp

Oser,F. (1998):Ethos-die Vermenschlichung des Erfolgs. Opladen:Leske + Budrich

Oser,F. /Baeriswyl, F. (2001):Choreographies of Teaching. In:Richardson, V. Ed. :Handbook of Research on Teaching. Washington:AERA. 1031-1065

Oser,F. /Althof,W. (1992):Moralische Selbstbestimmung. Stuttgart:Klett-Cotta

Osterman,P. (1994):How common is workplace transformation and who adopts it? In:Industrial and Labor Relations Review Vol. 47,(2). 173-188

Osterman,P (1995):Skill,training and work organization in American establishments. In:Industrial Relations Vol. 34,(2). 125-146

Osterman,P. (2000):Work reorganization in an era of restructuring. In:Industrial and Labor Relations Review Vol. 53,(2). 179-196

Ostner,I. /Beck-Gernsheim,E. (1979):Menschlichkeit als Beruf. Frankfurt/Main:Campus

Ostner,I. /Krutwa-Schott,A. (1981):Krankenpflege-ein Frauenberuf? Frankfurt/Main:Campus

Oswald,M. /Gadenne, V. (1984):Wissen,Können und künstliche Intelligenz. In:Sprache und Kognition Vol. 3,173-184

Ott,B. (1995):Ganzheitliche Berufsbildung. Stuttgart:Steiner

Ott,B. /Scheib,T. (2002):Qualitäts- und Projektmanagement in der beruflichen Bildung. Berlin:Cornelsen

Otto,H. -U. /Thiersch,H. Eds. (2001):Handbuch Sozialarbeit,Sozialpädagogik. Neuwied:Luchterhand

Oulton,N. (1996):Workforce Skills and Export Competitiveness. In:Booth,A. /Snower, D. Eds. :Acquiring Skills. Cambridge University Press. 199-230

Overwien,B. (2002):Informelles Lernen und Erfahrungslernen in der internationalen Diskussion. In:Rohs,M. Ed. :Arbeitsprozessintegriertes Lernen. Münster:Waxmann. 13-36

Owen,J. /Rogers,P. Eds. (1999):Program Evaluation. Newbury Park:Sage

Pahl,J. -P. /Volkmar,H. Eds. (2010):Handbuch Berufliche Fachrichtungen. Bielerfeld:W. Bertelsmann

Pahl,J. -P. (2001a):Berufsfelder. In:Häfeli, K. /Wild- Näf, M. /Elsässer, T. Eds. :Berufsfelddidaktik. Baltmannsweiler:Schneider Hohengehren. 17-37

Pahl,J. -P. (2005):Zur Genese berufswissenschaftlicher und berufsdidaktischer Forschung. In:Rauner, F. Ed. :Handbuch Berufsbildungsforschung. Bielefeld:W. Bertelsmann. 27-35

Parche-Kawik,K. (1998):Wirtschaftsethik und Berufsmoral. Mainz

Park,D. (1994):Aging,cognition and work. In:Human Performance Vol. 7,181-205

Parker,S. (1998):Enhancing role breadth self efficacy. In:Journal of Applied Psychology 83,835-852

Parker,S. (2003):Longitudinal effects of lean production on employee outcomes and the mediating role of work characteristics. In:Journal of Applied Psychology 88,620-634

Parker, S. /Sprigg,C. (1999):Minimizing strain and maximizing learning. In:Journal of Applied Psychology 84,925-939

Parker,S. /Turner, N. (2002):Work design and individual work performance. In:Sonnentag, S. Ed. :Psychological management of individual performance. New York:Wiley. 69-95

Parker,S./Wall,T. (2001):Work design. In:Anderson, N./Ones, D./Sinangil, H. Eds. :Handbook of Industrial,Work and Organizational Psychology. London:Sage. 90-109

Parker,S./Wall,T./Cordery,J. (2001):Future work design research and practice. In:Journal of Occupational and Organizational Psychology Vol. 74,413-440

Parmentier,K./Schade, H. -J./Schreyer, F. (1994):Anerkannte Ausbildungsberufe im Urteil der Betriebe. Nürnberg:IAB

Patry,J.-L. (1991a):Transsituationale Konsistenz des Verhaltens und Handelns in der Erziehung. Bern:Lang

Patry,J.-L. (1991b):Der Geltungsbereich sozialwissenschaftlicher Aussagen. In:Zeitschrift für Sozialpsychologie Vol. 22,223-244

Patry,J.-L. (2000):Transfersicherung. In:Seeber, S./Krekel, E./Buer, J. Eds. :Bildungscontrolling. Frankfurt/Main:Lang. 131-150

Patterson,M./West,M. (1998):People Power. In:Centre Piece Vol. 3,(3).2-5

Patton,M. (1990):Qualitative Evaluation and Research Methods. London:Sage

Patton,M. (1997):Utilization-Focused Evaluation. Newbury Park:Sage

Pätzold,G. (1980):Quellen und Dokumente zur betrieblichen Berufsausbildung 1918-1945. Köln:Böhlau

Pätzold,G. (1982):Quellen und Dokumente zur Geschichte des Berufsbildungsgesetzes 1875-1981. Köln:Böhlau

Pätzold,G. (2002):Berufspädagogische Lehramtsstudiengänge. In:Otto, H. -U./Rauschenbach, T./Vogel,P. Eds. :Erziehungswissenschaft:Lehre und Studium. Opladen:Leske + Budrich. 187-206

Pätzold,G. Ed. (1992):Handlungsorientierung in der beruflichen Bildung. Frankfurt/Main:Verlag der Gesellschaft zur Förderung arbeitsorientierter Forschung und Bildung

Pätzold,G./Klusmeyer, J./Wingels, J. Eds. (2003):Lehr-Lern-Methoden in der beruflichen Bildung. Oldenburg:Bibliotheksund Informationssystem der Universität

Pätzold,G./Lang,M. (2005):Selbstgesteuertes Lernen in der Aus- und Weiterbildung. In:Berufsbildung Vol. 59,(94).3-6

Pätzold,G./Walden,G. Eds. (1995):Lernorte im dualen System der Berufsbildung. Bielefeld:W. Bertelsmann

Pätzold,G./Walzik,S. Eds. (2002):Methoden- und Schlüsselkompetenzen. Bielefeld:W. Bertelsmann

Paulini,H./Krischok, D./Schwarz, H. (1999):Ausbildung für die Dienstleistungsgesellschaft. Berlin:BIBB

Pawlowsky,P. (1998):Integratives Wissensmanagement. In:Pawlowsky, P. Ed. :Wissensmanagement. Wiesbaden:Gabler. 9-45

Pawlowsky,P. (2001):The Treatment of Organizational Learning in Management Science. In:Dierkes, M./Antal,A./Child,J. Eds. :Handbook of Organizational Learning and Knowledge. New York:Oxford University Press. 61-88

Pedler,M./Burgoyne,J./Boydell,T. (1991):The Learning Company. London:McGraw-Hill

Peek,R. (2007):Interne Evaluation und einzelschulische Entwicklung. In:Buer, J./Wagner, C. Eds. :Qualität von Schule. Frankfurt/Main:Lang. 141-149

Peek,R./Neumann,A. (2003):Schulische und unterrichtliche Prozessvariablen in internationalen Schulleistungsstudien. In:Auernheimer,G. Ed. :Schieflagen im Bildungssystem. Opladen:Leske + Budrich

Pekrun,R. (1992):The impact of emotions on learning and achievement. In:Applied Psychology:An International Review Vol. 41,(4).359-376

Pekrun,R. (2000):A social-cognitive,controlvalue theory of achievement emotions. In:Heckhausen, J. Ed. :Motivational psychology of human development. Oxfort,UK:Elsevier

Pekrun,R. Ed. (1999):Emotion,Motivation und Leistung. Göttingen:Hogrefe

Pekrun,R./Goetz,T./Titz,W. (2002):Academic Emotions in Students' Self-Regulated Learning and Achievement. In:Educational Psychologist Vol. 37,(2).91-105

Pellegrino,J./Chudowsky, N./Glaser, R. Eds. (2001):Knowing what students know. Washington, DC:National Academy Press

Pendry,A. (1996):The pre-lesson pedagogical decision making of history student teachers during the intership year. Oxford:University of Oxford

Pentland,B./Rueter,H. (1994):Organizational Routines as Grammars of Action. In:Administrative Science Quarterly Vol. 39,484-510

Perkins,D. (1992):Smart schools:From training memories to education minds. New York:Free Press

Pahl,J. -P./Rauner, F./Spöttl, G. Eds. :Berufliches Arbeitsprozesswissen. Baden-Baden:Nomos. 329-352

Petermann, F. /Petermann, U. (1992): Training mit Jugendlichen: Förderung von Arbeits- und Sozialverhalten. Weinheim: Psychologie Verlagsunion

Petermann, W. (1984): Geschichte des ethnographischen Films. In: Friedrich, M. /Hagemann-Doumbia, A. /Kapfer, R. u. a. Eds. : Die Fremden sehen -Ethnologie und Film. München: Trickster. 17-54

Petermann, W. (1995): Fotographie und Filmanalyse. In: Flick, U. /Kardorff, E. /Keupp, H. u. a. Eds. : Handbuch qualitative Sozialforschung. Weinheim: Beltz. 269-272

Peters, S. /Dengler, S. (2004): Wissenspromotion in der Hypertext-Organisation. In: Schnauffer, H. -G. / Stieler-Lorenz, B. /Peters, S. Eds. : Wissen vernetzen. Berlin: Springer. 72-92

Petersen, W. (1996a): Berufs- und Fachdidaktik Elektrotechnik im Studium von Berufspädagogen. In: Lipsmeier, A. /Rauner, F. Eds. : Beiträge zur Fachdidaktik Elektrotechnik. Stuttgart: Holland + Josenhans. 103-141

Petersen, W. (1996b): Zur Gestaltung einer arbeitsorientierten Fachbildung im Berufsfeld Elektrotechnik aus curricularer Sicht. In: Lipsmeier, A. /Rauner, F. Eds. : Beiträge zur Fachdidaktik Elek trotechnik. Stuttgart: Holland + Josenhans. 277-306

Petersen, A. /Rauner, F. (1995): Evaluation und Weiterentwicklung der Rahmenlehrpläne des Landes Hessen. Bremen: ITB

Petersen, A. /Rauner, F. /Stuber, F. Eds. (2001): IT-gestützte Facharbeit. Baden-Baden: Nomos

Petersen, A. /Wehmeyer, C. (2001): Evaluation der neuen IT-Berufe. In: Petersen, W. /Rauner, F. /Stuber, F. Eds. : IT-gestützte Facharbeit. Baden-Baden: Nomos. 283-310

Petersen, W. (2003): Berufliche Fähigkeiten. Flensburg: Diss. Phil

Petty, R. /Guthrie, J. (2000): Intellectual capital literature review. In: Journal of Intellectual Capital Vol. 1, (2). 155-176

Pfeiffer, E. (1998): Arbeits- und Berufsbezug im Grundstudium der beruflichen Fachrichtung Elektrotechnik an der Technischen Universität Hamburg-Harburg. In: Pahl, J. -P. /Rauner, F. Eds. : Betrifft Berufsfeldwissenschaften. Bremen: Donat. 97-105

Pfeuffer, H. (1972): Untersuchungen über den Wandel von Berufsinhalten und die Notwendigkeit neuer Ausbildungsformen. Diss. RWTH Aachen

Pfeuffer, H. (1975): Qualifikationsermittlung mit Hilfe von Arbeitsplatzuntersuchungen. In: Frey, K. Ed. : Curriculum-Handbuch. München: Piper. 272-276

Piaget, J. (1976): Die Äquilibration der kognitiven Strukturen. Stuttgart: Klett

Piaget, J. (1980): Les formes élémentaires de la dialectique. Paris: Gallimard

Picht, G. (1964): Die deutsche Bildungskatastrophe: Analyse und Dokumentation. Olten et al. : Walter

Pieper, R. (1972): Aktionsforschung und Systemwissenschaft. In: Haag, F. /Krüger, H. /Schwärzl, W. Eds. : Aktionsforschung. München: Juventa. 100-116

Pieske, R. (1995): Benchmarking in der Praxis. Landsberg: Verlag Moderne Industrie

Pil, F. /MacDuffie, J. (1996): The adoption of high involvement work practices. In: Industrial Relations Vol. 35, 423-455

Pintrich, P. (2000): The Role of Goal Orientation in Self-Regulated Learning. In: Boekearts, M. /Pintrich, P. /Zeidner, M. Eds. : Handbook of self-regulation. San Diego: Academic Press. 451-502

Pintrich, P. /Smith, D. /Garcia, T. et al. (1991): A manual for the use of the Motivated Strategies for Learning Questionnaire. Michigan: University of Michigan

Pleiss, C. /Oesterreich, R. (2003): Wissensdivergenz als Anforderung kooperativer Arbeit. In: Wirtschaftspsychologie Vol. 5, (3). 66-71

Ploghaus, G. (2001): Innovationen in beruflichen Schulen durch Modellversuche. In: Organisationsbereich Berufliche Bildung und Weiterbildung (Ed.): Dok. Nr. 52/2001. Frankfurt/Main

Ploghaus, G. (2003): Die Lehrgangsmethode in der berufspraktischen Ausbildung. Bielefeld: W. Bertelsmann

Poelke, K. (1987): Die Entstehung von Facharbeit. In: Greinert, W. -D. /Hanf, G. /Schmidt, H. u. a. Eds. : Berufsausbildung und Industrie. Berlin: BIBB. 27-49

Pöhler, W. Ed. (1979): ... damit die Arbeit menschlicher wird. Bonn: Neue Gesellschaft

Polanyi, M. (1958, 1964): Personal knowledge, Towards a Post-Critical Philosophy. London: Routledge & Kegan Paul

Polanyi, M. (1966): The Tacit Dimension. Garden City: Doubleday & Company

Polanyi, M. (1969): Knowing and Being. Ed. By Marjorie Grene. London: Routledge & Kegan Paul

Polanyi, M. (1985): Implizites Wissen. New York: Suhrkamp

Pollack, L. /Simons, C. /Romero H. et al. (2002): Common Language for Classifying and Describing Occupations. Human Resource Management 41(3),297-307

Pongratz,H./Voß,G. (2003):Arbeitskraftunternehmer. Berlin:edition sigma

Popitz,H./Bahrdt,H. -P./Jüres,E. u. a. (1957):Technik und Industriearbeit. Tübingen:Teubner

Popper,K. (1969):Die Logik der Sozialwissenschaften. In:Theodor, A. et al. Ed. :Der Positivismusstreit in der deutschen Soziologie. Neuwied:Luchterhand. 103-123

Popper,K. (1969,1989):Logik der Forschung. Tübingen:Mohr

Popper,K. (1987):Das Elend des Historizismus. Tübingen:Mohr

Pornschlegel,H. (1967):Arbeitsanalyse und Arbeitsbewertung. Luxemburg:EG,Hohe Behörde

Pornschlegel,H. (1968):Zur Rolle arbeitswissenschaftlicher orientierter Analysen in der beruflichen Bildung. In:Die Deutsche Berufs- und Fachschule (DtBFsch) Vol. 9,683-693

Porter,M. (1991):The Competitive Advantage of Nations. Cambridge:University Press

Posch,P. (2002):Erfahrungen mit dem Qualitätsmanagement im Bildungswesen in Österreich. In:Zeitschrift für Erziehungswissenschaft 5,(4). 598-616

Prahalad,C./Hamel,G. (1990):The Core Competence of the Corporation. In:Harvard Business Review Vol. 68,(3). 79-91

Prais,S. (1995):Productivity,education and training. Cambridge:Cambridge University Press

Prandini,M. (2001):Persönlichkeitserziehung und Persönlichkeitsbildung von Jugendlichen. Paderborn:Eusl

Prawat,R. (1989):Promoting Access to Knowledge,Strategy,and Disposition in Students. In:Review of Educational Research 59,(1). 1-41

Prenzel,M./Baumert,J. et al. (2004):PISA 2003:der Bildungsstandard der Jugendlichen in Deutschland. Münster:Waxmann

Presidency Conclusion (2000):Lisbon,23/24 March 2000. http://ue. eu. int/ueDocs/cms_ Data/docs/pressData/ en/ec/ 00100-rl. en0. htm. 03/2006

Price,S. (1961):Science since Babylon. New Heaven:Yale University Press

Probst,G./Büchel,B. (1994):Organisationales Lernen. Wiesbaden:Gabler

Probst,G./Davenport,T. Eds. (2001):Knowledge Management Case Book. Weinheim:Wiley-VCH

Probst,G./Raub, S./Romhardt, K. (1997):Wissen managen. Frankfurt/Main:Frankfurter Allgemeine Zeitung,Gabler

Programmträger ITB/ISB (2004):Neue Lernkonzepte in der dualen Berufsausbildung. Bielefeld

Przygodda,K./Bauer,W. (2004):Ansätze berufswissenschaftlicher Qualifikationsforschung im BLK-Programm,,Neue Lernkonzepte in der dualen Berufsausbildung". In:Rauner, F. Ed. :Qualifikationsforschung und Curriculum. Bielefeld:W. Bertelsmann. 61-79

Puppe,F. (1992):Intelligente Tutorsysteme. In:Informatik Spektrum Vol. 15,195-207

Puppe,F./Ziegler,S./Martin,U. (2001):Wissensbasierte Diagnosesysteme im Service-Support. Berlin:Springer

Puschmann,N. (2002):Benchmarking. Norderstedt:BoD GmbH

Quinn,J. (1992):Intelligent enterprise. New York:Free Press

Raab,E. (1996):Jugend sucht Arbeit. München:Deutsches Jugendinstitut (DJI)

Rabe-Kleberg,U. (1993):Verantwortlichkeit und Macht. Bielefeld:Kleine

Rabe-Kleberg, U. (1996):Öffentliche Kindererziehun. In:Krüger, H. -H./Rauschenbach, T. Eds. :Einführung in die Arbeitsfelder der Erziehungswissenschaft. Opladen:Leske + Budrich. 89-105

Rabe-Kleberg,U. (1997):Professionalität und Geschlechterverhältnis. In:Combe, A./Helsper, W. Eds. :Pädagogische Professionalität. Frankfurt/Main:Suhrkamp. 276-302

Rabe-Kleberg,U. (1996):Pflegewissenschaft. Stuttgart:Gerlingen

Rabe-Kleberg, U./Krüger, H./Derschau, D. Eds. (1983):Kooperation in Arbeit und Ausbildung. München:DJI

Rabe-Kleberg,U./Krüger,H./Karsten,M. -E. Eds. (1991):Dienstleistungsberufe in der Krankenpflege, Bielefeld:Böllert KT

Rademacker,H. (1999):Hilfen zur beruflichen Integration. München:DJI

Raeder, S./Grote, G. (2004):Flexible und kontinuitätsbetonte Identitätstypen in flexibilisierten Arbeitsverhältnissen. In:Pongratz, H./Voß, G. Eds. :Typisch Arbeitskraftunternehmer? Berlin:edition sigma. 57-72

Raeder,S./Grote,G. (2007):Career changes and identity continuities. In:Brown, A./Kirpal,S./Rauner,F. Eds. :Identities at Work. Dordrecht:Springer. 147-181

Raffe,D. (2002):Flexibility of Pathways. In:Achtenhagen,F./Thång,P. -O. Eds. :Transferability,Flexibility and Mobility as Targets of Vocational Education and Training. Gothenburg University, University Göttingen. 149-162

Raggatt, P. /Williams, S. (1999): Government, Markets and Vocational Qualifications. London: Falmer Press

Rahmenstudienordnungen Gewerblich-Technische Wissenschaften (2004a): Berufliche Fachrichtungen Bautechnik, Holztechnik sowie Farbtechnik und Raumgestaltung. Gesellschaft für Arbeitswissenschaft e. V

Rahmenstudienordnungen Gewerblich-Technische Wissenschaften (2004b): Elektrotechnik-Informatik. Gesellschaft für Arbeitswissenschaft (GfA). http:// www. itb. uni-bremen. de/gtw/. 26. 07. 2007

Räkköläinen, M. /Ecclestone, K. (2005): The implications of using skills tests as basis for a national e-valuation system in Finland. http://db3. oph. fi /esr/ tiedostot/Evaluation% 2012005% 20The% 20implications%20of%20using. pdf

Rank, B. /Wakenhut, R. (1998): Ein Bedingungsmodell des Praxistransfers. In: Rank, B. /Wakenhut, R. Eds. : Sicherung des Praxistransfers im Führungskräftetraining. München: Mering. 31-78

Rasmussen, L. /Rauner, F. Eds. (1996): Industrial Cultures and Production. London: Springer

Ratschinski, G. (2000): Selbstkonzept und berufliche Ambitionen und Orientierungen. In: Straka, G. /Bader, R. /Sloane, P. Eds. : Perspektiven der Berufsund Wirtschaftspädagogik. Opladen: Leske + Budrich. 77-86

Ratschinski, G. (2001): Ansätze einer theoriegeleiteten Berufsorientierung und Berufsberatung als Beitrag zur Berufsbildung für benachteiligte Jugendliche. In: Enggruber, R. Ed. : Berufliche Bildung benachteiligter Jugendlicher. Münster: Lit. 165-196

Rattansi, A. /Phoenix, A. (1997): Rethinking youth identities. In: Bynner, J. /Chisholm, L. /Furlong, A. Eds. : Youth, citizenship and social change in a european context. Aldershot: Ashgate. 121-150

Rauen, C. (2000): Handbuch Coaching. Göttingen: Hogrefe

Rauner, F. (1972): Komplexe Lehrsysteme. In: Zeitschrift für Berufsbildungsforschung 1, (1). 17-20

Rauner, F. (1975): Curriculumreform durch die schulnahe Entwicklung komplexer Lehrsysteme. In: Frey, K. Ed. : Curriculum-Handbuch. Zürich: Piper. 306-314

Rauner, F. (1986, 1987): Elektrotechnik-Grundbildung. Soest: Soester Verlagskontor

Rauner, F. (1988a): Die Befähigung zur (Mit) Gestaltung von Arbeit und Technik als Leitidee beruflicher Bildung. In: Heidegger, G. /Gerds, P. /Weisenbach, K. Eds. : Gestaltung von Arbeit und Technik. Frankfurt/Main: Campus. 32-51

Rauner, F. (1988b): „ Arbeit und Technik“. In: Rauner, F. Ed. : „ Gestalten“. Bonn: Neue Gesellschaft. 9-14

Rauner, F. (1992): Experimentierendes Lernen. In: Pütz, P. Ed. : Innovationen in der beruflichen Bildung. Berlin: BIBB. 347-357

Rauner, F. (1994): Gestaltungsfähigkeit und Prospektivität. In: Die berufsbildende Schule Vol. 46, (11). 360-363

Rauner, F. (1995a): Gestaltung von Arbeit und Technik. In: Arnold, R. /Lipsmeier, A. Eds. : Handbuch der Berufsbildung. Opladen: Leske + Budrich. 50-64

Rauner, F. (1995b): Gestaltungsorientierte Berufsbildung. In: berufsbildung Vol. 49, (35). 3-8

Rauner, F. (1996a): Elektrotechnik-Grundbildung. In: Lipsmeier, A. /Rauner, F. Eds. : Beiträge zur Fach-didaktik Elektrotechnik. Stuttgart: Holland + Josenhans. 86-102

Rauner, F. (1997): Berufswissenschaftliche Arbeitsstudien. Bremen: ITB

Rauner, F. (1998a): Berufliche Bildung im Berufsfeld Elektrotechnik. In: Vorstand der Arbeitsgemein-schaft Berufsbildung (Ed.): Fachtagung Elektrotechnik. Neusäß: Kieser. 9-27

Rauner, F. (1998b): Zur methodischen Einordnung berufswissenschaftlicher Arbeitsstudien. In: Pahl, J. -P. /Rauner, F. Eds. : Betrifft: Berufsfeldwissenschaften. Bremen: Donat. 13-30

Rauner, F. (1999a): Entwicklungslogisch strukturierte berufliche Curricula. In: ZBW Vol. 95, (3). 424-446

Rauner, F. (1999b): Reformbedarf in der beruflichen Bildung. In: Berufliche Bildung und Frauen Senats-verwaltung für Arbeit: Expertisen für ein Berliner Memorandum zur Modernisierung der beruflichen Bildung. Berlin: BBJ. 187-196

Rauner, F. (2000b): Zukunft der Facharbeit. In: Pahl, J. -P. /Rauner, F. /Spöttl, G. Eds. : Berufliches Arbeitsprozesswissen. Baden-Baden: Nomos. 49-60

Rauner, F. (2001a): Automatisierung, Arbeitsprozess, Instandhaltungsfacharbeit und Curriculum. In: Petersen, W. /Rauner, F. /Stuber, F. Eds. : IT-gestützte Facharbeit. Baden-Baden: Nomos. 343-358

Rauner, F. (2001b): Zur Untersuchung von Arbeitsprozesswissen. In: Eicker, F./Petersen, W. Eds. :„ Mensch-Maschine-Interaktion. Baden- Baden: Nomos. 249-267

Rauner, F. (2001c): Offene dynamische Beruflichkeit. In: Bolder, A./Heinz, W./Kutscha, G. Eds. : Deregulierung der Arbeit. Opladen: Leske + Budrich. 183-203

Rauner, F. (2002a): Die Bedeutung des Arbeitsprozesswissens für eine gestaltungsorientierte Berufsbildung. In: Fischer, M./Rauner, F. Eds. : Lernfeld: Arbeitsprozess. Baden-Baden: Nomos. 25-52

Rauner, F. (2002b): Berufliche Handlungskompetenz. In: Dehnbostel, P./Elsholz, U./Meyer-Menk, J. Eds. : Vernetzte Kompetenzentwicklung. Berlin: edition sigma. 111-123

Rauner, F. (2002c): Modellversuche in der beruflichen Bildung. Bremen: ITB

Rauner, F. (2002d): Berufswissenschaftliche Forschung. In: Fischer, M./Rauner, F. Eds. : Lernfeld: Arbeitsprozess. Baden-Baden: Nomos. 443-476

Rauner, F. (2003a): Die Berufsbildung im Berufsfeld Elektrotechnik-Informatik vor grundlegenden Weichenstellungen? In: Lernen und Lehren (71). 102-110

Rauner, F. (2004a): Praktisches Wissen und berufliche Handlungskompetenz. Bremen: ITB

Rauner, F. (2004): Zur Untersuchung von Arbeitsprozesswissen. In: Eicker, F./Petersen, W. Eds. „ Mensch-Maschine-Intersktion". Baden-Baden: Nomos. 249-267

Rauner, F./Bremer, R. (2001): Berufsentwicklung für den industriellen Dienstleistungssektor. Bremen: ITB

Rauner, F./Dittrich, J. (2006): Increasing the profile and professionalisation of the education of TVET teachers and trainers. In: Bünning, F./Zhao, Z. Eds. : TVET Teacher Education on the Threshold of Internationalisation. Bonn: In- WEnt. 35-42

Rauner, F./Drechsel, R./Gronwald, D. u. a. (1980): Berufliche Bildung. Braunschweig, Wiesbaden: Vieweg

Rauner, F./Haasler, B. (2001): Berufsbildungsplan für den Werkzeugmechaniker. Bremen: ITB

Rauner, F./Kleiner, M. (2004): Experten-Facharbeiter- Workshops. In: Rauner, F. Ed. : Qualifikationsforschung und Curriculum. Bielefeld: W. Bertelsmann. 115-133

Rauner, F./Kleiner, M./Meyer, K. (2001): Berufsbildungsplan für den Industriemechaniker. Bremen: ITB

Rauner, F./Rasmussen, L./Corbett, M. (1988): The Social Shaping of Technology and Work. In: AI & Society Vol. 2, 47-61

Rauner, F./Ruth, K./Deitmer, L. (1995): Bilanz des Bremer Landesprogramms Arbeit und Technik (1990-1995). Bremen

Rauner, F./Schön, M./Gerlach, H. u. a. (2001): Berufsbildungsplan für den Industrieelektroniker. Bremen: ITB

Rauner, F./Spöttl, G. (1995a): Berufliche Bildung und betriebliche Innovation als Moment des europäischen Strukturwandels. In: Dybowski, G./Pütz, H./Rauner, F. Eds. : Berufsbildung und Organisationsentwicklung. Bremen: Donat. 85-104

Rauner, F./Spöttl, G. (1995b): Entwicklung eines europäischen Berufsbildes „ Kfz-Mechatroniker" für die berufliche Erstausbildung unter dem Aspekt der arbeitsprozessorientierten Strukturierung der Lehr-Inhalte. Bremen: ITB

Rauner, F./Spöttl, G. (1995c): Berufliche Bildung und betriebliche Innovation als Moment des europäischen Strukturwandels diskutiert am Beispiel der FORCE-Sektorstudie zum Kfz-Gewerbe. In: Dybowski, G./Pütz, H./Rauner, F. Eds. : Zwischen Bewahren und Bewähren. Bremen: Donat. 85-101

Rauner, F./Spöttl, G. (2002): Der Kfz-Mechatroniker. Bielefeld: W. Bertelsmann

Rauner, F./Spöttl, G./Olesen, K. et al. (1994): Training in the Motor Vehicle Repair and Sales Sector. Berlin: FORCE-CEDEFOP

Rauner, F./Spöttl, G./Olesen, K. u. a. (1995): Weiterbildung im Kfz-Handwerk. Berlin: CEDEFOP

Rauschenbach, T./Beher, K./Knauer, D. (1995): Die Erzieherin. Weinheim: Juventa

RAVAV (1927): Handbuch der Berufe. Teil I. 1. Band. Leipzig: Quelle & Meyer

RAVAV (1930): Handbuch der Berufe. Teil I. 2. Band. Leipzig: Quelle & Meyer

Rawls, J. (2003): Gerechtigkeit als Fairneß. Frankfurt/Main: Suhrkamp

Reason, P./Bradbury, H. Eds. (2001): Handbook of Action Research. London: Sage

Reber, A. (1989): Implicit Learning and Tacit Knowledge. In: Journal of Experimental Psychology: General Vol. 118, (3). 219-235

Reber, A. (1993): Implicit Learning and Tacit Knowledge. Oxford University Press

Reetz, L. (1990): Zur Bedeutung der Schlüsselqualifikationen in der Berufsbildung. In: Reetz, L. /Reit-mann, T. Eds. : Schlüsselqualifikationen. Hamburg: Feldhaus. 16-35

Reetz, L. (1999): Zusammenhang von Schlüsselqualifikationen. In: Tramm, T. /Sembill, D. /Klauser, F. u. a. Eds. : Professionalisierung kaufmännischer Berufsbildung. Frankfurt/Main: Lang. 32-51

Regierung von Mittelfranken. Ed. (2003): Forschung zur Anpassungsqualifizierung hauswirtschaftlicher Fach- und Führungskräfte. Bad Dürrheim: aku

Reglin, T. /Schöpf, N. (2005): Prozessorientierung in der Ausbildung. In: Loebe, H. /Severing, E. Eds. : Prozessorientierung in der Ausbildung. Bielefeld: W. Bertelsmann

Reigeluth, C. Ed. (1998): Instructional-Design Theories and Models. Hillsdale: LEA

Reincke, H. (1995): Slöjd. Die schwedische Arbeitserziehung in der internationalen Reformpädagogik. Frankfurt/Main: Lang

Reinhardt, R. (1998): Das Management von Wissenskapital. In: Pawlowsky, P. Ed. ; Wissensmanagement. Wiesbaden: Gabler. 145-176

Reinhardt, R. /Bornemann, M. /Pawlowsky, P. et al. (2001): Intellectual Capital and Knowledge Manage-ment. In: Dierkes, M. /Antal, A. /Child, J. Eds. ; Handbook of Organizational Learning and Knowledge. New York: Oxford University Press. 794-820

Reinhold, M. /Haasler, B. /Howe, Falk u. a. (2003): Curriculum-Design II. Konstanz: Christiani

Reinisch, H. (2001): Zur Entwicklung kaufmännischer Berufsbildung in schulischen Bildungsgängen in Deutschland. In: Frommberger, D. /Reinisch, H. /Santema, M. Eds. : Berufliche Bildung zwischen Schule und Betrieb. Markt Schwaben: Eusl. 11-64

Reinmann, G. (2005): Innovation ohne Forschung? In: Unterrichtswissenschaft. Vol. 33, (1). 52-69

Reinmann-Rothmeier, G. (2003): Die vergessenen Weggefährten des Lernens. Universität Augsburg

Reinmann-Rothmeier, G. /Mandl, H. (2001a): Unterrichten und Lernumgebungen gestalten. In: Krapp, A. /Weidenmann, B. Eds. : Pädagogische Psychologie. Weinheim: Beltz. 601-646

Reinmann-Rothmeier, G. /Mandl, H. (2001b): Lernen in Unternehmen. In: Dehnbostel, P. /Erbe, H. /No-vak, H. Eds. : Berufliche Bildung im lernenden Unternehmen. Berlin: edition sigma. 195-216

Reinmann-Rothmeier, G. /Mandl, H. /Prentzel, M. (1994): Computergestützte Lernumgebungen. In: Arzberger, H. /Brehm, K. -H. Eds. : Computerunterstützte Lernumgebungen. Erlangen: Publicis-MCD

Renkl, A. (2002): Lehren und Lernen. In: Tippelt, R. Ed. : Handbuch Bildungsforschung. Opladen: Leske + Budrich. 589-602

Renkl, A. /Mandl, H. /Gruber, H. (1996): Inert knowledge. In: Educational Psychologist Vol. 31, 115-121

Resnick, L. /Levine, J. /Teasley, S. Eds. (1991): Perspectives on Socially Shared Cognition. Washington: APA

Reynolds, D. /Teddlie, C. (2000): An Introduction to School Effectiveness Research. In: Charles T. /Da-vid R. Eds. : The International Handbook of School Effectiveness Research. London: Falmer Press. 3-25

Rheinberg, F. (2001): Bezugsnormen und schulische Leistungsbeurteilung. In: Weinert, F. Ed. : Leistungs-messungen in Schulen. Weinheim: Beltz. 59-71

Rheinberg, F. /Vollmeyer, R. /Rollett, W. (2002): Motivation and self-regulated learning. In: Psychologia Vol. 45, 237-249

Rice, K. (1958): Productivity and Social Organisation. London: Tavistock

Richarz, I. (1991): Oikos, Haus, Haushalt. Göttingen: Vandenhoeck & Ruprecht

Richter, A. (1996): Qualitativer und quantitativer Vergleich von Berufsbildungsabschlüssen in Großbritannien und Deutschland. In: BWP Vol. 25, (6). 35-42

Ridder, H. -G. /Bruns, H. -J. /Brünn, S. (2004): Online- und Multimediainstrumente zur Kompetenzerfas-sung. Berlin: Arbeitsgemeinschaft Betriebliche Weiterbildungsforschung e. V

Rider, F. (1944): The scholar and the future of the research library. New York: Hadham Press

Riedel, J. (1957): Arbeits- und Berufsanalyse in berufspädagogischer Sicht. Braunschweig: Westermann

Riedel, J. (1962): Arbeiten und Lernen. Braunschweig: Westermann

Riesen, K. (2004): Bildungsbiografische Aspekte von Qualifikationsaneignungen und -verwendungen im Erwerbsleben von Frauen im Berufsbereich personenbezogener Dienstleistungen. Osnabrück

Riveira, W. /Alex, G. (2004): Extension System Reform and the Challenges Ahead. In: The Journal of Ag-ricultural Education and Extension Vol. 10, (1). 23-36

Röben, P. (2000a): Die Analyse des Arbeitsprozesswissens von Chemiefacharbeitern und die darauf ba-sierende Entwicklung eines computergestützten Erfahrungsdokumentationssystems. In: Pahl, J. -P. /Rauner, F. /Spöttl, S. Eds. : Berufliches Arbeitsprozesswissen. Baden-Baden: Nomos. 239-251

Röben, P. (2000b): Berufswissenschaftliche Arbeitsstudien. In: Bremer, R. /Jagla, H. -H. Eds. : Berufsbildung in Geschäfts- und Arbeitsprozessen. Bremen:Donat. 105-127

Röben,P. (2001):Arbeitsprozesswissen und Expertise. In:Petersen, W/Rauner, F. /Stuber, F. Eds. :IT-gestützte Facharbeit. Baden-Baden:Nomos. 43-57

Röben,P. (2004a):Kompetenzentwicklung durch Arbeitsprozesswissen. In:Jenewein, K. /Knauth, P. / Röben,P. u. a. Eds. :Kompetenzentwicklung in Arbeitsprozessen. Baden-Baden:Nomos. 11-34

Röben,P. (2004b):Identifying work process knowledge in accordance with characteristic occupational tasks. In:Fischer, M. /Boreham, N. /Nyhan, B. Eds. :European perspectives on learning at work. Lux-embourg:EC. 257-276

Röben,P. /Siebeck, F. (2002):Technik, Organisation und Arbeit im chemischen Labor. In:Fischer, M. / Rauner, F. Eds. :Lernfeld:Arbeitsprozess. Baden-Baden:Nomos. 147-174

Robinsohn,S. (1972,1981):Bildungsreform als Reform des Curriculum und ein Strukturkonzept für Cur-riculumentwicklung. Berlin:Luchterhand

Roehl,H. (2000):Instrumente der Wissensorganisation. Wiesbaden:Gabler

Rogalski,J. (2004):Psychological analysis of complex work enviroments. In:Fischer, M. /Boreham, N. / Nyhan,B. Eds. :European perspectives on learning at work. Luxembourg:EC. 218-236

Rogalski,J. /Plat,M. /Antonin-Glen,P. (2002):Training for collective competence in rare and unpredict-able situation. In:Boreham, N. /Samurçay, R. /Fischer, M. Eds. :Work Process Knowledge. London: Routledge. 148-159

Rogers,C. (1942):Counselling and Psychotherapy. Boston:Houghton Mifflin

Rogoff,B. (1990):Apprenticeship in Thinking. New York:Oxford University Press

Rogoff,B. (1995):Observing sociocultural activity on three planes. In:Wertsch,J. /Rio,P. /Alvarez,A. Eds. :Sociocultural Studies of Mind. New York:Cambridge University Press. 139-164

Rogoff,B. /Topping,K. /Baker-Sennett,J. et al. (2002):Mutual Contributions of Individuals, Partners, and Institutions. In:Social Development Vol. 11,(2). 266-289

Romyn,D. (2001):Disavowal of the behaviorist paradigm in nursing eduation. In:Advances in Nursing Science Vol. 23,(3). 1-10

Roos,J. /Roos,G. /Dragonetti,N. et al. (1997):Intellectual Capital. London:Macmillan Business

Ropohl,G. Ed. (2001):Erträge der interdisziplinären Technikforschung. Berlin:Schmidt

Rose,H. Ed. (1982):Unterrichtsmethodik Elektrotechnik. Berlin:Technik

Rosenheck,M. (2001):Zurück zu den Wurzeln? Zürcher Fachhochschule für Wirtschaft und Verwaltung

Rossi,P. /Freeman,H. (1993):Evaluation. A Systematic Approach. Beverly Hills:Sage

Rossi,P. /Freeman,H. /Lipsey,M. (1999):Program Evaluation. Thousand Oaks:Sage

Rost,F. (1995):Mitbestimmung-Mitwirkung. In:Lenzen, D. /Mollenhauer, K. Eds. :Enzyklopädie Erzie-hungswissenschaften. Stuttgart:Klett. 505-510

Roth,H. (1957):Pädagogische Psychologie des Lehrens und Lernens. Hannover:Schroedel

Roth,H. (1962):Die realistische Wendung in der pädagogischen Forschung. Hannover:Schroedel

Roth,H. (1971₁; 1976₂):Pädagogische Anthropologie. Vol. II. Hannover:Schroedel

Rothe,H. -J. /Schindler,M. (1996):Expertiseforschung. Opladen:Westdeutscher Verlag. 35-57

Rubin,J. (1996):Impediments to the development of clinical knowledge and ethical judgment in critical care nursing. In:Benner, P. /Tanner, C. /Chesla, C. Eds. :Expertise in Nursing Practice,caring,clinical judgment and ethics. New York:Springer. 170-192

Rudorf,F. (2001):Quality Charter of Higher Engineering Education for Industry. In:Grundlagen der Weiterbildung Vol. 12,221-223

Rueschemeyer,D. (1986):Power and the division of labour. Cambridge:Polity Press

Ruhlman,M. (1997):The Making of a Chef. New York:Henry Holt and Company Inc

Ruhlman,M. (2001):The Soul of a Chef. New York:Penguin

Ruth,K. (1995):Industriekultur als Determinante der Technikentwicklung. Berlin:edition sigma

Rützel,J. (1995):Randgruppen in der beruflichen Bildung. In:Arnold, R. /Lipsmeier, A. Eds. :Hand-buch der Berufsbildung. Opladen:Leske + Budrich. 109-120

RWiM,Reichswirtschaftsminister (1934):Verzeichnis der Gewerbe, die handwerksmäßig betrieben wer-den können. In:Deutscher Reichsanzeiger und Preußischer Staatsanzeiger 18. 12. 1934

Rychen,D. /Salganik,L. Eds. (2001):Defining and Selecting Key Competencies. Seattle:Hogrefe & Hu-ber

Rychen,D. /Salganik,L. Eds. (2003):Key Competencies for a Successful Life and Well-Funktioning So-ciety. Seattle:Hogrefe & Huber

Ryle,G. (1949):The Concept of Mind (Reprint 1990). London:Penguin Books

Ryle, G. (1969): Der Begriff des Geistes. Stuttgart: Reclam

Sachs, J. (2005): The end of poverty. London: Penguin Books

Sacks, H. (1992): Lectures of Conversation. Volume I and II. Oxford: Blackwell

Sagcob, H. /Uhe, E. Eds. (1991): Schlüsselqualifikationen in der Bau- und Holztechnik. Alsbach: Leucht-turm

Salomon, G. (1994): Interaction of media, cognition, and learning. Hillsdale: Erlbaum

Salomon, G. (2003): Technology and Pedagogy. In: Achtenhagen, F. /John, E. Eds. : Milestones of Vocational and Occupational Education and Training. Bielefeld: W. Bertelsmann. 243-258

Samuelson, J. /Liming, R. /Warmbrod, C. (1987): Developing Curriculum in Response to Change. Columbus, Ohio: The Ohio State University

Samurçay, R. /Vidal-Gomel, C. (2002): The contribution of work process knowledge to competence in electrical maintenance. In: Boreham, N. /Samurçay, R. /Fischer, M. Eds. : Work Process Knowledge. London: Routledge. 134-147

Sarris, V. (1992): Methodologische Grundlagen der Experimentalpsychologie 2. München: Reinhardt

Saterdag, H. /Stegmann, H. (1980): Jugendliche beim Übergang vom Bildungs- in das Beschäftigungssystem. Nürnberg: IAB

Sattelberger, T. Ed. (1991): Die lernende Organisation. Wiesbaden: Gabler

Sauter, E. 2000: Qualitätssicherung in der Weiterbildung. In: BIBB: Qualitätsentwicklung in der beruflichen Aus- und Weiterbildung. Bonn: BIBB. 15-28

Scarbrough, H. /Swan, J. /Laurent, S. et al. (2004): Project-Based Learning and the Role of Learning Boundaries. In: Organisation Studies Vol. 25, (9). 1579-1600

Schachtner, C. Ed. (1997): Technik und Subjektivität. Frankfurt/Main: Suhrkamp

Schaff, A. (1985): Wohin führt der Weg? Wien: Europaverlag

Schallberger, U. (2000): Berufliche Tätigkeit als „ Determinante " interindividueller Differenzen. In: Amelang, M. Ed. : Determinanten individueller Unterschiede, Band 4. Göttingen: Hogrefe. 407-454

Schaper, N. (2003): Arbeitsproben und situative Fragen zur Messung arbeitsplatzbezogener Kompetenzen. In: Erpenbeck, J. /Rosenstiel, L. Eds. : Handbuch Kompetenzmessung. Stuttgart: Schäffer-Poeschel. 185-199

Schaper, N. (2005): Messung arbeitsplatzbezoge ner Kompetenzen durch Arbeitsproben und situative Fragen. In: Lernen & Lehren (l&l) Heft 78/2005. 59-68

Scheele, B. /Groeben, N. (1988): Dialog-Konsens- Methoden zur Rekonstruktion subjektiver Theorien. Tübingen: Francke

Scheer, J. /Catina, A. Eds. (1993): Einführung in die Repertory-Grid-Technik. Bern: Huber

Schelten, A. (1977): Lernstile im Unterricht. In: Klauer, K. /Kornadt, H. -J. Eds. : Jahrbuch für Empirische Erziehungswissenschaft. Düsseldorf: Pädagogischer Verlag Schwann. 211-254

Schelten, A. (1980): Die Lernhierarchie als Grundlage rationaler Unterrichtsplanung. In: Die berufsbildende Schule 32 (Heft 4). Luchterhand. 238-244

Schelten, A. (1981): Sinnvoll rezeptives Lernen im berufsbildenden Unterricht. In: ZBW Band 77, (3). 173-179

Schelten, A. (1994): Einführung in die Berufspädagogik. Stuttgart: Steiner

Schelten, A. (1995): Grundlagen der Arbeitsppädagogik. 3. Auflage. Stuttgart: Franz Steiner

Scherer, K. /Ekman, P. (1982): Handbook of Methods in Non-verbal Behavior Research. Cambridge: Cambridge University Press

Scherr, A. (1995): Soziale Identitäten Jugendlicher. Opladen: Leske + Budrich

Schiefele, U. (2005): Prüfungsnahe Erfassung von Lernstrategien und deren Vorhersagewert für nachfolgende Lernleistungen. In: Artelt, C. /Moschner, B. Eds. : Lernstrategien und Metakognition. Münster: Waxmann. 13-41

Schiefele, U. /Pekrun, R. (1996): Psychologische Modelle des fremdgesteuerten und selbstgesteuerten Lernens. In: Weinert, F. Ed. : Enzyklopädie der Psychologie. Göttingen: Hogrefe. 249-278

Schiefele, U. /Schreyer, I. (1994): Intrinsische Lernmotivation und Lernen. In: Zeitschrift für Pädagogische Psychologie (8). 1-13

Schierholz, H. (2001): Strategien gegen Jugendarbeitslosigkeit. Hannover: edition jab

Schläfli, A. (1986): Förderung der sozialmoralischen Kompetenz. Frankfurt/Main: Lang

Schlausch, R. (1997): Arbeiten und Lernen mit facharbeitergerechten Drehmaschinen. Bremen: Donat

Schleiermacher, Friedrich Daniel Ernst (1983/1984): Pädagogische Schriften, Vol. 1 and 2. Frankfurt/Main, Berlin, Wien: Ullstein

Schley,W. (1998):Teamkooperation und Teamentwicklung in der Schule. In:Altrichter,H./Schley,W./ Schratz,M. Eds. :Handbuch zur Schulentwicklung. Innsbruck:Studien-Verlag. 111-159

Schlieper,F. (1957):Entwicklungsphasen in der Geschichte der Berufserziehung. In:Schlieper, F. Ed. : Berufserziehung im Handwerk. Universität Köln. 9-6

Schmidt,D. (1995):Zur Genese der Elektroberufe. In:Drescher,E. Ed. :Evaluation der industriellen Elektroberufe. Bremen:ITB. 24-58

Schmidt,H. (1995):Berufsbildungsforschung. In:Arnold,R./Lipsmeier,A. Eds. :Handbuch der Berufsbildung. Opladen:Leske + Budrich. 482-491

Schmidt,H. (2003):Kooperation in der Berufsbildung. In:Euler,D. Ed. :Handbuch der Lernortkooperation. Vol. 1. Bielefeld:W. Bertelsmann. 41-59

Schmidt,J. (2003):Berufsbildungszusammenarbeit in Malaysia:Das Dual System Project. Diplomarbeit. Berlin

Schmidt,S. (2003):Early identification of qualification needs in Germany. In:Schmidt,S./Schömann, K./Tessaring,M. Eds. :Early identify cation of skill needs in Europe. Luxembourg:EC

Schmidt,S./Steeger,G. (2004):The FreQueNz initiative. In:Schmidt,S./Strietska-Ilina,O./Tessaring, M. Eds. :Identifying skill needs for the future. Luxembourg:EC

Schmidt,T. (2004):Sozialpädagogik im beruflichen Schulwesen. In:Soziale Arbeit Vol. 53,97-103

Schmied-Kowarzik,W. (1974):Dialektische Pädagogik. München:Kösel

Schmied-Kowarzik,W. (1980):Materialistische Erziehungstheorie. In:Lenzen,D./Mollenhauer,K. Eds. : Theorien und Grundbegriffe der Erziehung und Bildung. Stuttgart:Klett-Cotta. 101-116

Schneider,H. (1993):Die Situiertheit des Denkens,Wissens und Sprechens im Handeln. In:Deutsche Zeitschrift für Philosophie Vol. 41,(4). 727-739

Schneider,U. (2001):Die 7 Todsünden im Wissensmanagement. Frankfurt/Main:Frankfurter Allgemeine Zeitung

Schneider,W. (1999):Lehr- und Lernmaterialien. In:Kaiser,F. -J./Pätzold,G. Eds. :Wörterbuch Berufs- und Wirtschaftspädagogik. Bad Heilbrunn:Klinkhardt & Hamburg

Schnotz,W. Ed. (2006):Recent Worked Examples Research. The Journal of the European Association for Research on Learning and Instruction. Vol. 16. Amsterdam:Elsevier

Schnotz,W./Vosniadou,S./Carretero,M. Eds. (1999):New Perspectives in Conceptual Change Research. Oxford:Elsevier

Schober,K. (1992):Prognosen zur Entwicklung des Ausbildungsmarktes und des Wandels in den Qualifikationsstrukturen. In:„Ausgegrenzt und abgeschoben". Kassel:Jugendhilfeverein für Aus- und Fortbildung in Kassel e. V. 15-23

Schoemaker,P. (1991):When and how to use scenario planning. In:Journal of forecasting Vol. 10,549-564

Schoemaker,P. (1995):Scenario planning. In:Sloan management Review 1995 (Winter),25-40

Scholl,W./Heisig,P. (2003):Delphi study on the future of knowledge management. In:Mertins,K./Heisig,P./Vorbeck,J. Eds. :Knowledge Management in Europe. Berlin:Springer. 179-190

Schön,D. (1982$_1$; 1983$_2$; 1984$_3$):The Reflective Practitioner. New York:Basic Books

Schön,D. (1987):Educating the Reflective Practitioner. San Francisco:Jossey- Bass

Schön,D. (1991):The Reflective Practitioner. How Professionals Think in Action. Aldershot Hants:Avebury

Schöni,W./Tomforde,E./Wicki,M. (1997):Leitfaden Bildungsqualität. Zürich:Rüegger

Schooler,J./Ohlsson,S./Brooks,K. (1993):Thoughts Beyond Words. In:Journal of Experimental Psychology:General Vol. 122,(2). 166-183

Schreier,N. (2001a):Computergestützte Expertensysteme im Kfz-Service. Bielefeld:W. Bertelsmann

Schreier,N. (2001b):Computergestützte Lernumgebungen im Kfz-Sektor. Bielefeld:W. Bertelsmann

Schreyögg,G./Conrad,P. Eds. (1996):Managementforschung 6:Wissensmanagement. Berlin:de Gruyter

Schroer,C. (1991):Wenn Schulverweigerer eine Lehre machen. Heidelberg

Schroer,M. (2002):Die Entwicklung computergestützter situierter Lernumgebungen mit dem Autorensystem MM Tools 2. 0 zur Unterstützung selbstorganisierten Lernens in der kaufmännischen Aus- und Weiterbildung. Bremen:Universität Bremen

Schuler, H. (2000):Psychologische Personalauswahl:Einführung in die Berufseignungsdiagnostik. Göttingen:Verlag für Angewandte Psychologie

Schuler,P. (2006):Selbst- und Fremdbeurteilung überfachlicher Kompetenzen bei jungen Erwachsenen. Zürich:Studentendruckerei

Schulmeister, R. (1997): Grundlagen hypermedialer Lernsysteme. Wien: Oldenbourg

Schulte, C. (1995): Kennzahlengestütztes Weiterbildungs. In: Landsberg, G. / Weiß, R. Eds.; Bildungscontrolling. Stuttgart: Schäffer-Poeschel. 265-281

Schulte-Göcking, W. (1999): Praxis der Ausbildung mit Auftragstypen in der industriellen Ausbildung. In: Jenewein, K. Ed.; Lernen und Arbeiten in der dualen Berufsausbildung. Bremen: Donat. 94-109

Schultze, U. (2003): On Knowledge Work. In: Holsapple, C. Ed.; Handbook on Knowledge Management. Berlin: Springer. 43-58

Schulze, A. (2002): Corporate Cultural Prerequisites for Knowledge Sharing. St. Gallen: University St. Gallen

Schulze, H. (2001): Erfahrungsgeleitete Arbeit in der industriellen Produktion. Berlin: edition sigma

Schulze, H. / Haasis, S. (2003): Qualitativ- heuristische Forschung in der Arbeitspsychologie. In: Hagemann, O. / Krotz, F. Eds.; Suchen und Entdecken. Berlin: Rhombos. 119-145

Schumann, M. (2000): Industriearbeit zwischen Entfremdung und Entfaltung. http://www. sofi-goettingen. de/ frames/ publik/ mitt28/ schumann. pdf. 01. 02. 2004

Schunk, D. (2005): Commentary on self-regulation in school contexts. In: Learning and Instruction Vol. 15, (2). 173-177

Schüppel, J. (1996): Wissensmanagement. Organisatorisches Lernen im Spannungsfeld von Wissensund Lernbarrieren. Wiesbaden: Deutscher Universitäts- Verlag

Schüßler, I. (2001): Nachhaltiges Lernen. http://www. uni-kl. de/ paedagogik/ Personen/ schuessler/ hp/ text6. htm, Februar 2004

Schütz, A. (1954): Concept and Theory Formation in the Social Sciences. In: Journal of Philosophy Vol. 51, 257-273

Schütz, A. (1971): Gesammelte Aufsätze. Das Problem der sozialen Wirklichkeit. Den Haag: Martinus Nijhoff

Schütz, A. / Luckmann, T. (1974): The structures of the life-world. London: Heinemann

Schwadorf, H. (2003): Berufliche Handlungskompetenz. Hohenheim: IBW

Schwarzer, R. / Jerusalem, M. (2002): Das Konzept der Selbstwirksamkeit. In: Jerusalem, M. / Hopf, D. Eds.; Selbstwirksamkeit und Motivationsprozesse in Bildungsinstitutionen. Weinheim: Beltz. 28-53

Schweikert, K. (1974): Sozioökonomische Analyse der Jungarbeiter. In: BIBB: Berufliche Bildung für gesellschaftliche Randgruppen. Hannover: Schroedel. 21-31

Schwiedrzik, B. (1986): Kooperation im Blocksystem. In: Bonz, B. / Lipsmeier, A. / Schmeer, E. Eds.; Beiträge zur Fachdidaktik Bautechnik. Stuttgart: Holland + Josenhans. 113-131

Scribner, S. (1984): Studying working intelligence. In: Lave, J. / Rogoff, B. Eds.; Everyday Cognition. Cambridge: Harvard University Press. 9-40

Scribner, S. (1999): Knowledge at Work. In: McCormick, R. / Paechter, C. Eds.; Learning and Knowledge. London: Paul Chapman Publishing. 103-111

Scribner, S. / Di Bello, L. / Kindred, J. et al. (1991): Coordinating Two Knowledge Systems. New York: Laboratory for Cognitive Studies of Work, CUNY

Scriven, M. (1980): The Logic of Evaluation. California: Edge Press

Scriven, M. (1991): Evaluation Thesaurus. Newbury Park: Sage

Searle, J. (1983): Intentionality. New York: Cambridge University Press

Seckinger, M. / Weigel, N. / Santen, E. et al. (1998): Situation und Perspektiven der Jugendhilfe. München: Eigendruck

Seeber, S. (2000a): Stand und Perspektiven des Bildungscontrolling. In: Seeber, S. / Krekel, E. / Buer, J. Eds.; Bildungscontrolling. Frankfurt/ Main: Lang. 19-50

Seeber, S. (2000b): Benchmarking. In: Boetel, C. / Krekel, E. Eds.; Bedarfsanalyse, Nutzenbewertung und Benchmarking. Bielefeld: W. Bertelsmann. 125-147

Seeber, S. (2000c): Qualitätsmanagement und Qualitätssicherung in der beruflichen Bildung. In: Matthäus, S. / Seeber, S. Eds.; Das universitäre Studium der Wirtschaftspädagogik. Berlin: Humboldt Universität. 57-81

Seeber, S. / Buer, J. (2003). Leitideen, Grundannahmen und Modelle des Bildungscontrollings. In: Schwuchow, K. / Gutmann, J. (2002): Jahrbuch Personalentwicklung und Weiterbildung. Neuwied: Luchterhand. 253-260

Seeber, S. / Squarra, D. (2003): Lehren und lernen in beruflichen Schulen. Frankfurt/ Main: Lang

Seidel, R. (1976): Denken. Frankfurt/ Main: Campus

Seidl, E. (2005): Antrittsvorlesung,, Pflegewissenschaft für die Gesundheitsversorgung von morgen ",

Wien. www. pfl egewissenschaft. ac. at/ipg/av. pdf Stand 31. 01. 2006

SEK/HSSt/GTZ (1994):10 Jahre chinesisch-deutsche Zusammenarbeit in der Berufsbildung. Beijing

Sellman,E./Bedward,J./Cole,T. et al. (2002):Thematic Review. In:British Educational Research Journal Vol. 28,(6). 890-900

Sembill, D. (1999): Qualitätszirkel. In: Kaiser, F. -J./Pätzold, G. Eds. : Wörterbuch Berufs- und Wirtschaftspädagogik. Bad Heilbrunn:Klinkhardt. 337-338

Sembill,D./Schumacher,L./Wolf,K. u. a. (2001):Förderung der Problemlösefähigkeit und der Motivation durch Selbstorganisiertes Lernen. In:Beck,K./Krumm,V. Eds. :Lehren und Lernen in der beruflichen Erstausbildung. Opladen:Leske + Budrich. 257-281

Senge,P. (1990/1994):The Fifth Discipline. New York:Currency Doubleday

Senge,P. (1998):Die fünfte Disziplin. Stuttgart:Klett-Cotta

Senghaas-Knobloch, E. (2001): Arbeitsorientierte Technikgestaltung vor neuen Herausforderungen. In: Fischer,M./Heidegger,G./Petersen,W. u. a. Eds. :Gestalten statt Anpassen in Arbeit,Technik und Beruf. Bielefeld:W. Bertelsmann. 68-78

Sennett,R. (1998):The Corrosion of Character. New York:Norton

Sennett,R. (2000):Der flexible Mensch. München:Siedler Verlag

Seubert, R. (1984): Jugendliche außerhalb der Lehre. In: Kell, A. Ed. : Jugendliche ohne Hauptschulabschluß in der Berufsgrundbildung. Soest:Eigendruck. 193-221

Severing,E. (1999b):Genese und Stand der Qualitätssicherung in der beruflichen Bildung. In:Bildung und Erziehung Jg. 52. Heft 2. Qualitässicherung in der Weiterbildung,Böhlau. 143-156

Seyfried,B. Ed. (1995):„ Stolperstein" Sozialkompetenz. Bielefeld:W. Bertelsmann

Seyfried,E./Kohlmeyer, K./Furth-Riedesser, R. (1999):Qualitätsentwicklung in der beruflichen Bildung durch lokale Netzwerke. Thessaloniki:Cedefop

Shadish,W./Cook,T./Leviton,L. (1991):Foundation of Program Evaluation. Newbury Park,London

Shadish,W./Newman,D./Scheirer,M. et al. Eds. (1995):The American Evaluation Association's Guiding Principles. San Francisco:Jossey-Bass

Sharrock,W./Anderson,B. (1986):The ethnomethodologists. Chichester:Horwood,Tavistock

Shavelson,R./Cocking,R./Donovan,S. et al. (Eds.) (2002):National Research Council. Washington, DC:National Academy Press

Shavelson,R./Hubner,J./Stanton,G. (1976):Self-concept. In:Review of Educational Research (46). 407-442

Shaw,I. (1999):Qualitative Evaluation. London:Sage

Shell International Exploration and Production-Organizational Performance and Learning (2001):Stories from the Edge:Managing Knowledge through New Ways of Working within Shell's Exploration and Production Business. Rijswijk,NL

Shrivastava,P. (1983):A typology of organizational learning. In:Journal of Management Studies Vol. 20, (1). 7-28

Shulman,L. (1993):Teaching as community property. In:Change 25,6-7

Shumsky,A. (1958):The Action Research Way of Learning. New York:Teachers College Press

Siebert, H. (1994): Seminarplanung und Seminarorganisation. In: Tippelt, R. Ed. : Handbuch Erwachsenenbildung/ Weiterbildung. Opladen:Leske + Budrich. 639-653

Siebert, H. (1995): Erwachsenenpädagogische Didaktik. In: Lenzen, D./Mollenhauer, K. Eds. : Enzyklopädie Erziehungswissenschaften. Stuttgart:Klett. 171-184

Siegrist,H. (1985):Gebremste Professionalisierung. In:Conze,W./Kocka,J. Eds. :Bildungsbürgertum im 19. Jahrhundert. Teil I. Stuttgart:Klett-Cotta. 301-331

Sigala,S. (2003): The Evolution of Internet Pedagogy. In:Journal of Hospitality, Leisure, Sport and Tourism Education Vol. 1,(2). 29-45

Simmie,J. (1997):Innovation,Networks and Learning Regions? London:Kingsley

Simon,B. (1981):Why No Pedagogy in England? In:Simon,B./Taylor,W. Eds. :Education in the eighties. London:Batsford

Simon,B. (1994):The state and educational change. London:Lawrence and Wishart

Simon,H. A. (1993):Homo rationalis. Frankfurt/Main:Campus

Sinko,M./Lehtinen,E. (1999):The challenges of ICT in Finnish education. Jyväskylä:Atena

SKANDIA (1994): Visualizing Intellectual Capital in Skandia. Stockholm:Skandia Insurance Company Ltd

SKANDIA (1998):Human Capital in Transformation. Stockholm:Skandia Insurance Company Ltd

Sloane, P. (1985a): Und die Wissenschaft steht (nicht) weit darüber? In: Twardy, M. Ed. : Problemorientierte pädagogische Beratung. Vol. 1. Köln: 15-33

Sloane, P. (1985b): Fragen der Theorie. In: Twardy, M. Ed. : Problemorientierte pädagogische Beratung. Vol. 1. Köln: 35-46

Sloane, P. (1992): Modellversuchsforschung. Köln: Müller Botermann

Sloane, P. (1995): Das Potential von Modellversuchsfeldern für die wissenschaftliche Erkenntnisgewinnung. In: Twardy, M. Ed. : Modellversuchsforschung als Berufsbildungsforschung. Köln: Botermann & Botermann. 11-44

Sloane, P. (1999): Evaluation. In: Kaiser, F. -J. /Pätzold, G. Eds. : Wörterbuch Berufsund Wirtschaftspädagogik. Bad Heilbrunn: Julius Klinkhardt. 187-188

Sloane, P. (2002): Schulische Organisation und schulische Curriculumarbeit. In: Sloane, P. (Ed.): Bildungsmanagement im Lernfeldkonzept. Paderborn: Eusl. 9-28

Smistrup, M. (2001): De skal jo ud og laere hvordan en bankmand ser ud. Dansk Paedagogisk tidsskrift. 4

Smistrup, M. (2003): Bankmedarbejderen splittet mellem Varnaes og Scrooge. Roskilde: Forskerskolen i Livslang Laering

Smith, A. (1776): The wealth of nations. London: Methuen and Co. , Ltd

Smith, A. (1776/1993): An Inquiry into the Nature and Causes of the Wealth of Nations. Oxford: Oxford University Press

Smith, A. /Noble, C. /Oczkowski, E. et al. (2003): New management practices and enterprise training in Australia. In: International Journal of Manpower Vol. 24, (1). 31-47

Smith, E. /Pickersgill, R. /Smith, A. (2005): Enterprises' commitment to nationally recognised training for existing workers. NCVER

Sneyd, M. (2004): Independent Learning and Apprentice Examination Performance. In: O'Connor, L. / Mullins, T. Eds. : Apprenticeship as a Paradigm of Learning. Cork: Cork Institute of Technology. 135-153

SOC (2010): The 2010 Standard Occupational Classification (SOC) System. http://www. bls. gov/soc/. 2012-04-20, Accessed 20 April 2012

Soeffner, H. -G. (1983): Alltagsverstand und Wissenschaft. In: Zedler, H. -J. /Moder, H. Hg. : Aspekte qualitativer Sozialforschung. Opladen: Leske + Budrich. 13-43

Sonnentag, S. /Schmidt-Braße, U. (1998): Expertise at work. In: European Journal of Work and Organizational Psychology Vol. 7, 449-454

Sonntag, K. (1996): Lernen im Unternehmen. München: Beck

Sonntag, K. (2001): Psychological approaches to OSH research. In: International Journal of Occupational Safety and Ergonomics 7, 561-573

Sonntag, K. /Benz, D. /Edelmann, M. u. a. (2001): Gesundheit, Arbeitssicherheit und Motivation bei innerbetrieblichen Restrukturierungen. In: Kastner, M. et al. Eds. : Gesundheit und Sicherheit in Arbeits- und Organisationsformen der Zukunft. Bremerhaven: Wirtschaftsverlag NW. 329-399

Sonntag, K. /Freiboth, M. (1997): Semi-autonomous work groups at Audi-Volkswagen. In: Docherty, P. / Nyhan, B. Eds. : Human competence and business development. Berlin: Springer. 149-171

Sonntag, K. /Schäfer-Rauser, U. (1993): Selbsteinschätzung beruflicher Kompetenzen bei der Evaluation von Bildungsmaßnahmen. In: Zeitschrift für Arbeits- und Organisationspsychologie Vol. 37, 163-171

Sonntag, K. /Schaper, N. Eds. (1997): Störungsmanagement und Diagnosekompetenz. Zürich: vdf

Sonntag, K. /Spellenberg, U. (2005): Erfolgreich durch Veränderungen. Stuttgart: IPA-Verlag

Sonntag, K. /Stegmaier, R. (2007): Arbeitsorientiertes Lernen. Stuttgart: Kohlhammer

Sørensen, A. (1992): Evaluering av norsk arbeidslivs- og aksjonsforskning -fokus på Arbeidsforskningsinstituttet (AFI) og Institutt for industriell miljøforskning (IFIM). Oslo

Soskice, D. (1993): Social Skills from Mass Higher Education. In: Oxford Review of Economic Policy 9, (3). 101 ff

Spang, W. /Lempert, W. (1989): Analyse moralischer Argumentationen. Berlin: Max-Planck- Institut für Bildungsforschung

Sparkes, J. /Kaye, A. /Hitchcock, C. (1992): State of the Art in Open and Distance Learning. In: Zimmer, G. /Blume, D. Eds. : Open Learning and Distance Education with Computer Support. Nürnberg: BW. 37-96

Specht, W. (2002): Qualität und Qualitätsentwicklung auf europäischer Ebene. In: Eder, F. Ed. : Qualitätsentwicklung und Qualitätssicherung im österreichischen Schulwesen. Innsbruck: Studien-Verlag. 279-296

Spencer, L. /Spencer, S. Eds. (1993): Competence at Work. New York: John Wiley & Sons

Spender, J. (1996b): Competitive Advantage from Tacit Knowledge? In: Moingeon, B. /Edmondson, A. Eds. : Organizational Learning and Competitive Advantage. London: Sage. 56-73

Spender, J. /Grant, R. Eds. (1996): Knowledge and the Firm. Vol. 17 (Winter Special Issue)

Spevacek, G. /Plaßmeier, N. /Stöckl, M. u. a. (2000): Selbstgesteuertes Lernen in der Ausbildung von Industriekaufleuten. In: Wirtschaft und Berufserziehung Vol. 52, (1). 17-20

Spinner, H. (1994): Die Wissensordnung. Opladen: Leske + Budrich

Spiro, R. /Feltovich, P. /Jacobson, M. u. a. (1992): Cognitive flexibility, constructivism, and hypertext. In: Educational Technology Vol. 31, 24-33

Spöttl G. /Lewis, M. (2008): The Development of Occupations. In Rauner, F. /Maclean, R. Eds. : Handbook of Technical and Vocational Education and Training. Dordrecht: Springer. 159-161

Spöttl, G. (1992): Automobile Study. Bremen: FORCE

Spöttl, G. (1995): Kfz-Mechatroniker. In: Rauner, F. /Spöttl, G. Eds. : Auto-Service-Beruf. Luxemburg: 65-72

Spöttl, G. (2000a): Study on Work, Technology and Training in the Manufacturing Sector of Malaysia's Industry. Flensburg: GTZ

Spöttl, G. (2000b): Der Arbeitsprozess als Untersuchungsgegenstand berufswissenschaftlicher Qualifikationsforschung und die besondere Rolle von Experten (-Facharbeiter-) workshops. In: Pahl, J. -P. / Rauner, F. /Spöttl, G. Eds. : Berufliches Arbeitsprozesswissen. Baden-Baden: Nomos. 205-222

Spöttl, G. /Hecker, O. /Holm, C. u. a. (2003): Dienstleistungsaufgaben sind Facharbeit. Bielefeld: W. Bertelsmann

Spöttl, G. /Rauner, F. /Moritz, E.. (1997): Vom Kfz-Handwerk zum Qualitätsservice. Bremen: Donat

Spöttl, G. /Windelband, L. (2006): Berufswissenschaftlicher Ansatz zur Früherkennung von Qualifikationsbedarf. In: European Journal of Vocational Training Number 39

Spranger, E. (1921): Lebensformen. Halle a. d. Saale

Spreitzer, G. (1995): Psychological empowerment in the workplace. In: Academy of Management Journal Vol. 38, 1442-1465

Spreitzer, G. /Janasz, S. /Quinn, R. (1999): Empowered to lead. In: Journal of Organizational Behavior Vol. 20, 511-526

Springer, G. (2004): Curriculare und didaktische Prinzipien und Strategien zur Erhöhung der Gestaltungskompetenz für Maler und Lackierer in der Berufsschule. Aachen: Shaker

Stadler, B. (2006): Training certificates and their impact on employability, work values and well being of young people: The case of the retail sales and hotel sectors in Switzerland

Staehle, W. (1999): Management. München: Vahlen

Stahl, T. (1998a): Selbstevaluation. In: Berufsbildung-Europäische Zeitschrift Vol. III, (15). 34-48

Stahl, T. (1998b): Innerbetriebliche Weiterbildung. In: Berufsbildung-Europäische Zeitschrift III, (15). 31-34

Stähr, W. (1970): Die Stations- und Lizenzausbildung im System der beruflichen Bildung des Bauwesens. Dresden: TU Dresden

Stamm, M. (1998): Qualitätsevaluation und Bildungsmanagement im sekundären und tertiären Bildungsbereich. Aarau: Sauerländer

Stangl, W. (2004): Action Research. www. 4managers. de/01-Themen/. %5C10-Inhalte%5Casp. 29. 04. 2004

Stark, G. (2000): Qualitätssicherung in der beruflichen Weiterbildung durch Anwendungsorientierung und Partizipation. Bielefeld: W. Bertelsmann

Stark, R. (1999): Lernen mit Lösungsbeispielen. Göttingen: Hogrefe Verl. für Psychologie

Stark, R. /Gruber, H. /Hinkofer, L. u. a. (2001): Entwicklung und Optimierung eines beispielbasierten Instruktionsansatzes zur Überwindung von Problemen der Wissensanwendung in der kaufmännischen Erstausbildung. In: Beck, K. /Krumm, V. Eds. : Lehren und Lernen in der beruflichen Erstausbildung. Opladen: Leske + Budrich. 369-387

Staudt, E. (1999): Technische Entwicklung und betriebliche Restrukturierung oder Innovation durch Integration von Personal- und Organisationsentwicklung. Bochum: Universität Bochum: IAI

Staudt, E. /Kriegesmann, B. (1999): Weiterbildung: Ein Mythos zerbricht. Bochum

StBA (2005): Bauhauptgewerbe/Ausbaugewerbe. Lange Reihen der jährlichen Betriebserhebungen. Wiesbaden

Steedman, H. /Wagner, K. (1987): Productivity, Machinery, and Skills. In: National Institute Economic

Review Vol. 122,84-95

Steffens, U. (2007): Schulqualitätsdiskussion in Deutschland. In: Buer, J. / Wagner, C. Eds. ; Qualität von Schule. Frankfurt/Main: Lang. 21-51

Stehr, N. (1994): Knowledge Societies. London: Sage

Stein, D. (2001): Situated Learning and Planned Training on the job. In: Advances in Developing Human Resources. Vol. 3. 415-424

Steiner, K. / Gramlinger, F. / Gehmacher, E. u. a. (2000): Flexibilisierung in der Arbeitswelt am Beispiel der beruflichen Erstausbildung. Luxembourg: EG, EUR 19239

Steiner, P. / Landwehr, N. (2003): Das Q2Emodell. Bern: h. e. p

Stemmer, R. (2001): Grenzkonflikte in der Pflege. Frankfurt/Main: Mabuse

Stephenson, K. / McGuirk, A. / Zeh, T. et al. (2005): Comparisons of the Educational Value of Distance Delivered versus Traditional Classroom Instruction in Introductory Agricultureal Economics. In: Review of Agricultural Economics Vol. 27, (4). 605-620

Stern, E. / Hardy, I. (2004): Differentielle Psychologie des Lernens in Schule und Ausbildung. In: Pawlik, K. Ed. ; Enzyklopädie der Psychologie. Göttingen: Hogrefe. 573-618

Sternberg, R. (1995): Theory and Management of Tacit Knowledge as a Part of Practical Intelligence. In: Zeitschrift für Psychologie Vol. 203, 319-334

Stewart, T. (1997): Intellectual Capital. London: Nicholas Brealey Publishiin

Stiller, I. / Schopf, M. / Brandenburg, H. (2000): Die kaufmännische Berufsausbildung in der Diskussion. Bielefeld: W. Bertelsmann

Stinchcombe, A. (2001): When formality works. Chicago: University of Chicago Press

Stock, J. / Wolff, H. / Kuwan, H. u. a. (1998): Delphi-Befragung 1996/1998 „ Potentiale und Dimensionen der Wissensgesellschaft". München

Stockmann, R. (2000): Evaluation in Deutschland. In: Stockmann, R. Ed. ; Evaluationsforschung. Opladen: Leske + Budrich

Stockmann, R. (2002): Qualitätsmanagement und Evaluation. In: Zeitschrift für Evaluation 2/2002, Leske + Budrich. 209-243

Stooß, F. / Troll, L. (1988): Das „ Arbeitsmittel". In: Mitteilungen aus der Arbeitsmarkt- und Berufsforschung Vol. 21, (1). 16-33

Stoy, T. (2001): Arbeitspraxis eines Berufbetreuers. Giesen: Justus-Liebig-Universität

Straka, G. (1974): Forschungsstrategien zur Evaluation von Schulversuchen. In: Eigler, G. Ed. ; Erziehungswissenschaftliche Untersuchungen. Weinheim: Beltz

Straka, G. (1978): Handlungsforschung-Oder viel Lärm um wenig Neues? In: Haller, H. -D. / Lenzen, D. Eds. ; Jahrbuch kontrovers. Vol. 2. Stuttgart: Klett. 47-50

Straka, G. (1980): Lehr-lern-theoretische Analyse der Theorie der Lernhierarchien. In: ZBW Beiheft 1, 34-40

Straka, G. (2000a): Ermittlung von Handlungskompetenz in der dualen Berufsausbildung im Bereich Wirtschaft/Verwaltung. In: Metzger, C. / Seitz, H. / Eberle, F. Eds. ; Impulse für die Wirtschaftspädagogik. Zürich: SKV. 195-210

Straka, G. (2000b): Neue Formen zur Erfassung von Handlungskompetenz am Beispiel des Berufsfelds Bank. In: Stiller, I. / Tramm, T. Eds. ; Die kaufmännische Berufsbildung in der Diskussion. Bielefeld: W. Bertelsmann. 79-94

Straka, G. (2002): Valuing learning outcomes acquired in non-formal settings. In: Nijhof, W. / Heikkinen, A. / Nieuwenhuis, L. Eds. ; Shaping flexibility in vocational education and training. Dordrecht: Kluwer. 149-165

Straka, G. (2005): Die KMK-Handreichungen zur Erarbeitung von Rahmenlehrplänen. In: bwp@ , Berufsund Wirtschaftspädagigik-online (www. bwpat. de) (Ausgabe 8)

Straka, G. (2006): Lernstrategien in Modellen selbst gesteuerten Lernens. In: Mandl, H. / Friedrich, H. Eds. ; Handbuch Lernstrategien. Göttingen: Hogrefe. 390-404

Straka, G. / Gramlinger, F. / Delicat, H. u. a. (2001): Der Beitrag des Handelns in Übungsfirmen zum Aufbau von Lern- und Arbeitstechniken. In: Reinisch, H. / Bader, R. / Straka, G. Eds. ; Modernisierung der Berufsbildung in Europa. Opladen: Leske + Budrich. 73-86

Straka, G. / Lenz, K. (2005): Bestimmungsfaktoren fachkompetenten Handelns kaufmännischer Berufsschülerinnen und Berufsschüler. In: Frey, A. / Jäger, R. / Renold, U. Eds. ; Kompetenzdiagnostik. Landau: Empirische Pädagogik. 98-115

Straka, G. / Macke, G. (1979b): Lehr-lern-theoretische Strukturierung des Multiplikatortheorems. In: Erziehungswissenschaft und Beruf Vol. 27,483-492

Straka, G./Macke, G. (2002):Lern-Lehr-Theoretische Didaktik. Münster:Waxmann

Straka, G./Nenniger, P. (1997): Die Bedingungen motivierten selbstgesteuerten Lernens in der kaufmännischen Erstausbildung. In:Krüger, H. -H./Olbertz, J. -H. Eds. : Bildung zwischen Staat und Markt. Opladen:Leske + Budrich. 41-45

Straka, G./Nenninger, P./Plaßmeier, N. u. a. (2001):Entwicklung, Erprobung, und Evaluation von Weiterbildungsmassnahmen für Lehrer und Ausbilder zur Förderung motivierten selbstgesteuerten Lernens in der kaufmännischen Erstausbildung. In:Beck, K./Krumm, V. Eds. :Lehren und Lernen in der beruflichen Erstausbildung. Opladen:Leske + Budrich. 77-92

Straka, G./Nenninger, P./Spevacek, G. u. a. (1999):Trainingsmaßnahmen zur Förderung motivierten selbstgesteuerten Lernens bei kaufmännischen Auszubildenden. In:Schelten, A./Sloane, P./Straka, G. Eds. :Berufs- und Wirtschaftspädagogik im Spiegel der Forschung. Opladen:Leske + Budrich. 155-166

Stratmann, K. (1967):Die Krise der Berufserziehung im 18. Jahrhundert als Ursprungsfeld pädagogischen Denkens. Düsseldorf:Henn

Stratmann, K. (1970): Probleme berufspädagogisch- historischer Forschung. In:DtBFsch. Vol. 66, (Jg. 1970).824-839

Stratmann, K. (1975a):Historische Pädagogik als Mittel der Entmythologisierung. In:Blass, J. Ed. :Bildungstradition und moderne Gesellschaft. Hannover:Schroedel. 304-322

Stratmann, K. (1975b):Curriculum und Curriculumprojekte im Bereich der beruflichen Ausund Fortbildung. In:Frey, K. Ed. :Curriculum-Handbuch. Band II. 335-349. München:Piper

Stratmann, K./Schlösser, M. (1990):Das Duale System der Berufsbildung. Frankfurt/Main:GAFB

Strauss, A. (1985):The social organization of medical work. Chicago:University of Chicago Press

Strauss, A. (1994):Grundlagen qualitativer Sozialforschung. München:Fink

Streeck, W. Ed. (1992):Social Institutions and Economic Performance. London:Sage

Streumer, J. Ed. (2001):Perspectives on learning at the workplace. Enschede:University of Twente

Striebel, D. (1994):Qualifizierende Arbeitsgestaltung mit Expertensystemen für Instandhaltungsaufgaben. In:Hoppe, M./Pahl, J. -P. Eds. :Instandhaltung. Bremen:Donat. 85-93

Strietska-Ilina, O./Tessaring, M. Eds. (2005):Trends and skill needs in tourism. Luxembourg:CEDEFOP

Stringfield, S./Slavin, R. (1992):A hierarchical logitudinal model for elementary School effects. In:Creemers, B./Reezigt, G. Eds. :Evaluation of Educational Effectiveness. Groningen:ICO. 35-69

Stuber, F. (2000): Informationstechnik als beruflicher Arbeitsgegenstand. In:Eicker, F./Petersen, W. Eds. :Mensch-Maschine-Interaktion. Baden-Baden:Nomos. 305-318

Stuber, F. (2002):Berufliche Informatik. Baden-Baden:Nomos

Stübler, E. (1979):Einführung in das Arbeitsstudium der Hauswirtschaft. Darmstadt:REFA

Suchman, L. (1987):Plans and Situated Actions. Cambridge:University Press

Suchman, L./Blomberg, J./Orr, J. et al. (1999):Reconstructing technologies as social practice. In:American Behavioral Scientist Vol. 43,392-408

Sveiby, K. (2000):Measuring intangibles and intellectual capital. In:Morey, D. Ed. :Knowledge management. Cambridge:MIT-Press. 337-353

Svensson, L./Nielsen, K. (2006):Action research and interactive research. In:Nielsen, K./Svensson, L. Eds. :Action Research and Interactive Research. Maastricht:Shaker. 13-44

Syben, G. (1999):Die Baustelle der Bauwirtschaft. Berlin:Bohn

Syben, G. (2002): Fachkräftebedarf und berufliche Qualifizierung in der deutschen Bauwirtschaft bis 2010. Hochschule Bremen

Syben, G. Ed. (1992):Marmor, Stein und Computer. Berlin:Bohn

Syben, G./Gross, E./Kuhlmeier, W. u. a. (2005): Weiterbildung als Innovationsfaktor. Berlin:edition sigma

Sydow, J./Lindkvist, L./DeFillippi, R. (2004):Project-Based Organizations, Embeddedness and Repositories of Knowledge. In:Organization Studies Vol. 25, (9). 1475-1489

Szaniawski, I. (1973):Beruf und Arbeit zwischen Diagnose und Prognose. In:Zeitschrift für Berufsbildungsforschung Vol. 2,45-51

Taba, H./Noel, E. (1957):Action Research. Washington:Remington

Tajima, S. (2004):Developments and Trends of Agricultural Education in Asia and the Pacific. Wageningen:Wageningen University

Taylor, C. (1991):Ethics of authenticity. Cambridge, Mass. :Harvard

Taylor, C. (1993): Explanation and practical reason. In:Nussbaum, M./Sen, A. Eds. : The Quality of

Life. Oxford:Clarendon

Taylor,F. (1911):The Principles of Scientific Management. New York:Harper & Brothers

Taylor,F. (1911/1993):The principles of scientific management and shop management. London:Routledge

Taylor,F. (1913):Die Grundsätze wissenschaftlicher Betriebsführung. München,Berlin:Oldenbourg

Teichler,U. (1974):Struktur des Hochschulwesens und„Bedarf" ansozialer Ungleichheit. In:Mitteilungen aus der Arbeitsmarkt- und Berufsforschung Vol.7,(3)

Temme,K. (2002):Qualitätsmanagement in der Schule. Hannover:Schroedel

Tenberg,R. (2003):Wissenschaftliche Begleitung durch den Lehrstuhl für Pädagogik der Technischen Universität München. In:Staatsinstitut für Schulpädagogik und Bildungsforschung München:Qualitätsentwicklung in der Berufsschule (Quabs). München:Hintermaier. 56-122

Tenberg,R. (2001):Multimedia und Telekommunikation im beruflichen Unterricht. Frankfurt/Main:Lang

Tenberg,R. (2003):„Dienstleistung" Unterricht? In:Zöller,A./Gerds,P. Eds. :Qualitätsichern und steigern. Bielefeld:W. Bertelsmann. 121-146

Tergan,S. -O. (1988):Qualitative Wissensdiagnose. In:Mandl,H./Spada,H. Eds. :Wissenspsychologie. München:Psychologie Verlagsunion. 55-73

Terhart,E. (1981):Intuition-Interpretation-Argumentation. In:Zeitschrift für Pädagogik Vol.27,(5). 769-793

Terhart,E. (2000a):Lehr-Lernmethoden. Weinheim:Juventa

Terhart,E. (2000b):Perspektiven der Lehrerausbildung in Deutschland. Basel:Beltz

Terhart,E. (2003a):Constructivism and Teaching. In:Journal of Curriculum Studies Vol.35,(1).25-44

Terhart,E. (2003b):Erziehungswissenschaft zwischen Forschung und Politikberatung. In:Vierteljahresschrift für Wissenschaftliche Pädagogik Vol.79,74-90

Tessaring,M. (1991):Tendenzen des Qualifi kationsbedarfs in der Bundesrepublik Deutschland bis zum Jahre 2010. In:Mitteilungen aus der Arbeitsmarkt- und Berufsforschung 1,45 ff

Tessaring,M. (1994):Langfristige Tendenzen des Arbeitskräftebedarfs nach Tätigkeiten und Qualifi kationen in den alten Bundesländern bis zum Jahre 2010. In:Mitteilungen aus der Arbeitsmarkt- und Berufsforschung Vol.1,5-19

Tessaring,M. (1999):Ausbildung im gesellschaftlichen Wandel. Luxembourg:EU-Commission

The Cognition and Technology Group at Vanderbilt (1997):The Jasper project. Mahwah:Erlbaum

THETA (2004):Sector Skills Plan

Thiele-Wittig,M. (1992):Zur Frage der innovativen Kraft neuer Haushalts- und Lebensformen. In:Hauswirtschaft und Wissenschaft Vol.40,(1).7-13

Thiele-Wittig,M./Funke,H. (1999):Förderung der haushaltsbezogenen Forschung durch IVHW und Beirat. In:Thiele-Wittig,M. Ed. :Internationale Perspektiven im Hauswirtschaft und Wissenschaft. Baltmannsweiler:Schneider Hohengehren. 49-57

Thomas,K./Velthouse,B. (1990):Cognitive elements of empowerment. In:Academy of Management Review Vol.15,666-681

Thompson Klein,Julie (Ed.) (2001):Transdisciplinarity. Basel:Birkhäuser

Thompson,P./Warhurst,C. (1998):Workplaces of the Future. London:Macmillan

Tietze,W./Roßbach,H. -G. (1993):Erfahrungsfelder in der frühen Kindheit. Breisgau:Lambertus

Tietze,W./Schuster,K. -M./Grenner,K. u. a. (2001):Kindergarten-Skala. Neuwied:Luchterhand

Timmermann,D. (2001):Berufsbildungsforschung in den Wirtschaftswissenschaften. In:Buer,J./Kell,A./Wittmann, E. Eds. : Berufsbildungsforschung in ausgewählten Wissenschaften und multidisziplinären Forschungsbereichen. Frankfurt/Main:Lang. 107-124

Timpe,K./Rothe,H. -J. (1999):Mensch-Maschine-Systeme. In:Graf,C./Frey,D. Eds. :Arbeits- und Organisationspsychologie. Weinheim:Psychologie Verlagsunion. 279-297

Tintelnot,C. (1996):Integriertes Benchmarking für Produkte und Produktentwicklungsprozesse. Dresden:Technische Universität

Tippelt,R. (1995):Beruf und Lebenslauf. In:Arnold,R./Lipsmeier,A. Eds. :Handbuch der Berufsbildung. Opladen:Leske + Budrich. 85-98

Tippelt,R./Hoh,R. (2001):Berufsbildungsforschung in der Erwachsenenbildungsforschung. In:Buer,J./Kell, A./Wittmann, E. Eds. : Berufsbildungsforschung in ausgewählten Wissenschaften und multidisziplinären Forschungsbereichen. Frankfurt/Main:Lang. 107-124

Tippelt,R./Mandl,H./Straka,G. (2003):Entwicklung und Erfassung von Kompetenz in der Wissensgesellschaft. In:Gogolin,I./Tippelt,R. Eds. :Innovation durch Bildung. Opladen:Leske + Budrich. 349-

369

Tomaszewski, T. (1981): Struktur, Funktion und Steuerungsmechanismus menschlicher Tätigkeit. In: Tomaszewski, T. Ed. : Zur Psychologie der Tätigkeit. Berlin: Deutscher Verlag der Wissenschaft. 11-33

Tornieporth, G. (1979): Studien zur Frauenbildung. Weinheim: Beltz

Torstendahl, R. /Burrage, M. (1990): The formation of professions. London: Sage

Touraine, A. (1955): L' evolution du travail ouvrier aux Usine Renault. Paris

Touraine, A. (1975): Industriearbeit und Industrieunternehmen. In: Hausen, K. /Rürup, R. Eds. : Moderne Technikgeschichte. Köln: Kiepenheuer & Witsch. 291-307

Treiber, B. Ed. (1980): Qualifizierung und Chancenausgleich in Schulklassen. Frankfurt/Main: Lang

Tribe, J. (2003): Delivering Higher Quality. In: Journal of Hospitality, Leisure, Sport and Tourism Education Vol. 2, (1). 27-47

Trier, U. -P. (2001): Definition and Selection of Competencies. Neuchatel: Universität Neuchatel, Bundesamt für Statistik

Trist, E. /Bamforth, K. (1951): Some social and psychological consequences of the long-wall method of coal-getting. In: Human Relations Vol. 4, 3-38

Tsoukas, H. (1996): The Firm as a Distributed Knowledge System. In: Strategic Management Journal Vol. 17

Tsoukas, H. /Mylonopoulos, N. (2004): Introduction: Knowledge Construction and Creation in Organizations. In: British Journal of Management Vol. 15, 1-8

Tsoukas, H. /Mylonopoulos, N. Eds. (2003): Organizations as Knowledge Systems. Basingstoke: Palgrave Macmillan

Tulodziecki, G. (1999): Medien in der beruflichen Bildung. In: Kaiser, F. -J. /Pätzold, G. Eds. : Wörterbuch Berufs- und Wirtschaftspädagogik. Bad Heilbrunn: Klinkhardt & Hamburg. 293-295

Tulodziecki, G. (2001): Medien in Unterricht und Erziehung. In: Roth, L. Ed. : Pädagogik. München: Oldenbourg. 742-751

Tuomi, I. (1999): Corporate knowledge. Helsinki: Metaxis

Tuomi, L. (2004): Vocational and business education and training in Europe. In: bwp@ , Berufs- und Wirtschaftspädagigik-online (www. bwpat. de) (Ausgabe 7)

Tuomi-Gröhn, T. /Engeström, Y. (2003): Between School and Work. Amsterdam: Pergamon

Twining, J. (2000): Vocational education and training in the United Kingdom. Luxembourg: EC

Uhe, E. (1992): Umweltschutz als Beruf. München: Hirthammer

Uhe, E. (1996): Entwicklungen im Bauwesen und sich daraus ergebende didaktische Konsequenzen. In: Bauunternehmer et al. Ausbildungsverbund Rostocker (Ed.): Maurer und Zimmerer mit Fachhochschulreife. Heft 1, Dezember 1996. Rostock: 23-33

Uhe, E. (2001): Kernberufe für die Ausbildung im Bau- und Holzbereich. In: Häfeli, K. /Wild-Näf, M. / Elsässer, T. Eds. : Berufsfelddidaktik. Baltmannsweiler: Schneider Hohengehren. 151-158

Ulich, E. (1994[3]; 1998[4]; 2001[5]; 2005[6]): Arbeitspsychologie. Zürich: Schäffer-Poeschel

Ulich, E. /Baitsch, C. (1987): Arbeitsstrukturierung. In: Kleinbeck, U. /Rutenfranz, J. Eds. : Arbeitspsychologie. Göttingen: Hogrefe. 493-531

Ullrich, O. (1977): Technik und Herrschaft. Produktion. Frankfurt/Main: Suhrkamp

Ulrich, H. /Probst, G. (1991): Anleitung zum ganzheitlichen Denken und Handeln. Bern: Paul

Ulrich, J. /Krekel, E. /Flemming, S. (2005): Training place market still very tight. http://www. bibb. de/ en/22024. htm. 15. 11. 2005

UNESCO (2004a): International framework curriculum for a master degree for TVET teachers and lecturers. In: UNESCO International Meeting on Innovation and Excellence in TVET Teacher/Trainer Education. Bonn: UNESCO-UNEVOC. 13-18

Valsiner, J. (1994): Bi-directional cultural transmission and constructive sociogenesis. In: Graaf de, W. / Maier, R. Eds. : Sociogenesis Re-examined. New York: Springer. 101-134

VanderStoep, S. /Pintrich, P. Eds. (2003): Learning to Learn. Upper Saddle River NJ: Prentice Hall

Veal, K. /Dittrich, J. /Kämäräinen, P. (2005): UNESCO International Meeting on Innovation and Excellence in TVET Teacher/Trainer Education. Report. Bonn

Veldhuis-Diermanse, E. /Biemens, H. /Mulder, M. et al. (2006): Analysis of learning processes and quality of knowledge construction in networked learning. In: The Journal of Agricultural Education and Extension Vol. 12, (1). 41-57

Verburgh, A. /Mulder, M. (2002): Computer-Supported Collaborative Learning. In: European Journal Vocational Training Vol. 26, 37-44

Vollmer,T./Berben,T. (2002):Inter- und intra-institutionelle Zusammenarbeit bei der Gestaltung arbeitsprozessbezogener Lernsituationen. http://www. bwpat. de. 3

Vollmers,B. (1992):Kreatives Experimentieren. Wiesbaden:Deutscher Universitäts-Verlag

Vollmeyer,R./Rheinberg,F. (1999):Motivation and metacognition when learning a complex system. In:European Journal of Psychology of Education Vol. 14,541-554

Volmerg,B./Senghaas-Knobloch,E. (1992):Technikgestaltung und Verantwortung. Opladen:Leske + Budrich

Volpert,W. (1982):The model of the hierarchical-sequential organization of action. In:Hacker,W./Volpert,W./Cranach,M. Eds. :Cognitive and motivational aspects of action. Berlin:Hüthig. 35-51

Volpert,W. (1987a):Einleitung. In:ZSE Heft 4/1987,Beltz. 242-253

Volpert,W. (1987b):Kontrastive Analyse des Verhältnisses von Mensch und Rechner als Grundlage des System-Designs. In:Zeitschrift für Arbeitswissenschaft Vol. 41,(3). 147-152

Volpert,W. (1987c):Psychische Regulation von Arbeitstätigkeiten. In:Kleinbeck, U./Rutenfranz, J. Eds. :Enzyklopädie der Psychologie Vol. 1. Göttingen:Hogrefe. 1-42

Volpert,W. (1989):Entwicklungsförderliche Aspekte von Arbeits- und Lernbedingungen. In:ZBW 8,117-134

Volpert,W. (1992):Wie wir handeln. Heidelberg:Asanger

Volpert,W. (1994):Wider die Maschinenmodelle des Handelns. Lengerich:Pabst

Volpert,W. (2003):Wie wir handeln,was wir können. Sottrum:artefact

Volpert,W. (2005):Arbeitsgestaltung und Arbeitsorganisation. In:Rauner, F. Ed. :Handbuch Berufsbildungsforschung. Bielefeld:W. Bertelsmann. 294-299

Volpert,W./Oesterreich,R./Gablenz-Kolakovic u. a. (1983):Verfahren zur Ermittlung von Regulationserfordernissen in der Arbeitstätigkeit (VERA). Köln:TÜV Rheinland

Vonken,M. (2001):Von Bildung zu Kompetenz. In:ZBW Vol. 97,503-522

Voß,G. (1998):Die Entgrenzung von Arbeit und Arbeitskraft. In:Mitteilungen aus der Arbeitsmarkt- und Berufsforschung Vol. 31,(3). 473-487

Voß,G./Pongratz,H. (1998):Der Arbeitskraftunternehmer. In:Kölner Zeitschrift für Soziologie und Sozialpsychologie Vol. 50,(1). 131-158

Vygotski,L. (1986):Thought and Language. Boston:MIT Press

Wächter, H./Modrow-Thiel, B. (2002):Arbeitsgestaltung als Personalentwicklung. In:Moldaschl, M. Ed. :Neue Arbeit. Heidelberg:Asanger. 365-382

Wagner,B. (2003):Learning and knowledge transfer in partnering. In:Journal of Knowledge Management Vol. 7,(2). 97-113

Wahl,D. (1991):Handeln unter Druck. Weinheim:Deutscher Studienverlag

Wahler,P. (1997):Berufliche Sozialisation in der Leistungsgesellschaft. Pfaffenweiler:Centaurus

Waibel,M./Dick,M./Wehner,T. (2004):Local Knowledge in Activity Systems. In:Fischer, M./Boreham,N. Eds. :Work Process Knowledge and Work-related Learning in Europe. Thessaloniki:CEDEFOP. 71-95

Waibel,M./Endres,E./Wehner,T. (2002):Situiertes Lernen durch Hospitationen zwischen sozialen Organisationen und Wirtschaftsunternehmen. In:Fischer, M./Rauner, F. Eds. :Lernfeld:Arbeitsprozess. Baden-Baden:Nomos. 393-410

Walden,G. (2000):Kosten-Nutzen-Controlling. In:Seeber,S./Krekel,E./Buer,J. Eds. :Bildungscontrolling. Frankfurt/Main:Lang. 173-193

Wall,T./Corbett,J./Martin,R.. et al. (1990):Advanced manufacturing technology,work design and performance. In:Journal of Applied Psychology Vol. 75,691-697

Wals,A./Caporali,F./Pace,P. et al. (2004):Education and Training for Integrated Rural Development. The Hague:Elsevier

Walstad,W. (1994):An assessment of economics instruction in American high schools. In:Walstad,W. Ed. :An international perspective on economic education. Boston:Kluwer. 109-136

Walstad,W. (2006):Testing for depth of understanding in economics using essay questions. In:Journal of Economic Education Vol. 37,(1). 38-47

Walther,K. (2002):Professionspfade in der Gesundheitsförderung. Osnabrück:Der Andere Verlag

Warmerdam,J. (1999):Innovation and training in the agribusiness complex. Thessaloniki:CEDEFOP

Weber,J. (1998):Einführung in das Controlling. Stuttgart:Schäffer-Poeschel

Weber,J./Wertz,B. (1999):Benchmarking Excellence. Weinheim:Wiley-VCH

Weber,K. (1996):Selbstgesteuertes Lernen. In:GdWZ Vol. 7,(4). 178-182

Weber, M. (1972): Wirtschaft und Gesellschaft. Tübingen: Mohr

Weber, S. (1995): The networking approach as a tool for measuring and evaluating economic contextual knowledge. In: Buer, J. /Matthäus, S. Eds. : Vocational training and education in international perspective II. Berlin: Humboldt-Universität. 73-89

Weber, S. (2000): "Kiss, bow, or shake hands". In: Kaiser, F. -J. Ed. : Berufliche Bildung in Deutschland für das 21. Jahrhundert. Nürnberg: IAB. 227-234

Weber, S. (2001): Netzwerkentwicklung in der Jugendberufshilfe. Opladen: Westdeutscher Verlag

Weber, S. (2004): Evaluating Structural Knowledge with Concept Mapping. In: Kommers, P. Ed. : Cognitive Support for Learning. Amsterdam: IOS Press. 123-140

Wegner, D. (1986): Transactive Memory. In: Mullen, B. /Goethals, G. Eds. : Theories of Group Behavior. New York: Springer. 185-205

Wehner, T. /Clases, C. (2002): Wissensmanagement. In: Lüthy, W. /Voit, E. /Wehner, T. Eds. : Wissensmanagement. Zürich: vdf. 29-37

Wehner, T. /Clases, C. /Bachmann, R. (2000): Co-operation at work. In: Ergonomics Vol. 43, (7). 983-997

Wehner, T. /Clases, C. /Endres, E. (1996): Situiertes Lernen und kooperatives Handeln in Praxisgemeinschaften. In: Endres, E. /Wehner, T. Eds. : Zwischenbetriebliche Kooperation. Weinheim: Beltz

Wehner, T. /Dick, M. (2001): Die Umbewertung des Wissens in der betrieblichen Lebenswelt. In: Schreyögg, G. Ed. : Wissen in Unternehmen. Berlin: Schmidt. 89-117

Wehner, T. /Raeithel, A. /Clases, C. u. a. (1996): Von der Mühe und den Wegen der Zusammenarbeit. In: Endres, E. /Wehner, T. Eds. : Zwischenbetriebliche Kooperation. Weinheim: Beltz. 39-58

Wehner, T. /Waibel, M. (1996): Erfahrung als Bindeglied zwischen Handlungsfehleranalyse und Expertenforschung. In: Nitsch, J. /Allmer, H. Eds. : Handeln im Sport. Köln: bps. 115-139

Weiblen, E. (1997): Kooperation von Berufsschule, Betrieb, Berufsberatung und ausbildungsbegleitenden Hilfen. In: Stark, W. /Fitzner, T. /Schubert, C. Eds. : Lernschwächere Jugendliche im Übergang zum Beruf. Stuttgart: Klett. 200-211

Weick, K. (1969): The social psychology of organizing. Reading: Addison-Wesley

Weick, K. /Westley, F. (1996): Organizational Learning. In: Clegg, S. /Hardy, C. /Nord, W. Eds. : Handbook of Organization Studies. London: Sage. 440-458

Weidenmann, B. (2000): Perspektiven der Lehr-Lern-Forschung. In: Unterrichtswissenschaft Vol. 1, (28. Jg.). 16-22

Weidig, I. /Hofer, P. /Wolff, H. (1999): Arbeitslandschaft 2010 nach Tätigkeiten und Tätigkeitsniveau. Nürnberg: IAB

Weigel, T. /Mulder, M. (2006): The competence concept in the development of vocational education and training. Wageningen University

Weigel, T. /Mulder, M. /Collins, K. (2007): The Concept of Competence in the Development of Vocational Education and Training in Selected EU Member States. In: Journal of Vocational Education and Training Vol. 59, (1). 33-66

Weilnböck-Buck, I. /Dybowski, G. /Buck, B. Eds. (1996): Bildung-Organisation -Qualität. Bielefeld

Weinberg, J. (2000): Einführung in das Studium der Erwachsenenbildung. Bad Heilbrunn: Klinkhardt

Weiner, B. (1986): An Attributional Theory of Motivation and Emotion. Berlin: Springer

Weinert, F. (1984): Thema: Selbstgesteuertes Lernen. In: Unterrichtswissenschaft Vol. 12, (2). 97-98

Weinert, F. (2000): Lehr-Lernforschung an einer kalendarischen Zeitenwende. In: Unterrichtswissenschaft Vol. 28, 44-48

Weinert, F. (2001): Concept of Competence. In: Rychen, D. /Salganik, L. Eds. : Defining and Selecting Key Competencies. Seattle: Hogrefe& Huber. 45-65

Weinert, F. /Schrader, F. -W. (1996): Lernen lernen als psychologisches Problem. In: Weinert, F. /Mandl, H. Eds. : Psychologie der Erwachsenenbildung. Band 4. Göttingen: Hogrefe. 296-336

Weinstein, C. /Mayer, R. (1986): The teaching of learning strategies. In: Wittrock, M. Ed. : Handbook of research on teaching. New York: Macmillan. 315-327

Weinstein, C. /Schulte, A. /Palmer, D. (1987): LASSI. Clearwater: H & H

Weise, G. (2001): Filmische Quellen zur Berufsbildungsgeschichte. In: Reinisch, H. /Bader, R. /Straka, G. Eds. : Modernisierung der Berufsbildung in Europa. Opladen: Leske + Budrich. 263-270

Weiss, A. (1995): Human Capital vs. Signalling Explanations of Wages. In: Journal of Economic Perspectives Vol. 9, (4). 133-154

Weiss, C. (1974): Evaluierungsforschung. Opladen: Westdeutscher Verlag

Weiß,M. (1982):Effizienzforschung im Bildungsbereich. Berlin:Duncker & Humblot

Weiß, M. (2000): Vier Jahrzehnte Bildungsökonomie. In: Weiß, M./Weishaupt, H. Eds. : Bildungsökonomie und neue Steuerung. Frankfurt/Main:Lang. 9-16

Weiß,M./Bellmann, J. (2007):Bildungsfinanzierung in Deutschland und Schulqualität. In:Buer, J./ Wagner,C. Eds. :Qualität von Schule. Frankfurt/Main:Lang. 167-182

Weiss,R./Knowlton,D./Morrison,G. (2002):Principles for using animation in computerbased instruction. In:Computers in Human Behavior Vol. 18,465-477

Weitz,B. (1995):Möglichkeiten und Grenzen qualitativ orientierter Modellversuchsforschung. In:Twardy, M./Benteler, P./Dehnbostel, D. Eds. : Modellversuchsforschung als Berufsbildungsforschung. Köln: Botermann & Botermann. 143-157

Wenger,E. (1998a):Communities of Practice. In:Systems Thinker Vol.9,(5). http://www. co-i-l. com/ coil/knowledgegarden/ cop/ lss. shtml,06.08.2007

Wenger,E. (1998b):Communities of Practice. Cambridge:Cambridge University Press

Wenger,E./McDermott, R./Snyder, W. (2002):Cultivating Communities of Practice. Boston:Harvard Business School Press

Wenger,E./Snyder,W. (2000):Communities of Practice. In:Harvard Business Manager Vol.4,55-62

Weniger,E. (1953):Die Eigenständigkeit der Erziehung in Theorie und Praxis. Weinheim:Beltz

Werner, D./Flüter-Hoffmann, C./Zedler, R. (2003): Berufsbildung: Bedarfsorientierung und Modernisierung. In: Klös, H. -P./Weiß, R. Eds. : Bildungs-Benchmarking Deutschland. Köln: Deutscher Institutsverlag. 287-382

Wertsch,J. (1998):Mind as Action. New York:Oxford University Press

Wesselink,R./Biemens,H./Mulder,M. (2007):Competence-based VET as seen by Dutch researchers. In:European Journal of Vocational Training

Wesselink,R./Lans,T. (2003):Competentiegericht groen onderwijs. In:Biemans, H./Mulder,M./Wesselink,R. Eds. :Onderwijsvernieuwing & Groen Onderwijs. Reed Business Information. 123-136

Westermann,R. (2000):Wissenschaftstheorie und Experimentalmethodik. Göttingen:Hogrefe

Westlander,G (2006):Researchers Roles in Action Research. In:Nielsen,K./Svensson,L. Eds. :Action Research and Interactive Research. Maastricht:Shaker Publishing. 45-62

Weymann, V. (1995):Verbraucherorientierte Qualitätsaspekte in der Weiterbildung. In:Bardeleben, R./ Gnahs,D./Krekel,E. u. a. Eds. :Weiterbildungsqualität. Bielefeld:W. Bertelsmann. 119-135

Whetton,C./Twist,L./Sainsbury,M. (1999):National Test and Target Setting. Paper presented at American Education Research Association. www. leeds. ac. uk/educol/ docu ments/00001422. htm. 02. 2006

White,J. (1995):Patterns of knowing. In:Advances in nursing science Vol. 17,(4). 73-86

Whitehead,D. (1994):Economic understanding in the United Kingdom. In:Walstad,W. Ed. :An international perspective on economic education. Boston:Kluwer. 137-155

Whittington,D./McLean,A. (2001):Vocational Learning Outside Institutions. In:Studies in Continuing Education Vol. 23,(2). 153-167

Widmer,T./Rothmayr,C./Serdült,U. (1996):Kurz und gut? Chur:Rüegger

Wienold,G./Achtenhagen,F./Buer,J. u. a. (1985):Lehrerverhalten und Lernmaterial in institutionalisierten Lehr-Lern-Prozessen. Universität Göttingen

Wietek, G. (2003): Aufspaltung und Zerstörung durch disziplinäre Wissenschaften. Innsbruck: Studien-Verlag

Wild,K. -P./Schiefele,U. (1994):Lernstrategien im Studium. In:Zeitschrift für Differentielle und Diagnostische Psychologie Vol. 15,185-200

Wildemann,H. (1994):Fertigungsstrategien. München:Transfer-Centrum

Wildt,J. (2003):Forschendes und reflexives Lernen. In:Schlüter, A. Ed. : Aktuelles und Querliegendes zur Didaktik und Curriculumsentwicklung. Bielefeld:Kleine

Wilensky,H. (1964):The professionalization of everyone? In:The American Journal of Sociology. Vol. 70,(2). 137-158

Wilensky, H. (1967): Organizational Intelligence. Knowledge and Policy in Government and Industry. New York:Basic Books

Wilke-Schnaufer,J. (1998):Kurzfassung der Arbeits-und Lernaufgabe,, Erstellen von Arbeits- und Lernaufgaben" zur Weiterqualifizierung von Ausbildern und ausbildenden Fachkräften. In: Holz, H./ Schemme,D. Eds. :Medien selbst erstellen für das Lernen am Arbeitsplatz. Bielefeld:W. Bertelsmann. 171-184

Wilke-Schnaufer,J./Schonhardt,M./Frommert,H. Eds. (1998):Lern- und Arbeitsaufgaben für die Berufsbildung. Bielefeld:W. Bertelsmann

Will,H./Winteler,A./Krapp,A. (1987a):Von der Erfolgskontrolle zur Evaluation. In:Will,H. Ed. :Evaluation in der beruflichen Aus- und Weiterbildung. Heidelberg:Sauer. 11-42

Will,H./Winteler,A./Krapp,A. (1987b):Evaluation in der beruflichen Aus- und Weiterbildung. Heidelberg:Sauer

Williams,B./Day,R. (2006):Context-based learning. In:Young, L./Paterson, B. Eds. :Teaching nursing. Philadelphia:Lippincott Williams & Wilkins. 221-241

Willis,P. (1979):Spaß am Widerstand. Frankfurt/Main:Syndikat

Willke,H. (1998):Organisierte Wissensarbeit. In:Zeitschrift für Soziologie Vol. 27,161-177

Willke,H. (2001):Systemisches Wissensmanagement. Stuttgart:Lucius & Lucius

Wilson,T./Schooler,J. (1991):Thinking Too Much. In:Journal of Personality and Social Psychology Vol. 60,(2). 181-191

Wimmer,R. (1999):Zur Eigendynamik komplexer Organisationen. In:Fatzer, G. Ed. :Organisationsentwicklung für die Zukunft. Köln:EHP. 255-308

Windelband,L./Spöttl,G. (2003a):EarlyBird -Early Recognition of a Need for Qualification and Measures for a Shaping Oriented Vocational Education. Hamburg

Windelband,L./Spöttl,G. (2003b):Research handbook. biat-Reihe. Nr. 21. Flensburg

Windelband,L./Spöttl,G. (2003c):Forschungshandbuch. Heft 17. Flensburg:biat

Windelband,L./Spöttl,G. (2004):Entwicklung von berufswissenschaftlichen Forschungsinstrumenten zur Früherkennung von Qualifikationsbedarf. In:Windelband, L./Dworschak, B./Schmidt, S. Eds. :Qualifikationen erkennen. Bielefeld:W. Bertelsmann

Windolf,P. (1981):Berufliche Sozialisation. Stuttgart:Enke

Winer,B. (1962/1991):Statistical Principles in Experimental Design. New York:McGraw-Hill

Wingens,M./Sackmann,R. Eds. (2002):Bildung und Beruf. Weinheim:Juventa

Winne,P. (1996):A metacognitive view of individual differences in self-regulated learning. In:Learning and Individual Differences Vol. 8,(4). 327-353

Winne,P. (2005):Key Issues in Modeling and Applying Research on Self-Regulated Learning. In:Applied Psychology Vol. 54,(2). 232-238

Winograd,T./Flores, F. (1986):Understanding Computers and Cognition. Reading, Berks. :Addison-Wesley

Winterton,J. (2006a):Strengthening social dialogue over vocational education and training in Turkey. Tilburg:UFHRD

Winterton,J. (2006b):Social dialogue and vocational training in Europe. In:Journal of European Industrial Training Vol. 30,(1). 65-76

Wirth,J. (2004):Selbstregulation von Lernprozessen. Münster:Waxmann

Wissell,R. (1929):Des alten Handwerks Recht und Gewohnheit. Berlin:Wasmuth

Witthaus,U. (2000):Outcome-Controlling? In:Seeber, S./Krekel, E./Buer, J. Eds. :Bildungscontrolling. Frankfurt/Main:Lang. 151-171

Wittmann,E. (2003):Leiten von Schule als Balanceakt zwischen alternativen adminstrativen Philosophien? In:Buer,J./Zlatkin-Troitschanskaia,O. Eds. :Berufliche Bildung auf dem Prüfstand. Frankfurt/Main:Lang. 343-373

Wittmann,E. (2007):Explizite und implizite Veränderung von Verwaltungskonzepten in der,, neuen " Schule. In:Buer,J./Wagner,C. Eds. :Qualität von Schule. Frankfurt/Main:Lang. 201-216

Wittneben,K. (1993):Patientenorientierte Theorieentwicklung als Basis einer Pflegedidaktik. In:Pflege Vol. 6,(3). 203-209

Wittneben,K. (1999):Pflegeausbildung im Spannungsfeld von Pfl egepraxis, Pflegewissenschaft und Didaktik. In:Koch,V. Ed. :Bildung und Pflege. Bern:Huber. 1-13

Wittneben,K. (2002):Entdeckung von beruflichen Handlungsfeldern und didaktische Transformation von Handlungsfeldern zu Lernfeldern. In:Darmann, I./Wittneben, K. Eds. :Gesundheit und Pflege. Bielefeld:W. Bertelsmann. 19-36

Wittneben,K. (2003):Pflegekonzepte in der Weiterbildung fuer Pflegelehrerinnen und Pflegelehrer. Frankfurt/Main:Lang

Wittwer,W. Ed. (2000):Methoden der Ausbildung. Köln:Deutscher Wirtschaftsdienst

Witzel,A. (1982):Verfahren der qualitati ven Sozialforschung. Frankfurt/Main:Campus

Witzel,A. (1985):Das problemzentrierte Interview. In:Jüttemann, G. Ed. :Qualitative Forschung in der Psychologie. Weinheim:Beltz. 227-255

Witzel, A. (2000): The problem-centered Interview. In: Forum Qualitative Social Research Vol. 1, (1). http://qualitative-research. net/fqs/fqs. htm. 27. 07. 2004

Witzel, A. /Kühn, T. (2000): Orientierungsund Handlungsmuster beim Übergang in das Erwerbsleben. In: Heinz, W. E. Ed. : Übergänge. Beiheft der ZSE. Weinheim: Juventa. 9-29

Wohlgemuth, A. (1982): Das Beratungskonzept der Organisationsentwicklung. Bern: Haupt

Wolbers, M. (2005): De arbeidsmarktintegratie van schoolverlaters in Europa. In: Tijdschrift voor Arbeidsmarktvraagstukken Vol. 21, (2). 129-139

Wolf, A. (2002): Does education matter? London: Penguin Book

Wolf, F. (1986): Berufsvorbereitende Maßnahmen. Universität Marburg

Wolf, H. (1969): Beruf und Berufsethos. In: Karrenberg, F. Ed. : Evangelisches Soziallexikon im Auftrag des Deutschen Evangelischen Kirchentages. Stuttgart: Kreuz. 154-156

Wollnik, M. (1986): Implementierung computergestützter Informationssysteme. Berlin: de Gruyter

Womack, J. /Jones, D. /Roos, D. (1990): The Machine that Changed the World. New York: Rawson Associates, Macmillan Publishing Press

Wood, S. (1999): Human resource management and performance. In: International Journal of Management Review Vol. 1, (4). 367-413

World Bank (1997): Malaysia-Enterprise Training, Technology, and Productivity. Washington D. C. : World Bank

World Bank (1999): Education sector strategy. Washington D. C. : World Bank

Wottawa, H. /Thierau, H. (19981; 20033): Lehrbuch Evaluation. Bern: Huber

Wülker, W. (2004): Differenzielle Effekte von Unterrichtsorganisationsformen in der gewerblichen Erstausbildung in Zimmererklassen. Aachen: Shaker

Wunderer, R. (2001): EFQM-Modell. In: Zollondz, H. -D. Ed. : Lexikon Qualitätsmanagement. München: Oldenbourg. 186-189

Wunderer, R. /Sailer, M. (1987): Die Controlling-Funktion im Personalwesen. In: Personalführung 7. 505-509

Wundt, W. (1913): Grundriss der Psychologie. Leipzig: Kröner

Wuttke, E. (1999): Lernstrategieeinsatz im Lernprozess und dessen Einfluss auf den Lernerfolg. Mainz

Wygotski, L. (1985): Ausgewählte Schriften I. Berlin: Volk

Yan, M. (2003): Experimentelle Statik. Aachen: Shaker

Yang, L. /Zhao, Z. (2010): Empirical Research on the Vocational Ethics Development of Vocational Institution Students in China. Journal of Asian Vocational Education and Training. Vol. 3 (1), 59-74

Young, M. /Gamble, J. (2006): Knowledge, Curriculum and Qualifications for South African Further Education. Pretoria: HSRC Press

Zabeck, J. (1979a): Bildungs- und Beschäftigungswesen. In: Bundesanstalt für Arbeit: Handbuch zur Berufswahlvorbereitung. Nürnberg: Bundesanstalt für Arbeit. 225-232

Zabeck, J. (1979b): Vom königlichen Kaufmann zum kaufmännischen Angestellten. In: Wirtschaft und Erziehung Vol. 31, (10). 273-280

Zapf, D. /Semmer, N. (2004): Stress und Gesundheit in Organisationen. In: Schuler, H. Ed. : Organisationspsychologie (D/III/3). Göttingen: Hogrefe. 1007-1113

Zhang, J. (2003): The Importance of Vocational Education and Training to Quality in the Building Construction Industry. Aachen: Shaker

Ziegler, A. (1996): Die Bedeutung der Form und des Inhalts für das logische Denken von Kindern und Jugendlichen. In: Zeitschrift für Entwicklungspsychologie und pädagogische Psychologie Vol. 28, 257-269

Ziegler, S. (1994): Einsatzkonzepte wissensbasierter Diagnosesysteme in der Instandhaltung und ihre Risiken. In: Hoppe, M. /Pahl J. -P. Eds. : Instandhaltung. Bremen: Donat. 94-104

Zielke, D. /Lemke, I. /Popp, J. (1986): Planung und Durchführung der Berufsausbildung benachteiligter Jugendlicher. Berlin: BIBB

Zielke, D. /Lemke, I. /Popp, J. (1989): Außerbetriebliche Berufsausbildung benachteiligter Jugendlicher. Berlin: BIBB

Zielke, D. /Lemke, I. /Popp, J. (1991): Die betriebliche Berufsausbildung benachteiligter Jugendlicher. Berlin: BIBB

Zimmer, G. (1995a): Gesucht: Theorien innovativer Handlungen. In: Twardy, M. /Benteler, P. /Dehnbostel, P. Eds. : Modellversuchsforschung als Berufsbildungsforschung. Köln: Botermann & Botermann. 177-203

Zimmer,G. (1995b):Qualitätssicherung des Fernunterrichts in Europa. Bielefeld:W. Bertelsmann Verlag

Zimmer,G. (2000):Der Einsatz von Lernmedien. In:Cramer,G./Kiepe,K. Eds.:Jahrbuch Ausbildung-spraxis 2000. Köln:Fachverlag Deutscher Wirtschaftsdienst. 94-99

Zimmer,G. (2001):Ausblick:Perspektiven der Entwicklung der telematischen Lernkultur. In:Arnold,P. Ed.:Didaktik und Methodik telematischen Lehrens und Lernens. Münster:Waxmann. 126-146

Zimmer,G. (2002b):E-Learning führt zu einer anderen Kultur des Lehrens und Lernens. In:Zimmer,G. Ed.:E-Learning:High-Tech or High-Teach? Bielefeld:W. Bertelsmann. 5-17

Zimmer,G. (2003):Aufgabenorientierte Didaktik des E-Learning. In:Hohenstein,A./Wilbers,K. Eds.: Handbuch E-Learning. Köln:Fachverlag Deutscher Wirtschaftsdienst. 1-14

Zimmer,G. (2004):Aufgabenorientierung. In:Faulstich,P./Ludwig,J. Eds.:Expansives Lernen. Balt-mannsweiler:Schneider Hohengehren. 54-67

Zimmer,G. Ed. (2002a):E-Learning:High-Tech or High-Teach? Bielefeld:W. Bertelsmann

Zimmer,G./Psaralidis,E. (2000):Der Lernerfolg bestimmt die Qualität einer Lernsoftware! In:Schen-kel,P./Tergan,S. -O./Lottmann,A. Eds.:Qualitätsbeurteilung multimedialer Lern- und Informations-systeme. Nürnberg:BW. 262-303

Zimmer,J. (1983):Curriculumsentwicklung im Vorschulbereich,2. Bd. München:DJI

Zimmerli,W. Ed. (1998):Ethik in der Praxis. Hannover:Schroedel

Zimmerman,B. (1999):Commentary. In:International journal of educational research Vol. 31,(6). 545-551

Zimmerman,B. (2000):Attaining self-regulation. In:Boekearts,M./Pintrich,P./Zeidner,M. Eds.: Handbook of self-regulation. San Diego:Academic Press. 13-39

Zimmerman,B. (2001):Theories of Self-Regulated Learning and Academic Achievement. In:Zimmer-man,B./Schunk,D. Eds.:Self-regulated learning and academic achievement. Mahwah:Erlbaum. 1-37

Zimmerman,B./Kitsantas,A. (2005):The hidden dimension of personal competence. In:Elliot,A./ Dweck,C. Eds.:Handbook of Competence and Motivation. New York:Guilford Press. 509-526

Zimmerman,B./Schunk,D. (2001):Self-regulated learning and academic achievement. Mahwah:Erlbaum

Zimmerman,D. (1969):Tasks and troubles. In:Hansen,D. Ed.:Explorations in sociology and counsel-ling. New York:Houghton Miffl in. 237-266

Zinn,J. (2001):Zwischen Gestaltungsanspruch und Strukturvorgaben. Baden-Baden:Nomos

Zlatkin-Troitschanskaia,O. (2006):Steuerbarkeit von Bildungssystemen mittels politischer Reformstrate-gien. Frankfurt/Main:Lang

Zuboff,S. (1988):In the age of the smart machine. Oxford:Heinemann Professional

成思危 (2006).黄炎培职业教育思想文萃[M].北京:红旗出版社.

国家职业分类大典和职业资格工作委员会(1999).职业分类大典[M].北京:中国劳动社会保障出版社.

雷正光,郭扬 (1994).技工教育课程领域的探索[M].北京:科学普及出版社.

上海市中等职业教育课程教材改革办公室 (2011).专业教学标准开发指导手册[M].上海.

徐国庆 (2008).职业教育课程论[M].上海:华东师范大学出版社.

赵志群 (2009).职业教育工学结合一体化课程开发指南[M].北京:清华大学出版社.

钟启全,汪霞,王文静 (2008).课程与教学论[M].上海:华东师范大学出版社.

Schultz,Duane. P./Schultz,Sydney Ellen 著,时勘等译(2004).工业与组织心理学[M].北京:中国轻工业出版社.